深圳市艺力文化发展有限公司 编

上册

中国最实用的组织设计全案与制度管理工具箱

房地产企业高效运营管理全案

实 用 高 效 范 本

新企业组织搭建及制度建设最优密码

原企业组织优化和制度规范最佳范本

大连理工大学出版社

图书在版编目 (CIP) 数据

房地产企业高效运营管理全案 : 全 2 册 / 深圳市艺力文化发展有限公司编 . — 大连 : 大连理工大学出版社 , 2012.9
ISBN 978-7-5611-7283-4

Ⅰ. ①房… Ⅱ. ①深… Ⅲ. ①房地产企业—运营管理—案例—中国 Ⅳ. ① F299.233.3

中国版本图书馆 CIP 数据核字 (2012) 第 211962 号

出版发行：大连理工大学出版社
（地址：大连市软件园路 80 号 邮编：116023)
印　　刷：利丰雅高印刷（深圳）有限公司
幅面尺寸：210mm × 285mm
印　　张：46.25
插　　页：4
出版时间：2012 年 9 月第 1 版
印刷时间：2012 年 9 月第 1 次印刷
责任编辑：周　瑜
责任校对：贺建军
装帧设计：阙文芳

ISBN 978-7-5611-7283-4
定　　价：688.00 元

电 话：0411-84708842
传 真：0411-84701466
邮 购：0411-84703636
E-mail：designbook@yahoo.cn
URL：http:// www.dutp.cn

如有质量问题请联系出版中心：（0411）84709043 84709246

编委会

主编

卢积灿

编委（以下排名不分先后）

王　宇	贺颖红	丁小娟	夏佳佳
李爱红	彭　莹	王　娟	宋　佳

CONTENTS

目录/ 房地产企业高效运营管理全案

CONTENTS

目录/ 房地产企业高效运营管理全案

第 一 模 块
Module One

房地产企业规范化管理及运营掌控设计

第一模块思考

很多人认为房地产企业的规范化管理就是建立一套切实可行、分工明确的管理制度，有些更简单，将规范化管理变成了制度和表格范本的简称。但是，很多企业通过各种手段执行了标杆企业的制度和表格之后，并没有收到意想中的效果。为什么呢？这是因为，房地产企业规范化管理的实施和推进并不仅仅是简单地复制别人的制度和表格，而是要实行有效的达成目标的步骤。

如何让房地产企业的运营处于规范化管理的轨道上？如何让企业的整合效应和先进管理模式落实于项目开发的具体实践中？房地产的规范化管理已经是未来房地产企业修炼企业内功，形成自身核心竞争力的有效手段。在众多房地产企业都在学万科、中海地产的过程中，我们发现，要学习它们的管理规范是多么不易。万科是一个善于总结的公司，它很好地将企业发展与管理的优化和规范时刻保持统一，它坚持不懈地推进规范化管理措施，从而保证它在激烈的市场竞争中能一骑绝尘。

1

规范化管理

——搭建规范、稳定、统一的管理体系

一、房地产企业为什么要规范化管理?

今天的房地产业已经蓬勃发展了十五年，在这十五年，房地产业发展成为了国民经济的支柱产业，并成为支撑中国经济高速发展的顶梁柱。在这十五年里，万科、中海地产、碧桂园等一大批民营企业逐步发展壮大，纷纷走出区域性发展的瓶颈，借助资本和经济高速发展的良好契机，纷纷走向全国安营扎寨、跑马圈地。

但是房地产业毕竟还是一个新行业，作为一个资本密集型行业，房地产具有对上下游的建筑、建材、有色金属等行业的高度吸附效应。而且房地产开发环节众多，每个环节都牵涉巨大的资金和资源，如何让房地产企业的运营处于规范化管理的轨道上？如何让企业的整合效应和先进管理模式落实于项目开发的具体实践中？我们认为，房地产企业的规范化管理已经是未来房地产企业修炼企业内功，形成自身核心竞争力的有效手段。

在众多房地产企业都在学万科、中海地产的过程中，我们发现，要学习它们的管理规范是多么的不易。万科是一个善于总结的公司，它很好地将企业发展与管理的优化和规范时刻保持统一，它坚持不懈地推进规范化管理措施，从而保证它在激烈的市场竞争中能一骑绝尘。

所以，对很多中小房地产企业和新企业来说，学习规范化管理同样具有重要的意义，具体表现在：

1.只有进行规范化管理，才能把成百上千人的意志统一起来，形成合力为实现企业的目标而努力；

2.规范化管理可以逐步将公司的管理工作纳入法制管理的轨道，减少工作中的盲目性、随意性；

3.规范化管理可明确界定各管理层上下之间、横向之间的责权关系，减少摩擦，提高工作效率；

4.规范化管理可不断完善公司各项规章制度、各部门操作手册、操作流程，使公司管理水平的提高和管理经验的积累有一个基本生长点，形成公司特有的管理文化。

二、什么是房地产企业规范化管理?

房地产企业规范化管理，是指根据公司的章程和业务发展需要，合理地制定公司的组织规程和基本制度以及各类管理事务的作业流程（包括各类报表、图表、公司的CI规范等），以形成统一、规范和相对稳定的管理体系，通过对该体系的实施和不断完善，达成公司管理动作的井然有序、协调高效之目的。规范化管理的内容（见右图）包括：

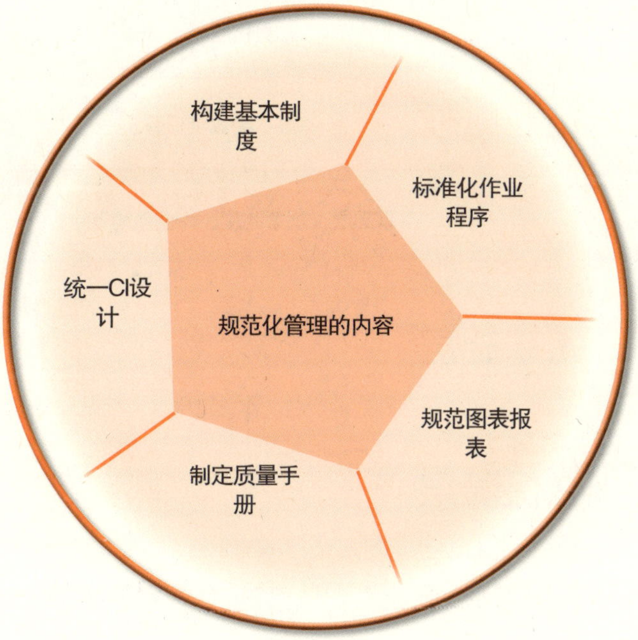

1.构建基本制度

基本制度是指在公司章程的规定范围内，对公司的基本组织规程和各部门业务领域的管理制度所作的基本规定，如各机构分工规定、责权划分、人事管理制度、行政管理制度、财务管理制度、业务管理制度等。

2.标准化作业程序

作业程序是指对公司各类动态管理事务的工作流程所作的基本描述和规定，例如：公司各部门操作手册、流程、岗位说明书、各部门标准作业程序等。

3.规范图表报表

图表报表是指对公司各类图表的格式、内容、编号、流向、存档、审核等进行规范化处理和运作。

4.制定质量手册

质量手册是指达到追求的质量目标所要求的纲领性文件和要求，支持性文件是质量目标及质量承诺、管理网络、各部门及人员的职责、法律法规、标准规范等。程序文件是为完成质量手册中要求的目标而制定的整个过程的具体操作步骤和方法。

5.统一CI设计

CI是指对公司外在形象的统一设计和规定，如服装、工牌、信封、便笺等。

三、房地产企业规范化管理的四个层次

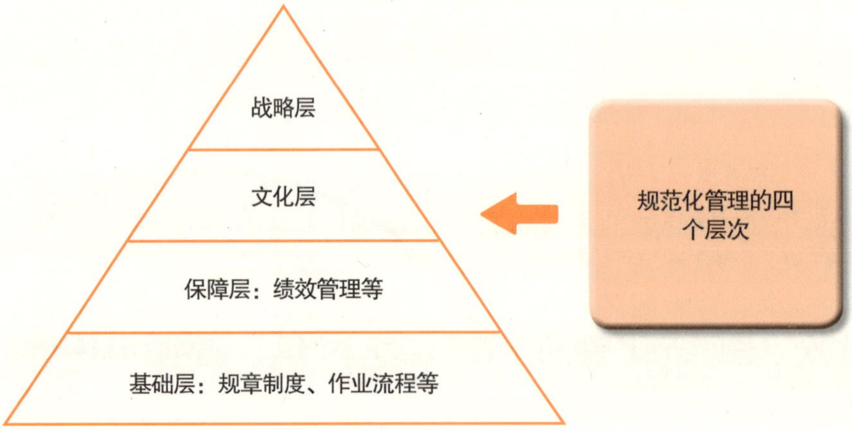

1.基础层

基础层包括公司各种规章制度、作业流程等，它是公司赖以正常运营的基础。

2.保障层

保障层包括为了确保以上这些规章制度、作业流程得以有效执行的控制手段与方法，具体包括责任制约机制、激励机制、绩效管理、薪酬杠杆等几大常规模块。

3.文化层

文化层为增强凝聚力服务，它将员工个人价值和企业价值绑在一起，在这个层面上进行企业管理，则需要致力于对人力资源效率的开发，如教育训练、职业生涯规划、利益共同体等，从而帮助企业取得效率的提升。

4.战略层

处于这座“金字塔”最顶端的，则是战略层——战略管理，要求管理者能够真正从战略的角度出发，构建公司的战略框架，成为公司发展的指挥棒！

四、如何推进房地产企业的规范化管理？

首先，要让全公司的人都认识到规范化管理的意义

规范化管理的推进过程中，操作过程实际上多数是被领导把控的，所以大多数员工对规范化管理的意义认知甚少。试想，员工都不能理解，那么盲目上马规范化管理他们又怎么能支持呢？所以，房地产企业的老总要告诉员工，之所以要推进房地产企业的规范化管理，从员工角度想，是为员工创造一个公平竞争的环境，是为了让管理更加透明化。规范化管理也可以帮助员工提高工作素质，给他们提供一个良好的职业发展规划。

其次，要让中上层管理者和职业经理人摆正位置

房地产企业的很多管理者认为，规范化管理是套在自己头上的紧箍咒，是想剥夺自己的权利，所以，在推进规范化管理的过程中，总是会遇上搪塞或执行打折扣。中上层和执行的直接层如果不明意图，摆不正位置，那么执行效果往往大打折扣。

所以，首先得让这些管理者明白，企业实行规范化管理，可以帮助他们提高管理决策的效率和效果，同时也成为支撑管理水平的重要手段。只有这些管理人员想通了，理解透了，才能给基层员工有效的传达。只有与他们的职责和权益挂钩，他们才会在推进过程中想出更多的办法。

再其次，规范化管理不可操之过急，要循序渐进

规范化管理需要根据上面说到的规范化管理的四个层次来有计划和有步骤地建立，不可操之过急。光建立一套制度而缺乏有效的执行流程和规范，那这种流程就是摆设；同样，如果忽略企业文化的支撑作用，那么实际就等于企业失去灵魂，一个企业没有灵魂又何谈管理呢？

最后，一定要奖惩有度，不能只惩不奖

规范化管理必须与奖惩制度结合起来，也就是说对于符合管理规定的要通过奖金、晋升、嘉奖等各种方式予以表扬，而对于不符合企业管理要求的要敢于处罚。实际上，很多企业在推进规范化管理过程中，一味变成只有惩罚没有表扬的管理，这样不行。员工的有效参与是最终实现目标的关键，如果都不能达到要求，那说明这个管理规范本身就不科学，所以规范化管理必须要奖惩结合。

每一次市场调控都会导致市场竞争格局的变化。随之而来的就是房地产企业战略管理的调整。通常情况下，保持企业发展战略的延续性和动态性是必要的。延续性是着眼于中长期市场趋势的确定性，以及企业品牌、文化等“血脉”的传承性；动态性是为了适应市场环境和内部资源、能力的变化。

2

战略管理

——战略上布局、决胜于时空

一、房地产企业战略管理的内容

房地产企业战略管理的内容分为三大部分，如下图所示。战略制定是三部分的重中之重，它是战略实施和战略控制的基础和依据。

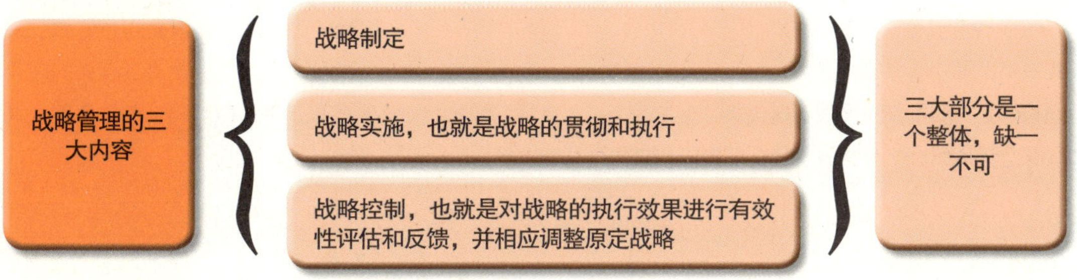

房地产企业战略管理可以在五个层面上来执行，如下图所示。

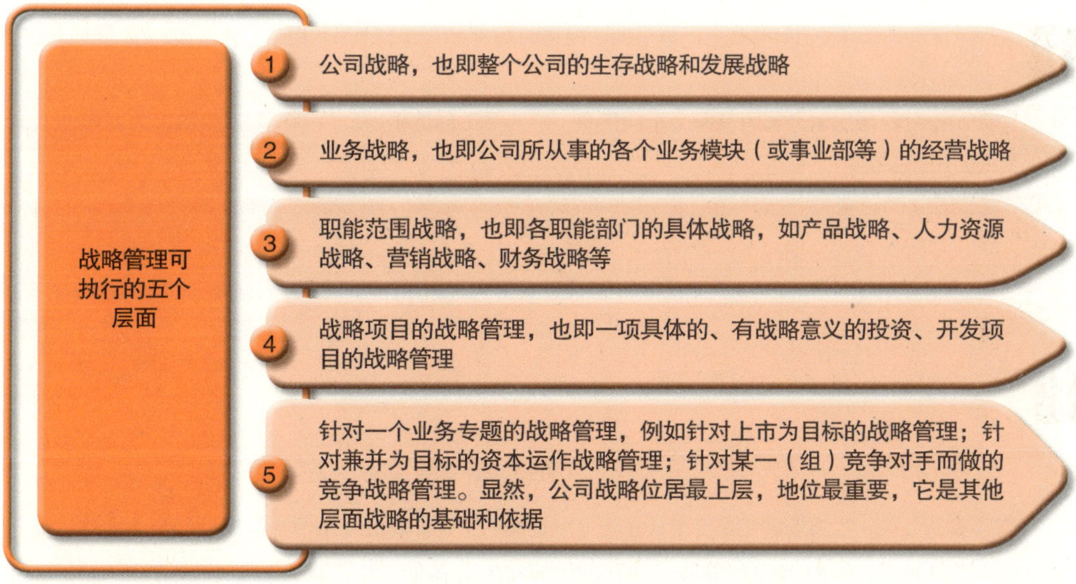

所以，如何制定公司战略就成为房地产企业战略管理中最基本、最重要的课题。

二、房地产企业战略管理的愿景

愿景，是英文vision的意译词。愿景（vision）一词在房地产企业战略管理中有三层含意：

第一，愿景是主体（个人或组织）的主观愿望；

第二，愿景是主体想象出的未来景象，或叫眼界、远见；

第三，愿景是主体的雄心壮志，宏图大略。

让我们看看所熟悉的企业的愿景吧：

The vision of Ford Motor Company is “to become the world's leading consumer company for automotive products and services”.

福特汽车公司的愿景：“成为世界领先的汽车产品和服务的公司”。

Microsoft's vision is "to enable people and businesses throughout the world to realize their full potential".

微软公司的愿景：“使全球的人们和企业能够充分实现其潜能”。

万科企业股份有限公司的愿景：“成为中国房地产行业领跑者”。

广州保利房地产股份有限公司的愿景：“打造中国地产长城”。

企业的愿景与老板个人的愿景密切相关，但两者又有所不同。亨利·福特在一百年前的愿景是“使每一个人都拥有一辆汽车”，这一愿景与福特汽车公司的愿景内容是不同的，但实质上是高度相关的。我们相信，万科的企业愿景肯定代表了王石的个人愿景，万科的战略肯定代表了王石的战略，但这愿景、这战略应该理解成万科决策层的共同愿景和集体的战略决策。

三、房地产企业战略管理的使命

企业使命就是企业存在的理由和价值，即回答为谁创造价值，以及创造什么样的价值。企业作为一个自主性经营主体，其使命一般是主动承担的，相关的利益方一般是股东、员工、供应商、消费者、社会和社区。

例如杭州的绿城房地产集团有限公司的使命：“为员工创造平台，为客户创造价值，为城市创造美丽，为社会创造财富”。

提示

房地产企业战略管理制定战略的重要依据就是一个确定的愿景和一个明确陈述各方利益关系的企业使命。

四、房地产企业战略管理的六个前沿思考

毋庸置疑，每一次市场调控都会导致市场竞争格局的变化。随之而来的就是房地产企业战略管理的调整。通常情况下，保持企业发展战略的延续性和动态性是必要的，延续性是着眼于中长期市场趋势的确定性，以及企业品牌、文化等“血脉”的传承性；动态性是为了适应市场环境和内部资源、能力的变化。

思考1：如何不进入战略雷同化的胡同？

当市场变化已经成为常态时（事实上，调控从来就没有间断过），虽然进行房地产企业战略管理调整是必要的，但如何规避战略雷同化，防止战略“撞车”，是必须认真思考的一个问题。导致房地产企业战略管理雷同化的原因有三。

第一，大家处于同一个市场环境中。房地产市场竞争格局的变化总离不开一个基本的前提：在这个市场上，约有8万家具有法人主体资格的房地产企业。按照46.6%城市化率和城镇人口6.2亿计算，平均7750个城镇人口或两千多个城镇家庭就分摊一个房地产开发企业。如此庞大的市场群体处于同一市场环境中，行为趋同是难免的。

第二，大家都用同一套房地产企业战略管理理论（如竞争战略、蓝海战略、平衡计分卡等），用同样的分析工具（如SWOT分析、波特模型等），甚至战略制定者出自同一咨询机构或同一师门。

第三，企业遇到的问题以及想到的破题方案具有相似性，问题无非是资金问题、人力资源问题、管理问题等，所采取的战略无非是资本运营战略、产品战略、品牌战略、资源整合战略等。

但是，任何原因都不应成为房地产企业战略管理雷同化的理由。如何避免战略“撞车”，接下来的几个房地产企业战略管理的热点问题尤其值得大家冷静思考。

思考2：两种模式的选择，是万科还是万达？

2011年，万科前三个季度实现销售额692亿元，创下了同期业绩历史最高位，而且有较大可能实现全年950亿元的销售目标。相信有不少把万科视为标杆的企业会为之振奋。但这些企业不知道是否意识到，万科能有如此骄人的业绩主要得益于两点：一是有标准化、可复制的产品；二是注重整体规模效益，不过高追求单个项目的利润率，而绝大多数万科的拥趸们在短时间内还很难做到这两点。最为值得警醒的是，万科这种“买地－卖房－再买地－再卖房”的开发模式实属越做越累的一种模式：为了业绩增长，今年完成四十个项目，就要再拿五十个项目；明年完成五十个项目，就要再拿六十个项目……，而且这种模式是建立在市场没有大波动的前提下。

与之形成鲜明对比的是，万达的开发模式却是越做越轻松：现金流滚资产，资产越来越大，现金流越来越有保障。不出意外的话，今年万达的销售额可能会实现800亿元。或许是意识到了两种模式所引致的企业两种发展境界的不同，万科今年也开始进军商业地产。

对中小企业来说，尽管项目数量较少，难以追求规模效益，但也可以越做越轻松。最忌讳的方式是，操作了很多项目，但各个项目的物业类型、规模、形态等各不相同，企业总是在不熟悉的领域做不熟悉的产品。这种方式只能是越做越累。越做越轻松的开发模式如下图。

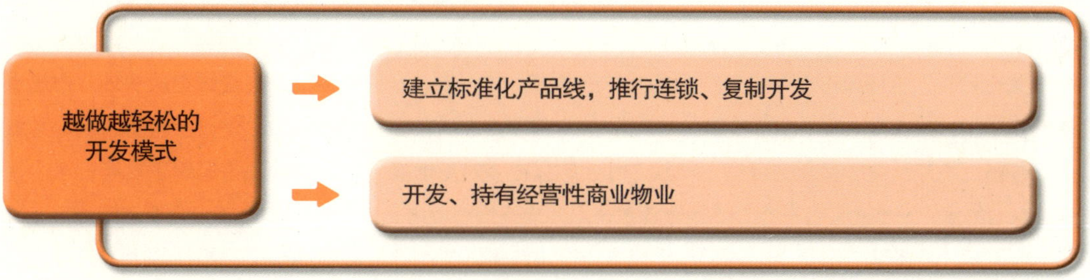

思考3：商业地产——是摇钱树，还是滑铁卢

因为商业地产开发具有越做越轻松的特点，再加上人所共知的益处，例如可以抵押、可以转让、可以作为资产装入上市公司，今年的房地产市场可谓是商业地产年。但是，根据兰德咨询对商业物业的投资价值测算，我们发现商业地产存在诸多隐忧：

（1）按照现在市场上商业物业的租售比，除非在北京、上海等一线城市，以及部分二线城市，绝大多数二、三线城市的商业物业需要一二十年才能收回投资。再考虑到还要每隔几年进行必要的硬件升级，还要剔除掉不菲的房地产企业战略管理顾问费，回报期就更长。

（2）散卖后放任业主或使用者自营的方式早已证明是失败之举（潘石屹的项目就是典型例子），而且散卖本身已经不是持有经营的概念；整体租给沃尔玛、家乐福？据其内部人士透露，全国有成千上万家开发企业找他们！即便是租给他们，你能接受超低的租金吗？目前看来，商业物业的成功经营必须建立在企业有自营商业体系的基础上，再辅以紧密的商家联盟。作为商业物业开发成功标杆的万达，其实也是在走了一条曲折的道路后，才有了万千百货这个自营品牌。没有自营的连锁商业体系，如何支撑商业物业经营？

（3）我们更应该注意到，随着电子商务的发展，再加上出行难、停车难，网购的趋势其实越来越明显，这就相应降低了对商业物业的需求。据说，LV、卡地亚等一线品牌也不得不开始接受网购。这种逆转的趋势虽然不会很快到来，但无视这种趋势显然是缺乏前瞻性的战略思维。

除非企业现金流充裕，除非未来几年内可以成功上市（将商业资产装入上市公司相当于一次性销售给股东），否则还是谨慎介入商业地产为好。否则，非意愿地持有一些商业物业，可能会成为企业的滑铁卢。

最近，美国有一位著名经济学家告诫我们说，如果中国房地产市场不进行结构性调整，很有可能引发中国的金融危机，而危机的起爆点就是商业物业。

思考4：二、三线城市——是主动布局，还是被动转战

（1）万科、阳光100、华远华丽转身的背后

很多企业的战略取向不是主动而为，而是不得已为之的。当初万科转战二、三线城市不是因为先知先觉，而是因为有限的一线市场不能满足其追求规模效益，再加上在一线城市拿地有限。阳光100在十年前转战济南、天津等二线城市，是因为其资金实力也不足以在北京大规模拿地。华远地产现在转到长沙、青岛等城市，也是因为多年没在北京拿到地而不得已为之的。

（2）主动布局还是被动转战

很多企业面临着这样的房地产企业战略管理选择：是上攻一线，还是转战二、三线，甚至是下四线。这个问题很大，需要进行企业资源、能力分析，但首先要诚实地回答这个问题：是主动布局，还是被动转战?

通过对二、三线城市竞争格局及市场占有率课题研究，我们发现许多二、三线城市的房地产市场竞争已很激烈，因为大多数一线企业已经完成了二、三线城市的布局——在长沙、济南、合肥、长春等城市，万科、中海地产、保利、绿地、绿城、恒大等都在面对面地竞争——市场几乎呈现了对半，至少是三三制的格局：一线企业占一半，本地企业占一半，或一线企业占三分之一，本地领先企业占三分之一，90%左右的小企业占三分之一。在如此格局下，再强势进入二、三线城市的难度已经比较大。再说，企业的运营管控能力、产品复制能力能支撑吗?

尽管一线城市巨头云集，但房价高、利润高，而且几乎不用担心销售问题。至少，在可预见的未来几年内，这种状况不会改变。现在一线城市的主要问题是土地供应量有限，几乎不可能落到中小企业手中，所以很多企业不得不转战二、三线城市。另一个不容忽视的客观事实是，企业只有进入一线城市，才能博取专业媒体和全国性财经媒体的关注，才越来越能塑造出企业品牌，进入一线企业之列。

对处于二、三线的中小企业来说，如果不能进入一线城市，建议企业重点关注四线城市。近些年来，我国县域经济发展速度很快，而且县域城市正处于城镇化的初期，政府对城镇化建设的欲望很强，再加上税收、就业等可持续发展诉求，携着在二、三线城市不算领先但在四线城市却领先的理念、产品进军广阔的四线城市，定能开拓出企业发展的新天地。

（3）主动布局的五大前提

是上攻一线，还是转战二、三、四线，关键是要在房地产企业战略管理导向下进行主动布局，因此要明确解答包括（不仅限于）下图所示的五个问题：

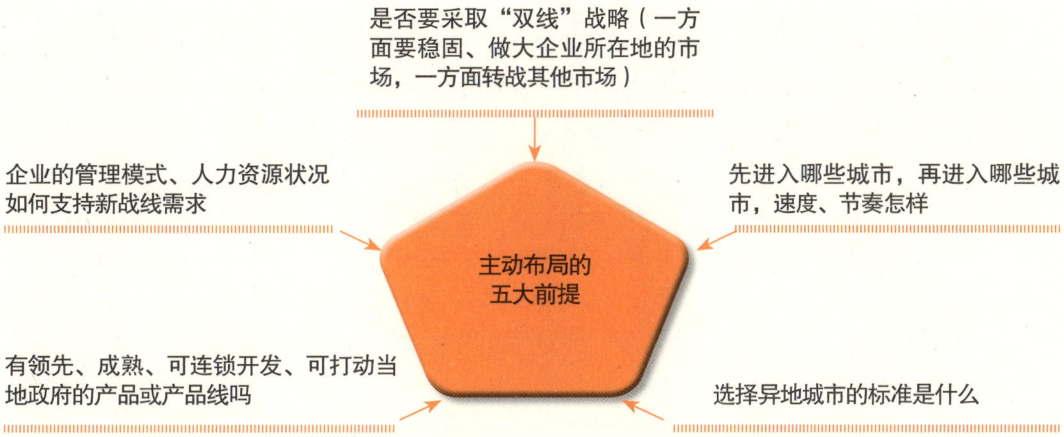

简而言之，转战新城市要明确四个选择：城市选择、区位选择、产品选择、管理模式选择。如果没有成熟、领先的产品模式，没有高效的房地产企业战略管理模式，仅凭以关系为导向的热情，为了走出去而走出去，结果难以预料。

思考5：项目组合——既要利润，又要现金流

多项目同时开发阶段，企业一定要做好平衡和组合工作。所谓平衡，就是要协调好不同项目的比例：一是长线项目和短线项目的比例，二是本地项目和异地项目的比例，三是销售项目和持有性项目的比例。所谓组合，就是要匹配好不同项目的现金流，既要有长线、高利润项目，也要有短线、以供应现金流为主的项目。

现今还有很多企业没有意识到项目组合的重要性。例如有的企业只做短平快项目，结果是虽然越做越多，但也越来越累；有的企业抓住一个项目，就要利润最大化，结果是开发销售周期太长，反而平均年利率很少。

中型房地产企业最好对两类项目进行组合，我们称之为MN组合模式，如下图：

M 是指长线、大盘项目，如一、二、三级联动项目，开发周期可能5～10年，前提需要大量投入，但随着地价和房价的上涨，项目利润十分可观

N 是指以供应现金流为主的短平快项目，即获得熟地后，开发畅销产品（未必是领先的创新产品），2～4年就能结案的项目

至于两类项目的具体数量，要根据企业资源和能力状况而定。例如，M类项目有一两个，N类项目要有五六个，才能够支撑M类项目的前期投入。如果N类项目属于标准化产品线，能够实现复制、连锁开发，就更好了。据测算，标准化开发至少可以缩短10%的开发周期，开发成本、管理费用、财务费用等会大幅度下降，项目净利率会提高5%左右。

目前，一线企业大都有成熟的产品线，项目组合方式也比较合理。例如，万科有比较成熟的四个标准化产品线，另外还有一些特色、创新项目。绿城的产品线更是做到了全业态覆盖，在开发销售短线项目的同时，也开发、持有了大量的酒店、写字楼物业。万达有两条产品线，一类是第三代商业物业项目，一类是高档居住小区项目。

这些企业的项目组合方式具有共同的特点：多条标准化产品线＋多个试点性创新项目。

思考6：把握反周期规律——万科与中海地产的启示

如果仔细观察，你会发现好多房地产企业的开发节奏总是地价高的时候买地，市场调控的时候卖房。总是与市场波动周期相悖，所以很累，很痛苦。如何在逆市下破局，把握、运用好市场反周期规律是关键。

众所周知，与资本市场类似，房地产市场也具有较明显的周期波动规律。在正常周期规律下，企业拿地、售房的节奏都是"随波逐流"，显然难以取得超预期的高利润率，除非是操盘能力及成本控制能力超过竞争者。但如果运用好反周期规律，就可能很容易实现。简单地说，房地产企业运用反周期规律就是要"逆市场风向行事"，也就是企业的房地产企业战略管理行为要与市场波动规律相呼应，尽可能地做到逆市拿地，旺市卖房。

房地产开发的至高境界其实就是把握好两个节奏。一是企业发展的节奏，二是项目开发销售的节奏。前者属于战略行为，要运用好反周期规律，反映的是企业市场把控能力；后者属于操盘行为，反映的是企业操盘能力。

实践证明，能否运用好反周期规律，某种程度上决定了企业竞争优势及发展潜力。中海地产就是一家擅长运用反周期规律的标杆企业。凭借在香港房地产市场中近二十年的历练，在内地房地产市场上，中海地产除了具有超过一般企业的工程管理能力、成本控制能力外，更是具有其他企业难以企及的反周期能力。突出表现在，其几次拿地高峰都基本与企业战略规划相吻合，并规避了地价高的时期。相反，在同一市场时期，万科却多次"踏空"：先是对市场判断有误，抛出了"拐点论"，错失了市场销售良机；接着是悲观地放大了金融危机的影响，错失了2008年三季度的拿地最好时机；随后又减少了2009年的开竣工计划，以至于到下半年的销售高峰时，几乎无货可卖。可见，反周期对企业发展影响之大。除了反周期能力差异导致此消彼长外，更为重要的是，两家企业的盈利能力也相差巨大：中海地产的净利率几乎是万科的3倍。可见，成功运用好反周期规律对企业盈利状况的贡献之大。今年，万科终于醒悟过来了，一方面快速销售、去存货，一方面大举拿地，这才是反周期的明智之举。

在政府有关部门不断加大市场调控力度的大势下，运用反周期规律，尽可能地做到逆市拿地、旺市卖房，无疑是在逆市中拓展企业战略发展空间、获得持久竞争优势的重要战略行为。

房地产企业的目标管理是为使企业的使命和愿景转化为具体的年度总目标，并将其有效分解、转变成为企业各单位的目标，继而进行科学有效的目标计划、执行、管理、评估和激励的企业管理行为。目标管理指导思想是以Y理论为基础的，即认为在目标明确的条件下，人们能够对自己负责。

3

目标管理

——战略目标的分解与执行

一、房地产企业目标管理的特点

房地产企业的目标管理是为使企业的使命和愿景转化为具体的年度总目标，并将其有效分解、转变成为企业各单位的目标，继而进行科学有效的目标计划、执行、管理、评估和激励的企业管理行为。

目标管理指导思想上是以Y理论为基础的，即认为在目标明确的条件下，人们能够对自己负责。它与传统管理方式相比有鲜明的特点，可概括为：

1.重视人的因素

目标管理是一种参与的、民主的、自我控制的管理制度，也是一种把个人需求与组织目标结合起来的管理制度。在这一制度下，上级与下级的关系是平等的，双方尊重、互相依赖、彼此支持的，下级在承诺目标和被授权之后是自觉、自主和自治的，而不再频繁地受多层级管理和监督。

2.目标体系可层层分解

目标管理通过专门设计的过程，将组织的整体目标逐级分解，转换为各单位、各员工的分目标，即从组织目标到经营单位目标，再到部门目标，最后到个人目标。在目标分解过程中，权、责、利三者已经明确，而且相互对称。这些目标方向一致，环环相扣，相互配合，形成协调统一的目标体系。只有每个员工完成了自己的分目标，整个企业的总目标才有完成的希望。

3.重视成果

目标管理以制定目标为起点，以目标完成情况的考核为终结。工作成果是评定目标完成程度的标准，也是人事考核和奖评的依据，是评价管理工作绩效的唯一标志。至于完成目标的具体过程、途径和方法，上级并不过多干预。所以，在目标管理制度下，监督的成分很少，而控制目标实现的能力却很强。

二、房地产企业目标管理的现状

房地产企业推行规范化管理还处于比较短的时间，而目标管理在中国发展尤其在房地产业的发展还处于探索阶段。具体表现在：

1.目标管理缺乏科学管理体系支撑

目标管理一般要求企业具有基本的管理体系，一个企业的部门职能和岗位明确，再进行目标分解才能有据可依。但是不得不承认，大多数的管理体系并不健全，这样我们就缺乏一个目标管理的制度环境。譬如，我们对前期开发部门没有界定清晰的职能，对于报建岗位没有明确的职务说明书，那么我们怎么给部门下目标，怎么对岗位进行考核？显然，没有管理体系的支撑，目标管理只能是空中楼阁。

2.目标管理的计划赶不上变化

目标管理的制定过程中，计划往往赶不上变化，这样导致了目标缺乏指导作用，而成为缚在员工身上的一个枷锁，反而让员工觉得是累赘，浪费时间。现在的房地产业发展一日千里，3个月前的房价和3

个月后的房价千差万别，所以销售额指标可能往往失去考核效应。而拿地价格也是水涨船高，目标管理在制定目标计划时往往无法做到准确预测。

3.中层管理人员缺乏对目标管理的认识

房地产行业的管理确实还处于比较新的水平，对于到底如何推行目标管理，大家并没有行之有效的成功经验。在对目标执行、跟踪、实施上，中层管理者遭遇执行困境往往容易放弃，甚至蒙混过关，这样就失去了原有的意义。

4.目标界定困难

前面我们说过，房地产企业的目标计划到底如何界定才能符合企业的客观发展状况，是个很难的事情。领导给底下定下目标，而下属总是借助各种压力希望减少目标，什么样的目标才能让员工的目标与企业的目标统一起来，这是个相当麻烦的事情。

三、目标制定的原则和依据

1. 目标制定的原则（见下图）

原则1——员工参与原则

在总目标指导下，各层级员工共同参与目标制定

原则2——系统性原则

个人目标服从部门目标，部门目标服从企业目标

原则3——先进可行原则

目标制定要既有挑战性又有实现的可能性

原则4——导向变化原则

总目标变，分目标随之变；总目标不变的情况下，分目标可随情况的变化做适当的修正

原则5——可测评原则

目标的制定要量化或行为化，便于评估

2. 目标制定的依据

目标的制定一般依据六大因素，分别是企业战略规划，企业年度目标、指标、方针，企业土地储备，产品研发，历史业绩，未来房地产走势。

四、房地产企业目标管理的基本流程

房地产企业目标管理是个系统工程，它牵涉到公司的各个部门各个人，因此，必须要制定缜密的推进步骤。一般来说包括三个阶段，第一阶段是目标的设定，包括公司的目标、部门目标、员工目标三个层次的分解问题。第二个阶段是目标的实施和管理，这一阶段是目标管理能否完成的关键。第三个阶段是测定与评价是否达到所定的目标。

第一阶段：目标的设定

这是目标管理最重要的阶段，第一阶段又可以细分为四个步骤（如下图）：

目标设定的四个步骤

- 高层管理预定的目标，这是一个暂时的、可以改变的目标预案
- 重新审议组织结构和职责分工
- 确立下级的目标
- 上级和下级就实现各项目标所需的条件以及实现目标后的奖惩事宜达成协议

某房地产公司目标设定的流程

第一步：由董事会拟订年度目标的指导方针。

第二步：人力资源部和总经理参与讨论企业下年度总目标；人力资源部根据讨论所达成的信息及数据拟订企业下年度总目标。而后人力资源部将企业下年度总目标自上而下由各级干部和员工充分讨论，并根据反馈意见进行反复修订。时间一般在十月下旬。

第三步：人力资源部经过反复讨论、修正凝练而成的企业年度总目标，报企业总裁、董事会审批、核准（见下节“企业目标计划表”）。由董事会向企业传达核准的企业下年度总目标。

第四步：根据企业各职能部门的工作职责，人力资源部组织将企业年度总目标分解至各职能部门，同时报请企业决策者批准。各职能部门自行组织将部门目标分解至各下属部门。

第五步：人力资源部组织企业总裁及相关负责人签订目标责任书，各部门自行与下属部门签订目标责任书，目标责任书均需在人力资源部备案。

第六步：各部门根据其年度目标自行编制年度经营计划书，并报请其直接上级审批后送至人力资源部备案。人力资源部参考各职能部门年度经营计划书，负责完成企业年度经营计划书

的编制，并报请企业董事局审批。并要在新项目开工前一月，编制《项目开发计划书》并报请相关决策者批准。以上所有计划书均需在人力资源部备案。

第七步：各部门根据年度经营计划制订下季度目标计划，同时交人力资源部审核后报请相关决策者批准。开发部门每月根据部门年度经营计划制订下月目标计划，填写《目标计划表》报部门经理批准后提交人力资源部备案。各部门在工作中产生的临时工作项目，人力资源部可视情况决定是否列入本季、月的绩效评估，若列入，依《绩效评估实施办法》进行评估。

责任人	职　责
人力资源部	根据企业目标方针、上年度历史数据及对市场的预测，拟订企业下年度总目标并经反馈、修正，确定公司年度目标
人力资源部	将确定的企业年度目标报公司总裁、董事会批准、核决
人力资源部与各部门	将企业年度目标分解至各部门，并报请企业常务副总批准
总经理与常务副总	常务副总与总经理签订企业《年度目标责任书》
各部门经理与常务副总	各部门与企业常务副总签订《年度目标责任书》，并在人力资源部备案
各部门	各部门与其下属单位签订《年度目标责任书》，并提交人力资源部备案

说明：公司内部所有年度目标责任书，均一式三份，各责任单位一份，档案室一份，绩效中心一份

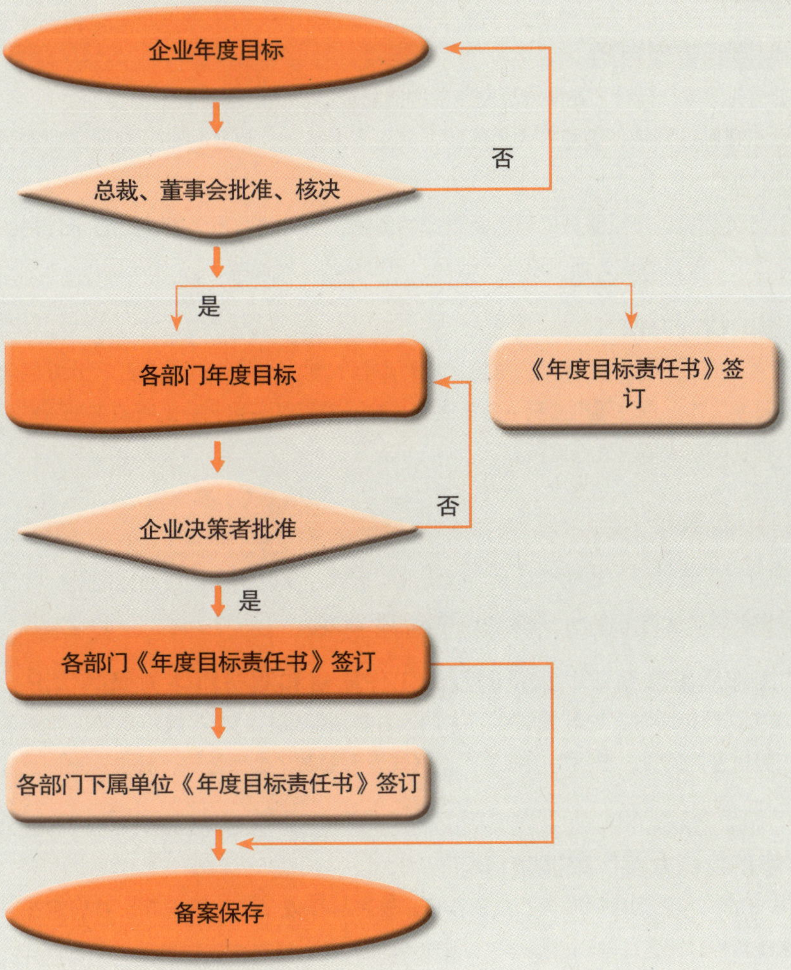

第二阶段：目标的实施和管理

目标管理重视结果，强调自主、自治和自觉，并不等于领导可以放手不管，相反由于形成了目标体系，一环失误，就会牵动全局。因此领导在目标实施过程中的管理是不可缺少的。

（1）自我检查、自我控制和自我管理

目标分解到基层员工后，由于每一个部门、每一个人都有了具体的、定量的明确目标，所以在目标实施过程中，人们会自觉地、努力地实现这些目标，并对照目标进行自我检查、自我控制和自我管理。这种“自我管理”，能充分调动各部门及每一个人的主观能动性和工作热情，充分挖掘自己的潜力，因此，完全改变了过去那种上级只管下达任务、下级只管汇报完成情况，并由上级不断检查、监督的传统管理办法。

（2）加强经济考核，定期检查

目标管理的循环周期一般为一年。但为了进一步落实经济责任制，及时纠正目标实施过程中与原目标之间的偏差，房地产企业要打破目标管理的一个循环周期只能考核一次、评定一次的束缚，坚持每一季度考核一次和年终总评定。这种加强经济考核的做法，进一步调动了广大职工的积极性，有力地促进了经济责任制的落实。

（3）跟踪管理

1）目标计划追踪管理目的

第一，及时总结并吸取目标计划如期或超期完成的成功经验，更好地开展下一步工作；

第二，及时分析目标计划执行偏差较大的原因，找出改进方法、修正行动计划或采取有效措施，使目标计划顺利完成；

第三，分析目标计划执行严重滞后的原因及造成的影响，努力寻找出如期完成目标计划的途径，根据执行滞后的实际情况，做出相应处理（培训、辅导、考核奖惩、换岗等）。

2）跟踪管理的执行办法

在执行上，公司对各部门的目标计划完成情况进行追踪管理。一是由公司总裁、分管副总、总助、总监通过听取部门日常工作汇报、随机抽查等方式进行监控；二是在公司例会上听取各部（室）、中心工作汇报，并对周目标计划完成情况进行监控。

（4）重视信息反馈工作

为了随时了解目标实施过程中的动态情况，以便采取措施、及时协调，使目标能顺利实现，一定要重视目标实施过程中的信息反馈工作。一般采用两种信息反馈方法：

1）建立“工作质量联系单”来及时反映工作质量和服务协作方面的情况

当两个部门发生工作纠纷时，统筹管理部门（如人力资源部或总经办）就能从“工作质量联系单”中及时了解情况，经过深入调查，尽快加以解决，这样就大大提高了工作效率，减少了部门之间不协调现象。

2）通过“修正目标方案”来调整目标

此信息反馈方法的内容包括目标项目、原定目标、修正目标以及修正原因等，并规定在工作条件发生重大变化，需修改目标时，责任部门必须填写“修正目标方案”提交决策者批准后修正目标。

第三阶段：总结和评估

达到预定的期限后，下级首先进行自我评估，提交书面报告；然后上下级一起考核目标完成情况，决定奖惩；同时讨论下一阶段目标，开始新循环。如果目标没有完成，应分析原因总结教训，切忌相互指责，以保持相互信任的气氛。总结和评价的步骤如下：

1.企业各部门应根据当月目标计划达成情况进行自检自评并将检查结果提交人力资源部修正；人力资源部根据对各部门目标达成的检查结果修正有关部门的绩效分值，汇总成《月绩效评估汇总表》由上级审批后，进行备案。企业各部门的绩效评估应结合当月目标计划达成的情况，对于未达成目标的要分析原因、找出解决办法。

2.人力资源部组织各部对其直接上级进行年中述职。同时各部自行组织其下属部门对部门总经理进行年中述职，对上半年的目标达成情况进行总结并安排下半年工作。述职完毕根据市场状况和董事局要求对企业年度目标检讨，若需修正填写《目标修正表》，年度目标则以修正后的为准。其他时间，任何单位不许修正企业年度目标。企业年度目标修正后，各部门可适当修正，但须人力资源部同意。

3.人力资源部根据各部的目标达成情况提交企业季度经营分析报告，报告内容结合企业各部季度目标计划完成情况实事求是地总结，对于未达成的要分析原因并警示相关部门找出解决办法。

4.人力资源部组织各部门总经理进行年终述职，对上年度的目标达成情况进行总结、评估。各部门的年终述职自行组织，若企业需要统一组织的由人力资源部组织。

5.各部门在制订季、月目标计划时，上级与下级要充分沟通，以建立本组织系统内科学有效的绩效目标。在目标计划执行的过程中，上下级部门应就目标达成的资源条件进行及时沟通、协调，上级主管应对下级部门的工作给予指导、协助并进行过程管理。每月目标达成绩效评估修正后，人力资源部应将修正结果反馈于各部门，同时各部门总经理应适时与下属部门进行绩效面谈或书面反馈，指出下属单位工作的成效和不足，及下阶段工作的努力方向与提升空间。

6.在目标达成过程中的异常事件人力资源部要追踪、调查，并责成相关部门拿出解决方案以降低损失至最小，同时及时报告企业常务副总。

五、房地产目标管理配套表单

企业目标表

责任部门：　　　　时间：　　　　表单号：

目标序号	目标内容	备注

企业目标计划表

责任部门： 时间： 表单号：

目标序号	目标/任务	权重	完成时间	完成标准
1				
2				
3				
4				
5				
6				
7				
8				
9				
10				

备注：

责任部门：	直接上级：

目标修正表

责任部门： 时间： 表单号：

序号	部门	原定目标	修正目标

企业经营计划书内容目录

责任部门： 时间： 表单号：

一、年度目标：

二、施工计划

三、销售计划

四、预算计划

五、新产品研究计划

六、土地采购计划

七、人员招聘计划

八、员工培训计划

九、其他采购计划

十、管理计划

企业预算计划书

责任部门： 时间： 表单号：

一、年度目标：

二、销售预算

三、生产预算

四、直接材料预算

五、直接人工预算

六、费用预算（管理费用、销售费用、财务费用）

七、产品成本预算

八、期末存货预算

九、生产费用预算

十、现金预算

十一、预计损益表

十二、预计资产负债表

十三、专门决算预算

附　件

某房地产企业目标达成及异常事件追踪检查办法

1.总则

（1）目的：为对企业各部门的目标达成进行有效的追踪、检查、评估，对异常事件知情并进行调查，保证企业有序经营，促进企业年度目标和战略目标的实现，特制定本办法。

（2）范围：企业各部门、处、中心及各自下属部门。

（3）人力资源部是追踪、检查、评估、调查的执行部门。

2.目标达成追踪检查细则

（1）追踪检查内容

1）部门当月《目标计划表》所提报的目标在检查期内达成情况。

2）部门上月没有达成的遗留于本月应当完成的事项。

3）交办于本部门的当月应当完成的临时工作项目。

4）其他依据企业规定应追踪检查的事项。

（2）检查方式

采取重点抽检的方法，每个部门每月检查下属部门2个以上；具体每月检查哪一部门，由检查的当月临时决定，若上月被检查的部门重点事项未完成，则本月其遗留项应列入重点检查内容。

（3）检查流程

1）在目标检查前，人力资源部应编制好《目标管理抽样检查表》及其他检查准备工作，根据实际情况可提前通知被检部门并约定时间，也可进行突击检查。

2）人力资源部对被检部门的目标达成状况进行检查时，对于跨部门的工作项目，采取一追到底的跟进检查方法，并对检查结果实事求是进行记录，被检部门要对记录结果当场核实签署意见。

3）检查完毕后，人力资源部将检查结果进行汇总；并将汇总结果进行公告，对于未完成的重点目标或工作项目要督促责任部门拿出改进措施，填写目标检讨表，并列入下期重点检查项目。

3.异常事件的追踪调查细则

（1）对异常事件的定义

1）房产开发、销售、推广、服务类

①样板房建设工期延长10天以上或成本增加2万元以上的；

②营销推广规划不周或实施不到位，引起参与营销活动的客户强烈不满或投诉，营销费用超出预算1万元以上的；

③销售不足计划的60%，一周内出现退房2户的（以签约为准）；

④广告策划、委托制作或播放出现大的失误，使公司形象严重受损或蒙受2万元以上的直接经济损失的；

⑤对代理公司所签合同的审查不过关，出现虚假承诺，致使批量客户（或业主）退房或投诉至××市主流媒体和主管部门的；

⑥对签约客户所提交备案的财物管理不善，使客户蒙受重大经济损失与精神伤害，同时使公司形象受损并接到重大经济索赔的。

2）工程类

①出现严重的工程质量事故，或工程成本增加2万元以上，或工期严重滞后15天以上的；

②出现重大的安全问题，有严重的人身伤残或死亡的；

③出现重大的合同失误，致使公司损失2万元以上资金的；

④收受工程承包商及材料供应商的贿赂，给公司财产造成直接经济损失达1万元以上的。

3）物业服务类

①对物业服务及安保服务强烈不满，客户投诉至××市主流媒体或主管部门的；

②对业主或民工的联合抗议安抚或阻止不力，致使其围堵公司大门，严重影响公司形象，影响职员的安全和工作的；

③对省市或中央领导来社区视察的准备工作及安全保卫不力，出现大的失误，引起上级不满的。

4）财务类

①出现大的财务工作失误，造成公司损失2万元以上者；

②私自挪用或贪污公司款项达2000元以上者；

③公司财务失窃，给公司造成损失者；

④违反财务会计制度的；

⑤其他未尽的异常事件。

（2）异常事件提报与调查管理规定

1）企业内各部门若出现异常事件，应在第一时间通知其直接上级和人力资源部，填写《异常事件提报表》。

2）对于企业各部门提报的异常事件，人力资源部视具体情况决定是否调查，若需调查，企业各级干部和员工均有义务配合调查，调查结果填写《调查报告》提交总工办、常务副总，抄送相关领导（见下节）。

3）对于异常事件调查结果，人力资源部应提出处理意见，依据人事规定进行处理。

4）人力资源部对所发生的异常事件应督促责任部门制定纠正预防措施，并追踪其处理结果。同时在

企业内通报，其他部门应引以为戒，避免同类事件发生。

5）企业各部若发生异常事件，不得迟报或瞒报。若迟报1个工作日，扣减当月绩效总分值10分；若迟报2个工作日，扣减当月绩效总分值20分；迟报3个工作日以上，该部门当月绩效奖金全部扣除。若隐瞒不报，在企业人力资源部查出真相后，按人事规定从重处理。对于及时提报异常事件的责任部门，人力资源部根据情节轻重，相对于迟报或瞒报的部门，从轻处理。

4.配套表单

目标管理抽样检查表

被检部门：　　　　　　　　　　　　　　　　　　　　年　　月份（季）

序号	检查内容	检查结果

以下是目标计划表中未列入的检查项

序号	检查内容	检查结果

被检部门意见：

被检部门签字：　　　　时间：

绩效专员：　　　　时间：

目标检查汇总表

时间： 年 月 日 表单号：

序号	被检部门	抽查依据	检查内容	检查结果	表单号

异常事件提报表

提报部门： 表单号：

事件主题：	事件发生时间：

事件描述：

提报部门： 时间：

人力资源部意见：

人力资源部： 时间：

调查报告

主题		调查时间
调查人员		
事件描述		
原因分析		
纠正预防措施		
人力资源部意见	签字：	
总经办意见： 签字：		常务副总意见： 签字：

很多企业发展到一定阶段以后会有很多的下属公司，这些公司可能是全资，可能是控股，也可能是参股。譬如，有很多大的房地产企业有自己的建筑设计公司，如万科；很多企业有自己的上游原材料厂或生产基地，如碧桂园……如何对这些下属企业进行管理，都可能影响到组织结构设计的变化。一般来说，房地产企业对下属企业有三种管理模式，它们分别是财务管理模式、战略管理模式、操作管理模式，每种模式各有不同。

4

房地产企业的掌控模式

——掌控模式与组织设计兼容的最优策略

我们知道，在房地产这个大行业中，组织结构并不仅仅像我们上面说的那么简单，很多企业发展到一定阶段以后会有很多的下属公司，这些公司可能是全资，可能是控股，也可能是参股。譬如，很多大的房地产企业有自己的建筑设计公司，如万科；很多企业有自己的上游原材料厂或生产基地，如碧桂园；很多大型的国有企业可能还包括一条龙的建筑施工企业，如景观设计公司、园艺公司、策划代理公司、中介公司等。对这些下属企业进行管理，可能影响组织结构设计的变化。

一、房地产企业对下属企业的三种管理模式

一般来说，房地产企业对下属企业会有三种管理模式，它们分别是财务管理模式、战略管理模式、操作管理模式，每种模式不同的特点如下：

授权模式 / 特点	财务管理型	战略管理型	操作管理型
	分权		集权
总部与下属分公司的关系	以财务指标进行管理和考核，总部无业务管理部门	以战略规划进行管理和考核，总部一般无具体业务管理部门	通过总部业务管理部门对下属企业的日常经营运作进行管理
管理目标	投资回报；通过投资业务组合的结构优化来追求公司利益最大化	公司业务组合的协调发展；投资业务的战略优化与协调；战略协同效应的培育	各子公司经营行为的统一与优化；公司整体协调成长；对行业成功因素的集中控制与管理
总部的核心职能	财务控制；法律；企业并购	财务控制；战略规划与控制；人力资源	财务控制、战略；营销；网络、技术；新业务开发；人力资源

二、战略管理模式的组织特点

战略管理模式并不要求总部设立具体的业务管理部门，其考核与管理重点一般也集中于下属公司的董事会或总经理（如下图）。

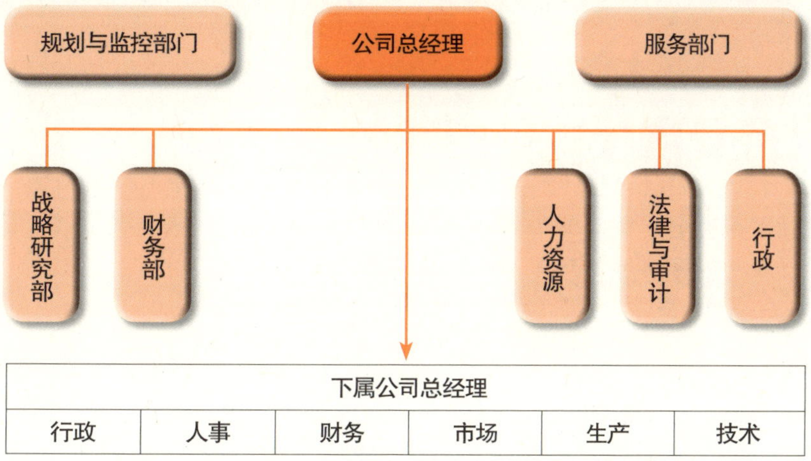

公司总部主要起到战略规划、监控与服务职能。战略研究部主要通过战略规划与业务计划体系对下属公司进行战略引导；财务部则通过预算体系和财务报告体系对下属子公司进行财务监控；此外，人力资源、法律与审计等部门则主要为各分公司提供带有规模效应的专业化服务。

公司通过战略指标体系对分公司总经理进行考核，但考核一般不到下属公司的职能部门。下属公司作为独立的业务单元和利润中心将对其经营活动享有高度的主权。战略管理模式的采用将进一步强化下属公司的独立运作能力，总部的业务管理功能将弱化。

三、操作管理模式的组织特点

操作管理模式则要求总部设立具体的业务管理部门来对下属公司的相关业务进行对口管理，其考核重心将下延至下属公司的职能部室（如下图）。

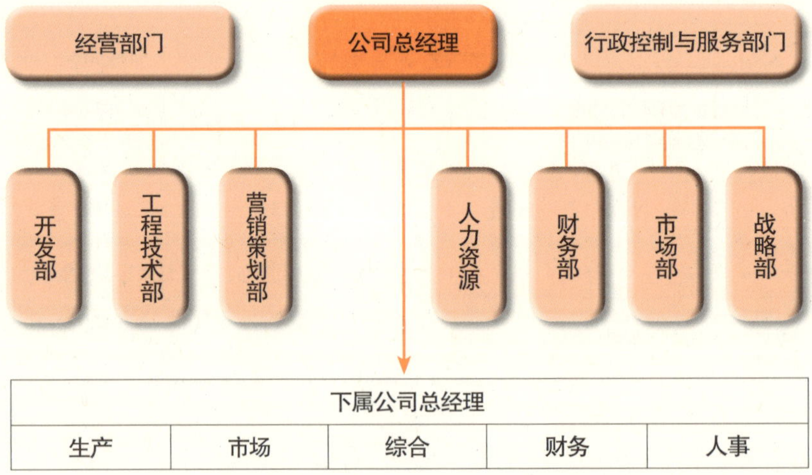

公司总部主要起到业务管理、控制与服务职能。总部的工程技术部、市场部等业务部门将对下属分公司的对口部门进行业务管理，并通过对其进行业务考核的方式来强化管理。下属公司可以作为利润中心进行考核，但其关键经营活动将由总部统一规划，受总部集中控制。

操作管理模式的采用需要大幅提升总部业务管理能力，同时建立职能分级的纵向考核体系。

四、财务管理模式的组织特点

财务管理模式是指母公司通过投资入股子公司，成为子公司的股东，并掌握控股权的模式，母子公司之间更类似于股市中投资者与上市公司的关系（如下图）。

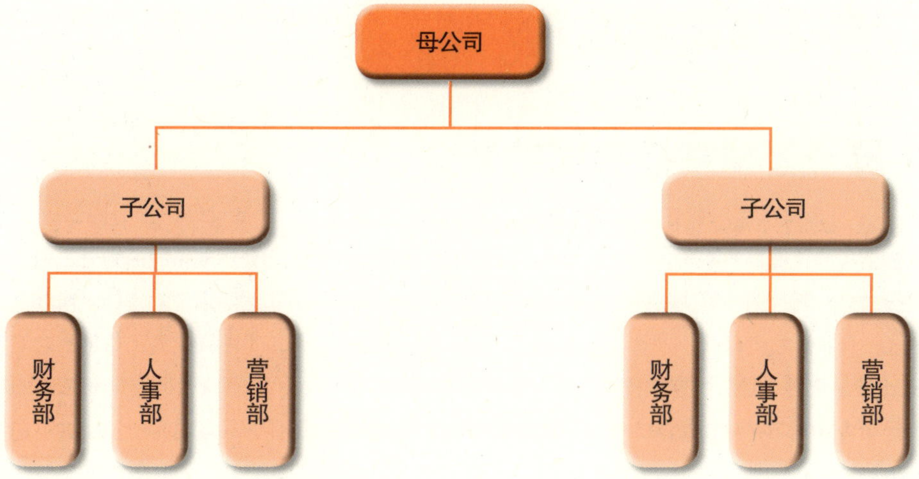

1.财务管理模式的管理方式

财务管理模式决定企业以追求资本增值为唯一目标，无明确的产业选择。母公司的核心功能是资产管理。将注意力放在财务指标数据的控制上，通过控制股权，支配被控股子公司的重大决策，以达到资本控制的目的。金融型控股公司的总部人员精简，主要是高级财务管理人才，通过资本营运手段对被控股子公司进行指导、监控，并且不断捕捉资本市场的信息，进行符合投资回报目标的兼并、收购和出卖、转让。

2.财务管理模式的优点和缺点

优点	A. 母子公司之间的产权清晰，子公司成为完全独立的经济实体； B. 母公司的投资机制灵活有效，子公司发展得好，母公司可增持； C. 子公司发展不好，母公司也可退出，可有效地控制母公司的投资风险； D. 母公司可以完全专注于资本经营和宏观控制，减少了母子公司之间的矛盾
缺点	A. 控制距离过长，信息反馈不顺畅； B. 母公司与子公司之间信息不对称，难以实施有效的控制； C. 子公司内部容易产生事实上的内部人控制； D. 母子公司的目标容易不一致，不利于发挥集团优势

3.财务管理模式的适用范围

母公司不从事生产经营，财务管理型控股公司也没有一个特定的核心企业，也不对子公司进行战略方向上的规定，一般适用于大型房地产投资企业。

五、母子公司掌控方式

1.母子公司掌控界面的划分

母子公司掌控界面的划分涉及多种职能领域，比如战略投资、财务管理、人力资源以及信息管理等。依据掌控模式选择的不同，集团公司与子公司在这些职能界面之间会形成不同的划分，但不管采取怎样的划分方式，都是为了解决集团公司功能定位这个关键性问题。为了达到定位的目标，所涉及的掌控界面之间相互依托，协同作战，按管理逻辑作用，形成系统的整合力量，不断强化集团总部的功能定位。

无论涉及哪种母子公司掌控模式，在考虑掌控界面关系的时候，必须紧紧围绕集团总部的领导、绩效获取、资源调配与整合、关键的公司活动、服务和专家支持五大职能，实现总部价值（如下图）。

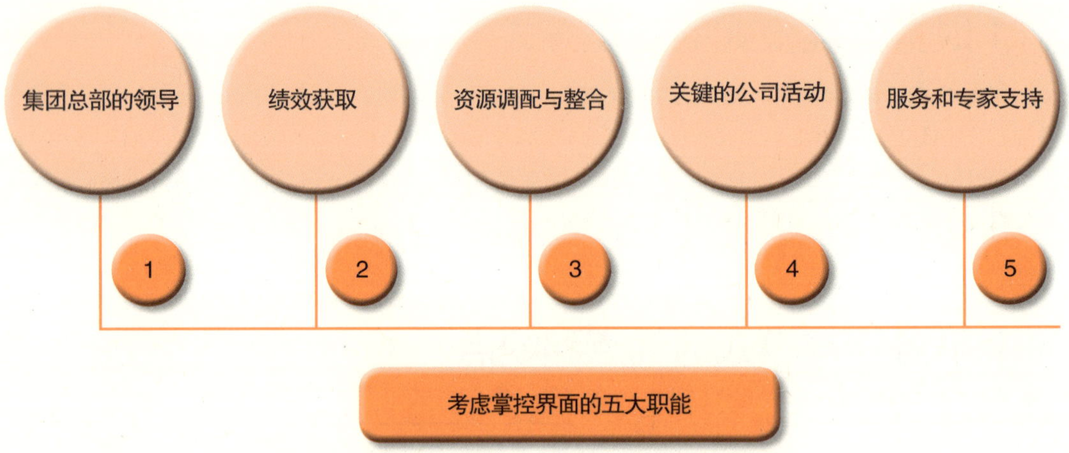

2.母子公司掌控不合理带来的负面影响

在母子掌控模式的界面关系管理中，一旦没有做出合理安排，造成母子公司掌控界面之间相互拆台，总部定位不合理，不仅不会带来附加价值，而且会带来毁损价值。比如总部不能对下属业务单位提供必要的技术支持及内行指导，致使下属业务单位开发项目缓慢；由于人力资源掌控界面划分不合理，造成下属子公司人力资源管理工作无所适从，从而影响业务单位经营活动等，这些都是常见的问题。

3.母子公司掌控的三种常见层次

现在我们再来说说母子公司职能划分的问题。母子公司掌控模式中集团总部与子公司之间明确的职能划分是实现公司整体无缝运行的必要条件。依据各个层次的职能定位，形成总部与下属部门（子公司）职能的划分：一般而言，国内的房地产企业集团通常划分为三个层次进行管理，分别是集团总部、事业部和分（子）公司。

（1）集团总部的核心职能

职能定位

上层宏观调控中心、战略掌控中心、投融资决策中心

1）战略投资：制定战略规划，决定公司发展方向；进行投融资管理，协调企业在资本市场的运作；根据业务逻辑批准有战略意义的决定；保证实现利润最大化，关注净资产回报率（ROE）；管理投资者关系、法律、税务、审计、公关。

2）财务管理：从集团整体出发、从财务分析到目标的制定和分解；加强集团范围内各运作层次的审计监察工作；建立规范的商业化平台，优化集团范围内资金运作。

3）人力资源：明确人力资源管理框架制度；对事业部高层人员进行考核和任免。

4）信息：负责信息管理统一规划，对具有通用性的应用系统和技术进行统一选型。

（2）事业部的核心职能

职能定位

资源配置中心、业务决策中心、业务管理中心、利润中心、连接总部和下属公司的纽带、公司利益在本事业部的代表

1）业务决策：分析本事业部业务经营情况，确定业务组合；汇总审核下属公司的年度经营计划并形成本事业部的年度经营计划；汇总评估下属公司投资需求，制订事业部投资计划；负责本事业部市场拓展；本事业部资源的规划和获取，人、财、物的调配。

2）业务管理：制定具体财务目标，执行总部的财务制度；分解各下属公司经营预算指标，进行预算审核，跟踪和考核预算执行；进行事业部财务分析；制定事业部的人力资源管理制度，下属公司高层任免、绩效指标制定并进行考核、组织和培训规划；检查监督下属单位的执行情况；重大事项报批。

3）信息：明确事业部独有的系统需求，进行相应的系统选型。

（3）分（子）公司的核心职能

职能定位

业务运作层、利润分解指标考核、成本中心考核

1）业务运作；

2）执行本公司经营计划；

3）落实日常运营；

4）进行信息系统的日常运行和维护管理；

5）优化资产运行，控制运行成本；

6）确保运营安全；

7）保证员工队伍的稳定。

垂直指挥系统以组织系统表（机构图）为序列，以岗位描述为依据，它包括以下三个原则：服从指挥的原则、一个上级的原则（指挥行为）、逐级的原则。垂直管理系统一般又包括四种形式，它们分别是单向指挥、多向指挥、整体指挥和紧急情况下的现场指挥。单向指挥最为普通，多向指挥多用于职能部门和项目公司对下属部门的指挥。

5

房地产企业垂直指挥管理

——权利掌握的流程与通路设计

一、垂直指挥的原则

垂直指挥系统以组织系统表（机构图）为序列，以岗位描述为依据，它包括以下三个原则：

1.服从指挥的原则

原则上，下级对上级的命令必须服从。没有服从就没有指挥，没有指挥就谈不上管理。这是因为：

（1）上级更了解计划的全貌；

（2）级别较高的人对问题的思考相对更全面一些；

（3）从维护管理体系的角度出发，我们不能给下级这样的引导，引导他们养成判断上级每一个命令是否有错误的习惯；

（4）从谁对命令负最终责任的角度出发，负最终责任的无疑是上级而不是下级。一般情况下，下级无权裁定上级的对错，上级的对错要由上级的上级来裁定。

2.一个上级的原则（指挥行为）

每个岗位、每个人只有一个上级，只服从一个上级的指挥，只向一个上级报告。它包括三个方面的含义：

（1）一个组织系统内一个人只有一个上级，工会组织、团体组织和其他各种组织等与企业的行政组织属于不同的系统，同一个人在不同的系统里可以有不同的上级。

（2）一个上级的原则是指在同一时间里，你只能和一个上级打交道。

（3）一个上级的原则是指在同一类事物中，你只有一个上级。

3.逐级的原则

逐级的原则是指上级对下级，可以越级检查，不能越级指挥；下级对上级，可以越级申诉，但不能越级报告（如下图）。

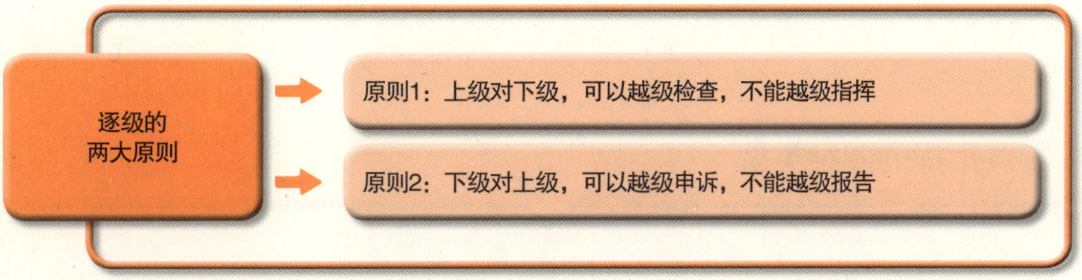

4.越级指挥

（1）越级指挥的危害

1）破坏了企业管理的基本原则。工作一时方便了，管理却被破坏了，得不偿失。

2）破坏了企业的正常秩序。

3）造成下级管理人员的指挥失灵。

4）损坏了管理者在员工中的整体形象，降低了上级的威信。

5）使员工无所适从，工作不知如何干好，从而影响指挥的效率和效果。

6）破坏了员工和直接上级之间的工作关系。

（2）可以越级指挥的四种情况

当然，企业中也会出现需要进行越级指挥的情况，我们叫特殊情况下的越级指挥。主要有以下四种情况：

1）紧急情况

即使在突发事件当中，也应该保持一个上级的原则。怎么保持呢？就是立即组成一个临时指挥系统，同样要分级别，按照当时的情况，每级都是一个人在拿主意，这样才不致造成混乱，可避免灾难造成更大的损失。

2）直接下级拒绝服从指挥

当直接下级用种种理由不贯彻执行直接上级的指示时，也可以越级指挥。即当您的直接下级不服从您的指挥时，您可以让他立刻靠边站，由您来亲自指挥。

3）下级确实无力完成上级安排的任务时

在这种时候，这位领导人就应该考虑用培训或者是示范性指挥的方法帮助下级完成任务。这属于培训范畴，是合理的越级指挥。

4）必要的情况下，进行整体指挥

整体指挥在必要的情况下也会发生越级指挥的情况，这是合理的。如：总经理向全体员工公布工资改革方案就属于整体指挥。

二、垂直指挥的类型

垂直管理系统一般包括四种形式，它们分别是单向指挥、多向指挥、整体指挥和紧急情况下的现场指挥。单向指挥最为普通，多向指挥多用于职能部门和项目公司对下属部门的指挥。

●垂直指挥的四种类型

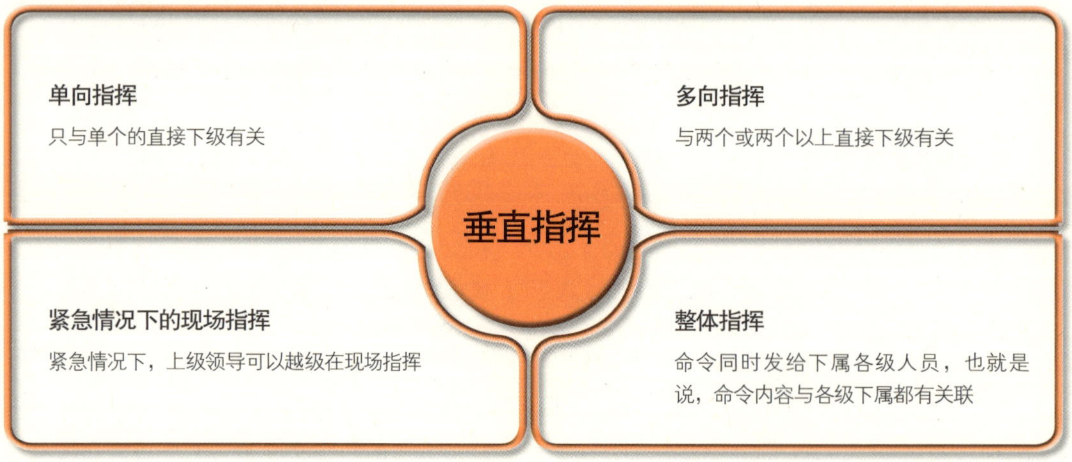

三、垂直指挥的常用形式

1.命令

命令一般分为口头命令和书面命令两种。口头命令主要是指面对面的谈、小组讨论、电话或其他情况下以讲话形式出现的命令方式。书面命令主要是指通过下任务单和命令书的形式的命令，往往显得比较严肃和正式，而且可以避免口头命令带来的问题。

2.会议

会议经常用于多向指挥和整体指挥。会议要求开得简短，并能解决实际问题。

3.公文

公文包括批阅文件和呈报文件。批阅文件是下达书面指示的重要指挥方法之一。呈报文件是按文件呈报程序向有关负责人呈报，呈报时间和批复时间要做记录，只能由一个人呈报，可以抄送其他人。

4.公司中常用的文件

公司内部日常事务文件，包括信息决策、执行配合、审批手续、立此存照、公务联系、宣传教育、工作依据、规范指导等。常用的公文种类如下图：

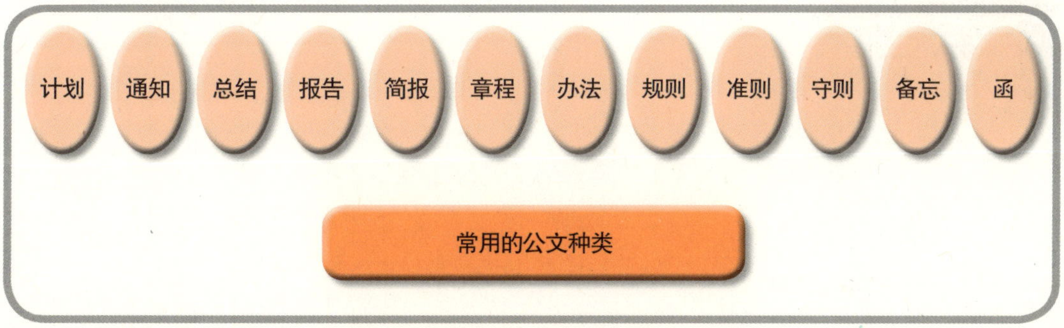

四、垂直指挥管理的重要法则

1.不间断

公司的管理要做到指挥不间断（包括休假、下班、夜间）、时间不间断、最高决策不间断、指挥渠道不间断。

2.及时

决策及时就是要不失时机，该决定时不决定是最大的失败。领导做出决定要有时限，任何指挥上的延误都会造成混乱和损失。

3.前后一致

领导人在进行指挥的时候：要考虑到同类事情的连续性；要考虑到领导者本人的连续性；要考虑到换届负责人之间的连续性，在这一条上，基本原则是人换法不换。凡出现不一致的情况，要有以下三点：原则、内容、转换时间。

4.确保执行

确保能执行，确保已执行。凡不能执行的命令不要下，这就是可行性的问题。

5.可监督

命令下达后要有有效的监察手段。

第二模块 Module TWO

业务流程设计与流程管理

房地产企业在进行组织结构设计之前需要确定企业的主要业务流程。当然，无论是企业的重组或其他变革都需要对流程进行梳理。主要的业务流程实际上描述的是企业的主要价值链，它描述了企业增值的关键环节，它帮助企业的组织结构设计找到关键节点，整个管理体系都是从这几个关键节点开始，并逐步确定各种纵横交错的组织线，这些线条交织就是我们要最终得出的理想组织设计模型。

在确定流程之前，我们一定要明确我们主要干什么。业务流程分关键业务流程和辅助业务流程，关键业务流程是指自己的主要业务流程，而辅助业务流程是伴随主要业务流程的业务流程，对于开发企业来说，拿地、策划、规划设计、招标采购、建筑施工、销售、物业服务七步关键业务流程主导了房地产开发的全过程，并形成了一个交错的价值链，环环相扣。大多数房地产开发公司依靠以上关键业务流程进行组织结构的设计。

1

业务流程设计

——清晰业务思路，明确业务职能

一、房地产行业的关键业务流程

在确定业务流程之前，我们一定要明确我们主要干什么，开发企业主要有拿地、策划、规划设计、招标采购、建筑施工、销售、物业服务七步关键业务职能。很多策划代理公司只是负责策划、销售，而对于商业地产开发公司来说招商租赁也是关键业务职能（如下图）。每个企业的性质不一样，他们的关键业务流程就不一样。

● 房地产行业的关键业务流程

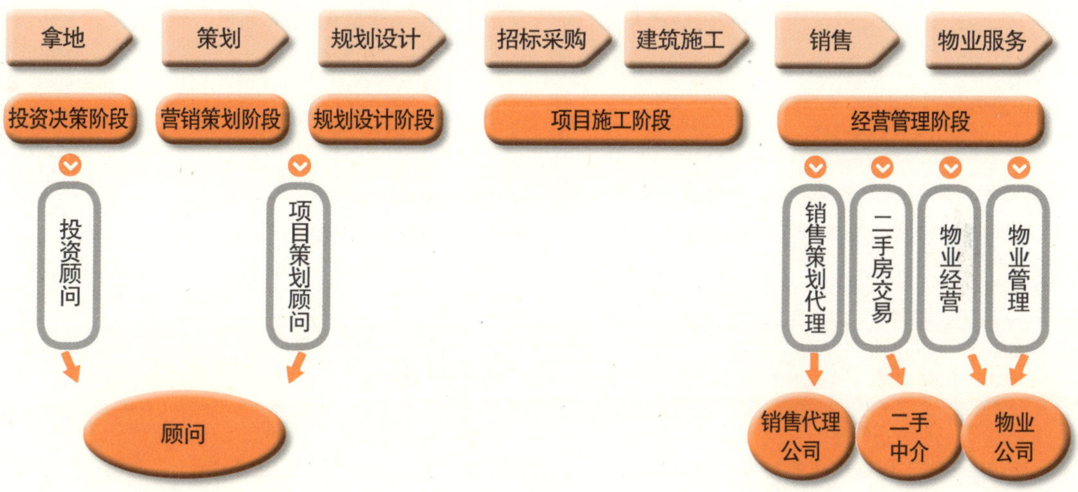

我们还是以行业普遍的开发企业为例来说明。

1.拿地

通过竞标等手段掌握房地产开发的土地资源。

2.策划

开发什么样的楼盘，住宅还是商业地产？这些产品采用什么销售策略卖给哪些人？并能给潜在客户带来哪些价值？

3.规划设计

地产价值的合理使用，根据产品定位需要规划地产的建筑形式，并通过设计付诸实现。

4.招标采购

确定工程施工需要的原材料、无形服务。

5.建筑施工

根据设计图纸，将建筑产品由图纸变成实物。

6.销售

通过一定的销售策略，将产品卖给潜在客户。

7.物业服务

住户住进来之后的售后服务工作。

以上七步关键业务流程主导了房地产开发的全过程，并形成一个交错的价值链，环环相扣。大多数房地产开发公司依靠以上关键业务流程进行组织结构的设计。但是，并不是房地产企业必须对照每个流程设计相应的组织结构。

从行业的关键业务流程图上可以看到，其他很多企业都是从某个关键业务流程入手，如前期投资决策和土地开发有投资顾问公司，销售策划代理业务有销售代理公司，二手房交易有中介公司，物业经营和管理服务有物业公司以及其他相关企业主体。

二、房地产行业的辅助业务流程

关键业务流程是企业的核心价值增值环节，是组织设计上不可以省略的，在实际运用上可以通过分解或者合并达到组织设计与职能需求的统一。但是仅有以上的关键业务环节还无法描绘出清晰的组织流程。在实际工作中，我们需要为拿地提供资金，为营销策划、规划设计提供人才配置，为项目开发提供资金的进出服务。像这些业务虽然不是关键业务，但是作为辅助业务，它们支持了主要业务的顺畅进行。我们将这些辅助业务分为以下八个部分（如下图）：

●房地产行业的辅助业务流程

1.经营计划与业绩管理

对业务部门进行经营指导和业绩管理。

2.控制和风险管理

针对企业经营过程中出现的问题进行有效控制，并能对风险加以控制和管理。

3.决策支持与会计核算

企业正常的会计核算，企业财务状况与企业决策支持。

4.人力资源管理

企业人员的招聘、培训、开发等工作。

5.信息资源管理

企业的信息资源管理等各项职能。

6.资产管理

企业发展过程中的资产保值增值。

7.资本性支出管理

对企业经营过程中的资本性支出，如现金、银行存款等进行管理。

8.后勤服务管理

服务于企业正常经营活动过程中的行政事务管理等。

以上八个辅助业务流程并不是每一个企业都会涉及，所以企业在进行组织设计的过程中并不一定通过设立部门来体现。它可能会根据企业管理的需要与关键业务流程合并或者独立成为单独的职能部门。

三、确定流程层次及其关键成功因素

对企业进行研究就会发现，整个组织其实是一个由相互关联的流程组成的集合体，而这些流程共同作用驱动了整个企业去满足各个利益相关方的需求。但流程可以分成主要流程、子流程和辅助流程等几个层次。

在各层次的流程中，都会有关键成功因素存在。它们对本流程的顺利进行起着十分重要的作用，决定了流程的成功与否。

明确各种流程的层次及其中的关键流程，则可帮助我们正确地进行定岗。

●流程分解图

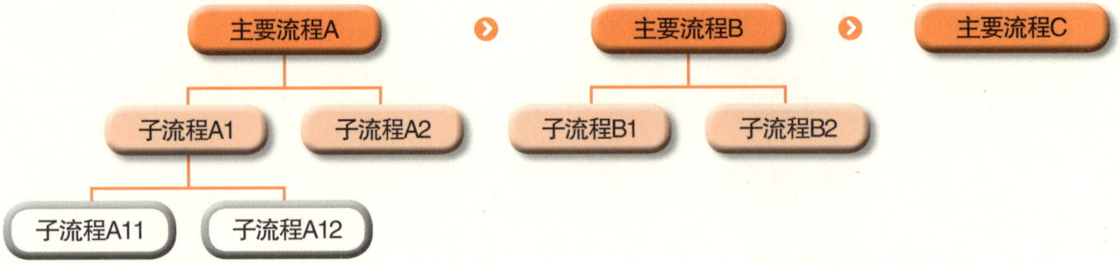

我们以建筑施工为例，建筑施工是房地产企业开发的一个重要流程，这个流程又包括工程管理流程、设计管理流程、招标采购管理流程等子流程，招标采购管理流程又涉及资金的使用流程、财务预算流程、财务结算流程等，业务流程的内在层次关系实际上决定了部门的设立。

●建筑施工流程分解图

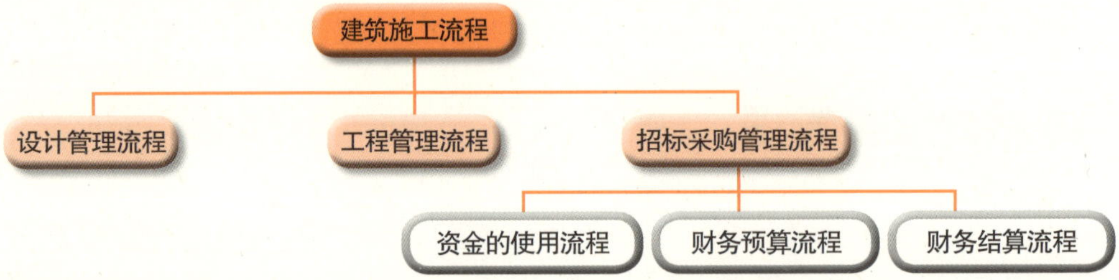

一般来说，先确定流程，再确定组织关键职能部门是最为科学的组织设计方法。

房地产企业业务流程作为企业组织内部人员一种规范的做事方式，这种做事方式，既包括做事的方向——流程结构是否合理，员工做的事是否是企业发展必须做的事，也还包括做事的方法——流程活动是否合理，员工做事的方法是否有充分高的效率，并且还包括做事的态度——流程责任是否明确，员工是不是以一种负责的态度来做事。所以说，企业业务流程管理也对应包括流程结构管理、流程活动管理和流程组织管理三个方面的内容。

2

流程管理

——固定做事方式，明确权责分工

一、房地产企业流程管理的三大内容

房地产企业业务流程作为企业组织内部人员一种规范的做事方式，不仅会体现企业的形象和价值观念，而且更重要的是还会决定性地影响企业组织运行的效率和效益。企业业务流程管理也对应包括三个方面的内容（如下图）：

● 房地产企业流程管理的三大内容

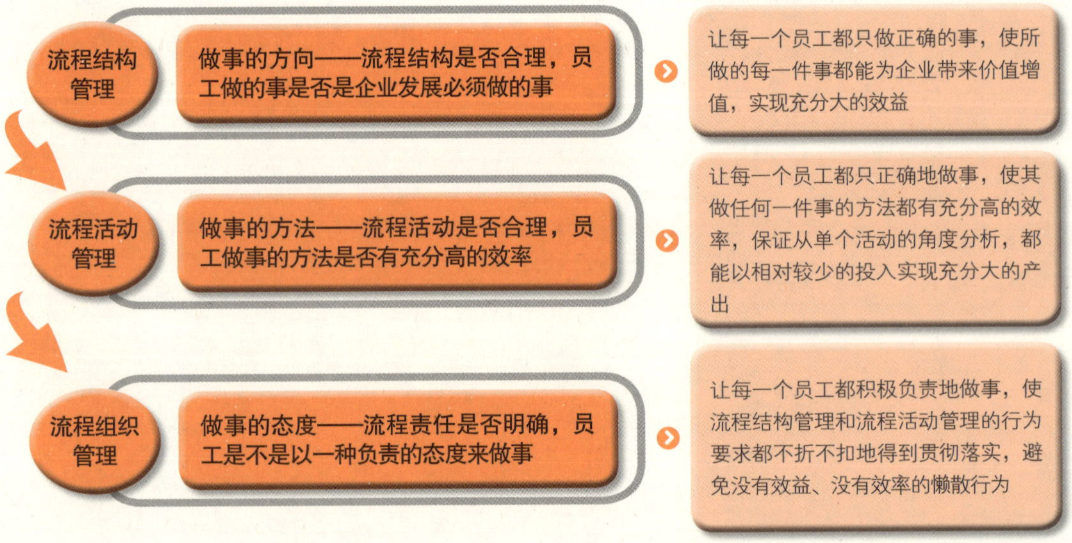

二、房地产企业流程设计的原则

原则一：流程管理需要打破部门设置的屏障，以开发项目为中心，建立一定授权体系，建立团队来组织流程。

原则二：在业务全程中贯穿满足客户需求的思想，迅速把握客户的需求并立即做出反应。

原则三：优化信息通路并建立适当的监控机制。

原则四：结合公司组织结构和人力资源现状。

原则五：关键运营活动每一步有章可循，责权清晰。

三、房地产企业在九种情况下需要加强流程管理

房地产企业对外需要多个单位的协助，对内需要多个部门之间的配合，流程管理是加强组织管理、提高房地产企业执行效果的重要方式。

一般来说，企业出现如下状况，就证明组织的“基因”已经出现问题，这个时候就有必要加强流程管理。

现象1：单位、部门和岗位角色之间不配合，各行其是，组织内耗严重；

现象2：岗位职责定得过死，都明哲保身，不求有功，但求无过，该相互提供援助的，都充耳不闻，视而不见；

现象3：岗位工作目标模糊，都为了工作而工作，为了履行职责而履行职责，员工努力工作，却没有企业效益的改善和提高；

现象4：有ISO9000质量体系的认证，没有体系贯彻的保证，ISO9000认证仅仅起一个增加广告说词的作用，产品质量低，并且不稳定；

现象5：对员工的管理，重责任追究的秋后算账，轻过程控制的即时协调，造成的损失最终仍得主要由企业背着；

现象6：缺少必要的营销整合，营销策略彼此不协调，营销渠道相互挤压，营销费用率不低，但市场份额增长不大，甚至出现负增长；

现象7：忽视客户关系管理，客户进门是亲家，出门就成了冤家，开拓一个新市场，丢了一片旧市场；

现象8：品牌创建思路不当，只是谋求知名度，对美誉度没有必要的关注，市场开拓过分依赖广告，有大额的广告投入，没有稳定的市场份额提升；

现象9：官本位意识严重，等级观念盛行，管理人员习惯高高在上地发号施令，管理人员与被管理者之间对立，矛盾重重。

四、房地产企业流程设计及管理的十大步骤

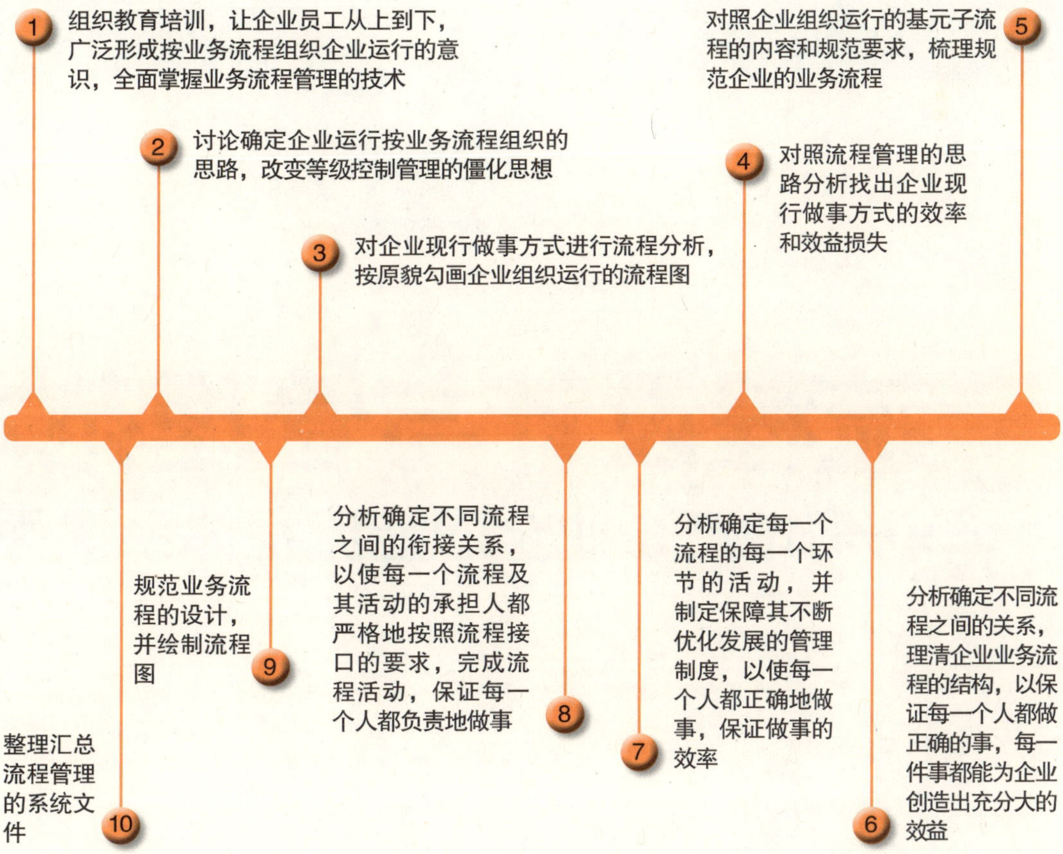

以北京某房地产企业流程设计为范本，整个流程体系包括战略规划的制订与实施流程、经营（绩效）目标的确定流程等十六个基本职能的流程体系，这些流程基本上已经涵盖了房地产开发的关键职能的流程设计。在设计每个流程时，都配有该流程设计的原则、流程控制的重点、流程管理的负责人、流程的输入输出信息和流程图五大部分。以下这些范本对大多数开发企业具有重要的参考和借鉴价值。

3

流程设计与管理范本

——房地产企业全职能流程体系优秀模板

以下是北京某房地产企业流程设计范本，整个流程体系基本上包括战略规划的制订与实施流程，经营（绩效）目标的确定流程，预算管理流程，成本管理流程，开发项目确定流程，设计方案确定流程，开发项目资金预算确定流程，勘察、设计招标流程，工程招标流程，监理招标流程，重大设备材料采购流程，公司施工、销售进度配合流程，售房流程，售房签约流程，设计变更客服流程，按客户需求施工变更流程等十六个基本职能的流程体系，由于篇幅问题，在此不一一列举辅助流程和子流程。

这十六个流程基本上已经涵盖了房地产开发的关键职能的流程设计。在设计每个流程时，都配有该流程设计的原则、流程控制的重点、流程管理的负责人、流程的输入输出信息和流程图五个部分。

一、战略规划的制订与实施流程

流程设计原则：战略规划的制订和实施流程应规范有序，真正指导公司的业务。

流程控制重点：经营管理部迅速发现行业的机会和驱动力，形成富有洞察力的战略备选方案，建立战略评估的基本方法。

流程总负责人：总经理。

流程输入输出信息（如下图）：

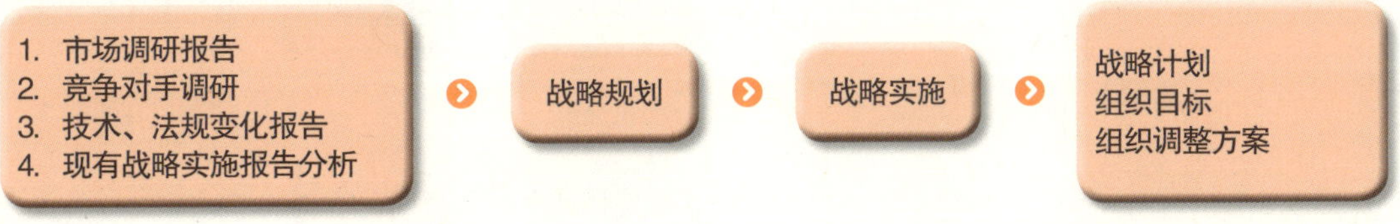

流程　战略规划的制订与实施流程	流程文件编号：	本流程共 页之第 页	生效日期：	
流程协调控制部门：经营管理部	总责任人：总经理	流程制订人：	审核：	签署：

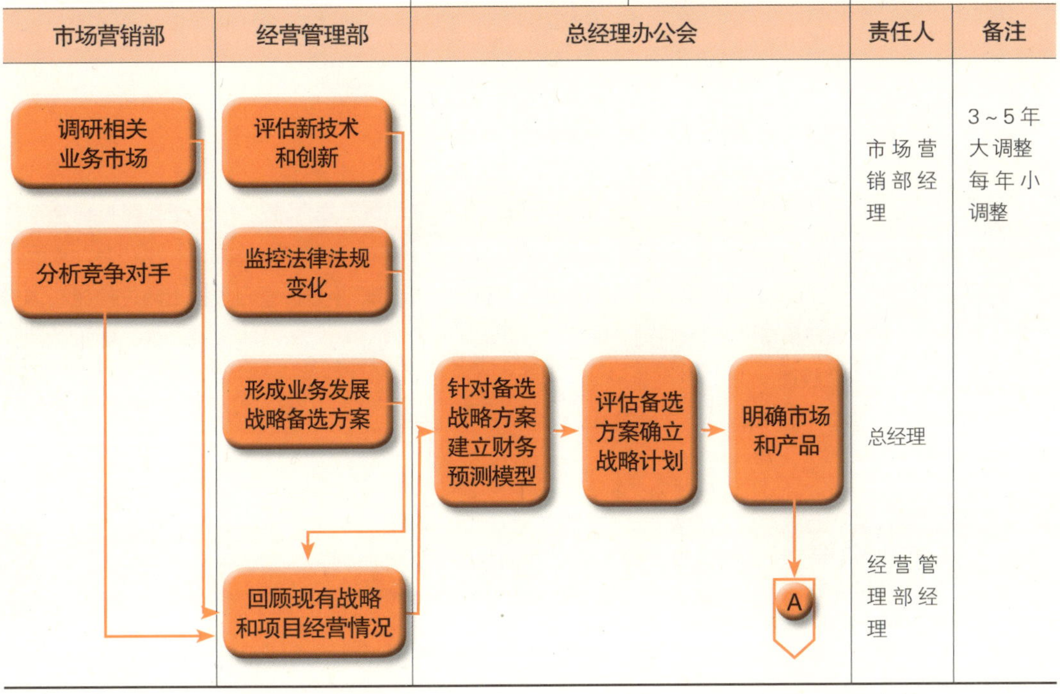

（续表）

流程　战略规划的制订与实施流程		流程文件编号：	本流程共 页之第 页	生效日期：
流程协调控制部门：经营管理部		总责任人：总经理	流程制订人：	审核：　签署：
市场营销部	经营管理部	总经理办公会	责任人	备注
		（见下图）		3～5年大调整 每年小调整
			总经理	
			计划财务部经理	
			总经理	

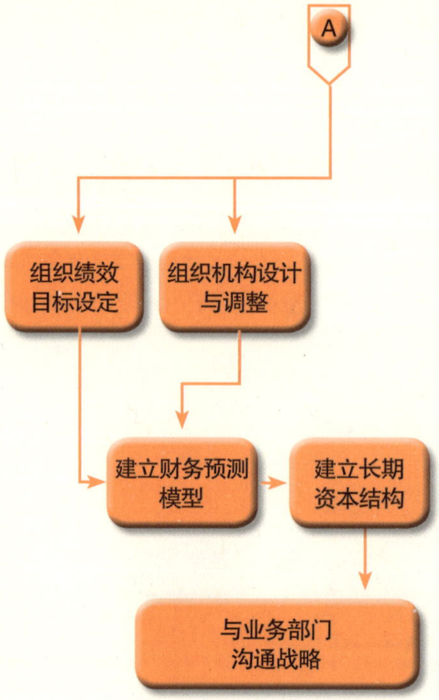

二、经营（绩效）目标的确定流程

流程设计原则：绩效目标应将公司战略目标与部门和岗位职责联系起来，从而使战略目标得以贯彻。

流程控制重点：经营管理部对现有考核体系进行分析，找出问题并分析原因，提出改进措施和调控方案，保证公司能够完成董事会经营目标。

流程总负责人：总经理。

流程输入输出信息（如下图）：

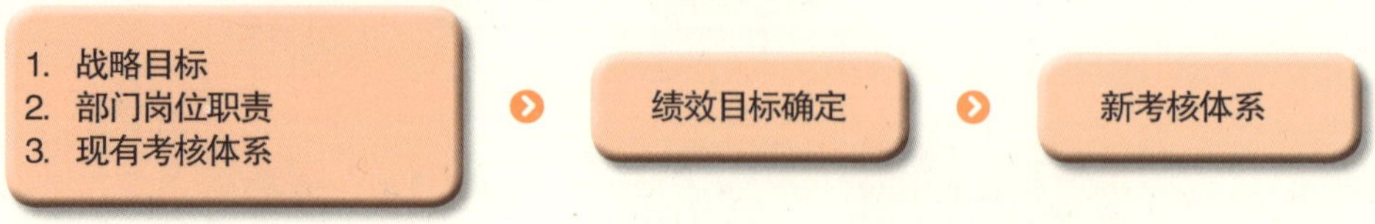

流程 经营（绩效）目标的确定流程	流程文件编号：	本流程共 页之第 页	生效日期:
流程协调控制部门：经营管理部	总责任人：总经理	流程制订人：	审核: 签署:

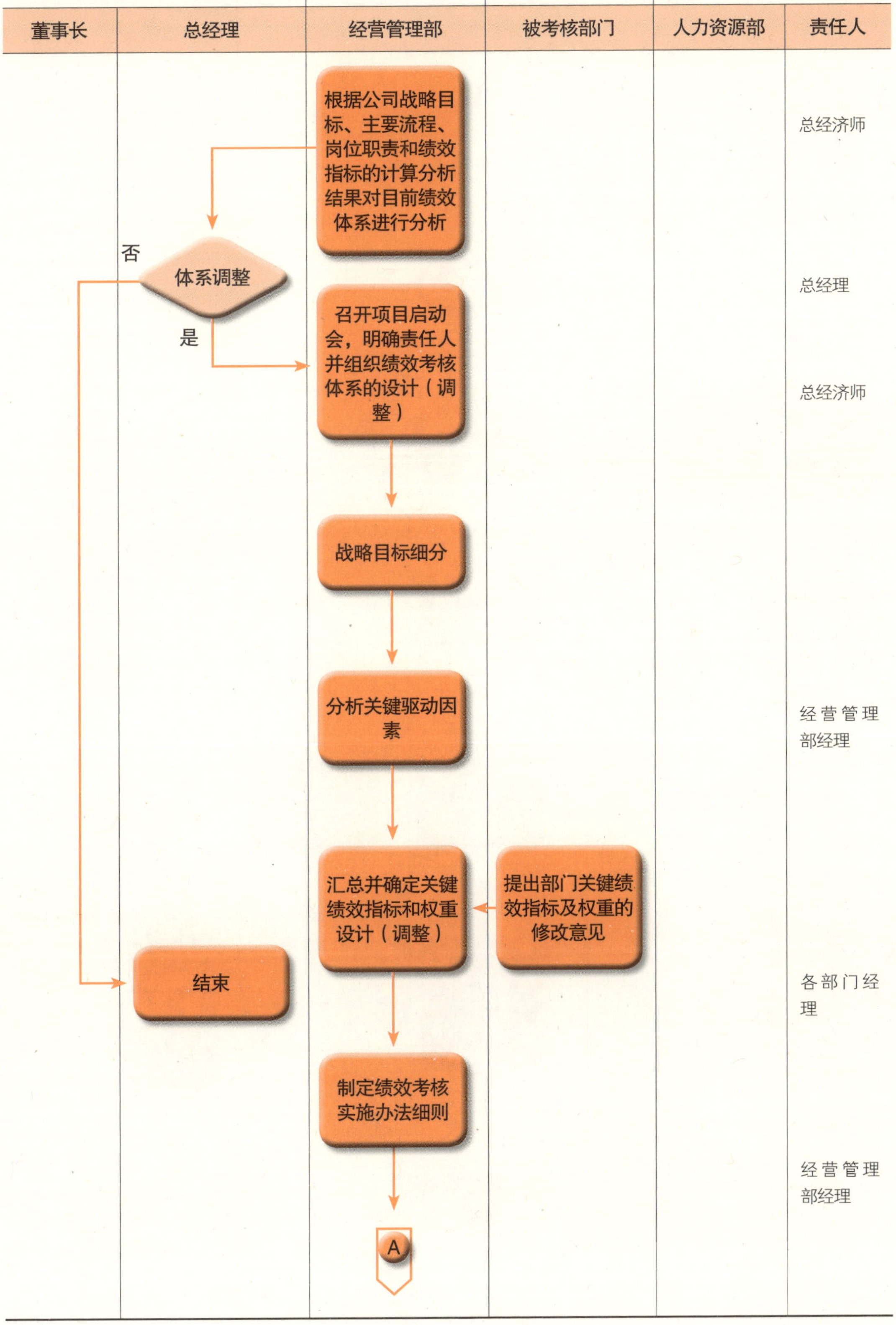

（续表）

流程 流程	经营（绩效）目标的确定	流程文件编号：	本流程共 页之第 页	生效日期：	
流程协调控制部门：经营管理部		总责任人：总经理	流程制订人：	审核：	签署：
董事长	总经理	经营管理部	被考核部门	人力资源部	责任人

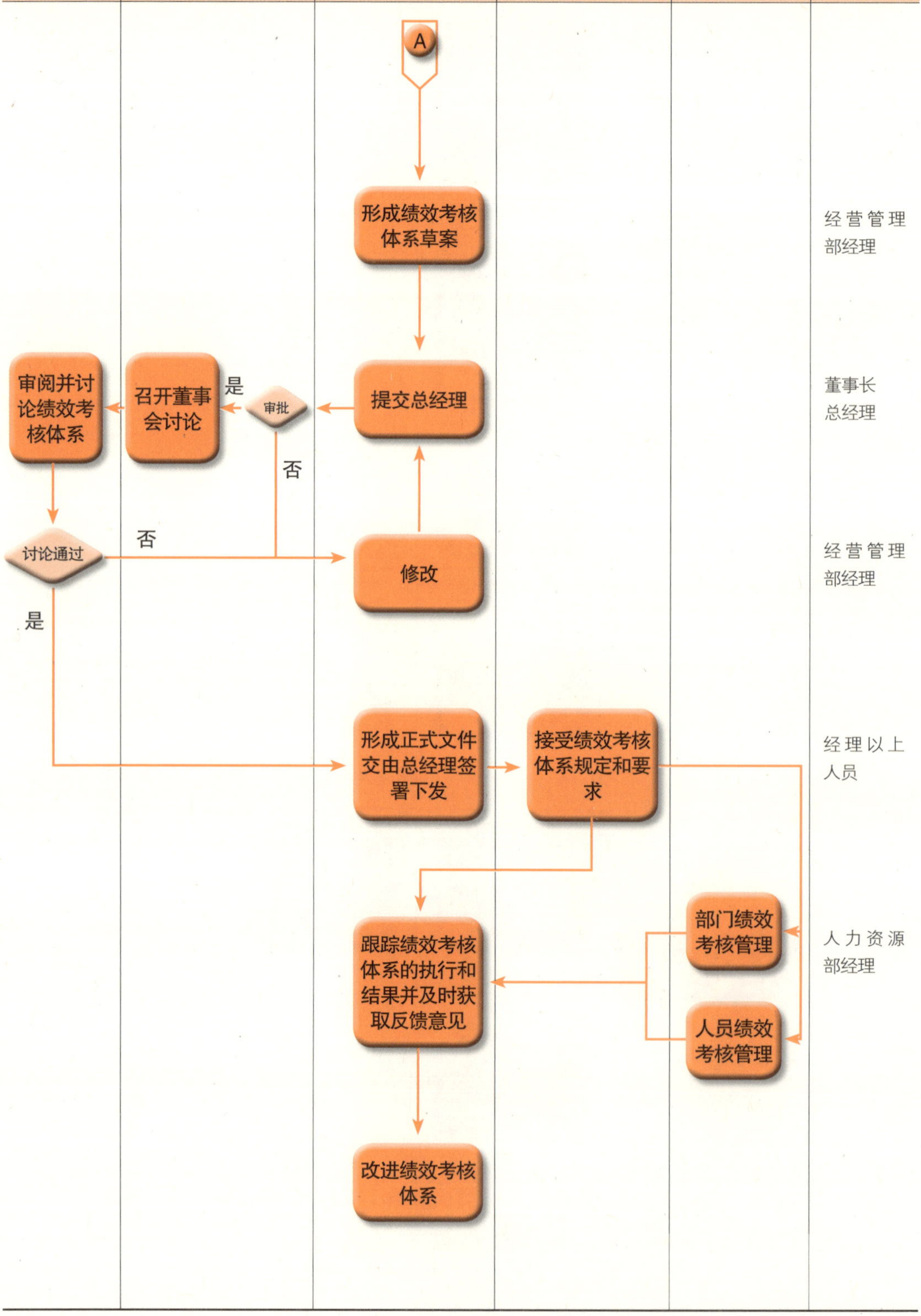

三、预算管理流程

流程设计原则：预算能贯彻经营计划，能够根据项目实际运作动态调整，达到真正可控。

流程控制重点：项目部、市场营销部、计划财务部、经营管理部等相关部门的计划和预算相匹配，并能从各自专业角度迅速发现预算执行中的问题，并形成补救方案供总经理办公会决策。

流程总负责人：总经理。

流程输入输出信息（如下图）：

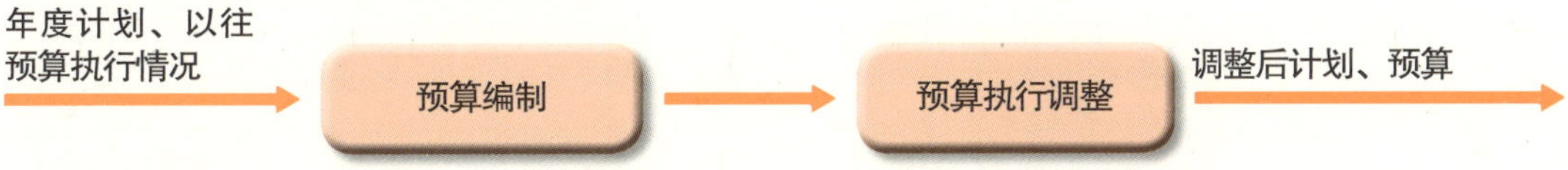

流程　预算管理流程	流程文件编号：	本流程共 页之第 页	生效日期：
流程协调控制部门：计划财务部	总责任人：总经理	流程制订人：	审核：　　签署：

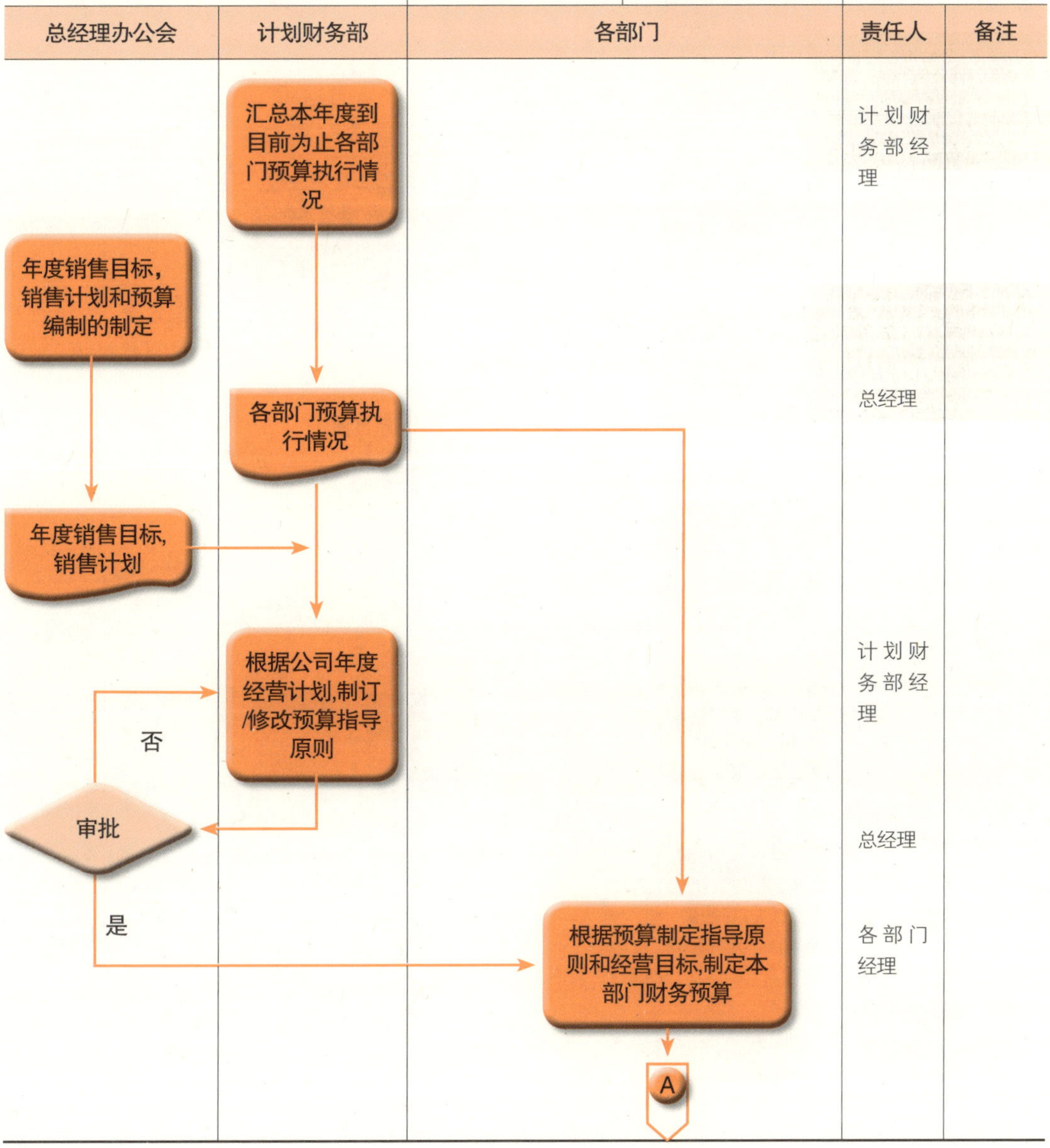

（续表）

流程　预算管理流程	流程文件编号：	本流程共 页之第 页	生效日期：	
流程协调控制部门：计划财务部	总责任人：总经理	流程制订人：	审核：	签署：

总经理办公会	计划财务部	各部门	责任人	备注
			计划财务部经理	
			计划财务部经理	
			总经理	
			计划财务部经理 各部门经理	
			总经理	
			计划财务部经理 总经理	
			各部门经理	

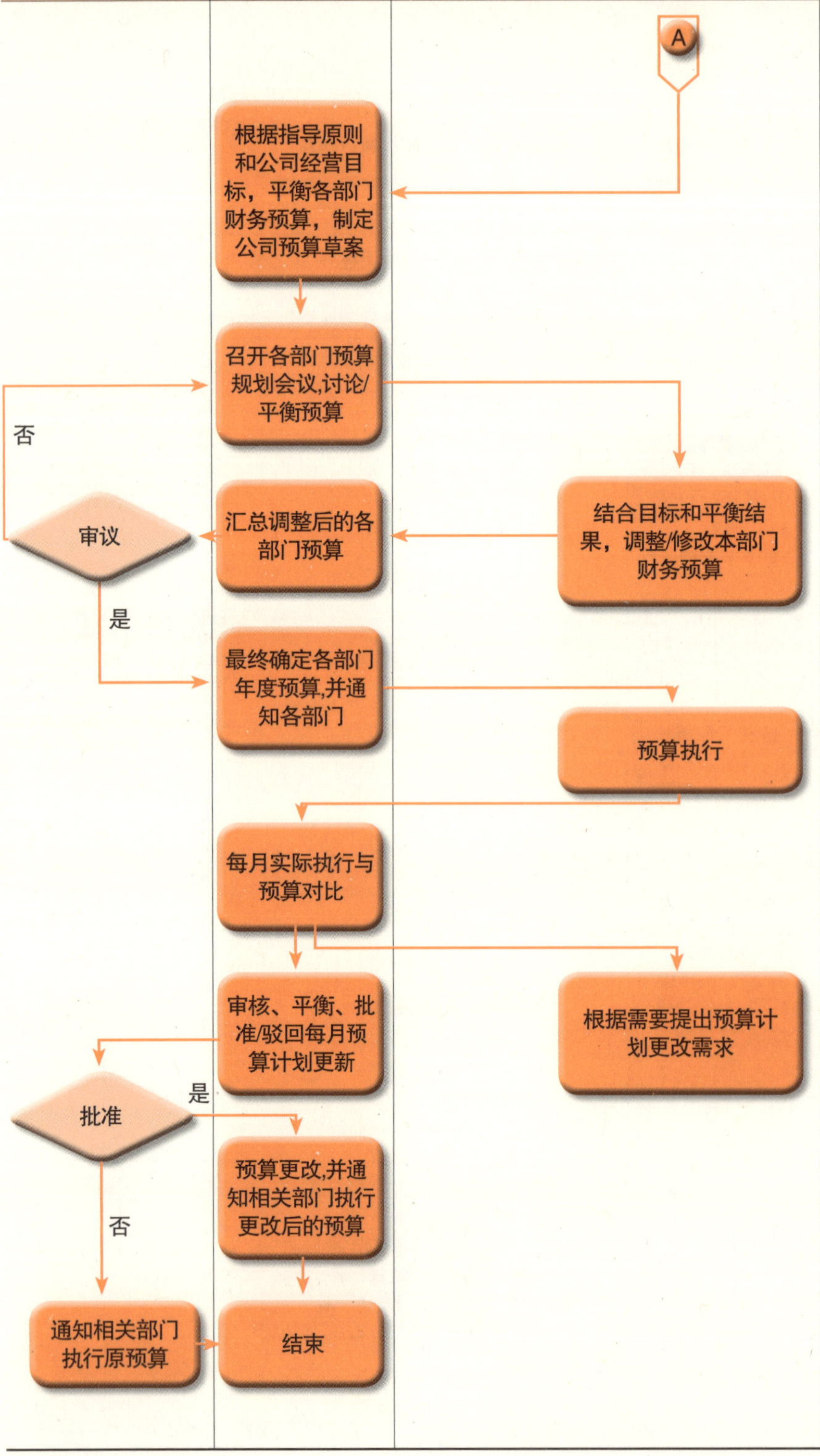

四、成本管理流程

流程设计原则：从各个方面进行成本分析比较，使成本控制在计划范围内。

流程控制重点：计划财务部能迅速发现在经营业务中的成本费用问题，动态监控成本计划执行差异，并分析原因，提出改进措施和调控方案，保证公司能够完成成本目标。

流程总负责人：总经理。

流程输入输出信息（如下图）：

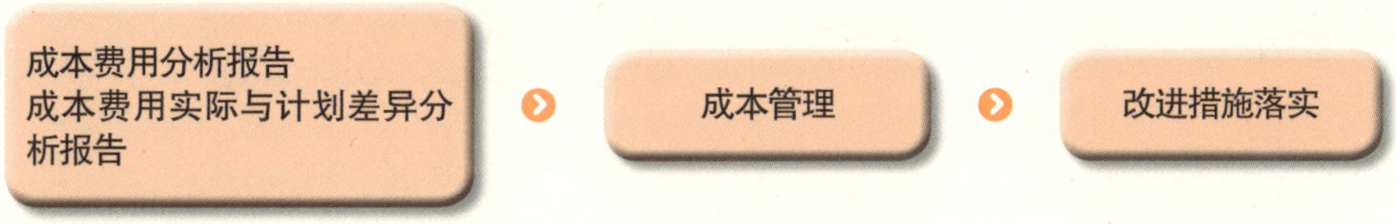

流程　成本管理流程	流程文件编号：	本流程共 页之第 页	生效日期：
流程协调控制部门：计划财务部	总责任人：总经理	流程制订人：	审核：　签署：

计划财务部	总经理办公会	责任人	备注

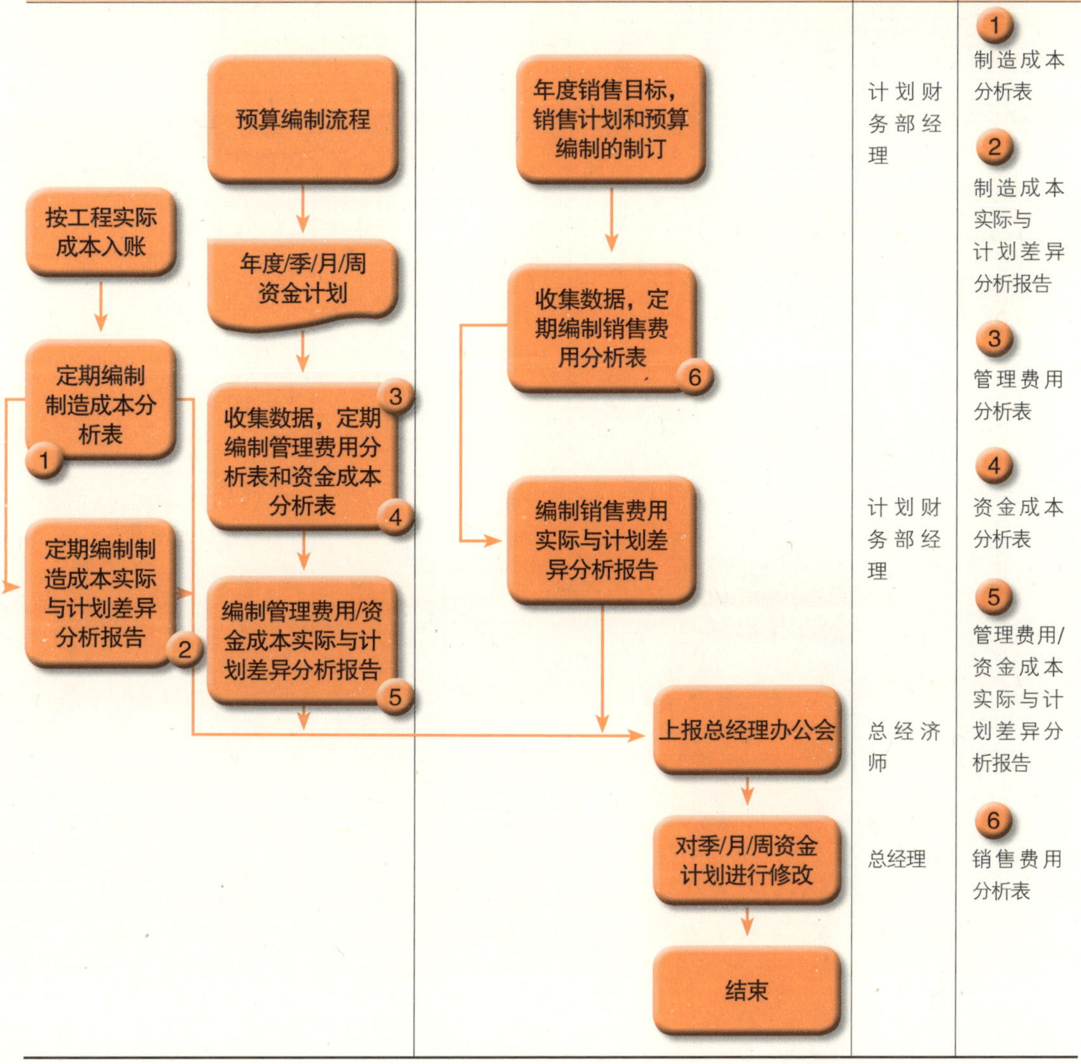

五、开发项目确定流程

流程设计原则：为董事会投资决策给出有力判断依据，强化市场营销部的决策支持功能。

流程控制重点：市场营销部为主导，相关职能部门配合，形成能够为决策提供有力依据的分析报告。

流程总负责人：总经理。

流程输入输出信息（如下图）：

流程　开发项目确定流程	流程文件编号：	本流程共 页之第 页	生效日期：	
流程协调控制部门：市场营销部	总责任人：总经理	流程制订人：	审核：	签署：

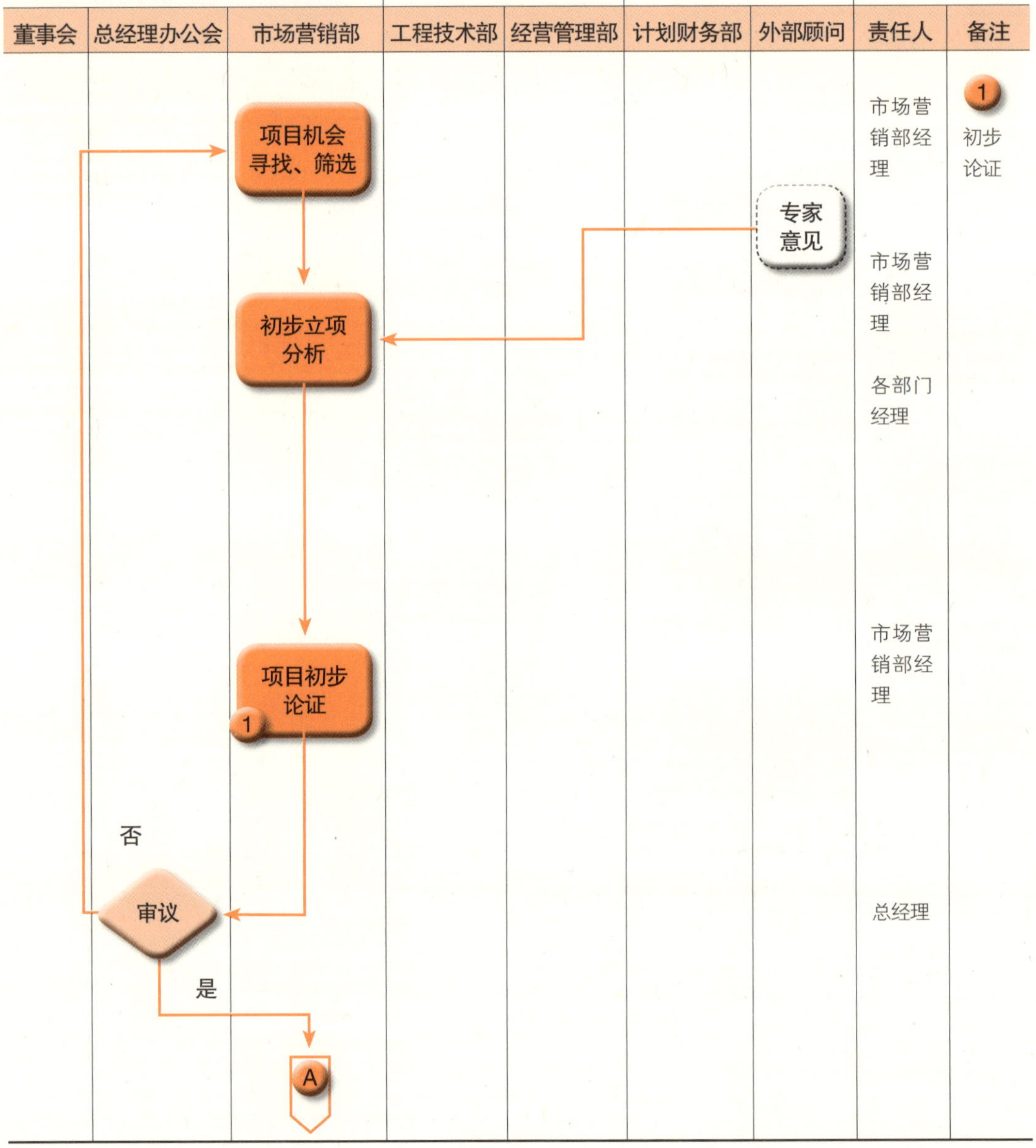

（续表）

流程	开发项目确定流程	流程文件编号：	本流程共 页之第 页	生效日期:
流程协调控制部门：市场营销部		总责任人：总经理	流程制订人：	审核： 签署:

董事会	总经理办公会	市场营销部	工程技术部	经营管理部	计划财务部	外部顾问	责任人	备注

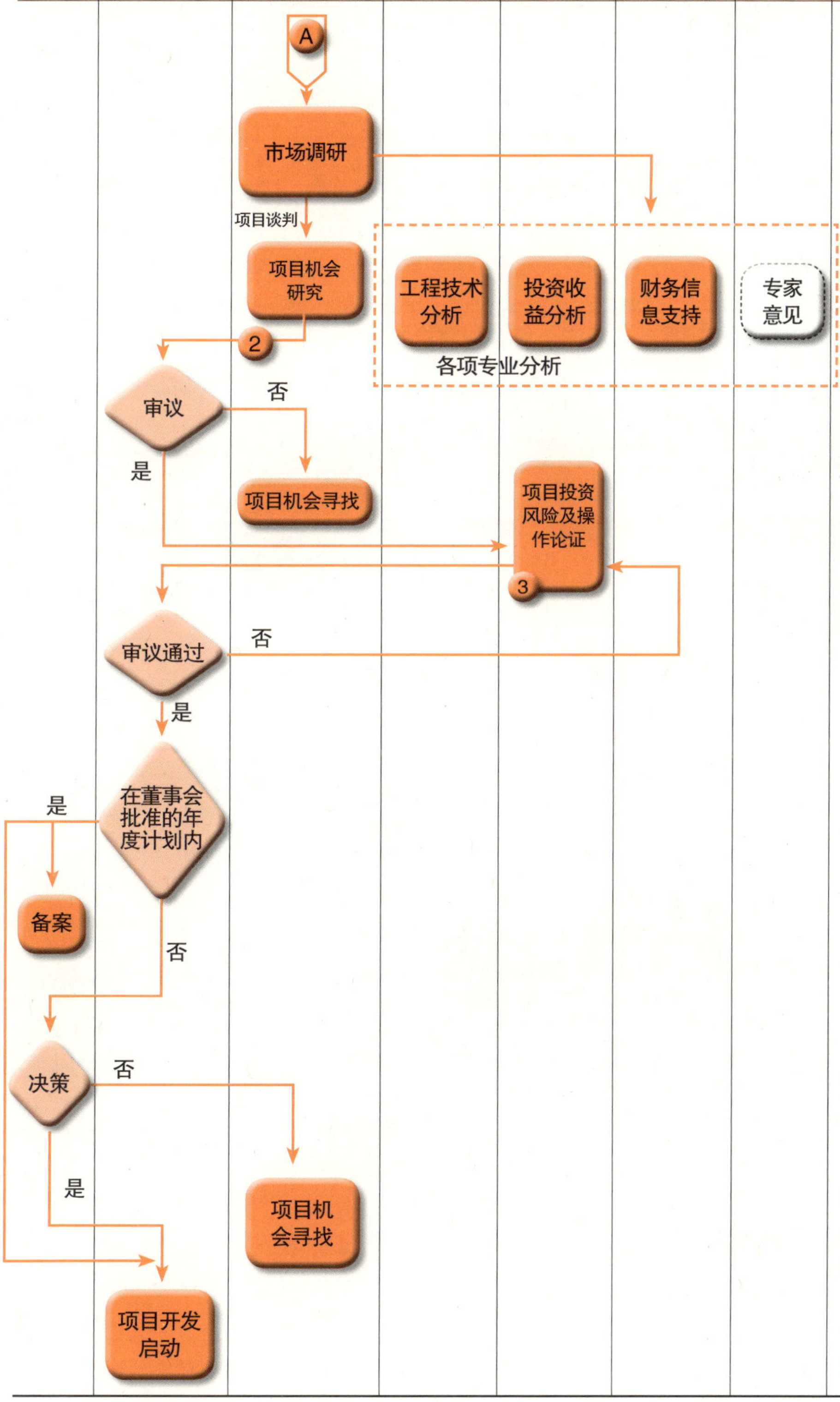

责任人	备注
市场营销部经理 各部门经理	② 项目开发建议书
市场营销部经理	③ 开发项目可行性运作方案
总经理	
市场营销部经理 经营管理部经理	
总经理	
总经理	在董事会批准的年度计划内只需报董事会备案，不在董事会批准的年度计划内需报董事会决策
董事长	
市场营销部经理	
总经理	

六、设计方案确定流程

流程设计原则：工程、市场人员以及相关方面能够对设计充分发表自己意见。

流程控制重点：明确“审图”节点，解决过去存在着的规划设计和施工图设计衔接不畅的问题。

流程总负责人：总工程师。

流程输入输出信息（如下图）：

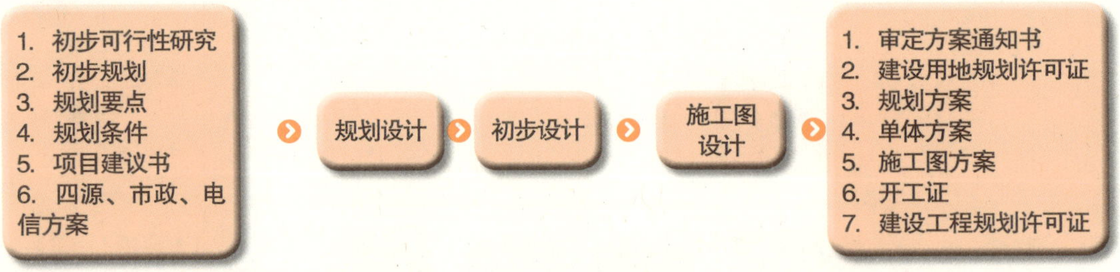

流程	设计方案确定流程	流程文件编号：	本流程共 页之第 页
流程协调控制部门：总工程师		总责任人：总工程师	流程制订人：

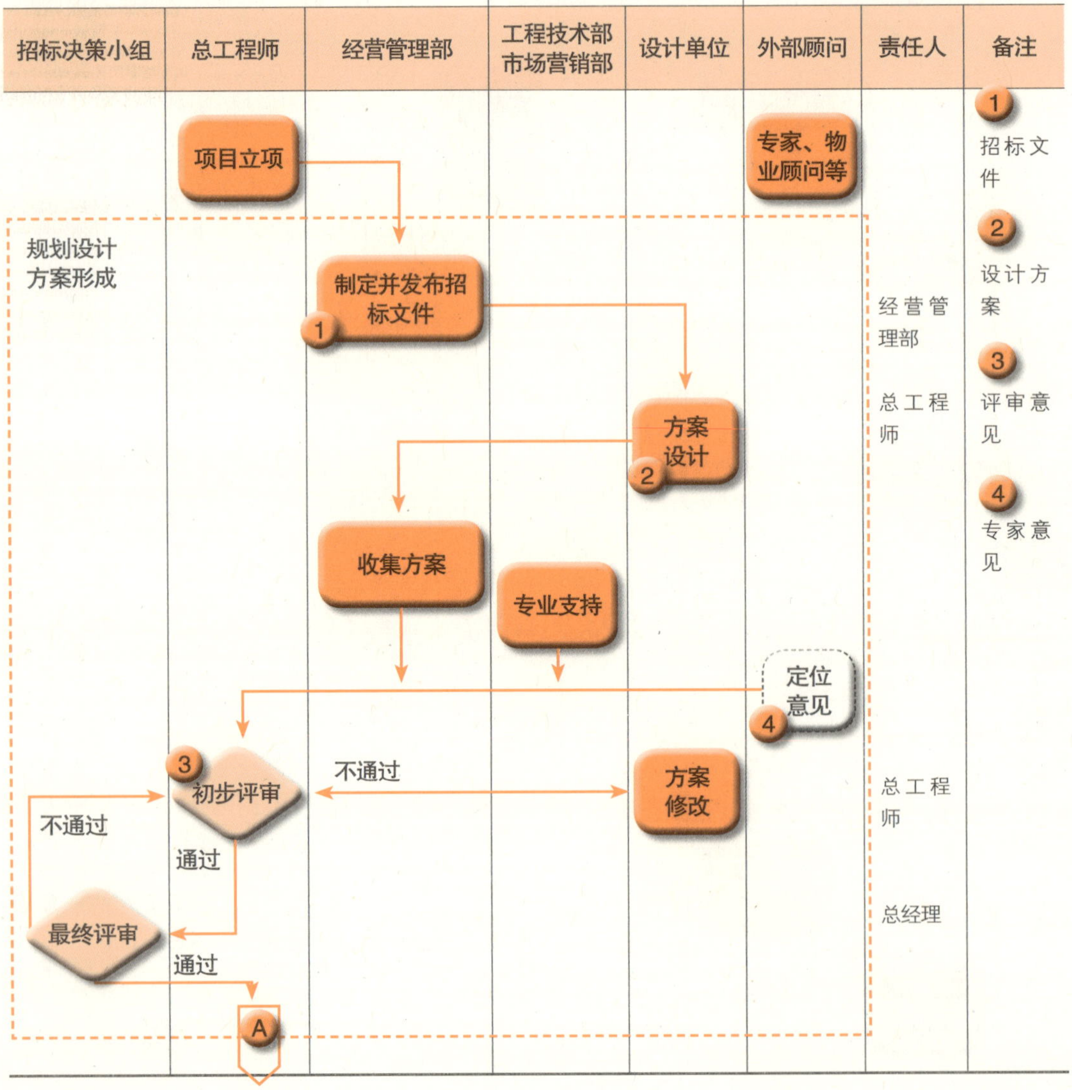

（续表）

流程	设计方案确定流程		流程文件编号：		本流程共 页之第 页		
流程协调控制部门：市场营销部			总责任人：总工程师		流程制订人：		
招标决策小组	总工程师	工程技术部	市场营销部	经营管理部	设计单位	责任人	备注

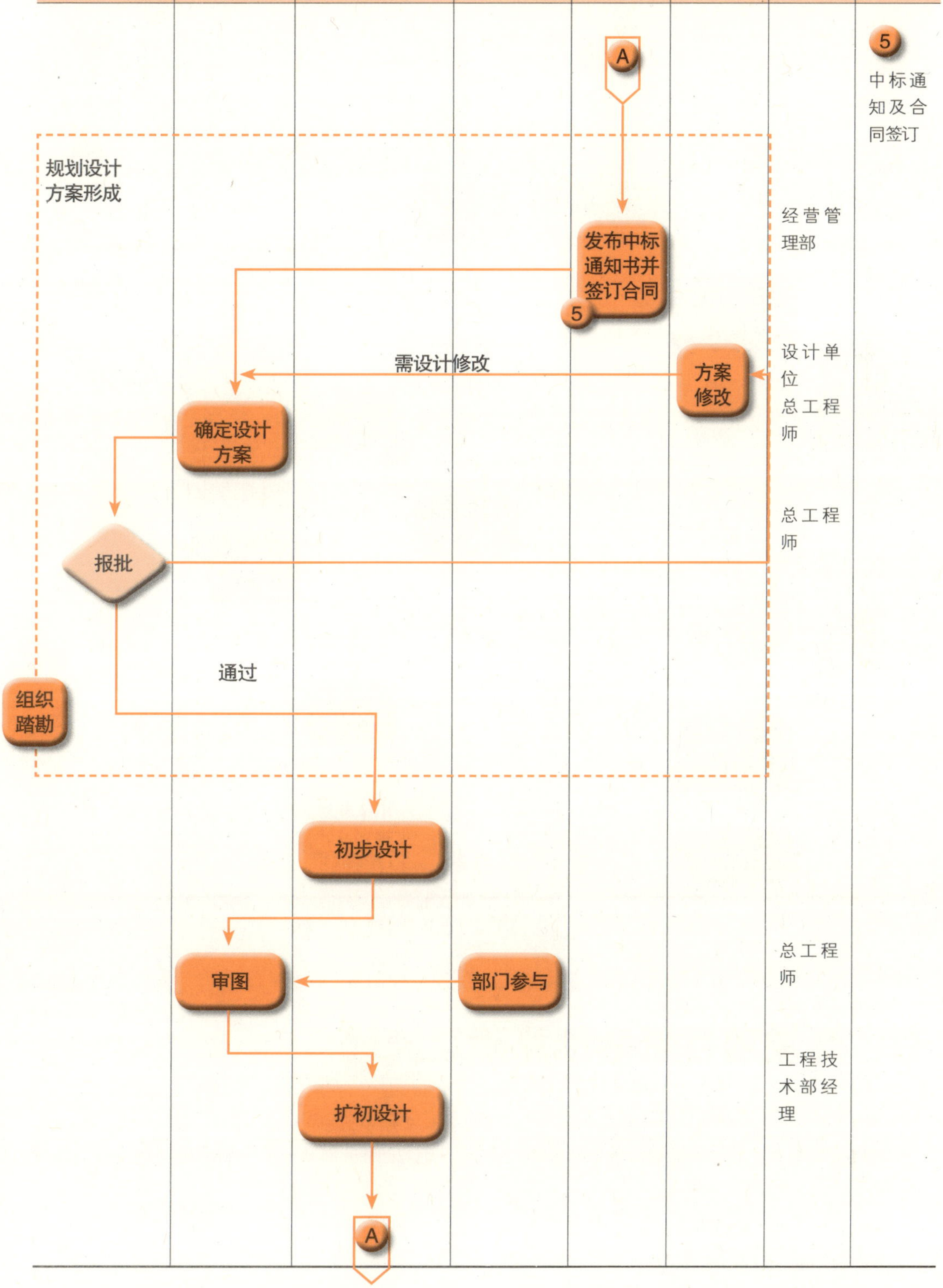

（续表）

流程	设计方案确定流程		流程文件编号：		本流程共 页之第 页		
流程协调控制部门：市场营销部			总责任人：总工程师		流程制订人：		
招标决策小组	总工程师	工程技术部	市场营销部	设计单位	外部顾问	责任人	备注

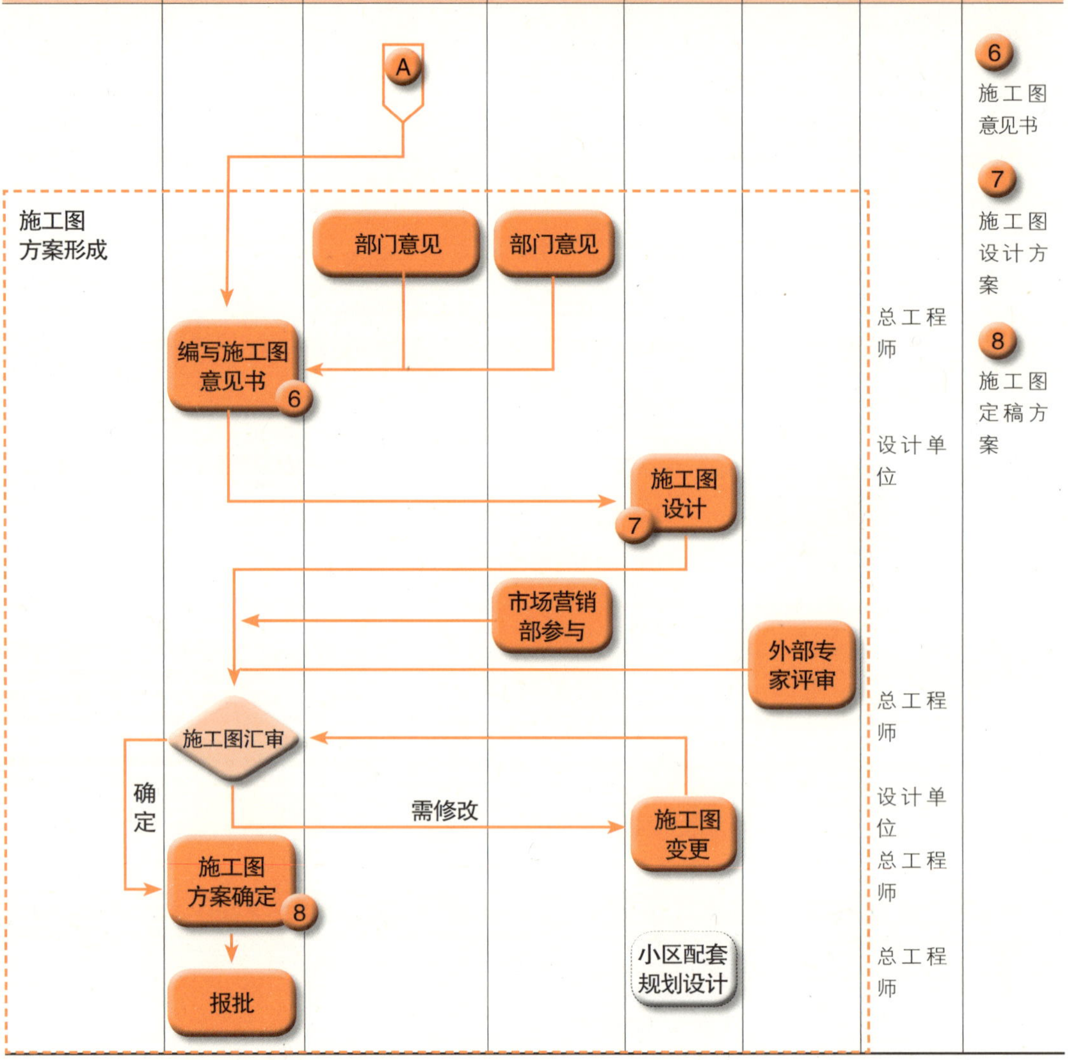

七、开发项目资金预算确定流程

流程设计原则：在原有估算基础上进行调整，作为公司资金控制的基础。

流程控制重点：总经济师组织各个相关部门参与，与计划财务部紧密配合制定出项目资金运作方案。

流程总负责人：总经理。

流程输入输出信息（如下图）：

流程　开发项目资金预算确定流程			流程文件编号：		本流程共 页之第 页		生效日期:	
流程协调控制部门：总经济师			总责任人：总经理		流程制订人：		审核:	签署:
总经理办公会	总工程师	总经济师	工程技术部	市场营销部	计划财务部	经营管理部	责任人	备注

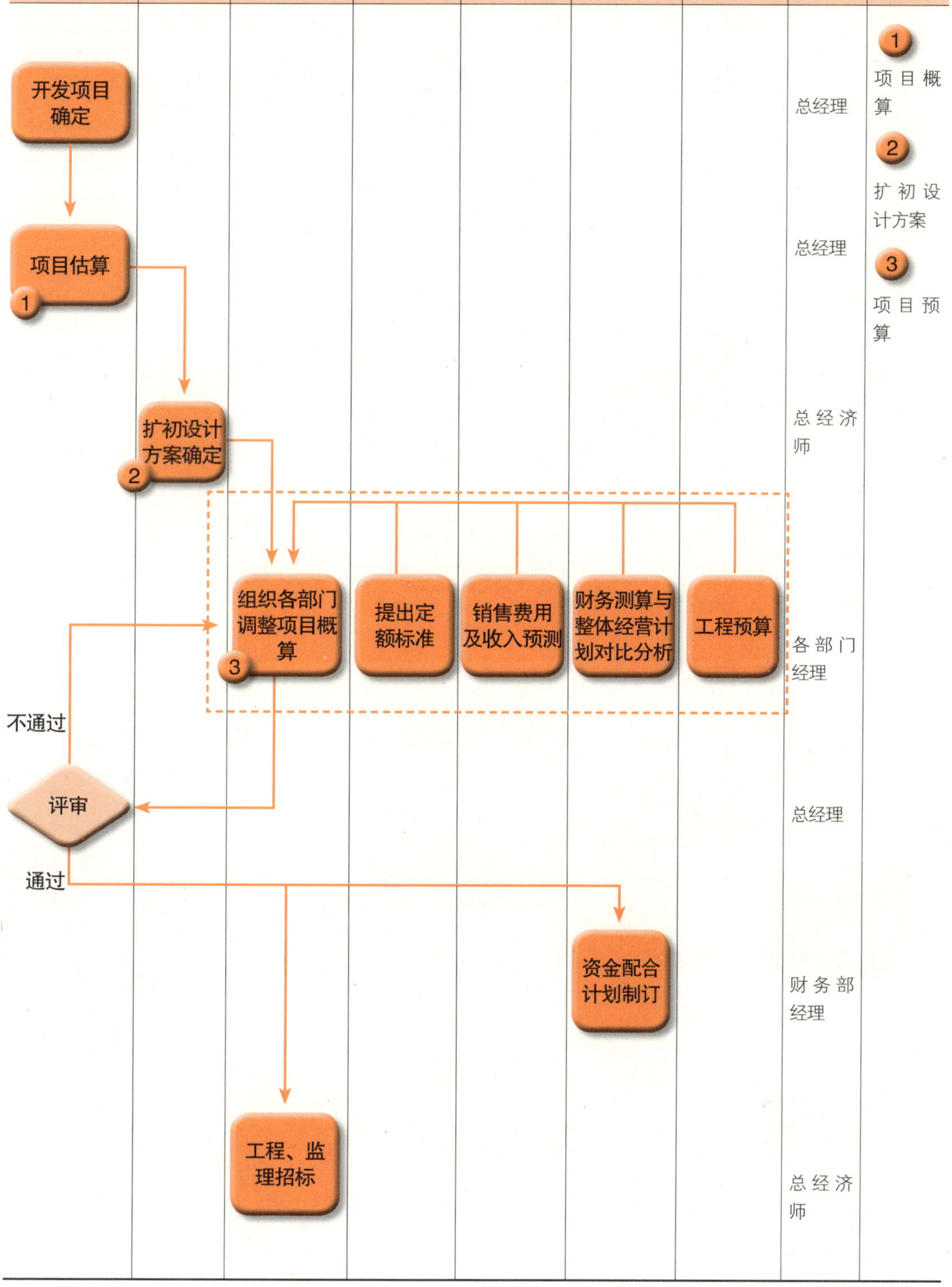

八、勘察、设计招标流程

流程设计原则：运用市场化机制公正、公开、公平地选择勘察设计单位，确保公司选择出最能符合公司需要和利益的勘察设计单位。

流程控制重点：注重招标过程中的权力制衡，保证权力与责任的对等，执行与监督的并行。

流程总负责人：总经理。

流程输入输出信息（如下图）：

流程　勘察、设计招标流程	流程文件编号：	本流程共 页之第 页	
流程协调控制部门：总经济师	总责任人：总经理	流程制订人：	

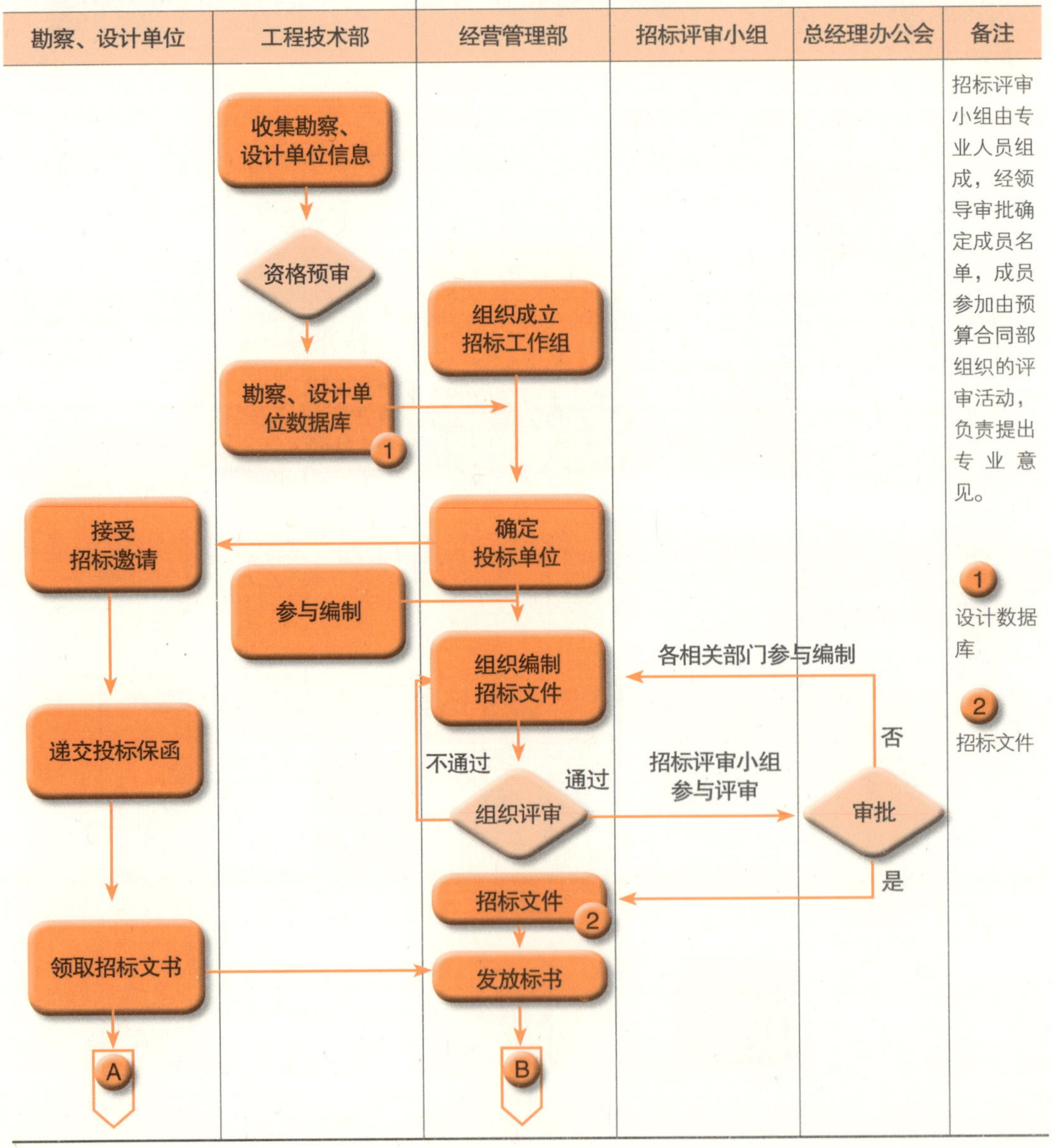

（续表）

流程　勘察、设计招标流程		流程文件编号：	本流程共 页之第 页		
流程协调控制部门：总经济师		总责任人：总经理	流程制订人：		
勘察、设计单位	工程技术部	经营管理部	招标评审小组	总经理办公会	备注

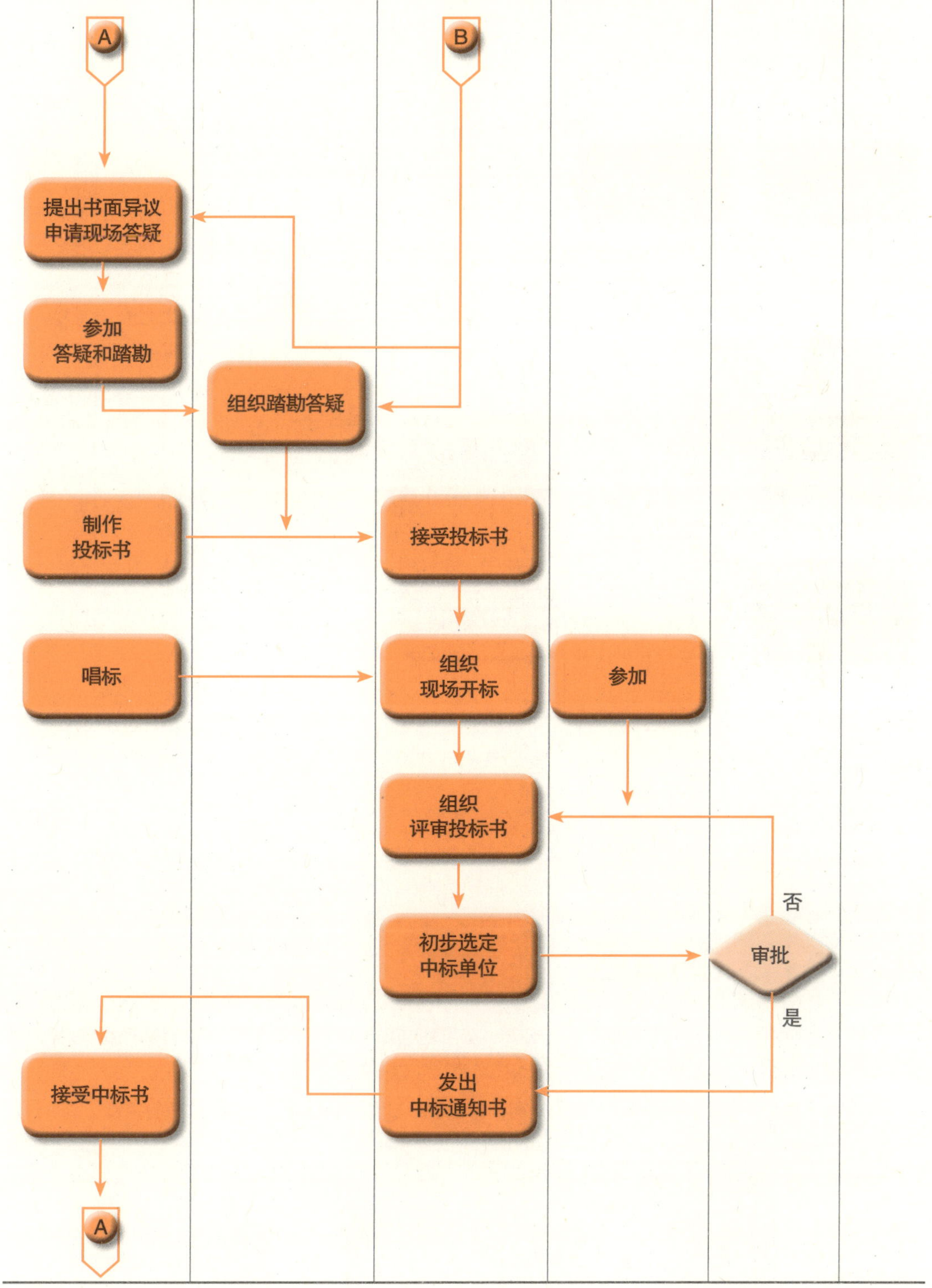

（续表）

流程　勘察、设计招标流程		流程文件编号：	本流程共 页之第 页		
流程协调控制部门：总经济师		总责任人：总经理	流程制订人：		
勘察、设计单位	工程技术部	经营管理部	招标评审小组	总经理办公会	备注

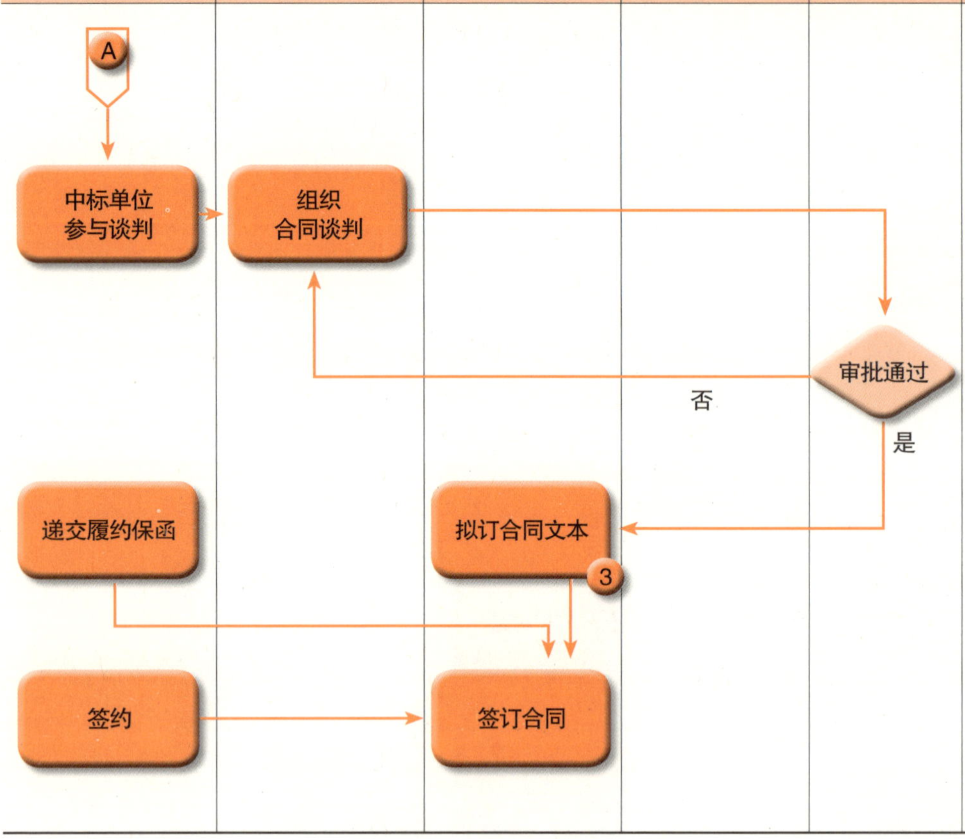

备注：合同谈判以开发部为主，经营管理部参与重大合同谈判，必要时高层领导参与

3 合同文本

九、工程招标流程

流程设计原则：运用市场化机制公正、公开、公平地选择工程总包单位、工程分包单位的过程，确保公司选择出最能符合公司需要和利益的工程总包单位、工程分包单位。

流程控制重点：注重招标过程中的权力制衡，保证权力与责任的对等，执行与监督的并行。

流程总负责人：总经理。

流程输入输出信息（如下图）：

流程　工程招标流程	流程文件编号：	本流程共 页之第 页
流程协调控制部门：总经济师	总责任人：总经理	流程制订人：

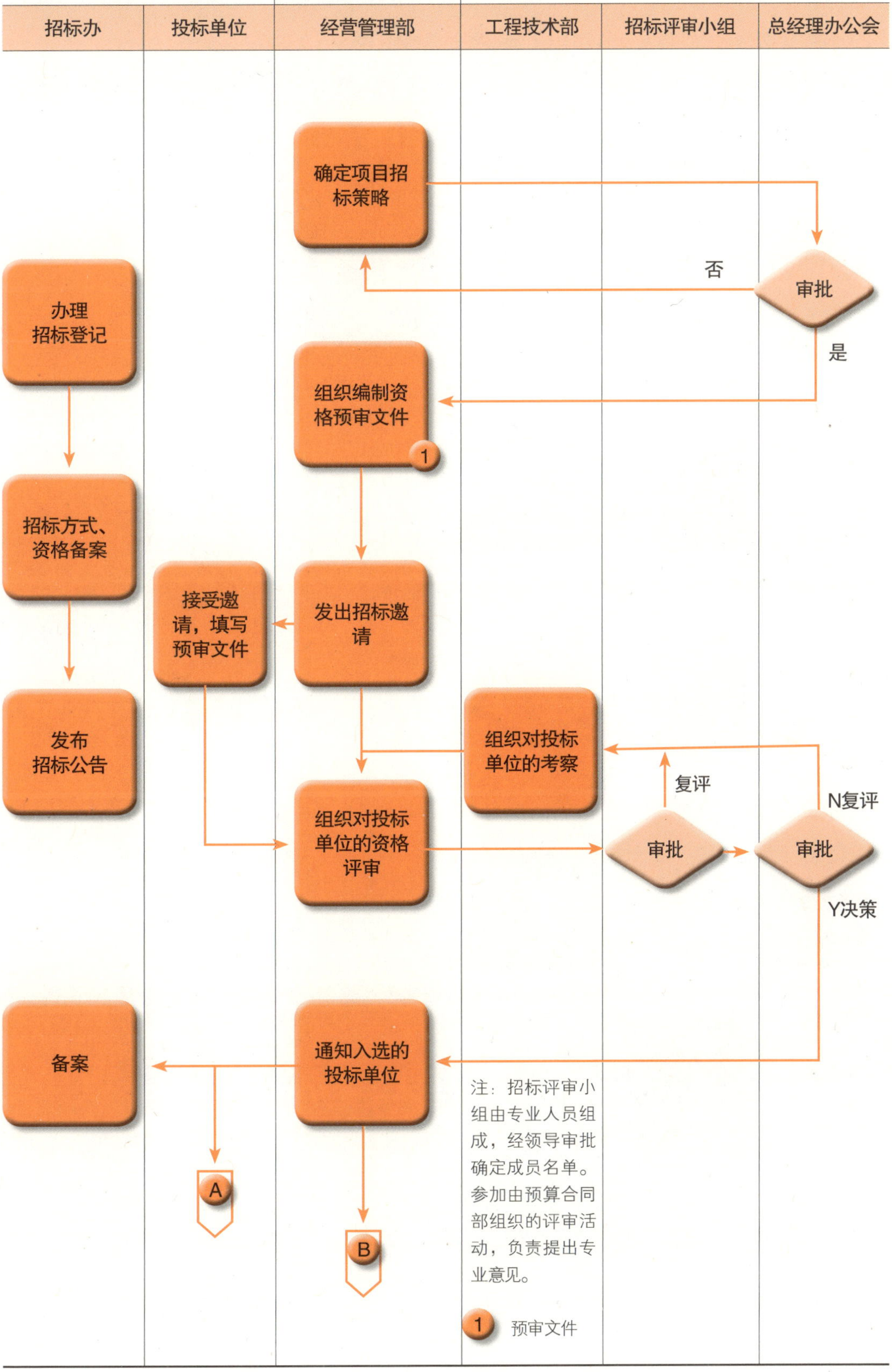

（续表）

流程 工程招标流程		流程文件编号：	本流程共 页之第 页		
流程协调控制部门：总经济师		总责任人：总经理	流程制订人：		
招标办	投标单位	经营管理部	工程技术部	招标评审小组	总经理办公会

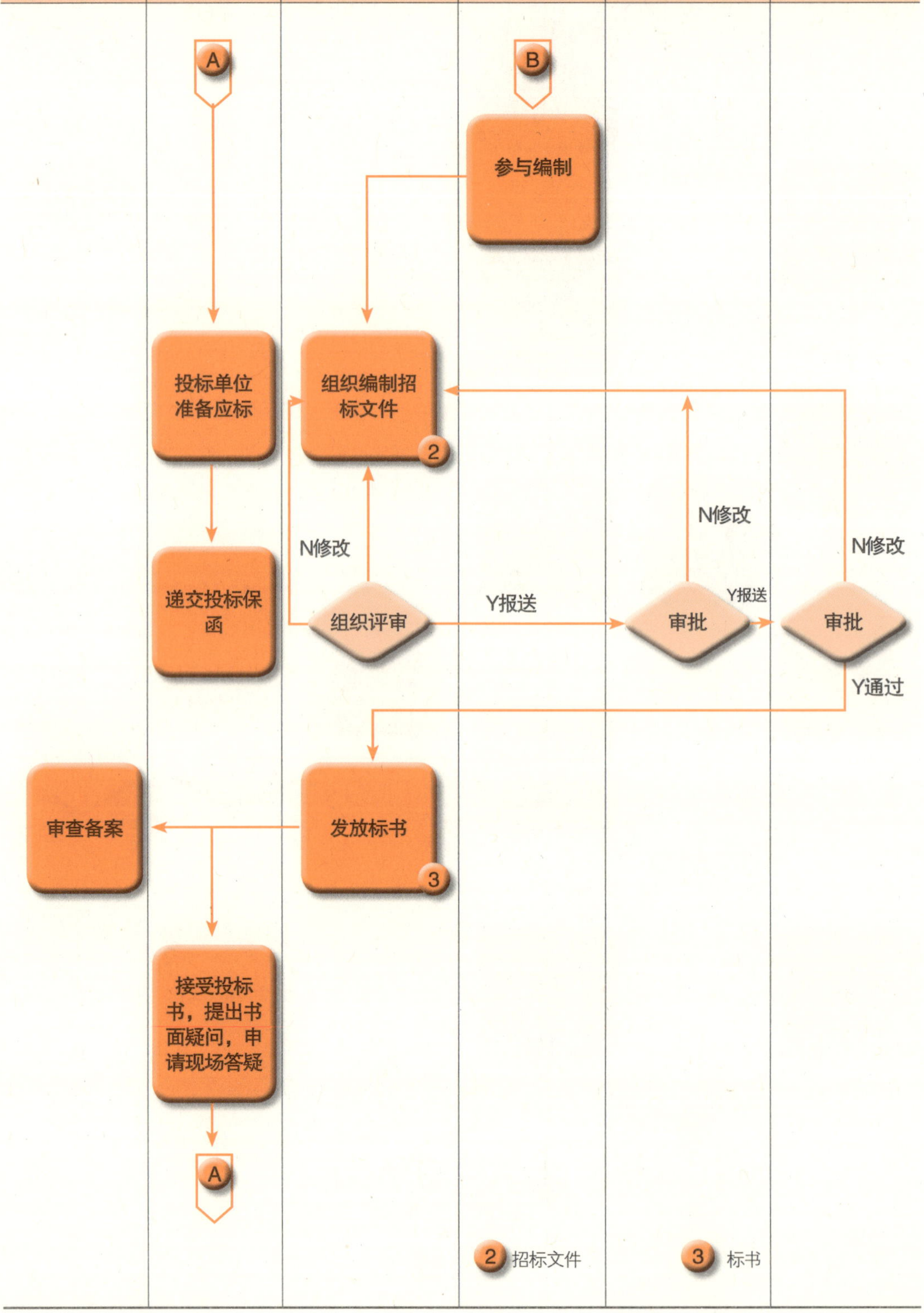

（续表）

流程　工程招标流程	流程文件编号：	本流程共 页之第 页
流程协调控制部门：总经济师	总责任人：总经理	流程制订人：

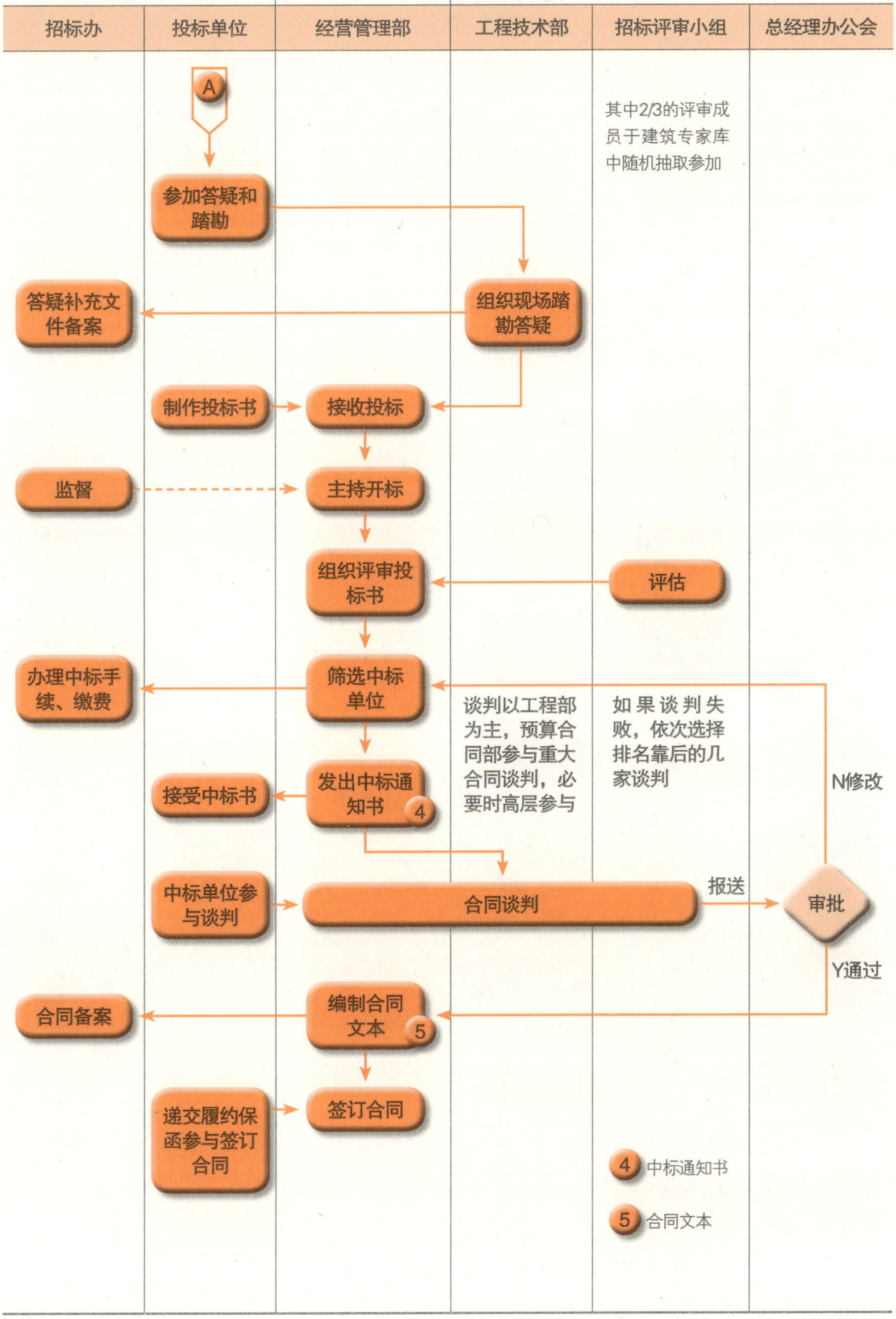

十、监理招标流程

流程设计原则：运用市场化机制公正、公开、公平地选择监理单位，确保公司选择出最能符合公司需要和利益的监理单位。

流程控制重点：注重招标过程中的权力制衡，保证权力与责任的对等，执行与监督的并行。

流程总负责人：总经理。

流程输入输出信息（如下图）：

流程　监理招标流程	流程文件编号：	本流程共 页之第 页
流程协调控制部门：总经济师	总责任人：总经理	流程制订人：

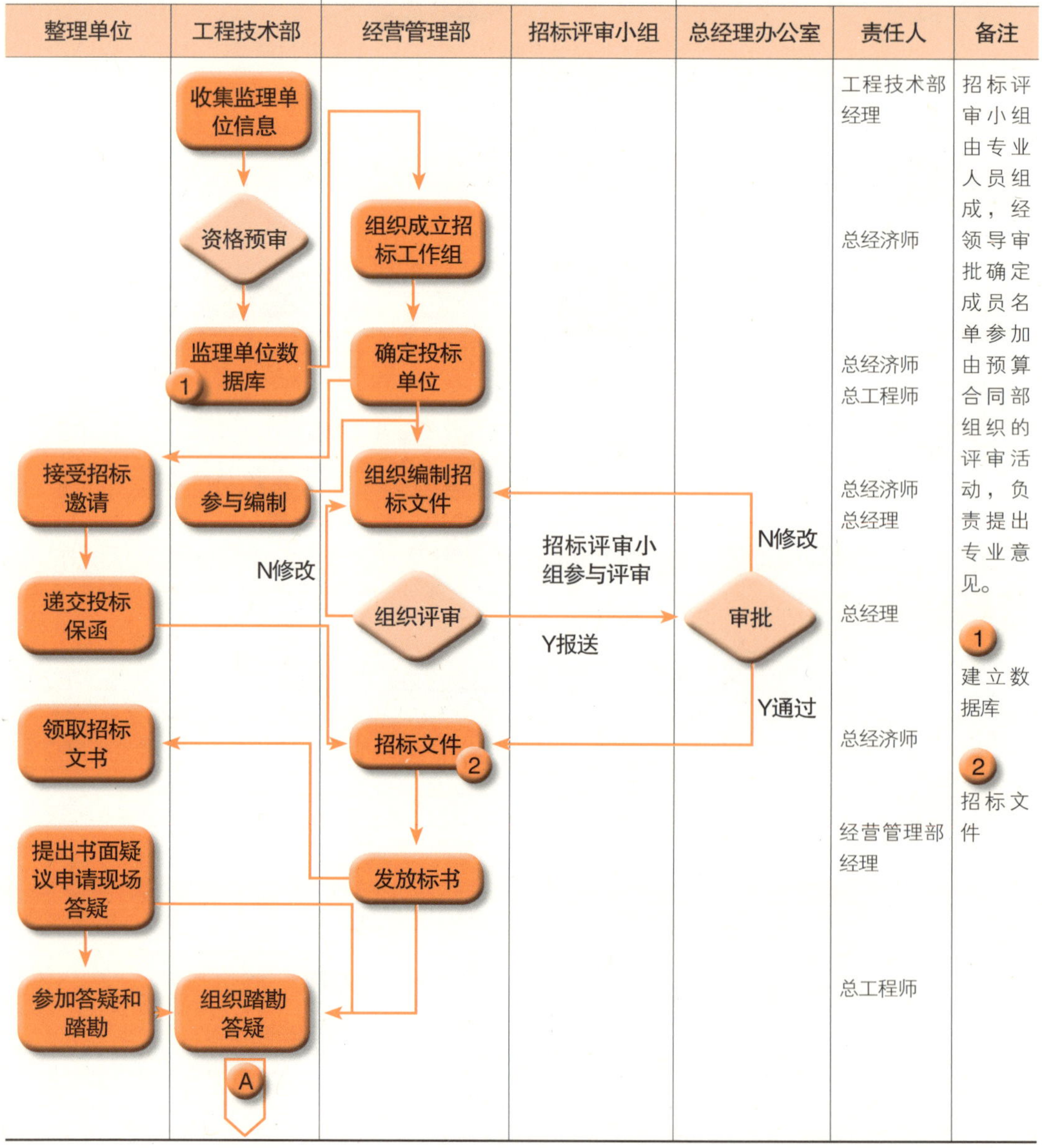

（续表）

流程　监理招标流程	流程文件编号：	本流程共 页之第 页
流程协调控制部门：总经济师	总责任人：总经理	流程制订人：

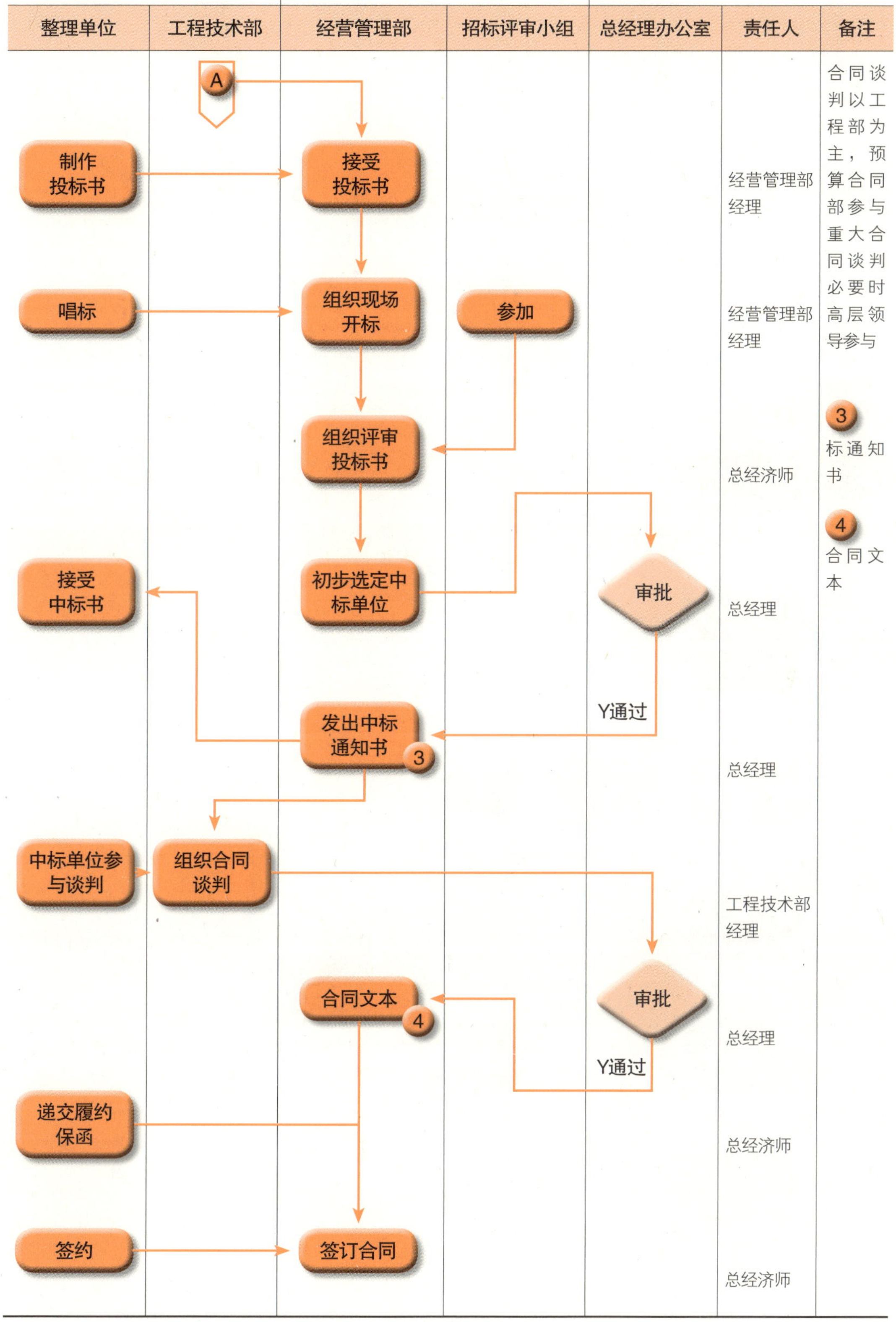

十一、重大设备材料采购流程

流程设计原则：明确招投标原则，每次重大采购都应由招标小组做出决策。

流程控制重点：招标工作小组提出初步评审意见，多项目开发可以参考其他项目经验甚至统一采购（视具体项目而定）。

流程总负责人：总经理。

流程输入输出信息（如下图）：

流程 重大设备材料采购流程	流程文件编号：	本流程共 页之第 页
流程协调控制部门：招标工作小组	总责任人：总经理	流程制订人：

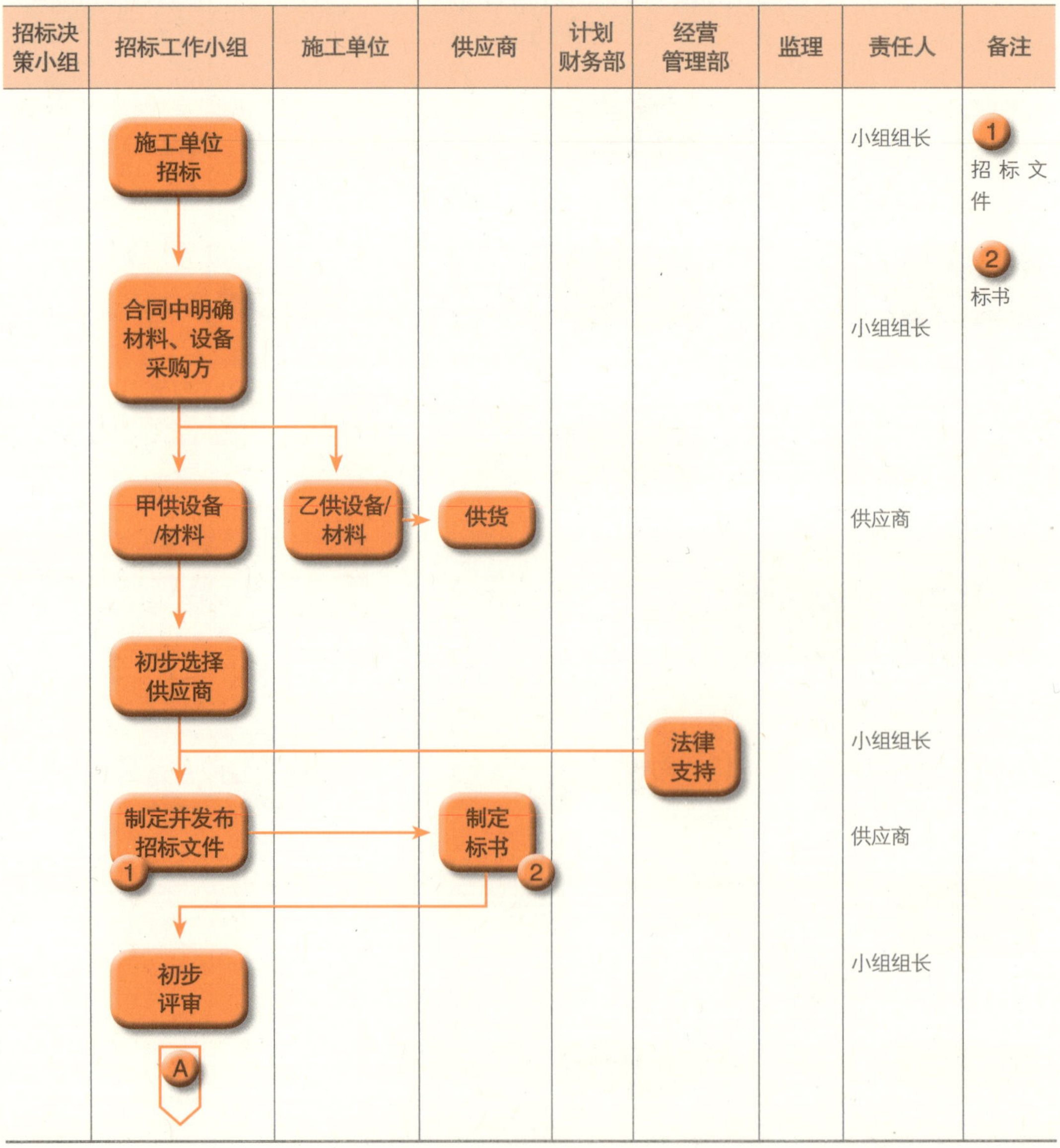

（续表）

流程	重大设备材料采购流程	流程文件编号：	本流程共 页之第 页
流程协调控制部门：招标工作小组		总责任人：总经理	流程制订人：

招标决策小组	招标工作小组	施工单位	供应商	计划财务部	经营管理部	监理	责任人	备注

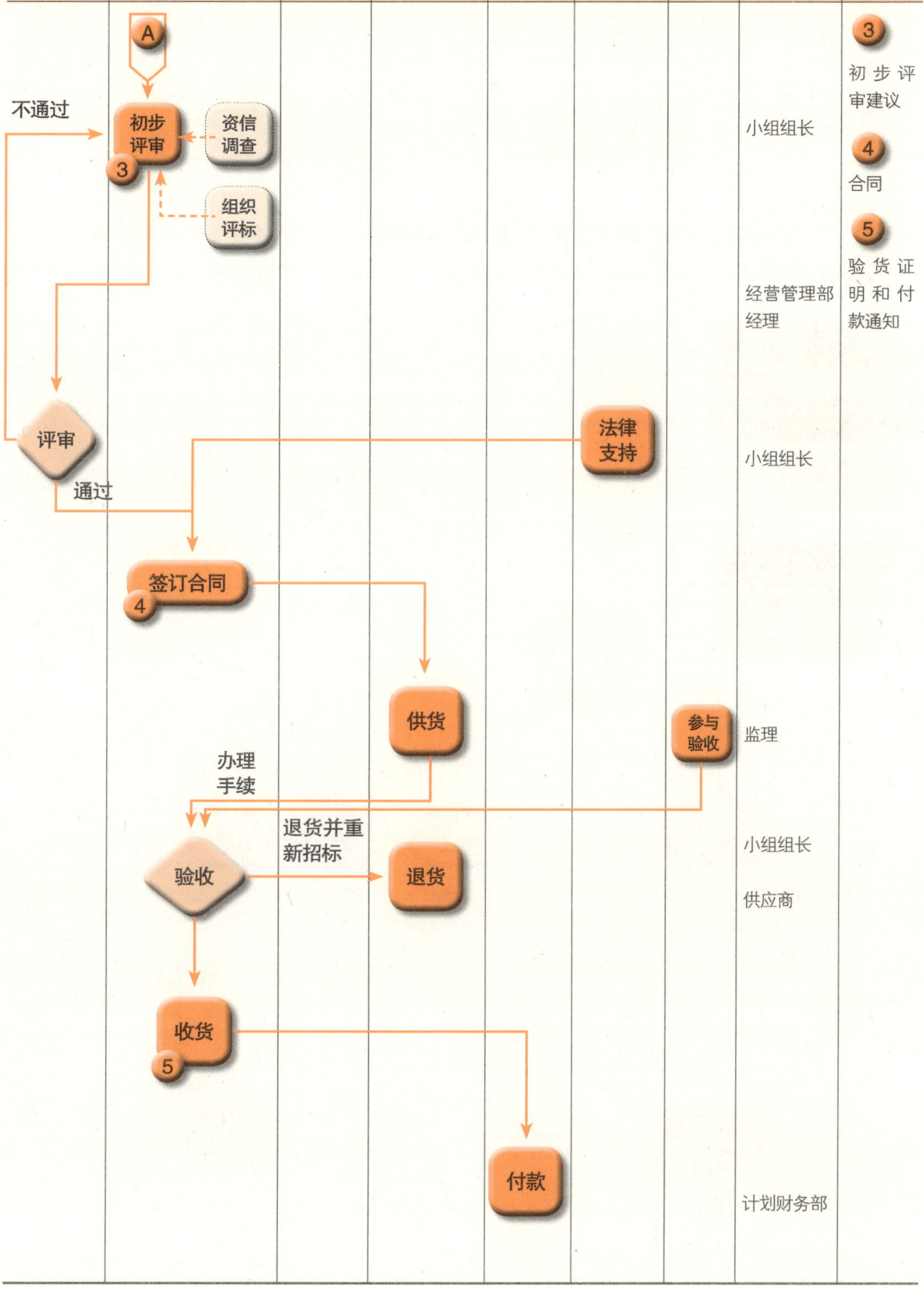

十二、公司施工、销售进度配合流程

流程设计原则：制定合理的营销方案并可以根据项目、市场以及公司运营的具体阶段而动态调整。

流程控制重点：在制订定价体系和营销计划及修改过程中，强调工程、市场等部门人员的共同参与，同时公司应加强对工程预见性和工程执行力度的控制。

流程总负责人：总工程师。

流程输入输出信息（如下图）：

流程　　公司施工、营销方案配合流程	流程文件编号：	本流程共　页之第　页
流程协调控制部门：市场营销部	总责任人：总工程师	流程制订人：

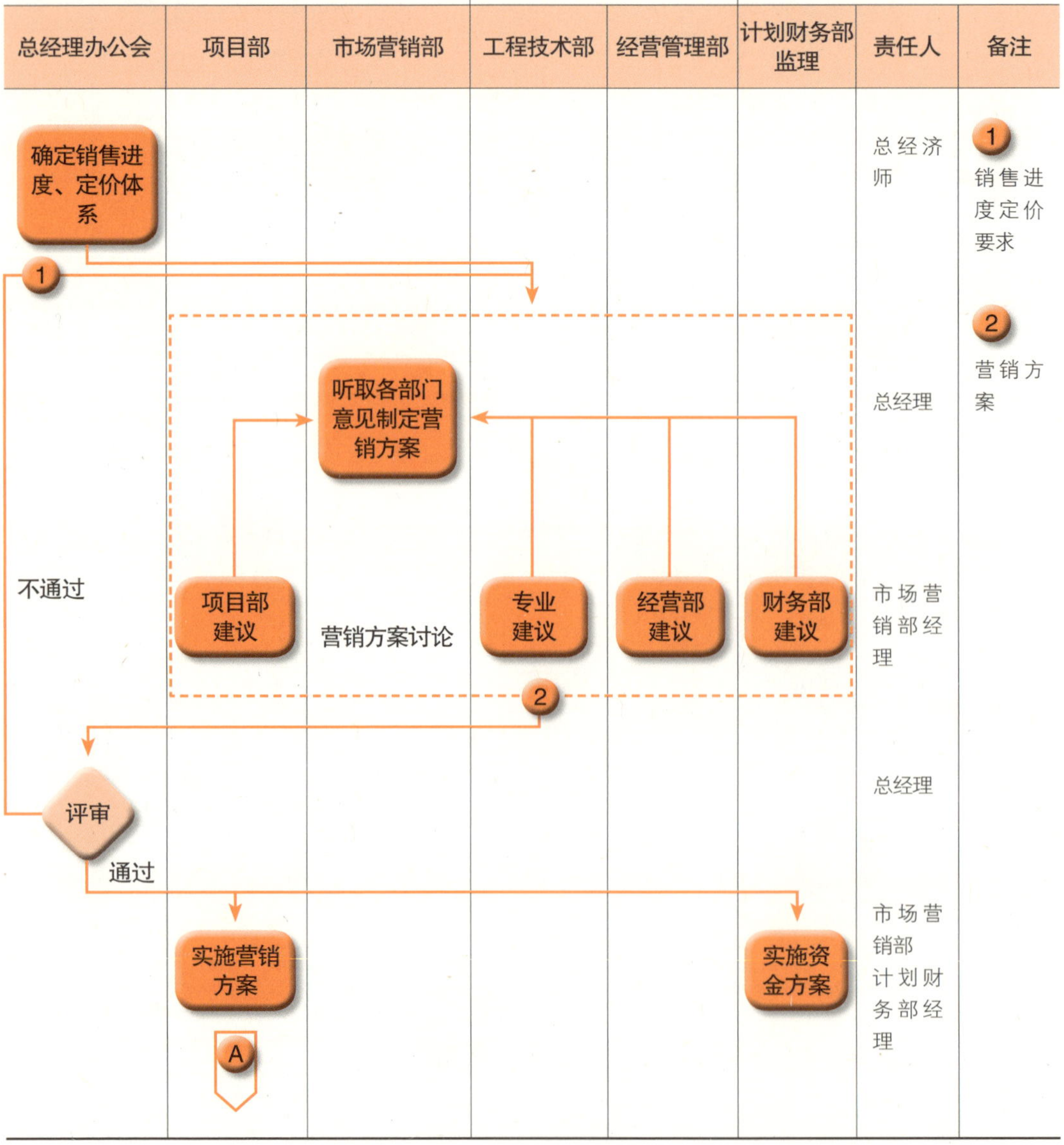

（续表）

流程　公司施工、营销方案配合流程	流程文件编号：	本流程共　页之第　页
流程协调控制部门：市场营销部	总责任人：总工程师	流程制订人：

总经理办公会	项目部	市场营销部	工程技术部	经营管理部	财务部	施工单位	责任人	备注

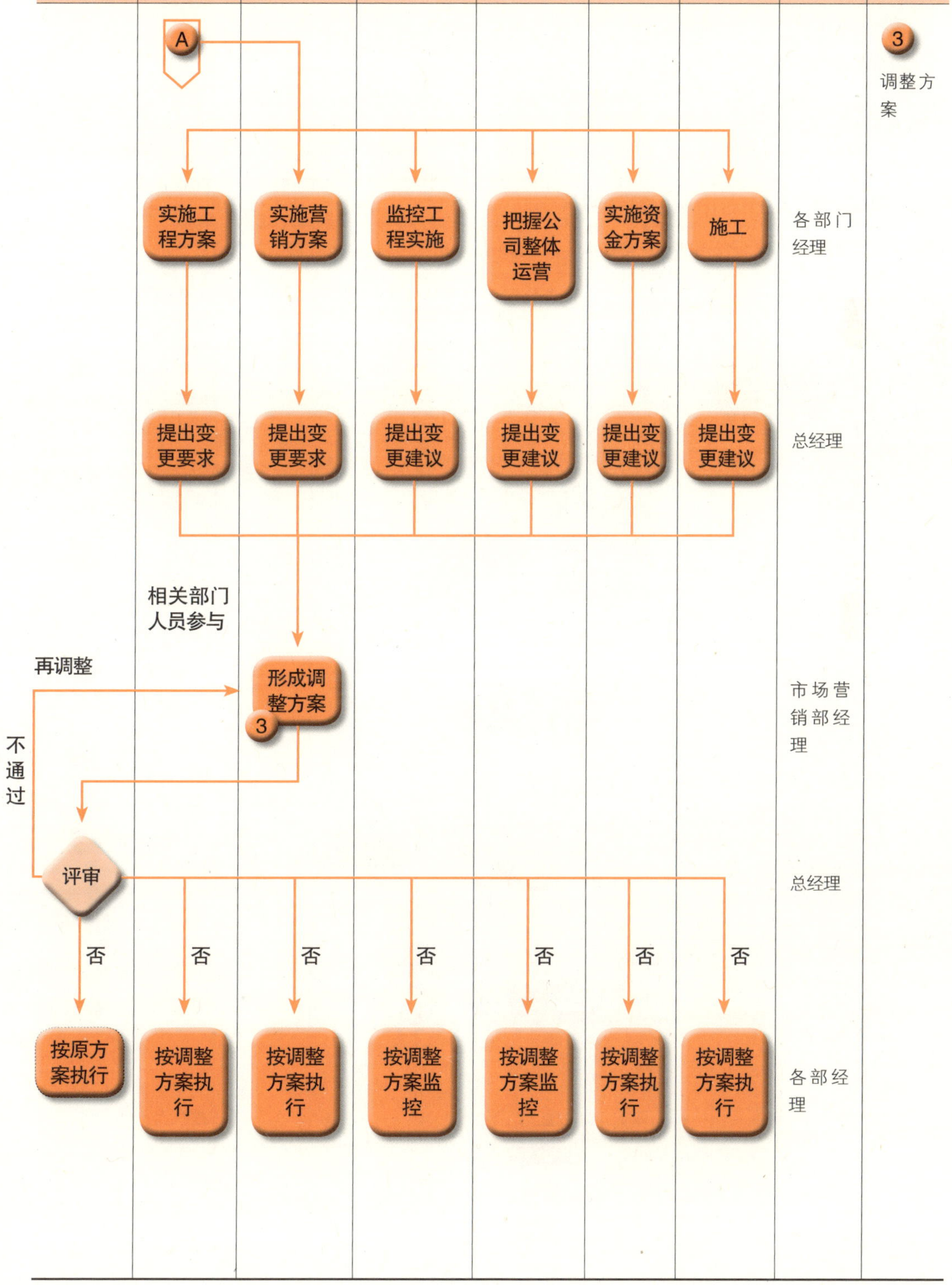

十三、售房流程

流程设计原则：明确市场营销部与销售公司、财务、物业公司之间在房屋销售和客户服务过程中各自的职责与相互间的配合方式。

流程控制重点：突出在售房合同签署前后市场营销部的组织协调作用，通过市场营销部、销售公司、项目部、计划财务部间相互配合使客户满意，形成完整的客户管理界面。

流程总负责人：总经济师。

流程输入输出信息：

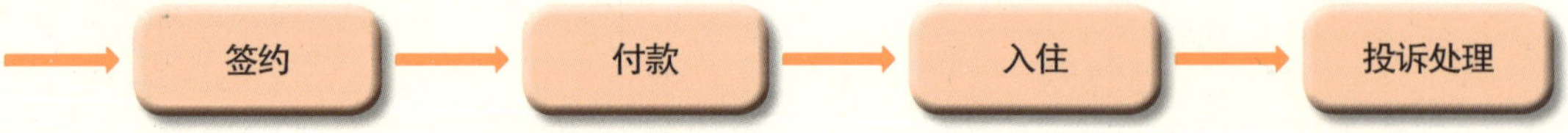

流程　售房流程	流程文件编号：	本流程共 页之第 页
流程协调控制部门：市场营销部	总责任人：总经济师	流程制订人：

项目部	市场营销部	销售公司	财务部	物业公司	责任人	备注

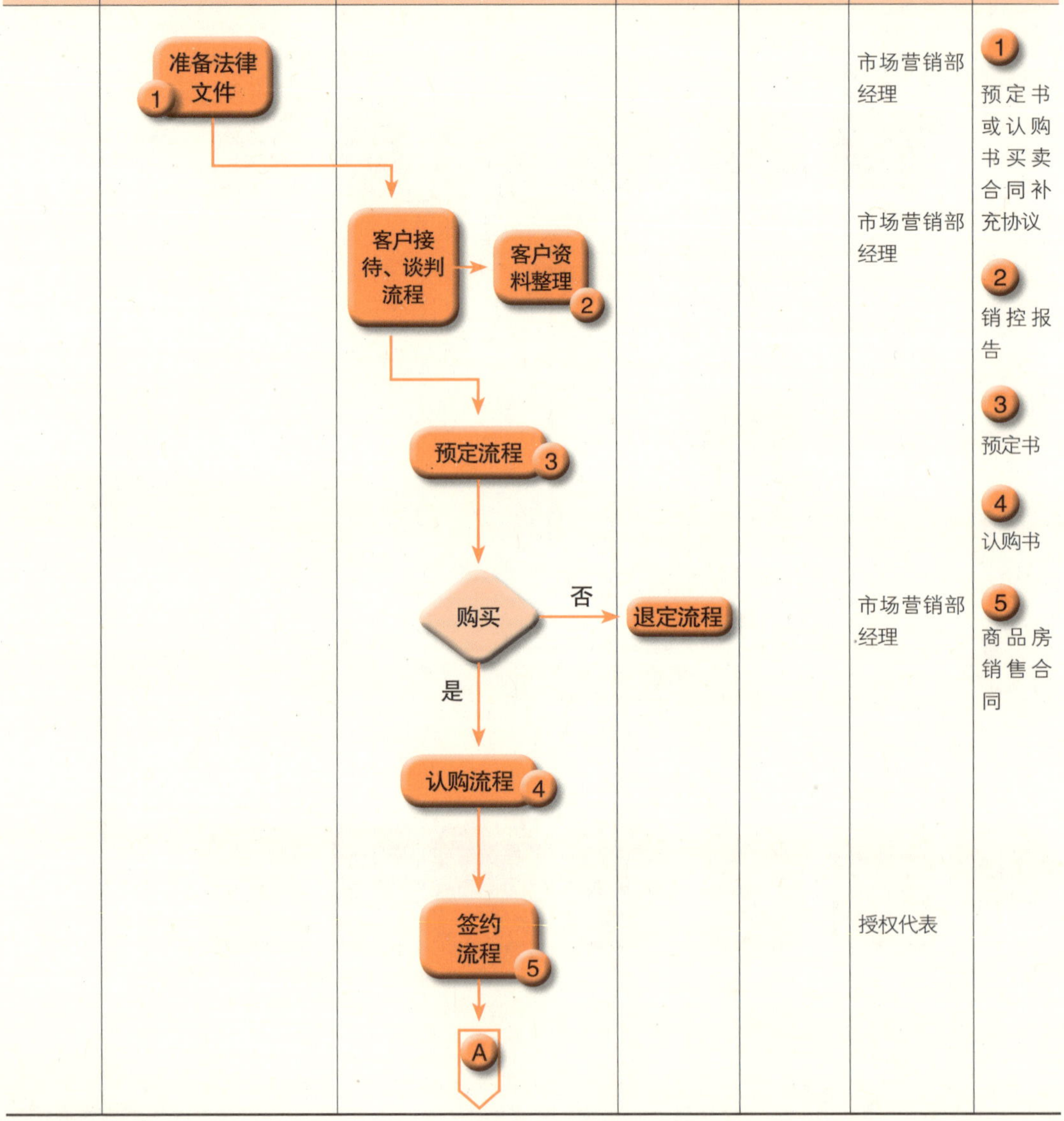

（续表）

流程　售房流程			流程文件编号：		本流程共 页之第 页	
流程协调控制部门：市场营销部			总责任人：总经济师		流程制订人：	
项目部	市场营销部	销售公司	财务部	物业公司	责任人	备注

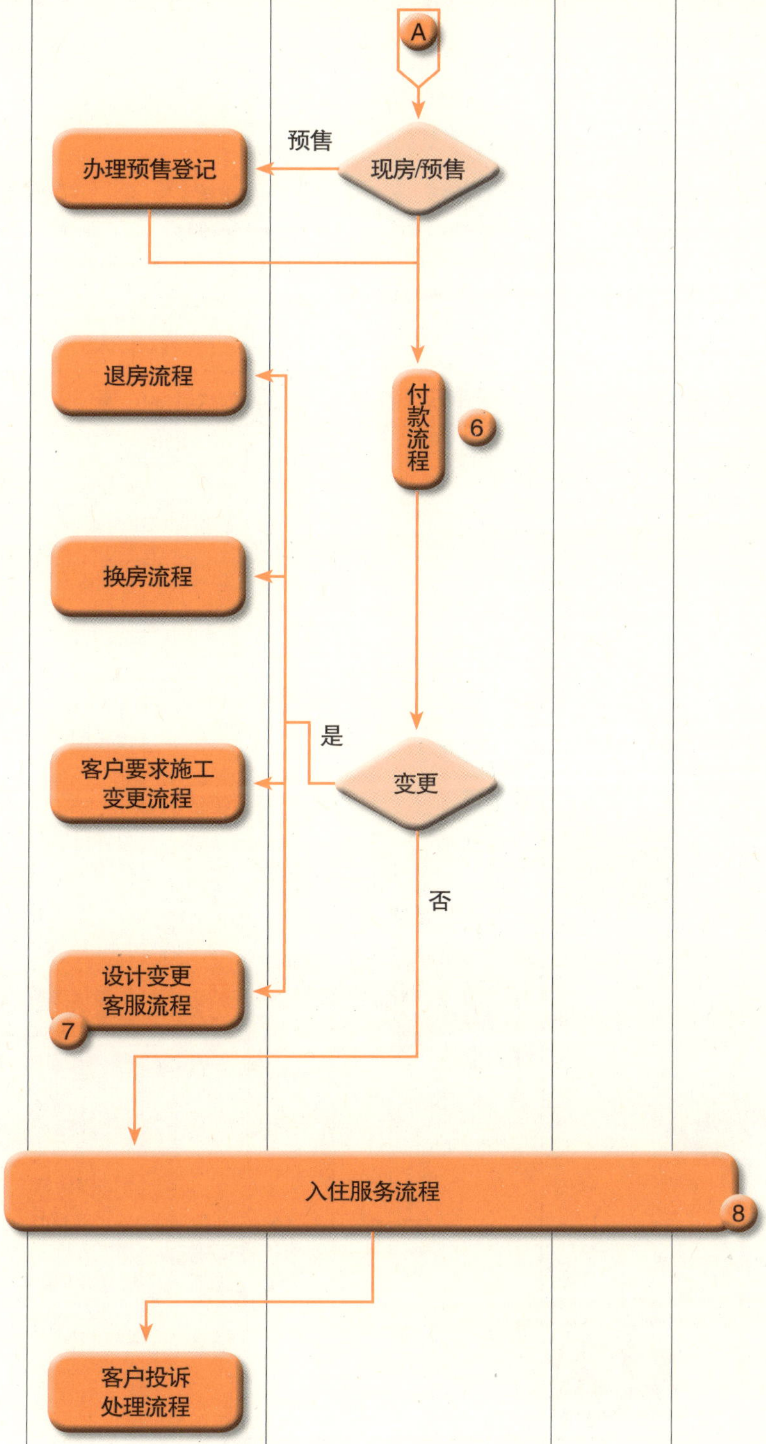

责任人	备注
市场营销部经理	6 付款通知书；7 设计变更通知；8 入住指南物业管理合同
市场营销部、计划财务部经理	
市场营销部经理	
市场营销部经理	
市场营销部经理	

十四、售房签约流程

流程设计原则：明确在商品房预售合同签订过程中，市场营销部、销售公司、财务和工程技术部以及公司签约代表在各个阶段所进行的工作内容、相应的责任人和信息公文的流转方式。

流程控制重点：以市场营销部为主；保证商品房预售合同签订过程中文本的正确；当客户提出特殊要求时，根据要求的性质与相应部门协调并取得反馈意见，协助公司签约代表处理客户的特殊要求，最大程度地满足客户要求同时保障公司利益。

流程总负责人：总经济师。

流程输入输出信息：

填写格式合同 → 递交申请 → 可行性审核 → 可行性审核 → 房屋预售登记

流程　售房签约流程	流程文件编号：	本流程共 页之第 页
流程协调控制部门：市场营销部	总责任人：总经济师	流程制订人：

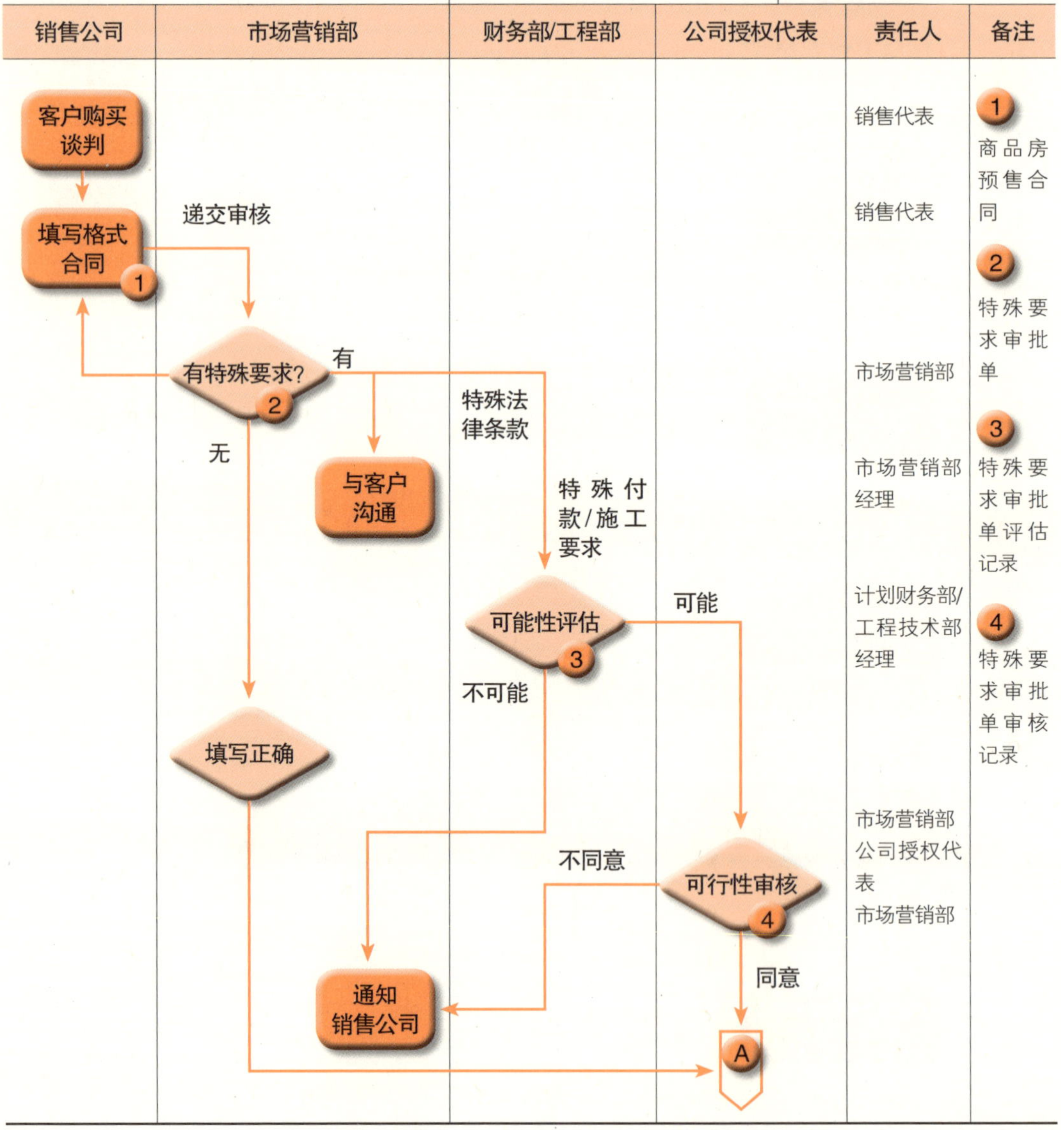

（续表）

流程　售房签约流程		流程文件编号：		本流程共 页之第 页	
流程协调控制部门：市场营销部		总责任人：总经济师		流程制订人：	
销售公司	市场营销部	财务部/工程部	公司授权代表	责任人	备注

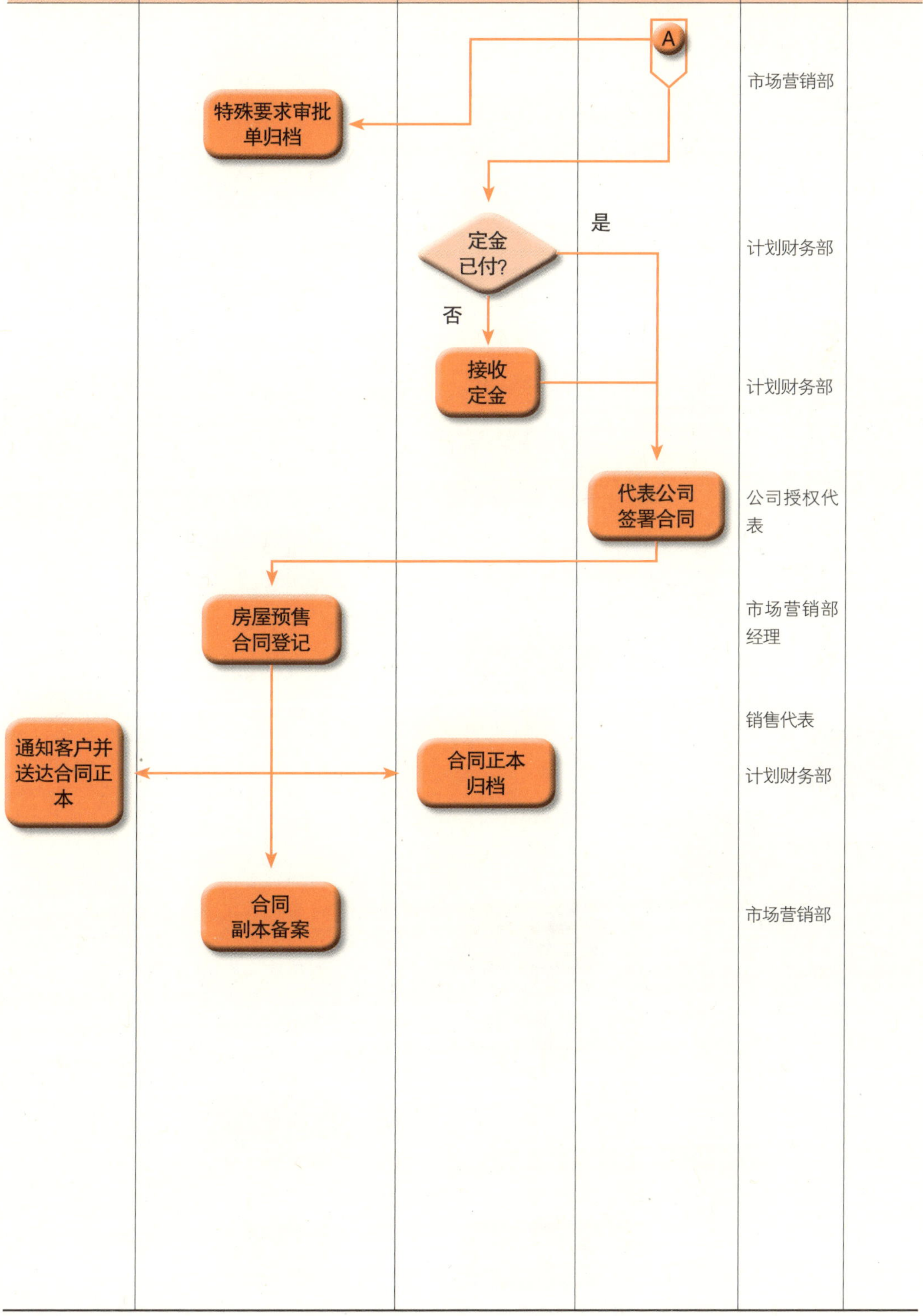

十五、设计变更客服流程

流程设计原则：弥补由于设计变更带来的客户、公司利益损失，尽可能留住已有客户。

流程控制重点：以市场营销部为统一接口处理设计变更对客户的影响，补偿方案由总经济师负责审核，销售公司配合市场营销部做好善后工作，对客户的反馈应迅速回应。

流程总负责人：总经济师。

流程输入输出信息：

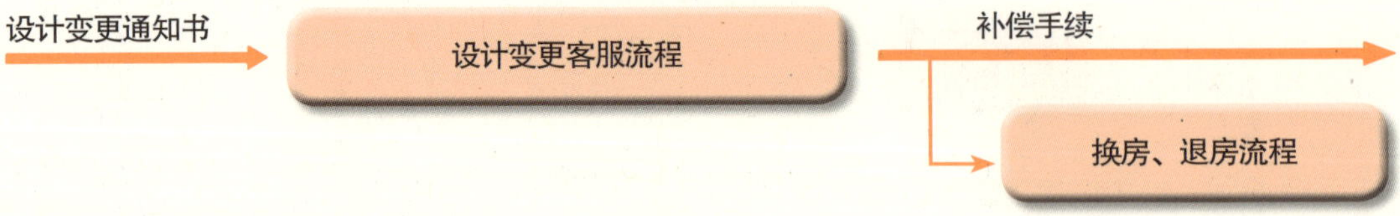

流程　设计变更客服流程	流程文件编号：	本流程共 页之第 页
流程协调控制部门：市场营销部	总责任人：总经济师	流程制订人：

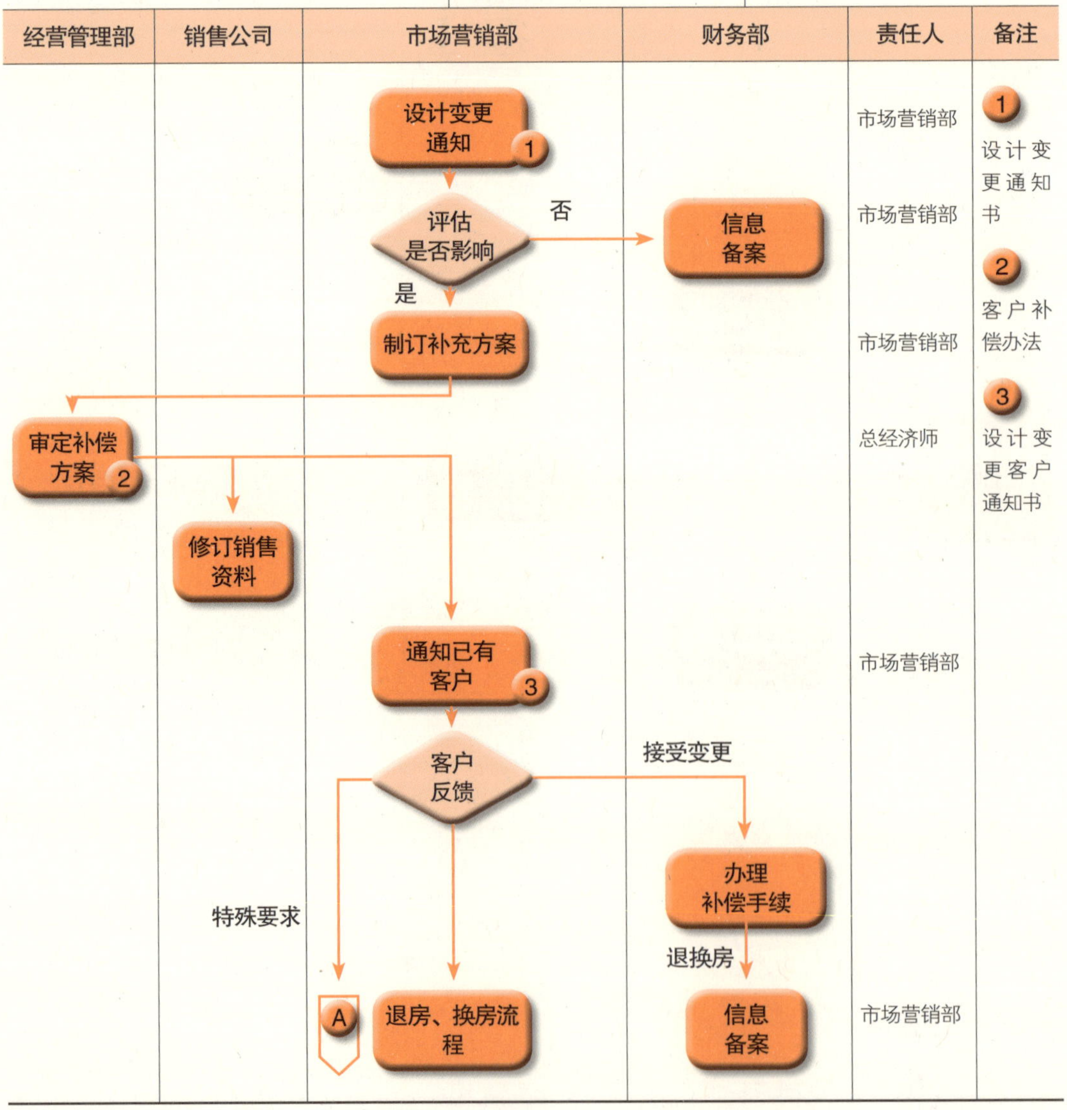

（续表）

流程　设计变更客服流程	流程文件编号：	本流程共 页之第 页
流程协调控制部门：市场营销部	总责任人：总经济师	流程制订人：

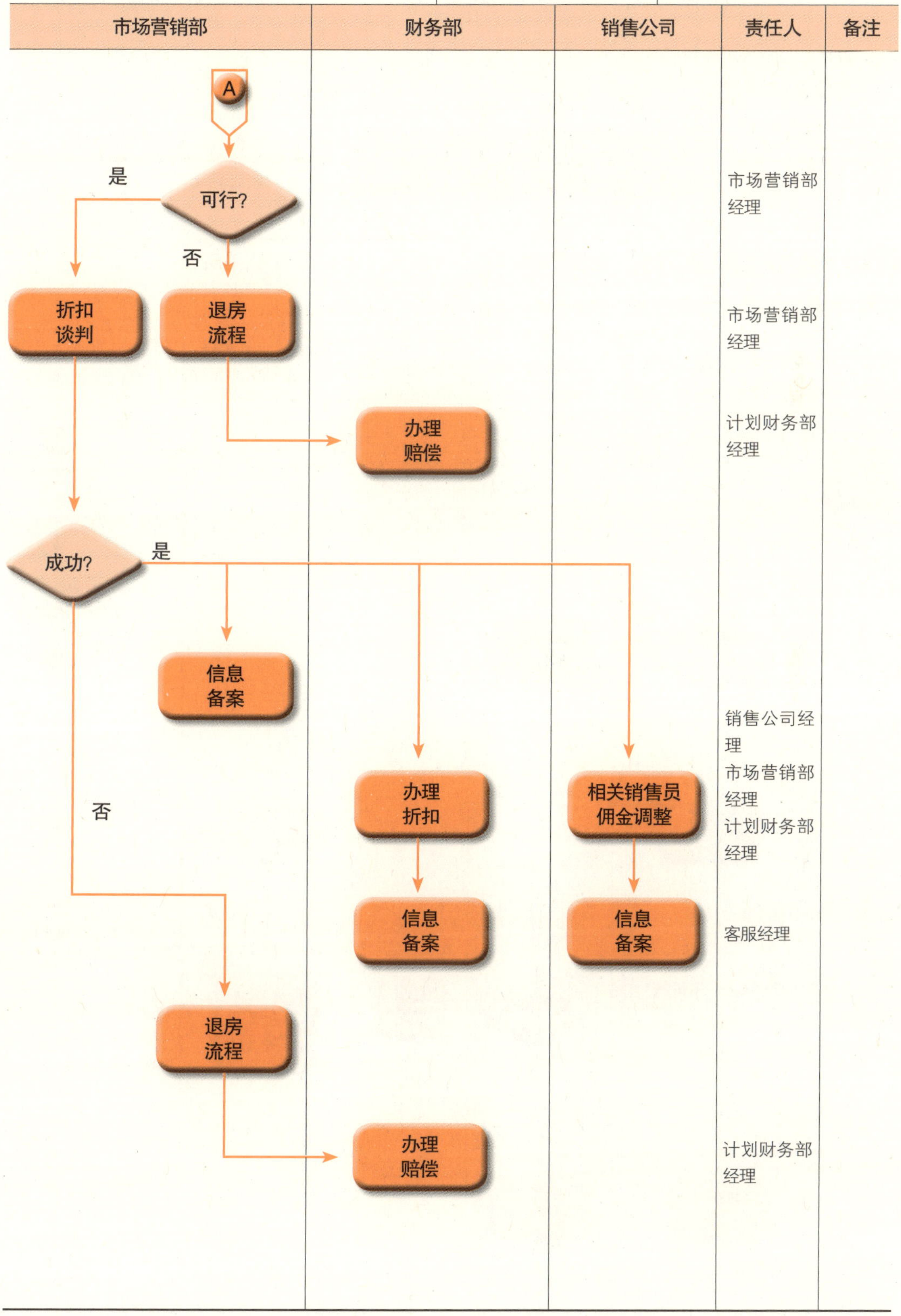

十六、按客户需求施工变更流程

流程设计原则：建立统一的客户界面，及时反馈客户的需求。

流程控制重点：以市场营销部为客户施工需求调整的唯一接口，反馈迅速，注重工程技术部审核意见。

流程总负责人：总经济师。

流程输入输出信息：

流程　按客户需求施工变更流程	流程文件编号：	本流程共 页之第 页
流程协调控制部门：工程技术部	总责任人：总经济师	流程制订人：

业主	项目部	施工单位	监理	市场营销部工程技术部	责任人	备注

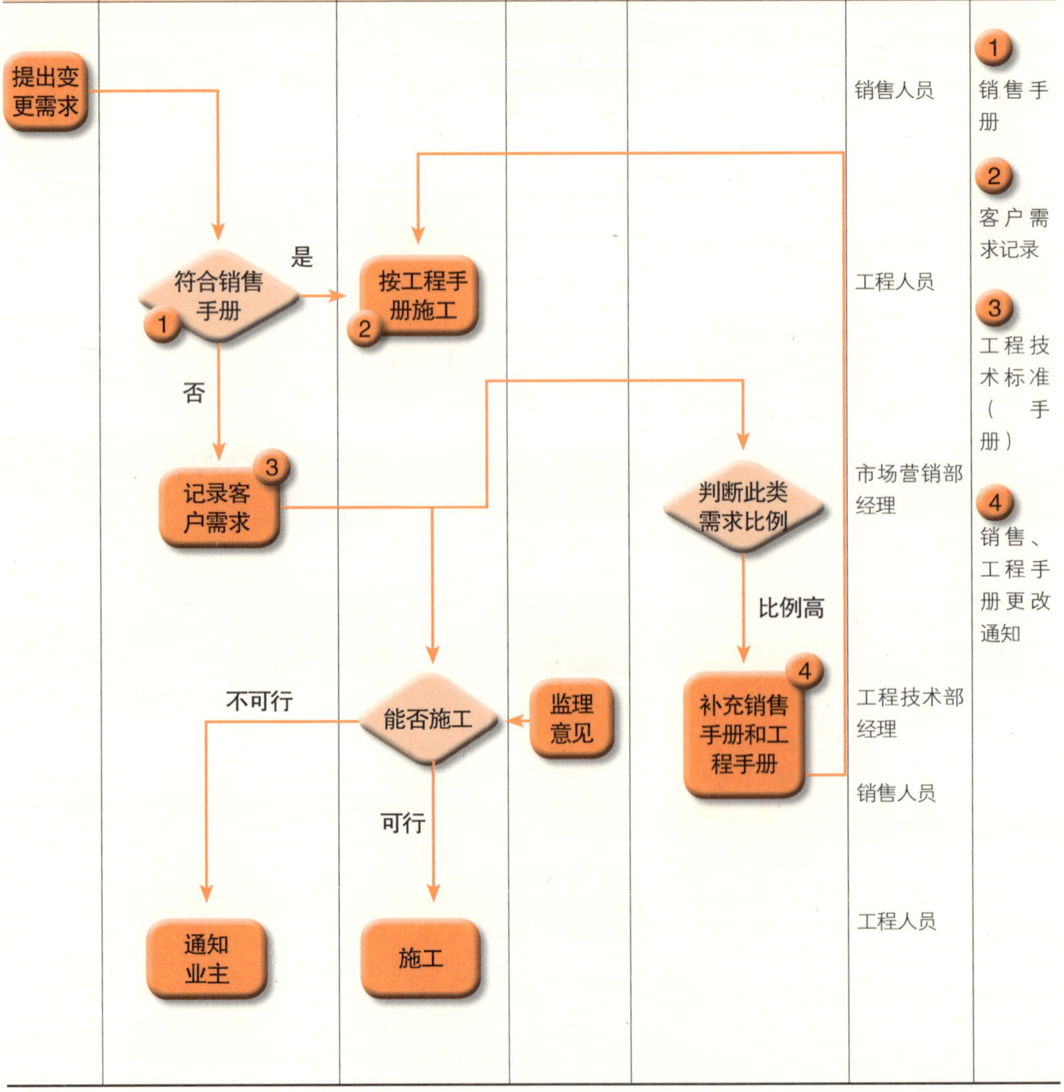

第 三 模 块
Module Three
职能设计

第三模块思考

职能设计实际上是对房地产企业的经营和管理业务进行总体设计，确定企业应当从事哪些生产经营活动和管理业务，并规定其合理的结构比例。职能设计是企业组织设计的第一道“工序”，其核心的价值是：帮助企业“因事定机构，因机构配人员”。职能设计一方面帮助企业的战略任务和经营目标在管理组织上得到落实，另一方面为企业管理组织的框架设计提供依据。

职能设计实际上是对房地产企业的经营和管理业务进行总体设计，确定企业应当从事哪些生产经营活动和管理业务，并规定其合理的结构比例。只有有了职能，我们才能谈结构、部门、职务、岗位，这是组织设计的一个内在逻辑关系。而职能划分是根据房地产开发专业化的原则，以工作或任务的性质为基础来进行的。这些部门可以被分为基本的职能部门和派生的职能部门。

1

职能设计及职能划分

——干哪些事、划到哪个部门

一、房地产企业职能设计的概念及职能划分

上面已经介绍了流程，但是在这个一系列的流程中，哪些是我们该干的呢？在这里，我们提出职能设计的概念，职能设计实际上是对房地产企业的经营和管理业务进行总体设计，确定企业应当从事哪些生产经营活动和管理业务，并规定其合理的结构比例。

管理组织的各个层次、部门、职务和岗位，只是企业各项职能和业务的载体。所以，只有有了职能，我们才能谈结构、部门、职务、岗位，这是组织设计的一个内在逻辑关系。

1.职能划分的概念

职能划分是根据房地产开发专业化的原则，以工作或任务的性质为基础来进行的。这些部门可以被分为基本的职能部门和派生的职能部门。基本的职能部门（也称企业的职能）处于组织机构的首要一级，在每一个基本职能之内一般还需进一步地细分。细分的结果就形成了派生的基本职能。细分的前提是基本职能部门的管理人员感到其管理幅度太大，不能有效地管理时，才需要建立派生的职能部门。

按职能划分部门的优点在于：它遵循分工和专业化原则，因而有利于充分发挥专业职能，使主要人员的注意力集中在组织的基本任务上，有利于目标的实现，同时它简化了训练工作，为上级主管部门提供了进行严格控制的手段，职能划分的四条原则如下图。

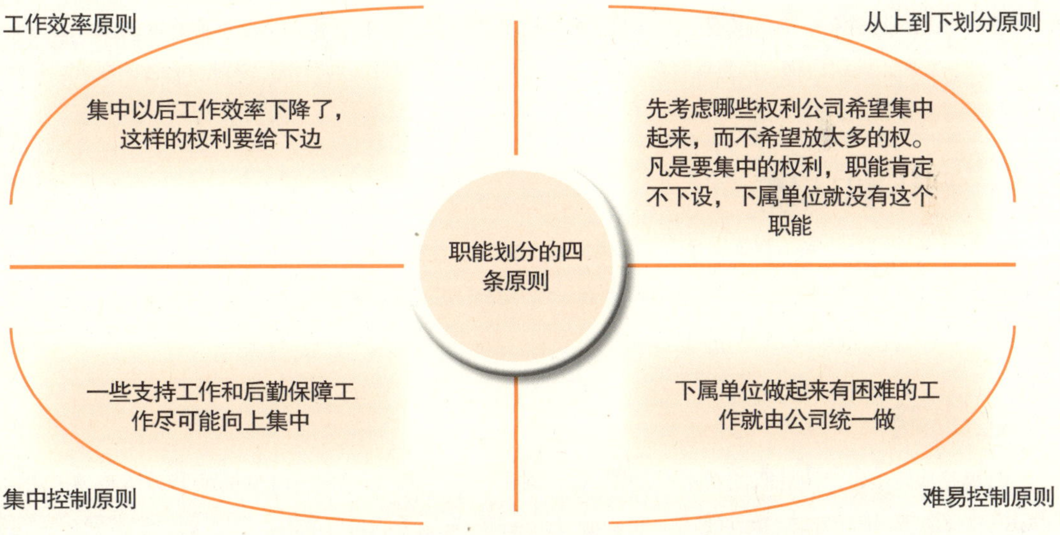

2.职能划分的三大核心要点

（1）如何划分企业各个职能部门的职能、职责

部门的职能划分就是划分部门的权责，明确彼此之间的沟通关系和权责的基础。各个职能部门的职责肯定有交汇点，如工程部与设计部如何划分职能，招标采购部如何与预算部划分职能，财务部如何与各部的财务结算划分职能，找到各个部门之间的交汇点，并将各交汇部门的职责区分，才能避免部门职能、

职责确定的死角。

（2）如何划分上级和下级的职能

上级主要对下级进行业务指导，上级在部门具有决策权，但上级不能越俎代庖剥夺下级的权利，不然下级就会形成惯性，缺乏创新工作的动力，那么上级就整天被琐事缠身，影响企业的运作效率；同样，上级如果将自己的职能下放就会滋生下级的权利扩张。上下级的职能划分实际上是将权利集中还是分散的说明，权利分配合理才会让部门的决策效率提高。

（3）如何划分集团和下属子公司、全资子公司、控股子公司或参股子公司职能

房地产企业发展到一定阶段都会为了掌控更多的资源而通过全资、控股或参股等方式拥有自己的下属企业，如拥有自己的建筑公司、建筑设计公司、物业公司等。如何区分集团与下属公司的职能？最重要的一条就是，权利分配问题。集团要考虑的是如何制定战略和对下属企业的职能服务，而要少干涉下属公司具体的经营活动。

二、基本职能设计

基本职能设计主要讲的是房地产企业主要从事房地产经营活动的职能设计。基本职能的设计目的是将房地产企业的人、财、物、信息等经营资源，研、供、产、销等经营环节进行系统、有效的管理。影响基本职能的主要有四个因素：

1.内外部环境

外部环境主要指房地产产业政策、宏观微观经济政策、金融政策、法律法规及竞争市场等因素，内部环境主要指企业的管理水平、员工素质等因素，内外部环境会迫使企业设计只适合企业未来竞争的基本职能。

2.战略

战略是决定房地产企业职能设计的重要指标，对于项目“壳”公司来说，他们可能根本无须采购，也没有物业服务，因此根本就无这两项职能。而对于强调物业服务的企业来说，他们可能会加强物业管理的职能，并增加岗位和人员的编制。

3.技术

技术是企业组织设计的推动力量，技术在房地产企业中的主要运用有信息管理等。

4.规模

企业的规模不一样，职能设计上肯定不一样。如碧桂园，它几乎通吃房地产开发的上下游整个链条。因此，它会设置更多的基本职能来满足企业的组织运转需要。但是对于很多小的房地产企业来说，规划设计请规划设计公司，营销策划请策划代理公司，推广请广告公司，物业服务请物业管理公司，建筑施

工请建筑施工企业，组织规模决定的业务开展方式导致企业的职能千差万别。

三、关键职能设计

关键职能是与企业的关键流程息息相关的。它是企业盈利和增值的关键职能，是指该部门对公司的价值体现。这些关键角色可以是战略性的，亦可为有关运营策略的。其中有些与客户相关，有些与该部门所提供的产品或服务相关。

关键职能设计是房地产企业从事生产经营活动中必不可少的职能，如果我们把企业的经营活动比作是建造房子的过程，那么关键职能绝对是那些承重墙，它也是企业创造利润的主要增值活动。

1.关键职能与基本职能的差异

每个企业的关键职能可能是不同的。根据企业的实际情况，要从其众多的基本职能中确定这个企业的关键职能，亦即要找出企业的关键职能。关键职能部门必须处于企业组织结构的中心地位。这种关键职能和其他基本职能的区别主要表现在三个方面：

（1）决策权

一般的管理部门并不具备决策权。因为决策是由上层领导制定的，管理层只负责贯彻决策。但是，处于管理层的关键职能部门却可以参与上层的决策。

（2）指挥权

一般而言，管理部门之间是平行关系，是相互协调、协商的关系，而不是指挥关系。但是，关键职能部门却可以指挥其他的职能部门。

（3）否决权

关键职能部门可以对其他职能部门的工作做出评价，具有一票否决权。关键职能部门对企业经营和任务的完成具有决定性的作用，所以资金和人员的分配，首先要保证关键部门的需要。即资源分配重点向关键职能部门倾斜。

2.确定关键职能需要思考的三个问题

房地产企业的关键职能在组织结构中处于中心地位，如何确定？在思考这个问题之前，我们一般可以先思考三个问题：

（1）为达到企业战略目标，什么职能必须得到出色履行，取得优异成绩？

（2）什么职能履行不佳，会使企业遭受严重损失，甚至危及企业生存？

（3）对体现企业经营宗旨具有重要价值的活动是什么？

我们想清楚这三个问题就会发现，企划、工程施工、营销策划、财务部等是各公司普遍设立的职能部门，这也是为什么很多房地产公司企业部门千差万别，而工程部、营销策划部、财务部普遍设立的原因，这是由企业的关键职能决定的。

职能分解是通过组织结构设计使公司各职能部门的责、权、利相互匹配，形成最佳的业务组合和协作模式。同时把公司的主要职能部门的工作内容进行三级分解，来明确公司各部门的具体职责任务，使公司各部门的职能划分得科学合理。职能分解的关键在于实现企业要达到的理性目标。把这种目标层层分解，融入到各个组织机构，进行业务的总体设计，其设置方法并没有统一的标准。

2

职能分解

——将职能逐步分解为独立、可操作的具体业务

从我国房地产企业的现状来看，要设置一个高效率的内部组织机构，关键是要按照企业目标，确定每个组织机构的责、权、利以及各组织之间的责、权、利关系，使其量化、契约化，并具有可操作性和可批判性，要防止套路化、装饰化和随意化。职能分解是将基本职能、关键职能逐步分解为独立、可操作的具体业务。如将人力资源管理职能分解为招聘、考核、录用、培训等具体业务。

一、职能分解的概念

职能分解是通过组织结构设计使公司各职能部门的责、权、利相互匹配，形成最佳的业务组合和协作模式。同时把公司的主要职能部门的工作内容进行三级分解，来明确公司各部门的具体职责任务，使公司各部门的职能划分得科学合理。

职能分解的关键在于实现企业要达到的理性目标。把这种目标层层分解，融入到各个组织机构，进行管理业务的总体设计，其设置方法并没有统一的标准。

二、职能分解的目的

职能分解是在基本职能设计的基础上，将企业应该具备的各项基本职能细化为独立的、可操作的具体业务活动。职能分解的主要目的有以下五个方面：

1.将各项职能具体化，使之能够执行和落实。

2.为后续的其他组织设计工作提供前提条件。

3.只有从公司的总体职能出发逐级分解，才能使员工理解部门职能与自身职责和企业总体职能的关系，明确自己对实现企业总体职能的价值。

4.从上至下的职能职责分解，从下至上的岗位设置与人员编制，更有利于体现职能职责之间的逻辑关系，才能真正消除部门职能之间、员工职责之间的真空地带和交叉地带。

5.通过职能分解来结合项目管理的思想，为部门和员工工作的开展、绩效的考核提供明确的指导。

三、职能分解的基本要求

既然职能分解是将各项职能具体化，并为业务活动归类和部门设计及后续的其他组织设计工作提供前提条件，那么职能分解必须达到以下三个方面的要求：

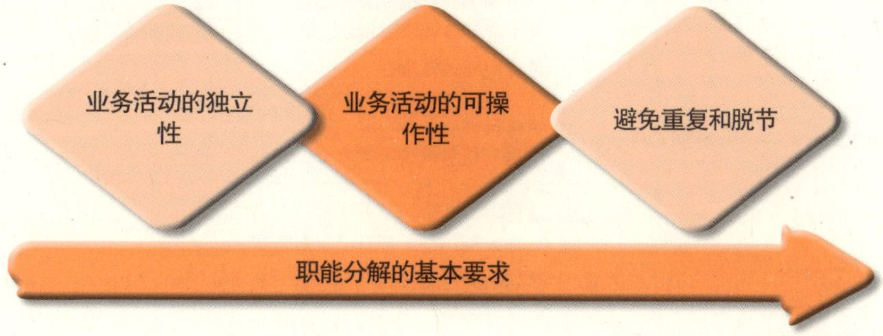

1.业务活动的独立性

由某一职能分解出来的各项业务活动，都应该是性质单一的活动。

2.业务活动的可操作性

由某一职能分解出来的各项业务活动，都应该是可操作的具体活动。

3.避免重复和脱节

在职能分解过程中，既要注意避免同一管理业务在各项职能中重复列入，又要注意防止有的管理业务无人负责执行。

四、职能的三级分解法

组织设计人员进行职能分解，应该熟悉特定企业生产经营管理的实际情况与经验。在此基础上，运用组织理论的基本知识，采取逐级分解的方法，即可完成职能分解的任务。常用的方法主要有三级职能分解：

一级职能是部门应该承担的主要职能，通常只用一句话来概括基本职能设计列出的职能。

二级职能是完成一级职能所需要做的最重要的几项工作。

三级职能是为了完成二级职能要做的一些具体业务工作。

●某房地产公司经营发展部的三级职能分解

一级职能	二级职能	三级职能
经营策划	经营发展研究	制定公司经营方针； 根据行业特点制定公司经营范围； 拟订经营战略推行计划
	市场调研	收集整理各种市场信息并筛选； 对市场信息进行分析并形成经营专题报告； 组织讨论经营专题报告
	项目策划、筛选	对经营项目进行筛选确定； 组织提供可行性分析报告； 组织论证项目可行性分析报告； 制定项目实施方案
业绩考核管理	经营指标管理	提供确定经营指标的原始资料和依据； 确定各项目的经营指标，并汇总成公司的经营指标； 监督完成经营指标
	奖惩工作	确定合理的奖惩办法； 根据业绩考核情况实施奖惩
	考核	定期考核本部门及各项目的经营状况； 考核本部门及各项目的经营指标； 提供各类考核报告

（续表）

一级职能	二级职能	三级职能
经营管理	签订经营合同	起草经营合同； 履行合同审核手续； 签订经营合同
	制定经营管理制度	制定合同管理制度； 制定招投标管理规定； 制定本部门管理制度
	监督控制管理	建立健全管控机制； 定期对各项目进行考核评估； 配合财务部对各项目的资金进行管控
	项目招投标管理	代表公司对外进行投标工作； 代表公司组织招标工作； 负责经营性物业出租外围工作

五、职能分解表编制流程

第一步：职能调研

首先要进行组织业务流程和各部门职能的整体梳理。与组织高层领导、部门负责人深入沟通，详细分析各部门现有资料，进行业务流程的梳理。对于业务流程梳理中发现的问题，及时与组织领导层沟通，确认是否要进行业务流程的重构。对组织业务流程有了全面把握之后，在观察实际作业情况的基础上，准确描述各部门职能，并及时与各部门负责人沟通，听取反馈意见。

第二步：职能分解与组合

职能分解指对部门内部职能、职责进行分配。职能组合指根据流程需要合并相近业务单元，并进行整合。比如工程部与规划设计、招标采购、建筑施工三个口连接，根据企业的发展需要既可以将招标采购单独拿出来，也可以与建筑施工合并于工程部。具体是分还是合，需要完全考虑企业的业务模式和业务流程。一般情况下，职能在4项以下就不再设这个部门，就可以跟其他部门合成一个。如果职能在10项或者12项以上，那么这个部门就太大，可以划分成两个部门，一个部门负责6项或者8项左右。

第三步：编写职能分解表

在以上组织业务流程梳理、部门职能职责梳理工作完成之后，综合各种材料和访谈记录，编制部门职能职责一览表。

部门职能职责一览表

一级职能	二级职能	三级职能	职位权限				沟通方式	绩效指标	专业知识	专业技能
			经理	副经理	主管	基层员工				
岗位资格证书										

按照最新的管理理论，企业各部门的职能设计不单单是按照职能去划分，更重要的是按照业务管理流程去划分。因此在进行这一步工作时，必须依据上面所说的业务流程，然后分解各部门的职能，这样才能收到较好的效果。以下是某房地产公司财务部三级职能分解表。

●某房地产公司财务部三级职能分解表

一级职能	二级职能	三级职能
财务核算	1. 制定财务管理规章制度	①组织制定公司的财务管理规章制度； ②制定、研究、调整财务制度和财务考核办法； ③报领导审批并负责执行和监督
	2. 组织会计核算与费用控制	①实施会计核算和账务处理； ②及时、完整、准确编制会计报表； ③现金出纳管理； ④根据经营计划制定成本、费用目标； ⑤对成本、费用目标进行分解、控制、分析与评价； ⑥其他事项（纳税等）
	3. 财务计划管理	①根据公司经营战略制定相应的财务战略； ②按年度、季度、月度作各项财务收支计划及预算； ③落实和检查预算的执行情况； ④分析并上报预算的执行情况； ⑤编制年度利润计划、资金计划
	4. 资金、资产管理	①建立融资渠道，作好资金筹集工作； ②按照制定的资金计划，严格控制资金的使用； ③与设备管理部门和行政部门一起做好固定资产的管理工作，参与固定资产的核查、盘点工作； ④做好固定资产增减变化的核算以及折旧、报废、报损等账务处理
财务管理	1. 财务监督	①监督国家和公司的相关财务规章制度的执行； ②建立相互制约的内部控制流程； ③严格监督各下属单位的业务收支情况
	2. 财务考核与分析	①设定财务工作考评标准； ②根据标准定期对各下属单位进行工作考评； ③定期进行财务综合分析； ④针对问题，及时提出财务控制措施和建议
	3. 提案建议	①参与公司的经营决策； ②协助领导做好经营前景的预测

六、职能分解表示例

1.某房地产企业背景说明

某房地产企业是一家从事商业地产开发的小型房地产企业。公司目前从事一个商业大厦的开发，只开发一个项目。该公司立志通过建立房地产专业团队，完善本企业的组织架构、职责描述、业务流程、管理制度、奖罚激励机制等管理计划。并根据组织架构的设置，完善各部门的定岗、定员及各部门工作职能、各岗位工作职能、各岗位任职要求等基础建设。

2.某房地产企业的组织结构及人员编制

（1）某房地产企业的组织结构图

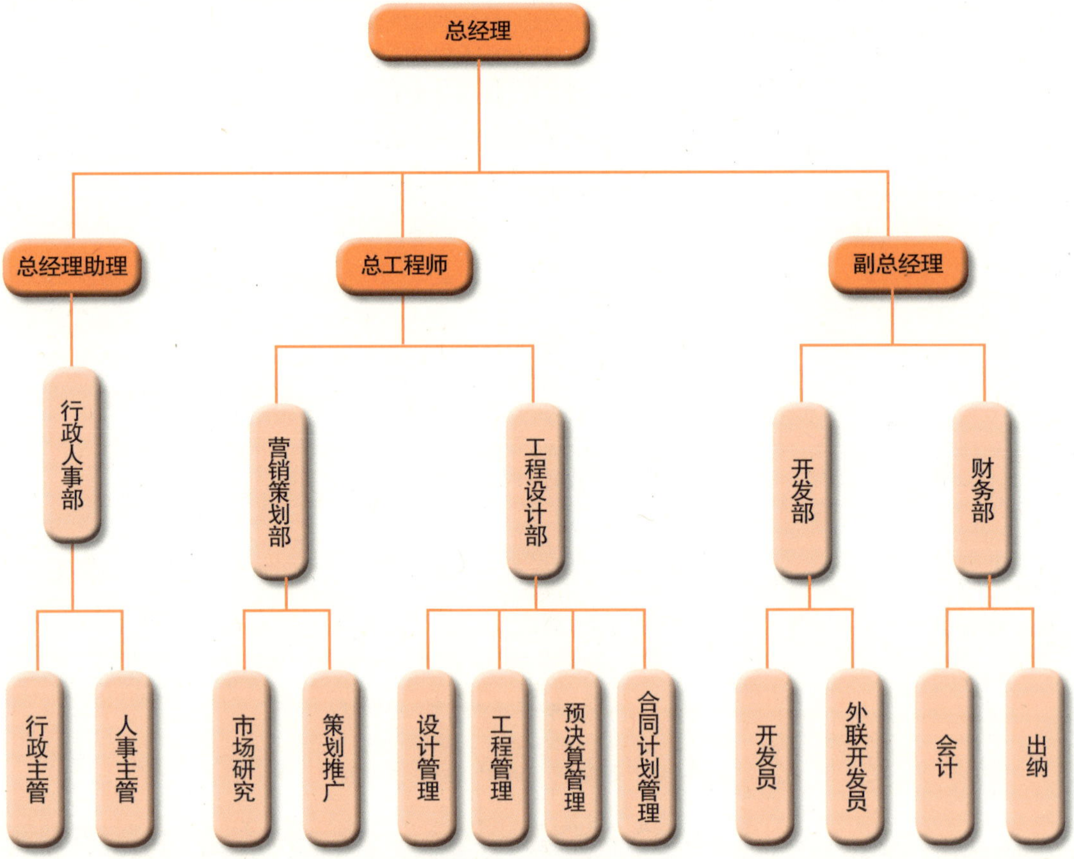

（2）房地产企业的人员编制

1）高层管理人员编制

总经理1名，总经理助理1名，总工程师1名，副总经理1名。

2）行政人事部人员编制

行政经理1名，行政主管1名，人事主管1名，文员1名，司机按需设置。

3）营销策划部人员编制

经理1名，副经理1名，市场研究员1名，策划推广人员1名，销售人员按需设置。

4）工程设计部人员编制

经理1名，设计管理人员2名，工程管理人员4名，预决算管理人员2名，合同计划管理人员1名。

5）开发部人员编制

开发部经理1名，开发员1名，兼外联开发员。

6）财务部人员编制

财务部经理1名，会计、出纳各1名。

3.某房地产企业的职能分级表

（1）营销策划部职能分解表

一级职能	二级职能	三级职能
策划管理	策划项目	A. 综合分析、筛选、整理出土地资源的信息。 B. 对区域环境进行调查，包括：社会、经济、文化发展水平；交通建设现状；市政建设现状；城市规划及近期发展方向；房地产开发态势；开发投资环境调查等内容。 C. 对项目建设场地进行调查，包括：区位情况；交通与市政建设情况；地形地貌；拆迁安置及土地整治；规划定位；周边建设态势及重点楼盘调查等内容。 D. 对环境、市场进行分析，包括：经济与物质环境；人文及投资软环境；房地产市场分析及预测；消费群体结构；主要竞争对手分析等内容
	项目策划	A. 进行项目的产品定位； B. 制定项目营销策划方案； C. 协助制定物业管理策划方案； D. 对项目投资及经济效益进行分析
营销管理	推广策划	A. 与相关合作单位的外联协作及管理； B. 定价策略、销售进度计划，以及营销成本和费用的预算等； C. 计划并实施项目广告宣传、促销推广策略，包括可能存在的广告宣传和促销的创意、设计的实施或监督； D. 对销售培训提供关于项目、策略等的内容支持； E. 研究并实施与营销有关的技术创新、管理创新和组织创新
	销售管理	A. 与相关合作单位的外联、协作、管理； B. 销售执行及管理； C. 协助、参与营销策略及其跟进策略的研究制定，配合有关广告宣传； D. 促销推广方案的实施； E. 销售信息，客户反馈信息的收集、传递和分析； F. 客户服务支持
	销售支持	A. 销售合同签署，以及销售合同档案、客户档案管理； B. 销售收银（不含按揭款）； C. 办理商品房买卖合同登记、产权登记； D. 协助办理与财务相关的客户沟通及相关的信息记录、分析、反馈

（2）行政人事部职能分解表

一级职能	二级职能	三级职能
行政管理	制度、规章管理	A. 制度、规章的制定、执行、检查； B. 奖惩条例的制定、实施； C. 公司决议，领导交办任务的督查、督办
	综合文秘管理	A. 公司、部门计划拟订； B. 公文办理； C. 会议安排、记录、印发； D. 文印管理； E. 综合档案、开发档案管理、工程档案管理； F. 资产采购计划的拟订及调配； G. 劳动保护和劳动用品、办公用品、车辆、通信器材、员工伙食、宿舍等管理
	费用预算及控制	A. 行政费用预算和控制； B. 本部门费用控制
人事管理	劳动政策管理	A. 行业劳动政策调研； B. 人力资源发展规划和管理政策的制定、实施； C. 劳动政策整理归集
	评估、考核管理	A. 人才评估、选聘、录用、辞退； B. 业绩考核的组织实施； C. 人事任免手续的办理； D. 岗位职务竞争机制体系的制定和实施
	薪酬福利、劳动合同管理	A. 制定薪酬、福利标准并组织实施； B. 劳动合同管理； C. 人事档案管理； D. 劳动保险办理； E. 行业、劳动力市场薪酬体系调研

（3）开发部职能分解表

一级职能	二级职能	三级职能
项目报建	参与项目策划	A. 参与事业部项目策划； B. 参与事业部对项目的方案、初设及施工图的审核； C. 参与事业部对项目执行计划书的审核； D. 参与项目可行性研究报告的编写与申报
	项目手续报建	A. 全面负责建设过程中各项手续对口相关职能部门的协调、联系； B. 根据公司授权进行各项经济活动； C. 根据合同规定支付各项费用（建设项目相关手续的税、费）并严格控制成本
	公关网络建立	建立行之有效的公关网络
外联	集团对外房地产投资项目的联系、协调、监督	A. 参与投资项目策划； B. 参与对投资项目的方案、初设及施工图的审核； C. 参与对投资项目执行计划书的审核； D. 负责投资项目实施过程中与合作伙伴的各项联系及协调工作； E. 负责监督投资项目的执行及财务费用

（4）工程设计部职能分解表

一级职能	二级职能	三级职能
工程管理	合同预算总管	A. 对施工合同中的承包范围、工期质量、计价方式、工程款支付办法、材料供应方式、优惠条件和甲、乙双方责任主要条款进行审查，确认是否合理； B. 对预决算中的工程量、定额套用、施工图纸签证及取费标准、执行合同条件等内容进行审核，确定是否正确； C. 对材料设备计划中的型号规格、数量进行审核，确认是否正确； D. 对工程月进度完成量及材料月供应计划进行审核，确认是否与实际相符； E. 预算人员的业务管理； F. 配合项目前期工程的开展进行项目投资测算； G. 拟订招标文件、合同文件供上级部门审定； H. 核实影响造价的施工计划及措施方案
	工程技术总管	A. 组织初设、施工图阶段的管理，对各设计阶段的技术指标进行会审，确认是否合理，并提出相应的修改方案，报营销设计部有关设计人员予以确认； B. 参与大型设备技术参数确定； C. 对施工方案中平面位置、主要施工方案、质量技术、安全措施、主要施工机械进行审查，确认是否科学、先进、节约，并提出相应的修改意见； D. 主持解决施工现场重大质量事故及对施工过程中的技术问题进行协调； E. 主持工程内部验收
	物资计划管理	A. 提出材料设备使用计划，报集团物资公司组织实施； B. 对材料设备到场的鉴定、审查、接收
	工程进度总控	A. 从质量和施工成本的角度总体控制工程施工的速度和节奏； B. 协调工程进度与工程质量之间的关系； C. 管理监理单位、施工单位，对施工质量严格把关
设计管理	设计委托	A. 对设计单位的议标、评标； B. 对设计单位进行评估
	规划设计管理	A. 确立规划设计的原则； B. 确定规划设计的内容； C. 对设计单位给予指导，将规划设计的意图和主旨传达给相应的设计部门； D. 对设计单位全过程进行监督，保证设计质量，控制成本核算
	项目监督管理	A. 项目实施过程中，必须严格监控施工实施，使之完全符合设计的意图标准和要求； B. 对影响立面外观形象的外饰建材、门窗、灯饰、设备进行封样说明； C. 建立严格的工程技术文件保管和归档制度以及公司内部报审程序

（5）财务部职能分解表

一级职能	二级职能	三级职能
资产管理	固定资产及低值易耗品管理	A. 加强资产管理，提高资产使用率，确保资产保值、升值； B. 建立固定资产管理台账； C. 固定资产的计价、折旧及盘盈、报废、毁损处理； D. 建立低值易耗品管理台账； E. 低值易耗品的计价及盘盈、报废、毁损处理

（续表）

一级职能	二级职能	三级职能
财务管理	财务管理	A. 负责给集团财务资产部和董事会提供财务分析和财务预算资料，并通过对项目的预算执行情况进行定期审核、分析来降低成本，为公司的决策者当好参谋； B. 资金管理：在资金的筹集、分配、监督使用等具体过程中，根据年、季、月资金使用计划对资金实行严格的科学管理，加快资金周转，降低资金成本，确保资金安全
	会计账务	A. 在集团财务资产部的指导下，完成纳税工作，同时在税收筹划等方面积极策划，做好相关的基础工作； B. 在集团财务资产部的领导下，积极协调与银行的关系，及时申请贷款指标，并指定对口会计或出纳具体协助完成此项工作
	审计	A. 负责审核会计凭证，保证凭证的真实、合法、有效，并保证账账相符、账表相符、账实相符，使之符合会计制度的规范要求； B. 根据集团的规章制度，组织、参与、协调内部专项审核、审计

4.某大型国有房地产企业部门职能说明书样本

这是某国有房地产公司的组织结构图，该公司通过设立三位副总和一个财务总监，便于更加专业化地指导各个部门。同时设立项目筹备组作为临时机构负责公司的相关事宜。

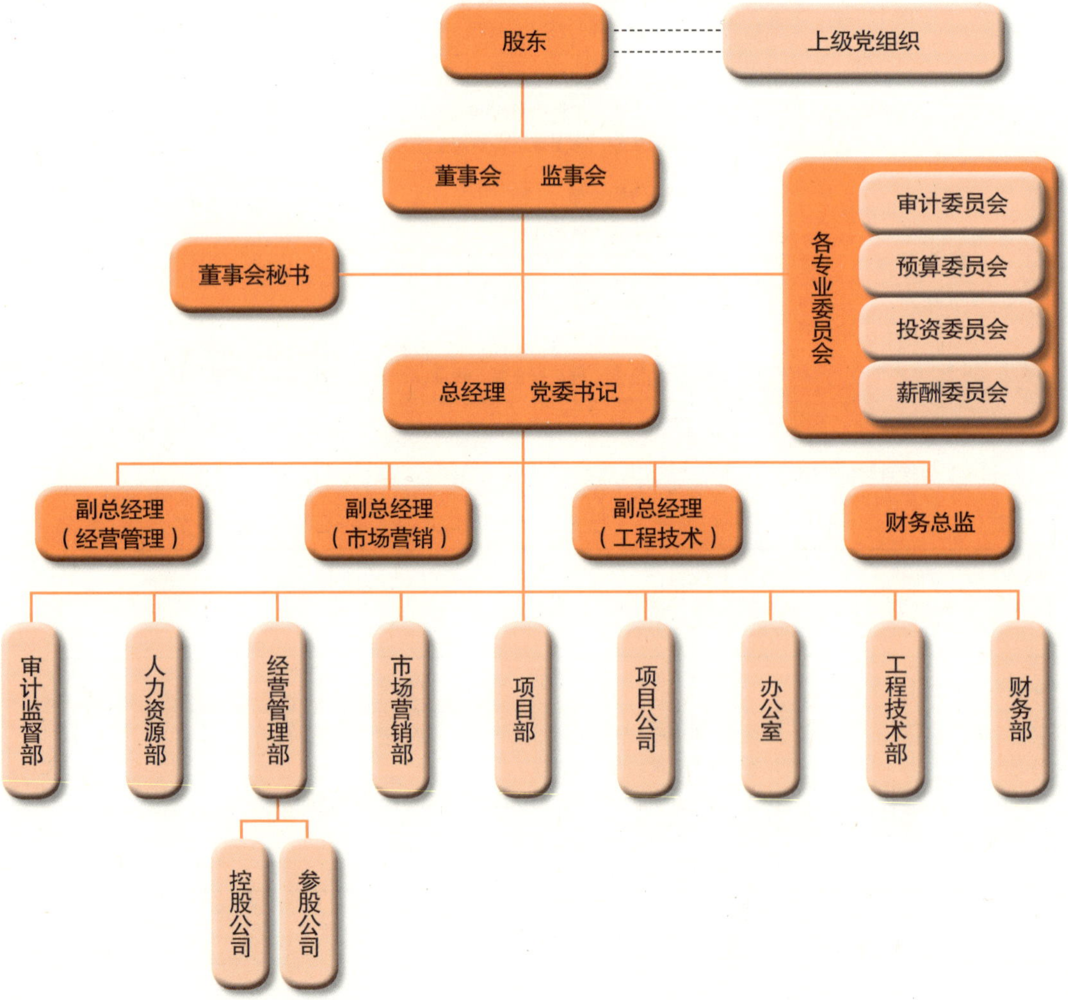

董事会职能说明书

1. 执行总公司的决议；
2. 决定公司的经营计划和投资方案；
3. 审定公司的年度财务预算方案、决算方案；
4. 审定公司的利润分配方案和弥补亏损方案；
5. 审定公司增加或者减少注册资本的方案以及发行公司债券的方案；
6. 拟订公司合并、分立、解散清算的方案；
7. 聘任或解聘项目公司总经理，根据总经理的提名，聘任或者解聘项目公司副总经理、财务负责人，决定其报酬事项；
8. 审定公司的基本管理制度；
9. 负责对公司运营的监督管理。

（1）市场营销部职能说明书

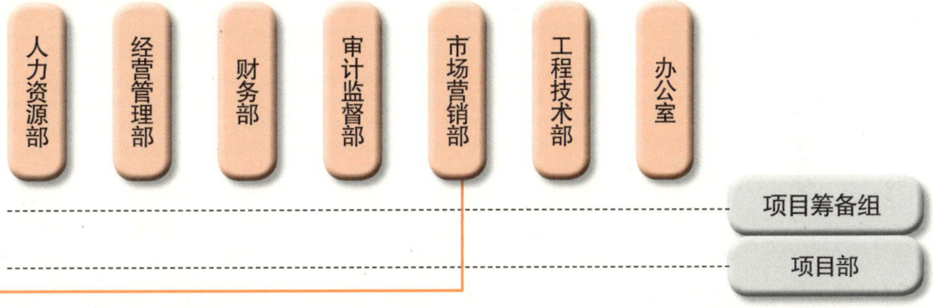

负责公司市场研究工作

整体市场状况研究：供求分析、客户分析、竞争对手分析、政策研究等

项目开发工作

负责寻找潜在开发项目机会

负责协调公司各部门及外部专业公司，编写项目可行性研究及项目策划方案

负责房地产项目前期的勘察，协助项目筹备组做好土地征用和拆迁安置工作

协助项目筹备组，办理工程项目立项审批：用地计划的报批和报审及工程项目开工的各种手续

负责项目前期开发阶段涉及的对外公共关系管理工作

营销管理

负责确定项目营销方案的制定与配合实施

选择销售公司并通过派出项目营销经理的方式协助项目部管理销售工作

监督项目营销进程，提出营销计划的修改建议，参与审核项目部提出的修改建议

配合销售计划和方案的实施，协助制定客户政策、管理合同签约和管理客户档案

客户服务

配合项目部完成客户服务工作，处理客户投诉和争端，选择、管理物业公司

负责建立客户数据库，配合市场分析以及为公司项目总结提供信息

负责潜在客户需求调查，负责调查商的筛选、管理和过程监控、成果评估

负责配合完成开发项目后评估工作

（2）工程技术部职能说明书

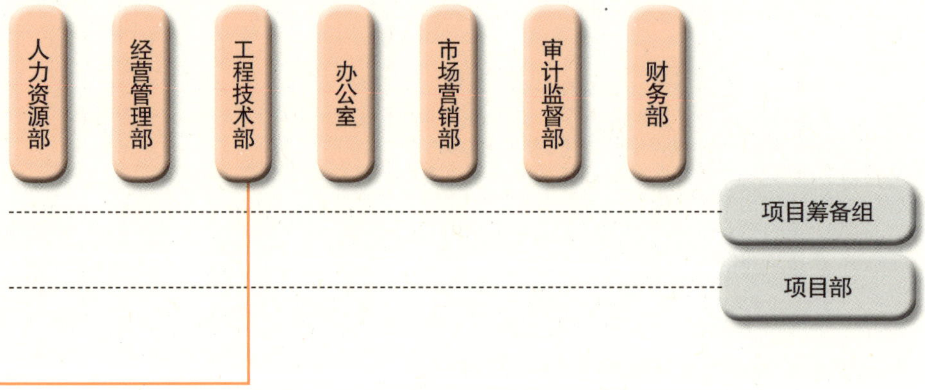

负责公司的开发项目中的工程技术支持

负责可行性研究中的工程管理和技术管理工作，配合市场营销部完成可行性研究
负责选择、管理工程技术人员进入项目部，并提供专业标准和支持
负责组织对项目部的共性问题、专项难点技术、重大技术问题进行研究

负责开发项目的工程设计工作

负责设计单位和专业技术咨询公司的选择、委托
负责组织规划方案招标和评选工作
负责组织初步设计、施工图设计会审，协助项目部进行施工图设计

负责公司开发项目的概预结算和成本控制

负责公司开发项目的工程概算、预算和结算工作
配合项目部控制建筑安装工程成本，进行建筑安装工程成本水平的分析
负责工程主要材料价格的确认及成本控制工作

负责公司的招标采购

负责标底的编制、审核工作
配合招标小组完成大宗工程材料和设备的采购

负责公司的技术管理

负责公司的技术管理工作，负责研究、推广“四新”技术
负责公司技术档案和技术资料管理
负责公司专家组的组织管理工作，围绕公司开发项目提供各种技术支持、政策咨询、专家研讨、专家技术调研、考察等活动
参与公司ISO9000的质量管理，负责公司工程技术管理规章制度的制定和汇编
协助人事部负责公司专业技术干部培训的技术要求的信息提供工作；组织各项目部工程技术人员的经验交流

负责项目后评估工作中项目成本、工程进度、工程质量方面的评估工作

（3）经营管理部职能说明书

负责公司战略研究工作

负责竞争对手经营模式、资源状况、未来行业发展趋势的研究
制定可持续发展的公司经营战略规划
管理提升及咨询方案实施配合工作

负责公司经营调控工作

拟订年度经营计划和投资计划，并分解落实
采集公司本部、控股、参股公司及开发项目的经营数据，动态分析监控
分析经营变化，必要时提出经营预警报告或计划动态调整变更的建议方案
负责定期提供公司整体经营情况分析报告

负责公司资本运营工作

进行境内外资本市场研究、资本经营手段及公司改制上市模式研究
协助制定并实施资产转让、收购、上市等资产重组方案与合作伙伴的寻找、引进
公司控股、参股公司担保、抵押、内部贷款借款、债券发行等方案的设计和实施
协助选择并配合相关会计师、律师、资产评估师、券商展开工作

负责控股、参股公司决策支持与日常管理工作

跟踪业务领域的市场动态，对其经营计划及投资方案提供辅助决策支持
协助制订控股、参股公司的年度经营计划，并监控计划完成情况
提出控股、参股公司的增资、合并、分立、托管、出让、解散的建议，协调实施
辅助控股、参股公司董事会完善法人治理结构

负责公司投资发展——开发项目投资

论证关于项目投资的初步方案并向董事会提交项目投资收益研究报告
负责组织开发项目完成后的投资分析工作，并负责投资收益部分的测算工作
参加项目投资合资、合作谈判，协调配合有关中介机构开展项目投资专业支持工作

负责公司投资发展——其他新增投资

负责投资、合作的项目的资料收集、整理、分析、评估工作
协助董事会投资委员会的投资论证工作，向董事会提交投资项目可行性研究报告

董事会事务

辅助董事会秘书进行会议议案征询、会议文件的准备、组织、会议纪要整理工作
协助董事会秘书与董事、监事定期进行日常联络

（4）财务部职能说明书

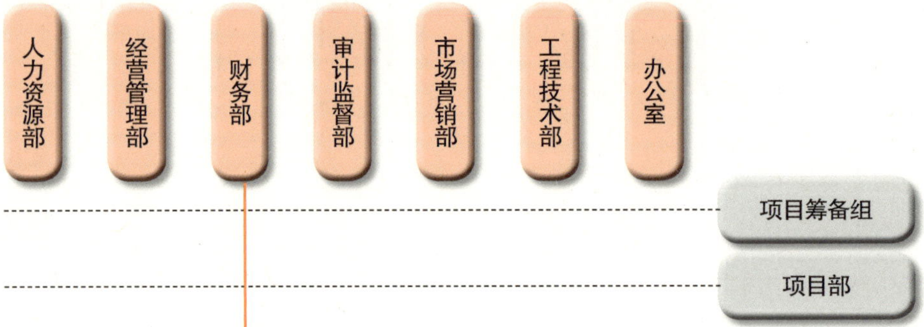

本部会计核算工作

本部现金银行管理
本部会计处理
本部复核报表

负责资金管理

销售收入和应收款项管理
按揭客户、按揭银行管理、汇款跟踪
金融机构、资本市场的研究管理，落实融资计划

房地产开发项目现场财务管理

从财务部挑选项目财务主管，进入项目现场办公
项目财务主管负责完成现场收款、会计核算、现金管理和报表、统计分析

财务管理

预算汇总、编制和分析考核
报表管理：合并报表和财务状况分析、决算，企业基础材料、产权登记
成本管理：合同管理、项目成本费用控制、测算预估、考核分析
财务软件升级、档案管理、员工培训
配合外部审计检查，组织内部检查，协助完成项目后的财务评估工作
委派下属控股、参股公司的财务经理

（5）人力资源部职能说明书

人力资源管理

根据公司战略，组织制订公司人力资源规划和年度人力资本预算
负责组织拟订公司机构、岗位设置、人员编制、部门职责及职位说明书
负责人力资源获取工作，保证人力支持
负责人力资源开发工作，公司岗位与人员的动态匹配
状况实时分析、监控、调整，组织员工考核、晋升相关工作
负责组织人才市场有关人员、薪酬等调研工作
负责组织薪酬、福利等体系、政策的制定及实施工作

行政管理

负责公司固定资产管理，办公用品、员工用房、车辆等采购、租用及登记、报修
车队管理
负责公司对外通信
公司办公用品、员工制服等购买、发放，库存登记管理
前台相关事务，如信件、报刊订阅、来访接待
负责差旅票务事务
负责建立行政管理数据库

（6）审计监督部职能说明书

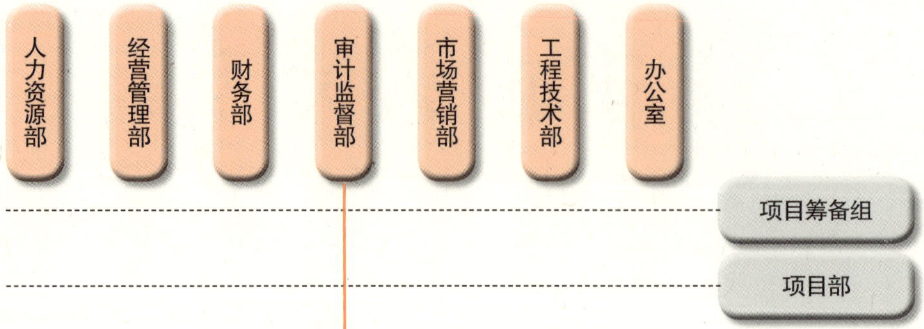

公司审计工作

负责配合外部审计公司对本部和控股、参股公司的财务审计工作
协助完成投资项目后的评估审计工作
负责法人代表的离任和任期目标责任的审计
负责对公司内部严重违反财经法纪的行为进行专项审计
负责公司审计制度及相关法制建设，并监督实施

安全管理工作

负责公司的安全管理及综合治理工作，对日常安全工作进行监督检查
负责牵头处理安全事故及对重大工程质量事故进行善后处理
负责与安全有关的地方政府机构联系、沟通

管理或研究公司的法律、合同

负责研究公司相关的法律、法规、政策，为公司事务提供法律意见
从法律角度参与并监督公司合并、分离、破产、投资、资产转让等重要经济活动
代理公司或委托他人代理公司进行诉讼、仲裁或调解工作
负责外聘法律顾问或律师的具体工作
负责对拟签订的合同（协议书）进行审核工作
负责合同的跟踪管理，对合同的执行情况进行定期检查和总结

质量管理

负责公司ISO9000的质量管理工作，保证公司质量保证体系运行有效，参与开发项目质量管理的评价与研究
负责公司ISO9000系列标准的体系运行、审核、复审的组织实施和组织内审与管理评审等管理工作，并随体系标准的换版进行动态管理

监察工作

负责来信、来访的处理和受理对职工群众的检举、控告，并按规定进行处理和答复

（7）办公室职能说明书

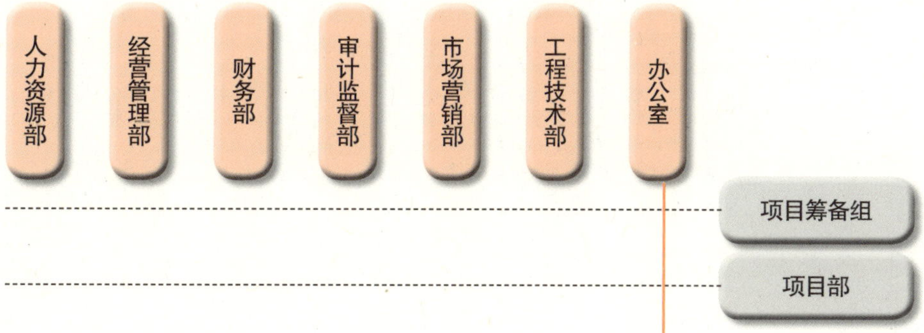

- **负责总经理的文秘工作，起草材料，完成会议记录和总经理指定的其他工作**
- **负责公司的企划与宣传工作**
  - 制订公司的文化理念并积极组织宣传工作
  - 制订公司品牌管理、CI设计计划并负责实施
  - 负责公司对外宣传工作，协调对外新闻发布和媒体接待工作
- **文书档案管理**
  - 负责文件流转管理
  - 负责公司档案管理
  - 负责印信管理
  - 负责会务工作
- **负责公司资质管理，包括工商执照管理、企业代码证管理、开发权管理、开发资质管理**
- **负责公司信息化建设**
  - OA办公系统/计算机设备的运行、维护
  - 网站建设管理和电子商务推进
  - 公司信息保密工作
- **外事接待、公共关系工作**
  - 负责外事手续的办理
  - 负责公司对外联络、协助公关活动
  - 负责合作单位、来宾的接待
- **负责公司党的建设和思想政治管理工作**
- **主持并负责公司党的纪律检查工作**
- **主持并负责公司团委的建设工作**
- **主持并负责公司工会组织的建设工作**

（8）项目筹备组职能说明书

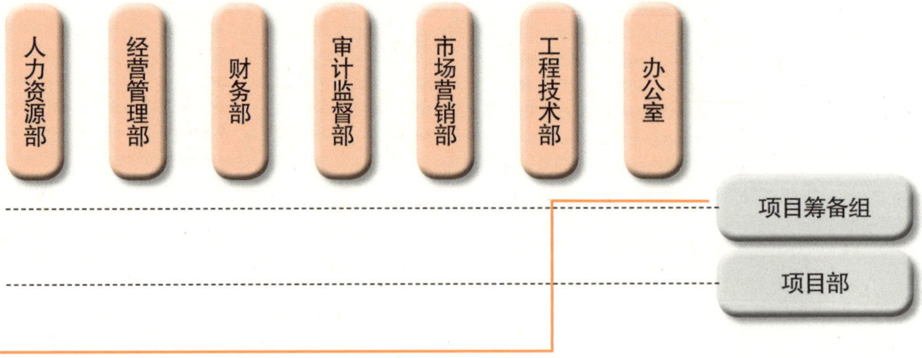

内部立项后，统一安排立项和整体方案设计工作

协调管理市场营销部办理工程项目立项审批：用地计划的报批和报审及工程项目开工的各种手续

协调管理市场营销部选择外部营销公司，制订产品方案与营销计划

协调管理工程技术部完成设计规划

协调管理工程技术部完成预算

负责内部立项后，项目部成立前向经理办公会汇报项目进展和结果

（9）项目部职能说明书

- 负责整体产品方案的具体实施工作
- 协调工程技术部完成施工图设计工作，并负责制定工程方面的具体实施方案
- 负责对工程监理单位的监督和管理，并通过其实现对施工单位的管理
  - 工程施工现场和工程质量进度
  - 权限范围内的设备、材料采购
  - 权限范围内设计、施工变更
- 负责监督施工单位、监理执行工程部所制定的工程标准
- 负责工程进度情况，审核施工月报表，核定工程进度款支付额
- 负责对工程重大采购、变更提供专业意见并报送招投标小组
- 负责配合外部销售公司、市场开发部营销工作中对工程的要求
- 负责协调管理工程现场的销售工作
- 负责工程销售过程中的客户服务工作的实施
- 负责项目上工程资料的管理
- 配合经营管理部完成项目工程进度、工程计划或预算的执行情况的统计与分析工作
- 负责编制工程决算方案

流程帮我们画出了企业的业务线，根据这个业务线，我们画出了企业的基本职能和关键职能，根据这些职能我们就可以设立主要的职能部门。我们结合主要流程和关键职能，可以设立开发部、企划部、工程部、销售部、物管部。结合辅助业务流程和基本职能，我们可以设立财务部、人力资源部、行政部等。但是并不是规定我们必须要设立这些部门，企业可以从实际需要和成本考虑，将这些业务流程和职能合并成某个部门的职能，从而产生了各种不同称谓的部门。

3

职能部门设置

——确定基本业务单元

一、将流程中相近的职能组成部门职能

流程帮我们画出了企业的业务线，根据这个业务线，我们画出了企业的基本职能和关键职能，根据这些职能我们就可以设立主要的职能部门。我们结合主要流程和关键职能，可以设立开发部、企划部、工程部、销售部、物管部。结合辅助业务流程和基本职能，我们可以设立财务部、人力资源部、行政部等。但是并不是规定我们必须要设立这些部门，企业可以从实际需要和成本考虑，将这些业务流程和职能合并成某个部门的职能，从而产生了各种不同称谓的部门（如下图）。这也是目前房地产企业职能部门五花八门的原因。

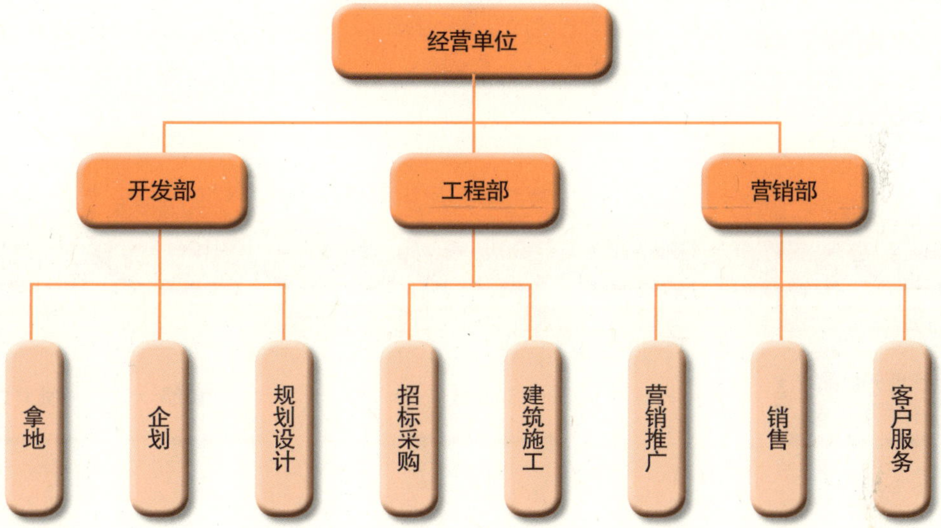

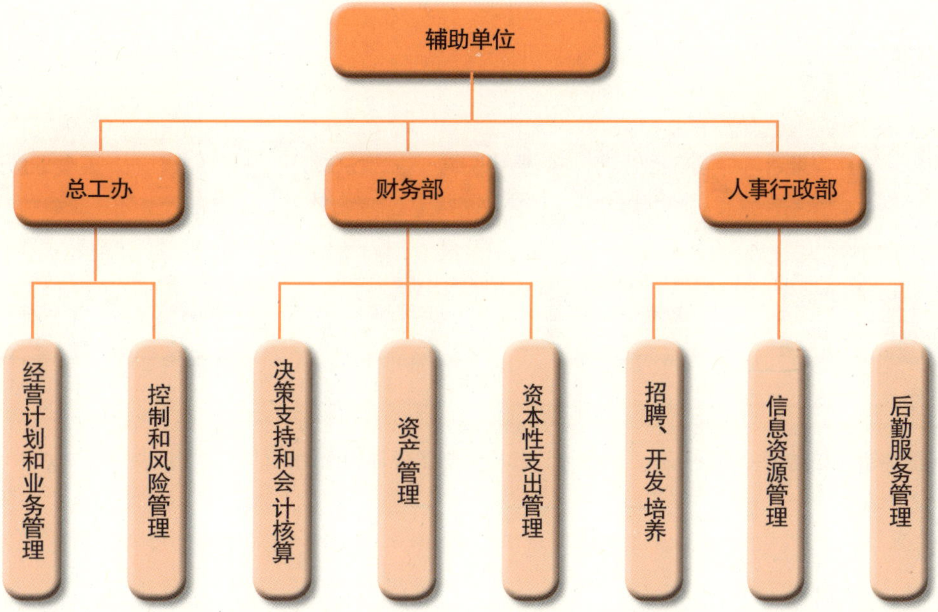

根据上图，很多企业会将拿地、企划、规划设计经营职能划到开发部，将招标采购、建筑施工归到工程部，将营销推广、销售、客户服务归到营销部，有的也会将规划设计合并到工程部。而为企业职能服务的部门也会合并成总工办、财务部、人事行政部等。在企业发展壮大之后，为了管理需要会逐步按职能细分成更多的部门以便于管理和服务支撑。

总之，在部门的组建上基本上还是以流程为导向，只是根据各企业自身需要会有意地加强某个部门或者压缩某个部门的职权。

二、房地产企业经营职能部门的设置

经营职能部门都是企业的利润中心，各个企业设立的经营职能部门可以采用不同称谓，但是基本上都包括了主要的业务流程。

结构一：

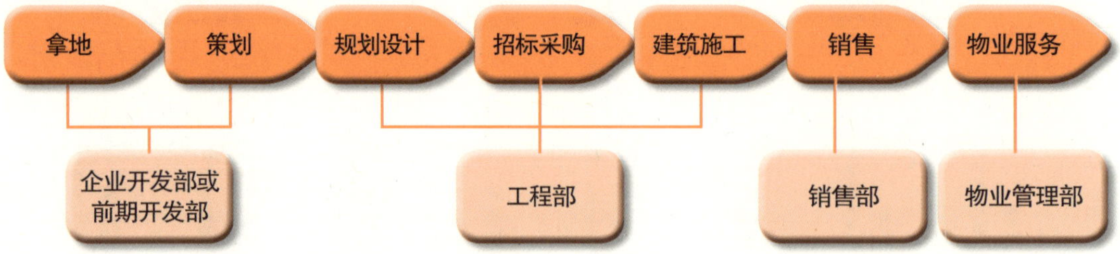

如图所示，实际关键业务部门分为三个部门，企业开发部或前期开发部负责拿地、报建、投资、策划等工作。工程部主要负责与工程相关的规划设计、招标采购、建筑施工等工作。销售部主要负责产品的销售与客户服务的管理。物业管理部负责售后的物业服务。这是大多数小企业的组织结构形式。

结构二：

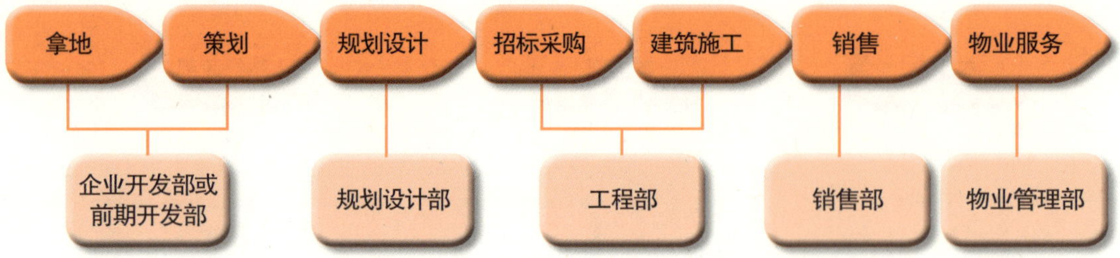

此图中组织结构的主要特点是，规划设计部成为与工程部同级的部门，突出反映企业对规划设计的重视。

结构三：

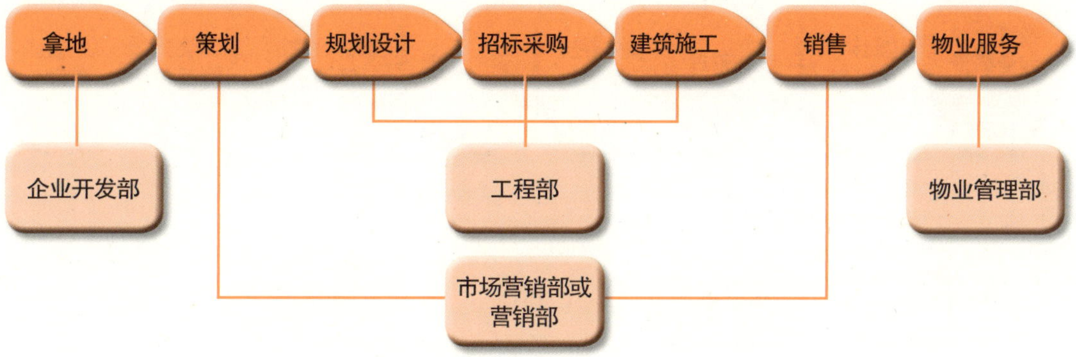

此图是房地产行业常见的经营部门形式，突出特点是将策划部与销售部合并，从流程上看，这种组织结构存在很多的问题，销售策划部一方面要负责全程策划，另一方面又要负责销售。肩负工程部一前一后两项职能怎么与工程部协调？但很多企业从成本角度考虑，往往将两项职能合并到一个部门。

结构四：

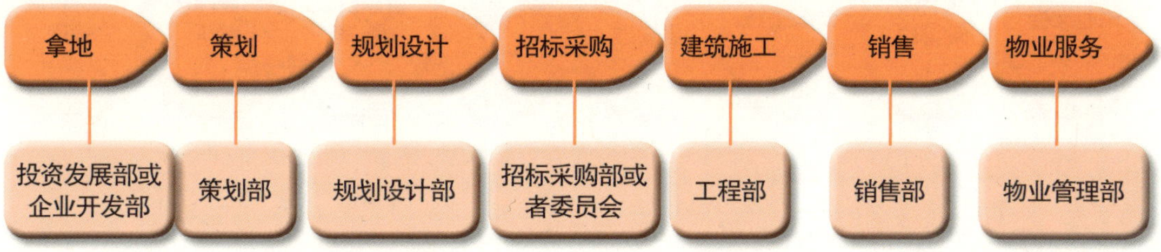

这种组织结构形式需要匹配大量的人力物力，显然不是小房地产企业所能企及，对于很多大型房地产企业来说，通过增加层级，专业管理能更多地发挥各个部门的专业性。

三、房地产企业的辅助职能的设置

无论是企业的开发部、工程部、营销策划部还是别的经营业务部门，都需要企业的战略指导服务、后勤支撑服务、人力资源配置服务和财务的核算服务等资源，不可能为每个部门都设立相同的部门，房地产企业从配置企业的资源使用效率出发会设立不同的辅助部门。我们可以采用以下两种方式：

辅助部门结构一：

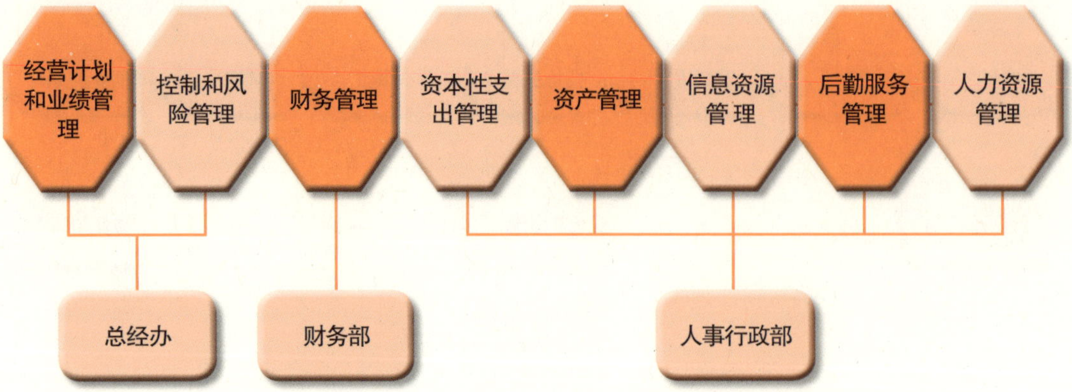

如上图所示，为了很好地协调主导业务部门开展工作，企业可以设立总经办直接对总经理负责，对企业的发展过程中的整体控制和业务部门进行统筹协调；人事行政部负责公司的人事管理和后勤服务支撑。

辅助部门结构二：

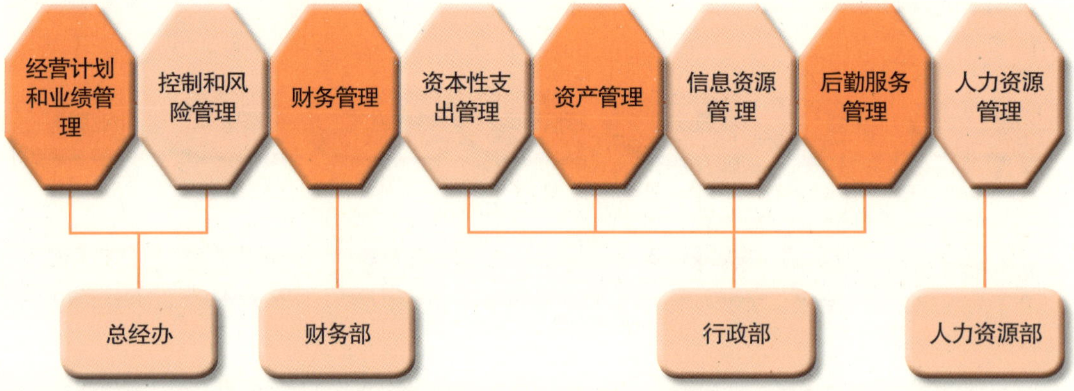

此结构的突出特点是设立平级的人力资源部与行政部，充分体现公司人力资源部对企业发展的重要性。

四、房地产辅助职能部门设置的要点说明

辅助职能部门的设立是管理专业化的结果。辅助职能部门的设置一定要注意：

第一，按照专业分工的要求，尽可能把相同性质的工作加以归并，交给一个部门承办，避免机构重叠臃肿；

第二，确定职能机构的职责与权限范围，避免职责不清的现象发生；

第三，职能管理人员配备的数量应按照工作量和工作定额来确定；

第四，相互监督的工作应由不同的人承办，不允许兼任；

第五，制定管理工作规范，以发挥分工协作的效能；

第六，副职是正职的助手，协助正职工作。

第 四 模 块

Module Four

组织设计及组织结构图

第四模块思考

组织设计是一个动态的工作过程，包含了众多的工作内容，因此，科学地进行组织设计，须根据组织设计的内在规律有步骤地进行，才能取得良好效果。组织设计有三种情形：一是新设立的组织需要进行组织结构设计；二是原有组织结构因内外环境变化需要评价和设计；三是组织结构需进行局部的调整和完善。但无论何种情况，组织结构设计的基本程序是一致的。

我们又回到了组织设计课题的原点。在上面这些流程过程中，我们形成了组织结构图，但是，在现实生活中，我们必须要结合企业发展的内外部环境、企业战略、技术手段、公司领导的权利欲望和控制方式等综合考虑。所以说，组织设计不是完美的，总有合适的。合适的组织设计会迸发内在的发展动力，不合适的组织设计会到处出现管理漏洞，在外部竞争中表现乏力。我们不可能全部复制万科，每个企业只能结合自身实际，去找到最适合自己的模式。

1

组织设计总论

——在反思中重新认识组织设计的复杂性与重要性

一、房地产企业组织面临的突出问题

房地产企业在飞速发展过程中，管理的问题成为很多企业颇为头疼的问题，例如营销策划代理公司如何保持组织的高效和执行力，物业公司如何通过组织设计优化控制成本，开发商如何通过集权和组织竞争力适应不同开发产品形态、不同开发区域的需求。在大家探讨外在条件的急剧变化时，组织管理的问题往往被大家忽略。但是，大多数房地产企业通过项目起家之后才发现，企业的组织设计的错位成为企业发展的制约因素。具体表现在以下几个方面：

突出问题1：依然延续原有的战略管理控制模式

由于很多参与主体以前是从事别的行业，房地产业务只是原有业务的一个组成部门，他们可能将其等同于整个公司的其他一个业务主体，因此在决策权利范围、资源匹配上都没有给予足够的支持，这导致很多房地产企业自身发展上存在诸多瓶颈。

突出问题2：部门职能一成不变

房地产的发展速度是动态的，一个项目之后，随后而来会有多个项目的开发，以及跨区域开发都会对公司的组织结构和管理模式提出考验，职能部门如何更好地为业务部门提供后勤服务和支持，如何加大对业务部门的掌控而又保证他们有足够的决策权利？显然，原有的一成不变的组织结构已经无法适应，需要及时调整。

突出问题3：组织设计不规范

很多企业由于起步各不相同，与组织设计匹配的职能说明、流程设计、职务说明书都没有，这导致企业缺乏稳定的管理操作范本。

突出问题4：职责不清

职责不清的主要原因是缺乏对职能部门职能的明确界定，尤其是接口的工作界定。同时由于没有规范化的流程，导致业务真正开展起来时互相扯皮、推诿。

二、组织结构、组织结构图与组织设计的概念

1.组织结构

组织结构是指组织内各个有机组成部分发生相互作用的联接形式，或者说是组织内各部分相互联接的框架。组织结构是为实现既定的经营目标和战略目标而确立的一种内部权力、责任、控制和协调关系的形式。房地产组织结构应该是动态的，随着市场形势、企业任务的变化而变化。为了加强价值链管理，房地产企业要不断地进行组织变革，对组织结构进行变动和调整。

一个理想的组织结构应该鼓励其成员在必要的时候提供横向信息，进行横向协调。

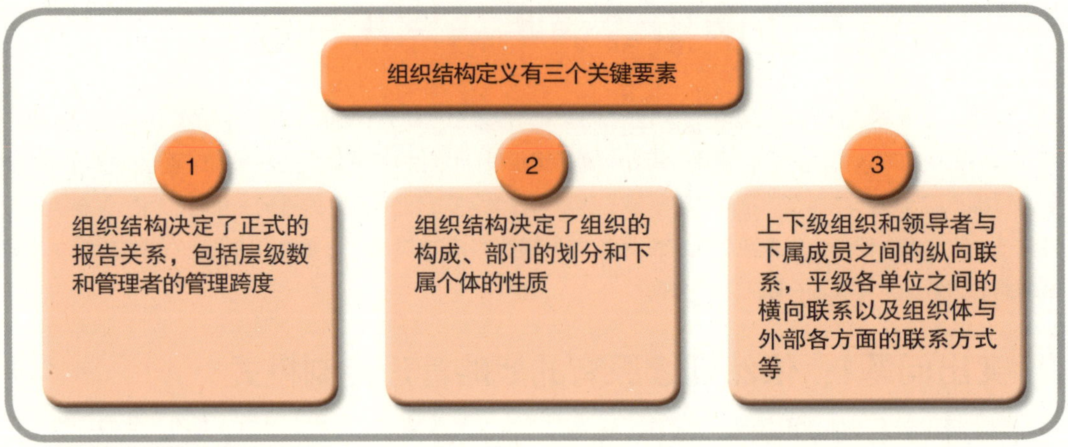

2.组织结构图

组织结构图可以形象反映前面所述的沟通和架构形式。组织设计图是对一个组织的一整套基本活动和过程的可视化的描述。

3.组织设计

组织设计就是对组织结构的组成要素和它们之间联接方式的设计，即根据目标和过程的特点，划分管理层次和单位，确定组织系统，选择合理的组织结构形式。组织设计是对组织资源（如人力资源）整合和优化，以确立企业某一阶段的最合理的掌控模式，也就是在人员有限的状况下通过组织结构设计提高组织的执行力和战斗力。

三、房地产企业组织结构之八大怪现状

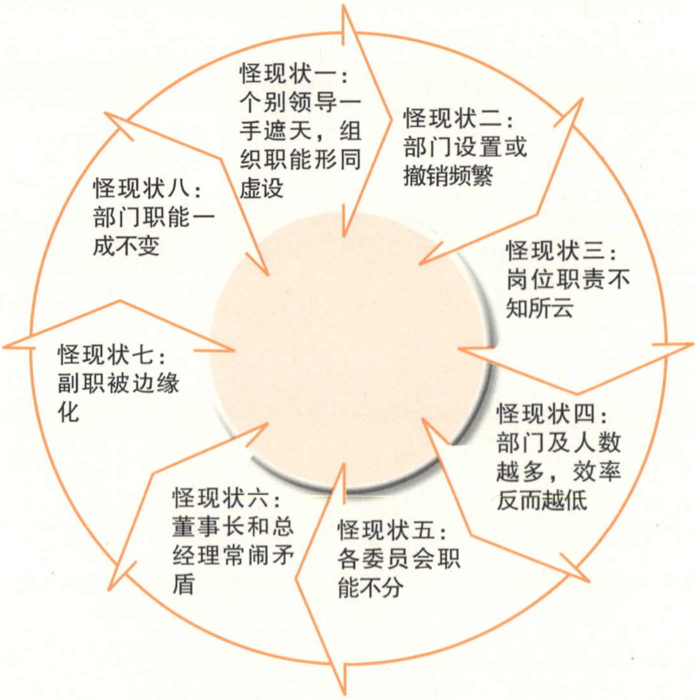

怪现状一：个别领导一手遮天，组织职能形同虚设

很多中小房地产公司都是民营企业，领导既是创业者也是现在的直接决策人，这样导致整个企业组织对个人的依赖程度越来越高，而组织职能却被弱化。

怪现状二：部门设置或撤销频繁

许多企业在进行组织结构设计或调整时普遍存在越权现象，比如有的企业的总经理频繁地合并或分立部门，有的企业的董事长直接决定部门的设置或撤并。到底合并或撤销的权利如何分配？在《公司法》中规定，董事会“决定公司内部管理机构的设置”，总经理“拟订公司内部管理机构设置方案”。

怪现状三：岗位职责不知所云

组织结构设计方案中，无论是部门职责还是岗位职责，很多企业模棱两可，甚至还没有标准的岗位说明书，这导致对每一岗位的权责模糊不清，为各个岗位的临界点上的工作安排埋下了扯皮和推诿的隐患。例如项目结案后应该进行“项目成本核算和分析”，如果在财务部、预算（造价）部、工程部等相关部门职责中都没有明确的规定，就极有可能出现推诿、扯皮现象。又比如，“设计变更”后是设计部还是项目部负责通知销售部门，“客户资料归档和客户分析”是营销部负责，还是客户服务部负责，还是有所分工、各负其责，很多公司都没有明确说明。

怪现状四：部门及人数越多，效率反而越低

很多企业领导都有同样的体会：当初创业时人员很少，工资很低，但效率很高，就算经常加班也没有人抱怨；现在人多了，部门多了，工资高了，反而工作效率却越来越低。这种现象其实就是“大企业病”的表现，也是企业发展、壮大的代价。深层次的原因是，很多中小企业的企业家为了体验大企业的感觉而人为地增设了许多本没必要设立的部门和人员，致使增加了流程环节。例如，工程部分立出成本管理部、工程管理部、采购部，营销部分立出策划部、销售部、客户服务部。原本是一个部门完成的工作，现在由几个部门分别完成不同的环节，最终，监督约束机制没有真正建立起来，而工作效率却大大地降低了。现在很多专家呼吁扁平化，尽可能地减少部门和岗位数量，这样才会实现组织资源价值最大化。

怪现状五：各委员会职能不分

很多企业设有薪酬委员会、考核委员会、审计监察委员会、招标委员会、技术委员会等常设或非常设机构，但无论是在组织机构图上，还是在委员会日常行使职能上，有的企业混淆了不同委员会的机构性质。事实上，不同委员会的机构性质是有区别的。《公司法》规定，董事会“制定公司的基本管理制度”，而公司总经理负责“拟订公司的基本管理制度，制定公司的具体规章”。薪酬管理制度属于公司的基本管理制度（董事会职权范畴），招标管理制度属于公司的具体规章（经营管理范畴），那么相应的“薪酬委员会”应是董事会下设的专门委员会，而“招标委员会”属于总经理的办事机构，因此两者有性质上、层级上的区别。依此类推，其他委员会或专门小组的层级地位也就明确了。

怪现状六：董事长和总经理常闹矛盾

但凡董事长和总经理分由两人担任的公司，董事长和总经理之间往往因为职权划分不明确、意见相左等原因而时常发生矛盾，特别是聘用职业总经理的公司，这一现象更为普遍。如果董事长和总经理之间心存芥蒂，企业内部就自然形成两个“权力核心”，致使下属不得不重复汇报，甚至无所适从。久而久

之，企业内部也就可能形成两个群体，下属更会找到应对董事长和总经理的方法。董事长和总经理发生矛盾的根源既然是两权分立，那么对于大多数中小房地产企业和非股份制房地产企业来说，尽量不要采取两权分立的治理结构。

怪现状七：副职被边缘化

很多企业的副总经理都位置尴尬，事实上处于被边缘化的状况。企业老板抱怨副总经理责任心不强、能力差、拿着高薪不做事，副总经理们抱怨企业老板管得过细、喜欢越权、自己想做没法做，因此懒得做。既然副总经理容易被边缘化，那么就要考虑一下副总经理的设置问题。副总经理该不该设，肯定该设，但是得少设，以2~4人为宜，原因如下：

（1）房地产开发中“重大决策”较多，绝大多数事情副总经理难以决策，而是需要总经理决策，甚至总经理提交总经理办公会、董事会讨论决定。

（2）如果增设过多的副总经理，部门经理受困于“组织原则”，就不得不先向副总汇报，等于人为地增多了工作环节。

（3）如果增设过多的副总经理，副总经理之间往往会有矛盾，不利于工作的协调和配合，必然降低工作效率。

怪现状八：部门职能一成不变

新的市场政策已经导致房地产企业土地获取、资金运筹方式的变化，也必然导致房地产投资、开发模式的变化。房地产投资、开发模式的变化要求企业必须研究确定新的发展战略和管理模式，必须转变开发理念和工作重点，必须弱化一部分职能工作的同时强化一部分职能工作。

对于公司，应弱化具体实施职能，强化服务和掌控职能，使公司成为资源平台，成为投资主体。对于职能部门，只有尽快实现职能转变，才能适应新的市场形势，才能提升企业的竞争力。

房地产企业部门职能转变方向

机构	弱化	强化
办公室	行政管理职能	后勤服务与保障、信息管理职能
财务部	传统的财会职能	资本运营、财务监管、税务筹划职能
企管、人力资源部	事后考核职能	计划管理、制度建设、品牌管理职能
项目前期部	公关职能	市场研究、项目研究、设计研发职能
项目管理部	执行或实施职能	项目策划、成本管理、营销管理和客户关系管理职能
客户服务部	投诉处理职能	主动沟通、客户分析职能
项目部或项目公司	工程管理职能	项目全程的操控职能，成为利润中心，成为管理主体

而实际上，在房地产发展日新月异的今天，很多房地产企业根本没有随时调整自己的职能，通过临时增加各种部门和岗位，掩耳盗铃，而原有的部门职能匹配的资源却没有充分发挥，组织缺乏适应新形势发展的内在活力和机能。

四、组织结构设计的六个原则

组织设计的目标是为每个组织单元制定清晰的绩效目标，并协助组织做出高效的决策以实现整体业务目标。

组织结构的设计不能随意，因为组织结构往往确定了公司的业务流程和信息沟通模式，所以，组织结构设计需要参考以下六个原则：

1.权责清晰

各部门、主要领导人的责权利明晰；资产关系、法人关系、税务、公众形象设置是规范的、比较先进的、合理的；决策层、管理层、执行层角色定位准确。

2.流程顺畅

公司能流畅地展开决策和信息沟通。尤其是各个业务环节的接口要有明确的界定标准，减少权责模糊的死角。

3.战略适应

组织结构要从实质上体现出战略方案对组织结构的要求，并且能适应战略发展下未来组织结构调整的弹性要求的新的组织结构。所有主要业务，包括常规和非常规业务，都能纳入自动处理的程序，由合适的人和部门自行处理。

4.精简原则

组织间职能不能重叠。在组织环境里，所有重要的事，正好由适合的部门来做；所有主要部门，都干着最适合这个部门的事。部门尽可能少，管理人员尽可能少，流程尽可能简洁。

5.便于提升经营效益

组织结构形式和管理机制安排更有利于提升企业的经营效益。

6.利于提高运作效率

组织结构形式和管理机制安排更有利于提高企业的运作效率。

五、影响组织结构设计的变量

组织结构的设计受诸多因素（变量）的影响，而这些变量中，企业的组织环境、战略目标、技术和规模又成为至关重要的影响因素。

1.组织的环境压力主要来自组织对信息和对资源的需求

组织的环境包括直接环境和间接环境。直接环境如产业（房地产业的规模、竞争性）、原材料（供应商）、人力资源（劳动力市场、培训机构）、市场（客户和潜在客户）、国际（跨国竞争）。间接影响如金融（银行、股票市场、信贷）、技术（研发、新技术、新材料、自动化）、经济（经济增长率、通货膨胀、失业率）、政府（法律、规章、政治活动）、文化（价值观、信仰、伦理）。直接环境和间接环境都会对组织结构造成变革的压力。

外在环境是指存在于组织以外，但足以影响组织绩效的机构及势力。组织的外部环境越是复杂和多变，则组织设计就越要强调适应性，其中包括增加组织结构的柔性。

2.战略目标决定组织结构的有效性

前面已经说过战略对组织设计的决策影响。组织设计首先要对企业发展总体框架有清晰的认识。关注的重点放在总体框架规划、原则性建议以及组织设计内在逻辑关系的分析上，帮助公司灵活应对环境变化。

组织结构是用来协助组织达成目标的方法，既然组织目标来自战略，所以战略与结构的关系自然十分密切。一般而言，组织结构随着战略而确定，也随着战略的改变而改变。可以说，战略决定结构。

（1）战略与组织的关系

组织战略	组织特点
低成本领先战略	A. 较强的中心权力，严格的成本控制； B. 标准操作程序； C. 容易掌握的制造技术； D. 高效的获取和分销系统； E. 密切监督，有限的雇员授权； F. 经常的、详细的控制报告
差别化战略	A. 有机、宽松的行动，较强的部门协调； B. 创造性强，思维开阔； C. 加强基础研究能力； D. 加强市场能力； E. 奖励雇员创新； F. 公司名誉依靠质量和技术领先
集中化战略	A. 高层指导性政策与特定战略目标上的结合； B. 与雇员亲密，奖励和报酬的灵活； C. 衡量提供服务的成本，保持对顾客的忠诚； D. 加强雇员与顾客接触的授权

（2）组织结构设计的内容要与战略目标相适应

组织设计规定了组织构成单元相互间的关系和沟通方式，组织内人力资源与物质资产、资本的相互关系，组织与外界进行联系的方式。组织设计依此实现对组织的管理和保证战略规划的实施，完成组织的战略目标。

房地产企业的组织结构不仅在很大程度上决定了目标和政策是如何建立的，而且还决定了企业的资源配置。如何用企业有限的资源实现公司的战略目标就显得非常关键。战略指导下的企业行为演变的同时，其组织结构也应相应地发生变化，以新的组织结构实施新的战略，以使企业行为达到目标最大化。

比如，一个从事商业地产的开发企业与专心于住宅的万科相比，组织结构的设计是完全不一样的。因为企业的战略不一样，他们的业务模式也会不一样，组织结构的设立同样会不同。

3.规模

组织规模是指组织中员工的人数，其对组织结构存在着必然的影响力。不同规模的房地产企业对组织要求肯定不一样，大房地产企业注重职权细分，专岗专人，因此，我们会发现很多大房地产企业都会设立很多的职能部门来加强对经营部门的监管或服务支撑。而很多小房地产企业从自身规模和成本考虑，可能会出现一人多岗或者一个部门多项职能的问题，这就会要求部门职能之间的整合，压缩管理层次，尽可能发挥每个人的价值。

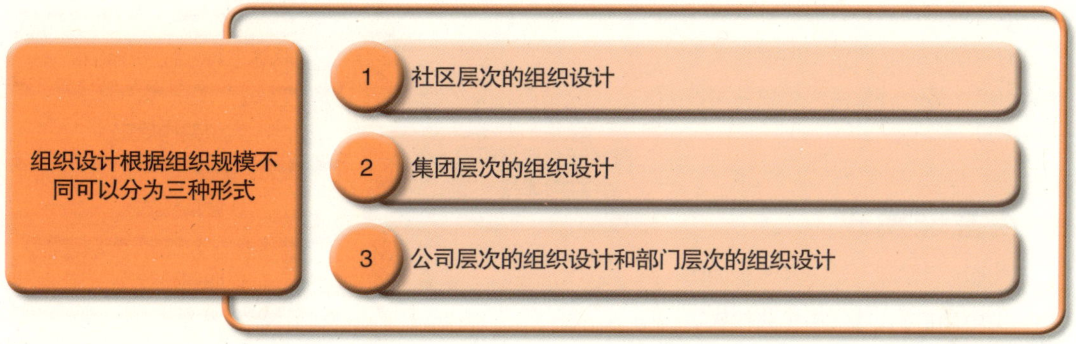

4.技术

技术是指组织将投入转换为产出的过程，其也是决定组织结构的一大因素。这里讲的技术含义比较广泛，不仅包括设备、生产工艺，而且包括人的知识和技能。

技术成为企业组织变革的一种巨大推动力，技术加强了房地产企业的内外部沟通模式，沟通模式的变革会导致企业的组织结构的动态变革。

5.权力与控制

策略、规模、技术与外在环境加在一起，也只能解释组织结构之所以不同的50%～60%。越来越多的研究显示，权力与控制可以解释其余大部分的原因。如房地产行业内的不同企业组织，所面对的内外环境比较接近，但为何有五花八门的组织结构，除了前面的4个原因外，关键是组织的掌权者多会选择方便他们控制的组织结构。说得明白一点，掌权者会选择最符合自己利益的结构设计，即低度复杂化、高度正式化与集权化的结构，因为这种结构最能稳住掌权者的权力。

六、房地产企业组织设计的流程

1.明确战略、环境、实力和经营目标

环境、实力、目标之间的平衡形成战略。战略的结果是实现目标。环境的变化通过战略设计和战略实施影响组织结构的变化。组织结构是企业的骨骼系统，是企业的运筹体系，是实现战略的手段。战略发生变化，企业能力相应调整，结构就要相应变革。上期的战略实施形成现时的结构，下期的战略实施形成将来的结构。关键在于如何从现时的结构改变成将来所需要的结构。结构的变革确定战略要求的部分改

造，还是重新设计。

2.明确主导流程和子流程

战略决定了组织的框架，也决定了企业的业务模式，根据业务模式，我们可以划分关键职能、次级职能和三级职能，通过职能我们能勾勒出企业的主要流程、辅助流程和子流程。

3.组织架构确定

流程确定之后，我们就可以设计企业的组织架构，通过业务流程来设计组织架构是一种常用的组织结构设计模式。

4.管理模式

管理模式实际上是一种分权的体现，组织结构图会体现出企业的集团与项目公司，总部与分部，部门上下级的权利分配关系。

5.职能设计

在确定权利分属关系之后，接下来就需要进行部门的职能设计，职能设计需要考虑管理层次和幅度的问题，这关系着管理的效率，同时职能设计还会根据企业的战略需要和成本考虑，对职能进行分解或者合并，这样就形成了不同的职能部门。

6.岗位设计

部门职能设立之后就需要设立相应的岗位，岗位设计包括两个部分，第一要定岗定编，也就是确定需要设立哪些岗位，每个岗位设置多少人，还有一个就是需要设立岗位的工作准则，它包括工作规范和职务说明书等。

房地产企业通过业务流程初步搭建了房地产企业的组织架构，但是这仅仅是组织结构设计的开始，这样搭建出来的组织架构没有明确企业管理层次和管理跨度，没有说明企业的权利分配问题，同样也没有说明企业的法人治理结构。要搭建组织设计的“核”，还需要结合以上问题进行详细的规划和说明。

2

组织设计的“核”

——如何搭建最完美的组织设计模式

房地产企业通过业务流程初步搭建了房地产企业的组织架构，但这仅仅是组织结构设计的开始，这样搭建出来的组织架构没有明确企业管理层次和管理跨度，没有说明企业的权利分配问题，同样也没有说明企业的组织结构形式。

一、组织结构设计需要确定企业的管理层次和管理跨度

1.管理跨度

管理跨度指一名上级主管领导者直接并有效管理的下级人数。对于一个组织首先要有合适的管理跨度，企业领导人无论多能干，受到自身知识、能力、体力、精力等方面的限制，管理幅度也不可过大，如果幅度过大，疲于应付，反而会使效率降低。管理跨度主要受单位主管直接有效的指挥、监督部属的能力限制。

（1）合适的管理跨距指标

一般，最适当的管理跨距设计，是3～15人。高阶层管理跨度可以少一点，这样可以保证决策效率，如果一个老总需要直接负责十个副总或者直属部门的决策，他显然管不过来，也影响企业的运作。

● 合理管理跨距指标

高阶层管理跨距	中阶层管理跨距	低阶层管理跨距
3～6人	5～9人	7～15人

（2）管理跨距的制约因素

人员素质：主管或部属能力强、学历高、经验丰富者，可以加大控制层面；

沟通渠道：公司目标、决策制度、命令可迅速而有效地传达者，主管可加大控制层面；

职务内容：工作性质单纯、标准化者，可加大控制层面；

幕僚运用：利用幕僚机构作为沟通协调者，可扩大控制层面；

追踪控制：设有良好、彻底、客观追踪执行工具、机构或人员者，则可扩大控制层面；

组织文化：具有追根究底风气与良好的制度文化背景的公司可加大控制；

所辖地域：地域近可多管，地域远则少管。

2.管理层级

管理层级是按照统一领导、分级管理的原则，将组织的系统划分为若干等级。管理层次与管理跨距两者之间是相互制约的，层次多势必幅度小，幅度大层次就会减少。管理层级不能太多，太多会影响企业

的决策效率，但是也不能太少，太少势必会增加总经理的决策工作。

目前，大多数房地产开发公司设立的都是三到四级的管理层级。我们以某房地产公司三级管理层次进行简单的说明，如下所示。

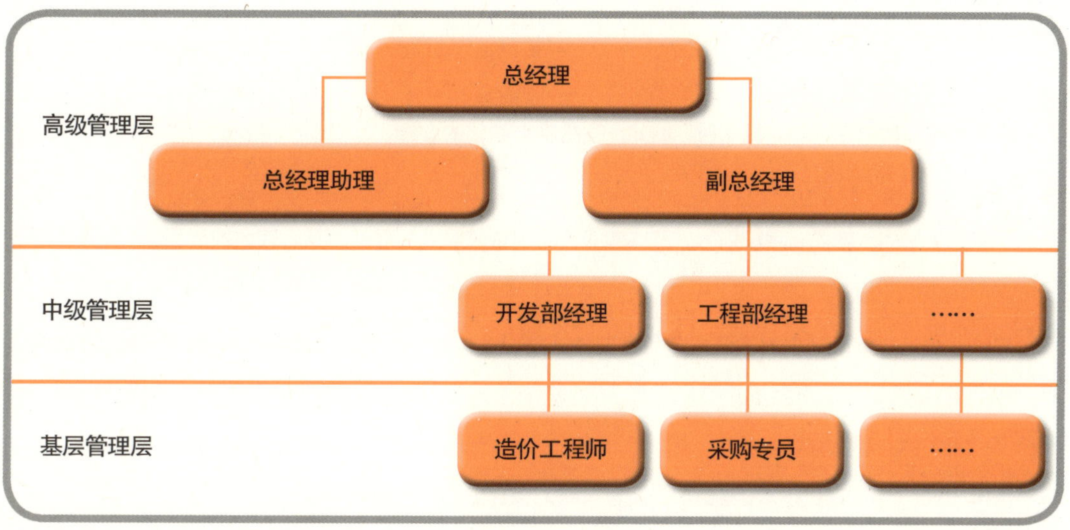

二、组织结构设计要注意集权与分权

要设计科学的组织结构，首先要明确权利的归属问题，如下所示：

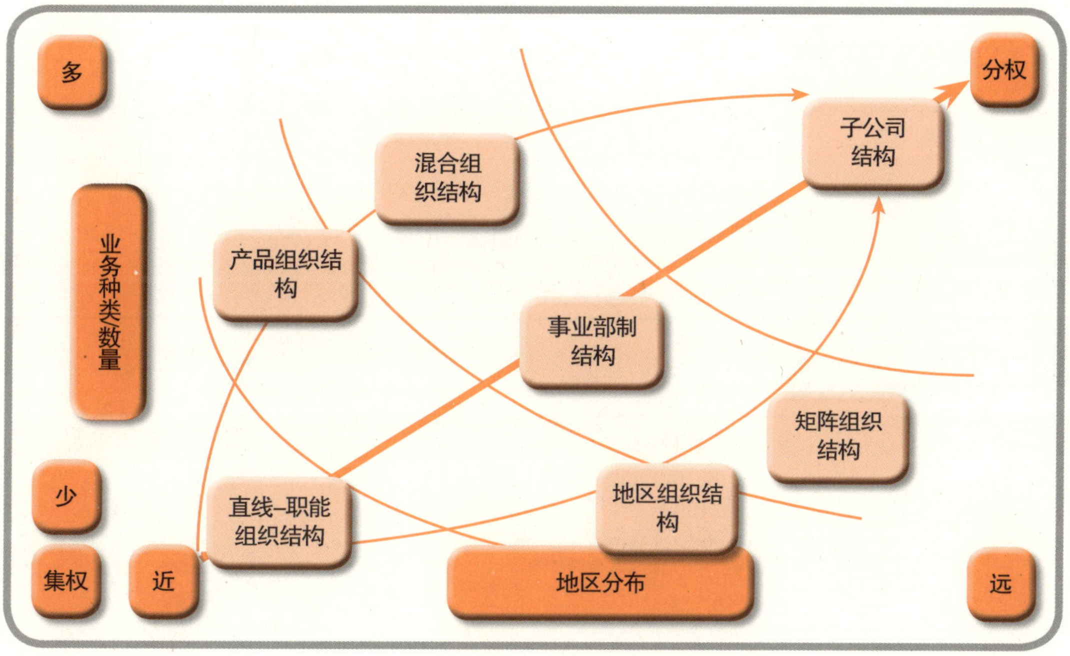

1.权利产生的根源

权利是什么？权利是组织中的个人或部门影响他人以达到预期效果的能力。组织中的权利属于职位，而不属于个人。如工程部经理上面如果再设立一个主管工程的副总经理，那么实际上工程部经理的职权就会相应向副总经理转移，副总经理可能最终决定了项目的预算和拥有了重大施工决策的权利。权利产生的根源主要有以下五个方面：

（1）依赖度

权利来源于拥有别人想要的东西。例如，在高度自动化的企业，工程部变得有权利。

（2）财务资源

“掌握金子的人就能制定规则”。那些能够给组织带来收入的部门，具有较大的权利。

（3）中心性

反映在公司重要活动中扮演的角色的重要性。中心地位的产生是由于该部门对最终产出的影响程度大。

（4）不可替代性

当某一个部门的功能无法由其他部门所替代时，该部门的权利就被增强。

（5）处理不确定性

不确定事件发生的经常性和需要采取迅速、适当的措施，会增强该部门的权利。处理不确定性要：获得预先信息，减少组织的不确定性；对可能产生的消极事件提前预防；减少不确定事件发生后的负面效应。

2.权利的体现形式

（1）纵向权利

1）高层管理者的权利

权利类型	权利涵盖范围
资源分配的权利	财务和物质分配的权利；薪金、人事变动、提升和给予物质便利的权利
对决策前提和信息控制的权利	控制信息传递以影响决策和选择
网络中心位置	安置所信任的人于重要位置，以增强自己的权利等

2）中层管理者的权利

组织设计因素		权利程度
任务活动	规则、程序和规范	极少
	任务的多样性和灵活性	高
	对创新和不寻常业绩的奖励	很多
	非例行决策所需要的赞同	极少
交互作用	客观位置	重要
	工作活动的公众性和与高层接触	高
	参与计划、会议、商讨	高
	参与解决问题的任务团队	高

3）低层参与者的权利

低层参与者的权利主要体现在两个方面：

一是通过个人资源影响决策，如造价工程师的专业能力会影响工程施工的决策；

另一个是通过职位资源影响决策，如高管秘书，他由于与高层接触而产生的劝说和恳求，都会对决策产生影响。

（2）横向权利

横向权利属于跨部门之间的权利，同层级部门的权利从表面上看是平等的，但实际不是。一般来说，房地产企业中四个最有权利的部门一般是开发部、工程部、营销策划部和财务部。其中，营销策划部权利往往最大，其直接关系到企业的资金链。什么部门权利大，取决于企业的战略职能定位。

职能定位

要衡量一个部门的权利，很明显的特点有：预算增长速度远远超过其他部门；下属员工的工资增加超过平均水平；生产日程和时间安排有利于该部门；在政策会议上，使自己所期望的条款被列入议程等

3.集权与分权

（1）集权

集权是把管理权限较多地集中在最高管理层和一线主管的一种权利结构。集权主要的特点包括对下级授权少，管理权限小；对下级的控制较多；对下级的人力、财力和生产经营成果统得较多。

集权制有利于统一指挥，方便协调各部门之间的活动，同时还能有利于管理工作专业化，提高工作效率。其缺点是不利于发挥主动性和积极性，增加了管理层次，延长了下达指令和沟通情报的渠道，从而导致组织缺乏适应性和灵活性。

（2）分权

分权是把管理权限适当地分散给中下级和职能机构的一种权利结构。它的特点包括对下级授权较多，中下级有较多的决策权；对下级的控制较少，常以目标控制为主；下级对人力、财力和生产经营成果有较多的支配权。

分权有利于调动中下级和职能机构的主动性、积极性，提高其管理水平，组织的适应性和灵活性较强，便于按照客观情况的变化做出决策；有利于上级摆脱日常事务，集中精力抓重大决策的实施。

而分权又有不同的形式，一般有内部分权和外部分权两种形式。

内部分权	将决策权下放给业务单元的经理，资产所有权仍归公司。确立总部职能部门与下属公司相互关系。总部承诺退出某些活动和信息流的控制，限制总部干预能力，减少干预次数
外部分权	将部分业务投入资金市场，从而减少或放弃了所有者权益。外部分权对公司总部的干预能力做出了正式的限制，它将高层主管直接置于资本市场的压力之下

这两种变化都强化了创业精神。

4.授权

授权指把履行某种职责或处理某些问题的权限授给下级。授权是一个过程，授权并不意味着授责。责任是连锁的，被授权者的工作失误，授权者负有用人不察的领导责任，授权者对于被授权者有指挥监督之权，被授权者对授权者负有报告和完成任务的责任。

通过授权能趋使企业内员工履行职责，保持组织的正常运转，减轻领导者的工作负担，提高企业的决策效率，同时还能调动员工的主观能动性。授权的一般程序如下图所示：

●授权的一般程序

三、组织结构设计要考虑企业的法人治理结构环境

经过前几步，我们已经确定了企业的基本组织架构，但是还不是组织结构，为什么呢？我们设计的还只是经营部门和辅助职能部门的结构，在经营部门之上还有企业的董事会、监事会，有些房地产开发企业还会根据企业的发展需要设立各种专业委员会，这些我们统称为法人治理结构，那么法人治理结构如何与企业的组织结构产生协同管理效应呢？

1.什么叫房地产企业法人治理结构

法人治理结构是现代企业制度中最重要的组织架构。狭义的公司治理主要是指公司内部股东、董事、监事及经理层之间的关系，广义的公司治理还包括与利益相关者（如员工、客户、存款人和社会公众等）之间的关系。

2.房地产企业法人治理结构的组成

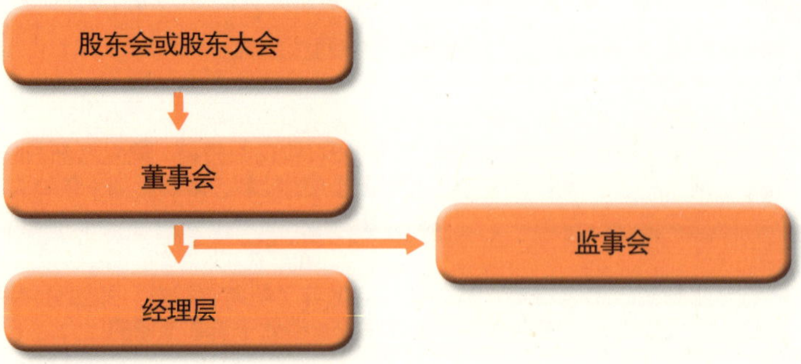

（1）股东会由公司股东组成，所体现的是所有者对公司的最终所有权；

（2）董事会由公司股东大会选举产生，对公司的发展目标和重大经营活动做出决策，维护出资人的权益；

（3）监事会是房地产企业的监督机构，对房地产企业的财务和董事、经营者的行为起监督作用；

（4）经理由董事会聘任，是经营者、执行者。

房地产企业法人治理结构的四个组成部分，都是依法设置的，它们的产生和组成、行使的职权、行事的规则等，在房地产企业法中作了具体规定。所以说，企业法人治理结构是以法制为基础，是按照企业本质属性的要求形成的。

3.房地产企业法人治理结构的建立应当遵循的原则

（1）法定原则

房地产企业法人治理结构关系到房地产企业投资者、决策者、经营者、监督者的基本权利和义务，凡是法律有规定的，应当遵守法律规定。

（2）职责明确原则

房地产企业法人治理结构的各组成部分应当有明确的分工，在这个基础上各行其职，各负其责。应避免职责不清、分工不明而导致的混乱，以致影响各部分正常职责的行使，甚至整个功能的发挥。

（3）协调运转原则

房地产企业法人治理结构的各组成部分是密切地结合在一起运行的，只有相互协调、相互配合，才能有效率地运转，有成效地治理房地产企业。

（4）有效制衡原则

房地产企业法人治理结构的各部分之间不仅要协调配合，而且还要有效地实现制衡，包括不同层级机构之间的制衡，不同利益主体之间的制衡。

4.房地产企业法人治理结构的核心问题

（1）房地产企业法人治理结构如何有效激励和约束经理层

房地产企业法人治理结构的核心问题是董事会如何定位及如何对经理层进行有效激励和约束的问题。通过下图，我们可以看出董事会与经理层的关系。

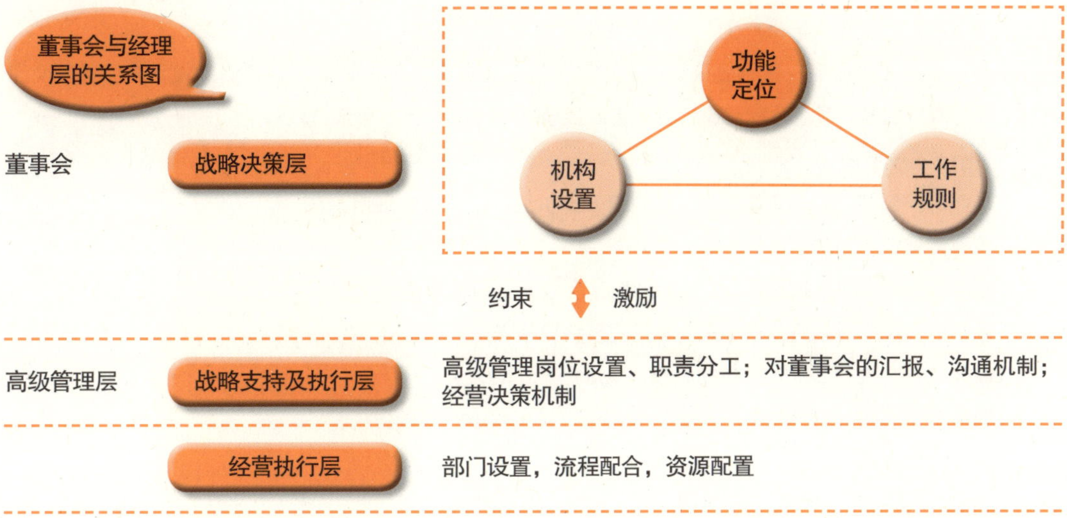

（2）董事会与经理层角色如何定位

1）法人治理结构的特点

董事会在整个企业处于支配地位，董事会不是一个等级社会，每个成员都有相同的职责和责任。他们平等地开展工作，组织讨论，最后达成一致意见，必要时进行投票表决。而公司管理层是一个典型的等级社会。组织内部有着严格的等级责任从而使上情下传、下情上达。

2）董事会成员的战略决策角色定位

董事会成员对企业制定战略和政策，确定公司发展方向起到决策作用。董事会成员的战略决策角色一般定义为智者、专家、对外的窗口、授权者、联系人、挂名的首脑六种角色。

3）董事会成员的监督执行角色定位

董事会成员确保经营与制定的政策计划相一致，达到所要求的经营标准，它对企业又起到一种监督执行作用。在监督执行上，董事会一般自我定位为评估师、监督人、安全阀和检查人四种角色。

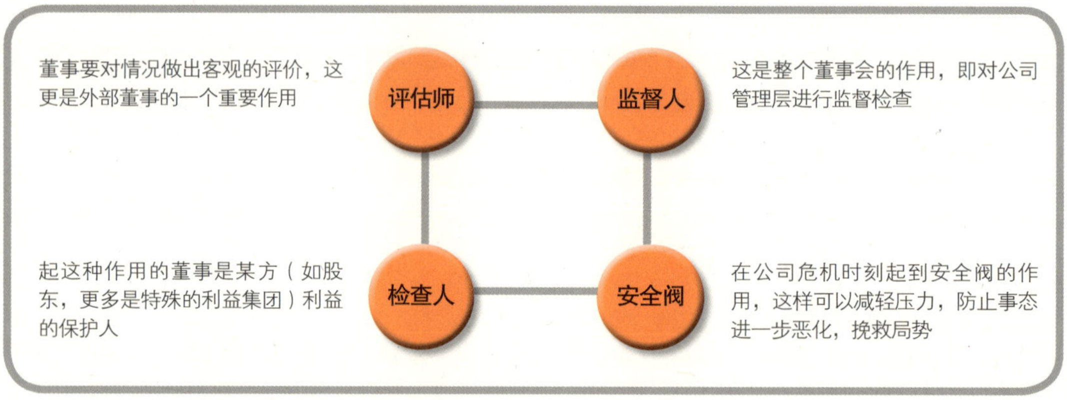

5.房地产企业董事会的组成、职能及权责

（1）董事会组成、义务描述

1）组成人员

董事会一般由董事长、副董事长、董事组成，董事会人数以单数为宜，这样在对企业进行重大战略决策时可以保障通过选举达成。

董事长可以由董事会选举产生，经股东会确认，可连选连任。

董事由各股东方委派，股东会议审议通过方可进入董事会，任期三年，可连选连任；未引进独立董事时由股东双方提名，股东会审议通过方可进入董事会，任期三年，可连选连任。

2）董事会义务描述

①公司召开股东会议，董事会应在会议召开至少五日以前通知公司股东。

A.董事会承担向股东会议报告的义务；

B.董事会承担向召集的股东会议和临时股东会议报告召集事由的义务；

C.董事会承担向召集的股东会议和临时股东会议报告工作的义务。

②董事会承担对符合规定条件的股东提案进行审查的义务。

③董事会有遵守公司章程和股东会决议，维护股东权益的义务。

④关于会计表册的义务：

A.董事会承担提交资产负债表、损益表等财务报表供股东会和监事会查阅审核的义务；

B.承担在股东会议召开时备置这些财务会计报表供股东查阅的义务。

⑤董事会承担公司历届股东会会议记录、董事会会议记录、资产负债表、损益表、股东名册、公司债券存根簿等各项簿册的义务，并承担供股东查阅或抄录的义务。

（2）董事长职权、义务描述

职权	1.主持股东会议； 2.召集和主持董事会会议及临时董事会会议； 3.督促、检查董事会决议的执行； 4.签署董事会重要文件和其他应由公司法人代表签署的其他文件； 5.管理董事会经费的使用； 6.行使法定代表人的职权，代表公司对外签订合同或授权公司总经理对外签订经营方面的合同； 7.作为核心决策组成员，在董事会休会期间，接受董事会委托与副董事长、总经理共同决策重大应急事项，并在事后向公司董事会和股东会报告
义务	1.董事长不得超越其权限对属于董事会和股东会议权限的事项，以其个人名义做出决断与处置； 2.董事长负有由其本人亲自履行其职权的义务。董事长因合理原因不能亲自行使其职权时，应当指定副董事长代为行使

（3）副董事长职权、义务描述

职权	1.协助董事长主持股东会议； 2.在董事长因故不能亲自行使其职权时，负责召集和主持董事会会议及临时董事会会议； 3.督促、检查董事会决议的执行； 4.作为核心决策组成员，在董事会休会期间，与董事长、总经理共同决策重大应急事项，并在事后向公司董事会和股东会报告
义务	副董事长不得超越其权限对属于董事会和股东会权限的事项，以其个人名义做出决断与处置

（4）董事会秘书职责描述

1）组织筹备董事会会议和股东大会的召开，准备会议文件，安排会务，负责会议记录，确保各位董事、监事签署意见，保管会议记录和文件。

2）主动掌握有关决议的执行情况；对实施中的重要问题，应向董事会报告并提出建议。

3）与董事、监事定期沟通并协助公司董事、监事、高级管理人员了解法律、法规、公司章程。

4）建立内部信息披露制度，接待来访，回答咨询，联系股东，向投资者提供已披露信息的备查文件。

5）保管董事会会议和股东大会的会议记录和文件，信息披露文件，股东名册资料、董事名册、股东以及董事持股资料。

6）当董事会可能做出违反法律、法规、公司章程的决议时，应当及时表述意见；若董事会坚持决议，应将意见记载于会议记录。

7）列席总经理办公会，参与讨论。

6.房地产企业监事会组成、职权描述

为了防止董事会、经理滥用职权，损害公司和股东利益，就需要再设置专门监督机关，代表股东会行使监督职能。

（1）监事会的组成

监事会由全体监事组成。监事的资格基本上与董事资格相同，并必须经股东会议选出。

监事应包括公司职工代表。其专业组成类别应由公司法规定和公司章程具体规定。但公司的董事长、副董事长、董事、总经理不得兼任监事会成员。

（2）监事会的职权范围

1）可以调查公司生产经营和财务状况，审阅账簿、报表和文件，并请求董事会提出报告；

2）有权列席董事会会议，但无表决权，无参与决策权；

3）可根据法规和公司章程，召集股东会议；

4）可以对董事会的决议提出异议，可要求复议。

（3）监事会召开周期

定期监事会每六个月召开一次，遇重大事项经监事会召集人或三分之一以上监事提议可召开临时会议。

7.董事会下属专业委员会权责

（1）专业委员会的职能描述及组成

专业委员会是董事会下属辅助工作机构，是为对重大控制内容进行专业化划分而设立的，通过有效利用公司外部专家资源及内部部门管理人员经验参与沟通，为董事会提供决策依据，以保证董事会决策的科学性、准确性、合法性。专业委员会向董事会负责并汇报工作。

各专业委员会可以聘请专业评估师、独立财务顾问、法律顾问等中介机构为其决策提供专业意见。

房地产企业根据自身的发展状况和阶段不同可以设立不一样的专业委员会，预算委员会、投资委员会、审计委员会、薪酬（提名）委员会等是在房地产组织结构中常见的专业委员会形式。

（2）预算委员会的组成、权责和工作模式

预算委员会是公司董事会下设的专业机构，为董事会提供决策依据，向董事会负责并汇报工作，不具有最终决策权，其最终制定预算需经董事会批准执行。

人员组成	预算委员会一般包括主任1人（董事长或授权董事）、委员6～8人（一般由董事会成员、外部专家、财务总监、公司其他内部人员组成）
权责	①根据公司中长期发展战略对战略规划目标进行分解； ②探讨公司业务发展，制定公司年度预算（经营计划预算），包括公司年度经营综合计划的编制、公司财务收支计划、信贷计划和成本计划并负责监控实施情况； ③制定本公司的利润分配方案和弥补亏损方案
工作模式	①预算研讨会由预算委员会主任召集和主持，预算委员会主任因故不能履行职责时，可由预算委员会主任推荐一名负责人员经董事长批准代为召集和主持。 ②预算委员会定期会议每年召开一次，具体召开时间由董事长决定，董事会办公室向预算委员会等相关人员发出通知；临时会议由董事会秘书于会议召开前以书面、电话或口头形式通知

（3）投资委员会的组成、权责和工作模式

投资委员会为公司董事会决策提供决策依据，向董事会负责并汇报工作，对细节论证及外部中介机构、专家选取有决策权，但对公司投资方案不具有最终决策权，其最终建议方案需经董事会或授权核心决策组批准执行。

人员组成	投资委员会一般由投资委员会主任1人（董事长或授权董事）、委员4～6人（一般由董事、外部专家、财务总监、公司其他内部人员组成）
权责	①以公司战略方向为指引，负责审议公司年度重大投资事项的必要性与可行性； ②对公司涉及股权、债权投资进行评估、审核，出具建议方案； ③对公司涉及开发的重大投资（如：土地购置及储备）进行评估审核，出具建议方案； ④监督、核实公司重大投资政策和决策
工作模式	①投资会由投资委员会主任召集和主持，董事会办公室应将会议内容详细记录，便于董事会查阅； ②公司投资事宜与经营运作联系紧密，建议定期会议每年召开一次（研究公司全年投资方案），主要根据需要召开临时会议； ③会议由董事会办公室于会议召开前以书面、电话或口头形式通知，具体召开时间由投资委员会主任决定，董事会办公室向董事长、副董事长、董事等相关人员发出通知

（4）审计委员会的组成、权责和工作模式

审计委员会向董事会负责并于董事会召开时向董事汇报工作。对审计监督过程中发现的问题，无直接处置和奖惩权利。最终处置权仍归董事会。

人员组成	审计委员会人员一般包括审计委员会主任（董事长或授权董事）、委员4～6人（一般由董事、外部专家、财务总监、公司其他内部人员组成）；
权责	①检查本公司会计政策、财务状况和财务报告程序； ②监督公司年度经营综合计划的执行状况、公司财务收支状况、信贷和成本完成情况，促进各项经济指标的实现； ③对公司重大资产处置方案进行审核，保证交易的合理性； ④对公司重要经济合同的签署进行审查，保全公司利益； ⑤负责对公司财务部门的工作指导和检查； ⑥检查和监督本公司及其下属公司存在或潜在的所有形式的风险，如财务风险（包括物流风险、资金风险、担保风险、投资风险） ⑦董事会赋予的其他职能；
工作模式	①设置各种功能的委员会； ②经理人员参加董事会会议，与董事会成员保持接触； ③通过外部审计来制约和监督董事的工作。

（5）薪酬（提名）委员会的组成、权责和工作模式

薪酬（提名）委员会向董事会负责并于董事会召开时向董事汇报工作。对企业内部薪酬体系存在的问题直接向董事会汇报。最终处置权仍归董事会。

人员组成	薪酬（提名）委员会一般由董事及独立董事、外部专家构成，一般为5人左右
权责	①界定董事会的功能和职责； ②界定职业经理人的功能和职责； ③董事会通过薪酬（提名）委员会提名总经理（高级管理人员）、独立董事并制订继任计划； ④向董事会提名总经理和董事会成员，制订总经理（高级管理人员）的薪酬标准； ⑤对董事会、董事、总经理进行评估、年终考绩的审核及审核标准的制订与更改
工作模式	①薪酬讨论会由薪酬委员会主任召集和主持。 ②定期会议每年召开一次，具体召开时间由薪酬委员会主任决定，董事会办公室向董事长、副董事长、董事等相关人员发出通知；临时会议由董事会办公室于会议召开前以书面、电话或口头形式通知

8.国内、外公司的企业法人治理结构模式

（1）美国模式

1）美国法人治理结构模式

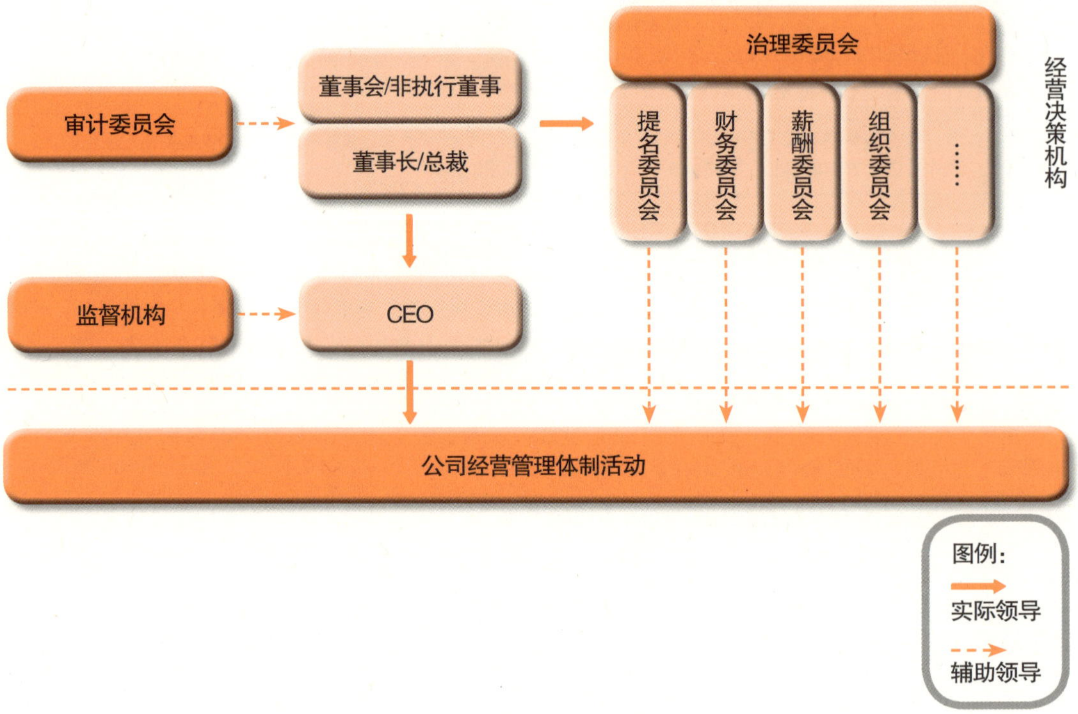

2）美国公司董事会的人员配置

美国公司一般由董事长加总经理再配备9～12名非执行董事。

优点	非执行董事作为行业专家可为公司战略的制定提供意见和建议； 董事会制定战略可以做到客观、公正和独立； 可以很好地运作董事会
缺点	非执行董事间配合容易出现问题； 有可能是一群对业务不懂的人来告诉懂行的人如何经营； 可能形成一种不能有力地控制或指导公司行为的机制
解决方法	①投资会由投资委员会主任召集和主持，董事会办公室应将会议内容详细记录，便于董事会查阅； ②公司投资事宜与经营运作联系紧密，建议定期会议每年召开一次（研究公司全年投资方案），主要根据需要召开临时会议； ③会议由董事会办公室于会议召开前以书面、电话或口头形式通知，具体召开时间由投资委员会主任决定，董事会办公室向董事长、副董事长、董事等相关人员发出通知

3）美国公司董事会的职能

①确立公司的经营理念和使命；

②选拔、监控、评估、酬劳和替换CEO及其他高级执行官员，确保管理层的换届继任；

③审议和批准管理层战略计划及业务计划；

④审议和批准公司的财务指标、计划和行动，包括重大的资本配置和开支；

⑤审议和批准非常业务的重要交易；

⑥将公司业绩与战略计划和业务计划相比较进行监控；

⑦确保道德行为，遵循法律、审计和会计准则及公司自己的治理文件；

⑧评估自身实现董事会职责的有效性；

⑨行使法律规定或在公司治理文件中划归董事会的其他职责。

4）美国公司治理委员会的运作模式

①人员配置

美国公司治理委员会由独立董事构成，在必要时自由地聘用独立的顾问。

②职能

美国公司治理委员会负责董事会的治理工作，界定董事会的功能和职责，界定CEO的功能和职责。

③工作内容

A. 制订独立董事的继任计划；

B. 董事会通过治理委员会制订CEO的继任计划和选拔过程；

C. 向董事会提名CEO和董事会成员，制定CEO的薪酬；

D. 对董事会、董事、CEO进行评估。

5）美国公司CEO职能

①执行董事会的决议，并依照决议确定公司大政方针，研究制定具体措施；

②与董事会一起参与公司战略的制定，行使董事长部分职能；

③确定内部组织机构，安排各个职能部门的人员；

④经董事会授权，代表公司对外签订合同和处理业务；

⑤定期向董事会报告业务情况，向董事会提交年度报告；

⑥招聘或解雇公司职工；

⑦主持公司的日常业务活动。

（2）德国、日本模式

1）德国法人治理结构模式

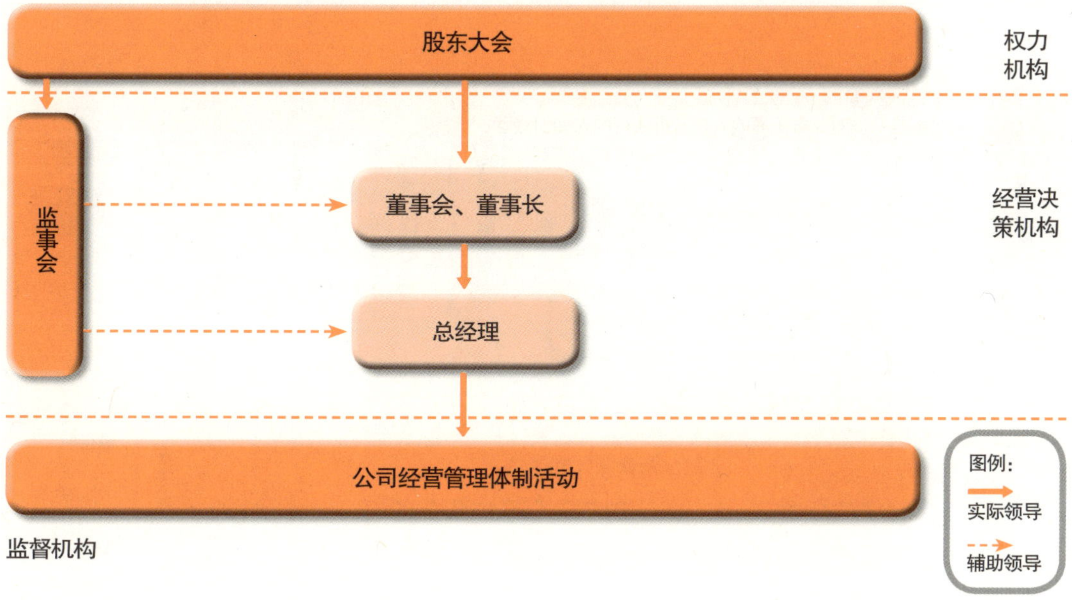

2）德国模式的特点

①典型的三权分立原则（决策、执行、监督）；

②减弱股东大会的职能；

③股东大会下设监事会，监事会对董事会行使监督职能；

④监事由股东大会选举和罢免，董事由监事会选举和罢免；

⑤职工参与制，劳方代表在监事会中所占的比例为1/3~1/2。

3）日本法人治理结构模式

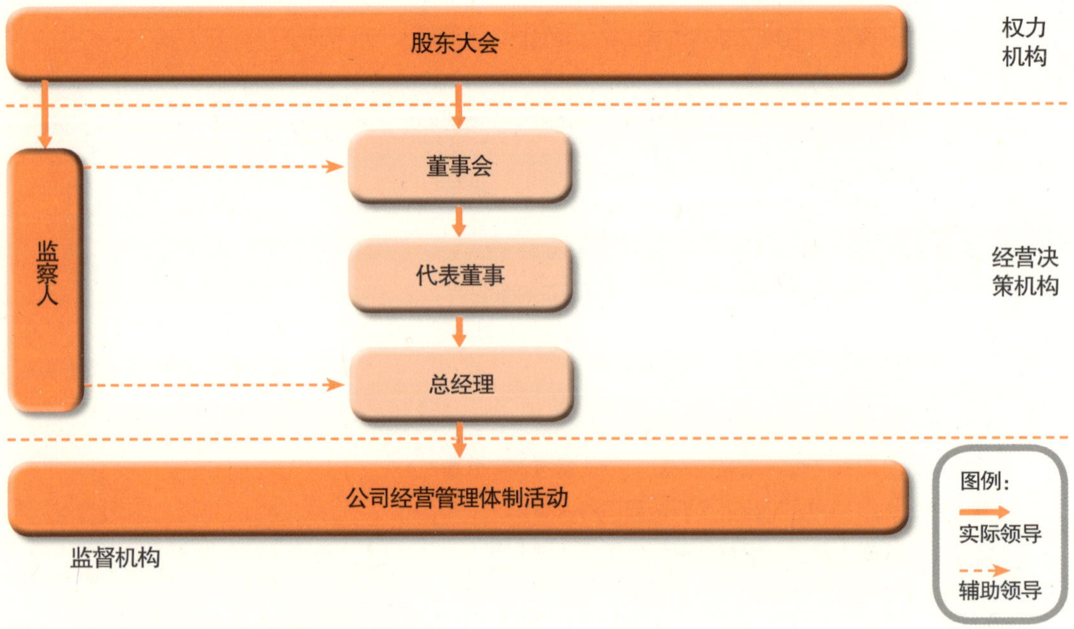

（3）国内上市公司模式

1）国内上市公司法人治理结构模式

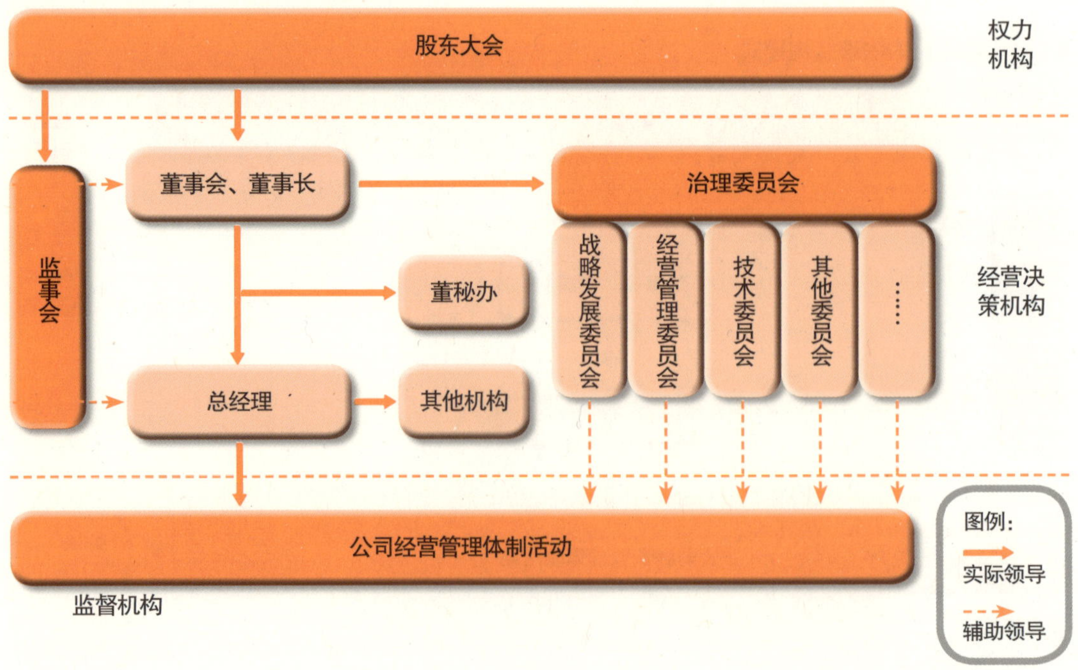

2）股东大会的职能

A.决定公司的经营方针和投资计划；

B.选举和更换董事；

C.选举和更换由股东代表出任的监事；

D.审议批准董事会的报告；

E.审议批准监事会或者监事的报告；

F.审议批准公司的年度财务预算方案、决算方案；

G.审议批准公司的利润分配方案和弥补亏损方案；

H.对公司增加或者减少注册资本做出决议；

I.对发行公司债券做出决议；

J.对股东向股东以外的人转让出资做出决议；

K.对公司合并、分立、变更公司形式、解散和清算等事项做出决议；

L.修改公司章程。

3）董事会的职能

A.负责召集股东会，并向股东会报告工作；

B.执行股东会的决议；

C.决定公司的经营计划和投资方案；

D.制定公司的年度财务预算方案、决算方案；

E.制定公司的利润分配方案和弥补亏损方案；

F.制定公司增加或者减少注册资本的方案；

G.拟订公司合并、分立、变更公司形式、解散的方案；

H.决定公司内部管理机构的设置；

I.聘任或者解聘公司经理（总经理），根据总经理的提名，聘任或者解聘公司副总经理、财务负责人，决定其薪酬事项；

J.制定公司的基本管理制度。

4）监事会的职能

由于公司股东分散，专业知识和能力差别很大，为了防止董事会、经理滥用职权，损害公司和股东利益，就需要在股东大会上设立专门的监督机关——监事会，代表股东大会行使监督职能。

①监事会的组成

A.监事会由全体监事组成。监事的资格基本上与董事资格相同，并必须经股东大会选出。

B.监事可以是股东、公司职工，也可以是非公司专业人员。其专业组成类别应由公司法规定和公司章程具体规定。但公司的董事长、副董事长、董事、总经理、经理不得兼任监事会成员。监事会设主席、副主席、委员等职。

②监事会的职权范围

A.可随时调查公司生产经营和财务状况，审阅账簿、报表和文件，并请求董事会提出报告；

B.必要时，可根据法规和公司章程，召集股东大会；

C.列席董事会会议，能对董事会的决议提出异议，可要求复议；

D.对公司的各级管理人员提出罢免和处分的建议。

5）经理层职能

①执行董事会的决议，并依照决议确定公司大政方针，研究制定具体措施；

②确定内部组织机构，安排各个职能部门的人员；

③经董事会授权，代表公司对外签订合同和处理业务；

④定期向董事会报告业务情况，向董事会提交年度报告；

⑤招聘或解雇公司职工；

⑥主持公司的日常业务活动。

6）管理委员会职能

①战略发展委员会的主要职责

A.提出(修改)公司发展目标、中长期战略，对战略规划目标进行分解，并对目标执行过程进行控制、检验；

B.公司业务发展探讨，制定公司年度预算（经营预算、战略预算）；

C.讨论公司组织机构的重大调整，讨论、议定公司人力资源规划，议定公司其他重大决定。

②经营管理委员会的主要职责

项目评审 、项目控制、加强沟通（纵向、横向沟通）、协调部门关系、管理培训、研讨。

③技术委员会的主要职责

技术攻关、预测技术未来走向、培训、沟通。

人们常常以为，组织的概念改革就是结构的改革，而结构的改革就是在纸上画出新的结构图而已。其实组织的改革包括业务、结构、流程、人力资源、管理制度等的改革。组织结构的内涵又要远远比结构图的内涵丰富得多。组织结构实际上还需要明确组织在职、责、权方面的动态结构体系。而单从组织结构形式来说，直线型、职能型、直线–职能型、事业部型、矩阵型五种最为典型。

3

组织结构形式

——确定组织在职、责、权方面的动态结构体系

一、组织结构≠组织结构图

人们常常以为，组织的概念改革就是结构的改革，而结构的改革就是在纸上画出新的结构图而已。其实组织的改革包括业务、结构、流程、人力资源、管理制度等的改革。组织结构的内涵又要远远比结构图的内涵丰富得多：

1. 组织结构决定了正式的报告关系

组织结构决定了正式的报告关系(包括管理层级和管理跨距)，确定了组织内的个体如何形成部门，再由部门形成组织的过程，通过建立一套系统，保证各个部门的有效沟通、合作和整合。

2. 组织结构图表示了组织中正式的汇报关系和决策范围

组织结构图只是组织结构的一种放映，是对一个组织的活动或过程的可视化的描述。它表示了组织中正式的汇报关系和决策范围，直观地反映出组织结构的不一致性和复杂性，并向组织成员揭示它们在组织中的关系和联系，特别是对管理人员和新员工。但是组织结构图反映不了各种有意义的、非正式的关系和信息，组织结构图中的位置高低不等于职位高低，需要随着组织的实际运作动态调整。

二、房地产企业组织的成长过程

一般房地产组织都有一个从小到大，从简单产品、服务到复杂产品、服务的发展过程。企业所处的发展阶段直接影响到其管理模式，从而影响到其具体的组织形式。

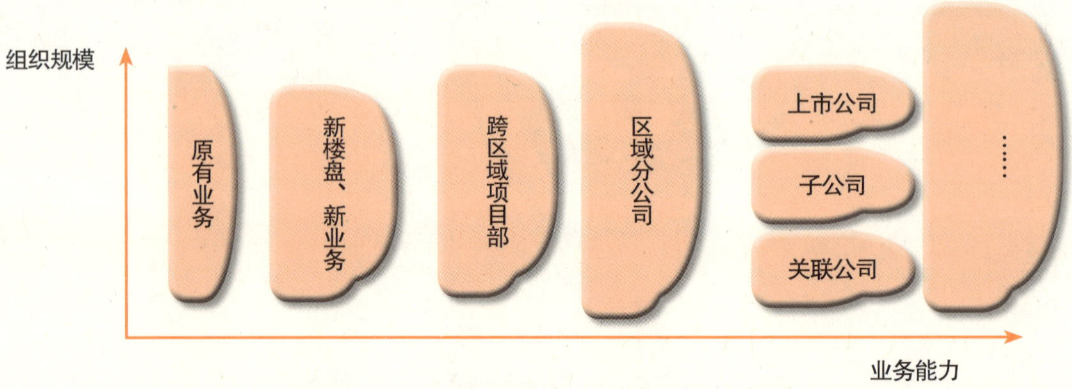

三、房地产企业组织结构的演变

各类组织结构与其集权/分权程度、业务种类/数量多少，以及地区距离远近有直接关系。任何组织都有起步期、快速增长期和成熟期这三个过程。

1. 起步期

组织结构以简单高效为原则，重点突出业务部门的职能，抓开发过程和质量，并通过有效营销手段将产品尽快售罄。这个时候的业务重点是争夺市场份额，以小项目和低端项目作为突破口。

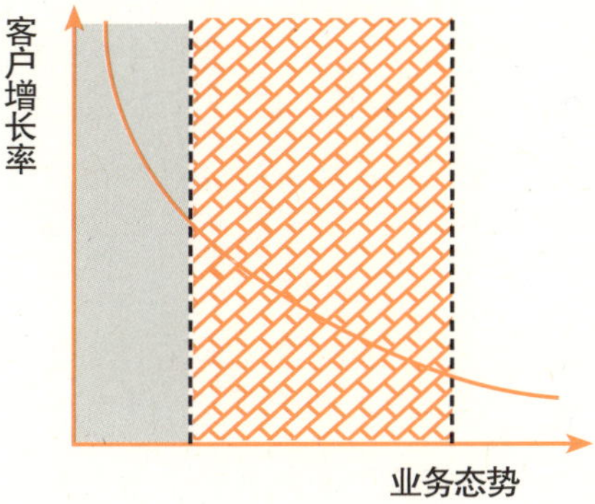

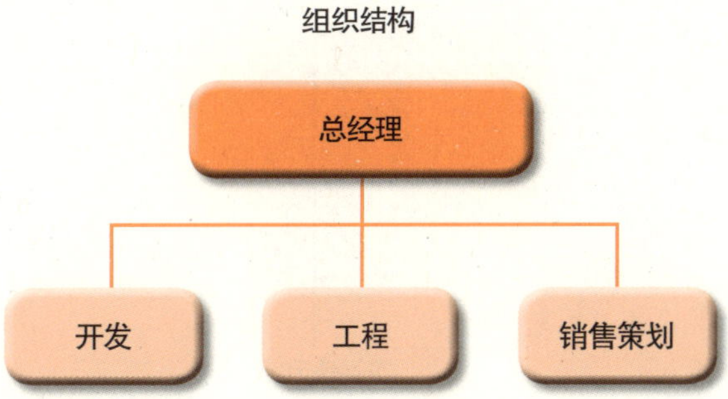

2.快速增长期

这期间重点在于挖掘高端产品价值，加强对高附加值细分市场，如别墅和高档住宅市场的争夺，保持中低端市场开发份额，跨区域发展，适当放权保持区域项目开发的效率和决策能力，注重市场细分和产品的研发能力。

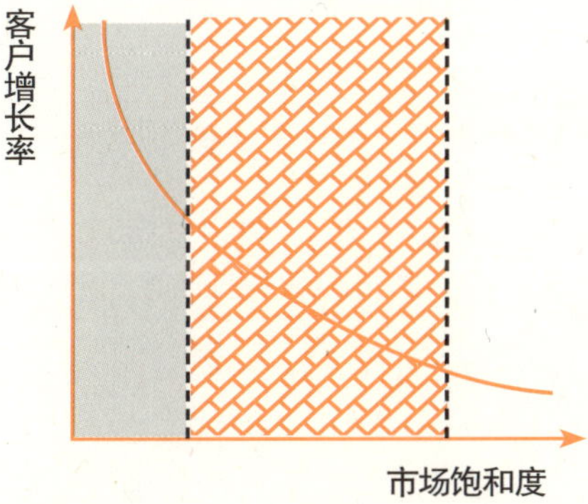

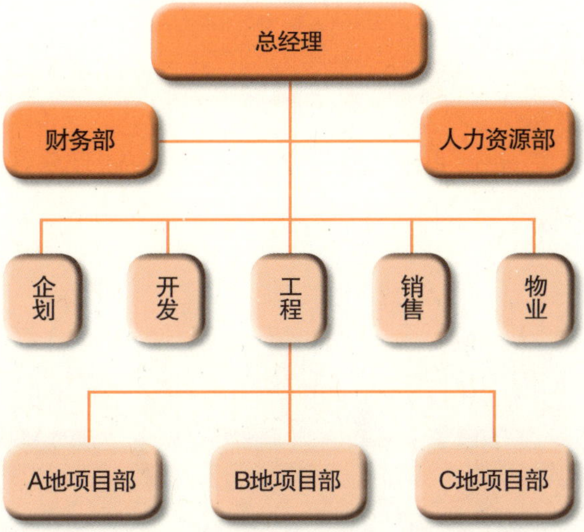

3. 成熟期

成熟期已形成内部良好的管理体系，能够控制成本，开发现有客户价值，具有良好的产品复制或研发能力，注重集团职能部门对业务部门的对口管理与服务。这个时期大多数以矩阵型组织结构为主。项目部门和职能部门的岗位会出现部分重叠，这是为便于职能部门与项目部门的业务对接。

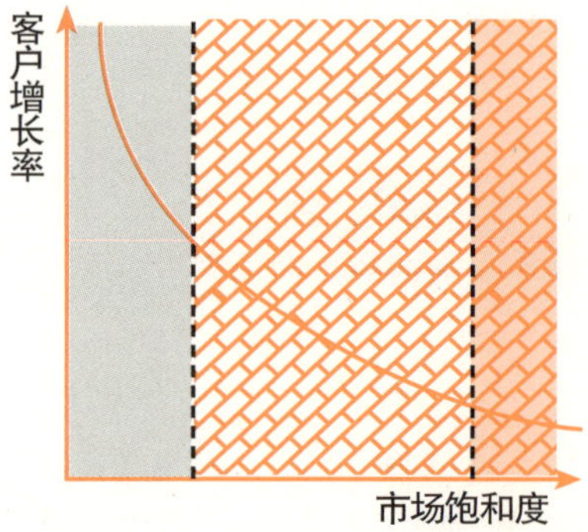

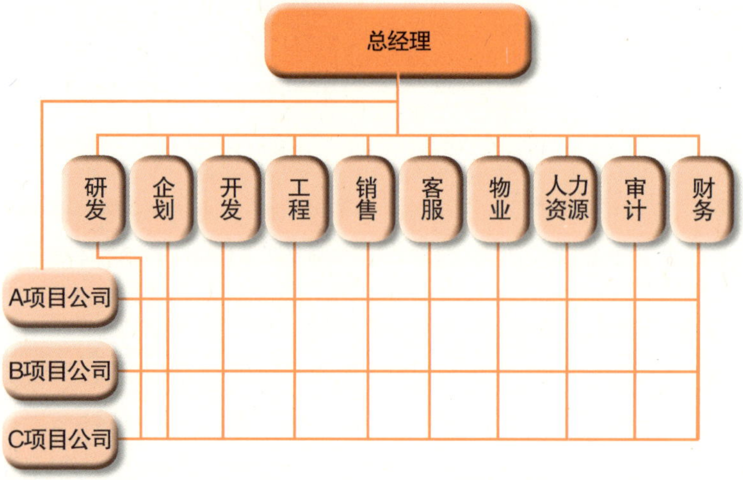

四、房地产企业组织设计的形式

目前，房地产通用的组织结构形式主要包括直线型、职能型、直线–职能型、事业部型、矩阵型五种。

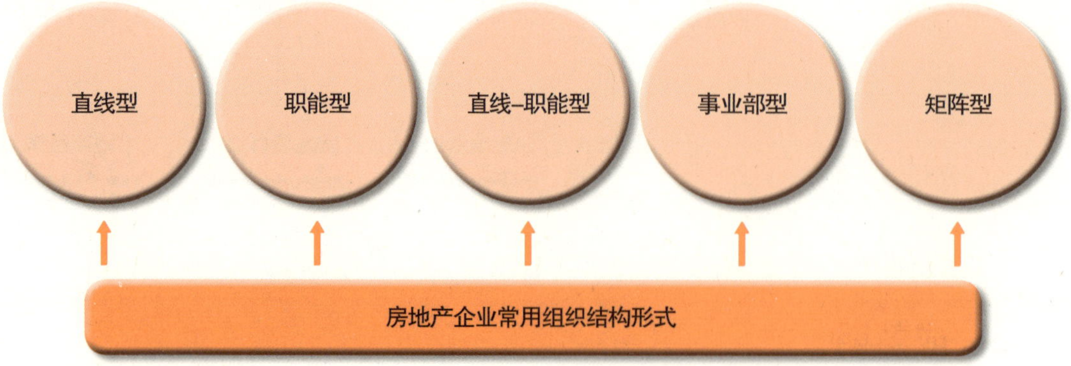

1.直线型组织结构

这种组织形式是最简单的组织形式，其权力系统自上而下或负责系统自下而上按垂直系统呈直线排列，一些小型房地产企业往往采用这种组织结构。直线制的特点是只有垂直的指挥系统，不存在管理职能分工。虽然也设职能部门和少数职能专业人员，但是，他们一般只接受一个上级的指挥，按其指令开展工作。

直线型组织结构优缺点对比分析

优点	缺点
1. 组织结构简单明了； 2. 职责分明，每个职位只完成自己的工作并直接对一个上级负责； 3. 同层级管理人员易于调用； 4. 能充分发挥主管人员的主动性； 5. 能按主管人员的意愿迅速采取随机应变的措施等	1. 组织结构呆板，缺乏一定的弹性； 2. 不利于专业分工，容易形成专制； 3. 缺乏横向联系，协作精神较差； 4. 要求主管人员各方面能力要强，主要工作集于一身，需要事事躬亲，工作过度紧张、繁忙等

对于从事单一房地产开发项目的企业，通常企业规模较小，只设项目部，底下再设置垂直的岗位，由于企业人员相对较少，常常有一个人身兼数职的现象。有些企业的直线结构表现为直接设置财务总监、行政总监、企划总监、市场总监、设计总监、工程总监、销售总监、物业总监等，各总监直接向总经理负责。总监一般下设部门经理或主管作为中间管理层，再往下为执行操作团队。

直线型组织结构模式

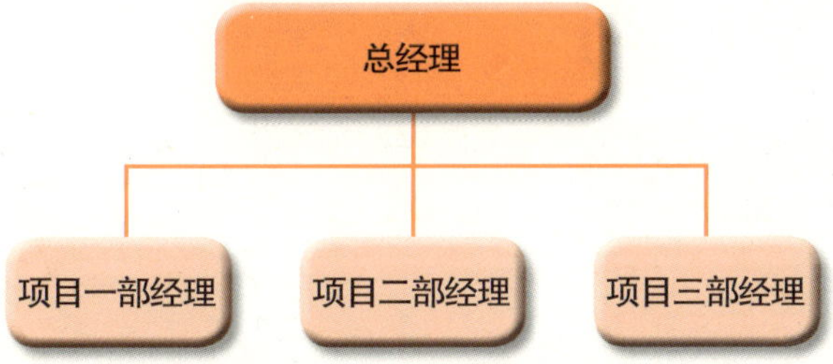

链接

项目公司多从事单一项目的运作（通常是规模或影响相对较大的项目）。项目公司的骨干人员一般由项目投资方派出，其余多从社会招聘。由于土地的前期开发包括拆迁工作，其一般由综合开发企业完成，项目公司的主要职能为工程建设、基础配套和销售等。

直线型组织结构并不适于企业的长期发展需要，一般也只是适用于作坊型的房地产企业，企业项目资源少，打一枪换一个地方。所以，直线型组织结构模式，我们认为并不适合大多数房地产企业。

2.职能型组织结构

职能制是为了适应专业管理的需要由企业的负责人设立若干专业职能机构和人员，各职能部门在其职能范围内直接指挥下级单位。在职能管理模式下，项目运作的主要职能（比如资金运作、规划设计、营销、销售等）集中在公司本部，项目部只从事施工现场管理。

职能型组织结构优缺点对比分析

优点	缺点
1.能充分发挥专业化的作用，减少人员和设备的重复配置，每人专司一职，能专心一致，精益求精； 2.从事实际工作的人能得到多方面的督导和帮助等，有利于节省人力； 3.有利于充分利用公司已有的公共关系资源，降低重新公关的费用； 4.有利于有效控制，便于统一协调，共同行动； 5.通过公司职能部门的运作与培育，成为项目经理的“摇篮”	1.组织中常常会因为追求职能目标达不到全局的最佳利益； 2.令出多门，使下级有时在命令不一致时无所适从； 3.权责不清，造成功过难定，赏罚不公； 4.同层专业管理难以协调，管理人员多，管理费用高等； 5.职能部门权力集中，易产生权力“寻租”； 6.职能人员责任大，对人员的素质要求非常高； 7.职能人员多头管理、工作繁忙，易顾此失彼、亲疏有别，总部管理成本大幅上升； 8.项目总经理权力过小，受多头管理，积极性不高； 9.问题往往集中于总经理，使总经理成为不断开会和协调的“机器”

从下图可以看出，公司总部主要起到业务管理、控制与服务职能，各个职能部门对分公司进行业务管理，并通过对其进行业务考核的方式来强化管理，下属公司可以作为利润中心进行考核，但其关键经营活动将由总部统一规划，受总部集中控制。

职能型组织结构模式

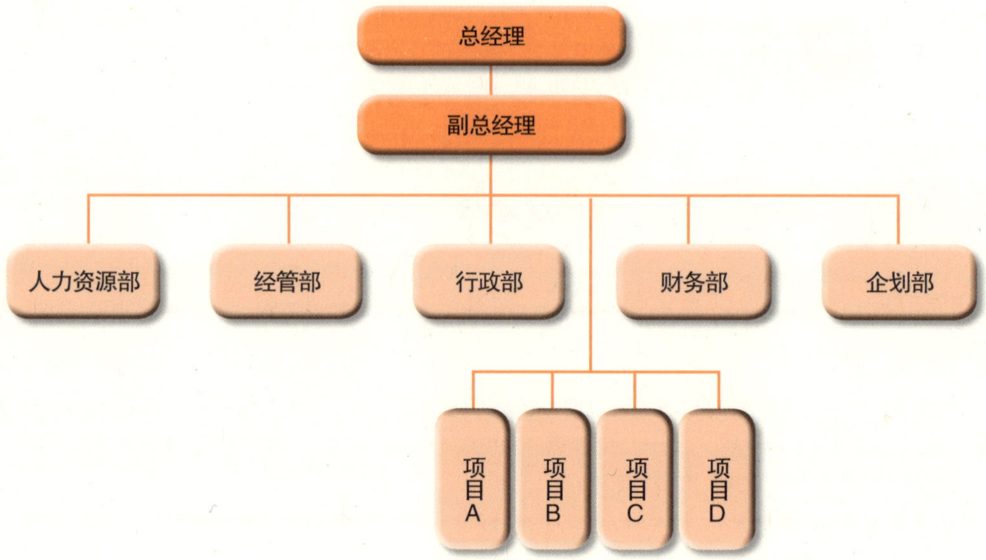

其实，大多数房地产开发企业并不适合采用职能型组织结构，原因是项目部如果丧失相应的职权，任何事务都直接听命于公司职能部门将会大大影响项目现场的决策效率。同时，完全依靠职能部门管理模式也对职能部门管理人员提出了更高的专业素质要求。

3.直线–职能型组织结构

直线–职能型组织（复合型组织），是上述两种类型的结合，以直线型为基础，在主管人员之下设置职能机构，协助主管人员工作，不对下级直接指挥，只对下级职能机构进行业务指导。

直线–职能型优点：综合了直线型和职能型的优点，既发挥了职能型管理专业化的长处，又保持了直线型集中统一领导的优点，是管理组织的基本形式。

直线–职能型缺点：职能机构之间的横向联系较差，容易产生相互脱节的现象，主管人员必须做好协调工作。

直线–职能型组织结构模式

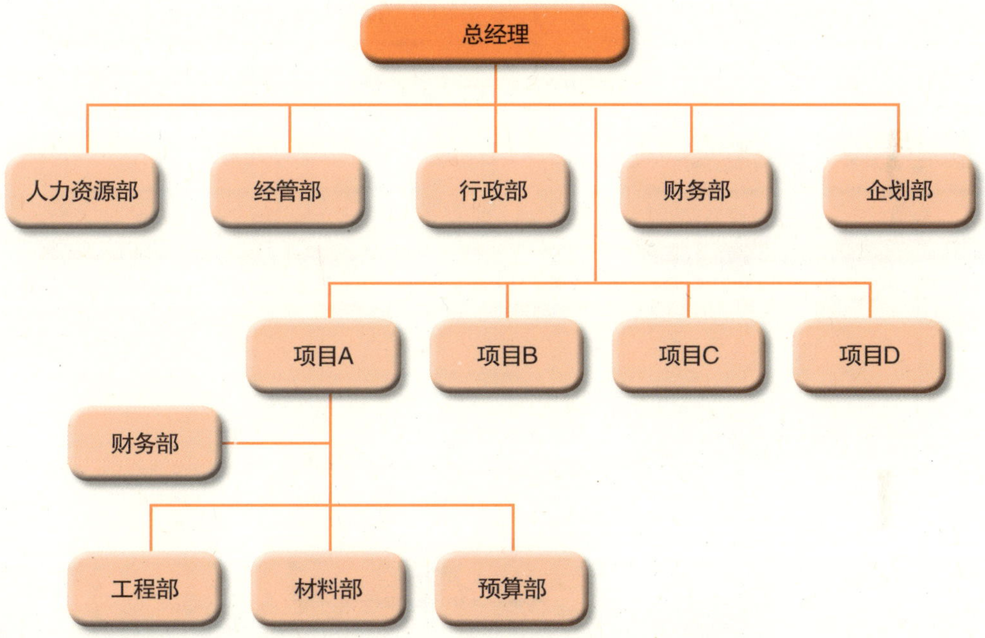

从上图可以看出，公司总部通过职能部门对项目部进行指导，同时项目部设立相应的职能部门与公司对接。折中形式比较适用于中、小型房地产企业组织，但对于规模较大、决策时需要考虑较多因素的企业，则不太适用。在目前仍被我国大多数企业采用，如金地、万科等。

金地集团组织结构

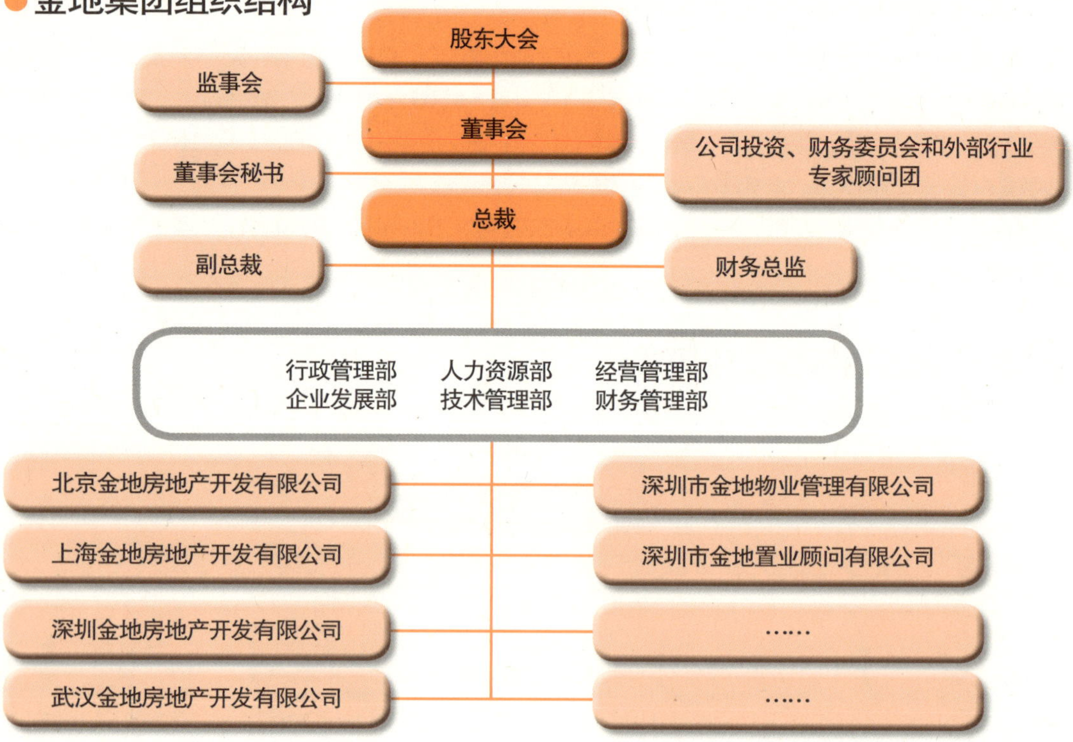

万科集团组织结构

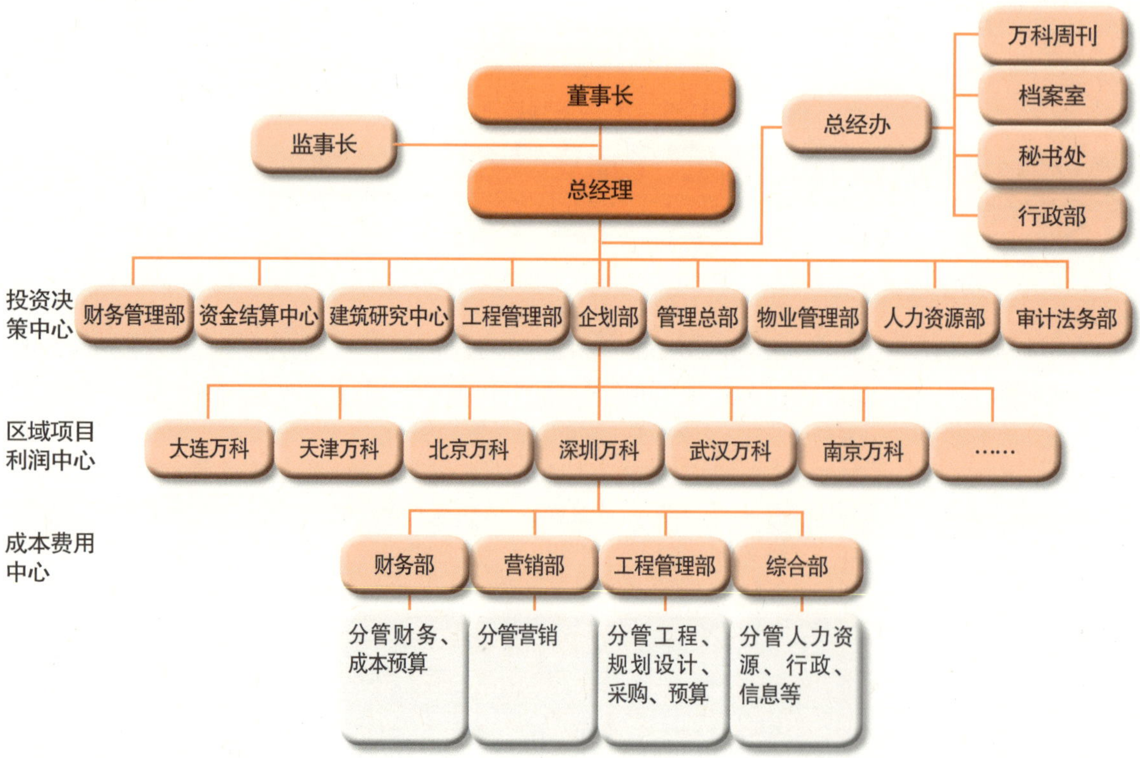

4.事业部型组织结构

事业部拥有独立运作项目的权力，从策划定位至销售均可自主进行，也可对外委托。事业部实行独立核算，对项目的经营效益负责，根据公司下达的技术、经济、进度等指标，实行项目承包。事业部制项目经理一般通过公司内部竞聘产生，其余人员由项目经理组阁。事业部所有开销均计入项目开发成本。事业部型组织结构适用于规模化企业经营单位，权力科学分配，权力与责任明确界定，考核指标多元化。

事业部型组织结构

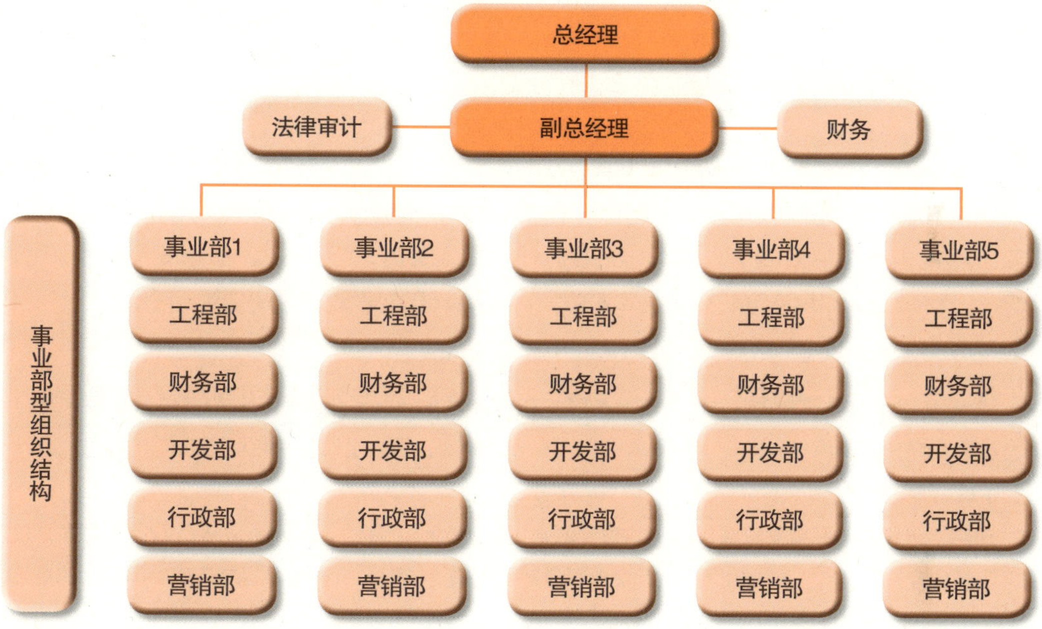

事业部型组织结构优缺点对比分析

优点	缺点
1.有一个比较完整的管理体系，事业部经理能独立经营，提高了管理的灵活性和对环境的适应性。 2.总公司领导能从管理事务中摆脱出来，有利于整个公司的战略决策和长远规划。 3.事业部制便于专业化地组织生产和经营活动，各事业部之间有比较、有竞争，有利于改善经营管理。 4.事业部制项目管理使责任、权力和利益三者同步到位，有利于调动员工的主观能动性，激发其创造力，有利于项目运作效率和经济效益的提高。人员配备灵活，有利于培养经营人才	1.事业部制项目经理必须具有全面的业务知识和较强的创新、管理、协调能力； 2.各事业部考虑问题多从本项目出发，容易忽视企业的整体利益，项目与部门之间需要协调的事务较多； 3.由于事业部的权力过大，会造成最高层的指挥不灵； 4.职能机构重复设置，容易造成经营活动和资源重复配置

从上图可以看出，事业部制组织设计中，每个单位或事业部一般都是相对独立的，由事业部经理对

全面工作及业绩负责，同时拥有充分的经营决策的权力。实际上，这是一种集团公司性质的组织结构形式。一般由集团总部对各事业部提供支撑服务，其中通常包括财务和法律方面的服务。另外，总部也进行诸如监督、协调和控制各事业部的活动。

因此，在企业经营的一定的范围内，各事业部是相对独立的。只要在总部设定的总体指导方针下，事业部经理可以按照适合本事业部的方式从事各种经营管理活动。在这种事业部制组织形式下，事业部经理对一种产品或服务负完全的责任。事业部制结构使总部管理人员摆脱了关注日常经营具体事务的负担，能够致力于集团长远的战略规划。许多大型房地产集团都采用这种组织结构。

事业部制要求各细分产品线拥有一个足够的市场规模和发展空间，同时要有一个对应该产品线的专业化服务队伍。但从当前的房地产市场格局和发展情况来看，如不是超大型专业房地产集团，事业部制尚难有存在或发展的空间。

5.矩阵型组织结构

现实中，大多数房地产公司其实是采用两种模式的混合体，冀望采两者之所长，避两者之所短。这种组织结构形式一方面利用职能部门化来获得专业化优势；另一方面，则在这些职能部门之上，同时配备了一些对组织中的具体产品、项目和规划负责的经理人员，每一项目由一名经理人员领导，他将为其负责的项目从各职能部门中抽调有关人员。这样在横向的职能部门基础上又增加了纵向的依据项目活动的管理组织，从而将职能部门化和产品部门化的因素交织在一起，这在组织理论中称其为矩阵制。

（1）矩阵型组织结构的优缺点及适用范围

优点:公司能对各项目实现及时、有效的服务和监控；充分利用公司既有的公共关系资源；充分利用、整合和配置公司内部的资金、人力等资源；充分调动项目部的主动性、积极性和创新能力，决策迅速、正确。

缺点：工作人员要接受双重领导，如领导的意见不一致时，会使下属无所适从；人员变动大，相对稳定性差，容易影响一些人的情绪。项目部与职能部门之间的权责关系不清，容易造成部门之间的推诿、指责；员工介入双重职权之中，多头管理造成思想及行动上的混淆。

适用范围：集权、分权优化组合，员工素质较高，技术复杂的大型房地产企业。

（2）常规矩阵组织结构

● 矩阵型组织结构模式

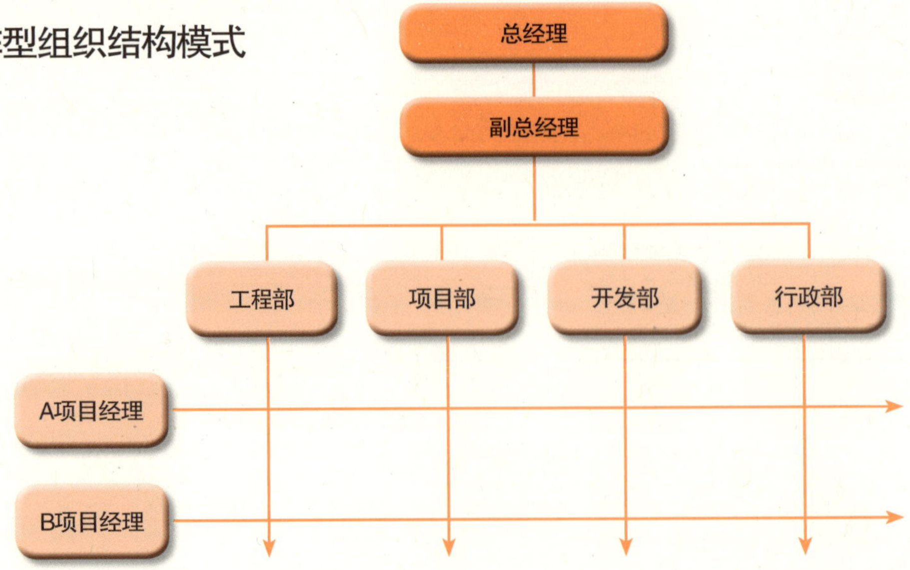

从上图可以看出上述组织结构能在一定程度上解决职能型的缺点，同时也适合多项目异地开发的房地产企业。但由于矩阵型组织结构客观上存在着上下级指令关系的强弱交叉，项目经理处于管理的第一线，最了解工程项目的进展和实际需求，如果将项目经理所拥有的权力置于相对被动的位置，会造成信息沟通渠道不畅，职能部门之间相互推脱责任，不利于问题的解决，这与以项目为核心的管理理念相冲突。采用这种组织结构的有华润置地、天鸿宝业等公司。

华润置地组织结构

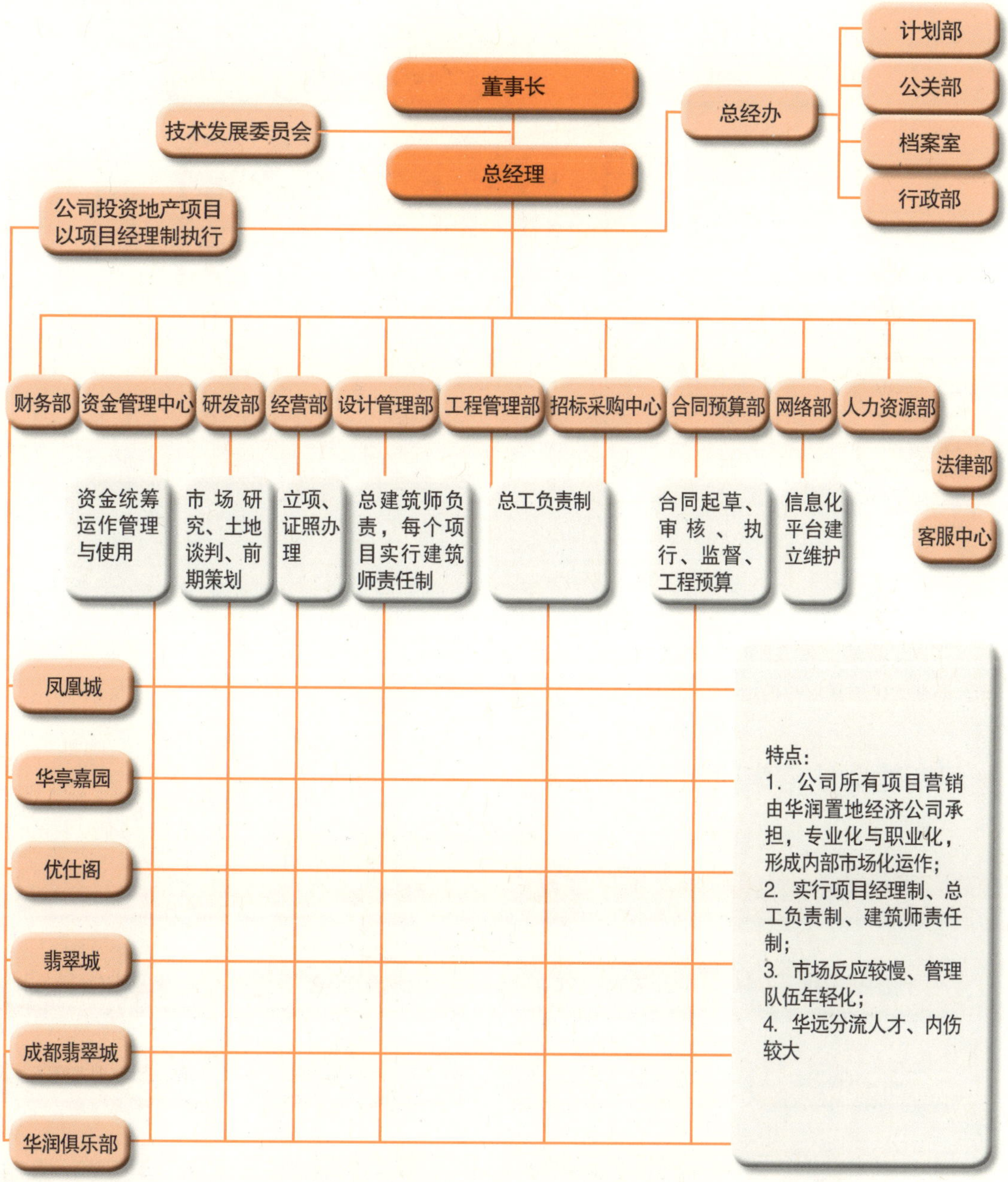

●天鸿宝业组织结构

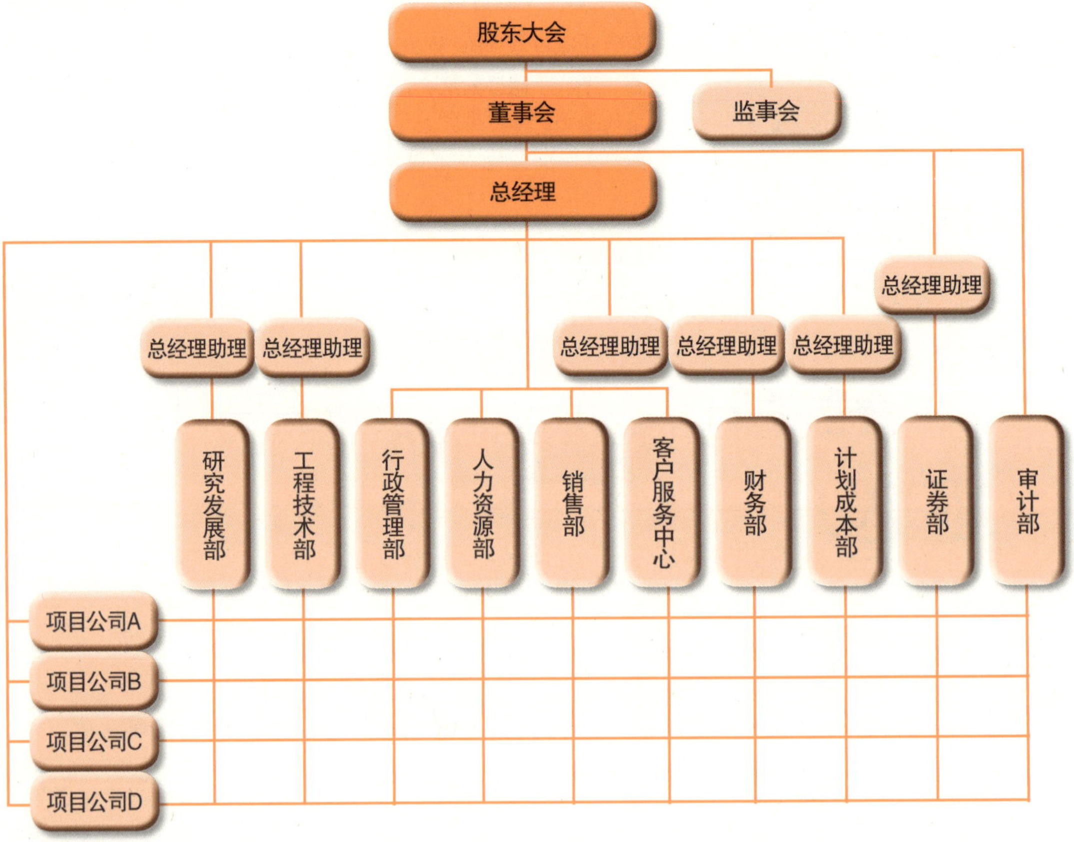

下图是河南建业住宅集团的组织结构图，从图中可以看出，在集团一级采用的是直线–职能型组织结构，而在大区层采用的是矩阵型组织结构。

●河南建业住宅集团组织结构

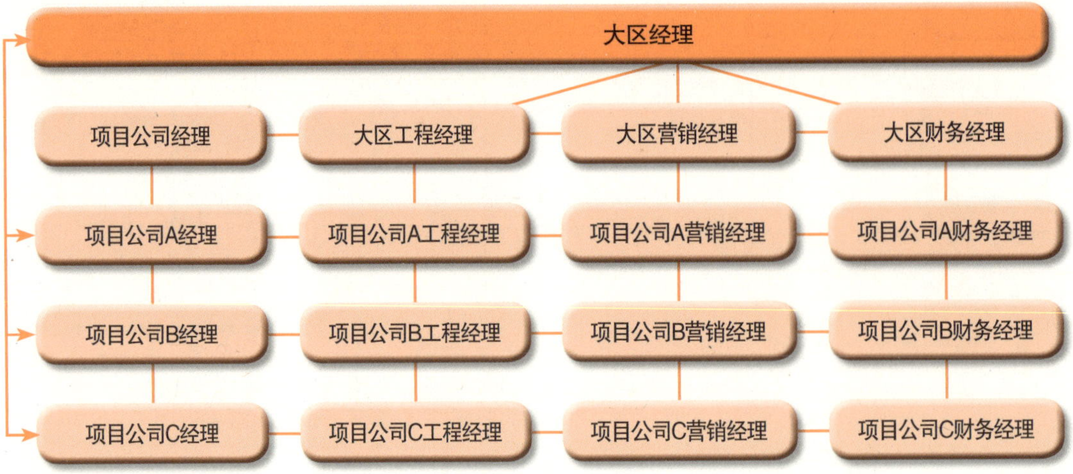

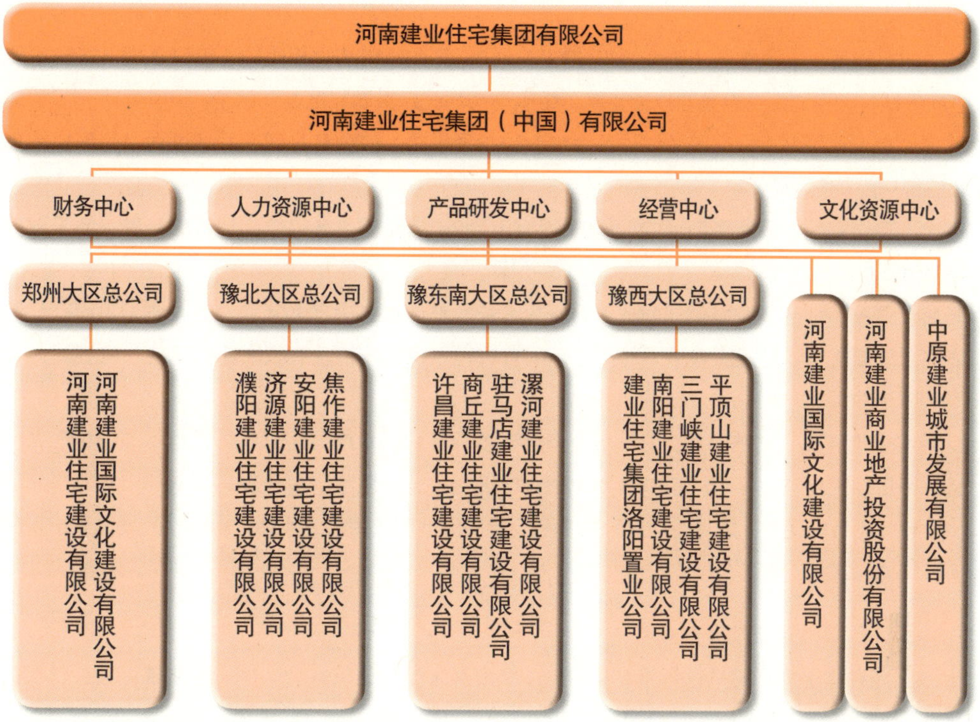
河南建业住宅集团有限公司
河南建业住宅集团（中国）有限公司
财务中心
人力资源中心
产品研发中心
经营中心
文化资源中心
郑州大区总公司
豫北大区总公司
豫东南大区总公司
豫西大区总公司
河南建业国际文化建设有限公司
河南建业住宅建设有限公司
焦作建业住宅建设有限公司
安阳建业住宅建设有限公司
济源建业住宅建设有限公司
濮阳建业住宅建设有限公司
漯河建业住宅建设有限公司
驻马店建业住宅建设有限公司
商丘建业住宅建设有限公司
许昌建业住宅建设有限公司
平顶山建业住宅建设有限公司
三门峡建业住宅建设有限公司
南阳建业住宅建设有限公司
建业住宅集团洛阳置业公司
河南建业国际文化建设有限公司
河南建业商业地产投资股份有限公司
中原建业城市发展有限公司

（3）创新型矩阵组织结构

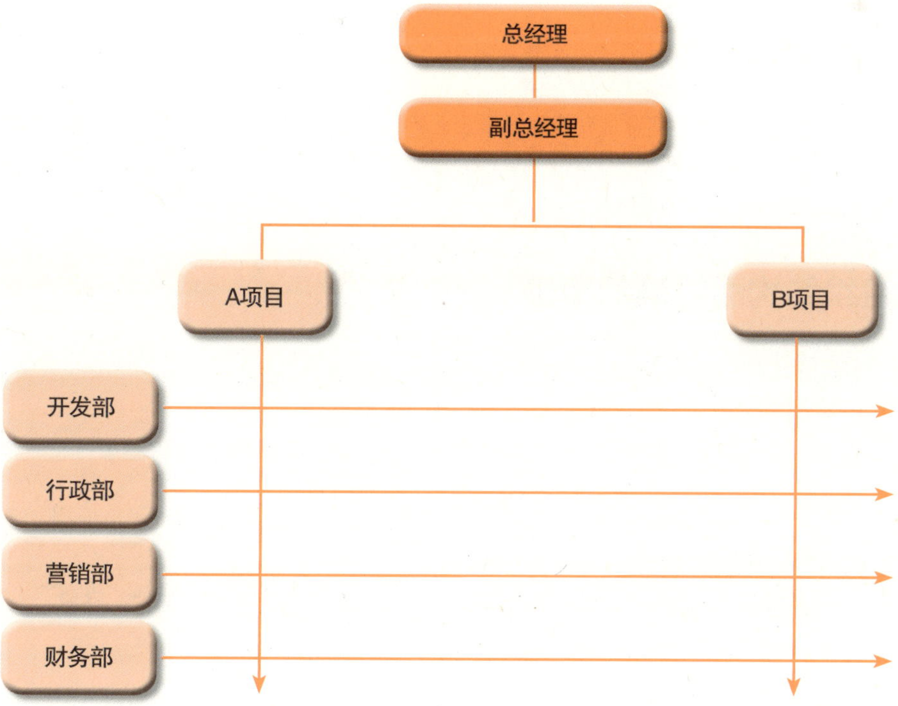
总经理
副总经理
A项目
B项目
开发部
行政部
营销部
财务部

从上图可以看出，上边的矩阵型组织结构与以往常见的组织结构相比较，仅仅是项目层和职能层结构关系的调换，但通过上述调整可以使矩阵型组织结构的优点更明显地表现出来。

首先，在指令关系上，突出了以项目为核心的管理模式，使项目经理在管理过程中起到极其重要的桥梁和纽带作用；

其次，完全取消了职能部门中的工程部，将相应职能完全交由各项目经理直接负责，便于更好地进行项目管理；

最后，调整后弱化了职能部门的权力，强化了职能部门对各项目之间的沟通和协调意识，从而避免了职能部门高高在上，缺乏服务意识的现象，项目经理根据现场情况有权利用公司的各种资源为项目服务。

这种结构也导致了重复浪费，它不可能运用到多项目的房地产公司，但是这种组织结构形式由于放权严重，高层缺乏对项目部门的控制，会为企业埋下很多管理风险。由于缺乏职能部门对业务部门的指导，项目部可能会出现混乱的状态，这对很多刚起步的房地产公司较为合适，但是一旦发展到一定阶段，这种组织结构形式就不再适合企业的发展需求。

（4）上实集团的经验

上实集团在将房地产业务进行整合之前，上实发展采用的是项目公司制管理模式，总部仅仅关注每个项目的主要财务指标及目标的实现情况，通过在各项目公司的董事会层面发挥影响力，而项目公司的总经理（一般是外聘的职业经理人）则全权处理与项目实际运营相关的事务。上实发展并入上实集团后，配合业务战略转型，管理模式转换成了总部职能管控为主，将所有与项目运作有关的重要事务收归到上实集团层面，形成了上实集团总部层面无比强大的职能部门，深度参与每个项目，包括项目拓展、规划设计、营销企划、销售管理、物业管理等诸多方面，项目部职能仅仅定位为施工现场的管理。

五、组织结构图的确定

搭建了基本的部门之后，实际上就搭建好了企业的组织架构图。但是这并不是一个科学的组织结构，本模块的前几个部分，我们明确了企业的管理幅度、管理层次、权利分配和沟通协作关系问题，那么就为组织结构图的搭建奠定了坚实的基础。

1.组织结构图明确的事项

一个科学的组织结构图必须要明确以下几点。

（1）管理幅度

管理幅度指一名上级主管领导者直接并有效管理的下级人数。最适当的管理幅度设计，一般是3～15人。如果人数太多，管不过来；人数太少，又浪费企业的管理资源。

（2）管理层级

管理层级，是按照统一领导、分级管理的原则，将组织的系统划分为若干等级。目前，大多数房地产开发公司设立的都是三到四级的管理层级。

（3）权利分配

权利分配实际上就是明确上下级、集团与下属公司、主管部门与业务部门的权限，只有明晰了权限和权利接口的界定问题，在未来的管理中才不会产生部门相互扯皮和推诿的现象。

（4）沟通关系

沟通关系包括各部门与上级、下级和其他部门平级的沟通方式，也包括与外部的沟通方式。沟通方式的确定可以对员工的职权做进一步指导和明确。

组织结构图的设计还需要考虑企业的法人治理环境，也就是组织结构图最上端的决策层，它一般包括董事会、监事会和各种提供咨询决策的委员会。同时，组织结构图的设计还要考量企业的管理模式，这对于大型的房地产企业和集团尤为重要，对下属公司无论采用操作型管理模式、战略型管理模式、财务型管理模式中哪种管理模式最终都会对组织结构产生深远影响。

2.标杆企业的组织结构图

（1）金地集团股份有限公司

金地从1992年起狠抓管理，在建章立制、计划管理、财务控制等方面都非常完善，被称为企业管理的“金地模式”。金地模式最具特色的是“员工持股制度”，它使得公司凝聚力大大加强。金地组织结构也是别具特色的：

特色1：金地组织结构层次清楚，权责明确。

特色2：其总经理下设三位副总经理分管各功能性部门，从而将管理幅度变窄，增强了控制能力。

特色3：直接对总经理负责的职能性部门只有财务部和总师室两个。金地的工程管理部与规划设计部并列，权限和责任都很明确。

●金地集团组织结构图

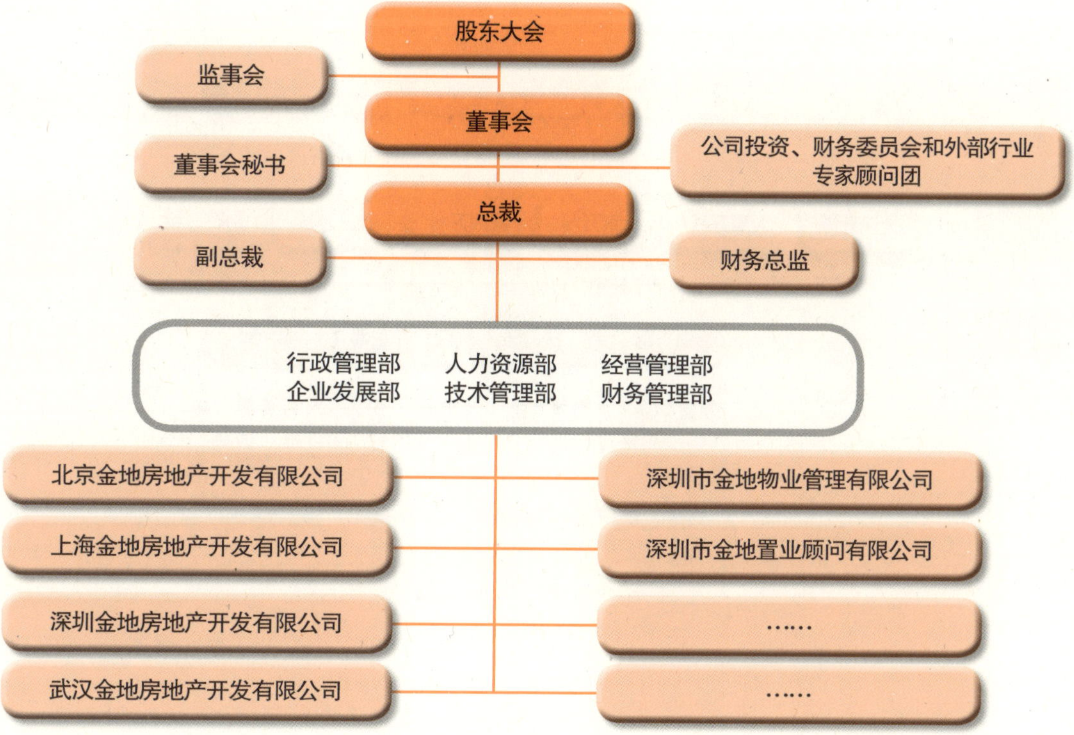

（2）万科企业股份有限公司

万科集团的业务发展战略经历了三个阶段：原始积累阶段、业务多元化阶段、跨地域发展阶段。万科的组织结构设计充分体现了“组织结构随着战略走”的鲜明特点。2001年以后，万科逐步形成以下组织结构模式，具体体现在：

1）对总经理直接负责的职能部门有九个之多，大大增强了万科的整体谋划能力，并设立了企划部和人力资源部；

2）直接对总经理负责，这是万科品牌战略与人本管理思想在组织结构上的最好反映，是深圳其他房地产企业所不具备的组织特色；

3）最早提出职业经理人理念的企业，倡导职业化管理；

4）管理比较规范；

5）集团本部为投资决策中心，从事战略高度事宜；

6）各地区为法人治理机制企业，通过产权控制；

7）分公司授权较大，机构尽量简单，总部提供支持和监督功能；

8）非常重视人力资源管理，强调人才的轮岗和晋升，职业规划较好；

9）薪酬较低，强调职业生涯，人才流动大。

●万科集团组织结构

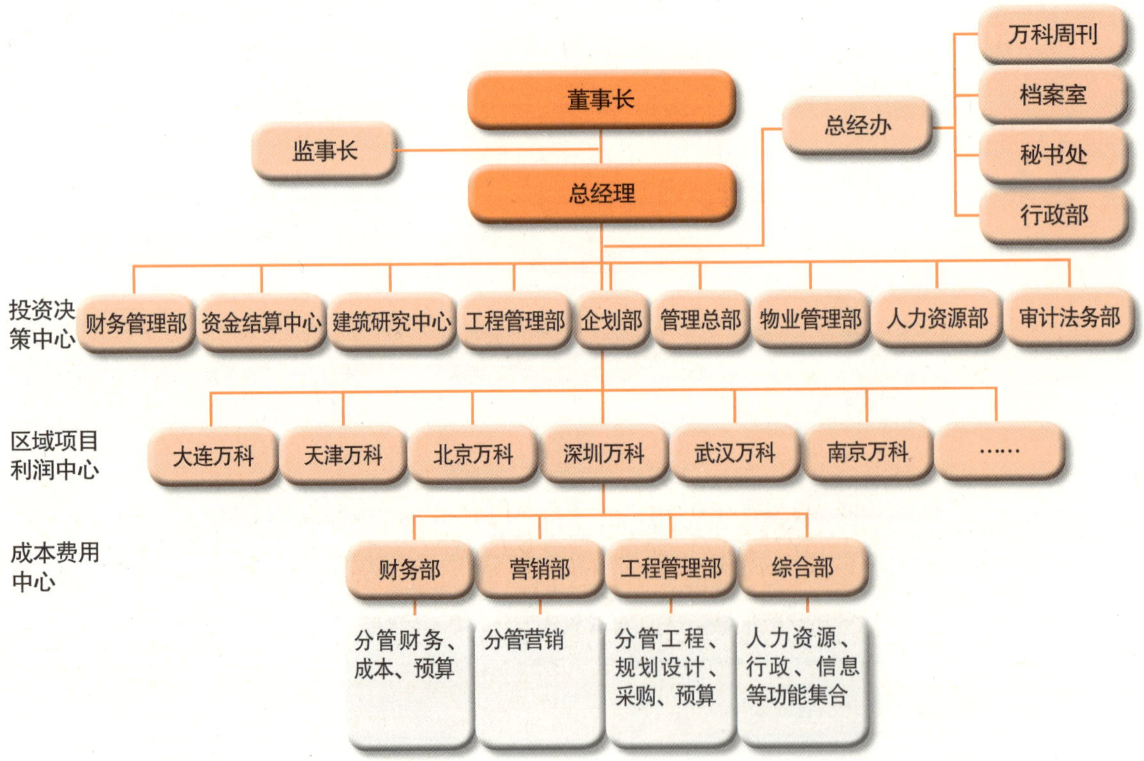

（3）中国海外（深圳）有限公司

中国海外（深圳）有限公司（简称中海）隶属于中国海外集团有限公司，而后者又隶属于中国建筑工程总公司。因此中海既有工程施工的背景，又有学习海外先进经验的条件。在管理模式上，1996年以前香港公司对深圳公司管理较死，1997年以后虽然放开，但基本上奉行谨慎的投资原则。中海的工程管理技术及物业管理技术一直是深圳的佼佼者，最终形成了以技术为根本的发展战略，在倡导技术内涵的基础上，保证产品和服务的质量。

中海的组织结构具有国企特点：

第一，设有党办、团委和工委而且位置突出。

第二，中海总经理下设11个部门且相互并列，职能性部门与功能性部门未作区分。

第三，未设专门的策划和企业发展研究部门。

第四，工程部与地产部、营销部并列而具有三足鼎立之势，与招商策划为中心的运营模式形成了鲜明的对比。

●中海的组织结构

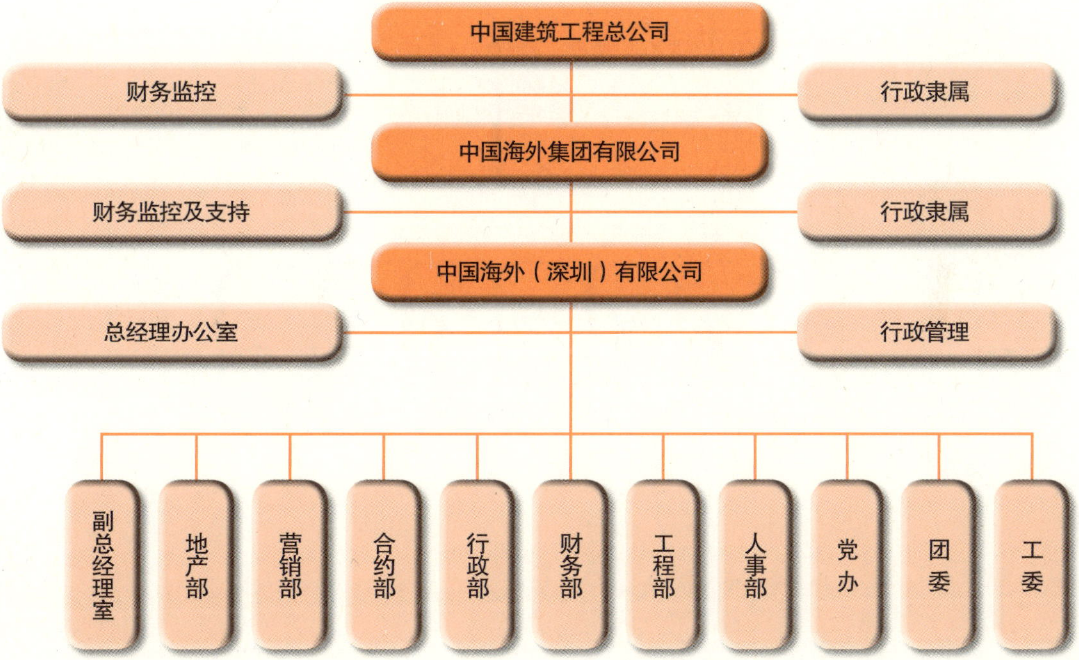

（4）招商地产有限公司

招商地产的前身是“招商局蛇口工业区地产公司”，隶属于招商蛇口工业区。招商地产拥有丰富的土地资源，是深圳的“二号地主”。但是蛇口一直给人以招商引资、工业密集的感觉，未能在公众中形成“海滨生活区”的印象。因此，招商地产在准备“后发制人”的时候，将“重塑片区形象”作为其发展战略的重中之重。

招商地产的组织结构特点非常鲜明：

第一，招商地产成立了策划中心，由市场研究小组、规划工程小组、项目包装小组和营销推广小组组成，主要负责地产项目的前期策划和后期推广。

第二，在三总师的设置上，将总经济师换成了总建筑师，体现了其着重片区规划与设计的新的战略思想。

招商地产组织结构

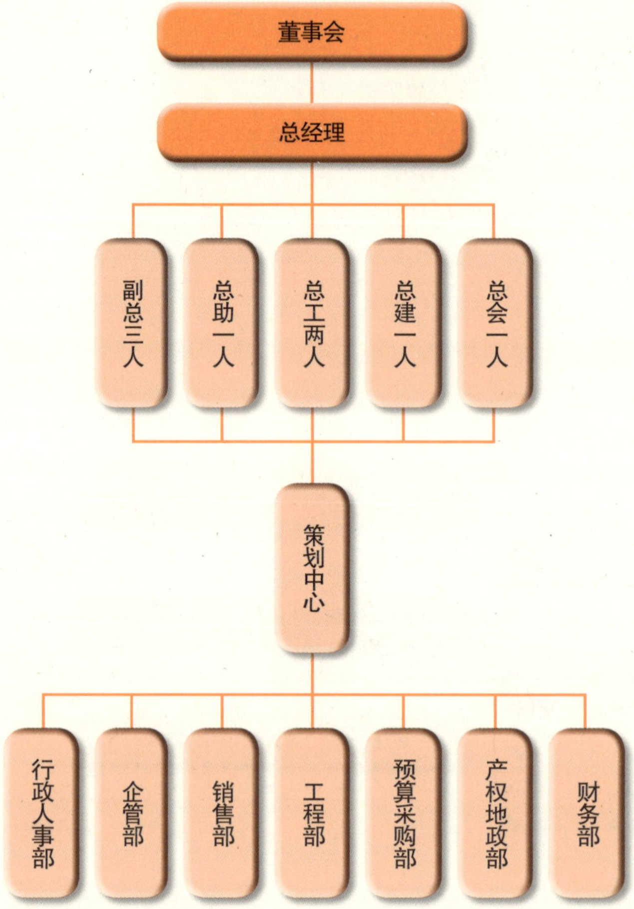

第五模块
Module Five

定岗定编

第五模块思考

定岗定编是确定岗位和确定岗位编制的合称，前者是设计组织中的承担具体工作的岗位，而后者是设计从事某个岗位的人数。但在实际工作中，这两者是密不可分的，当一个岗位被确定之后，就会自动有人的数量和质量的概念产生。

有的企业还把与定岗有关的人员素质的问题单独提出来，称之为“定员”。“定员”与“定岗定编”一起被称之为“三定”。

公司的组织结构设计应该明确公司的管理模式、各级部门职责划分和汇报关系，并最终要落实到岗位设计上。组织设计的最终还是需要落实到岗位设计上，而岗位设计却要以岗位为基础和前提。岗位设计包括两部分的内容，一部分是定岗，简单地说就是设立哪些岗位，而其中的关键点就是职务说明书的设计；一部分是定编，每个岗位该匹配多少人。

1

岗位设计

——因事定机构

公司的组织结构设计应该明确公司的管理模式、各级部门职责划分和汇报关系，并最终要落实到岗位设计上。

岗位设计包括两部分的内容：一部分是定岗，简单地说就是设立哪些岗位，而其中的关键点就是职务说明书的设计；一部分是定编，每个岗位该匹配多少人。

一、岗位及岗位设计的概念

岗位是指组织中为完成某项任务而设立的工作职位。

岗位设计也称为工作设计，是指根据组织业务目标的需要，并兼顾个人的需要，规定某个岗位的任务、责任、权力以及在组织中与其他岗位的关系。

它所要解决的主要问题是组织向其成员分配工作任务和职责的方式。岗位设计把整个业务战略和业务目标分解到每个员工的层次，是通过满足员工与工作有关的需求来提高工作效率的一种管理方法。岗位设计的过程实际上就是定岗的过程。

二、岗位设计的驱动因素

●影响岗位设计的主要驱动因素

技术	技术是能够从根本上改变现有岗位的一个新的推动力。 A.在各个业务之间提高标准化程度，增强相互之间的协调性； B.使过去手工的流程自动化； C.增加相关的数据信息量
竞争	竞争全球化对市场中的各个组织及其岗位有着巨大的影响，推动了组织及其岗位的变化
成本压力	成本与效益的压力会更有效率推动公司营运，并最大限度地利用资源，尤其是人力资源

三、岗位设计的原则

1.因事设岗原则

从“理清该做的事”开始，“以事定岗、以岗定人”。设置岗位既要着眼于企业现实，又要着眼于企业发展。应按照企业各部门职责范围划定岗位，而不应因人设岗；岗位和人应是设置和配置的关系，而不能颠倒。

2.整分合原则

在企业组织整体规划下应实现岗位的明确分工，又在分工基础上有效地综合，使各岗位职责明确又能上下左右之间同步协调，以发挥最大的企业效能。

3.最少岗位数原则

既考虑到最大限度地节约人力成本，又要尽可能地缩短岗位之间信息传递时间，减少“滤波”效应，提高组织的战斗力和市场竞争力。

4.规范化原则

岗位名称及职责范围均应规范。对企业脑力劳动的岗位规范不宜过细，应强调留有创新的余地。

5.客户导向原则

应该满足特定的内部和外部客户的需求。

6.一般性原则

应基于正常情况的考虑，不能基于例外情况。例如，90%情况下这个岗位需要多少工作量，多少工作强度。

四、岗位设计考虑的六个主要方面

1.主要工作

平常这个岗位做哪些基本工作？为了实现相应的岗位目标，这个岗位需要做哪些工作？在各个具体工作之间如何分配时间？

2.需要的资源和工具

为了达到岗位目标应该利用哪些资源?一般需要考虑企业内部使用的系统、报告、文件、要求以及其他资源和工具。

3.能力要求

做本岗位工作的员工应具备何种条件？知识、能力、品质、人际交往、教育水平、背景与经验等是衡量能力的主要指标。

4.业绩考核

岗位工作的业绩如何考核？主要考核指标是什么？

5.汇报关系

该工作向谁汇报？该工作的同级是谁？下级是谁？与其他同事的权利和责任怎样划分？

6.工作量

这个岗位需要处理多大的工作量？

●房地产开发企业岗位设计失误常见因素

因素	具体体现	采取的措施
领导	缺乏足够的重视，只当是人力资源管理部门的事	给予足够的重视，作为整个企业的重要管理手段
文化	忽视价值和利益问题； 固守组织、职责边界，独立王国	对阻力有准备； 理顺职责不清的岗位
方法	就事论事，缺乏整体视角； 拘泥于传统的做法，有思维定势	多问几个为什么； 使用系统方法

五、影响岗位设计的基本要素

岗位不是孤立存在的，它取决于公司集成的业务模式。而集成业务模式主要包括四个部分，一是企业战略，二是企业的业务流程，三是企业的管理信息系统，四是企业的组织架构。

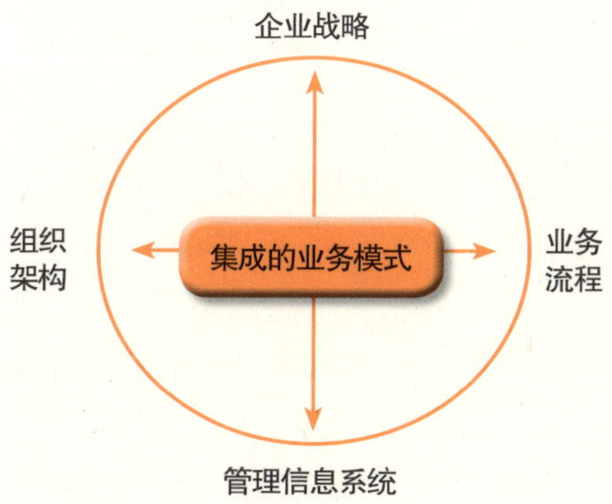

房地产开发企业集成业务模式组成要素			
组织架构	企业战略	业务流程	管理信息系统
职能设计； 管理幅度； 权力架构； 组织形式；	远景、使命； 市场策略/目标客户； 竞争战略； 业务组合	技术流程； 价值链； 业务流程； ……	数据库和信息系统； 网络管理； ……

1.企业战略

战略是目标、意图或目的以及为达到这些目的而制定的主要方针和计划的一种模式。这种模式是企业正在从事或应该从事的经营业务，以及界定企业所属的或应该所属的经营类型。战略不是来自主观想象，也不是来自某一个方面的考虑，它是多种因素的综合。一般包括企业的远景与使命、企业环境、企业的核心竞争力以及目标市场四个主要因素。

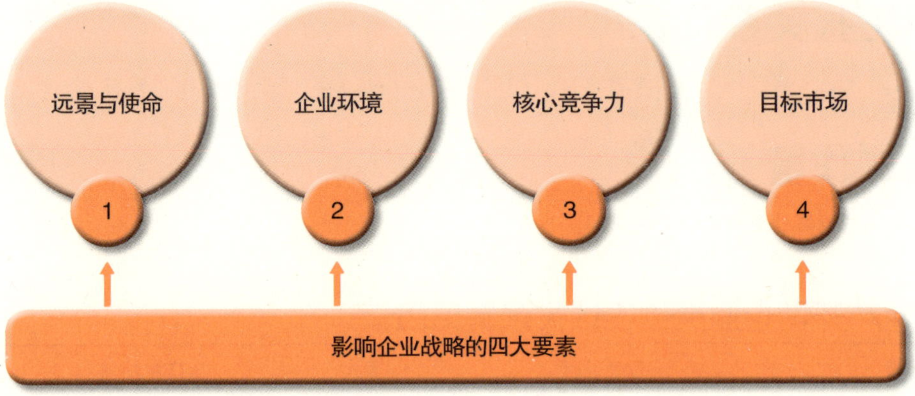

2.业务流程

流程是一个或一系列连续的、有规律的活动，这些活动以确定的形式进行，并实现特定的目标。最简单的流程有一个输入和一个输出，输入经过流程后变成输出。合理的流程应该使输出价值大于输入，而不是等于甚至小于输入。

前面已经说过，房地产开发企业的业务流程由关键业务流程和辅助业务流程组成，而从权力部门的分解来看，它实际上又包括三部分，如下图所示。不同层次的流程都会对岗位的要求产生影响。

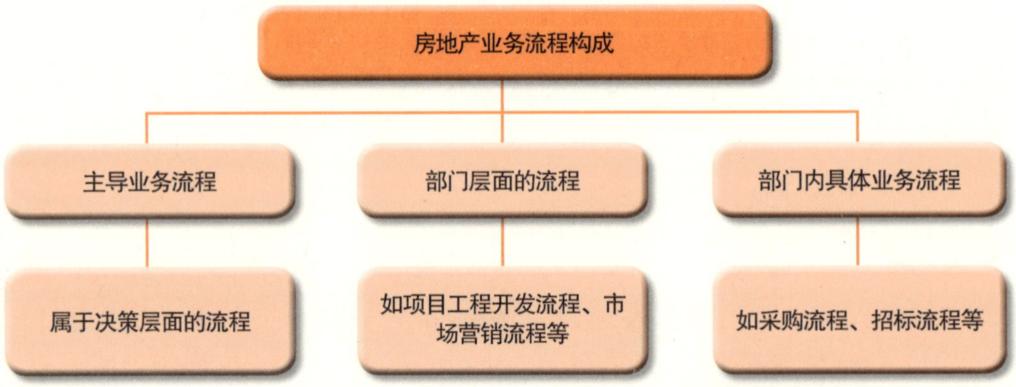

3.管理信息系统

企业任何时候都离不开信息，每天都会产生大量的信息，但往往不能将它们转换成对经营有用的东西。管理信息系统就是借助计算机网络系统对企业所需的信息进行采集、处理、储存和传输，并以此支持企业的各项经营活动，如决策、评估、控制、交流甚至交易等。管理信息系统对岗位设计的价值体现在以下几个方面：

（1）提高了企业信息的共享程度，更有利于企业管理层的迅速、科学决策；

（2）扩大了企业管理各方面的功能，提高了管理效率；

（3）改变了原有的工作、管理流程，使流程大大优化；

（4）加大了原有管理的幅度和管理层次，使组织结构扁平化；

（5）加深了管理的深度，可以帮助管理部门大大减轻对日常事务的管理，从而加强对战略层面事务的参与；

（6）加强了企业管理的透明度，使企业的股东、员工、业务伙伴等利益相关者都能实现更大程度的参与，促进各方面利益的协调；

（7）促进了“网络组织”的形成，即不仅在企业内部，而且在企业之间形成基于信息系统的管理网络，以提高资源配置的效率。

4.组织架构

组织架构在管理层次、管理跨距、法人治理结构和对下属企业的掌控模式上的设计会对岗位设计产生影响。在这里我们就不再重点阐述。

六、岗位设计在企业管理过程中的应用

1.岗位设计在企业岗位管理过程中的位置

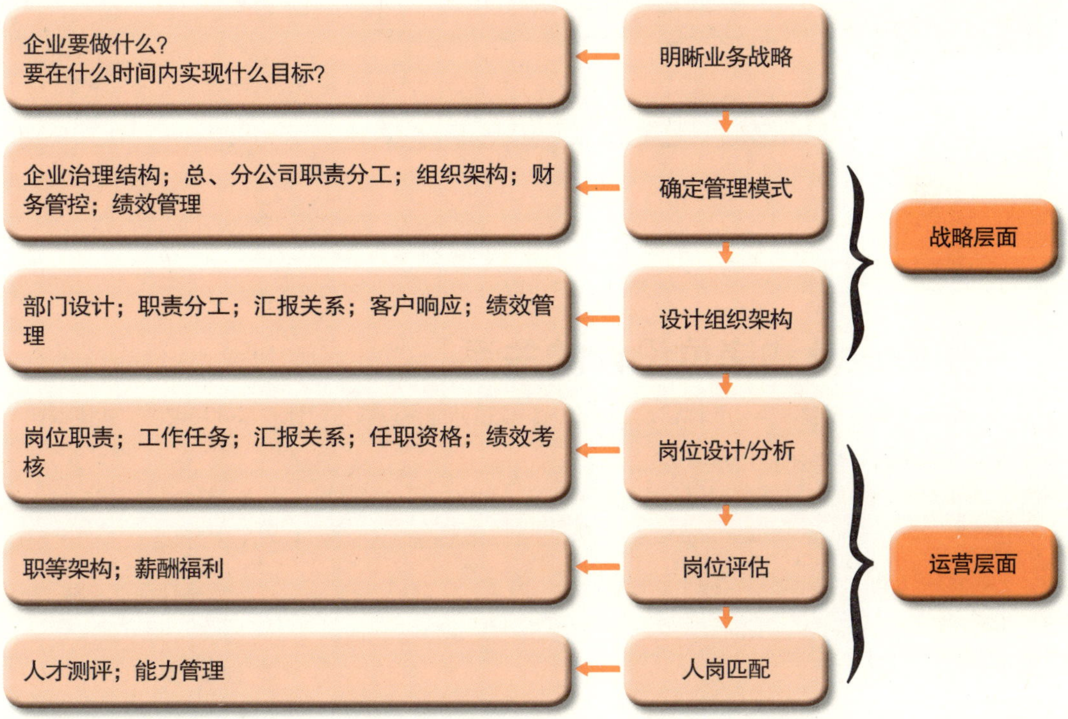

2.岗位设计与工作分析的关系

（1）岗位设计与工作分析是不同的工作，工作分析是对现有岗位的客观描述，而岗位设计是对现有岗位的认定、修改或对新岗位的描述。

（2）工作分析也可以为岗位设计提供验证。通过工作分析可以发现岗位设计中的缺陷、问题，从而对原有岗位设计进行调整、修改。

（3）岗位设计的中心任务是要为企业提供完成战略目标的保证，并为人力资源管理提供基本的依据，保证事得其人，人尽其才，人事相宜。

3.岗位设计与企业绩效的关系

促使企业进行定岗定编的一个主要原因是对企业绩效的不满意。而造成绩效低下的原因是多方面的，主要可分为组织、流程和岗位三个层面。

（1）企业组织重组涉及组织结构、掌控模式及管理制度方面的变革，旨在提高公司高层管理队伍的效率。组织重组必须与业务重组以及公司的战略相配合。

（2）流程再造的主要内容是过程创新、过程改善、过程再设计。它发端于为改进内部效率，对企业业务流程的基本问题进行反思和重新设计。它在本质上是局部的变革而不涉及总体战略的变化。

（3）岗位职责调整的主要内容是对具体岗位所承担的任务、行使的职权、考核的指标等进行变革、调整。它既有结果的，也有过程的。目的是提高实施层面的工作效率。

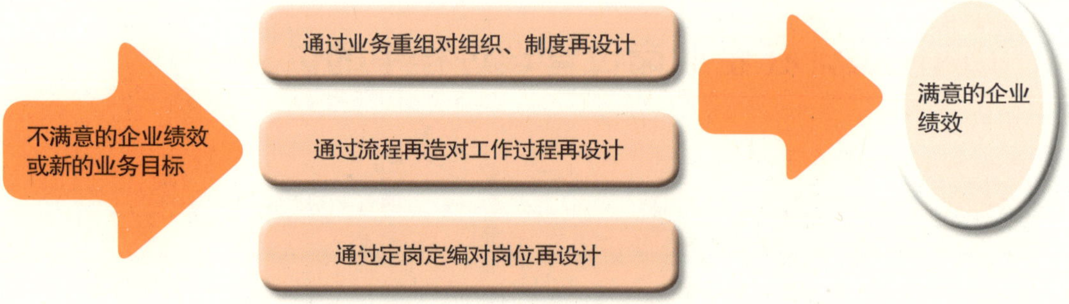

4.组织设计和岗位设计的关系

组织设计最终还是需要落实到岗位设计上，而岗位设计却要以组织设计为基础和前提。组织设计与岗位设计的关系如下图所示。

●组织设计和岗位设计的关系

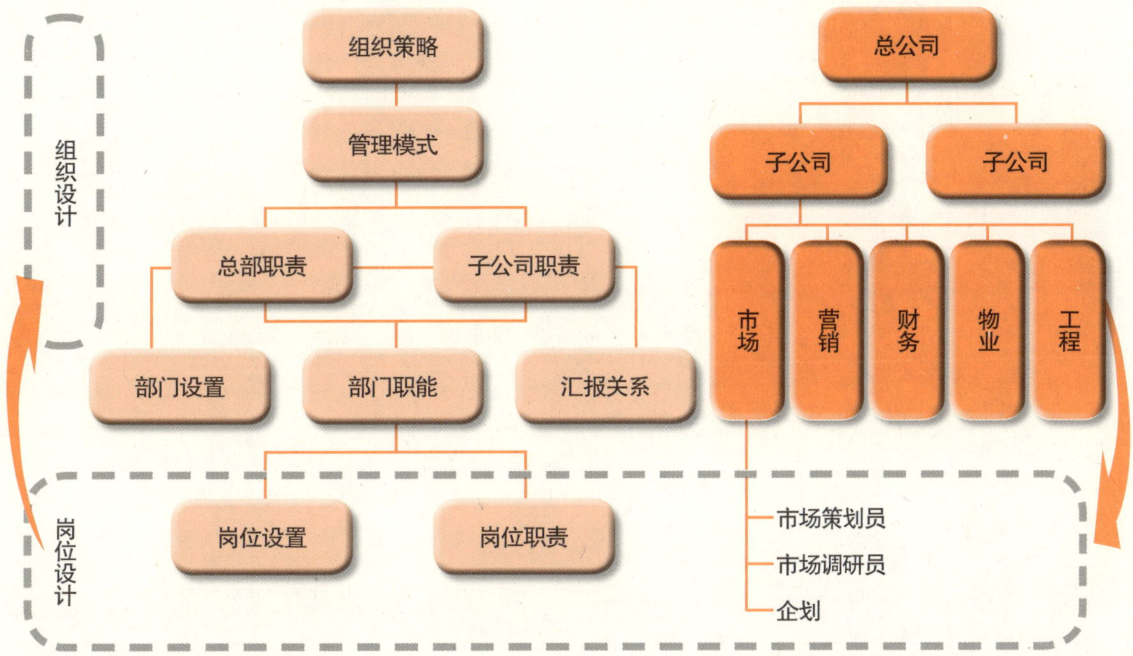

岗位设计是组织设计更为细化的工作任务。我们细分部门之后，马上面临的就是岗位问题。解决定岗问题就需要说明岗位设计的起因、数量、工作职责、工作内容、汇报关系、沟通方式、权限等。一般来说，在流程上我们可以采用八大步骤，在方法上可以采用组织分析法、关键使命法、流程优化法、标杆对照法对岗位进行科学设计。

2

岗位设计的流程及方法

——八大步骤、四种方法对岗位进行科学设计

一、岗位设计的一般步骤

房地产开发企业在进行岗位设计时，一般需先成立一个组织设计小组，以了解对现有岗位产生影响的各种因素以及新的需求与现状的差距等。这个设计小组需要弥补差距的主要方面，并选择适当的岗位设计方法，设计新的岗位设置方案。同时，还得与有关人员进行交流，进行新的方案试点，在取得经验之后再逐步推广。

●定岗的流程图

1. 明确公司的长期战略、盈利模式和年度业务目标
2. 明确主要工作流程，包括主要流程、辅助流程及子流程
3. 依据上述流程设计组织架构
4. 明确企业的掌控模式，界定总部和下级部门之间的权力划分
5. 界定各部门关键职责分工及其相互关系
6. 依据关键职责设置关键岗位
7. 依据关键岗位设置辅助和支持岗位
8. 依据工作环境、流程的变化对岗位设置

二、岗位设计的方法

1.组织分析法

这是一个广泛的岗位设计方法。首先从整个组织的远景和使命出发，设计一个基本的组织模型，然后根据具体的业务流程需要，设计不同的岗位。

此方法通常适用于大型房地产开发企业的大范围重组项目，在这个项目中，组织设计和岗位设计占整个项目的大部分工作。组织分析法要求必须有一个相对稳定的业务环境和发展战略，否则难以形成相对稳定的组织结构和职责分工。

（1）组织分析法优点、缺点分析

优点	缺点
能深入解决许多细节问题，尤其适合于一个大型的传统房地产开发企业，在进行变革之前，需要对方方面面进行确认； 提供广泛的组织和岗位的设计； 能提交一个与公司长远发展战略一致的解决方案	往往会成为基于对一个比较理想的组织的模型的设计。这种方法适用于一个具有明确的目标，并有长远的战略去实现这个目标的企业。而现实情况往往不是这样。 岗位设计往往会过于复杂和具体。 需要客户的大力支持

（2）组织分析法四步操作流程

第一步：理顺授权方式

在总部和分支机构之间选择合理的管理模式，理顺其中的集、分权关系。

管理模式中，除了授权方式外，还应考虑总部服务实现的不同方式。服务实现方式指在集团内各项

服务的提供方式，它主要根据服务性质不同，确定不同的方式，追求服务的质量和经济效益。

第二步：对各主要职能进行分析，明确各部门的使命和关键职责

我们以房地产开发企业常设的营销策划部为例，来对部门的使命和关键职责进行分析。

●某房地产公司营销策划部使命及职责

使命	职责
巩固并发展用户群，并以有价值的重点客户为核心； 保持并发展品牌形象； 保持在个人与企业市场地位的双重领先，并不断提升公司收入； 有力地支持分公司的营销运作，但保持营销规划的整体性以及关键职能的集中管理	品牌管理； 基础与专项市场研究； 营销战略规划； 年度/月度具体营销计划制订与执行监控； 日常业务管理； 市场推广规划与控制； 销售规划与控制； 定价管理； 产品组合规划与控制； 客户关系管理； 业务流程制订与监控

第三步：明确各职能、各层级之间在主要职责上的决策流程和汇报关系

●某房地产公司市场部决策流程和汇报关系表

职责	董事会	总经理	分管副总	其他副总	营销策划部
一、策略议题					
1.中长期市场发展规划	决定权	复核权	审核权		建议权
2.品牌发展战略	决定权	复核权	建议权		
3.本部门年度财务预算	决定权	复核权	审核权		建议权
二、运营议题					
1.本部门一般员工的招聘录用、考核、晋升、降级、奖惩、岗位异动					决定权
2.市场部门内部中层干部的招聘录用、考核、晋升、降级、奖惩、岗位异动			决定权		建议权
3.对各分公司市场开发工作的日常支持和管理					决定权
4.基础及专项市场调研制度和报告			决定权	建议权	建议权
5.品牌管理			决定权		建议权
6.部门业务指标的设计、评估及考核			决定权		建议权

第四步：在部门内部对职责、任务再进行细化分类，再分解到各个岗位上

例如，公司市场部营销类工作可再划分为市场研究、项目开发、营销管理、客户服务等，相应地可设置不同的岗位来具体实施。

●岗位分解图

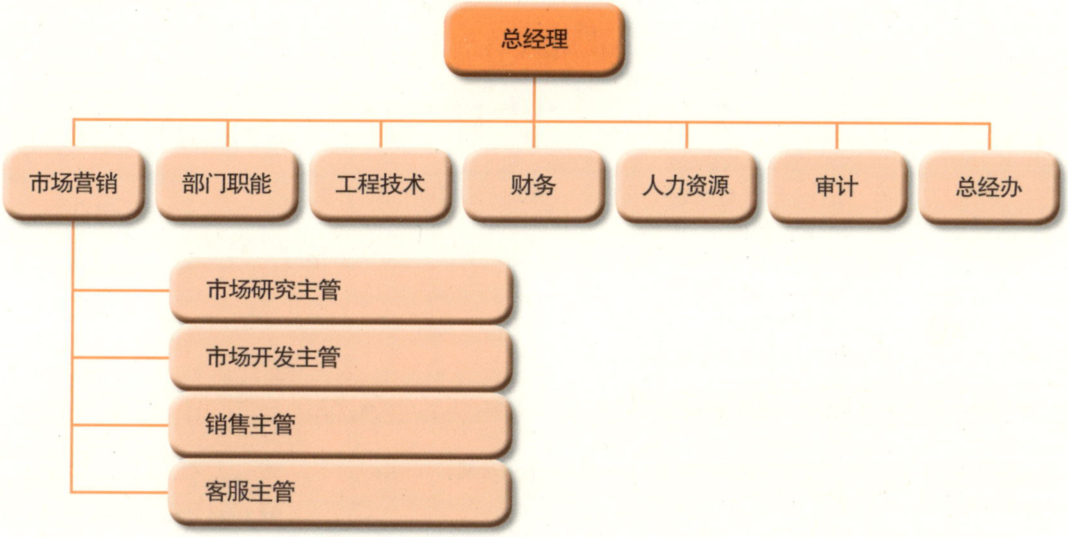

2.关键使命法

岗位设计仅仅集中于对组织的成功起关键作用的岗位。通常适用由于时间和预算的限制，对整个组织的岗位设计不可行的情况时。

关键使命法要求对管理和支持部门内关键岗位的认定有判断力和决心，否则很难在这些部门运用本办法。

（1）关键使命法优点、缺点分析

优点	缺点
注意力集中于关键岗位，可以用较少的投资得到较高的回报； 注意力集中于关键业务领域，可以确保得到业务利益； 这种方法可以比较灵活地用于不同的组织中	它不是一个综合的方法，有可能对岗位与岗位之间的衔接处理相对较差； 可能因为把整个组织的业务分成关键与非关键部分而造成组织内部的摩擦； 需要较深的专业知识，对客户的需求有较高、深入了解

（2）关键使命法三步操作流程

第一步：根据已经梳理的组织结构，分析各部门的关键业务和关键职责，明确需要设定的关键岗位

●某房地产开发企业市场研发部门的关键岗位设定表

部门的关键职责	关键职责细分	关键岗位
负责公司市场研究工作	整体市场状况研究：供求分析、客户分析、竞争对手分析、政策研究等	A.市场研究中心主管1名； B.市场研究助理岗1名
项目开发工作	A.负责寻找潜在开发项目机会； B.负责协调公司各部门及外部专业公司，编写项目可行性研究及项目策划方案； C.负责房地产项目前期的勘察，协助项目筹备组做好土地征用和拆迁安置工作； D.协助项目筹备组，办理工程项目立项审批，用地计划的报批和报审及工程项目开工的各种手续； E.负责项目前期开发阶段涉及的对外公共关系管理工作	A.市场开发主管1名； B.现项目储备与前期开发岗2名
营销管理	A.负责确定项目营销方案的制定与配合实施； B.选择销售公司并通过派出项目营销经理的方式协助项目部管理销售工作； C.监督项目营销进程，提出营销计划的修改建议，参与审核项目部提出的修改建议； D.配合销售计划和方案的实施，协助制定客户政策、管理合同签约和管理客户档案	A.销售中心主管1名 B.项目现场营销管理岗2名
客户服务	A.配合项目部完成客户服务工作，处理客户投诉和争端，选择、管理物业公司； B.负责建立客户数据库，为市场分析以及公司项目总结提供信息； C.负责潜在客户需求调查，负责相关客户的筛选、管理和过程监控、成果评估	A.客户服务中心主管1名 B.项目现场客服管理岗2名
负责配合完成开发项目后评估工作		

第二步：通过岗位分析，确定各关键岗位的核心角色，由此界定其主要职责（续上例）

某房地产开发企业市场研发部门关键岗位的核心角色及主要职责表

关键岗位	角色	主要职责
市场研究中心主管	研究	A.负责公司开发项目的全面市场调研工作，并根据市场调研情况提出产品定位、项目总体策划和项目总体运作方案的建议； B.参与新项目的研究论证工作，为公司提供相关决策支持和操作建议； C.负责根据公司的发展战略与市场情况，定期提出公司项目储备的总体原则和储备方向的建议； D.组织与指导下属人员进行整体市场状况研究，包含经济环境与政策研究、供求市场研究、客户研究、竞争项目与竞争对手研究等方面； E.负责根据市场研究情况，组织与指导下属有关研究人员定期编写市场报告； F.负责市场研究中心全部报告的整体质量控制，包括提纲的编辑讨论、资料数据的控制、关键章节的控制及组织不同形式的讨论与文稿形成过程的监督； G.负责市场信息系统流程的建立，包括信息来源、汇总、数据库的整理与刷新、报告的形成等
市场开发主管	开发	A.负责组织收集项目储备相关信息，寻找潜在的开发项目机会； B.负责组织项目前期市场调查、用地实地踏勘和周边调查工作； C.负责组织对土地方进行相关调查并拟订相关谈判策略，并负责组织草拟相关合同文件，主持或参与项目谈判； D.负责组织研究项目的运作模式，编制项目可行性分析报告； E.参与项目总体规划设计方案工作； F.负责组织编制项目建议书、公司开发建议； G.负责组织该项目部成立前所有政府审批手续的办理及对外公共关系； H.负责组织项目资料的整理归档工作，完善项目开发动态资料库
客户服务中心主管	客服	A.协助市场营销部总经理制定本中心工作计划和有关规章制度，并负责实施； B.负责组织和领导实施房地产客户资源整合工作，包括但不限于：客户资料数据库的建立与维护、客户档案的建立和保管、客户信息的利用与开发； C.负责组织和领导实施房地产客户信息处理工作，包括但不限于：客户投诉处理、客户咨询处理、客户建议处理以及同业问题警示； D.负责组织和领导实施房地产客户法律事务服务工作，包括但不限于：销售合同拟订和管理、退房处理、争议或诉讼处理； E.负责组织和配合实施按揭管理工作，包括但不限于：按揭咨询、手续办理、建立按揭档案，配合律师完成抵押登记、收集相关最新法律法规和政策； F.负责对房地产客户实施关怀以及提供相关有偿服务工作，包括但不限于：预售登记、产权办理、合同变更处理、客户关怀、客户分析、代租代售（将来条件许可前提下）
销售中心主管	销售	A.协助部门总经理完成公司销售工作的策划组织、协调工作，建立并完善全面的销售管理系统，包括客户、销售代表、销控、价格等所有环节； B.负责根据市场情况和项目的具体情况，制定项目销售策略； C.负责销售计划和方案的实施，制定客户政策、管理合同签约和管理客户档案，包括销售公司的选择，并通过项目销售经理管理销售工作； D.负责建立并调整有关巡展及电子商务等新的营销系统； E.负责根据销售要求，建立相应的公关宣传体系，包括所有外包公司的选择及监督； F.建立广告宣传的策略系统，并根据具体进展及时调整； G.监督所有策略的执行，包括展会、各类销售工具、大众媒体宣传等工作

第三步：以现有的组织结构图和岗位职责为基础，形成科学规范的职务说明书

职务说明书	
岗位名称	上下级关系
岗位目的 岗位职责	
内外部联系	
任职要求	
组织结构	

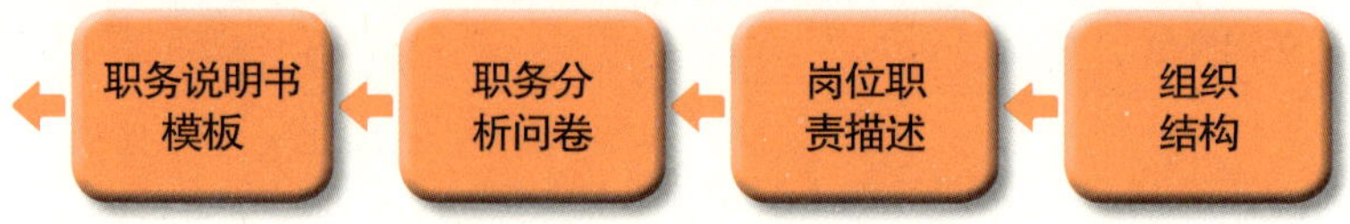

3.流程优化法

根据新的信息系统或新的流程对岗位进行优化。这种方法可以确定新的岗位。适用于较小的项目范围，主要在实施一个新的管理信息系统时应用。

流程优化法要求参与人员必须十分熟悉工作流程，否则很难提出改进意见。但是，参与人员又必须能跳出原有的、已经十分习以为常的工作流程，否则也很难提出改进意见。

（1）流程优化法优点、缺点分析

流程优化法的优点表现在：注重新的管理信息系统对在岗者的影响；服从系统的要求，根据新的信息系统进行调整。缺点是：这种方法并没有真正投入大量的资源进行岗位设计，可能会导致较差的结果。

（2）确定各主要业务流程的关键控制要点

宏观地说，流程由三部分组成：投入、过程和结果，而流程本身主要仅可以控制的部分包括过程和结果。因此要想让流程合理、高效并达到目的，除了对其结果进行控制之外，还需要对其过程中所历经的时间、所花费的成本、所可能产生的风险进行控制，才能保证流程最终促成企业的关键成功因素的实现。

因此，在对各主要业务流程进行分析时，主要应该从时间、成本、风险、结果四方面，考虑是否需要对这些因素进行控制。

（3）流程重组

流程重组必须分析现有流程和未来流程。

现有流程是当组织需要把现在解决问题的连续的活动和流程形象化，或为了理解和分析当前的流程所绘制的流程。分析现有流程，我们一般需要弄清楚是什么时候绘制的流程，当前的工作步骤，确定当前的瓶颈，剔除多余的和无价值的活动，找出错误的原因并修改五个步骤。

未来流程是当组织为了执行和持续地改进，想要设计“应该是什么”的时候所绘制的流程。未来流程需要解释和改进岗位变化的关系，提供那些可以改进的标杆，在IT 系统的升级过程中，通过与系统的比较进行改进，确保实现更多的价值，而不仅仅是“把现在的流程自动化”。

●流程重组实施步骤

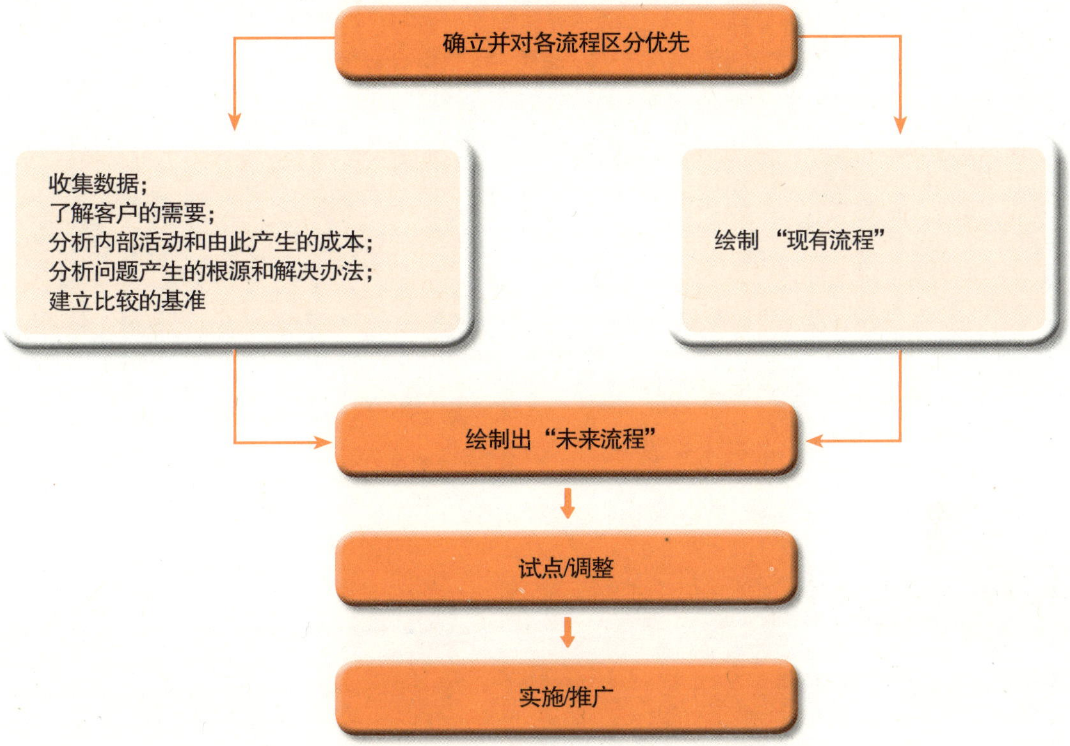

4.标杆对照法

标杆对照法即在本行业内选取成功的企业作为标杆，以它做参考进行本企业的岗位设计，适用于不太精确的项目范围。

（1）标杆对照法优点、缺点分析

标杆对照法要求对标杆企业或参考数据有比较透彻的了解，否则参考意义有限。这种方法简单易行，可以由企业自身人员设计；同时，设计成本低，能够很快帮助企业完成工作岗位设计。但是，由于照搬照抄，容易脱离本企业实际，造成新的混乱。

（2）标杆对照法的应用范围

这种方法比较直观、简单，但由于各企业的战略、自身条件等总会有差异，所以也不能简单地照搬照抄，而应该在实践中根据自身情况不断进行调整。

有些国家的政府部门（如美国劳工部）每年对本国主要行业的岗位、人数、营业额及本岗位的平均工资等情况进行统计并公开发布，这些数据也可成为企业进行岗位设计的参考。

以上各种方法的运用不是绝对的，而应该根据不同部门、岗位情况综合运用。但总的原则应该是先定关键岗位，再定辅助和支持岗位。

定编与岗位设计是密切相关的，岗位确定过程本身就包括工作量的确定，也就包括了对基本的上岗人员数量和素质要求的确定。定岗定编的硬约束是成本投入。人力资源管理要做的是，在一定时间内和一定的技术条件下，运用有限的资本投入获得最佳的岗位和人数的组合。在结合成本的基础上，一般有如下五种方式：业务数据分析法，本行业比例法，按组织机构、职责范围和业务分工定编的方法，预算控制法，业务流程分析法。

3

定编定员

——因机构配人员

定编与岗位设计是密切相关的，岗位确定过程本身就包括工作量的确定，也就包括了对基本的上岗人员数量和素质要求的确定。在本章中，定编的内容也包括定员。

一、定编的概念及特征

定编就是采取一定的程序和科学的方法，对确定的岗位进行各类人员的数量及素质配备。它要求根据企业当时的业务方向和规模，在一定的时间内和一定的技术条件下，本着精简机构，节约用人，提高工作效率的原则，规定各类人员必须配备的数量。它所要解决的问题是企业各工作岗位配备什么素质的人员，以及配备多少人员。

●定编的四大特征

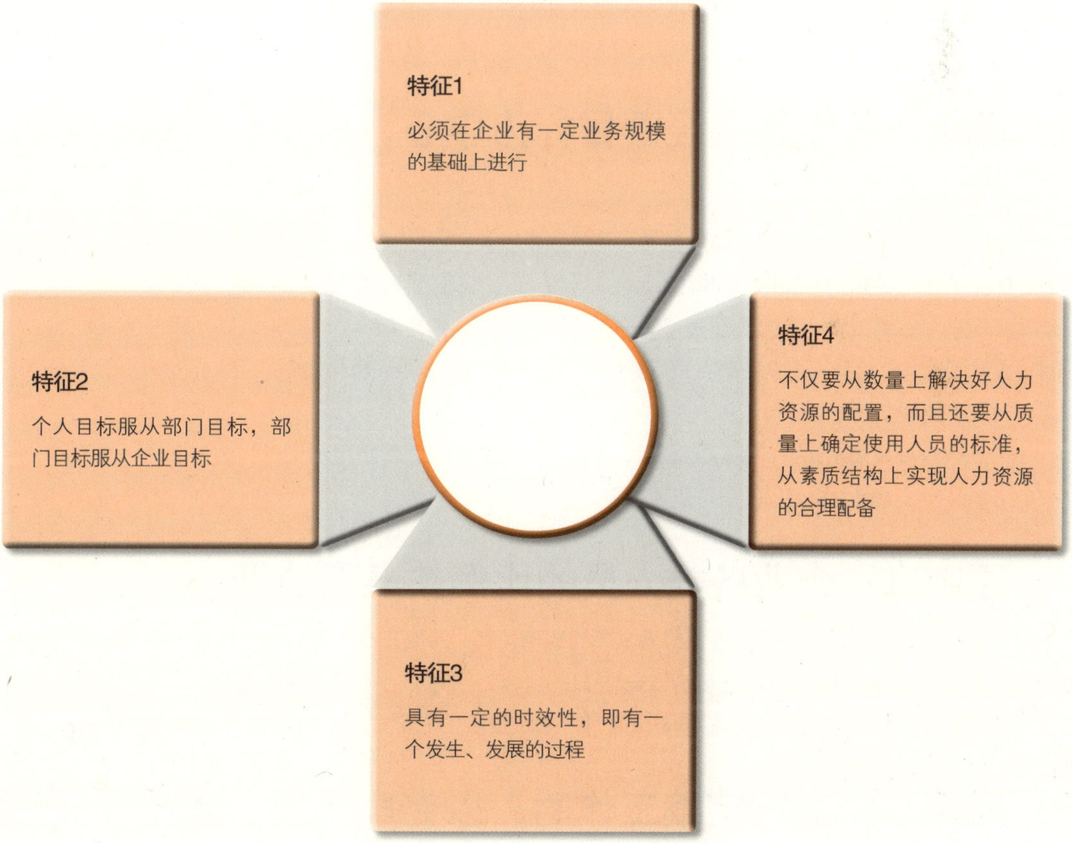

二、定编的前提：岗位分类

在实际企业中，工作岗位的数量可能非常多，而且具体的岗位随时间发生变化的可能性也特别大，不断有新的岗位产生，现有的岗位也会不断消失，因此在定编时可能无法也没有必要对所有具体岗位上的人员配备都进行确定，而只需要对一些关键的岗位或者对某几类岗位的人员配备进行确定。因此，就需要首先对岗位进行分类。

对于很多小的房地产公司而言，行政管理是一个常设的职能，至少包括信息管理、行政总务（即日常事务管理）、人力资源管理三个大类岗位。它们的岗位特征如下。

行政管理岗位示例

类别		岗位	描述
管理类	行政管理	信息管理	包括对企业的数据库管理、系统维护、网络维护、硬件/软件管理等岗位
		行政总务	包括行政、后勤、文秘、档案、保卫等岗位
		人力资源管理	包括薪酬、绩效、培训、招聘、福利等岗位

三、定编的三项基本原则

原则一：以企业经营目标为中心，科学、合理地进行定编

企业定编工作就是要合理地确定各类人员的数量以及它们之间的比例关系。其依据是计划期内的企业目标业务量和各类人员的工作效率。

所谓科学就是要符合人力资源管理的一般规律，做到“精简有效”，在保证工作需要的前提下，与同行业标准或条件相同的企业所确立的标准相比较，要能体现出组织机构精干、用人相对较少、劳动生产率相对较高的特点。

所谓合理就是要从企业的实际出发，结合本企业的技术、管理水平和员工素质，考虑提高劳动生产率的可能性及员工潜力挖掘提高的可能性来确定定员数。

原则二：企业各类人员的比例关系要协调

既要正确处理企业直接与非直接经营人员的比例关系，又要正确处理直接与非直接经营人员内部各种岗位之间的比例关系。同时，还要合理安排管理人员与全部员工的比例关系。管理人员占员工总数的比例与企业的业务类型、专业化程度、自动化程度、员工素质、企业文化以及其他一些因素有关。

原则三：进行定编工作时，以专家为主，走专业化道路

定编是一项专业性、技术性强的工作，它涉及业务技术和经营管理的方方面面。从事这项工作的人，应具备比较高的理论水平和丰富的业务经验。

四、房地产开发企业定编的流程

第一步：明确公司的长期战略、盈利模式和年度业务目标。

第二步：确定公司业务人员的人均财务指标，收集公司相关历史数据及本行业相关财务指标。

第三步：依据公司年度财务目标、人均财务指标，参考公司历史数据和行业数据来确定公司业务人员数。

第四步：依据本行业业务人员与职能人员比例，参考公司历史数据，确定本公司的职能人员数。

第五步：依据本行业业务和职能人员与管理人员比例，参考公司历史数据，确定公司的管理人员数。

第六步：将业务、职能和管理三类人员数求和，得出企业员工总数。

第七步：对照其他因素，如员工流动性、人工成本等预测员工人数和对结构进行再调整。

第八步：根据前述同样的原则，将员工总数在各部门之间进行分配。

第九步：在企业内进行试运行，对运行结果进行再调整。

五、员工人数设计

1.员工人数设计涉及的主要方面

员工人数设计不仅仅是个数量问题，而是结构、技能和费用等多方面的问题。在进行员工数量设计时，应予以多方面的考虑。

2.员工人数设计的前提条件

（1）与员工数量有关的历史数据

通过分析历史数据，分析员工数量评价指标与员工数量之间的关系，分析以前员工工作的饱满程度或劳动生产率。

（2）对将来业务发展情况的预测数据

对业务发展数据作出预测，业务发展数据可以来自商业计划书、业务发展纲要等。

（3）员工劳动生产率或工作模式的假设

员工劳动生产率或工作模式的假设分为两种情况：一种是员工工作模式不发生转变，对员工劳动生产率作出假设；另一种是员工工作模式转变（如向项目管理方式转变）情况下，不以原有的劳动生产率假设为基础，而是对新模式下的人员需求作出分析。

3.员工总数设计的基本流程

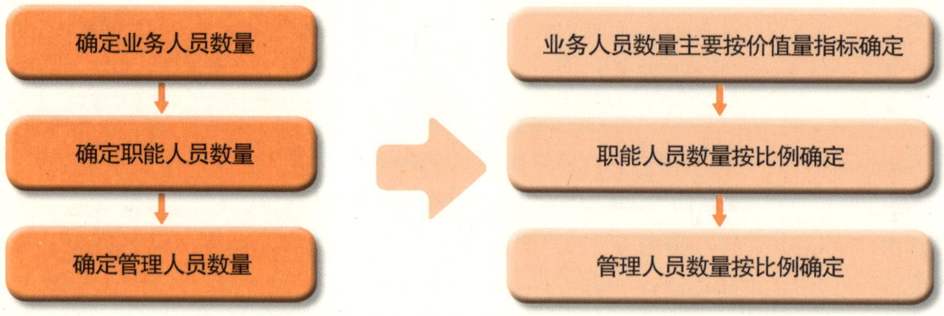

一般所说的业务人员包括经营机构的领导人员、基层部门经理及业务人员。

（1）价值量指标

价值量指标是一个普遍适用的指标，因为业务人员最终目的就是要为企业创造价值。具体来讲，价值量指标可以是人均经营毛利、人均利润等。

（2）人员结构比例

职能人员与业务人员比例，业务人员中管理人员与非管理人员比例，职能人员中管理人员与非管理人员比例可以参考历史数据和市场参考数据相应确定。

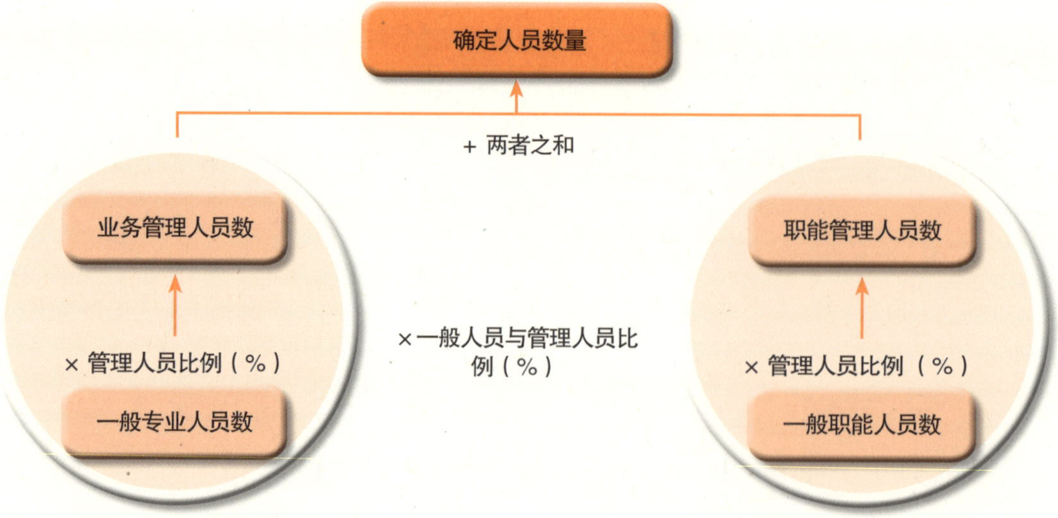

4.分配岗位编制

企业员工总数计算出来以后，还要进行在各部门之间的再分配，直到分配到各岗位。

●房地产开发企业分配岗位编制图

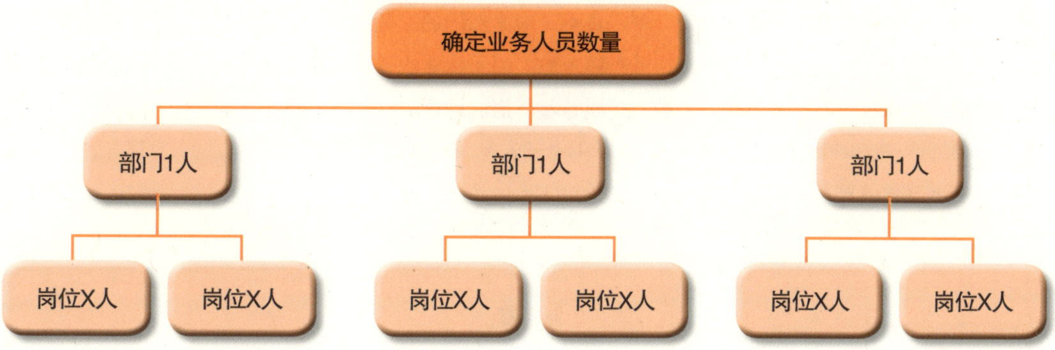

在业务部门间人数的分配原则以价值量指标为基础，参考其他各种因素进行。职能部门的人数分配仍应按照比例法，参考其他因素进行。总部一般只控制岗位的设置和人数的分配，而不进行具体的部门内岗位人数分配，将此权力交给部门领导，以利于其更灵活地调配资源，完成工作任务。

六、房地产定编的五种方法

定岗定编的硬约束是成本投入。企业的投入在一定时期内总是有限的。在投入有限的情况下，岗位和人数的有限性是不言而喻的。人力资源管理要做的是，在一定时期内，运用有限的资本投入获得最佳的岗位和人数的组合。

在结合成本的基础上，一般有如下五种方式：

1.业务数据分析法

业务数据包括销售收入、利润、建筑总面积、人力成本等。一般来说，根据企业的历史数据和战略目标，将员工数与业务数据进行回归分析，得到回归分析方程；根据企业短期、中期、长期业务发展目标数据，确定人员编制。

2.本行业比例法

按照企业职工总数或某一类人员总数的比例来确定岗位人数的方法。在房地产业中，由于专业化分工和协作的要求，某一类人员与另一类人员之间总是存在一定的比例关系，并且随着后者的变化而变化。该方法比较适合各种辅助和支持性岗位定员。

3.按组织机构、职责范围和业务分工定编的方法

这种方法一般是先确定组织机构和各职能科室，明确各项业务分工及职责范围以后，根据业务工作量的大小和复杂程度，结合管理人员和工程技术人员的工作能力和技术水平确定岗位人数。

4.预算控制法

预算控制法是西方企业界流行的定编方法，它通过人工成本预算控制在岗人数，而不是对某一部门内的某一岗位的具体人数做硬性的规定。部门负责人对本部门的业务目标、岗位设置和员工人数负责，在获得批准的预算范围内，自行决定各岗位的具体人数。由于企业的资源总是有限的，并且是与产出密切相关的，因此，预算控制对企业各部门人数的扩展有着严格的约束。

如市场营销部客户服务岗总共四人，如果采用三人完成同样的工作量，而在工资上略微增加，那么市场营销部的成本会减少，如下图所示：

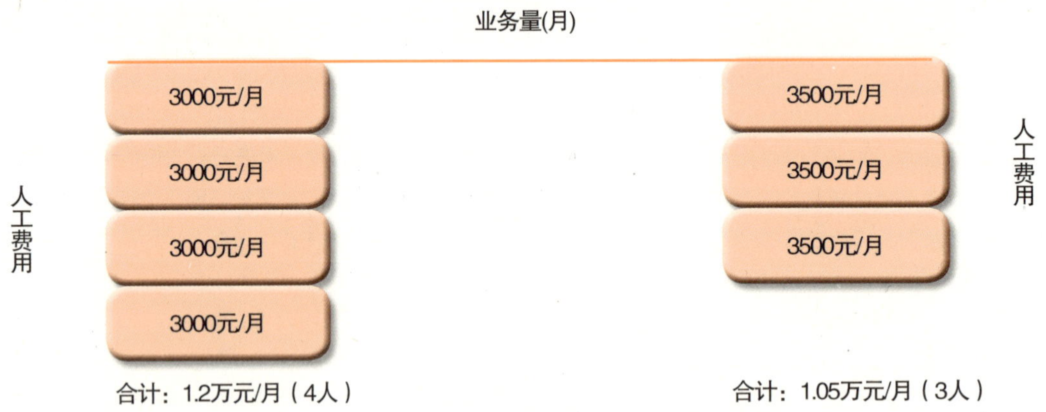

5.业务流程分析法

这种分析法，第一步是根据岗位工作量，确定各个岗位单个员工单位时间工作量，如单位时间产品、单位时间处理业务等；第二步是根据业务流程衔接，结合上一步骤的分析结果，确定各岗位编制人员比例；第三步是根据企业总的业务目标，确定单位时间流程中总工作量，从而确定各岗位人员编制。例如，每3个客服岗主管必须配备1个客服经理进行指导、监督、协调和管理。

在实践工作中，通常是将各种办法结合起来，参照行业最佳案例来确定本企业的岗位人数。

七、某集团型开发企业岗位编制方案

岗位编制设计即所谓的定编定员，通过采取一定的程序和科学的方法，对确定的岗位进行各类人员的数量及素质配备。定编定员与岗位设计是密切相关的，岗位确定过程本身就包括工作量的确定，也就包括了对基本的上岗人员数量和素质要求的确定。

1.某集团型开发企业岗位编制方案

岗位设置	理想编制（人）	具体编制
公司高管人员	8	党委书记1人、总经理1人、开发建设副总1人、经营管理副总1人、资产运营副总1人、财务总监1人、党委副书记1人、工会主席1人
规划前期部	4	规划前期部经理（含管理设计外包）1人、规划前期部副经理3人
工程管理部	15	工程管理部经理1人、工程管理部副经理（兼工程施工主管）1人、水暖管理岗1人、电气管理岗1人、土建管理岗2人、拆迁管理主管1人、拆迁管理岗位4人、工程外包管理主管1人、工程外包管理岗位1人、工程概预算主管2人
行业管理部	4	行业管理部经理1人、行业管理部副经理（兼保安管理岗）1人、客户服务管理岗1人、绿化和保洁岗1人
园区维护部	6	园区维护部经理1人、园区维护部副经理（兼园林工程主管）1人、保洁主管1人、票务主管1人、后勤主管1人、保安主管1人
园区经营部	8	园区经营部经理1人、园区经营部副经理（兼市场营销主管）1人、市场研究主管1人、市场研究人员1人、营销主管1人、营销人员1人、商务经营管理1人、游乐经营管理1人
资产管理部	6	资产管理部经理1人、资产管理部副经理（兼投融资管理主管）1人、投融资管理人员2人、子公司产权管理1人、产权管理岗1人
计划统计部	2	计划统计部经理1人、计划统计部副经理1人
财务管理部	3	财务管理部经理1人，财务管理部副经理（兼资金管理岗）1人，计划预算、业务分析和决策支持岗1人
会计核算部	16	会计核算部经理1人、会计核算部副经理（兼成本核算岗）1人、会计核算岗8人、成本核算岗（兼会计电算化）1人、出纳5人
总经理办公室	8	总经理办公室经理1人、总经理办公室副经理（外事接待、政府公关）1人、总经理文秘1人、后勤主管2人、文书档案（固定资产管理）1人、资质管理1人、法律事务管理和合同管理1人
人力资源部	5	人力资源部经理1人、人力资源部副经理（考评）1人、招聘及薪酬保险1人、专业技术人员管理1人、安全生产岗1人
培训中心	3	培训中心经理1人、培训中心副经理（兼培训管理岗）1人、退管主管1人
保安部	4	保安部经理1人、保安部副经理（兼保安员）1人、保安员2人
战略发展部	3	战略发展部经理1人、战略发展部副经理（兼战略推广）1人、改制研究1人
党办、团委	4	4人
纪检	2	2人
工会	4～5	工会主席1人、副主席1人、工会事务主管2～3人
合计	105～106	105～106人
下属绿化公司岗位设置人员编制		
绿化公司	72	经理1人、采苗主管1人、销售主管1人、销售岗位1人、绿化工程设计主管1人、绿化工程设计岗位1人、绿化工程施工主管1人、绿化工程施工岗位60人、出纳1人、行政2人、党纪工团2人

2.某专业房地产公司人员编制方案

某房地产开发企业的组织结构图（见下页图），包括所有的管理层级和人员编制方案。

接前面的案例，该公司的人员编制和岗位情况如下：

（1）公司岗位设置与人员编制情况汇总

岗位设置	整体岗位编制	实际人员编制	本部发工资人员编制	与公司长期签约人员编制	本部工作人员
公司高管人员	7	7	7	7	7
市场营销部	12	12	9	9	8
工程技术部	11	10	10	10	10
项目部	29	29	16	16	2
经营管理部	11	6	6	6	6
财务部	15	12	12	12	10
人力资源部	11	11	11	10	11
审计监督部	6	6	6	6	6
办公室	12	10	10	10	10
控股公司	16	16		16	
其他	2	2	2	2	2
合计	132	121	89	104	72

注：其他部分为公司预留岗位设置。

（2）市场营销部的岗位设置与人员编制

岗位名称	整体岗位编制	实际人员编制	本部发工资人员编制	与公司长期签约人员编制	本部工作人员	外派工作人员
市场营销部总经理	1	1	1	1	1	
市场开发主管	1	1	1	1	1	
项目储备与前期开发岗	2	2	2	2	2	
客户服务中心主管	1	1	1	1	1	
项目现场客服管理岗	2	2	2	2		2
销售中心主管	1	1			1	
项目现场营销管理岗	2	2				2
市场研究中心主管	1	1	1	1	1	
市场研究助理岗	1	1	1	1	1	
共计9个岗位	12	12	9	9	8	4

●某房地产公司管理层级和人员编制图

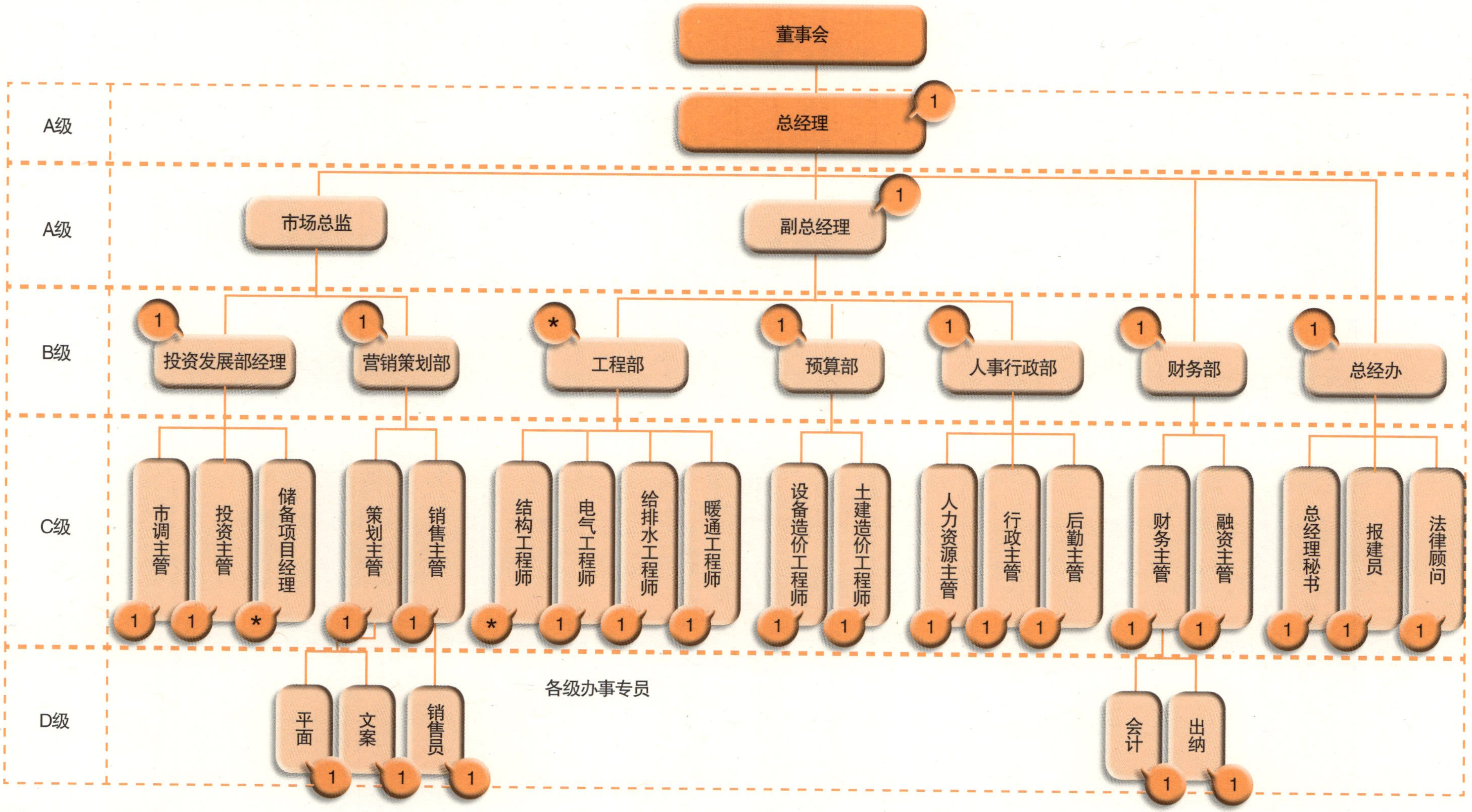

1.本图附有相关岗位说明书。

2. "1" 中数字表示岗位定编人数（暂定），"*" 表示视项目具体操作情况而定。

3.各级办事专员视各级主管实际工作情况需要而定。

（3）工程技术部的岗位设置与人员编制

岗位名称	整体岗位编制	实际人员编制	本部发工资人员编制	与公司长期签约人员编制	本部工作人员	外派工作人员
工程技术部总经理	1	1	1	1	1	
工程技术主管	1	1	1	1	1	
技术管理岗	1					
设计管理主管	1	2	2	2	2	
设计管理岗	1	1	1	1	1	
概预算主管	1	1	1	1	1	
概预算岗	4	2	2	2	2	
招标采购岗	1	1	1	1	1	
共计8个岗位	11	9	9	9	9	

（4）项目部的岗位设置与人员编制

岗位名称	整体岗位编制	实际人员编制	本部发工资人员编制	与公司长期签约人员编制	本部工作人员	外派工作人员
项目总监	2	2	2	2	2	
专业工程师	14	14	14	14		14
销售岗	3	3				
客户服务岗	3	3				
财务岗	4	4				
行政岗	3	3				
共计6个岗位	29	29	16	16	2	14

注：项目中销售、客户服务、财务主管由公司相关部门外派。

（5）经营管理部的岗位设置与人员编制

岗位名称	整体岗位编制	实际人员编制	本部发工资人员编制	与公司长期签约人员编制	本部工作人员	外派工作人员
经营管理部总经理	1	1	1	1	1	
整体经营主管	1	1	1	1	1	
战略研究岗	1	兼				
经营调控岗	1	1	1	1	1	
投资发展主管	1	1	1	1	1	
开发项目投资岗	1	兼				
其他新增投资管理岗	1	兼				
控股参股公司管理主管	1	1	1	1	1	
控股参股公司管理岗	1	兼				
资本运营主管	1	兼				
董事会事务岗	1	1	1	1	1	
共计11个岗位	11	6	6	6	6	

注：项目中需要设置相应人员配合经营管理部进行项目投资动态监控统计分析工作。

（6）财务部的岗位设置与人员编制

岗位名称	整体岗位编制	实际人员编制	本部发工资人员编制	与公司长期签约人员编制	本部工作人员	外派工作人员
财务部总经理	1	1	1	1	1	
会计核算主管	1	1	1	1	1	
本部出纳岗	1	1	1	1	1	
本部会计岗	1	1	1	1	1	
项目财务主管岗	2	2	2	2		2
资金管理主管	1	1	1	1	1	
收入管理岗	1	兼				
按揭管理岗	1	1	1	1	1	

（续表）

岗位名称	整体岗位编制	实际人员编制	本部发工资人员编制	与公司长期签约人员编制	本部工作人员	外派工作人员
财务管理主管	1	1	1	1	1	
预算管理岗	1	1	1	1	1	
报表管理岗	1	1	1	1	1	
成本管理岗	1	1	1	1	1	
电算化管理岗	1	兼				
文档管理岗	1	兼				
共计14个岗位	15	12	12	12	10	2

（7）人力资源部的岗位设置与人员编制

岗位名称	整体岗位编制	实际人员编制	本部发工资人员编制	与公司长期签约人员编制	本部工作人员	外派工作人员
人力资源部总经理	1	1	1	1	1	
人力资源管理主管	1	1	1	1	1	
人力成本会计主管	1	1	1	1	1	
人力成本事务岗	1	1	1	1	1	
人力资源开发主管	1	1	1	1	1	
行政事务岗	1	1	1	1	1	
司机	4	4	4	4	4	
前台	1	1	1		1	
共计8个岗位	11	11	11	10	11	

（8）审计监督部的岗位设置与人员编制

岗位名称	整体岗位编制	实际人员编制	本部发工资人员编制	与公司长期签约人员编制	本部工作人员	外派工作人员
审计监督部总经理	1	1	1	1	1	
财务审计主管	1	1	1	1	1	
监察岗	1	1	1	1	1	
法律合同管理岗	1	1	1	1	1	
安全管理岗	1	1	1	1	1	
质量管理岗	1	1	1	1	1	
共计6个岗位	6	6	6	6	6	

（9）总经办的岗位设置与人员编制

岗位名称	整体岗位编制	实际人员编制	本部发工资人员编制	与公司长期签约人员编制	本部工作人员	外派工作人员
办公室主任	1	1	1	1	1	
企业文化宣传主管	1	1	1	1	1	
总经理秘书岗	1	1	1	1	1	
文档管理岗	1	1	1	1	1	
信息化建设主管	1	1	1	1	1	
信息化建设岗	1	1	1	1	1	
资质管理岗	1	兼				
外事公关岗	1	兼				
党委工作岗	1	1	1	1	1	
纪委工作岗	1	1	1	1	1	
团委工作岗	1	1	1	1	1	
工会工作岗	1	1	1	1	1	
共计12个岗位	12	10	10	10	10	

第六模块 Module Six

职务说明书

第六模块思考

职务说明书是工作分析的成果，其编写过程是对企业现有职位的盘点，也是一次业务流程的重组，以达到明确各职位在业务流程中的职责与权限，规范工作流程，实现科学管理的目的。它阐明了在公司内谁应该负责什么工作，帮助管理阶层分析并改进公司的组织结构，可作为职位评价、薪资调查以及建立薪资结构的基础，还有助于在职者了解该职位的责任。

职务说明书是根据工作分析得到的资料对工作的职务、条件以及责任的描述做成的正式文件。它的目的是在某些条件限制下确认工作的职责，并说明工作的范围和内容。职务说明书必须要达到以下标准才能算合格的。第一，职务说明书要能准确描述职能与职责；第二，职务说明书要划分职位权限；第三，职务说明书要明确内外部沟通方式；第四，绩效指标要明确具体；第五，任职条件要适度。

1

职务说明书的编制方法

——工作分析之后的岗位描述策略

一、职务说明书的七大用途

职务说明书是根据工作分析得到的资料对工作的职务、条件以及责任的描述做成的正式文件。它的目的是在某些条件限制下确认工作的职责，并说明工作的范围和内容。

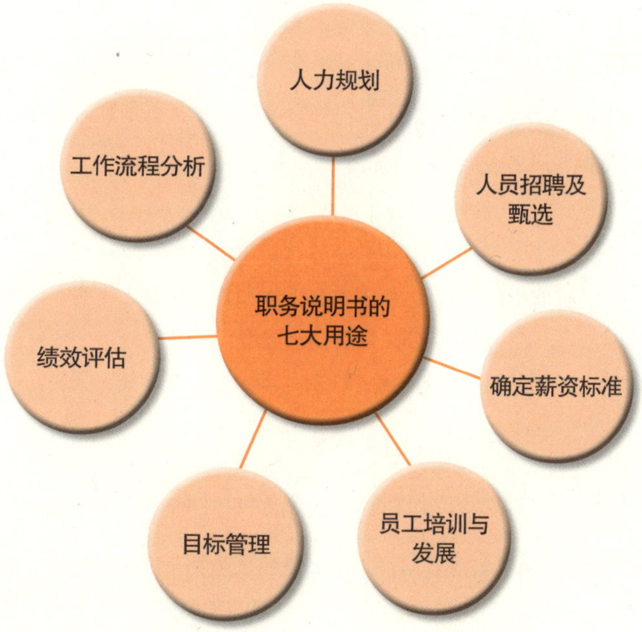

二、职务说明书格式

职务说明书是工作描述体系的核心，一般由职务基本资料、工作描述、工作职责、任职资格、工作环境五大部分构成。但是有的企业的职务说明书只有前四部分，而没有工作环境的说明，也有的会在职务说明书中说明内部的沟通关系，如工程部经理与同级、上级、对外开展业务的沟通关系等，有的还会在职务说明书中说明考核指标和职务发展的方向。由于各个企业情况不一样，并没有统一的定论。

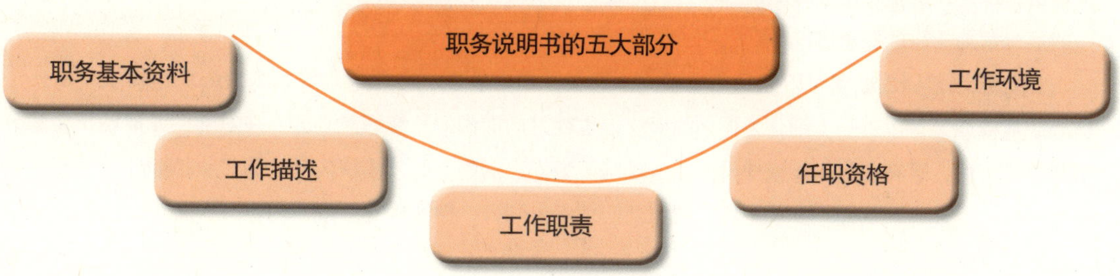

1.职务基本资料

职务基本资料包括职位名称、直属主管、所属部门、工资等级、工资标准、所辖人数、工作性质、工作地点、职务分析日期、职务分析人。

2.工作描述

工作概要：用简练的语言说明工作的性质、中心任务和责任；工作活动内容：逐项说明工作活动内容、各活动内容所占时间百分比、活动内容权限；执行依据。

3.工作职责

工作结果：最好定量；工作关系：受谁监督，监督谁；此工作可晋升的职位、可转换的职位以及可以升迁至此的职位；与哪些职位发生关系；运用设备和信息说明。

4.任职资格

所需最低学历；所需培训时间、科目；从事本职工作和其他相关工作的年限和经验；一般能力：如计划、协调、实施、组织、控制、领导、公关等及需求程度；兴趣爱好；个性特征：情绪稳定性、责任心、外向/内向、支配性、主动性等；职位所需的性别、年龄特征；体能：视力、听力、反应、耐力、体力。

5.工作环境

工作场所：室内、室外、其他特殊场所；工作环境的危险性：发生可能性、伤害程度、发生频率、原因；职业病：可能性、轻重程度等；工作时间特性：正常工作时间、加班时间；工作的均衡性：是否忙闲不均及经常性程度；工作环境舒适度：温度、湿度、粉尘、噪声等。

三、职务说明书的编制说明

1.职务说明书要能准确描述职能与职责

在职能梳理的基础上，职务说明书要将部门职能与职责按照一定规律描述清楚，业务部门按照业务流程进行描述，职能部门按照职能模块进行描述，可以将部门职能先化为大的核心职能模块，然后再将核心职能分解为更小的职能模块。

例如市场营销的职能可以包括市场研究、开发、销售管理、客服管理等大的核心职能模块，每一个核心职能模块又可以进一步细化为更小的模块，也就是前面说的三级职能划分。在对部门职能做了全面分析和概括之后，再将每个职能模块具体包含哪些职责描述清楚，职能模块内部的职责也按照作业流程逐条描述。部门职能与职责描述完成之后，要与部门负责人沟通，核实修正所描述内容。

2.职务说明书要划分职位权限

不同的权限决定了不同职位在组织和部门业务流程中的相对地位和重要性。可以将所有职位的权限概括为批准、审查、监督、计划、执行、协助六种。某些职位在某条职责上的权限可能不止一种，不同权限可以写在一起，重要的是将各条职责涉及的权限都列举出来。各职位对应在每一项职责上的权限为职位

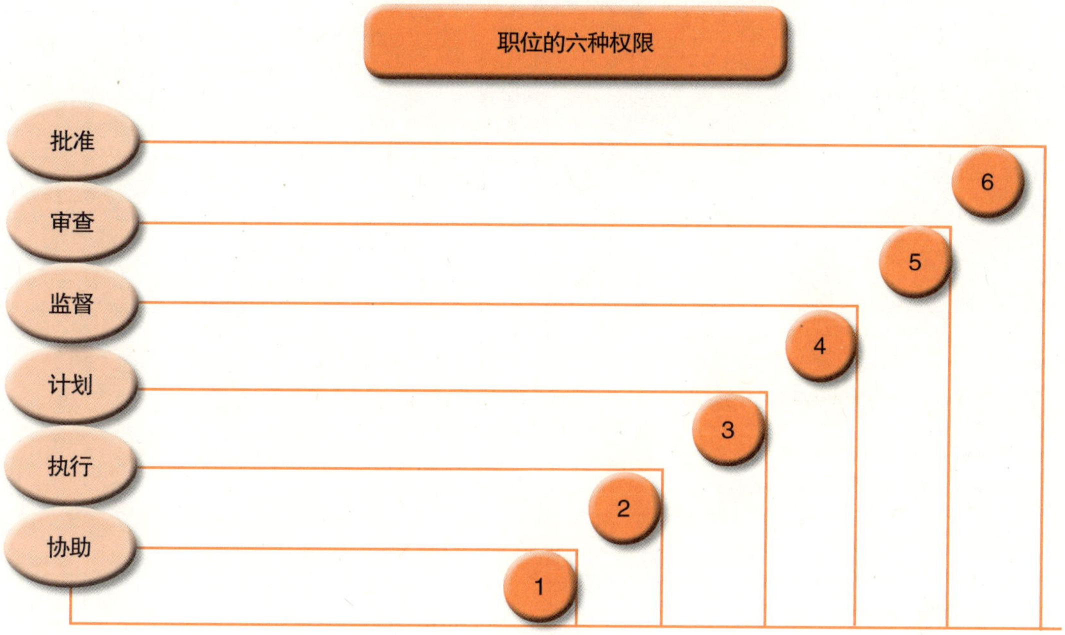

评估提供了客观而详实的依据，即使对于同一条职责，对审查者、执行者和监督者工作完成情况的考核指标都会有所不同，不同角色在履行职责过程中发生的内外部沟通不同，所需的知识和技能也不同。

3.职务说明书要明确内外部沟通方式

不同职位的任职者因为在业务流程中承担的角色不同，与组织内部其他职位以及组织外部机构也就有着不同的工作联系。如何沟通，与谁沟通在职务说明书中予以说明，实际上是明确内部组织的沟通关系。

4.绩效指标要明确具体

绩效指标的建立要有客观的基础。不能说一些模棱两可的指标，而且需要对每个指标予以一定的权重，这样考核起来才有实际意义。当职责非常具体和细致时，有的岗位对于某条职责的履行可能是无法考核的，也可能是无需考核的。这个没关系，但是必须要用绩效指标考核出岗位人员肩负的主要权责和工作内容。

5.任职条件要适度

有些房地产企业人为拔高职务的任职条件，本来本科生可以胜任的要求研究生，本来研究生可以胜任的需要专业职称，本来一级职称可以胜任的需要二级职称。如果人为地拔高职务说明书任职条件可能并不适合企业特定条件下的人才需求。

因此，任职条件一定要适度，专业工程师必须需要专业的职称来保障工程的质量，而重要岗位如财务经理、开发经理、市场营销经理等，重点可以考虑工作经验、专业知识。

本章第一个案例为一家大型国有房地产企业的职务说明书，公司几经变革最终形成如图所示的组织结构图，从组织结构图可以看出，该公司不仅设立业务部门、职能部门，还有自己的开发分公司、租赁公司和供热厂，同时按照国有企业性质设立了党委部门，属于典型大型国有房地产企业的组织类型。第二个案例是民营企业的职务说明书，以业务为导向，岗位明确，对大多数房地产开发企业具有较强的示范效应。

2

职务说明书的范本

——大型国有、中小民营企业借鉴最优范本

一、某大型国有房地产企业职务说明书范本

这是一家大型国有房地产企业的职务说明书，公司几经变革最终形成如下组织结构图，从组织结构图可以看出，该公司不仅设立业务部门、职能部门，还有自己的开发分公司、租赁公司和供热厂，同时按照国有企业性质设立了党委部门，属于典型大型国有房地产企业的组织类型。

●某房地产公司组织结构图

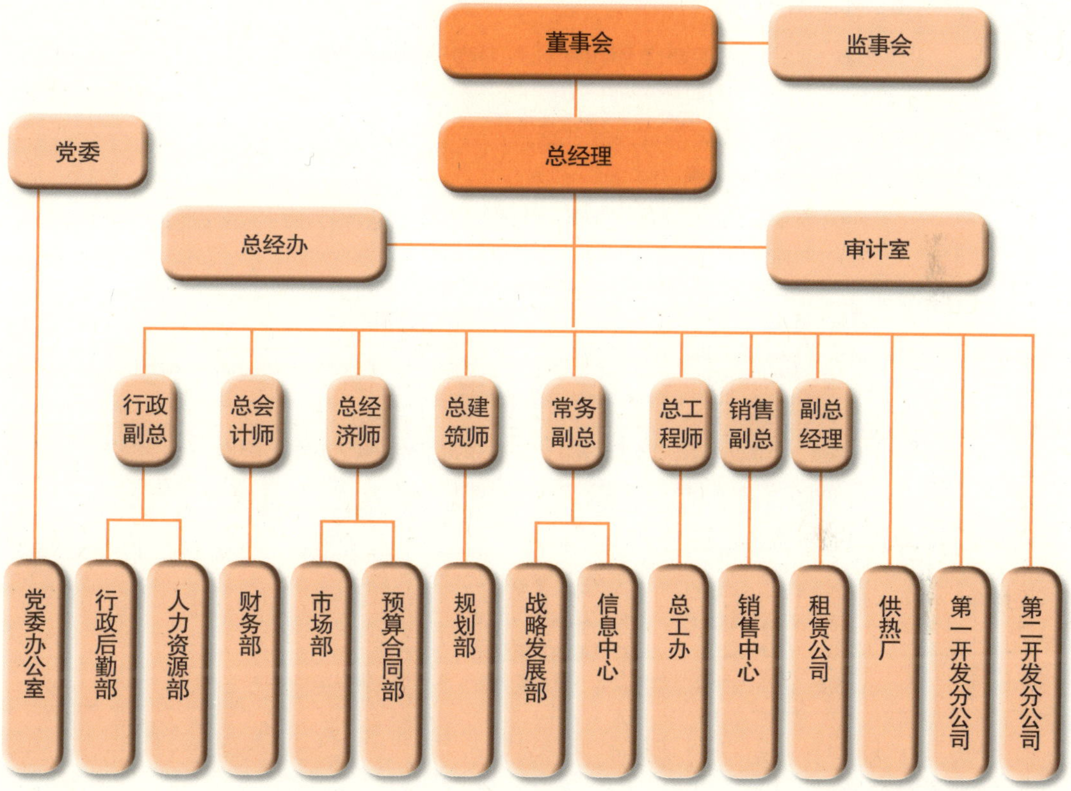

第一部分：高层职务说明书

总经理职务说明书

岗位名称	总经理	岗位编号	
所在部门		管理幅度	
直接上级	董事会	职系	管理职系
直接下级	常务副总经理、副总经理（主管租赁、拆迁）、行政副总经理、销售副总经理、总工程师、总会计师、总建筑师、总经济师、分公司经理、审计室主任、总经办主任		

A

本职：领导制定和实施公司总体战略，完成董事会下达的年度经营目标；领导公司各部门建立健全良好的沟通渠道；负责建设高效的组织团队；管理直接所属部门的工作

职责与工作任务：

<table>
<tr><td rowspan="2">职责一</td><td colspan="2">职责表述：制定和实施公司总体战略</td></tr>
<tr><td>工作任务</td><td>领导制定公司的发展战略，并根据内外部环境变化进行调整；
组织实施公司总体战略，发掘市场机会，领导创新与变革</td></tr>
<tr><td rowspan="2">职责二</td><td colspan="2">职责表述：制定和实施公司年度经营计划</td></tr>
<tr><td>工作任务</td><td>根据董事会下达的年度经营目标组织制订、修改、实施公司年度经营计划；
监督、控制经营计划的实施过程，并对结果负全面责任；
组织实施财务预算方案及利润分配、使用方案</td></tr>
<tr><td rowspan="2">职责三</td><td colspan="2">职责表述：建立良好的沟通渠道</td></tr>
<tr><td>工作任务</td><td>负责与董事会保持良好沟通，定期向董事会汇报经营战略和计划执行情况、资金运用情况和盈亏情况、机构和人员调配情况及其他重大事宜；
领导建立公司与上级主管部门、政府机构、金融机构、媒体等部门间顺畅的沟通渠道；
领导开展公司的社会公共关系活动，树立良好的企业形象；
领导建立公司内部良好的沟通渠道，协调各部门关系</td></tr>
<tr><td rowspan="2">职责四</td><td colspan="2">职责表述：建立健全公司统一、高效的组织体系和工作体系</td></tr>
<tr><td>工作任务</td><td>主持建设和推动关键管理流程和规章制度，及时进行组织和流程的优化调整；
领导营造企业文化氛围，塑造和强化公司价值观</td></tr>
<tr><td rowspan="2">职责五</td><td colspan="2">职责表述：主持公司日常经营工作</td></tr>
<tr><td>工作任务</td><td>负责公司员工队伍建设，选拔中高层管理人员；
主持召开总经理办公会，对重大事项进行决策；
代表公司参加重大业务、外事或其他重要活动；
负责处理公司重大突发事件，并及时向董事会汇报</td></tr>
</table>

权力：

公司日常经营管理决策权；
对董事会经营目标和重大投资决策的建议权；
对其他高层、中层管理人员的人事任免建议权；
对公司各项工作的监控权；
对公司员工奖惩的决定权；
对下级之间工作争议的裁决权；
对所属下级的管理水平、业务水平和业绩的考核评价权；
董事会预算内的财务审批权；
董事会赋予的其他权力

工作协作关系：

内部协调关系	董事会、高层管理人员、公司内各部门
外部协调关系	上级主管部门、政府机构、客户、供应商、合作伙伴、金融机构、媒体等

任职资格：

A

教育水平	大学本科以上
专业	房地产相关专业或管理专业
培训经历	接受过管理、财务、人事知识培训
经验	10年以上工作经验，5年以上本行业或相近行业管理经验，3年以上高层管理经验
知识	通晓企业管理知识，具备房地产经济、建筑、施工管理、财务管理、法律等方面的知识
技能技巧	掌握WORD、EXCEL等办公软件使用方法，具备基本的网络知识，具有很强的领导能力、判断与决策能力、人际能力、沟通能力、影响力、计划与执行能力、客户服务能力
其他：	
使用工具设备	计算机、一般办公设备（电话、传真机、打印机、Internet/Intranet网络）、交通及通信设备
工作环境	独立办公室
工作时间特征	无明显的节假日
所需记录文档	战略规划、年度经营计划、阶段性工作报告
备注：	

常务副总经理职务说明书

岗位名称	常务副总经理	岗位编号	
所在部门		管理幅度	
直接上级	总经理	职系	管理职系
直接下级	战略发展部部长、信息中心主任		
本职：接受总经理的授权，全面负责公司的日常运营；管理直接所属部门的工作			
职责与工作任务：			
职责一	职责表述：协助总经理，参与公司经营管理与决策		
	工作任务	接受总经理的授权，在总经理外出时，代理总经理的职责； 协助总经理制定公司发展战略，负责组织制订公司发展战略规划； 及时了解公司各项计划的执行情况，负责协调计划执行过程中出现的问题，并对执行情况负主要责任； 参与制订公司年度经营计划和预算方案； 参与公司重大财务、人事、业务问题的决策； 掌握和了解公司内外动态，及时向总经理反映，并提出建议	

职责二	职责表述：领导分管部门制订年度工作计划，完成年度任务目标	
	工作任务	领导制订战略发展部、信息中心年度工作计划，并组织实施； 组织制订分管部门重大任务阶段工作计划，并协助实施
职责三	职责表述：直接领导战略发展部工作	
	工作任务	组织拟订公司战略，发现新的市场机会，并监督公司战略的实施； 组织对公司法律事务管理工作； 组织对参股控股公司产权管理
职责四	职责表述：直接领导信息中心工作	
	工作任务	组织拟订公司信息技术应用规划，并监督实施； 组织管理公司房屋入（出）库工作，并监督实施
职责五	职责表述：内部组织管理	
	工作任务	主持公司内部各项管理制度的制定，并检查执行情况； 接受总经理的授权，负责协调各主管领导之间的关系； 负责分管部门内部、分管部门之间、分管部门与公司其他部门间的关系，解决争议； 负责分管部门的员工队伍建设，提出和审核对下属各部门的人员调配、培训、考核意见； 监督分管部门的工作目标和经费预算的执行情况，及时给予指导
职责六	职责表述：完成总经理交办的其他工作任务	

权力：

受总经理委托工作范围内的决策权；
协调处理公司日常运营工作的权力；
受总经理的委托，对公司各项制度执行情况的监督和裁决权；
对战略发展部、信息中心、预算合同部工作有指挥权；
对直接下级人员调配、奖惩的建议权和任免的提名权；
对所属下级的工作的监督、检查权；
对所属下级的工作争议有裁决权；
对所属下级的管理水平、业务水平和业绩有考核评价权；
权限内的财务审批权

工作协作关系：

内部协调关系	总经理、其他高层管理人员
外部协调关系	上级主管部门、政府机构、客户、供应商、合作伙伴、金融机构、媒体等

任职资格：

教育水平	大学本科以上
专业	管理专业、房地产等相关专业
培训经历	接受过管理、财务、人事知识培训
经验	8年以上工作经验，5年以上本行业或相近行业管理经验，3年以上高层管理经验

知识	通晓企业管理知识，具备房地产经济、建筑、施工管理、财务管理、法律等方面的知识
技能技巧	掌握WORD、EXCEL等办公软件使用方法，具备基本的网络知识，具有很强的领导能力、判断与决策能力、人际能力、沟通能力、影响力、计划与执行能力、客户服务能力
其他：	
使用工具设备	计算机、一般办公设备（电话、传真机、打印机、Internet/Intranet网络）、交通及通信设备
工作环境	独立办公室
工作时间特征	无明显的节假日
所需记录文档	下属部门的年度计划、阶段性工作报告等
备注：	

行政副总经理职务说明书

岗位名称	行政副总经理	岗位编号	
所在部门		管理幅度	
直接上级	总经理	职系	管理职系
直接下级	人力资源部部长、行政后勤部部长		
本职：领导所属部门进行人力资源体系建设，提供良好的后勤服务			
职责与工作任务：			
职责一	职责表述：负责组织建立公司的人力资源战略管理体系，为重大人事决策提供专家性意见		工作时间百分比：30%
	工作任务	负责指导人力资源战略规划； 对公司重大人事问题向公司决策层提供专家性意见； 负责审定公司有关招聘、培训、薪酬、考核等方面的方案	
职责二	职责表述：监督下属部门对人力资源战略的执行情况，并对人力资源管理进行指导监督		工作时间百分比：30%
	工作任务	组织指导人力资源部制定人力资源管理制度，并督促实施，定期检查； 指导人力资源部拟订公司组织结构设计、岗位职责设计的修订方案，并上报总经理； 负责对公司内部沟通机制运行进行指导和检查	
职责三	职责表述：监督行政后勤工作的开展，保证良好的后勤服务		工作时间百分比：20%
	工作任务	负责审定行政后勤部各项工作计划； 定期检查行政后勤部计划执行情况	

职责四	职责表述：下属员工组织管理工作		工作时间百分比：15%
	工作任务	承担总经理与下属各部门的信息交流； 掌握和了解公司内外动态，及时向总经理反映，并提出建议； 负责下属部门员工队伍建设，选拔、配备、评价下属人员； 负责控制下属部门费用预算	
职责五	职责表述：总经理交办的其他任务		工作时间百分比：5%

权力：

公司重大决策的建议权；
对下属部门工作计划执行情况检查的考核权；
对下属部门拟订的制度有审核权；
对下属部门的人事任免的建议权；
对下属部门各项工作的监控权；
对下级之间工作争议的裁决权；
对下属各部门主管管理水平、业务水平和业绩的考核评价权；
下属各部门预算内的费用审批权

工作协作关系：

内部协调关系	公司各部门及各下属单位
外部协调关系	集团公司相关部门、政府相关部门

任职资格：

教育水平	大学本科以上
专业	人力资源管理、行政管理等相关专业
培训经历	人力资源管理、行政管理培训
经验	5年以上工作经验
知识	通晓企业管理知识； 具备房地产管理、法律等方面的知识
技能技巧	掌握WORD、EXCEL等办公软件使用方法，具备基本的网络知识，具有很强的领导能力、判断与决策能力、人际能力、沟通能力、影响力、计划与执行能力、客户服务能力

其他：

使用工具设备	计算机、一般办公设备（电话、传真机、打印机、Internet/Intranet网络）、交通及通信设备
工作环境	独立办公室
工作时间特征	无明显的节假日
所需记录文档	人力资源战略规划方案、人力资源管理制度、行政管理制度

备注：

副总经理（主管租赁、拆迁）职务说明书

岗位名称	副总经理（主管租赁、拆迁）	岗位编号	
所在部门		管理幅度	
直接上级	总经理	职系	管理职系
直接下级	租赁公司经理、拆迁公司经理		
本职：负责对公司下属租赁公司与拆迁公司的工作进行管理			

职责与工作任务：

职责一	职责表述：参与公司重大财务、业务问题的决策		工作时间百分比：20%
	工作任务	参与制订公司年度经营计划和预算方案； 参与公司重大投资、业务问题的决策； 掌握和了解公司内外动态，及时向总经理反映，并提出建议	
职责二	职责表述：负责指导、审核租赁公司，制订经营计划		工作时间百分比：15%
	工作任务	负责指导租赁公司编制有关房屋经营、房屋租赁及物业管理的发展计划； 监督租赁公司贯彻执行国家各项政策法令； 参与租赁公司重大经济活动，对租赁公司的经营提出决策性意见	
职责三	职责表述：负责审批租赁公司经营计划、经营方案和预算		工作时间百分比：20%
	工作任务	负责指导审核租赁公司制订经营计划，并监督执行； 负责审核租赁公司财务计划和租赁公司经营预算； 负责审核租赁公司项目租赁经营方案	
职责四	职责表述：负责协调、监督租赁公司日常工作		工作时间百分比：10%
	工作任务	审核、批复公司纳入经营租赁的房屋土地； 协调房库管理与租赁公司的关系； 督导、审批租赁价格的制定	
职责五	职责表述：负责拆迁公司全面工作		工作时间百分比：20%
	负责监督指导拆迁公司经营计划的制订和实施； 负责审核拆迁公司的财务计划、预算和经营方案； 负责监督检查拆迁公司日常工作的开展		
职责六	职责表述：下属公司组织管理工作		工作时间百分比：10%
	承担总经理与下属各公司的信息交流； 负责下属公司员工队伍建设，选拔、配备、评价下属公司经理； 负责控制下属公司费用预算		
职责七	职责表述：总经理交办的其他任务		工作时间百分比：5%

权力：

A

租赁、拆迁公司重大决策的建议权；
对下属公司经营计划、经营方案、预算的审核权；
对下属公司工作计划执行情况检查的考核权；
对下属公司拟订的制度的审核权；
对下属公司的人事任免的建议权；
对下属公司员工奖惩的决定权；
对下属各公司经理管理水平、业务水平和业绩的考核评价权；
下属各公司预算内的费用审批权

工作协作关系：	
内部协调关系	公司各部门及各下属单位
外部协调关系	宣传媒体、政府相关部门、物业公司、材料供应商、建安公司
任职资格：	
教育水平	大学本科以上
专业	房地产管理、行政管理、工民建等相关专业
培训经历	房地产管理知识、行政管理知识、工民建知识培训
经验	5年以上工作经验
知识	通晓企业管理知识，具备房地产管理、法律等方面的知识
技能技巧	掌握WORD、EXCEL等办公软件使用方法，具备基本的网络知识，具有很强的领导能力、判断与决策能力、人际能力、沟通能力、影响力、计划与执行能力、客户服务能力
其他：	
使用工具设备	计算机、一般办公设备（电话、传真机、打印机、Internet/Intranet网络）、交通及通信设备
工作环境	独立办公室，现场办公
工作时间特征	无明显的节假日
所需记录文档	租赁计划、租赁拆迁统计报表、租赁合同，租赁公司与拆迁公司的经营计划、经营方案、预算报表

备注：

销售副总经理职务说明书

岗位名称	销售副总经理	**岗位编号**	
所在部门		**管理幅度**	
直接上级	总经理	**职系**	管理职系
直接下级	销售中心主任		

本职：全面负责开发公司的营销规划；
年度销售总体工作部署，组织制订年度销售目标和计划；
塑造品牌形象，做好对外宣传工作

职责与工作任务：

职责一	职责表述：协助总经理制订营销战略规划，为重大营销决策提供建议和信息支持		工作时间百分比：20%
	工作任务	根据公司发展战略组织制订营销战略规划； 负责组织搜集国内外相关行业政策、竞争对手信息、客户信息等，分析市场发展趋势； 定期、准确向公司总经理和相关部门提供有关销售情况、费用控制情况、销售收入等反映公司营销工作现状的信息，为公司重大决策提供信息支持	
职责二	职责表述：制订年度销售目标和计划，提请公司集体决策，总体部署并监督销售计划的执行		工作时间百分比：30%
	工作任务	组织信息收集，制订公司年度销售目标和计划； 监督年度销售工作的落实	
职责三	职责表述：组织项目销售定价和销售策划方案的审核		工作时间百分比：30%
	工作任务	组织公司高层管理人员和其他相关部门确定项目销售定价方案； 组织公司高层管理人员和其他相关部门确定项目销售策划方案	
职责四	职责表述：组织销售管理制度制定和品牌宣传		工作时间百分比：15%
	工作任务	组织制订公司有关销售管理及服务标准，并监督检查实施情况； 组织品牌策划与宣传	
职责五	职责表述：完成总经理交办的其他任务		工作时间百分比：5%

权力：

总经理授权范围内的合同签订权及产品定价审核权；
公司重大决策的参与权；
对直接下级人员调配、奖惩的建议权和任免的提名权；
对所属下级的工作有安排、监督、检查权；
对所属下级的工作争议有裁决权；
对所属下级的管理水平、业务水平和业绩有考核评价权；
营销预算内的费用审批权

工作协作关系：

内部协调关系	高层管理者、分公司、财务部、人力资源部、行政部、总经办等
外部协调关系	市区二级的计委、建委、开发办、房管局，住宅建设总公司，广告公司、大众媒体、施工单位等

任职资格：

教育水平	大学本科以上
专业	房地产经济、建筑、企业管理、市场营销和其他相关专业
培训经历	市场营销管理、公共关系管理培训
经验	5年以上工作经验，2年以上本行业或相近行业营销管理经验
知识	精通市场营销管理知识； 了解财务管理、法律等知识； 了解房地产领域专业知识
技能技巧	具备基本的办公软件使用能力、网络基本应用能力； 具有很强的领导能力、判断与决策能力、人际能力、沟通能力、影响力、计划与执行能力、客户服务能力

其他：

使用工具设备	计算机、一般办公设备（电话、传真机、打印机、Internet/Intranet网络）、交通及通信设备
工作环境	办公场所及其他

工作时间特征	无明显的节假日
所需记录文档	通知、简报、汇报文件或报告、总结、合同、协议等

备注：

总经济师职务说明书

岗位名称	总经济师	岗位编号	
所在部门		管理幅度	
直接上级	总经理	职系	管理职系
直接下级	市场部部长、预算合同部部长		

本职：负责公司土地储备、谈判工作；负责项目的可行性研究工作；负责制订公司的综合计划工作、统计工作；负责优化与推进房地产业务流程

职责与工作任务：			
职责一	职责表述：参与公司重大财务、业务问题的决策		工作时间百分比：15%
	工作任务	参与制订公司年度经营计划和预算方案； 参与公司重大投资、业务问题的决策； 掌握和了解公司内外动态，及时向总经理反映，并提出建议	
职责二	职责表述：负责公司土地储备、谈判		工作时间百分比：20%
	工作任务	负责制订公司土地储备中长期发展规划和投资价值分析，为公司项目投资决策提供依据； 负责土地开发项目谈判	
职责三	职责表述：负责开发项目组织总设计		工作时间百分比：15%
	工作任务	负责组织对开发项目总设计方案的论证	
职责四	职责表述：负责优化与推进房地产业务流程		工作时间百分比：15%
	工作任务	根据公司组织结构调整、部门职责的重新分配及业务的重组等要求，定期或不定期对公司业务流程进行优化	
职责五	职责表述：审核公司的综合计划与项目成本计划		工作时间百分比：15%
	工作任务	审核市场部上报的项目成本计划； 审核市场部上报的公司生产计划； 审核市场部上报的公司资金使用计划； 审核市场部的综合统计报表； 对分公司业绩合同进行管理	

职责六	职责表述：直接领导预算合同部工作		工作时间百分比：15%
	工作任务	对工程、材料、设备招投标方案（招标文件、标底）的审批； 对项目预结算方案的审批； 对预算合同部日常工作进行宏观管理（资金使用、设备购买的审批、数据库建立的指导等）	
职责七	职责表述：完成总经理交办的其他任务		工作时间百分比：5%

权力：

公司项目成本、生产和资金使用计划的审核权；
开发组织总设计的审核权；
代表公司对外联络的权利；
组织结构、部门职责调整的建议权；
有对直接下级岗位调配的建议权、任命的提名权和奖惩建议权；
对所属下级的管理水平、业务水平和业绩有考核评价权

工作协作关系：

内部协调关系	公司各部门
外部协调关系	市计委、市建委、房地局、开发办、区计委、区建委、经贸委、集团公司、统计局等

任职资格：

教育水平	大学本科以上
专业	工民建、建筑、管理学、经济学等相关专业
培训经历	相关的房地产专业培训、管理理论培训
经验	具备8年以上企业工作经验
知识	掌握房地产专业知识、管理和法律知识
技能技巧	具备基本的办公软件使用能力、网络基本使用能力、语言表达能力； 具有较强的领导能力、组织能力、判断与决策能力、人际能力、沟通协调能力、计划与执行能力、影响力

其他：

使用工具设备	计算机、一般办公设备（电话、传真机、打印机、Internet/Intranet网络）、交通及通信设备
工作环境	办公场所
工作时间特征	无明显的节假日
所需记录文档	计划、合同、管理报告等

备注：

总会计师职务说明书

岗位名称	总会计师	岗位编号	
所在部门		管理幅度	
直接上级	总经理	职系	管理职系
直接下级	财务部部长		

本职：在总经理的授权下，负责公司整体财务规划，并负责领导公司的财务管理、成本管理、会计核算和资金总体调度

职责与工作任务：

职责一	职责表述：参与公司重大财务、业务问题的决策		工作时间百分比：20%
	工作任务	参与制订公司年度经营计划和预算方案； 参与公司重大投资、业务问题的决策； 掌握和了解公司内外动态，及时向总经理反映，并提出建议	
职责二	职责表述：指导财务部门制定公司财务政策与财务制度，并监督其执行		工作时间百分比：15%
	工作任务	根据公司发展战略，组织制订财务规划； 负责指导财务部门制定和完善财务政策和管理制度； 组织监督各项财务制度执行情况； 参与公司重大财务问题的决策，提出专家性意见	
职责三	职责表述：主持编制、下达并监督财务收支计划		工作时间百分比：25%
	工作任务	支持编制年度资金收支计划，信贷计划，拟订资金筹措方案； 执行全部资金的调度，检查计划实施情况； 负责组织向金融机构的融资工作	
职责四	职责表述：指导财务部进行公司财务预算、决算与成本核算		工作时间百分比：20%
	工作任务	根据公司经营目标，指导财务部门编制财务预算； 审核财务预算、成本计划、利润计划； 根据公司经营情况，指导财务部门修正财务预算； 监督公司整体预算执行情况； 指导财务部门定期组织财务决算； 监督财务部门组织成本核算	
职责五	职责表述：负责财务监督与会计监督		工作时间百分比：10%
	工作任务	对不良债权处置提出指导性意见； 定期指导下级组织资金清查； 监督指导会计、现金出纳管理	
职责六	职责表述：财务系统内部组织管理工作		工作时间百分比：10%
	工作任务	负责公司财务人员队伍建设，选拔、配备、评价下属人员； 负责指导属下员工制订阶段工作计划，并督促执行； 负责控制财务系统内部费用预算； 完成总经理交付的其他任务	

权力：

对各种分析表、预算报表有建议权；
对下级工作有检查权；
对下级在工作中的争议有裁判权；
代表企业对外联络的权力；
有对各项费用开支的监督检查权；
有对直接下级岗位调配的建议权、任命的提名权和奖惩建议权；
对所属下级的管理水平、业务水平和业绩有考核评价权

A

工作协作关系：	
内部协调关系	公司各部门、下属单位
外部协调关系	税务局、工商局、财政局，银行，会计师事务所
任职资格：	
教育水平	大学本科以上
专业	财务会计专业或者金融类专业
培训经历	财务管理培训、证券金融培训
经验	5年以上财务工作经验
知识	具备相应的财务管理知识、行政管理知识、法律知识和证券知识
技能技巧	能够熟练使用各种办公软件和各种财务软件，具备基本的网络知识，具有较强的领导能力、判断与决策能力、人际能力、沟通能力、影响力、计划与执行能力
其他：	
使用工具设备	计算机、一般办公设备（电话、传真机、打印机、Internet/Intranet网络）、交通及通信设备
工作环境	办公室
工作时间特征	无明显的节假日
所需记录文档	汇报文件、报告、总结、公司文件、研究报告、合同、财务分析、经济活动分析

备注：

总工程师职务说明书

岗位名称	总工程师	岗位编号	
所在部门		管理幅度	
直接上级	总经理	职系	管理职系
直接下级	总工办主任		

本职：负责工程建设技术的总体技术审核、指导和重大技术支持；
参与公司项目立项与规划设计决策；
负责总体技术管理制度建设

职责与工作任务：

职责一	职责表述：参与公司重大财务、业务问题的决策		工作时间百分比：15%
	工作任务	参与制订公司年度经营计划和预算方案； 参与公司重大投资、业务问题的决策； 掌握和了解公司内外动态，及时向总经理反映，并提出建议	
职责二	职责表述：总体技术审核与指导		工作时间百分比：40%
	工作任务	监督贯彻国家有关工程建设的法令、法规、政策及有关文件精神； 参与公司开发项目工程建设决策，参与重大项目的前期规划论证； 根据工程建设计划，指导、审批施工组织总设计； 审批重大工程的施工组织设计，审批监理大纲； 重大项目施工图纸审核； 为工程建设碰到的重大技术问题提供支持； 对新技术、新工艺、新材料评估报告进行审批并决策是否推广应用	
职责三	职责表述：工程建设业务监督、指导		工作时间百分比：15%
	工作任务	根据开发部总体部署，监督开发项目工程实施管理； 负责调查和组织处理重大质量事故并向公司领导层报告	
职责四	职责表述：招投标支持		工作时间百分比：15%
	工作任务	负责重大项目招标中技术标底审核； 对重大项目的施工投标单位、监理投标单位资质审查结果进行审批	
职责五	职责表述：内外关系协调		工作时间百分比：15%
	工作任务	协调总公司、政府部门和相关专业公司的关系； 协调规划部和分公司技术上的问题； 完成总经理交办的其他工作任务	

权力：

工程技术规范制度执行的监督检查权；
工程建设决策参与权；
项目开发组织总设计的建议权；
施工单位、监理单位资质审查批准权；
重大工程施工组织设计审批权、监理大纲审批权；
公司工程技术总体管理指挥权；
总工办主任任命建议权、考核权

工作协作关系：	
内部协调关系	各高层领导、分公司、规划部、市场部、预算合同部、财务部
外部协调关系	市建委、开发办、建筑设计院、专业公司、消防局、技术监督局、区建委及有关部门
任职资格：	
教育水平	大学本科以上
专业	工民建、建筑等相关专业
培训经历	相关的工程技术专业培训、管理理论培训
经验	具备5年以上工程建设经验，有主持大型工程建设项目经历
知识	掌握工程建设专业知识、管理和法律知识
技能技巧	具备基本的办公软件使用能力、网络基本使用能力、语言表达能力； 具有很强的领导能力、组织能力、判断与决策能力、人际能力、沟通协调能力、计划与执行能力、影响力
其他：	
使用工具设备	计算机、一般办公设备（电话、传真机、打印机、Internet/Intranet网络）、交通及通信设备
工作环境	办公场所，根据需要去施工现场
工作时间特征	无明显的节假日
所需记录文档	相关审核意见记录、管理报告等

备注：

总建筑师职务说明书

岗位名称	总建筑师	岗位编号	
所在部门	规划部	管理幅度	
直接上级	总经理	职系	管理职系
直接下级	规划部部长		

本职：负责项目设计方案的总体技术审核、指导和重大技术支持，参与公司项目规划设计的重大决策

职责与工作任务：

职责一	职责表述：参与公司重大财务、业务问题的决策		工作时间百分比：20%
	工作任务	参与制订公司年度经营计划、预算方案和设计费用支出方案； 参与公司重大投资、业务问题的决策； 掌握和了解公司内外动态，及时向总经理反映，并提出建议	
职责二	职责表述：对项目规划设计提供技术支持和业务指导		工作时间百分比：50%
	工作任务	监督贯彻国家有关工程建设的政策、法令、法规及有关文件； 参与开发项目组织总设计方案； 负责审核小区总体建筑风貌设计方案、装修设计方案； 组织编制小区市政工程与实施方案； 负责审核项目设计招投标方案，并签订设计、勘察、测绘、咨询等委托合同； 为项目设计中碰到的重大技术问题提供支持	
职责三	职责表述：提供技术支持		工作时间百分比：20%
	工作任务	配合总工办落实施工组织总设计方案，参与招投标工作； 配合总工办处理施工中出现的重大技术问题	
职责四	职责表述：做好政府部门、专业公司的客户公关，完成总经理交办的其他工作		工作时间百分比：10%

权力：

开发组织总设计方案的建议权；
项目规划设计技术审核权；
建筑市政设计委托权；
勘察、测绘、咨询等委托权；
对下属部门工作计划执行情况检查考核权；
对下属部门拟订的制度有审核权；
对下属部门的人事任免建议权；
对下属部门各项工作的监控权；
对下属部门主管管理水平、业务水平和业绩的考核评价权；
下属部门预算内的费用审批权

工作协作关系：

内部协调关系	公司各部门、分公司
外部协调关系	市规委、市园林局、市交通局、市人防办、市消防局、教育局、各专业公司、各建筑设计院等

任职资格：

教育水平	大学本科以上
专业	建筑学、城市规划及相关专业
培训经历	管理理论、房地产行业技术知识、公共关系、法律知识培训
经验	5年以上建筑设计或工程建设经历
知识	通晓城市规划、建筑设计、构造学、给排水、暖通、电气、企业管理、相关法律等知识
技能技巧	熟练使用WORD、EXCEL等办公软件，工程绘图，具有一定的领导能力、判断与决策能力、人际能力、沟通能力、影响力、责任心、计划与执行能力

A

A

其他：

使用工具设备	计算机、一般办公设备（电话、传真机、打印机、Internet/Intranet网络），交通与通信设备
工作环境	办公场所
工作时间特征	无明显的节假日
所需记录文档	图纸、简报、汇报文件或报告、总结等

备注：

第二部分：业务部门职务说明书

（1）市场部职务说明书

市场部部长职务说明书

岗位名称	市场部部长	**岗位编号**	
所在部门	市场部	**管理幅度**	
直接上级	总经济师	**职系**	管理职系
直接下级	项目研究、计划统计		

本职：负责公司土地储备、谈判，项目的可行性研究；负责制订公司的综合计划和统计工作；负责优化与推进房地产业务流程；负责市场部的日常管理工作

职责与工作任务：

职责一	职责表述：负责公司土地储备、谈判		工作时间百分比：5%
	工作任务	负责收集房地产行业土地市场（一级市场、二级市场）的需求信息，定期制订公司土地储备中长期发展规划和对投资价值进行分析，为公司项目投资决策提供依据； 负责土地开发项目谈判	
职责二	职责表述：负责项目的可行性研究		工作时间百分比：25%
	工作任务	负责收集国家宏观经济政策、房地产行业发展、市场竞争格局及市场需求动态等方面的信息，建立内部市场信息数据库； 定期委托专业市场研究公司或本部门进行房地产行业市场调查，并形成专题研究报告上报主管领导和公司领导； 负责公司下达的对特定项目的可行性论证和分析，并组织编制开发项目组织总设计方案； 负责组织有关部门（规划部、总工办、分公司、预算合同部等）及公司领导对开发项目组织总设计方案进行论证	
职责三	职责表述：负责优化与推进房地产业务流程		工作时间百分比：15%
	工作任务	根据公司组织结构调整、部门职责的重新分配及业务的重组等要求，定期或不定期对公司业务流程进行优化	
职责四	职责表述：负责编制公司项目成本计划		工作时间百分比：15%
	工作任务	负责编制初步的项目成本计划； 项目施工图交接后，负责制订二次项目成本计划，经主管领导审核，公司经理办公会批准后，下发各有关部门（分公司、预算合同部、财务部、总工办等）进行实施，并作为各部门成本控制依据	
职责五	职责表述：负责制订公司综合计划		工作时间百分比：10%
	工作任务	汇总公司各部门计划，编制公司综合计划（生产计划、资金使用计划、销售计划、拆迁计划、前期工作计划、物业管理计划等），上报主管领导审核，经公司经理办公会批准后，下发各有关部门进行实施； 公司各部门定期（每季度、半年）向市场部上报计划执行的相关资料； 定期（每季度）组织有关部门召开计划协调会； 对各部门计划执行情况进行分析并形成报告，经主管领导审核，公司经理办公会讨论后，对各部门进行计划调控； 配合人力资源部对各部门/分公司计划指标执行进行考核，并具有考核奖惩建议权	

A

职责六	职责表述：负责公司综合统计		工作时间百分比：10%
	工作任务	定期（月、季度、年）汇总并统计公司各部门上报的固定资产统计报表； 定期（月、季度、年）汇总并统计分公司上报的生产、成本、资金使用、销售等统计报表； 定期（月、季度、年）汇总并统计公司其他部门按系统统计要求上报有关统计报表	
职责七	职责表述：部门内行政管理		工作时间百分比：5%
	工作任务	负责制订本部门的工作计划、资金使用计划； 负责落实本部门的综合计划； 负责对下属人员业务指导和培训； 负责对下属人员的工作考核	
职责八	职责表述：做好内外部工作协调		工作时间百分比：5%
	工作任务	与各部门密切配合，发挥综合计划效能； 进行市/区计委、市/区建委、统计局、同行企业的外部联系工作	
职责九	职责表述：完成主管领导交办的其他工作任务		工作时间百分比：10%

权力：

土地储备工作的建议权；
开发组织总设计的审核权；
要求各部门按时上报计划统计资料的权利；
对部门计划执行结果考核奖惩有建议权；
内部人员工作安排权、下属人员考核权

工作协作关系：

内部协调关系	公司内所有部门
外部协调关系	市计委、市建委、区计委、区建委、经贸委、集团公司、统计局等

任职资格：

教育水平	大学本科以上
专业	房地产管理、经济管理和其他相关专业
培训经历	市场研究、财务、房地产业务及其他
经验	3年以上房地产行业工作经历
知识	具备相应的管理知识、经济学知识、房地产专业知识、市场研究学知识、财务知识等
技能技巧	熟练使用WORD、EXCEL等办公软件，具备基本的网络知识； 具有一定的领导能力、判断与决策能力、人际能力、沟通能力、影响力、计划与执行能力

其他：

使用工具设备	计算机、一般办公设备（电话、传真机、打印机、Internet/Intranet网络）、交通及通信设备
工作环境	独立办公室
工作时间特征	无明显的节假日
所需记录文档	图纸、简报、汇报文件或报告、总结等

备注：

项目研究职务说明书

岗位名称	项目研究	岗位编号	
所在部门	市场部	管理幅度	
直接上级	市场部部长	职系	技术职系
直接下级	无		

本职：负责公司的项目研究工作

职责与工作任务： 负责市场调研与信息收集工作			
职责一	职责表述：负责信息收集与市场调研工作		工作时间百分比：10%
	工作任务	负责调查国家宏观经济、有关外部环境最新发展信息，为项目研究和领导决策做准备； 收集并分析本行业的商业情况信息，消费者需求，与本企业有竞争关系公司的产品价格、质量、服务方式、市场占有率等信息，并与本公司的产品进行对比分析，定期向市场部部长提出有参考价值的调研报告	
职责二	职责表述：负责对房地产市场需求进行定性定量分析及预测工作		工作时间百分比：10%
	工作任务	负责每年度房地产行业的市场状况分析； 负责预测下一年度的房地产市场走势及消费需求分析	
职责三	职责表述：负责土地储备、土地谈判、项目的初步可行性研究和项目组织设计		工作时间百分比：50%
	工作任务	负责土地储备研究，包括土地转让和土地开发的项目研究； 负责土地开发项目谈判； 负责项目前期的可行性研究分析，为领导决策和立项工作提供支持，并负责初步可行性研究方案制订过程中与各部门的协调工作； 负责项目的组织总体设计研究，包括市场分析、项目本身物业情况分析、市场定位分析、拆迁方案分析、施工组织分析、成本分析、营销分析、效益分析等； 负责方案编写过程中与各部门协调	
职责四	职责表述：负责编制公司项目成本计划		工作时间百分比：25%
	工作任务	负责编制初步的项目成本计划； 项目施工图交接后，负责制订二次项目成本计划，经主管领导审核，公司经理办公会批准后，下发各有关部门（分公司、预算合同部、财务部、总工办等）进行实施，并作为各部门成本控制依据	
职责五	职责表述：完成市场部部长交办的其他工作任务		工作时间百分比：5%

权力： 项目立项建议权	
工作协作关系：	
内部协调关系	公司各部门
外部协调关系	同行业企业、集团公司、各级政府部门
任职资格：	
教育水平	大学本科以上
专业	经济管理专业、房地产管理及其他相关专业
培训经历	市场研究培训、项目策划培训、成本测算培训、营销培训、财务培训、房地产业务培训等

经验	2年以上从事相关工作的经历
知识	掌握市场研究及项目分析理论知识、财务管理、经济管理、成本测算、市场营销等知识
技能技巧	熟练使用WORD、EXCEL等办公软件，具备基本的网络知识，具有判断与决策能力、人际能力、沟通能力、影响力、计划与执行能力、对事物敏锐的洞察力和文字处理能力
其他：	
使用工具设备	计算机、一般办公设备（电话、传真机、打印机、Internet/Intranet网络）
工作环境	办公场所
工作时间特征	正常工作时间，根据需要加班
所需记录文档	项目研究报告或市场调研报告等

备注：

计划统计职务说明书

岗位名称	计划统计	岗位编号	
所在部门	市场部	管理幅度	
直接上级	市场部部长	职系	技术职系
直接下级	无		

本职：负责房地产开发公司的计划统计工作

职责与工作任务：

职责一	职责表述：负责制订公司综合计划		工作时间百分比：40%
	工作任务	汇总公司各部门计划，编制公司综合计划（生产计划、资金使用计划、销售计划、拆迁计划、前期工作计划、物业管理计划等），上报主管领导审核，经公司经理办公会批准后，下发各有关部门进行实施； 公司各部门定期（每季度、半年）向市场部上报计划执行的相关资料； 定期（每季度）组织有关部门召开计划协调会； 对各部门计划执行情况进行分析并形成报告，经主管领导审核，公司经理办公会讨论后，对各部门进行计划调控； 配合人力资源部对各部门/分公司计划指标执行情况进行考核，并具有考核奖惩建议权	

A

职责二	职责表述：负责基建的统计工作		工作时间百分比：10%
	工作任务	负责固定资产的统计工作	
职责三	职责表述：负责房地产开发的统计工作		工作时间百分比：35%
	工作任务	负责房地产开发方面的统计工作，包括投资、施工面积（新开工面积、竣工面积）、费用统计（前期费用、税费、价格指数变动）； 负责销售方面的统计工作，包括销售收入、销售面积等； 负责拆迁、租赁方面的统计工作； 负责土地开发方面的统计工作； 负责经营方面的统计工作； 负责预算方面的统计工作，包括招标完成情况、结算完成情况	
职责四	职责表述：负责编制房地产开发专业、基建专业报表		工作时间百分比：10%
	工作任务	负责编制月报、季报、年报、价格指数调查表等； 为完成国家规定的报表，识别内部报表，疏通部门间数字通道； 负责内部资料的汇总和历年统计资料的整理和归档工作	
职责五	职责表述：完成市场部部长交办的其他任务		工作时间百分比：5%

权力：

在市场部部长的授权范围内对计划书的建议权；
要求各部门按时上报有关计划的权力；
在市场部部长授权范围内对统计数据的审核权；
要求各部门按时上报统计报表的权力

工作协作关系：

内部协调关系	公司各部门及二级公司
外部协调关系	市建委、市计委、市统计局、区建委、区计委、区统计局、集团等

任职资格：

教育水平	大学本科以上
专业	经济管理、统计、房地产管理、财务管理等相关专业
培训经历	经济管理、财务管理、统计学、生产运作管理、房地产行业培训等
经验	3年以上工作经历
知识	掌握经济管理、财务管理、统计学、生产作业管理等知识
技能技巧	熟练使用WORD、EXCEL等办公软件，具备基本的网络知识，具有一定判断能力、人际能力、沟通能力、计划与执行能力

其他：

使用工具设备	计算机、一般办公设备（电话、传真机、打印机、Internet/Intranet网络）
工作环境	办公场所
工作时间特征	正常工作时间，根据需要加班

A

所需记录文档	年度与季度的计划书、报表、统计分析资料等

备注：

（2）规划部职务说明书

规划部部长职务说明书

岗位名称	规划部部长	岗位编号	
所在部门	规划部	管理幅度	
直接上级	总建筑师	职系	管理职系
直接下级	技术审核、规划管理、市政管理		

本职：负责公司所有项目前期规划，向政府部门报批相关手续；
委托规划院、设计院进行项目方案设计和施工图设计；协调和解决公司内部项目建设中出现的技术问题

职责与工作任务：			
职责一	职责表述：负责开发项目组织总设计的前期工作		工作时间百分比：40%
	工作任务	对政府有关部门进行公关，组织进行项目报批； 对专业公司进行公关，组织进行市政项目报批、报装； 组织项目设计出图、报批等工作计划； 负责组织规划、建筑单体设计、市政的图纸设计，下达设计条件，建立设计费用拨付台账等； 配合分公司召集大市政协调会，并参加大市政协调会； 配合销售中心办理用地规划许可证，并取得建设工程用地许可证； 配合销售中心办理《公共服务设施配套协议》	
职责二	职责表述：负责项目图纸设计中的相关技术工作		工作时间百分比：20%
	工作任务	组织项目设计的招投标； 组织有关部门进行项目的初步设计、施工图设计的技术论证； 组织有关部门进行施工图交接、交底； 负责项目设计过程中的重大技术变更	
职责三	职责表述：工程建设中的相关技术支持		工作时间百分比：20%
	工作任务	参与分公司组织的招投标工作； 配合总工办做好现场技术处理	

A

职责四	职责表述：日常行政工作		工作时间百分比：10%
	工作任务	全面负责规划部日常行政工作； 控制设计费用的拨付工作	
职责五	职责表述：完成总建筑师分派的其他任务		工作时间百分比：10%

权力：

项目规划设计委托建议权；
项目规划设计组织权；
项目工程建设技术支持权；
项目前期研究参与权；
公司重大项目投资决策建议权

工作协作关系：

内部协调关系	市场部、总工办、预算合同部、分公司、销售中心、财务部等相关部门
外部协调关系	市规委、市园林局、市交通局、市人防办、市消防局、教育局、各专业公司、各建筑设计院

任职资格：

教育水平	大学本科以上
专业	城市规划、园林、建筑
培训经历	管理理论、房地产行业技术知识、采暖、给排水、电气、公共关系、法律知识培训
经验	5年以上建筑设计或安装工程经历
知识	通晓城市规划、建筑设计、构造学、企业管理、相关法律等知识
技能技巧	熟练使用WORD、EXCEL、工程绘图等软件，具有一定的领导能力、判断与决策能力、人际能力、沟通能力、影响力、责任心、完美主义精神、计划与执行能力

其他：

使用工具设备	计算机、一般办公设备（电话、手机、传真机、打印机、Internet/Intranet网络）
工作环境	办公场所
工作时间特征	正常工作时间，经常加班
所需记录文档	通知、简报、汇报文件或报告、总结、合同等

备注：

技术审核职务说明书

岗位名称	技术审核	岗位编号	
所在部门	规划部	管理幅度	
直接上级	规划部部长	职系	技术职系
直接下级	无		

本职：负责所有项目方案的设计及施工图设计的技术审核工作

职责与工作任务：

职责一	职责表述：负责审核各项目方案设计及施工图设计图纸		工作时间百分比：50%
	工作任务	依据规划局审定设计方案通知书、项目设计条件、项目勘察报告、建设用地许可证、政府部门批准的人防、消防、交通、园林审判意见及相关设计法规/技术规范等对设计图纸进行审核； 对图纸出现的技术问题及时与规划院、设计院进行沟通协商解决； 对出现的重大技术问题及时上报部门领导，汇集有关部门解决设计规划的重大问题	
职责二	职责表述：对工程建设提供技术服务		工作时间百分比：30%
	工作任务	做好与总工办的技术交接工作，对总工办审查出来的技术问题应及时与规划院或设计院联系进行修改或变更； 配合或协助总工办组织召集协调会，解决项目施工过程中各专业遇到的技术难题或与设计要求不相符的问题； 必要时组织规划院或设计院进行现场方案研讨	
职责三	职责表述：对项目设计采用的“三新技术”进行技术经济分析审查		工作时间百分比：5%
职责四	职责表述：与项目负责人共同组织负责项目规划设计招投标工作		工作时间百分比：10%
	工作任务	在项目委托设计前期，负责对规划院、设计院资质审查； 组织内外部专家和有关领导对入围单位进行开标或评标	
职责五	职责表述：对本部门项目管理人员遇到的技术问题，提供技术支持或合理的解决方案		工作时间百分比：5%

权力：

项目前期方案可行性研究的参与权；
开发组织总设计方案的建议权；
图纸技术的审核权；
业务技术的指导权

工作协作关系：

内部协调关系	总工办、分公司、市场部等
外部协调关系	规划院、设计院、施工单位等

任职资格：

教育水平	大学本科以上
专业	结构、设备（给排水、暖道）、电气、建筑学
培训经历	管理知识、公共关系、法律知识培训

经验	2~5年规划设计院、建筑设计院设计经验
知识	通晓各专业规范或标准等知识
技能技巧	熟练使用WORD、EXCEL等办公软件； 具有一定的技术权威性、协调能力、人际能力、沟通能力、客户服务能力
其他：	
使用工具设备	计算机、一般办公设备（电话、传真机、打印机、Internet/Intranet网络）
工作环境	办公场所
工作时间特征	正常工作时间，根据需要加班
所需记录文档	年度与季度的计划书、报表、统计分析资料等

备注：

规划管理职务说明书

岗位名称	规划管理	岗位编号	
所在部门	规划部	管理幅度	
直接上级	规划部部长	职系	技术职系
直接下级	无		

本职：负责项目前期规划建筑设计委托相关图纸（规划方案、六图二书、单体方案初步设计、施工图等）的组织出图和相关报批工作

职责与工作任务：

职责一	职责表述：负责组织项目前期设计工作		工作时间百分比：40%
	工作任务	参与项目设计的招投标工作； 负责向设计单位下达设计条件或要求，组织规划、单体设计方案； 组织初步设计、施工图设计工作	
职责二	职责表述：负责所有项目报审工作		工作时间百分比：30%
	工作任务	完成小区总体方案的规划报批、审批； 完成六图二书的审定； 完成单体的各项报批，并取得相关批件及工程建设规划许可证； 配合销售中心办理用地征询意见，并取得工程建设用地许可证； 配合销售中心办理《公共服务设施配套协议》	

职责三	职责表述：对外协调		工作时间百分比：25%
	工作任务	针对图纸变更的不同情况（设计中的技术变更、工程建设中的技术更改等），进行业务洽商和图纸修改； 协助分公司进行二次设计的施工图组织、交底工作； 协助总工办做好施工现场的技术服务	
职责四	职责表述：完成规划部部长交办的其他工作		工作时间百分比：5%

权力：

项目申报的报批权；
项目委托设计的联络权；
现场技术服务的指导权

工作协作关系：

内部协调关系	总工办、分公司、销售中心等
外部协调关系	政府机关（规划委、人防、消防、交通、园林、教育等）、设计院、规划院、施工队

任职资格：

教育水平	大学本科以上
专业	规划、建筑
培训经历	结构、设备、电气、计算机、管理学、房地产行业知识
经验	2年以上设计院工作经验
知识	具有美学、管理学及相关专业等知识
技能技巧	熟练使用WORD、EXCEL等办公软件，能够绘图、绘画； 具有一定的沟通能力、公关能力、协调能力、计划与执行能力、客户服务能力

其他：

使用工具设备	计算机、办公用车、一般办公设备（电话、传真机、打印机、Internet/Intranet网络）
工作环境	办公场所
工作时间特征	正常工作时间，偶尔或阶段性加班
所需记录文档	政府文件、公司文件、工程图纸、汇报文件等

备注：

本岗位参加业务职务评审，具体评审办法见“员工职业发展制度”

市政管理职务说明书

岗位名称	市政管理	岗位编号	
所在部门	规划部	管理幅度	
直接上级	规划部部长	职系	技术职系
直接下级	无		

本职：负责项目前期市政设计组织（市政规划方案确立，市政规划图纸综合、施工图等）和相关报批、报装工作

职责与工作任务：

职责一	职责表述：组织市政设计工作		工作时间百分比：25%
	工作任务	洽谈市政项目设计，技术谈判； 配合分公司做好大市政咨询，参加大市政协调会，完成市政方案综合； 负责向市政设计单位提供设计条件或要求，组织市政设计出图； 组织小市政一次施工图设计工作； 委托专业公司进行二次市政设计	
职责二	职责表述：负责所有项目市政报批、报装		工作时间百分比：30%
	工作任务	到专业公司（自来水、燃气、供电局等）进行登记、报装、报批； 确定路由，办理市政工程规划许可证	
职责三	职责表述：技术服务		工作时间百分比：25%
	工作任务	针对图纸变更的不同情况（设计中的技术变更、工程建设中的技术更改等），进行业务洽商和图纸修改； 进行二次设计的施工图交底及现场综合工作； 协助总工办做好施工现场的技术服务	
职责四	职责表述：完成规划部部长交办的其他工作		工作时间百分比：20%

权力：

项目申报的报批权；
项目委托设计的联络权；
现场技术服务的指导权

工作协作关系：

内部协调关系	总工办、分公司、销售中心等
外部协调关系	政府机关（市规委、供电局、自来水公司、燃气公司、热力公司、电信局、市政管理处等）、设计院、规划院、专业施工队

任职资格：

教育水平	本科以上
专业	给排水、电气、暖通等相关专业
培训经历	建筑、计算机、管理学、房地产行业知识
经验	2年以上设计院工作经历

知识	管理学及相关专业等知识
技能技巧	熟练使用WORD、EXCEL等办公软件； 具有一定的沟通能力、公关能力、协调能力、计划与执行能力、客户服务能力
其他：	
使用工具设备	计算机、办公用车、一般办公设备（电话、传真机、打印机、Internet/Intranet网络）
工作环境	办公场所
工作时间特征	正常工作时间，偶尔或阶段性加班
所需记录文档	政府文件、公司文件、工程图纸等
备注：	

（3）预算合同部职务说明书

预算合同部部长职务说明书

岗位名称	预算合同部部长	岗位编号	
所在部门	预算合同部	管理幅度	
直接上级	总经济师	职系	管理职系
直接下级	材料设备管理、预结算合同管理		

本职：拟订预算合同部相关业务的规章制度；
协助常务副总经理负责征地、拆迁、规划设计、建安、市政、监理等工程合同的审定；
招投标管理；材料设备采购管理；工程项目预、结算的审定工作

职责与工作任务：			
职责一	职责表述：拟订预算合同部相关业务的规章制度		工作时间百分比：15%
	工作任务	拟订并完善公司材料设备供应管理办法； 拟订并完善公司合同管理办法、招投标管理办法； 拟订并完善公司工程预、结算管理办法	

职责二	职责表述：负责指导、监督、审定预算合同部的各项业务工作		工作时间百分比：50%
	工作任务	负责审定征地、拆迁、规划设计、建安、市政、监理等与工程项目有关的合同或协议； 负责征地、拆迁、规划及非招标工程（包括建安工程、市政工程、材料设备采购）的价格审定； 负责审定建安、市政工程、监理公司及材料设备的招投标文件和标底，并参与开标、评标工作； 负责审定征地、拆迁、规划设计、建安、市政、监理等工程的预结算工作； 负责建立材料设备数据库； 负责建立合同库，便于存档和查证	
职责三	职责表述：负责对相关部室的协调工作		工作时间百分比：20%
	工作任务	参与工程项目的技术交底； 负责合同管理、招投标、预结算工作过程中与相关部室的协调工作； 配合市场部编制、审定项目成本计划和年度的生产计划、成本计划、资金使用计划； 负责监督公司所有部门成本计划的实施	
职责四	职责表述：其他事项		工作时间百分比：10%
	工作任务	指导、监督分公司相关专业的业务工作与制度的执行情况； 负责部门内部的人员工作安排、考核等工作	
职责五	职责表述：完成总经济师交办的其他工作任务		工作时间百分比：5%

权力：

在总经济师授权范围内的合同审批权；
招投标文件和标底的审批权；
开标、评标工作的参与权；
工程预结算的审批权；
材料设备价格的审批权；
对分公司业务指导和监督权；
对部门内部员工的考核与工作任务安排权

工作协作关系：

内部协调关系	规划部、总工办、财务室、分公司、市场部
外部协调关系	市建委造价管理处、集团经营部、施工企业、材料设备供应商

任职资格：

教育水平	大学本科以上
专业	概预算经济、物资经济等其他相关专业
培训经历	经济管理理论、财务理论、房地产专业理论
经验	3年以上工作经历
知识	具备相应的管理水平及专业业务水平
技能技巧	具备识图能力，熟练使用WORD、EXCEL等办公软件，具备基本的网络知识； 具有一定的领导能力、判断与决策能力、人际能力、沟通能力、协调能力、影响力、计划与执行能力、业务谈判能力

其他：

使用工具设备	计算机、一般办公设备（电话、传真机、打印机、Internet/Intranet网络）
工作环境	办公场所
工作时间特征	正常工作时间，根据需要加班
所需记录文档	招投标文件、合同文件、预结算文件及其规章制度

备注：

材料设备管理职务说明书

岗位名称	材料设备管理	**岗位编号**	
所在部门	预算合同部	**管理幅度**	
直接上级	预算合同部部长	**职系**	技术职系
直接下级	无		

本职：负责建立材料设备数据库，审定分公司的材料设备招投标工作和合同，审核材料设备采购价格

职责与工作任务：

职责一	职责表述：负责建立材料设备数据库工作		工作时间百分比：35%
	工作任务	负责与材料设备供应商及建材市政联系，准确及时地提供材料设备的最新市场价格，输入材料设备数据库，为材料价格的审定及分公司的预算工作提供支持； 负责根据审核后的材料设备价格请批单，及时更新材料设备数据库	
职责二	职责表述：负责审定建安、市政、修缮等工程中非招投标材料设备的价格		工作时间百分比：30%
	工作任务	针对分公司上报的材料设备采购价格请批单，拟订市场询价记录，提出审定意见，经预算合同部部长、主管经理签字后，将审核后的价格请批单下发各分公司执行； 负责将价格请批单建档留存，同时将审核后价格输入材料设备数据库	
职责三	职责表述：负责指导、监督、审定分公司的材料设备招投标工作		工作时间百分比：25%
	工作任务	负责审定分公司编制的招标文件和标底（对于通过招投标采购的材料设备），提出审定意见报预算合同部部长和主管经理审批后，下发到分公司，由分公司组织具体的招标工作； 参与分公司组织的材料设备招投标开标和评标工作	
职责四	职责表述：负责招投标材料设备合同审核并建档留存		工作时间百分比：5%
	工作任务	审核通过招投标选定的材料设备供货合同（条款、数量、金额），提出审定意见，经预算合同部部长、主管经理签字确认后，下发到分公司，作为分公司拨款的依据，同时建档留存，输入合同库	

A

职责五	职责表述：完成预算合同部部长交办的其他工作任务	工作时间百分比：5%

权力：

在预算合同部部长授权范围内，审定材料设备价格的建议权；
分公司编制的材料设备招标文件和标底的审核权；
分公司材料设备招投标开标、评标工作的参与权；
在预算合同部部长授权范围内，对分公司的招标工作的监督权

工作协作关系：

内部协调关系	总工办、规划室、分公司、财务部
外部协调关系	材料设备供应商、建材市场、集团、施工单位

任职资格：

教育水平	大学专科以上
专业	房地产管理、工民建、经济管理、财务和其他相关专业
培训经历	施工图纸培训、房地产业务培训、财务会计培训、招投标管理培训等
经验	3年以上工作经历
知识	具备一定的财务管理知识、法律知识（尤其是国家的招投标法和合同法）
技能技巧	具备识图能力，熟练使用WORD、EXCEL等办公软件，具备基本的网络知识； 具有较强的信息处理、判断与决策能力，综合分析与归纳能力，计划与执行能力，专业知识及技能

其他：

使用工具设备	计算机、图集、图纸、一般办公设备（电话、传真机、打印机、Internet/Intranet网络）
工作环境	办公场所和建材市场等
工作时间特征	正常的工作时间，根据需要加班
所需记录文档	开发部文件、材料设备采购审批单、材料设备招投标文件及合同

备注：

工程合同预结算职务说明书

岗位名称	工程合同预结算	岗位编号	
所在部门	预算合同部	管理幅度	
直接上级	预算合同部部长	职系	技术职系
直接下级	无		

本职：负责工程预结算管理和审定工作，合同管理

职责与工作任务：

职责一	职责表述：负责建立合同数据库，对工程合同进行统一管理		工作时间百分比：15%
	工作任务	针对征地、拆迁、规划设计、建安、市政、监理、高级装修、修缮等工程项目的合同或协议，提出审定意见，报预算合同部部长和主管经理审批后，负责合同的签订工作； 负责将工程合同输入合同数据库，进行统一管理	
职责二	职责表述：负责审定工程项目预算工作		工作时间百分比：10%
	工作任务	负责审定征地、拆迁、规划设计等工程项目的预算工作，提出审定意见，经预算合同部部长和主管经理审批后，编制预算通知单发放到各部门； 负责审定招投标底建安（土建、水、电等）、市政、高级装修等工程项目的招标文件和标底，提出审定意见，经预算合同部部长和主管经理审批后，编制预算通知单发放到分公司，并参与分公司组织的开标、评标工作； 负责审定非招标的建安（土建、水、电等）、市政、修缮等工程项目的预算工作，提出审定意见，经预算部部长和主管经理审批后，编制预算通知单发放到分公司； 参与材料设备的市场询价工作	
职责三	职责表述：负责审定工程项目的结算工作并编制结算汇总表		工作时间百分比：45%
	工作任务	负责审定征地、拆迁、规划设计等工程项目的决算工作，提出审定意见，经预算部部长和主管经理审批后，编制结算审定通知单发放到各相关部门； 负责审定招投标底建安（土建、水、电等）、市政、高级装修等工程项目的预算工作，同时审核扣除施工单位原中标价中甲供材料设备款之后，提出审定意见，经预算部部长和主管经理审批后，编制结算通知单发放到分公司； 负责审定非招标底建安（土建、水、电等）、市政、修缮等工程项目的预算工作，提出审定意见，经预算部部长和主管经理审批后，编制结算通知单发放到分公司； 审核分公司编制的经济分析报告并编制结算汇总表； 审核、汇总分项工程（土建、水、电、工程洽商等）中标价与结算价增减情况汇总明细表； 审核、汇总分项工程（土建、水、电等）结算报价、审定价调整情况明细表； 审核、汇总甲方单独分包工程列入结算明细表； 编制扣除施工单位预算中甲供材料设备明细表； 审核分公司编制的委托供应材料设备明细表； 编制预、结算会审表	
职责四	职责表述：建立各类台账，规范预、结算管理，提供经验数据		工作时间百分比：15%
	工作任务	建立征地、拆迁、规划设计、建安、市政、高级装修、修缮等工程项目的预结算审核台账； 建立结算栋号审定台账； 建立中标价与结算价分项目的对比台账	
职责五	职责表述：审定成本计划并负责监督其实施		工作时间百分比：10%
	工作任务	配合市场部编制、审定项目成本计划和年度的生产计划、成本计划和资金使用计划； 负责监督公司所有部门成本计划的实施	

A

职责六	职责表述：完成预算合同部部长交办的其他工作任务	工作时间百分比：5%

权力：

在预算合同部部长授权范围内的工程项目预结算审核权；
在预算合同部部长授权范围内的分公司建安、市政招投标文件和标底的审核权；
分公司建安、市政招标工作开标与评标底参与权；
对于征地、拆迁、规划设计、建安、市政、监理等工程合同或协议的审核权；
对分公司预结算业务、建安、市政招投标工作、合同管理工作的指导和监督权

工作协作关系：

内部协调关系	总工办、规划室、财务室、市场部、分公司
外部协调关系	施工单位、拆迁公司、集团

任职资格：

教育水平	大学专科以上
专业	概预算经济、物资经济、房地产经济等相关专业
培训经历	经济管理理论培训、财务管理理论培训、房地产业务培训、工程技术培训等
经验	3年以上工作经历
知识	具备相应的经济管理知识、工民建知识、建材商情知识、安装、装饰、修缮、市政等专业知识和相关的法律知识等
技能技巧	具备识图能力，熟练使用WORD、EXCEL等办公软件，具备基本的网络知识； 有一定的判断与决策能力、沟通能力、计划与执行能力和专业知识

其他：

使用工具设备	计算机、一般办公设备（电话、传真机、打印机、Internet/Intranet网络）
工作环境	办公场所与施工现场
工作时间特征	正常工作时间，按工作需要加班
所需记录文档	预算文件，审定结算文件，图纸，经济分析报告，建安、市政等招投标文件，合同，各类台账

备注：

（4）总工办职务说明书

总工办主任职务说明书

岗位名称	总工办主任	岗位编号	
所在部门	总工办	管理幅度	
直接上级	总工程师	职系	管理职系
直接下级	总工办技术管理		

本职：在总工程师指导下组织工程技术审核；
组织制定公司技术管理制度规范；
负责具体工程技术管理工作部署以及日常招投标技术支持等；
总工办部门管理

职责与工作任务：

职责一	职责表述：规范、监督、指导工程建设		工作时间百分比：50%
	工作任务	在总工程师指导下组织制定公司技术管理制度规范； 负责工程建设实施与管理方面的业务指导：包括工程建设开工管理、建安投资与进度控制管理、工程建设计划管理、工程建设统计管理、工程建设监理管理、工程建设项目竣工验收管理、住宅小区收尾拔点验收管理以及工程建设档案资料管理； 具体负责组织调查、处理重大质量事故并向公司领导层提交报告； 具体负责协调规划部和分公司技术方面的问题； 对工程实施过程中的重大技术问题提供支持	
职责二	职责表述：总体技术审核与指导		工作时间百分比：20%
	工作任务	监督检查国家有关工程建设的政策、法令、法规及有关文件在各部门的贯彻落实情况； 根据工程建设计划，审核施工组织总设计，为总工程师审批提供建议和意见； 施工图纸审核，参与施工图交底和前期项目规划论证； 组织对新技术、新工艺、新材料的评估和推广应用	
职责三	职责表述：项目招投标支持		工作时间百分比：15%
	工作任务	招标文件或投标文件审核； 对项目施工、监理投标单位资质审查； 负责确定项目监理单位，组织签订监理合同	
职责四	职责表述：部门内部管理与对外协调		工作时间百分比：10%
	工作任务	负责总工办内部日常管理工作； 协调和其他部门的关系； 负责本部门人员的工组安排和考核； 部门内部费用控制； 负责组织本部门人员业务培训	
职责五	职责表述：完成总工程师交办的其他任务		工作时间百分比：5%

权力：

工程建设实施的监督权；
工程技术规范制度执行监督权；
一般项目施工单位、监理单位资质审批权；
一般项目施工组织设计、监理大纲审批权；
内部人员工作安排权、下属人员考核权；
工程建设项目的建议权；
规划设计论证的参与权

工作协作关系:	
内部协调关系	分公司、规划部、市场部、销售中心、财务部
外部协调关系	市建委、开发办、建筑设计院、专业公司、消防局、技术监督局、区建委及有关部门
任职资格:	
教育水平	大学本科以上
专业	工民建、建筑及相关专业
培训经历	相关的专业技术培训、管理理论培训
经验	具备5年以上工程建设管理经验，有主持大型工程项目建设经历
知识	掌握工程建设专业知识、管理和法律知识
技能技巧	具备基本的办公软件使用能力、网络基本应用能力； 有较强的领导能力、组织能力、判断与决策能力、人际能力、沟通协调能力、计划与执行能力、影响力
其他:	
使用工具设备	计算机、一般办公设备（电话、传真机、打印机、Internet/Intranet网络）、交通及通信设备
工作环境	办公场所，根据需要现场办公
工作时间特征	正常上班时间，偶尔加班
所需记录文档	相关审核意见记录、管理报告等过程文档
备注:	

技术管理职务说明书

岗位名称	技术管理	岗位编号	
所在部门	总工办	管理幅度	
直接上级	总工办主任	职系	技术职系
直接下级	无		
本职：负责日常技术审核、技术支持和工程管理涉及的具体事务			
职责与工作任务:			
职责一	职责表述：参加设计方案论证、工程施工图纸审查、施工图交底等工作		工作时间百分比：30%
	工作任务	工程施工图纸审查，出具审查意见； 工程施工图纸分发、管理； 就工程图纸具体问题与规划部、分公司、规划院、设计院协调处理； 参加总体设计方案论证、大小市政协调、施工图交底的具体工作	

职责二	职责表述：初审工程建设、工程施工组织总设计方案、监理大纲等		工作时间百分比：30%
	工作任务	初审分公司提交的施工组织总设计方案，为上级提供审查建议报告； 初审监理公司编制的监理大纲，提供建议报告； 初审施工承包单位编制的施工组织总设计，提供建议报告	
职责三	职责表述：工程建设管理		工作时间百分比：35%
	工作任务	对工程建设实施与管理进行具体业务指导，包括工程建设开工管理、建安投资与进度控制管理、工程建设计划管理、工程建设统计管理、工程建设监理管理、工程建设项目竣工验收管理、住宅小区收尾拔点验收管理以及工程建设档案资料管理； 监督检查工程施工质量； 协调解决工程施工技术问题，到现场处理施工技术问题，审查技术变更； 组织工程峻工验收、移交交接验收	
职责四	职责表述：完成总工办主任交办的其他任务		工作时间百分比：5%

权力：

工程施工组织总设计的建议权；
监理大纲审核建议权；
施工组织总设计审核建议权；
技术变更初审权；
工程技术标准贯彻权

工作协作关系：

内部协调关系	分公司、规划部、总经办
外部协调关系	市建委、开发办、建筑设计院、专业公司、消防局、技术监督局、区建委及有关部门

任职资格：

教育水平	大学本科以上
专业	工民建、建筑、工程建设管理等相关专业
培训经历	工程建设管理的相关专业技术培训
经验	具备2年以上现场施工管理经验
知识	了解房地产相关工程技术规范、标准，掌握水、电等相关专业知识
技能技巧	具备办公软件使用能力、网络基本应用能力； 有较强的专业技能、沟通协调能力、人际能力、组织能力、综合分析能力、判断与决策能力、计划与执行能力

其他：

使用工具设备	计算机、一般办公设备（电话、传真机、打印机、Internet/Intranet网络）
工作环境	办公场所，根据需要现场办公
工作时间特征	正常工作时间，偶尔加班
所需记录文档	审核意见记录、报告、工程图纸、工程管理规范文件、通知等

备注：

（5）分公司职务说明书

分公司经理职务说明书

岗位名称	分公司经理	岗位编号	
所在部门	分公司	管理幅度	
直接上级	总经理	职系	管理职系
直接下级	生产副经理、管理副经理、办公室主管		

本职：负责分公司经营计划的制订，工程建设的整体协调和管理，分公司内部人力资源的调配

职责与工作任务：

职责一	职责表述：全面负责分公司工程生产经营计划的制订与实施		工作时间百分比：30%
	工作任务	负责制订分公司工程建设计划（包括年度、季度、月份），经上级批准后实施，实施中接受上级公司的监督； 负责制订分公司工程建设成本计划（包括年度、季度、月份）经上级批准后实施，实施中接受上级公司的监督； 负责制订分公司销售收入计划（包括年度、季度、月份），经上级批准后实施，实施中接受上级公司的监督； 负责制定分公司工程质量控制、工程安全要求大纲，经上级批准后实施，实施中接受上级公司的监督； 参与公司的经营办公会、资金使用计划协调会； 参与公司项目投资发展规划的论证和重大决策	
职责二	职责表述：负责分公司的日常业务		工作时间百分比：40%
	工作任务	组织召开分公司生产、经营协调会； 组织有关部门和专家编制施工组织总设计方案，经批准后负责实施； 组织工程、材料、设备的招投标，并负责实施； 负责审核工程建设计划外的成本支出变动，并上报公司批准，市场部、财务部、预算合同部备案； 负责审核计划外销售收入的变动，并上报公司批准，市场部、财务部、销售中心备案； 全面负责分公司的综合统计	
职责三	职责表述：负责外部公关		工作时间百分比：15%
	工作任务	协助生产副经理做好政府机关、专业公司的公关； 协助生产副经理做好规划院、设计院技术变更或技术疑难问题解决工作； 组织产品销售的外部公关； 全面负责分公司其他方面的对外公关	
职责四	职责表述：负责分公司的内部管理工作		工作时间百分比：15%
	工作任务	负责下属部门员工队伍建设，选拔、配备、评价下属人员； 负责控制下属部门费用预算	

权力：

工程施工组织总设计方案的审核权；
工程建设项目的统筹权；
工程建设的成本控制权；
工程建设资金使用审核权；
分公司内部人力资源调配权；
对所属下级的工作监督、检查权；
对所属下级业务水平和业绩的考核评价权；
对所属下级工作争议裁决权；
公司项目投资决策建议权

工作协作关系：	
内部协调关系	公司所有部门
外部协调关系	市规委、各市政专业公司、规划院、设计院等
任职资格：	
教育水平	大学本科以上
专业	房地产管理、建筑、工民建等相关专业
培训经历	房地产行业技术知识、公共关系、法律、建筑学等知识培训
经验	5年以上房地产行业管理经验
知识	通晓房地产、企业管理、相关法律等知识
技能技巧	熟练使用WORD、EXCEL等办公软件，具有很强的领导能力、组织能力、社会公关能力、判断与决策能力、人际能力、沟通能力、影响力、计划与执行能力
其他：	
使用工具设备	计算机、一般办公设备（电话、传真机、打印机、Internet/Intranet网络），交通及通信设备
工作环境	办公场所，现场办公
工作时间特征	无明显节假日
所需记录文档	计划文档、汇报文件或报告、总结等
备注：	

分公司管理副经理职务说明书

岗位名称	分公司管理副经理	岗位编号	
所在部门	分公司	管理幅度	
直接上级	分公司经理	职系	管理职系
直接下级	生产计划统计、预算合同、销售主管、分公司财务会计、分公司出纳		
本职：全面负责分公司生产、成本、销售等计划统计，负责组织分公司工程、材料、设备招投标，完成分公司下达的销售计划			
职责与工作任务：			

职责一	职责表述：全面负责分公司综合计划并监督执行		工作时间百分比：30%
	工作任务	汇总分公司不同部门的年度计划，全面制订分公司综合计划（生产计划、成本计划、资金使用计划、销售计划），经分公司经理办公会讨论通过后，上报市场部审核； 分公司综合计划（生产计划、成本计划、资金使用计划、销售计划）经上级公司批准后，在实施过程中定期召开工作协调会，对综合计划进行监督协调	
职责二	职责表述：完成销售计划		工作时间百分比：30%
	工作任务	负责对项目销售经理内部招聘，并制定销售管理制度及奖惩办法； 配合销售中心营销策划方案的市场推广，制定相应的销售推广方案	
职责三	职责表述：工程建设管理		工作时间百分比：10%
	工作任务	负责定期汇总分公司不同部门的统计资料，按时分类报送市场部、人力资源部； 负责建立固定资产台账，合理利用和管理好分公司固定资产	
职责四	职责表述：完成总工办主任交办的其他任务		工作时间百分比：20%
	工作任务	负责组织编制工程/材料/设备招投标文件和标底，报送预算合同部审核； 负责组织工程/材料/设备招投标（开标/评标）工作	
职责五	职责表述：负责分公司的财务工作		工作时间百分比：10%
	工作任务	负责分公司项目工程建设成本归集工作； 负责分公司资金的合理使用	

权力：

综合计划执行的监督权；
工程材料设备招投标组织权；
对所属下级的工作调配权、考核权；
对所属下级的工作监督、检查权；
对所属下级业绩的考核评价权；
对所属下级工作争议裁决权

工作协作关系：

内部协调关系	分公司所有部门、公司所有部门
外部协调关系	物资供应商、施工单位、监理等

任职资格：

教育水平	大学本科以上
专业	房地产管理、市场营销等相关专业
培训经历	房地产行业技术知识、公共关系、销售培训、管理培训
经验	5年以上房地产行业管理经验
知识	通晓企业管理、相关法律等知识
技能技巧	熟练使用WORD、EXCEL等办公软件； 具有较强的领导、组织、社会公关、判断与决策、人际、沟通、计划与执行能力

其他：	
使用工具设备	计算机、一般办公设备，交通与通信设备
工作环境	办公场所，现场办公
工作时间特征	无明显节假日
所需记录文档	计划、汇报文件或报告、总结等
备注：	

分公司生产副经理职务说明书

岗位名称	分公司生产副经理	岗位编号	
所在部门	分公司	管理幅度	
直接上级	分公司经理	职系	管理职系
直接下级	分公司工程技术专责、分公司项目工程管理、分公司市政管理		

本职：全面负责分公司工程的组织、实施过程

职责与工作任务：			
职责一	职责表述：参与工程建设之前的准备工作		工作时间百分比：30%
	工作任务	参与项目前期规划方案论证、单体初步设计、施工图设计会签； 参与大、小市政协调会，施工图交接； 根据开发项目工程施工组织总设计要求，配置内部资源（配置各相关专业：规划、建筑、市政等） 配合规划部进行大、小市政工程的报装工作，并负责建安和市政工程的报建和报开工作，组织有关人员办理开工证； 组织有关人员办理招投标相关手续，初步筛选投标单位，分别协助总工办、预算合同部对投标单位进行资质审查和招标文件、标底的审核，通过招投标程序确定投标单位； 协助总工办确定监理单位	
职责二	职责表述：组织和协调项目建设的各项事宜		工作时间百分比：50%
	工作任务	成立项目建设小组，对相关人员进行专业分工和任务落实； 办理相关证件/手续（开工证、工程前期的全部报装、报批、审核手续及后期工程的报竣、验收、开建手续）； 组织和协调好施工单位、监理单位、设计单位、规划单位的外部工作关系； 组织和协调分公司与规划部、总工办、市场部的内部工作关系； 编制生产计划、协助经营副经理编制成本计划、资金使用计划（包括年度、季度、月计划）； 负责生产计划执行，协助经营副经理对成本计划、资金使用计划的执行； 组织召开技术方案变更、方案修改论证会； 协调有关部门解决施工现场的技术变更或技术疑难问题； 协助总工办组织好工程质量检查/验收工作； 负责内部工程质量监督、检查； 负责对下属员工业绩进行考核	

A

职责三	职责表述：做好外部公关		工作时间百分比：15%
	工作任务	协助总工办重点做好对政府部门、专业公司的业务公关，协调好与规划院、设计院、施工单位、监理单位之间的合作关系	
职责四	职责表述：完成分公司经理交办的其他工作		工作时间百分比：5%

权力：

工程招投标、材料/设备招投标单位的初步选择权；
建设工程的组织实施权；
工程建设资金使用初步审核权；
专业技术人员的人力资源内部调配权、考核权；
对所属下级的工作监督、检查权；
对所属下级业务水平和业绩的考核评价权；
对所属下级工作争议裁决权

工作协作关系：

内部协调关系	公司所有部门
外部协调关系	市规委、各市政专业公司、规划院、设计院

任职资格：

教育水平	大学本科以上
专业	房地产、建筑学、工民建等相关专业
培训经历	房地产行业技术知识、管理学、公共关系、法律知识培训
经验	5年以上房地产行业管理经验
知识	通晓企业管理、相关法律等知识
技能技巧	熟练使用WORD、EXCEL等办公软件； 具有较强的领导、组织、社会公关、判断与决策、人际、沟通、计划与执行能力

其他：

使用工具设备	计算机、一般办公设备，交通与通信设备
工作环境	办公场所，现场办公
工作时间特征	无明显节假日
所需记录文档	计划、汇报文件或报告、总结等

备注：

分公司工程技术专责职务说明书

岗位名称	分公司工程技术专责	岗位编号	
所在部门	分公司	管理幅度	
直接上级	分公司生产副经理	职系	技术职系
直接下级	无		

本职：负责分公司所有项目的施工图技术审核、技术管理、技术指导、技术监督

职责与工作任务：

职责一	职责表述：参与制订项目施工组织总设计和开工前的技术准备工作		工作时间百分比：20%
	工作任务	参与规划方案论证、施工图会审、设计交接、重大技术变更的洽谈； 组织草拟开发工程组织总设计方案的研讨，并汇总成稿	
职责二	职责表述：对项目施工中的技术指导、技术监督、技术管理		工作时间百分比：40%
	工作任务	负责项目年度工程建设实施计划的编写； 根据项目实施现状对施工组织总设计进行补充和完善，并进一步监督执行； 对工程建设技术负全面责任，负责图纸审核，对工程建设起指导作用； 配合总工办组织召集协调会，解决项目施工过程中遇到的技术难题或与设计要求不相符合的问题，必要时组织规划院或设计院进行现场方案研讨	
职责三	职责表述：对各项目采用的技术方案进行审查		工作时间百分比：30%
	工作任务	参与公司或科研机构组织的新技术推广研讨会； 在项目实施中，分析推广新技术、新工艺、新材料技术，并对可能采用的新技术应用方案，进行技术经济分析； 负责分公司新技术推广应用培训； 参与工程、材料设备招投标和定货洽商或提供技术支持	
职责四	职责表述：其他职责		工作时间百分比：10%
	工作任务	对项目实施中遇到的技术问题，提供技术支持； 组织新规范、新图集发放学习； 完成生产副经理交办的其他工作	

权力：

开发项目组织总设计方案的建议权；
图纸技术审核权；
技术变更审核权；
工程变更协调组织权

工作协作关系：

内部协调关系	总工办、规划部、预算合同部等
外部协调关系	规划院、设计院、施工单位等

任职资格：	
教育水平	大学本科以上
专业	建筑、工民建等相关专业
培训经历	规划、结构、管理知识、法律知识培训
经验	5年以上工作经历，主持过大型建筑施工项目
知识	通晓设计规范/标准及建筑施工标准等知识
技能技巧	熟练使用WORD、EXCEL等办公软件； 具有技术权威性、协调能力、组织能力、人际能力、沟通能力
其他：	
使用工具设备	计算机、一般办公设备（电话、传真机、打印机、Internet/Intranet网络）
工作环境	办公场所、工程现场
工作时间特征	正常工作时间，根据需要加班
所需记录文档	计划、图纸、汇报文件或报告、总结等
备注：	

分公司项目工程管理职务说明书

岗位名称	分公司项目工程管理	岗位编号	
所在部门	分公司	管理幅度	
直接上级	分公司生产副经理	职系	技术职系
直接下级	无		

本职：负责监督检查工程建设质量、监理单位对施工单位控制质量；协调解决现场事故处理；参与项目论证和办理有关证件

职责与工作任务：			
职责一	职责表述：参与项目前期规划、项目工程施工组织总设计方案的论证		工作时间百分比：20%
	工作任务	参与项目前期规划方案论证、设计方案论证、施工图会审、设计交接； 参与施工组织总设计方案论证	

职责二	职责表述：工程建设过程中的管理		工作时间百分比：50%
	工作任务	负责办理项目开工证； 负责工程、材料、设备投标单位的洽商，参与工程、材料/设备招投标工作； 编制项目工程建设生产计划、成本计划、资金使用计划； 监督施工单位的工程质量和工程进度； 监督监理单位对工程质量监督权的执行； 协调解决或处理现场施工方案的变更； 协助总工办做好工程质量验收检查； 协助管理室（预算合同）做好工程建设成本控制	
职责三	职责表述：现场技术服务		工作时间百分比：20%
	工作任务	解决现场出现的技术问题； 解决图纸中出现的技术问题，协助总工办做好技术变更工作	
职责四	职责表述：其他职责		工作时间百分比：10%
	工作任务	为规划部提供相关资料； 配合物业做好工程交接事宜； 完成生产副经理交办的其他工作	

权力：

工程质量监督权；
现场实施方案的协调权；
工程招投标、材料/设备招投标底洽商谈判权；
工程建设资金使用建议权；
开发组织总设计方案的建议权

工作协作关系：

内部协调关系	总工办、分公司、预算合同部、销售中心、物业等
外部协调关系	设计院、施工单位、客户、物业公司、监理公司等

任职资格：

教育水平	大学专科以上
专业	建筑、工民建等相关专业
培训经历	管理学、计算机
经验	具有2年以上建筑施工现场经验
知识	具有相关专业与管理等知识
技能技巧	熟练使用WORD、EXCEL等办公软件，具有一定的沟通、公关、协调能力、计划与执行能力

其他：

使用工具设备	计算机、一般办公设备（电话、传真机、打印机、Internet/Intranet网络）
工作环境	办公场所 、施工现场

工作时间特征	正常工作时间，根据需要加班
所需记录文档	政府文件、公司文件、工程图纸、经济合同、汇报文件或报告、总结等

备注：

分公司市政管理职务说明书

岗位名称	分公司市政管理	岗位编号	
所在部门	分公司	管理幅度	
直接上级	分公司生产经理	职系	技术职系
直接下级	无		

本职：负责监督检查市政工程建设质量、监理单位对施工单位控制质量；
协调解决现场事故处理；
参与项目论证和办理有关证件

职责与工作任务：

职责一	职责表述：参与项目前期论证		工作时间百分比：20%
	工作任务	参与项目前期规划方案论证、设计方案论证、施工图会审、设计交接； 参与工程建设总体方案研讨； 参与工程、材料/设备招投标	
职责二	职责表述：市政工程实施管理		工作时间百分比：40%
	工作任务	联系专业公司，办理报装及盖章；办理质量监督登记，监理认证、统计；园林、水泥等专项交费及工程节能图纸报审/盖章； 委托市政工程建设，签订市政委托服务条件（代办工程前期的全部报装、报批、审核手续及后期工程的报竣、验收、开建手续）； 草拟市政综合生产计划、资金使用计划； 监督施工单位的市政工程质量和工程进度、施工方案确认； 监督监理单位对市政工程质量监督权的执行	
职责三	职责表述：现场技术服务		工作时间百分比：30%
	工作任务	解决现场出现的市政方面的技术问题； 解决图纸中出现的市政技术问题	
职责四	职责表述：其他职责		工作时间百分比：10%
	工作任务	为规划部提供相关资料； 配合物业做好工程交接事宜； 完成生产副经理交办的其他工作	

权力：

现场市政建设质量监督权；
现场实施方案的协调权；
市政工程招投标底洽商谈判权；
市政资金使用建议权；
施工组织总设计方案的建议权

工作协作关系：	
内部协调关系	总工办、规划部
外部协调关系	设计院、施工单位、客户、物业等
任职资格：	
教育水平	大学专科以上
专业	电气、给排水、采暖等相关专业
培训经历	建筑、计算机
经验	2年以上工作经历，具有建筑施工现场经验
知识	具有相关专业与管理等知识
技能技巧	熟练使用WORD、EXCEL等办公软件，具有一定的沟通、公关、协调、计划与执行、客服能力
其他：	
使用工具设备	计算机、一般办公设备（电话、传真机、打印机、Internet/Intranet网络）
工作环境	办公场所 、施工现场
工作时间特征	正常工作时间，时常加班
所需记录文档	政府文件、公司文件、工程图纸、汇报文件或报告、总结等
备注：	

分公司生产计划统计职务说明书

岗位名称	分公司生产计划统计	岗位编号	
所在部门	分公司	管理幅度	
直接上级	分公司管理副经理	职系	技术职系
直接下级	无		

本职：制订分公司生产综合计划和统计工作，并负责监督实施

职责与工作任务：			
职责一	职责表述：编制开发工程组织总设计建设计划、销售计划、成本计划、资金使用计划		工作时间百分比：40%
	工作任务	根据施工组织总设计方案，汇总分公司各专业人员的项目生产计划，编制分公司开发工程组织总设计建设计划，上报经营副经理审核； 根据公司开发项目组织总设计方案，编制项目销售计划，上报经营副经理审核； 根据公司开发项目组织总设计方案及公司总体成本计划，编制分公司成本计划书（总体工程成本计划、建安成本、材料/设备、市政建设成本计划等），上报经营副经理审核； 根据施工组织总设计建设计划书的要求，编制分公司项目建设资金使用计划（总体工程建设资金使用计划、建安资金使用计划、材料/设备资金使用、市政建设资金使用计划等），上报经营副经理审核	

<table>
<tr><td rowspan="2">职责二</td><td colspan="2">职责表述：监控计划执行情况</td><td>工作时间百分比：40%</td></tr>
<tr><td>工作任务</td><td colspan="2">根据工程建设计划，督促生产室定期报送生产建设情况；
根据工程建设情况，每季度组织召开一次成本计划协调会，监督成本计划落实情况；
根据产品销售情况，每季度组织召开一次销售计划协调会，监督销售计划落实情况；
协同财务室，监督资金使用计划的执行</td></tr>
<tr><td rowspan="2">职责三</td><td colspan="2">职责表述：负责分公司综合统计</td><td>工作时间百分比：10%</td></tr>
<tr><td>工作任务</td><td colspan="2">汇总分公司各部门的项目生产统计报表，编制分公司开发工程组织总设计建设统计报表（总体建设统计，年度、季度、月份建设统计），定期上报公司有关部门（市场部、财务部）；
负责编制销售统计报表（月份、季度、年度销售统计报表），定期上报公司市场部；
负责编制成本统计报表（总体建设成本统计，年度、季度、月份成本控制统计），定期上报公司市场部；
年底向市场部上报分公司年度综合统计报表</td></tr>
<tr><td rowspan="2">职责四</td><td colspan="2">职责表述：固定资产统计</td><td>工作时间百分比：10%</td></tr>
<tr><td>工作任务</td><td colspan="2">建立固定资产统计台账；
定期对分公司固定资产进行统计，上报市场部</td></tr>
</table>

权力：

综合计划监督、协调权；
综合计划执行的考核权

工作协作关系：

内部协调关系	市场部、财务部、总工办、销售中心等
外部协调关系	无

任职资格：

教育水平	大学专科以上
专业	房地产管理、企业管理、统计学
培训经历	统计学、管理学、房地产知识、会计等
经验	2年以上工作经验
知识	具有管理、经济、房地产、法律等知识
技能技巧	熟练使用WORD、EXCEL等办公软件，具有一定的沟通能力、协调能力、人际能力、综合计划能力

其他：

使用工具设备	计算机、一般办公设备（电话、传真机、打印机、Internet/Intranet网络）
工作环境	办公场所

工作时间特征	正常工作时间
所需记录文档	公司文件、汇总资料、汇报文件或报告、总结等

备注：

分公司预算合同职务说明书

岗位名称	分公司预算合同	**岗位编号**	
所在部门	分公司	**管理幅度**	
直接上级	分公司管理副经理	**职系**	技术职系
直接下级	无		

本职：负责分公司编制招投标文件和标底；
负责组织工程/材料/设备的招投标事宜

职责与工作任务：

职责一	职责表述：负责项目工程预算的各项业务		工作时间百分比：45%
	工作任务	在预算合同部技术指导下，合理运用内部信息数据库，来编制招投标文件、标底； 负责编制建安、市政工程及相关材料设备的预结算文件； 建立建安、市政工程及相关材料设备的预结算台账； 到建委办理申报手续	
职责二	职责表述：组织工程/材料/设备招投标		工作时间百分比：40%
	工作任务	协助生产室拟订工程/材料/设备投标单位； 配合生产室进行工程/材料/设备招投标工作的洽谈； 负责编制工程/材料/设备招投标文件和标底； 将工程/材料/设备招投标方案上报预算合同部审核； 到市建委招标办进行招标登记，办理招标手续； 负责组织工程/材料/设备招投标	
职责三	职责表述：其他职责		工作时间百分比：15%
	工作任务	参与预算合同部组织的专项问题研讨； 参加政府机构举办的学习班、研讨会等； 完成管理副经理交办的其他工作	

权力：

工程/材料/设备招投标工作的组织权；
工程/材料/设备拨款审核权

工作协作关系：

内部协调关系	总工办、预算合同部、规划部、市场部等
外部协调关系	材料设备供应商、建委招标办、施工单位

任职资格：	
教育水平	大学专科以上
专业	概预算经济、物资经济、房地产经济等相关专业
培训经历	经济管理、工程技术、物资管理、计算机
经验	2年以上工作经历，具有建筑施工现场经验
知识	具有相关专业与管理等知识
技能技巧	熟练使用WORD、EXCEL等办公软件，具有一定的沟通能力、公关能力、协调能力、计划与执行能力
其他：	
使用工具设备	计算机、一般办公设备（电话、传真机、打印机、Internet/Intranet网络）
工作环境	办公场所、现场办公
工作时间特征	正常工作时间，根据工作需要加班
所需记录文档	政府文件、公司文件、工程图纸、汇报文件等
备注：	

分公司销售主管职务说明书

岗位名称	分公司销售主管	岗位编号	
所在部门	分公司	管理幅度	
直接上级	分公司管理副经理	职系	销售/营销职系
直接下级	销售人员		

本职：负责执行分公司的销售目标和销售计划；
负责对销售人员的管理和考核

职责与工作任务：			
职责一	职责表述：协助经营副经理制订年度销售计划，协助销售中心收集信息、制定销售策略和销售价格方案		工作时间百分比：10%
	工作任务	协助经营副经理制订年度销售计划； 协助销售中心拟订项目销售策略和销售价格方案； 根据客户和销售人员的反馈信息，组织编写市场需求报告	

<table>
<tr><td rowspan="2">职责二</td><td colspan="2">职责表述：项目销售管理</td><td>工作时间百分比：60%</td></tr>
<tr><td>工作任务</td><td colspan="2">负责项目销售计划的落实，分解并制订销售人员阶段性销售计划；
组织对销售人员培训，学习公司各项销售管理制度、管理规程；
配合销售中心营销策划方案的执行，组织人员进行不同形式的产品促销；
负责编制产品促销计划，上报经营副经理审批，并组织销售人员具体实施；
安排代办服务计划，并参与代办服务的对外协调；
安排合同管理，负责商品房买卖合同的审核；
在销售中心核定的幅度范围内决定销售价格变动；
协助销售中心办理客户购房产权证</td></tr>
<tr><td rowspan="2">职责三</td><td colspan="2">职责表述：项目销售行政管理</td><td>工作时间百分比：25%</td></tr>
<tr><td>工作任务</td><td colspan="2">负责准备产品销售相关资料；
负责控制授权范围内的销售费用支出；
协调与公司各部门的关系，保证销售工作顺利进行；
负责销售人员的考核和激励，拟订销售人员的提成分配方案；
负责项目销售收支统计；
协助总经办维护客户关系</td></tr>
<tr><td>职责四</td><td colspan="2">职责表述：完成分公司管理副经理交办的其他任务</td><td>工作时间百分比：5%</td></tr>
</table>

权力：

销售计划、销售定价方案、销售策划方案的建议权；
销售管理制度建设的建议权；
销售人员的聘用权；
对销售人员的工作有安排、监督、检查权；
对所属下级的工作争议有裁决权；
对所属下级的业务水平和业绩有考核评价权；
授权范围内的销售费用使用审批权

工作协作关系：

内部协调关系	销售中心、市场部、财务部、总经办、信息中心
外部协调关系	市、区房地局，客户，工商局，银行，物业公司

任职资格：

教育水平	大学专科以上
专业	房地产管理、市场营销、企业管理等相关专业
培训经历	营销培训、管理理论培训
经验	具备2年以上的销售工作经验，具备实际的主持项目销售的经验更佳
知识	具备一定的营销知识、财会专业知识，相关的经营管理知识、法律知识、房地产知识
技能技巧	具备基本的办公软件使用能力、网络基本应用能力； 具备较强的沟通、公关、计划执行、组织协调、领导、判断与决策、客服能力和影响力

其他：	
使用工具设备	计算机、一般办公设备（电话、传真机、打印机、Internet/Intranet网络）
工作环境	办公场所，现场办公
工作时间特征	无明显节假日
所需记录文档	销售计划、销售状况统计、销售管理规定、通知、合同等经济档案文件等
备注：	

分公司办公室管理职务说明书

岗位名称	分公司办公室管理	岗位编号	
所在部门	分公司	管理幅度	
直接上级	分公司经理	职系	行政事务
直接下级	分公司办公室行政事务		
本职：负责分公司日常行政工作、图纸归档管理、对外接待			

职责与工作任务：			
职责一	职责表述：负责分公司的日常行政事务		工作时间百分比：40%
	工作任务	负责与上级公司对口部门之间的工作协调及公司规章制度、文件精神的贯彻执行； 负责分公司公务用车调度和管理； 负责分公司的对外接待工作	
职责二	职责表述：负责分公司档案管理工作		工作时间百分比：20%
	工作任务	做好公司下发文件、重要资料的归档工作； 负责工程成套图纸的整理、归档工作； 负责经济合同资料的归档工作； 负责招投标相关资料的归档工作	
职责三	职责表述：配合业务部门做好行政后勤支持		工作时间百分比：25%
	工作任务	配合管理室做好产品市场推广过程中的资料准备及相关行政事务工作； 配合生产室做好技术处理、工程交接、质量验收等方面的会议准备、行政后勤支持	
职责四	职责表述：配合公司有关部门做好相关工作		工作时间百分比：15%
	工作任务	负责组织对本部门人员的业务培训； 负责对本部门人员的考核； 负责对直接下级的工作安排	

权力：	
对所属下级的工作的监督、检查权； 对所属下级的业绩考核评价权； 对所属下级的工作争议裁决权	
工作协作关系：	
内部协调关系	分公司业务室/管理室、总经办、行政后勤部、人力资源部、销售中心
外部协调关系	物资供应商
任职资格：	
教育水平	大学专科以上
专业	行政管理学、管理学等
培训经历	建筑、档案管理、计算机等
经验	1年以上工作经历
知识	具有与行政管理相关的专业知识
技能技巧	熟练使用WORD、EXCEL等办公软件，具有较强的领导、沟通、公关、协调、计划与执行能力
其他：	
使用工具设备	计算机、一般办公设备（电话、传真机、打印机、Internet/Intranet网络）
工作环境	办公场所
工作时间特征	正常工作时间，偶尔加班
所需记录文档	政府文件、公司文件、汇报文件、各类档案或报告、总结等

备注：

分公司办公室行政事务职务说明书

岗位名称	分公司办公室行政事务	岗位编号	
所在部门	分公司	管理幅度	
直接上级	分公司办公室主管	职系	行政事务
直接下级	无		

本职：负责分公司日常行政工作、图纸归档管理

职责与工作任务：

职责一	职责表述：负责分公司的日常行政事务		工作时间百分比：40%
	工作任务	负责公司、分公司重要文件的发放，函电的收发，归档等； 负责各部门之间的文件传递、信息沟通等工作； 协助业务部门做好行政后勤支持工作； 做好分公司正常生产和生活的用电、用气，用水、暖气、空调、通信设备的供给工作，并负责缴纳相关费用； 负责办理分公司劳保用品、办公及生活用品、器具、设备的采买与发放； 建立分公司固定资产台账、检查盘点和维修维护工作； 负责分公司环境绿化、清洁及安全保卫工作	
职责二	职责表述：负责图纸管理		工作时间百分比：40%
	工作任务	负责工程项目的所有图纸的接受、清点、登记、发放、归档、管理等工作； 负责收集、整理项目竣工过程中所有技术条件变更、修改文件的归档工作； 检查施工单位编制竣工档案的齐全性； 组织工程竣工档案的编制、管理，每年度定期将配套资料向公司档案室移交； 指导业务室技术人员对施工技术资料的保管； 建立系统、全面的档案资料，为分公司日常工作提供支持	
职责三	职责表述：负责分公司计算机管理		工作时间百分比：10%
	工作任务	根据分公司的具体情况或有关技术人员的要求，及时更换计算机软件和其他配套硬件的购置工作； 建立分公司计算机管理台账	
职责四	职责表述：完成办公室主管交办的其他工作		工作时间百分比：10%

权力：

行政事务的执行权；
资料档案工作的管理权；
固定资产管理权

工作协作关系：

内部协调关系	分公司业务室/管理室、总经办、行政后勤部、人力资源部、销售中心
外部协调关系	物资供应商

任职资格：

教育水平	大学专科以上
专业	行政管理学、档案学、管理学

培训经历	公共关系学
经验	1年以上工作经验
知识	具有建筑、市政管理及相关专业的知识
技能技巧	熟练使用WORD、EXCEL等办公软件，具有一定的沟通、公关、协调能力、计划与执行能力
其他：	
使用工具设备	计算机、一般办公设备（电话、传真机、打印机、Internet/Intranet网络）
工作环境	办公场所
工作时间特征	正常工作时间，偶尔加班
所需记录文档	公司文件、工程图纸、汇报文件或报告、总结等
备注：	

分公司财务会计职务说明书

岗位名称	分公司财务会计	**岗位编号**	
所在部门	分公司财务室	**管理幅度**	
直接上级	分公司管理副经理	**职系**	财会职系
直接下级	无		

本职：负责分公司财务方面的全面工作，配合分公司领导监督分公司财务制度的执行

职责与工作任务：

职责一	职责表述：分公司财务的日常工作		工作时间百分比：40%
	工作任务	在公司财务部的指导下，审核分公司各种会计原始凭证，分类记账； 分别建立工程、市政、材料设备拨款台账； 按时（每月份、季度、半年、年度）向公司财务部上报各类财务报表； 及时将每月会计凭证整理归档； 负责分公司项目工程建设成本归集工作	
职责二	职责表述：负责分公司内部财务协调		工作时间百分比：40%
	工作任务	及时向直接上级汇报分公司的财务情况； 向分公司各部室提出财务方面的要求； 协助有关部门（生产室、管理室）做好各部门的成本控制计划	

A

职责三	职责表述：负责与公司财务部、审计部进行协调		工作时间百分比：15%
	工作任务	按时制作分公司资金使用计划并上报公司财务部审批； 将分公司的财务问题向公司财务部汇报沟通； 传达执行公司财务部有关财务方面的要求； 配合审计部门对分公司经济活动的审查	
职责四	职责表述：完成分公司管理副经理交付的其他任务		工作时间百分比：5%

权力：
分公司凭证和报表的审核权

工作协作关系：	
内部协调关系	公司财务部、市场部、销售中心等
外部协调关系	无

任职资格：	
教育水平	大学专科以上
专业	财务会计专业或者其他相关会计专业
培训经历	财务管理培训、会计培训
经验	持有会计证
知识	具备相应的财务管理知识、会计知识
技能技巧	能够熟练使用各种办公软件和各种财务软件，具备基本的网络知识、人际能力、沟通能力、影响力、计划与执行能力

其他：	
使用工具设备	计算机、算盘、一般办公设备（电话、传真机、打印机、Internet/Intranet网络）
工作环境	办公室
工作时间特征	正常工作时间，偶尔需要加班
所需记录文档	汇报文件、报告、总结、公司文件、会计报表、原始凭证、记账凭证、财务报表

备注：

分公司出纳职务说明书

岗位名称	分公司出纳	岗位编号	
所在部门	分公司财务室	管理幅度	
直接上级	分公司管理副经理	职系	财会职系
直接下级	无		

本职：负责分公司日常现金收付结算业务

职责与工作任务：

职责一	职责表述：负责分公司报销工作及票据管理		工作时间百分比：25%
	工作任务	负责日常现金报销工作； 定期盘点现金； 建立健全出纳各种账目，及时登记现金日记账，做到日清月结； 定期核对现金日记账与总账，保证账账、账款相符； 负责分公司支票管理	
职责二	职责表述：负责分公司客户付款凭证管理		工作时间百分比：60%
	工作任务	负责收集并统计分公司客户付款凭证； 负责将分公司客户付款凭证上交财务部核销	
职责三	职责表述：完成分公司管理副经理交付的其他任务		工作时间百分比：15%

权力：

对不符合财经法规和财会制度的原始凭证的拒绝入账和拒绝支付现金的权力

工作协作关系：

内部协调关系	公司各部门及公司财务部
外部协调关系	银行

任职资格：

教育水平	高中、中专以上
专业	财务会计专业或者其他相关会计专业
培训经历	财务管理培训、会计培训
经验	1年以上工作经验
知识	具备相应的财务管理知识、会计知识
技能技巧	能够熟练使用各种办公软件和各种财务软件，具有较好的人际能力、沟通能力、影响力、计划与执行能力

其他：

使用工具设备	计算机、算盘、一般办公设备（电话、传真机、打印机、Internet/Intranet网络）
工作环境	办公室

工作时间特征	正常工作时间
所需记录文档	汇报文件、报告、总结、公司文件、报表、原始报销凭证、各类账目、工资表、奖金表

备注：

（6）销售中心职务说明书

销售中心主任职务说明书

岗位名称	销售中心主任	岗位编号	
所在部门	销售中心	管理幅度	
直接上级	销售副总经理	职系	管理职系
直接下级	销售中心副主任、销售管理、代办专员、前期管理、财务会计、出纳		

本职：协助销售副总经理拟订公司整体的销售管理制度、销售策略和销售计划等；
负责销售定价组织和所有项目销售总体状况的监督管理，以及项目销售策划组织等

职责与工作任务：

职责一	职责表述：组织销售管理、销售策划具体工作的落实		工作时间百分比：40%
	工作任务	负责组织商品房销售定价并上报； 负责组织项目销售策划计划并实施； 参与经济合同的谈判及销售合同的审核认定； 安排代办服务计划，并参与代办服务的对外协调	
职责二	职责表述：销售管理制度建设、部门内部建设和相关组织管理		工作时间百分比：20%
	工作任务	组织制定和落实各项销售管理制度、管理规程； 协助分公司的销售队伍建设； 负责指导属下员工制订阶段工作计划，并督促执行； 负责部门内工作任务分工，合理安排人员； 负责控制部门预算，降低营销费用成本	
职责三	职责表述：拟订公司整体的销售策略和计划		工作时间百分比：15%
	工作任务	收集整体销售状况、公司竞争态势等方面的信息； 组织拟订年度销售计划； 提出整体销售策略的建议方案	

职责四	职责表述：部门间关系、外部关系沟通协调		工作时间百分比：20%
	工作任务	对政府部门、广告公司等外部单位的协调； 在总经办的协调下，处理客户投诉	
职责五	职责表述：完成销售副总经理交办的其他任务		工作时间百分比：5%

权力：

销售计划、销售定价方案、销售策划方案的建议权；
销售管理制度建设的建议权；
对所属下级的工作有安排、监督、检查权；
对所属下级的工作争议有裁决权；
对所属下级的管理水平、业务水平和业绩有考核评价权；
预算内费用使用审批权

工作协作关系：

内部协调关系	分公司、市场部、规划部、财务部、总经办、信息中心
外部协调关系	市、区房地局，工商局，银行，市公积金中心，物业公司

任职资格：

教育水平	大学本科以上
专业	建筑、房地产管理、市场营销、企业管理等相关专业
培训经历	营销培训、管理理论培训
经验	具备4年以上的销售工作经验，具备实际的主持房地产行业销售部门的经验
知识	具备一定的营销知识、财会专业知识，相关的经营管理知识、法律知识、房地产知识、文书写作知识
技能技巧	具备基本的办公软件使用能力、网络基本应用能力； 具备较强的沟通能力、公关能力、计划执行能力、组织协调能力、领导能力、判断与决策能力、影响力、客户服务能力、专业知识及技能； 较强的工作责任心，善于调动下属积极性，思维具有开放性

其他：

使用工具设备	计算机、一般办公设备（电话、传真机、打印机、Internet/Intranet网络）
工作环境	办公场所
工作时间特征	没有明显节假日
所需记录文档	销售系统管理文件、经济档案文件等

备注：

销售中心副主任职务说明书

岗位名称	销售中心副主任	岗位编号	
所在部门	销售中心	管理幅度	
直接上级	销售中心主任	职系	管理职系
直接下级	销售策划		

本职：协助销售中心主任制订销售策划的目标规划和策略，拟订年度销售策划计划、费用预算；
负责项目销售策划方案的全部组织协调和监督实施工作

职责与工作任务：

职责一	职责表述：协助销售中心主任制订销售策划的年度目标规划和策略		工作时间百分比：20%
	工作任务	组织收集相关的行业信息和政府政策信息； 组织拟订销售策划目标规划和实施策略建议方案； 组织制订年度的销售策划工作计划、费用预算，报销售中心主任审批	
职责二	职责表述：组织项目销售策划方案制定并指挥具体实施		工作时间百分比：50%
	工作任务	负责组织相关各方进行项目销售策划方案研讨，确定目标和主题； 负责组织具体销售策划建议方案的拟订，并提请公司领导决策； 负责项目销售策划方案的具体实施指挥； 参与广告合同的谈判及所有合同的审核认定	
职责三	职责表述：负责项目临时性促销方案的策划和实施		工作时间百分比：15%
	工作任务	组织样板间、展台、售楼处布置方案策划与实施； 组织其他临时性的促销活动	
职责四	职责表述：协助销售中心主任进行部门内部建设和相关组织管理		工作时间百分比：10%
	工作任务	组织制订销售策划人员规划； 销售策划人员工作安排与考核； 组织销售策划人员培训	
职责五	职责表述：完成销售中心主任交办的其他工作		工作时间百分比：5%

权力：

销售策划方案的建议权；
部门建设、销售管理制度建设的建议权；
销售策划人员工作安排权、考评权

工作协作关系：

内部协调关系	分公司、市场部、规划部、财务部
外部协调关系	市、区房管局，工商局，广告公司，媒体

任职资格：

教育水平	大学本科以上
专业	市场营销、广告、建筑、规划等相关专业
培训经历	营销培训

经验	具备3年以上策划工作经验
知识	相关的企业管理知识、房地产知识、美学知识、文书写作知识
技能技巧	具备基本的办公软件使用能力、网络基本应用能力； 具备较强的沟通、公关、计划执行、组织协调、领导、判断与决策、客服能力和专业知识及技能
其他：	
使用工具设备	计算机、一般办公设备（电话、传真机、打印机、Internet/Intranet网络）
工作环境	办公场所
工作时间特征	正常工作时间，有时根据项目需要加班
所需记录文档	销售策划方案大纲、销售策划报告等
备注：	

销售策划职务说明书

岗位名称	销售策划	岗位编号	
所在部门	销售中心	管理幅度	
直接上级	销售中心副主任	职系	销售/营销职系
直接下级	无		

本职：负责项目的前中后期销售策划方案组织，以及和广告公司接洽、谈判；
负责临时突发性促销活动的具体组织实施工作；
负责市场信息收集，营销动态的研究

职责与工作任务：			
职责一	职责表述：负责市场调研		工作时间百分比：20%
	工作任务	市场信息调研，进行需求行为分析和动态需求趋势研究，编写调研报告； 收集了解政府相关业务文件； 销售策划效果跟踪研究	
职责二	职责表述：项目销售策划		工作时间百分比：60%
	工作任务	项目前期市场调研，整理调研材料，提出策划思路； 编写项目销售策划建议报告，与分公司研讨策划方案； 向分公司提出具体建议及根据分公司决策执行具体方案； 选择合适的广告公司，审定策划的文案及平面设计，确定合适的初选广告宣传方案，并协调广告公司适时调整修订策划方案； 定期讨论制订广告宣传计划和选择发布媒体； 配合专业广告公司进行项目不同时期的媒体宣传	

A

职责三	职责表述：配合产品销售进行产品促销活动		工作时间百分比：15%
	工作任务	样板间、展台、售楼处布置方案策划与实施组织； 其他促销活动	
职责四	职责表述：完成销售中心副主任交办的其他工作		工作时间百分比：5%

权力：

项目策划方案的建议权；
广告方案的监督实施权；
广告公司的选择建议权；
策划方案效果的知情权

工作协作关系：

内部协调关系	分公司、规划部、市场部、财务部
外部协调关系	广告策划公司、大众媒体单位、户外广告媒体单位、专业调查公司

任职资格：

教育水平	大学本科以上
专业	市场营销、广告、建筑等相关专业
培训经历	市场营销策划等相关培训、房地产行业知识培训
经验	具备1年以上营销策划经验，最好有房地产行业的销售策划经历
知识	营销、建筑、房地产管理等相关知识
技能技巧	具备较强的沟通协调能力、创意能力、组织能力、综合分析能力、平面绘图能力、文案写作能力、计算机绘图软件使用能力，能够熟练使用办公软件

其他：

使用工具设备	计算机、一般办公设备（电话、传真机、打印机、Internet/Intranet网络）
工作环境	办公场所
工作时间特征	正常上班时间，项目阶段性需要加班
所需记录文档	策划方案报告、广告合同文本等

备注：

前期管理职务说明书

岗位名称	前期管理	岗位编号	
所在部门	销售中心	管理幅度	
直接上级	销售中心主任	职系	行政事务
直接下级	无		

本职：办理开发项目前期相关的手续和准备工作，处理征地的遗留问题

职责与工作任务：

职责一	职责表述：开发项目的前期准备工作		工作时间百分比：60%
	工作任务	负责向市计建委办理立项及可行性研究批复手续； 负责收集整理待评估项目的前期资料，委托专业机构进行地价评估和土地测绘； 办理土地出让申请，根据部门要求向市房管局申请相关证明文件； 签订土地出让合同，缴纳土地出让金； 办理土地初始登记，办理土地规划证、土地使用证、销售许可证； 办理工程项目的开工任务手续，如收集市计建委的立项及可行性研究批复文件，规委的规划设计审定通知书，土地出让合同与地价交款发票等材料办理开工任务，获得市计建委的综合开发计划调整单； 办理四源费手续； 为分公司办理项目开工证提供材料	
职责二	职责表述：项目前期、后期相关小区配套手续办理		工作时间百分比：25%
	工作任务	负责与各区商业网点、区开发办、市政管理处等有关单位协商配套并签订配套协议； 根据新建小区规划方案和相关规定计算小区配套面积，同规划部商定配套占点的具体位置； 小区配套设施交用手续办理，协助接收单位办理产权	
职责三	职责表述：以往遗留问题处理		工作时间百分比：10%
	工作任务	前期征地项目遗留问题处理； 前期房改遗留问题处理，如整理房改档案，汇总购房款并登记台账	
职责四	职责表述：销售中心主任交办的其他工作		工作时间百分比：5%

权力：

手续代办的代理权；
问题处理建议权

工作协作关系：

内部协调关系	规划部、市场部、分公司、信息中心
外部协调关系	房管局、专业评估公司、税务局、测绘机构、银行、律师事务所

任职资格：

教育水平	大学专科以上
专业	房地产管理等相关专业
培训经历	房地产行业相关的法律法规、政策培训

A

经验	具备行业2年以上工作经验
知识	熟悉政策文件、相关的法律知识，具备相应的房地产行业知识
技能技巧	具备基本的办公软件使用能力、网络基本应用能力； 具备较强的沟通能力、人际交往能力、公关能力，一定的组织能力、综合分析能力、计划与执行能力、影响力、判断决策能力
其他：	
使用工具设备	计算机、一般办公设备（电话、传真机、打印机、Internet/Intranet网络）
工作环境	办公场所
工作时间特征	正常上班时间，根据工作需要调整
所需记录文档	代办手续文件、证件、记录档案等
备注：	

代办专员职务说明书

岗位名称	代办专员	岗位编号	
所在部门	销售中心	管理幅度	
直接上级	销售中心主任	职系	行政事务
直接下级	无		

本职：办理房屋销售的相关代办手续，为项目销售服务

职责与工作任务：			
职责一	职责表述：代理商品房购房人产权办理		工作时间百分比：40%
	工作任务	整理客户个人资料及房屋产权档案资料，联系客户办理产权委托手续； 与房地局各职能室接洽，办理产权各种手续； 与银行、律师事务所联系作产权抵押登记手续	
职责二	职责表述：代理客户住房贷款（银行按揭）		工作时间百分比：20%
	工作任务	负责贷款合作银行前期的资料准备工作； 负责个人贷款中开发商的保证手续工作以及客户逾期还款后开发商的垫付手续工作； 银行放贷后贷款合同的上机存档工作	
职责三	职责表述：代理客户的公积金贷款业务		工作时间百分比：20%
	工作任务	与集团资金管理中心协调公积金贷款中的问题； 与购房人的公积金放贷银行协调，督促银行放贷手续办理	

<table>
<tr><td rowspan="2">职责四</td><td colspan="2">职责表述：代理客户的购房契税减免业务</td><td>工作时间百分比：15%</td></tr>
<tr><td>工作任务</td><td colspan="2">整理客户资料归集建档，联系客户办理委托手续；
到区税务局申请对符合条件的客户契税减免</td></tr>
<tr><td>职责四</td><td colspan="2">职责表述：销售中心主任交办的其他工作</td><td>工作时间百分比：5%</td></tr>
</table>

权力：

公积金贷款、住房按揭贷款中出现问题时的建议权；
客户手续办理的代理权

工作协作关系：

内部协调关系	财务部、分公司
外部协调关系	房管局、税务局、测绘机构、银行、公积金管理部门、律师事务所

任职资格：

教育水平	大学专科以上
专业	房地产管理等相关专业
培训经历	房屋销售的相关法律法规的培训
经验	具备1年以上行业工作经验
知识	具备相关的法律知识，熟悉政策文件和按揭、公积金贷款的相关业务流程，具备相应的房地产行业知识
技能技巧	具备基本的办公软件使用能力、网络基本应用能力； 具备沟通协调能力、人际交往能力、公关能力、影响力、判断与决策能力、计划与执行能力

其他：

使用工具设备	计算机、一般办公设备（电话、传真机、打印机、Internet/Intranet网络）
工作环境	办公场所，经常外出
工作时间特征	正常上班时间
所需记录文档	相关合同文本、产权证登记的过程手续记录

备注：

销售管理职务说明书

岗位名称	销售管理	岗位编号	
所在部门	销售中心	管理幅度	
直接上级	销售中心主任	职系	行政事务
直接下级	无		

本职：负责项目销售定价方案拟订以及销售情况的汇总汇报；
负责分公司的房屋销售合同的集中审核

职责与工作任务：

职责一	职责表述：项目销售定价方案拟订		工作时间百分比：30%
	工作任务	收集了解项目计划成本信息； 研究项目竞争态势和周边同类项目的市场定价，确定分公司销售价格的变动幅度； 组织销售策划、市场部等部门讨论，综合分析成本与市场情况，出具项目定价建议报告，报上级领导决策	
职责二	职责表述：项目销售总体管理与合同审核		工作时间百分比：50%
	工作任务	拟订销售管理制度、统一合同补充协议文本，规范销售合同内容； 审核销售合同，尤其是补充协议条件，减少房屋售出后合同纠纷； 分公司销售状况汇总统计汇报； 确定分公司项目销售总体提成额度并下达项目分公司进行提成具体分配； 与人力资源部共同组织销售人员培训，提升销售人员素质	
职责三	职责表述：数据信息和存档材料管理		工作时间百分比：15%
	工作任务	销售总体数据信息管理； 合同档案材料管理	
职责四	职责表述：销售中心主任交办的其他工作		工作时间百分比：5%

权力：

项目销售定价建议权；
销售合同补充条款审批权（特殊条款除外）

工作协作关系：

内部协调关系	规划部、市场部、分公司
外部协调关系	房管局、外部市场调查公司

任职资格：

教育水平	大学专科以上
专业	房地产管理、市场营销、建筑等相关专业
培训经历	营销培训
经验	具备房地产行业2年以上工作经验
知识	房地产行业政策法规知识、规划等知识

技能技巧	具备基本的办公软件使用能力、网络基本应用能力； 具备较强的专业技能、沟通协调能力、人际能力、综合分析能力、判断与决策能力、计划与执行能力、影响力、组织能力
其他：	
使用工具设备	计算机、一般办公设备（电话、传真机、打印机、Internet/Intranet网络）
工作环境	办公场所
工作时间特征	正常上班时间，突发性事件加班
所需记录文档	销售管理制度、销售状况汇总报告、项目定价报告等过程文档、培训材料
备注：	

销售中心财务会计职务说明书

岗位名称	销售中心财务会计	岗位编号	
所在部门	销售中心	管理幅度	
直接上级	销售中心主任	职系	财会职系
直接下级	无		
本职：负责销售中心的日常财会事务处理			
职责与工作任务：			
职责一	职责表述：销售中心负责支付的大额项目财务费用管理		工作时间百分比：30%
	工作任务	负责根据广告合同规定和销售中心领导的指示进行广告费用支付管理； 负责根据项目前期管理的要求和销售中心领导的批示完成土地补偿费用拨付管理； 负责土地委托评估、测绘的费用支付管理	
职责二	职责表述：日常财务收支管理、税务手续		工作时间百分比：50%
	工作任务	商品房销售产权代办手续费收支账务管理； 销售中心人员工资发放账务管理； 销售中心费用报销凭证审核、相关会计账务处理； 相关会计账簿整理归档； 相关税务手续办理	
职责三	职责表述：项目销售收入统计管理		工作时间百分比：15%
	工作任务	开发公司所有项目销售收入统计与确认； 协助销售管理进行项目销售总体提成额度审核并下达项目分公司，由项目分公司掌握提成具体分配权	

A

职责四	职责表述：销售中心主任交办的其他工作	工作时间百分比：5%

权力：	
项目销售收入审核权	
工作协作关系：	
内部协调关系	财务部、分公司
外部协调关系	银行、广告公司等
任职资格：	
教育水平	大学专科以上
专业	财会专业或者相关专业
培训经历	相关的财会业务培训、房地产行业知识培训
经验	具备财会工作1年以上工作经验
知识	财会专业知识、房地产行业法律法规、政策知识
技能技巧	具备基本的办公软件使用能力、网络基本应用能力，熟练使用财务办公工具； 具备较好的计算能力、沟通能力、人际能力、综合分析能力、判断与决策能力、计划与执行能力、影响力
其他：	
使用工具设备	计算机、一般办公设备（电话、传真机、打印机、Internet/Intranet网络）、财务会计工具
工作环境	办公场所
工作时间特征	正常上班时间，偶尔加班
所需记录文档	财会账簿、统计报表等

备注：

销售中心出纳职务说明书

<table>
<tr><td>岗位名称</td><td>销售中心出纳</td><td>岗位编号</td><td></td></tr>
<tr><td>所在部门</td><td>销售中心</td><td>管理幅度</td><td></td></tr>
<tr><td>直接上级</td><td>销售中心主任</td><td>职系</td><td>财会职系</td></tr>
<tr><td>直接下级</td><td colspan="3">无</td></tr>
<tr><td colspan="4">本职：负责现金、银行存款收付结算业务和销售中心的费用报销业务；
负责销售中心的往来文件发放和登记</td></tr>
<tr><td colspan="4">职责与工作任务：</td></tr>
<tr><td rowspan="2">职责一</td><td colspan="2">职责表述：负责销售中心人员的费用报销手续办理</td><td>工作时间百分比：20%</td></tr>
<tr><td>工作任务</td><td colspan="2">负责审核费用报销原始凭证，制作报销凭证；
支付现金，登记现金日记账，做到日清月结</td></tr>
<tr><td rowspan="2">职责二</td><td colspan="2">职责表述：现金收支管理</td><td>工作时间百分比：40%</td></tr>
<tr><td>工作任务</td><td colspan="2">代发销售中心人员工资、奖金等；
负责产权证代办手续费的收款工作；
负责广告费用的支付；
负责盘点现金，对照检查银行存款对账单，保证现金账实相符；
定期核对现金日记账与总账，保证账账、账实相符；
负责发票、支票的管理</td></tr>
<tr><td rowspan="2">职责三</td><td colspan="2">职责表述：负责销售中心的文书工作</td><td>工作时间百分比：35%</td></tr>
<tr><td>工作任务</td><td colspan="2">负责销售中心文件的接收、发放登记工作；
负责销售中心相关文件的起草、整理、汇总工作</td></tr>
<tr><td>职责四</td><td colspan="2">职责表述：完成销售中心主任交付的其他任务</td><td>工作时间百分比：5%</td></tr>
<tr><td colspan="4">权力：</td></tr>
<tr><td colspan="4">对不符合财经法规和财会制度的原始凭证的拒绝入账和拒绝支付现金的权力</td></tr>
<tr><td colspan="4">工作协作关系：</td></tr>
<tr><td>内部协调关系</td><td colspan="3">财务部、分公司</td></tr>
<tr><td>外部协调关系</td><td colspan="3">银行</td></tr>
<tr><td colspan="4">任职资格：</td></tr>
<tr><td>教育水平</td><td colspan="3">大学专科以上</td></tr>
<tr><td>专业</td><td colspan="3">财务会计专业或者其他相关会计专业</td></tr>
<tr><td>培训经历</td><td colspan="3">财务管理培训、会计培训</td></tr>
<tr><td>经验</td><td colspan="3">持有会计证</td></tr>
<tr><td>知识</td><td colspan="3">具备相应的财务管理知识、会计知识</td></tr>
<tr><td>技能技巧</td><td colspan="3">能够熟练使用各种办公软件和各种财务软件，具备基本的网络知识、人际能力、沟通能力、影响力、计划与执行能力</td></tr>
</table>

A

A

其他：	
使用工具设备	计算机、算盘、一般办公设备（电话、传真机、打印机、Internet/Intranet网络）
工作环境	办公室
工作时间特征	正常工作时间，偶尔需要加班
所需记录文档	汇报文件、报告、总结、公司文件、报表、原始报销凭证、各类账目、工资表、奖金表

备注：

第三部分：管理部门职务说明书

（1）党委办公室职务说明书

党委办公室主任职务说明书

岗位名称	党委办公室主任	岗位编号	
所在部门	党委办公室	管理幅度	
直接上级	党委书记	职系	管理职系
直接下级	党委办公室干事		

本职：全面领导党委办公室工作，负责组织、宣传、纪委等日常工作

职责与工作任务：

职责一	职责表述：负责公司党委办公室日常工作		工作时间百分比：40%
	工作任务	负责起草党委工作总结、工作计划和党委行文； 负责支部书记会议记录，党委大事记登记，党委系统文件管理及归档； 负责党委系统调研工作，党委系统的来信来访、保密等工作	
职责二	职责表述：负责公司纪检监察日常工作		工作时间百分比：25%
	工作任务	协助纪委书记制订工作计划和工作的具体实施； 负责纪检各项工作汇报总结的文字起草工作； 负责纪检相关工作，各种报表统计、来信来访工作核实情况上报	
职责三	职责表述：负责公司党委组织、宣传等日常工作		工作时间百分比：15%
	工作任务	负责对公司高、中层干部政治理论学习，组织制订计划和实施； 负责组织公司党员大会，负责实施年终党员考核工作	
职责四	职责表述：负责党委办公室内部的组织管理工作		工作时间百分比：15%
	工作任务	负责指导属下员工制订阶段工作计划，并督促执行； 负责部门队伍建设，选拔、配备、培训、评价本部门人员； 负责部门内工作任务分工，合理安排人员； 负责控制部门预算，降低费用成本	
职责五	职责表述：完成党委书记交办的其他工作		工作时间百分比：5%

权力：

党委系统工作计划制订的建议权；
党委、纪委各项文件贯彻落实的督办权

工作协作关系：

内部协调关系	基层党支部
外部协调关系	总公司党委系统相关部门

任职资格：

教育水平	大学本科以上

专业	文秘、行政管理专业
培训经历	政治理论、党建知识、机关应用文写作培训
经验	3年以上工作经验
知识	精通政治理论和党建知识
技能技巧	对党的各项政策和领导指示有较强理解能力，并能实施贯彻，具有一定的政治理论水平、写作能力、计算机操作能力和工作协调能力
其他：	
使用工具设备	计算机、一般办公设备（电话、传真机、打印机、Internet/Intranet网络、文件柜）
工作环境	办公室
工作时间特征	正常工作时间，偶尔需要加班
所需记录文档	党委大事记、支部书记会议记录、汇报文件、党委文件
备注：	

党委办公室干事职务说明书

岗位名称	党委办公室干事	岗位编号	
所在部门	党委办公室	管理幅度	
直接上级	党委办公室主任	职系	行政事务
直接下级	无		
本职：协助党委办公室主任承办党委组织、宣传等工作，承担工会会计工作			
职责与工作任务：			
职责一	职责表述：承担公司党委组织工作		工作时间百分比：30%
	工作任务	负责起草党委组织工作计划、总结，撰写组织工作动态； 负责中层以上干部考核及民主评议，预备干部考察及备案； 党费管理、组织关系接转、数据库报表、政审外调、组织发展、优秀评选等日常工作	
职责二	职责表述：承担公司党委宣传工作		工作时间百分比：30%
	工作任务	负责起草公司党委宣传工作计划、总结； 负责中心组、中层干部学习计划、安排，并组织落实； 负责对外对内党务宣传	

职责三	职责表述：承担业余党校培训工作		工作时间百分比：25%
	工作任务	负责起草公司业余党校培训计划、总结； 组织党员、入党积极分子培训，培训登记备案	
职责四	职责表述：承担工会会计工作		工作时间百分比：10%
	工作任务	负责工会经费的提取、分配、上缴工作； 负责工会会计日常核算、报表编制、会计资料保管工作	
职责五	职责表述：完成党委办公室主任交办的其他工作		工作时间百分比：5%

权力：

完成对党委组织、宣传工作、业余党校、职工培训工作的建议权

工作协作关系：

内部协调关系	基层党支部
外部协调关系	总公司党委系统相关部门

任职资格：

教育水平	大学专科以上
专业	文秘、行政管理专业
培训经历	政治理论、党建知识培训，机关应用文写作培训
经验	1年以上工作经验
知识	具备党建知识和政治理论
技能技巧	对党的政策和领导指示有较强理解能力，具有一定的政治理论水平、写作能力、工作计划与协调能力

其他：

使用工具设备	计算机、一般办公设备（电话、传真机、打印机、Internet/Intranet网络、文件柜）
工作环境	办公室
工作时间特征	正常工作时间，偶尔需要加班
所需记录文档	公司组织史、中心组学习记录、支部书记会议记录、党委文件

备注：

工会主席职务说明书

岗位名称	工会主席	岗位编号	
所在部门	工会	管理幅度	
直接上级	党委	职系	管理职系
直接下级	无		

本职：在党委领导下负责开展公司工会工作

职责与工作任务：

职责一	职责表述：负责公司工会工作		工作时间百分比：50%
	工作任务	负责工会组织工作，包括会员会籍管理，会员发展、转会、经费管理； 负责工会宣传工作，包括培养员工爱岗敬业精神； 负责民主管理，包括参与公司重大决策，负责厂务公开管理、员工投诉工作，并负责协调处理员工待岗下岗纠纷	
职责二	职责表述：负责工会对内对外的联系工作		工作时间百分比：45%
	工作任务	协调工会与各部门的关系，密切联系员工； 参与党委工作计划的制订； 参与工会的经费审查工作	
职责三	职责表述：完成党委交办的其他工作		工作时间百分比：5%

权力：

公司重大决策的建议权；
工会管理的决议权

工作协作关系：

内部协调关系	公司所有部门
外部协调关系	上级工会

任职资格：

教育水平	大学专科以上
专业	行政管理、中文专业
培训经历	行政管理培训
经验	3年以上工作经验
知识	具备党建知识和政治理论知识
技能技巧	一定的写作能力和优秀的口才，具有较强的组织协调能力、沟通能力

其他：

使用工具设备	计算机、一般办公设备（电话、传真机、打印机、Internet/Intranet网络、文件柜）
工作环境	办公室

A

工作时间特征	正常工作时间，偶尔需要加班
所需记录文档	公司工会文件

备注：

（2）总经理办公室职务说明书

总经理办公室主任职务说明书

岗位名称	总经理办公室主任	**岗位编号**	
所在部门	总经理办公室	**管理幅度**	
直接上级	总经理	**职系**	管理职系
直接下级	文秘、档案管理、公共关系管理		

本职：保证公司内部管理体系的完整和平稳运行；
进行公司形象推广和公司企业文化建设；
负责客户投诉管理工作

职责与工作任务：

职责一	职责表述：负责企业内部管理工作，促进管理规范化		工作时间百分比：20%
	工作任务	组织制定完善的公司管理制度体系； 负责组织监督、检查公司管理制度落实情况； 负责及时掌握和了解公司内部动态，掌握公司重大会议、活动情况，汇总分析各项检查结果，定期提供公司工作简报	
职责二	职责表述：负责组织总经办的日常事务		工作时间百分比：30%
	工作任务	负责参加总经理办公会、重大业务会议，并负责记录； 负责督办、检查总经理办公会决议的执行情况； 组织起草公司重要文件； 负责组织各部门的信息传递工作，保证各部门信息沟通顺畅； 负责组织公司印鉴、介绍信使用、保管，函电收发工作； 负责组织办公室文件、资料、档案的保管和定期归档工作； 负责组织公司的对外接待任务	
职责三	职责表述：负责公司对外的形象宣传和公司企业文化建设		工作时间百分比：15%
	工作任务	负责组织公司对外的形象宣传活动、公关活动； 代表公司与外界有关部门和机构联络并保持良好合作关系； 负责组织公司企业文化建设，提炼和宣传企业理念，举办各种活动，促进员工凝聚力	

职责四	职责表述：负责协调处理客户投诉		工作时间百分比：15%
	工作任务	负责安排客户投诉的接待； 督促、指导下属或者亲自参与客户投诉的协调，并将客户投诉交接至相应部门； 负责督促各部门及时妥善处理客户投诉问题	
职责五	职责表述：进行总经理办公室内部管理工作		工作时间百分比：15%
	工作任务	负责本部门人员的招聘、聘任； 负责组织对本部门人员的业务培训； 负责对本部门人员的考核； 负责对直接下级岗位人员工作安排	
职责六	职责表述：完成总经理交办的其他工作任务		工作时间百分比：5%

权力：

对重大会议根据需要有现场指挥权；
有权向各部门索取必要的资料；
对经理层指示和总经理会议决议有督办权；
对各部门及时做好文件、资料的立卷、归档工作的督促权；
有对直接下级岗位调配的建议权、奖惩建议权；
对所属下级的工作有监督、检查权；
对所属下级的管理水平、业务水平和业绩有考核评价权；
有代表公司与外界有关部门和机构联络的权力；
对所属下级的工作争议有裁决权；
权限内的财务审批权

工作协作关系：

内部协调关系	公司各部门、下属单位
外部协调关系	政府部门、业务单位、上级主管部门等

任职资格：

教育水平	大学本科以上
专业	企业管理或者房地产开发相关专业
培训经历	行政管理培训、房地产开发相关培训
经验	3年以上工作经验
知识	掌握企业行政管理知识，了解财务、法律、房地产开发相关知识
技能技巧	能够熟练使用各种办公软件，具有网络的基本知识，具有较高的写作水平，具有较强的领导能力、判断与决策能力、人际能力、沟通能力、影响力、计划与执行能力

其他：

使用工具设备	计算机、打印机、一般办公设备
工作环境	办公室
工作时间特征	正常工作时间，经常需要加班

所需记录文档	公司各类文件、研究报告、印章使用记录、信访记录

备注：

文秘职务说明书

岗位名称	文秘	岗位编号	
所在部门	总经理办公室	管理幅度	
直接上级	总经办主任	职系	行政事务
直接下级	无		

本职：负责办公室的文书、行政事务和其他程序性工作

职责与工作任务：

职责一	职责表述：负责文书处理工作		工作时间百分比：45%
	工作任务	负责起草并校对本部门公文，校对其他部门文件； 负责信函的处理、回复； 参加公司一般行政和办公例会及有关会议，负责记录； 与上级主管部门及其他下属单位的文件交换； 办理来、发文登记，填写文件传阅单，上交总经办主任； 负责办公室文件的传递及催办（根据登文记录和时间）	
职责二	职责表述：打字复印工作		工作时间百分比：20%
	工作任务	负责规定范围内的文稿录入、校对和排版打印工作； 负责文档的复印工作，保证复印质量，并认真、准确填写复印记录单； 对录入后的文稿做到及时存档、上交、送还或销毁； 负责计算机内文件的安全和保密工作	
职责三	职责表述：日常程序性工作		工作时间百分比：30%
	工作任务	负责公司印鉴、介绍信使用和保管； 办理公司文件、信函的邮寄工作； 负责公司部分资料文件的翻译工作	
职责四	职责表述：完成总经办主任交付的其他工作		工作时间百分比：5%

权力：

办公室文件传递的督促权；
印鉴、介绍信的管理权

工作协作关系：

内部协调关系	公司各职能部门、下属单位、上级主管部门
外部协调关系	无
任职资格：	
教育水平	专科及以上
专业	文秘专业、中文专业或者其他文科类专业
培训经历	经过文秘及相关专业的培训
经验	1年以上工作经验
知识	具备相应的行政管理知识、秘书知识、文书撰写知识
技能技巧	具有较强的写作能力和表达能力； 能够熟练使用办公软件，并具备基本的网络知识； 有较强的英语应用能力，具有一定的人际能力、沟通能力、计划与执行能力
其他：	
使用工具设备	计算机、复印机、一般办公设备
工作环境	办公室
工作时间特征	正常工作时间，偶尔需要加班
所需记录文档	通知、简报、汇报文件、总结、公司文件、印章、介绍信、公司大事记
备注：	

公共关系管理说明书

岗位名称	公共关系管理	岗位编号	
所在部门	总经理办公室	管理幅度	
直接上级	总经办主任	职系	行政事务
直接下级	无		
本职：负责公司宣传、企业文化、对外协调、受理客户投诉等程序性工作			
职责与工作任务：			
职责一	职责表述：负责公司对外交流工作中的具体事务		工作时间百分比：20%
	工作任务	策划或协助公司领导参加的社交活动； 参与公司对外接待工作，与相关部门保持良好关系	

职责二	职责表述：打字复印工作		工作时间百分比：20%
	工作任务	负责公司对外宣传的策划工作，制订对外宣传的计划； 与各种媒体接触，具体实施对外宣传计划； 进行企业形象宣传的同时，辅助实施企业产品宣传	
职责三	职责表述：接待、协调客户及下属单位投诉		工作时间百分比：40%
	工作任务	接待客户投诉，并记录在案； 对客户投诉进行协调，并落实到相应的部门； 监督对于客户投诉问题的解决； 负责处理日常各方面来信来访工作，并登记在案	
职责四	职责表述： 负责公司对内宣传		工作时间百分比：15%
	工作任务	完成总经办主任安排的编写简报工作； 完成《房地产开发部信息》的编稿、打印、分发工作； 配合信息中心完成网络上宣传栏中版面更新工作	
职责五	职责表述： 完成总经办主任交付的其他工作		工作时间百分比：5%

权力：

对于客户投诉执行的监督权

工作协作关系：

内部协调关系	公司各部门、下属企业
外部协调关系	客户、媒体

任职资格：

教育水平	专科及以上
专业	行政管理专业、文秘专业、中文专业或者其他文科类专业
培训经历	经过房地产开发专业、公共关系、公文写作培训
经验	1年以上工作经验
知识	具备相应的行政管理知识、秘书知识、档案管理、文书撰写知识
技能技巧	具有较强的写作能力和表达能力； 能够熟练使用办公软件，并具备基本的网络知识； 有较强的英语应用能力，具有一定的人际能力、沟通能力、计划与执行能力

其他：

使用工具设备	计算机、计算器、一般办公用品
工作环境	办公室
工作时间特征	正常工作时间，偶尔需要加班
所需记录文档	通知、简报、汇报文件、总结、公司文件、宣传资料、客户投诉记录

备注：

档案管理职位说明书

<table>
<tr><td>岗位名称</td><td colspan="2">档案管理</td><td>岗位编号</td><td></td></tr>
<tr><td>所在部门</td><td colspan="2">总经理办公室</td><td>管理幅度</td><td></td></tr>
<tr><td>直接上级</td><td colspan="2">总经办主任</td><td>职系</td><td>行政事务</td></tr>
<tr><td>直接下级</td><td colspan="4">无</td></tr>
<tr><td colspan="5">本职：负责拟订公司的档案制度、收集管理档案及其他程序性工作</td></tr>
<tr><td colspan="5">职责与工作任务：</td></tr>
<tr><td rowspan="2">职责一</td><td colspan="3">职责表述：制定、监督公司档案管理制度</td><td>工作时间百分比：15%</td></tr>
<tr><td>工作任务</td><td colspan="3">负责起草公司档案管理制度；
负责起草每年公司档案管理工作计划；
监督、指导、检查公司职能部门档案管理工作；
监督、指导下属公司档案分库的工作</td></tr>
<tr><td rowspan="2">职责二</td><td colspan="3">职责表述：负责档案工作</td><td>工作时间百分比：50%</td></tr>
<tr><td>工作任务</td><td colspan="3">负责公司文件的立卷与归档工作；
进行档案的加工整理、确定秘级；
执行档案咨询、借阅管理制度，履行借阅手续；
定期参加档案鉴定，对应销毁档案进行监销</td></tr>
<tr><td rowspan="2">职责三</td><td colspan="3">职责表述：负责公司档案的编集、利用工作</td><td>工作时间百分比：30%</td></tr>
<tr><td>工作任务</td><td colspan="3">负责公司所有档案的编研、统计工作；
负责编集公司各部门所有档案的数字、数据；
对录入后的文稿做到及时存档、上交、送还或销毁；
负责计算机内档案文件的安全和保密工作；
负责保护档案的安全与完整，并充分利用</td></tr>
<tr><td>职责四</td><td colspan="3">职责表述：完成总经办主任交付的其他工作</td><td>工作时间百分比：5%</td></tr>
<tr><td colspan="5">权力：</td></tr>
<tr><td colspan="5">对各部门档案的搜集权、档案管理的监督权</td></tr>
<tr><td colspan="5">工作协作关系：</td></tr>
<tr><td>内部协调关系</td><td colspan="4">公司各部门、下属单位</td></tr>
<tr><td>外部协调关系</td><td colspan="4">上级公司档案部门，市档案局，市城建档案馆</td></tr>
<tr><td colspan="5">任职资格：</td></tr>
<tr><td>教育水平</td><td colspan="4">专科及以上</td></tr>
<tr><td>专业</td><td colspan="4">图书馆专业、中文专业或者其他文科类专业</td></tr>
<tr><td>培训经历</td><td colspan="4">经过档案管理培训、行政管理培训</td></tr>
<tr><td>经验</td><td colspan="4">1年以上工作经验</td></tr>
<tr><td>知识</td><td colspan="4">具备相应的行政管理知识、秘书知识、档案管理、文书撰写知识</td></tr>
</table>

技能技巧	能够熟练使用办公软件，并具备基本的网络知识； 具有较强的写作能力和表达能力，有一定的人际能力、沟通能力、计划与执行能力
其他：	
使用工具设备	计算机、一般办公设备，加湿机，去湿机
工作环境	办公室，档案库房
工作时间特征	正常工作时间，偶尔需要加班
所需记录文档	档案借阅记录，交接记录，温湿度记录，各类档案目录
备注：	

（3）人力资源部职务说明书

人力资源部部长职务说明书

岗位名称	人力资源部部长		岗位编号	
所在部门	人力资源部		管理幅度	
直接上级	行政副总		职系	管理职系
直接下级	人事管理、薪酬管理、培训发展管理			
本职：负责公司人力资源规划和人力资源管理中的各项事宜，保证公司人力资源供给和人力资源高效利用				
职责与工作任务：				
职责一	职责表述：制订人力资源战略规划，为重大人事决策提供建议和信息支持		工作时间百分比：15%	
	工作任务	根据公司发展战略组织制订人力资源战略规划，全面考虑干部和技术人员的梯队建设； 为公司重大人事问题提供建议； 定期组织收集有关人事招聘、培训、考核、薪酬等方面的信息，为公司重大人事决策提供信息支持		
职责二	职责表述：负责公司人力资源战略的执行		工作时间百分比：15%	
	工作任务	根据公司的情况，组织制定公司人事管理制度、劳动工资制度、人事档案管理制度、员工手册、培训大纲等规章制度，及其实施细则和工作程序，并组织实施； 根据公司的发展规划，提出机构设置和岗位职责设计方案，对公司组织结构设计提出改进方案		

职责三	职责表述：全面负责人力资源管理的各项事务		工作时间百分比：40%
	工作任务	在公司内外，寻找和发现公司需要的人才，并及时向公司有关部门推荐； 负责组织实施招聘工作，并参与对应聘人员的面试筛选； 负责制订公司员工的培训和发展计划，组织安排对员工的培训； 负责组织公司员工的考核，处理员工针对考核结果的申诉； 负责组织公司员工的职称评定工作； 组织公司劳资管理工作，编制公司年度劳资计划及薪资调整方案，审核公司员工每月的薪酬； 负责员工四项统筹工作； 代表公司与员工签订各种劳动合同，以及处理各种与劳动合同相关的事宜； 负责建立公司内部的沟通机制，及时了解员工的思想动态	
职责四	职责表述：负责其他人事事务		工作时间百分比：10%
	工作任务	监督部门员工进行各类人事档案的归档保管工作； 负责有关人事调动、户口管理的事宜； 代表公司与政府、其他单位对口部门进行沟通和交流	
职责五	职责表述：负责人力资源部内部的组织管理		工作时间百分比：15%
	工作任务	负责指导下属员工制订阶段工作计划，并督促执行； 负责部门队伍建设，选拔、配备、培训、评价本部门人员； 负责部门内工作任务分工，合理安排人员； 负责控制部门预算，降低费用成本	
职责六	职责表述：完成行政副总交办的其他任务		工作时间百分比：5%

权力：

对公司编制内部招聘制度的审核权；
对公司员工出勤的监督权；
对公司员工手册的解释权；
对员工考核数据和事项的核实权；
对员工投诉的核实权；
对直接下级人员调配、奖惩的建议权和任免的提名权；
对所属下级的工作的监督、检查权；
对所属下级的工作争议有裁决权；
对所属下级的管理水平、业务水平和业绩有考核评价权；
本部门预算内的费用使用权

工作协作关系：

内部协调关系	公司各部门及各下属单位
外部协调关系	人事局、劳动局、高等院校、公安部门、总公司相关部门

任职资格：

教育水平	大学本科以上
专业	人力资源管理等相关专业
培训经历	人力资源管理培训，行政管理培训

经验	5年以上相关工作经验
知识	精通人力资源管理知识，掌握行政管理、法律等知识，了解房地产开发领域专业知识，熟练使用办公软件，具备基本的网络知识，具有较强的阅读能力、写作能力和表达能力
技能技巧	具有很强的领导能力、判断与决策能力、人际能力、沟通能力、影响力、计划与执行能力
其他：	
使用工具设备	计算机、一般办公设备（电话、传真机、打印机、Internet/Intranet网络）、录音录像设备
工作环境	办公室
工作时间特征	正常工作时间，偶尔加班
所需记录文档	通知、简报、汇报材料、工作总结、公司文件
备注：	

薪酬管理职务说明书

岗位名称	薪酬管理	岗位编号	
所在部门	人力资源部	管理幅度	
直接上级	人力资源部部长	职系	行政事务
直接下级	无		
本职：健全完善劳资制度和福利制度，并具体执行薪酬管理工作			
职责与工作任务：			
职责一	职责表述：制定公司与薪酬福利有关的各种方案		工作时间百分比：20%
	工作任务	拟订工资和奖金、福利方案，报批后执行； 及时了解企业工资、奖金、劳动保护、福利的有关政策	
职责二	职责表述：办理各类保险业务		工作时间百分比：25%
	工作任务	核定各项保险基数，并建立相关台账； 按月上报报表，并缴纳保险费用； 及时了解与保险有关的政策	
职责三	职责表述：负责薪酬管理工作		工作时间百分比：50%
	工作任务	统一编制员工工资表； 按月上报工资报表及工资、奖金审批单； 审核员工的考勤及各种休假并备案； 负责员工奖金、津贴、补贴的登记和管理； 建立职工个人收入台账，年终进行工资核算	

A

职责四	职责表述：完成人力资源部部长交付的其他任务	工作时间百分比：5%

权力：	
员工薪酬调整的建议权	
工作协作关系：	
内部协调关系	公司各部门及各下属单位
外部协调关系	人事局、劳动局、总公司相关部门
任职资格：	
教育水平	专科以上
专业	人力资源管理或相关专业
培训经历	接受过人力资源管理知识培训
经验	2年以上工作经验
知识	通晓相应的人力资源管理知识，掌握有关人力资源管理的各项规章制度，具有行政管理知识
技能技巧	熟练使用各种办公软件，具备基本的网络知识，具有较强的阅读能力、写作能力和表达能力，具有一定的判断与决策能力、人际能力、沟通能力、计划与执行能力
其他：	
使用工具设备	计算机、一般办公设备（电话、传真、打印机、文件柜）
工作环境	办公室
工作时间特征	正常工作时间，偶尔需要加班
所需记录文档	通知、简报、汇报文件、总结、公司文件、工资表、职工台账、报表
备注：	

人事管理职务说明书

岗位名称	人事管理	岗位编号	
所在部门	人力资源部	管理幅度	
直接上级	人力资源部部长	职系	行政事务
直接下级	无		

本职：负责公司的员工招聘选拔、绩效考核和人事档案管理

职责与工作任务：

职责一	职责表述：负责员工内外部招聘工作		工作时间百分比：20%
	工作任务	办理招聘广告的审批手续，招聘广告的联系刊登，应聘信件的登记等； 负责应聘人员的筛选； 负责组织人员招聘的面试和笔试； 负责人才储备库的建立	
职责二	职责表述：负责劳资合同工作		工作时间百分比：15%
	工作任务	负责劳资合同签订； 及时了解与劳动合同有关的政策法规； 负责公司的劳动合同终止和员工解聘手续办理； 为符合退休条件的职工办理退休手续； 配合工会受理员工投诉和员工与公司的劳动纠纷事宜并负责调查核实	
职责三	职责表述：人事调配工作		工作时间百分比：15%
	工作任务	负责办理职工调入、调出手续； 办理外聘、临时人员用工手续； 进行人员配置情况调查； 及时更新人事资料数据库、人事统计报表、离退休人员统计报表	
职责四	职责表述：负责公司绩效考核及相关工作		工作时间百分比：35%
	工作任务	修订员工绩效考核标准、考核时间、考核方法和考核流程，经批准后实施； 定期汇总各部门绩效考核的结果，并撰写考核分析报告； 组织优秀员工的评选工作	
职责五	职责表述：内部人事档案管理		工作时间百分比：10%
	工作任务	及时进行人事档案的加工整理、分类上账、装订、建立管理卡片、编制检索目录； 定期参加人事档案鉴定，对应销毁档案进行监销； 执行人事档案借阅管理制度，履行借阅手续； 按密级划分的有关规定，及时准确划分档案密级	
职责六	职责表述：其他工作		工作时间百分比：5%
	工作任务	负责各类需要人事部门盖章的手续； 完成人力资源部部长交付的其他工作	

权力：

人员招聘的初步筛选权；
对考核结果的核实权

工作协作关系：	
内部协调关系	公司各部门及各下属单位
外部协调关系	人事局、劳动局、人才交流中心、各媒体、高等院校、总公司相关部门
任职资格：	
教育水平	大学专科以上
专业	人力资源管理专业或相关专业
培训经历	接受过人力资源管理知识培训
经验	2年以上工作经验
知识	通晓相应的人力资源管理知识，掌握有关人力资源的各项规章制度，具有行政管理知识
技能技巧	熟练使用各种办公软件，具备基本的网络知识，具有较强的阅读能力、写作能力和表达能力，具有一定的判断与决策能力、人际能力、沟通能力、计划与执行能力
其他：	
使用工具设备	计算机、一般办公设备（电话、传真、打印机、文件柜），加湿机，去湿机
工作环境	办公室
工作时间特征	正常工作时间，偶尔需要加班
所需记录文档	通知、简报、汇报文件、总结、公司文件、档案、各类报表

备注：

培训发展管理职务说明书

岗位名称	培训发展管理	岗位编号	
所在部门	人力资源部	管理幅度	
直接上级	人力资源部部长	职系	行政事务
直接下级	无		

本职：负责公司的员工培训、职称评定与职业生涯发展

职责与工作任务：

<table>
<tr><td rowspan="2">职责一</td><td colspan="2">职责表述：负责职业生涯发展方案的设计与实施</td><td>工作时间百分比：15%</td></tr>
<tr><td>工作任务</td><td colspan="2">组织相关领导召开职业生涯辅导会议；
建立职业发展档案，并负责保管与及时更新；
发放《员工职业发展规划表》与《能力开发需求表》，评估员工能力和特长</td></tr>
<tr><td rowspan="2">职责二</td><td colspan="2">职责表述：负责培训方案的设计</td><td>工作时间百分比：30%</td></tr>
<tr><td>工作任务</td><td colspan="2">发放员工培训需求调查表；
分析员工培训需求，结合公司培训方针，选择受训人员；
结合公司下一年度的方针目标制订出下一年度计划，并且制订具体实施计划</td></tr>
<tr><td rowspan="2">职责三</td><td colspan="2">职责表述：负责员工培训及相关工作</td><td>工作时间百分比：30%</td></tr>
<tr><td>工作任务</td><td colspan="2">负责对新员工进行培训；
确定培训讲师与场地；
打印有关培训的文件资料、表格、教材等，负责各类培训班教材资料的准备工作；
负责培训资料、教材等中英文打字及视听带的录制工作；
负责与培训工作相关的图书、杂志、培训资料的购入、保管及借阅工作；
负责各种教学设备、仪器的保管、保养工作；
协助培训师准备好视听教学器材，课后及时检查并收回保管；
对培训结果进行评估</td></tr>
<tr><td rowspan="2">职责四</td><td colspan="2">职责表述：职称管理</td><td>工作时间百分比：20%</td></tr>
<tr><td>工作任务</td><td colspan="2">负责专业技术人员任职资格评审申报的组织、管理工作；
负责组织各类职称资格统考及相关考试的报名、审批工作；
负责各类职称报表统计，相关政策解答工作</td></tr>
<tr><td>职责五</td><td colspan="2">职责表述：完成人力资源部部长交付的其他工作</td><td>工作时间百分比：5%</td></tr>
<tr><td colspan="4">权力：</td></tr>
<tr><td colspan="4">对公司投资设立企业的建议权；
对经济合同的修改权；
对外派股东代表的监督权和提名权</td></tr>
<tr><td colspan="4">工作协作关系：</td></tr>
<tr><td>内部协调关系</td><td colspan="3">财务部、人力资源部、分公司、市场部</td></tr>
<tr><td>外部协调关系</td><td colspan="3">有关政府部门、律师事务所、法院</td></tr>
<tr><td colspan="4">任职资格：</td></tr>
<tr><td>教育水平</td><td colspan="3">本科以上学历</td></tr>
<tr><td>专业</td><td colspan="3">经济管理、法律及相关专业</td></tr>
<tr><td>培训经历</td><td colspan="3">战略管理、资本运营、投资管理、法律等培训</td></tr>
<tr><td>经验</td><td colspan="3">3年以上工作经验</td></tr>
<tr><td>知识</td><td colspan="3">精通国家宏观经济政策、竞争对手情况，掌握公司战略管理、资本运营、法律事务等知识</td></tr>
</table>

技能技巧	熟练使用办公软件，具有较强的写作能力、谈判能力、捕捉市场机会的能力，具有很强的领导能力、判断与决策能力、人际能力、沟通能力、影响力、计划与执行能力、学习能力
其他：	
使用工具设备	计算机、一般办公设备（电话、传真机、打印机、Internet/Intranet网络）
工作环境	办公场所
工作时间特征	正常工作时间，偶尔加班
所需记录文档	通知、简报、汇报材料、工作总结、公司文件
备注：	

（4）战略发展部各岗位职务说明书

战略发展部部长职务说明书

岗位名称	战略发展部部长	岗位编号	
所在部门	战略发展部	管理幅度	
直接上级	常务副总经理	职系	管理职系
直接下级	战略发展部副部长		

本职：组织拟订公司战略；
负责公司法律事务管理；
负责参股控股公司资产管理

职责与工作任务：			
职责一	职责表述：负责组织制定公司战略，为高层管理者决策提供支持		工作时间百分比：40%
	工作任务	负责对国家经济环境、竞争对手、市场情报进行收集与分析，组织拟订和修订公司战略； 负责发现新的商业机会，提出公司新业务发展方向的决策性建议； 负责指导审核下属公司的业务战略，并监督实施； 负责对公司及下属公司经营情况进行分析，撰写专题分析报告； 负责研究国有企业改革政策，追踪研究国内外优秀企业的经营模式	
职责二	职责表述：负责公司法律事务管理		工作时间百分比：15%
	工作任务	负责为公司的经营管理和决策提供法律意见； 参与公司重大经济合同的谈判、起草、签约和验收； 负责组织公司内“普法”工作	

职责三	职责表述：负责公司法律事务管理		工作时间百分比：30%
	工作任务	负责制定对公司产权代表的管理制度； 负责对控股参股公司经营情况进行跟踪； 对控股参股公司产权代表进行业绩合同管理	
职责四	职责表述：负责战略发展部内部的组织管理		工作时间百分比：10%
	工作任务	负责指导属下员工制订阶段工作计划，并督促执行； 负责部门队伍建设，选拔、配备、培训、评价本部门人员； 负责部门内工作任务分工，合理安排人员； 负责控制部门预算，降低费用成本	
职责五	职责表述：完成常务副总经理交办的其他任务		工作时间百分比：5%

权力：

对公司编制内部招聘制度的审核权；
对公司员工出勤的监督权；
对公司员工手册的解释权；
对员工考核数据和事项的核实权；
对员工投诉的核实权；
对直接下级人员调配、奖惩的建议权和任免的提名权；
对所属下级的工作的监督、检查权；
对所属下级的工作争议有裁决权；
对所属下级的管理水平、业务水平和业绩有考核评价权；
本部门预算内的费用使用权

工作协作关系：

内部协调关系	公司各部门及各下属单位
外部协调关系	人事局、劳动局、高等院校、公安部门、总公司相关部门

任职资格：

教育水平	大学本科以上
专业	人力资源管理等相关专业
培训经历	人力资源管理培训，行政管理培训
经验	5年以上相关工作经验
知识	精通人力资源管理知识，掌握行政管理、法律等知识，了解房地产开发领域专业知识
技能技巧	熟练使用办公软件，具备基本的网络知识，具有较强的阅读能力、写作能力和表达能力，具有很强的领导能力、判断与决策能力、人际能力、沟通能力、影响力、计划与执行能力

其他：

使用工具设备	计算机、一般办公设备（电话、传真机、打印机、Internet/Intranet网络）、录音录像设备
工作环境	办公室

工作时间特征	正常工作时间，偶尔加班
所需记录文档	通知、简报、汇报材料、工作总结、公司文件
备注：	

战略发展部副部长职务说明书

岗位名称	战略发展部副部长		岗位编号	
所在部门	战略发展部		管理幅度	
直接上级	战略发展部部长		职系	管理职系
直接下级	法律事务管理、资产管理			
本职：协助战略发展部部长负责公司法律事务管理和资产管理				
职责与工作任务：				
职责一	职责表述：负责管理公司法律事务		工作时间百分比：30%	
	工作任务	负责为公司的经营管理和决策提供法律意见； 负责处理公司经济纠纷，代表企业进行法律诉讼、仲裁； 负责聘请律师，并协助律师进行诉讼活动		
职责二	职责表述：负责公司合同审定		工作时间百分比：30%	
	工作任务	参与公司重大经济合同的谈判、起草和验收； 负责公司重大经济合同进行会审		
职责三	职责表述：负责控股参股公司的产权管理		工作时间百分比：25%	
	工作任务	负责起草、修订对公司产权代表的管理制度； 负责对控股参股公司经营情况进行跟踪； 对控股参股公司产权代表进行业绩合同管理； 对子公司的投资项目进行审核，控制投资项目投入资金的额度、投向		
职责四	职责表述：负责战略发展部内部的组织管理		工作时间百分比：10%	
	工作任务	负责指导属下员工制订阶段工作计划，并督促执行； 负责部门队伍培训，评价本部门人员； 负责部门内工作任务分工，合理安排人员		
职责五	职责表述：战略发展部部长交办的其他工作		工作时间百分比：5%	
权力：				
对经济合同的修改权				

工作协作关系：	
内部协调关系	公司各部门
外部协调关系	律师事务所、法院
任职资格：	
教育水平	大学本科以上
专业	法律或经济类专业
培训经历	接受过经济法、公司法培训
经验	3年以上工作经验
知识	掌握有关经济法、公司法等法律知识
技能技巧	熟练使用各种办公软件，具有一定的写作能力和表达能力，具有一定的领导能力、判断与决策能力、人际能力、沟通能力、计划与执行能力
其他：	
使用工具设备	计算机、一般办公设备（电话、传真、打印机、文件柜）
工作环境	办公室
工作时间特征	正常工作时间，偶尔需要加班
所需记录文档	法律文书、经济合同等

备注：

战略计划管理职务说明书

岗位名称	战略计划管理	岗位编号	
所在部门	战略发展部	管理幅度	
直接上级	战略发展部部长	职系	行政事务
直接下级	无		

本职：负责制定和修订公司战略；
负责指导审核下属单位的业务战略；
负责制定公司深化改革方案

职责与工作任务：

职责一	职责表述：负责制定和修订公司战略		工作时间百分比：50%
	工作任务	收集、分析国家宏观经济、行业情况、竞争对手情报、市场需求、新的市场机会等资料； 对公司中长期发展进行调查、计划，制定和修订公司战略； 收集、分析公司经营情况并进行分析，撰写专题分析报告； 寻找公司新的商业机会，负责编制项目可行性研究报告	
职责二	职责表述：负责公司合同审定		工作时间百分比：30%
	工作任务	收集、分析下属单位的经济运营情况，并撰写专题分析报告； 指导审核下属单位的中长期规划、年度经营规划，并跟踪规划实施情况	
职责三	职责表述：负责制定公司深化改革方案		工作时间百分比：15%
	工作任务	研究国有企业改革政策； 追踪研究国内外优秀企业的经营模式； 组织项目考察调研，撰写项目调研报告	
职责四	职责表述：完成战略发展部部长交付的其他任务		工作时间百分比：5%

权力：

下属单位的战略实施的监督权；
拟投资设立企业的建议权

工作协作关系：

内部协调关系	公司各部门
外部协调关系	有关政府部门和行业内企业

任职资格：

教育水平	大学本科以上
专业	经济、法律、企业管理等相关专业
培训经历	接受过战略管理培训
经验	1年以上工作经验
知识	掌握有关企业战略制定、企业管理知识

技能技巧	熟练使用各种办公软件，具有较强的阅读能力、写作能力和表达能力，具有一定的判断与决策能力、人际能力、沟通能力、计划与执行能力
其他：	
使用工具设备	计算机、一般办公设备（电话、传真、打印机、文件柜）
工作环境	办公室
工作时间特征	正常工作时间，偶尔需要加班
所需记录文档	下属公司的业务战略
备注：	

法律事务管理职务说明书

岗位名称	法律事务管理	岗位编号	
所在部门	战略发展部	管理幅度	
直接上级	战略发展部副部长	职系	行政事务
直接下级	无		
本职：负责公司法律事务，负责公司合同审定，负责公司内“普法”工作			
职责与工作任务：			
职责一	职责表述：负责公司法律事务		工作时间百分比：50%
	工作任务	负责为公司的经营管理和决策提供法律意见； 负责处理公司经济纠纷，代表企业进行法律诉讼、仲裁； 协助公司聘请律师进行诉讼活动	
职责二	职责表述：负责公司合同审定		工作时间百分比：30%
	工作任务	参与公司重大经济合同的谈判、起草和验收； 负责公司重大经济合同进行会审	
职责三	职责表述：负责组织公司内“普法”工作		工作时间百分比：15%
	工作任务	根据人力资源部培训计划，对公司员工进行法律知识培训； 对公司职责部门、分公司业务知识提供法律培训	
职责四	职责表述：战略发展部副部长交办的其他工作		工作时间百分比：5%
权力：			
对经济合同的修改权			
工作协作关系：			

A

内部协调关系	公司各部门
外部协调关系	律师事务所、法院
任职资格：	
教育水平	大学本科以上
专业	法律或经济类专业
培训经历	接受过经济法、公司法培训
经验	1年以上工作经验
知识	掌握有关经济法、公司法等法律知识
技能技巧	熟练使用各种办公软件，具有一定的写作能力和表达能力； 具有一定的判断与决策能力、人际能力、沟通能力、计划与执行能力
其他：	
使用工具设备	计算机、一般办公设备（电话、传真、打印机、文件柜）
工作环境	办公室
工作时间特征	正常工作时间，偶尔需要加班
所需记录文档	法律文书、经济合同等

备注：

资产管理职务说明书

岗位名称	资产管理	岗位编号	
所在部门	战略发展部	管理幅度	
直接上级	战略发展部副部长	职系	行政事务
直接下级	无		

本职：负责控股参股公司的产权管理，负责对公司产权代表的管理

职责与工作任务：

职责一	职责表述：负责控股参股公司的产权管理		工作时间百分比：40%
	工作任务	对控股参股公司经营情况进行跟踪，撰写专题分析报告； 监督合资合作项目的执行情况，保障资金回收； 对控股参股公司重要资料的收集、分析、管理	
职责二	职责表述：负责对公司产权代表的管理		工作时间百分比：55%
	工作任务	起草、修订公司产权代表管理制度； 负责确定产权代表的考核指标、指标权重、目标值； 参与对产权代表的考核工作	
职责三	职责表述：完成战略发展部副部长交付的其他工作		工作时间百分比：5%

权力：

对控股参股公司未来发展的建议权；
分公司经理/子公司经理奖惩的建议权

工作协作关系：

内部协调关系	公司各部门、下属公司
外部协调关系	有关企业及政府部门

任职资格：

教育水平	大学本科以上
专业	经济、法律或企业管理类专业
培训经历	接受项目投资、公司法等业务培训
经验	2年以上工作经验
知识	掌握有关公司法、财务管理等知识
技能技巧	熟练使用各种办公软件，具有一定的英语应用能力，具有较强的阅读能力、写作能力和表达能力，具有一定的判断与决策能力、人际能力、沟通能力、计划与执行能力

其他：

使用工具设备	计算机、一般办公设备（电话、传真、打印机、文件柜）
工作环境	办公室

A

工作时间特征	正常工作时间，偶尔需要加班
所需记录文档	业绩合同样本

备注：

（5）信息中心各岗位职务说明书

信息中心主任职务说明书

岗位名称	信息中心主任	岗位编号	
所在部门	信息中心	管理幅度	
直接上级	常务副总经理	职系	管理职系
直接下级	计算机应用开发岗位、房库管理岗位		

本职：负责公司信息技术应用以及房屋入（出）库管理

职责与工作任务：			
职责一	职责表述：负责公司信息管理的规划与修订		工作时间百分比：20%
	工作任务	负责编制公司计算机应用发展的规划； 负责编制信息中心的年度工作计划，并负责实施	
职责二	职责表述：负责公司信息技术应用及推广		工作时间百分比：40%
	工作任务	负责组织公司应用软件系统的开发与应用； 负责公司计算机软硬件的购置、维护工作； 负责公司员工的计算机培训工作	
职责三	职责表述：负责公司房库管理工作		工作时间百分比：25%
	工作任务	负责公司房屋入库管理工作； 负责公司房屋出库管理工作	
职责四	职责表述：负责信息中心内部的组织管理工作		工作时间百分比：10%
	工作任务	负责指导下属员工制订阶段工作计划，并督促执行； 负责部门队伍建设，选拔、配备、培训、评价本部门人员； 负责部门内工作任务分工，合理安排人员； 负责控制部门预算，降低费用成本	
职责五	职责表述：完成常务副总经理交办的其他工作		工作时间百分比：5%

权力：

选择软、硬件供应厂商、型号的决策权；
部门人员录用的建议权；
房屋管理的监督权；
有对直接下级岗位调配的建议权、奖惩建议权；
对所属下级的工作有监督、检查权；
对所属下级的管理水平、业务水平和业绩有考核评价权

工作协作关系：

内部协调关系	公司各部门
外部协调关系	软、硬件供应商，房管局测量处

任职资格：

教育水平	大学本科以上
专业	计算机或者电子类专业
培训经历	计算机应用技术培训、房地产开发培训
经验	3年以上工作经验
知识	精通计算机软硬件知识、网络知识，掌握一定的建筑知识
技能技巧	具有较强的软硬件维护和网站建设维护，具有一定的组织协调、沟通和计划与执行能力

其他：

使用工具设备	计算机，一般办公设备（电话、传真机、打印机、Internet/Intranet网络、文件柜）
工作环境	办公室
工作时间特征	正常工作时间，偶尔需要加班
所需记录文档	软件开发文档、计算机技术相关资料

备注：

计算机应用开发职务说明书

岗位名称	计算机应用开发	岗位编号	
所在部门	信息中心	管理幅度	
直接上级	信息中心主任	职系	技术职系
直接下级	无		

本职：负责公司信息网络的建设，计算机软硬件的维护和更新，应用软件开发和推广，以及计算机培训工作

职责与工作任务：

职责一	职责表述：负责公司信息网络建设		工作时间百分比：20%
	工作任务	负责公司内部局域网的建设与维护； 负责公司外部网站的建立与维护	
职责二	职责表述：负责公司计算机应用软件的开发与推广		工作时间百分比：45%
	工作任务	根据公司具体情况，进行应用软件开发； 负责已开发软件的推广应用； 负责对已开发的软件进行维护	
职责三	职责表述：负责公司计算机软、硬件的购置与维修		工作时间百分比：10%
	工作任务	负责公司计算机硬件的购置及维修； 对公司使用的专业软件负责购置，并提供技术支持； 负责对公司各部门计算机的操作系统进行维护	
职责四	职责表述：负责公司计算机培训工作		工作时间百分比：20%
	工作任务	根据人力资源部培训计划，对公司员工进行计算机技术培训； 对所开发软件的应用人员进行培训	
职责五	职责表述：完成信息中心主任交办的其他工作		工作时间百分比：5%

权力：

选择软、硬件供应厂商、型号的建议权

工作协作关系：

内部协调关系	公司各部门
外部协调关系	软、硬件供应商

任职资格：

教育水平	大学本科以上
专业	计算机或者电子类专业
培训经历	计算机应用技术培训、计算机硬件维修培训
经验	1年以上工作经验

A

知识	掌握计算机软硬件知识、网络知识
技能技巧	具有较强的软硬件维护能力和网站建设维护能力，具有一定的沟通能力
其他：	
使用工具设备	计算机，一般办公设备（电话、传真机、打印机、Internet/Intranet网络、文件柜）
工作环境	办公室
工作时间特征	正常工作时间，偶尔需要加班
所需记录文档	计算机软硬件资料、计算机维修记录、软件开发文档
备注：	

房库管理职务说明书

岗位名称	房库管理	**岗位编号**	
所在部门	信息中心	**管理幅度**	
直接上级	信息中心主任	**职系**	行政事务
直接下级	无		
本职：对公司开发建设的所有房屋进行出（入）库管理			
职责与工作任务：			
职责一	职责表述：负责公司开发的所有房屋入库管理工作		工作时间百分比：55%
	工作任务	负责办理公司开发的所有房屋入库手续； 负责将公司开发的所有房屋数据输入计算机房库管理系统； 对未出库的现房进行管理； 负责向有关部门提供公司开发的所有房屋情况	
职责二	职责表述：负责公司开发的所有房屋出库管理工作		工作时间百分比：40%
	工作任务	负责对一、二开发分公司提供商品房面积； 负责对销售中心提供房屋分摊面积说明； 负责为租赁公司、拆迁公司等提供所租赁、拆迁房屋面积数据； 负责办理公司开发的所有房屋出库手续	
职责三	职责表述：完成信息中心主任交办的其他工作		工作时间百分比：5%

A

权力：	
房屋出（入）库的监督权	
工作协作关系：	
内部协调关系	销售中心、租赁公司、拆迁公司、战略发展部、规划室、总工办、一开发分公司、二开发分公司
外部协调关系	房管局测量处
任职资格：	
教育水平	大学专科以上
专业	城市规划及工民建专业
培训经历	房地产开发培训
经验	1年以上工作经验
知识	具有建筑专业知识，熟练识别建筑图纸，掌握相应的计算机知识
技能技巧	有较强的面积测算能力和一定的写作能力，具有一定的分析问题、解决问题的能力
其他：	
使用工具设备	计算机、一般办公设备（电话、传真机、打印机、Internet/Intranet网络、文件柜）
工作环境	办公室
工作时间特征	正常工作时间，偶尔需要加班
所需记录文档	房屋施工图入库单、房屋竣工入库单、房屋出库单、面积测算记录

备注：

（6）行政后勤部职务说明书

行政后勤部部长职务说明书

岗位名称	行政后勤部部长	岗位编号	
所在部门	行政后勤部	管理幅度	
直接上级	行政副总经理	职系	管理职系
直接下级	司机班长、医务/资产管理、后勤主管、保卫主管、维修工		

本职：统筹管理公司行政后勤事务

职责与工作任务：

职责	项目	内容	工作时间百分比
职责一	职责表述：负责制订并实施行政后勤部工作计划		工作时间百分比：15%
	工作任务	制订行政部年度、月度工作目标、工作计划 组织实施部门内部的目标计划	
职责二	职责表述：统筹管理公司后勤服务工作		工作时间百分比：50%
	工作任务	负责组织公司内外环境的绿化、清扫及保持工作； 负责组织管理公司治安保卫工作，确保公司办公、生活秩序不受干扰和公司财产、员工的安全； 负责组织公司防火安全与消防工作，定期组织检查公司消防设备设施的配置和使用状态，督办更换； 负责组织公司医务工作； 组织办理公司劳保用品、办公及生活用品、器具、设备、设施的采买与发放，保证正常办公和生活的物资供应； 组织员工生活福利品的购买发放； 负责组织公司食堂管理； 负责组织建立公司固定资产的台账、检查盘点和维修维护工作； 负责组织保证全公司正常的生产和生活用电、用气； 负责公司通信费用报批与缴纳； 负责公司报刊征订分发工作； 负责组织全公司空调、用水、暖气的正常供应； 负责组织公司的公务用车管理，进行科学合理的调度； 负责协调公司与公安系统、交通系统各部门的关系	
职责三	职责表述：部门内部管理工作		工作时间百分比：30%
	工作任务	制定、修订行政部的工作程序和工作制度，并监控实施； 负责公司行政队伍建设，选拔、配备、评价下属人员，组织部门技能培训； 负责指导下属员工制订阶段工作计划，并督促执行； 负责控制部门预算，降低部门管理费用	
职责四	职责表述：完成行政副总经理交办的其他任务		工作时间百分比：5%

权力：

有对各部门的安全保卫、防火、卫生工作的监督、检查权；
对各部门的安全隐患有限期整改权；
有对直接下级人员调配、奖惩的建议权和任免的提名权；
对所属下级的工作有监督、检查权；
对所属下级的工作争议有裁决权；
对所属下级的管理水平、业务水平和业绩有考核评价权；
权限内的财务审批权

工作协作关系：	
内部协调关系	公司各部门及各下属单位
外部协调关系	总公司相关部门、政府有关部门、办公用品供应商、水电气公司、消防部门、卫生管理部门、公安部门、交通大队、街道等
任职资格：	
教育水平	大学专科以上
专业	专业不限
培训经历	行政管理培训
经验	5年以上工作经验
知识	具备相应的行政管理知识
技能技巧	熟练使用WORD、EXCEL等办公软件，具备基本的网络知识，具有较强的领导能力、判断与决策能力、人际能力、沟通能力、影响力、计划与执行能力
其他：	
使用工具设备	计算机、一般办公设备（电话、传真机、打印机、Internet/Intranet网络）
工作环境	办公室
工作时间特征	正常工作时间，经常加班
所需记录文档	通知、简报、汇报文件或报告、总结、各种费用的账目、资产台账等
备注：	

后勤管理职务说明书

岗位名称	后勤管理	岗位编号	
所在部门	行政后勤部	管理幅度	
直接上级	行政后勤部部长	职系	行政事务
直接下级	无		

本职：负责办公用品的高效采购与发放

职责与工作任务：			
职责一	职责表述：负责办公用品管理		工作时间百分比：35%
	工作任务	购买各部门所需办公用品，负责其发放及账目管理； 对复印机的维修、保养及耗材管理； 全部机关的饮用水购买和发放； 负责公司报刊征订工作	

职责二	职责表述：负责水、电、气管理		工作时间百分比：25%
	工作任务	部机关水、电、气的结算，并登记台账； 负责公司每年每人缴纳供暖费，并登记台账； 对机关及所属各单位职工住房进行统计，统计录入管理	
职责三	职责表述：管理通信设备及其费用		工作时间百分比：20%
	工作任务	对机关所属部门电话费核算、建立台账，办理各项手续； 负责通信设备交费、维修、更换	
职责四	职责表述：负责日常福利工作		工作时间百分比：15%
	工作任务	负责节假日及防暑降温期间职工物品发放； 节日来临前的各项准备工作	
职责五	职责表述：完成行政后勤部部长交付的其他工作		工作时间百分比：5%

权力：

办公用品费用的审核权；
通信设备费用的审核权；
个人供暖费用的审核权

工作协作关系：

内部协调关系	行政后勤部部长、公司内部员工
外部协调关系	办公用品供应商、水电气公司、房管局、街道办事处

任职资格：

教育水平	技校、职业高中或者高中毕业
专业	专业不限
培训经历	行政管理培训及相关政策培训
经验	2年以上工作经验
知识	行政管理知识
技能技巧	具有一定的人际能力、沟通能力、计划与执行能力、判断与决策能力

其他：

使用工具设备	一般办公用品
工作环境	办公室
工作时间特征	正常工作时间，特殊情况需要加班
所需记录文档	办公用品台账，水、电、气台账，住房统计台账，通信设备台账

备注：

食堂/资产管理职务说明书

岗位名称	食堂/资产管理	岗位编号	
所在部门	行政后勤部	管理幅度	
直接上级	行政后勤部部长	职系	行政事务
直接下级	炊事员		

本职：负责为公司员工提供优质的就餐服务，并负责固定资产的保值

职责与工作任务：

职责一	职责表述：负责食堂的日常管理及食堂会计工作		工作时间百分比：20%
	工作任务	制定食堂岗位制度，责任区划分； 安排每周食谱； 食堂现金、日记账、总分类账登记工作	
职责二	职责表述：负责组织食堂的日常伙食供应		工作时间百分比：40%
	工作任务	负责组织制作员工膳食，及时保证供应； 负责操作间、库房、餐厅的环境卫生，做好炊具、餐具、食品的清洁、卫生、消毒工作，定期组织清扫； 组织采购食品、蔬菜、粮油等原材辅料，并控制采购价格和质量； 负责就餐预测和成本核算	
职责三	职责表述：负责对下属员工的培训、监督和考核		工作时间百分比：15%
	工作任务	负责制订员工的培训计划； 负责对下属员工的工作量进行协调； 负责对下属员工的工作情况进行考核； 负责对下属员工的工作进行监督	
职责四	职责表述：负责公司的固定资产管理		工作时间百分比：20%
	工作任务	定期盘查公司账内外固定资产和低值易耗品，并建立台账，进行登记； 定期与财务及相关人员对账	
职责五	职责表述：完成行政后勤部部长交付的其他工作		工作时间百分比：5%

权力：

对浪费饭菜的员工有处罚的建议权；
对机关固定资产和低值易耗品使用的监督权；
对下属员工的工作有监督、检查权；
对下属员工的工作争议有裁决权；
对下属员工有奖惩的建议权；
对下属员工的业务水平、业绩有考核评价权

工作协作关系：

内部协调关系	行政后勤部部长、公司内部员工
外部协调关系	食品供应商

任职资格：	
教育水平	技校、职业高中或者高中毕业
专业	专业不限
培训经历	会计专业培训、相关政策培训、烹饪知识培训
经验	2年以上工作经验
知识	烹饪知识、卫生知识、营养学方面的知识、会计知识
技能技巧	具有一定的人际能力、沟通能力、计划与执行能力、判断与决策能力
其他：	
使用工具设备	一般办公用品、账簿
工作环境	食堂、办公室
工作时间特征	正常工作时间，偶尔需要加班
所需记录文档	通知、汇报、工作总结、日记账、现金账、总分类账

备注：

医务管理职务说明书

岗位名称	医务管理	岗位编号	
所在部门	行政后勤部	管理幅度	
直接上级	行政后勤部部长	职系	行政事务
直接下级	炊事员		

本职：负责安排医疗卫生工作的各项事务

职责与工作任务：

职责一	职责表述：医改前，负责安排医务室工作		工作时间百分比：25%
	工作任务	日常职工就诊治疗，医药费报销，药品出入库管理； 为职工办理住院手续，并负责与医院之间的联系工作； 食堂卫生许可证办理； 体检工作，每年组织一次，组织炊事人员体检并办理健康证	
职责二	职责表述：医改前，负责公司医务工作		工作时间百分比：25%
	工作任务	每月上报人员增减表； 负责为职工到本区社保中心报销医药费； 负责增补市民卡及个人、公司的账号划拨	
职责三	职责表述：负责计划生育各项工作		工作时间百分比：10%
	工作任务	制订各种计生计划、奖惩办法及计划生育安排； 与员工签订计划生育承包协议书，完成各种计划生育报表制订与上报工作； 完成对外来人员的计划生育工作检查； 完成总公司计生办及街道计生办交与的各项计生工作，并接受上级领导检查	
职责四	职责表述：组织献血工作		工作时间百分比：10%
	工作任务	每年两次到上级公司及区献血办汇报献血工作； 按照上级主管部门交与的献血指标完成献血工作； 做好善后工作，随访及发放无偿献血证	
职责五	职责表述：组织职工参与社会上各种募捐、救助工作		工作时间百分比：15%
职责六	职责表述：负责食堂出纳工作		工作时间百分比：10%
职责七	职责表述：完成行政后勤部部长交付的其他工作		工作时间百分比：5%

权力：

入院及特殊检查审核权

工作协作关系：

内部协调关系	公司各部门
外部协调关系	医院、社保中心、献血办、计生办

任职资格：

教育水平	技校、职业高中毕业

专业	不限
培训经历	会计专业培训、计划生育岗位培训、医保培训、相关政策培训
经验	2年以上工作经验
知识	会计知识、医学知识、计生政策知识
技能技巧	具备较强的沟通能力，具有一定的人际能力、沟通能力、执行能力，具有较强的责任心
其他：	
使用工具设备	一般办公设备
工作环境	办公室
工作时间特征	正常工作时间，特殊情况需要加班
所需记录文档	通知、回报文件、工作总结、医药报销凭证、计划生育协议
备注：	

司机班班长职务说明书

岗位名称	司机班班长	岗位编号	
所在部门	行政后勤部	管理幅度	
直接上级	行政后勤部部长	职系	工勤职系
直接下级	司机		
本职：负责车辆的管理与维护、日常公务用车的调度，确保公务用车的及时、安全			
职责与工作任务：			
职责一	职责表述：负责组织对车辆的管理		工作时间百分比：50%
职责一	工作任务	安排司机班次，调度车辆，满足公司用车需要； 负责制订车辆维修计划，组织公司车辆的小修； 负责办理车辆的年检手续及其他车务手续； 各部门用车的结算，经费统计、油耗统计、汽油购进与发放； 制定车队的工作程序和出车、安全驾驶、车辆维护保养等规定，经批准后施行； 安全行车记录	

职责二	职责表述：负责对车辆的维护		工作时间百分比：25%
	工作任务	按规定到指定地点维修，并提供详尽有效的支出明细； 每天对车辆进行一次安全、车容和卫生检查，对不合要求的车辆应采取措施使之达到要求； 经常进行车辆保养，保持车辆的良好运行状态； 保持车辆内外的卫生整洁	
职责三	职责表述：负责对下属员工的培训、监督和考核		工作时间百分比：20%
	工作任务	定期组织交通法规、安全驾驶、行车环保知识的学习，提高司机的安全行车和环保意识； 负责参加交通法规学习和业务培训活动，提高安全意识和业务技能； 负责对下属员工的工作量进行协调； 负责对下属员工的工作情况进行考核	
职责四	职责表述：负责完成行政后勤部部长交付的其他工作		工作时间百分比：5%

权力：

对司机的工作有管理指挥权；
有对车辆维护及使用情况的抽检权；
对下属员工的工作争议有裁决权；
对下属员工的业务水平和业绩有考核权；
对下属员工有奖惩的建议权；
对下属员工的调配有建议权；
对所管辖车辆的调度权

工作协作关系：

内部协调关系	公司各部门、各下属单位
外部协调关系	汽车修理厂、安委会

任职资格：

教育水平	技校、职业高中或者高中毕业
专业	司机
培训经历	经过专业培训
经验	3年以上司机工作经验
知识	具备相应的汽车知识、交通知识、法律知识
技能技巧	具有一定的领导能力、人际能力、沟通能力

其他：

使用工具设备	汽车及维修工具，一般办公设备
工作环境	办公室、汽车
工作时间特征	经常需要加班
所需记录文档	通知、汇报文件、工作总结、出车记录

备注：

保卫管理职务说明书

岗位名称	保卫管理	岗位编号	
所在部门	行政后勤部	管理幅度	
直接上级	行政后勤部经理	职系	行政事务
直接下级	门卫		

本职：确保公司的消防、保卫与交通安全

职责与工作任务：

职责一	职责表述：负责公司的消防、保卫制度的检查执行		工作时间百分比：25%
	工作任务	负责公司有关防火防盗、保卫等规章制度、实施细则的执行情况并做好记录； 定期组织检查公司各部的防火安全和保卫设施并做好记录，及时发现隐患并上报，督促和监督有关部门限期整改； 负责公司消防器材、设施的配置、维护、更换、定检工作，保证完好有效； 组织处理治安、火灾等突发性事件，及时调查事件原因	
职责二	职责表述：负责对员工进行消防、保卫的培训		工作时间百分比：10%
	工作任务	组织义务消防队的日常训练、演习、扑救火灾工作； 负责组织对员工进行法制、防火安全、保密思想教育和安全技能培训； 搜集公司治安保卫、防火、保密信息，编制公司治安保卫、防火、保密工作档案	
职责三	职责表述：内部治安安全工作		工作时间百分比：45%
	工作任务	检查部机关和所属各单位的治安防范工作； 对临时人员的具体履历的审核工作； 检查值班巡逻情况的具体落实情况； 员工中重点人员的监控工作	
职责四	职责表述：负责交通安全工作		工作时间百分比：10%
	工作任务	协助公安交通部门调查车辆肇事原因； 针对交通事故提出处理建议，经批准后具体办理	
职责五	职责表述：武装部、民兵工作		工作时间百分比：5%
	工作任务	负责编制民兵的定编工作，定期向上级公司武装部汇报； 负责民兵的培训工作	
职责六	职责表述：完成行政后勤部经理交付的其他工作		工作时间百分比：5%

权力：

有对各部门的安全保卫、防火、卫生工作的监督、检查权；
对各部门的安全隐患有限期整改权；
对所属下级的工作有监督、检查权；
调查交通事故并提出处理意见的权力；
对所属下级的工作争议有裁决权；
对进出公司的人员和车辆有盘查权；
在突发事件发生时有现场指挥、维持秩序的权力；
对违反公司安全保卫制度的行为有制止权和命令整改权

工作协作关系：	
内部协调关系	公司各部门
外部协调关系	公安局，派出所，区武装部
任职资格：	
教育水平	技校、职业高中毕业
专业	公安、保卫专业
培训经历	经过公安机关专业培训，岗位培训合格证
经验	3年以上工作经验
知识	具备相应治安保卫、消防知识和行政管理知识
技能技巧	有敏锐的观察力和较强的沟通写作能力，具有一定的领导能力、判断与决策能力、人际能力、沟通能力、计划与执行能力，具有较强的责任心和高度的警惕性
其他：	
使用工具设备	一般办公设备
工作环境	办公室以及需要检查的各个场所
工作时间特征	正常工作时间，特殊情况需要加班
所需记录文档	通知、汇报文件、工作总结，各种日常工作报表
备注：	

司机职务说明书

岗位名称	司机	岗位编号	
所在部门	行政后勤部	管理幅度	
直接上级	司机班班长	职系	工勤职系
直接下级	无		

本职：负责车辆的维护，确保车辆的行驶安全

职责与工作任务：

职责一	职责表述：负责车辆的维护		工作时间百分比：30%
	工作任务	按规定到指定地点维修，并提供详尽有效的支出明细； 每天对车辆进行一次安全检查； 经常进行车辆保养，保持车辆的良好运行状态； 保持车辆内外的卫生整洁	

职责二	职责表述：负责车辆安全行驶		工作时间百分比：65%
	工作任务	参加交通法规学习和业务培训活动，提高安全意识和业务技能； 安全行驶车辆，满足公司用车需要	
职责三	职责表述：完成司机班班长交付的其他工作		工作时间百分比：5%

权力：

对车辆维修的建议权

工作协作关系：

内部协调关系	公司各部门
外部协调关系	交通队、汽车修理厂

任职资格：

教育水平	技校、职业高中或者高中毕业
专业	司机
培训经历	经过专业培训
经验	1年以上司机工作经验
知识	具备相应的汽车知识、交通知识、法律知识
技能技巧	具有一定的人际能力、沟通能力

其他：

使用工具设备	汽车及维修工具，一般办公设备
工作环境	办公室、汽车
工作时间特征	经常需要加班
所需记录文档	出车记录

备注：

炊事员职务说明书

岗位名称	炊事员	岗位编号	
所在部门	行政后勤部	管理幅度	
直接上级	后勤主管	职系	工勤职系
直接下级	无		
本职：负责为公司员工提供优质的就餐服务			
职责与工作任务：			
职责一	职责表述：负责组织食堂的日常伙食供应		工作时间百分比：95%
	工作任务	负责制作员工膳食，及时保证供应； 负责操作间、库房、餐厅的环境卫生，做好炊具、餐具、食品的清洁、卫生、消毒工作； 采购食品、蔬菜、粮油等原材辅料，并控制采购价格和质量； 进行就餐预测，杜绝浪费	
职责二	职责表述：完成后勤主管交付的其他工作		工作时间百分比：5%
权力：			
食谱安排的建议权			
工作协作关系：			
内部协调关系	公司内部员工		
外部协调关系	食品供应商等		
任职资格：			
教育水平	高中毕业		
专业	专业不限		
培训经历	厨师专业培训		
经验	1年以上工作经验		
知识	具有膳食营养知识		
技能技巧	具有一定的人际能力		
其他：			
使用工具设备	厨具设备		
工作环境	食堂、食品市场		
工作时间特征	正常工作时间，特殊情况需要加班		
所需记录文档	食谱		
备注：			

维修工职务说明书

岗位名称	维修工	岗位编号	
所在部门	行政后勤部	管理幅度	
直接上级	行政后勤部部长	职系	工勤职系
直接下级	无		

本职：确保公司电力设备、线路、锅炉、暖气、下水管道和空调的正常运转

职责与工作任务：

职责一	职责表述：负责公司电力设备与线路的维修、维护和检查		工作时间百分比：35%
	工作任务	负责电力设备、设施与线路的日常保养和检查工作，并做好记录； 妥善保管维修用具，丢失、损坏时将根据情况承担相关责任； 负责随时检查用电设备运行状态	
职责二	职责表述：保证锅炉的正常运转		工作时间百分比：20%
	工作任务	负责锅炉的日常保养和维护工作； 锅炉出现故障时，及时通知并协助维修人员进行抢修； 负责锅炉房的环境卫生； 负责锅炉运行的原始记录、巡检记录	
职责三	职责表述：负责水暖管道、空调的维护和保养		工作时间百分比：40%
	工作任务	熟知公司水暖管路的布置和分布情况，掌握主要控制闸阀的具体位置； 对主要闸阀做好日常维护和检查工作，并做好记录； 接到报修任务时及时赶赴现场，及时维修并填写维修记录； 管路、管件、空调维修好后，及时通知相关部门，保持现场环境整洁	
职责四	职责表述：完成行政后勤部部长交付的其他工作		工作时间百分比：5%

权力：

对水暖管道、空调更新的建议权

工作协作关系：

内部协调关系	公司各部门
外部协调关系	维修器件供应商

任职资格：

教育水平	技校、高中毕业
专业	维修工种
培训经历	经过专业培训，岗位培训合格证
经验	4年以上工作经验
知识	具备相应的机械知识、锅炉管道知识
技能技巧	具有较强的业务知识技能

其他：	
使用工具设备	维修所需的工具、器件
工作环境	公司大院
工作时间特征	正常工作时间，特殊情况下需要加班
所需记录文档	维修记录
备注：	

（7）审计室各岗位职务说明书

审计室主任职务说明书

岗位名称	审计室主任	岗位编号	
所在部门	审计室	管理幅度	
直接上级	总经理	职系	管理职系
直接下级	审计人员		

本职：负责对公司内各项经济活动进行内部审计监督；
参与有关经济活动的讨论和项目的决策工作；
负责本室日常管理事务

职责与工作任务：			
职责一	职责表述：负责制订公司审计制度及工作计划		工作时间百分比：20%
	工作任务	组织制定公司审计制度及实施办法； 制订公司内部审计工作计划； 接受市审计局的业务监督和技术指导	
职责二	职责表述：负责对公司内各项经济活动进行内部审计监督		工作时间百分比：40%
	工作任务	组织对公司内的财务收支实施审计； 组织对公司生产经营及投资效益实施审计； 组织对公司基建、更新改造进行审计； 组织对外围企业经济活动进行审计监督； 组织对经济合同签订及执行情况进行审计； 组织对公司的国有资产保值、增值实施审计； 组织对分公司招投标（工程招投标、材料招投标）活动进行监督、审查； 组织对外投资资产保值、增值及经营成果进行审计； 组织对基层单位经理离任、任期终结及年度经济责任审计； 根据公司经理授权，组织对公司热点、难点问题进行审计	

职责三	职责表述：公司内部控制制度审计评价及经济活动讨论工作		工作时间百分比：15%
	工作任务	对公司内部控制制度进行审计评价； 参与有关经济活动的讨论和项目的决策工作	
职责四	职责表述：负责审计室内部的组织管理		工作时间百分比：20%
	工作任务	负责指导下属员工制订阶段工作计划，并督促执行； 负责部门队伍建设，选拔、配备、培训、评价本部门人员； 负责部门内工作任务分工，合理安排人员； 负责控制部门预算，降低费用成本	
职责五	职责表述：完成总经理交办的其他任务		工作时间百分比：5%

权力：

公司内各项经济活动的审计监督权；
公司内部控制制度建设的建议权

工作协作关系：

内部协调关系	公司所有部门、下属单位
外部协调关系	会计事务所、审计事务所、有关政府部门

任职资格：

教育水平	本科以上学历
专业	财务会计、经济管理及相关专业
培训经历	财务会计、经济审计、房地产开发等培训
经验	3年以上工作经验，助理审计师或相当于助理审计师以上职称
知识	精通财务审计、招投标管理、房地产开发等知识
技能技巧	熟练使用办公软件，具有较强的写作能力、领导能力、判断与决策能力、人际能力、沟通能力、影响力、计划与执行能力

其他：

使用工具设备	计算机、一般办公设备（电话、传真机、打印机、Internet/Intranet网络）
工作环境	办公场所
工作时间特征	正常工作时间，偶尔加班
所需记录文档	审计记录

备注：

审计人员职务说明书

岗位名称	审计人员	**岗位编号**	
所在部门	审计室	**管理幅度**	
直接上级	审计室主任	**职系**	财会职系
直接下级	无		

本职：负责对公司内各项经济活动进行内部审计监督等工作，并参与有关经济活动的讨论和项目的决策工作

职责与工作任务：

<table>
<tr><td rowspan="2">职责一</td><td colspan="2">职责表述：负责对公司内各项经济活动进行内部审计监督</td><td>工作时间百分比：80%</td></tr>
<tr><td>工作任务</td><td colspan="2">对公司内的财务收支实施审计；
对公司生产经营及投资效益实施审计；
对公司基建、更新改造进行审计；
对外围企业经济活动进行审计监督；
对经济合同签订及执行情况审计；
对公司的国有资产保值、增值实施审计；
对分公司招投标（工程招投标、材料招投标）活动进行监督、审查；
对外投资资产保值、增值及经营成果进行审计；
对基层单位经理离任、任期终结及年度经济责任审计；
根据公司经理授权，对公司热点、难点问题进行审计</td></tr>
<tr><td rowspan="2">职责二</td><td colspan="2">职责表述：公司内部控制制度审计评价及经济活动讨论工作</td><td>工作时间百分比：15%</td></tr>
<tr><td>工作任务</td><td colspan="2">对公司内部控制制度进行审计评价；
参与有关经济活动的讨论和项目的决策工作</td></tr>
<tr><td>职责三</td><td colspan="2">职责表述：完成审计室主任交办的其他任务</td><td>工作时间百分比：5%</td></tr>
</table>

权力：

公司内各项经济活动的审计监督权；
公司内部控制制度建设的建议权

工作协作关系：

内部协调关系	公司所有部门、下属单位
外部协调关系	会计事务所、审计事务所、有关政府部门

任职资格：

教育水平	本科以上学历
专业	财务会计、经济管理及相关专业
培训经历	财务会计、经济审计、房地产开发等培训
经验	1年以上工作经验
知识	掌握财务审计、招投标管理、房地产开发等知识
技能技巧	熟练使用办公软件，具有较强的写作能力、判断与决策能力、人际能力、沟通能力、执行能力

其他：	
使用工具设备	计算机、一般办公设备（电话、传真机、打印机、Internet/Intranet网络）
工作环境	办公场所
工作时间特征	正常工作时间，偶尔加班
所需记录文档	审计记录
备注：	

（8）财务部各岗位职务说明书

财务部部长职务说明书

岗位名称	财务部部长	岗位编号	
所在部门	财务部	管理幅度	
直接上级	总会计师	职系	管理职系
直接下级	财务部副部长、融资管理、资金管理、税务管理、成本管理		
本职：协助总会计师统筹安排财务、会计方面的各项事宜，全面负责财务部日常工作			

职责与工作任务：			
职责一	职责表述：协助总会计师，制定公司财务政策与财务制度		工作时间百分比：20%
	工作任务	根据公司发展战略，拟订公司财务规划； 制定和完善财务管理制度； 监督管理各项财务制度和计划的执行情况； 关注外部资金市场动态，为公司重大决策提供信息支持	
职责二	职责表述：组织公司财务预算、决算		工作时间百分比：15%
	工作任务	根据公司经营目标，组织和指导各部门/分公司/控股公司编制财务预算； 汇总各部门/分公司/控股公司的预算，组织编制公司财务预算、成本计划、利润计划； 根据公司经营情况，组织审核修正财务预算； 监督各部门/分公司/控股公司的预算执行情况； 定期组织公司财务决算，组织制作公司决算报告	
职责三	职责表述：组织公司成本核算		工作时间百分比：10%
	工作任务	负责组织审核公司各项成本的支出； 负责组织对公司成本的经济活动分析	

职责四	职责表述：组织公司财务分析与资金调度		工作时间百分比：15%
	工作任务	定期组织编制、审核财务报表，并组织年度结算； 定期组织编制财务状况说明书，提供财务建议； 负责制订年度与月度资金计划； 负责组织筹措资金，保证资金供应； 负责税务筹划，合法纳税	
职责五	职责表述：监督和指导会计、出纳管理		工作时间百分比：10%
	工作任务	监督指导会计分类记账，填制传票，保证各类凭证真实、完整； 监督审核各类日记账、总账、分类账填制； 监督公司现金存款与出纳管理； 监督公司的发票、支票管理工作； 监督指导对分公司会计、出纳管理	
职责六	职责表述：负责财务监督与管理工作		工作时间百分比：10%
	工作任务	监督、督促货款回收与检查，组织对不良债权处置； 定期组织固定资产、流动资金清查、核实	
职责七	职责表述：部门内部组织管理工作		工作时间百分比：15%
	工作任务	负责公司财务人员队伍建设，选拔、配备、评价下属人员，组织部门技能培训； 负责指导属下员工制订阶段工作计划，并督促执行； 负责控制部门预算，降低费用成本； 负责财务室对外接待工作，组织财务室对外的形象宣传	
职责八	职责表述：完成总会计师交付的其他任务		工作时间百分比：5%

权力：

对下属单位上报的各种分析表、预算报表有建议权；
对下级工作有检查权；
对下级在工作中的争议有裁判权；
在权限范围内，有代表企业对外联络的权力；
有对各项费用开支的监督、检查权；
有对直接下级岗位调配的建议权、任命的提名权和奖惩建议权；
对所属下级的管理水平、业务水平和业绩有考核评价权

工作协作关系：

内部协调关系	公司各部门、下属单位
外部协调关系	税务局、工商局、财政局，银行、会计师事务所、集团

任职资格：

教育水平	大学本科以上
专业	财务会计专业或者金融类专业
培训经历	财务管理培训、证券金融培训
经验	具有会计师资格，5年以上会计工作经验

知识	具备相应的财务管理知识、行政管理知识、法律知识和证券知识
技能技巧	能够熟练使用各种办公软件和各种财务软件，具备基本的网络知识，具有较强的领导能力、判断与决策能力、人际能力、沟通能力、影响力、计划与执行能力
其他：	
使用工具设备	计算机、计算器、一般办公设备（电话、传真机、打印机、Internet/Intranet网络）
工作环境	办公室
工作时间特征	正常工作时间，经常加班
所需记录文档	汇报文件、报告、总结、公司文件、研究报告、合同、财务分析、经济活动分析，各种来往票据
备注：	

财务部副部长职务说明书

岗位名称	财务部副部长	岗位编号	
所在部门	财务部	管理幅度	
直接上级	财务部部长	职系	管理职系
直接下级	会计、出纳		
本职：协助财务部部长进行财务部各项规章制度建设，负责组织公司会计监督和会计核算工作			
职责与工作任务：			
职责一	职责表述：协助财务部部长制定财务部各项规章制度		工作时间百分比：15%
	工作任务	组织草拟财务部各项规章制度； 及时修订财务部各项规章制度； 监督财务部各项规章制度的执行情况	
职责二	职责表述：监督指导会计、出纳管理工作		工作时间百分比：35%
	工作任务	监督指导会计分类记账，保证各类凭证真实、完整； 监督审核各类日记账、总账、分类账填制； 监督公司现金、存款的出纳管理； 监督公司银行票据出纳业务	

职责三	职责表述：监督指导会计档案的管理		工作时间百分比：20%
	工作任务	监督各类原始凭证的审核； 监督记账凭证的编制与录入； 指导下属编制会计报表； 监督会计档案的整理保管工作	
职责四	职责表述：负责会计监督与管理工作		工作时间百分比：10%
	工作任务	监督和督促债权债务、销售收入回收与检查，组织对不良债权清理工作； 定期组织固定资产、流动资产清查、核实	
职责五	职责表述：内部组织管理工作		工作时间百分比：15%
	工作任务	负责选拔、配备、评价下属人员，组织下属人员技能培训； 负责指导下属员工制订阶段工作计划，并督促执行	
职责六	职责表述：完成财务部部长交办的其他任务		工作时间百分比：5%

权力：

各类会计凭证的审核权；
各类会计报表的审核权；
对下级工作有检查权；
对下级在工作中的争议有裁判权；
有对各项费用开支的监督、检查权；
有对直接下级岗位调配的建议权、任命的提名权和奖惩建议权；
对所属下级的管理水平、业务水平和业绩有考核评价权

工作协作关系：

内部协调关系	公司各部门及各下属单位
外部协调关系	税务局、银行、财政局、总公司有关部门

任职资格：

教育水平	大学本科以上
专业	财务会计专业或者其他相关会计专业
培训经历	财务管理培训、会计培训
经验	具有会计师资格，5年以上会计工作经验
知识	具备相应的财务管理知识、行政管理知识、法律知识和会计知识
技能技巧	能够熟练使用各种办公软件和各种财务软件，具备基本的网络知识，具有较强的领导能力、判断与决策能力、人际能力、沟通能力、影响力、计划与执行能力

其他：

使用工具设备	计算机、算盘、一般办公设备（电话、传真机、打印机、Internet/Intranet网络）
工作环境	办公室

工作时间特征	正常工作时间，偶尔需要加班
所需记录文档	汇报文件、报告、总结、公司文件、会计报表、原始凭证、记账凭证

备注：

记账会计职务说明书

岗位名称	记账会计	**岗位编号**	
所在部门	财务部	**管理幅度**	
直接上级	财务部副部长	**职系**	财会职系
直接下级	无		

本职：负责会计监督和会计核算工作的具体实施

职责与工作任务：

职责一	职责表述：核实原始票据并分类记账		工作时间百分比：20%
	工作任务	核实各类凭证的真实性与完整性； 填制各类总分类账、二级明细账	
职责二	职责表述：通过会计电算化手段管理各类会计档案		工作时间百分比：60%
	工作任务	审核各类原始凭证和会计凭证，并进行装订整理； 编制与录入记账凭证； 编制会计报表； 负责汇总会计报表	
职责三	职责表述：实施会计监督与管理		工作时间百分比：10%
	工作任务	检查债权债务、销售收入回收情况，实施不良债权清理的具体工作； 定期清查、核实固定资产、流动资产情况，并编制相应报表	
职责四	职责表述：负责工资、养老保险、大病统筹等费用的分配		工作时间百分比：5%
职责五	职责表述：完成财务部副部长交付的其他任务		工作时间百分比：5%

权力：

各类原始凭证的审核权；
各类会计报表的审核权

工作协作关系：

A

内部协调关系	公司各部门及各下属单位
外部协调关系	财政局、公司财务部
任职资格：	
教育水平	大学专科以上
专业	财务会计专业或者其他相关会计专业
培训经历	财务管理培训、会计培训
经验	具有助理会计师资格，1年以上会计工作经验
知识	具备相应的财务管理知识、会计知识
技能技巧	能够熟练使用各种办公软件和各种财务软件，具备基本的网络知识、人际能力、沟通能力、影响力、计划与执行能力
其他：	
使用工具设备	计算机、算盘、一般办公设备（电话、传真机、打印机、Internet/Intranet网络）
工作环境	办公室
工作时间特征	正常工作时间，偶尔需要加班
所需记录文档	汇报文件、报告、总结、公司文件、会计报表、原始凭证、记账凭证

备注：

银行出纳职务说明书

<table>
<tr><td>岗位名称</td><td colspan="2">银行出纳</td><td>岗位编号</td><td></td></tr>
<tr><td>所在部门</td><td colspan="2">财务部</td><td>管理幅度</td><td></td></tr>
<tr><td>直接上级</td><td colspan="2">财务部副部长</td><td>职系</td><td>财会职系</td></tr>
<tr><td>直接下级</td><td colspan="4">无</td></tr>
<tr><td colspan="5">本职：办理支票手续与银行结算业务</td></tr>
<tr><td colspan="5">职责与工作任务：</td></tr>
<tr><td rowspan="2">职责一</td><td colspan="2">职责表述：核实原始票据并分类记账</td><td colspan="2">工作时间百分比：30%</td></tr>
<tr><td>工作任务</td><td colspan="3">建立健全出纳各种账目，及时登记银行存款日记账，做到日清月结；
定期盘点并核对银行存款对账单，并按期编制“银行存款余额调节表”</td></tr>
<tr><td rowspan="2">职责二</td><td colspan="2">职责表述：办理支票手续</td><td colspan="2">工作时间百分比：50%</td></tr>
<tr><td>工作任务</td><td colspan="3">认真执行银行管理制度，开具银行支票；
严格执行支票管理制度；
负责对分公司支票的管理</td></tr>
<tr><td rowspan="2">职责三</td><td colspan="2">职责表述：审核各种银行报销凭证</td><td colspan="2">工作时间百分比：10%</td></tr>
<tr><td>工作任务</td><td colspan="3">校对报销凭证金额；
审核报销原始票据、内容、金额；
负责审核每笔销售收入、租赁收入的业务；
核定报销凭证科目</td></tr>
<tr><td>职责四</td><td colspan="2">职责表述：负责每月编制资金月报，及时反映每月资金动态</td><td colspan="2">工作时间百分比：5%</td></tr>
<tr><td>职责五</td><td colspan="2">职责表述：完成财务部副部长交付的其他任务</td><td colspan="2">工作时间百分比：5%</td></tr>
<tr><td colspan="5">权力：</td></tr>
<tr><td colspan="5">银行报销凭证的核定权</td></tr>
<tr><td colspan="5">工作协作关系：</td></tr>
<tr><td>内部协调关系</td><td colspan="4">公司各部门及各下属单位</td></tr>
<tr><td>外部协调关系</td><td colspan="4">银行</td></tr>
<tr><td colspan="5">任职资格：</td></tr>
<tr><td>教育水平</td><td colspan="4">大学专科以上</td></tr>
<tr><td>专业</td><td colspan="4">财务会计专业或者其他相关会计专业</td></tr>
<tr><td>培训经历</td><td colspan="4">财务管理培训、会计培训</td></tr>
<tr><td>经验</td><td colspan="4">须持有会计证</td></tr>
<tr><td>知识</td><td colspan="4">具备相应的财务管理知识、会计知识</td></tr>
</table>

A

技能技巧	能够熟练使用各种办公软件和各种财务软件，具备基本的网络知识、人际能力、沟通能力、影响力、计划与执行能力
其他：	
使用工具设备	计算机、算盘、一般办公设备（电话、传真机、打印机、Internet/Intranet网络）
工作环境	办公室
工作时间特征	正常工作时间，偶尔需要加班
所需记录文档	汇报文件、报告、总结、公司文件、报表、原始报销凭证、各类账目

备注：

现金出纳职务说明书

岗位名称	现金出纳	岗位编号	
所在部门	财务部	管理幅度	
直接上级	财务部副部长	职系	财会职系
直接下级	无		

本职：负责现金收付结算业务

职责与工作任务：

职责一	职责表述：核实原始票据并分类记账，办理报销手续		工作时间百分比：75%
	工作任务	每周二、五负责日常现金报销工作； 负责审核收付款凭证； 负责每日盘点现金； 制作报销凭证，及时登记现金日记账，做到日清月结； 定期核对现金日记账与总账，保证账账、账款相符	
职责二	职责表述：负责员工薪酬发放工作		工作时间百分比：20%
	工作任务	负责复核员工工资表和奖金发放表； 保证及时正确发放公司员工薪酬，向银行报送工资文件； 制作工资分录与奖金分录； 将每月职工房租扣除，登入相应分录	
职责三	职责表述：完成财务部副部长交付的其他任务		工作时间百分比：5%

A

权力：	
对不符合财经法规和财会制度的原始凭证的拒绝入账和拒绝支付现金的权力	
工作协作关系：	
内部协调关系	公司各部门及各下属单位
外部协调关系	银行
任职资格：	
教育水平	大学专科以上
专业	财务会计专业或者其他相关会计专业
培训经历	财务管理培训、会计培训
经验	持有会计证
知识	具备相应的财务管理知识、会计知识
技能技巧	能够熟练使用各种办公软件和各种财务软件，具备基本的网络知识、人际能力、沟通能力、影响力、计划与执行能力
其他：	
使用工具设备	计算机、算盘、一般办公设备（电话、传真机、打印机、Internet/Intranet网络）
工作环境	办公室
工作时间特征	正常工作时间，偶尔需要加班
所需记录文档	汇报文件、报告、总结、公司文件、报表、原始报销凭证、各类账目、工资表、奖金表

备注：

税务管理职务说明书

岗位名称	税务管理	岗位编号	
所在部门	财务部	管理幅度	
直接上级	财务部部长	职系	财会职系
直接下级	无		

本职：负责公司税务工作、财务部文书档案工作

职责与工作任务：			
职责一	职责表述：负责公司税务工作		工作时间百分比：45%
	工作任务	参与进行税务筹划方案； 负责办理公司税务事宜（税额计算、计扩、申报、交纳等工作）； 负责建立税务登记台账； 配合税务部门对公司税务工作检查	
职责二	职责表述：负责财务部的文书档案工作		工作时间百分比：20%
	工作任务	负责财务室文件的分发、传阅； 负责财务室资料归档装订、分类保管	
职责三	职责表述：其他工作		工作时间百分比：30%
	工作任务	负责公司发票发放、注销、检查工作； 负责公司固定资产明细账登记工作； 负责登记、汇缴、清退公司住房公积金工作	
职责四	职责表述：完成财务部部长交付的其他任务		工作时间百分比：5%

权力：

对合理避税有建议权

工作协作关系：	
内部协调关系	公司各部门、下属单位
外部协调关系	税务局

任职资格：	
教育水平	大学专科以上
专业	财务会计、金融专业
培训经历	财务管理、税务知识培训
经验	具有助理会计师资格，1年以上会计工作经验
知识	具备相应的财务管理知识、税务知识
技能技巧	能够熟练使用各种办公软件和各种财务软件，具备基本的网络知识、人际能力、沟通能力、计划与执行能力

其他：	
使用工具设备	计算机、计算器、一般办公设备（电话、传真机、打印机、Internet/Intranet网络）
工作环境	办公室
工作时间特征	正常工作时间，偶尔需要加班
所需记录文档	各种来往票据、归档资料
备注：	

融资管理职务说明书

岗位名称	融资管理	岗位编号	
所在部门	财务部	管理幅度	
直接上级	财务部部长	职系	财会职系
直接下级	无		

本职：负责公司融资工作

职责与工作任务：			
职责一	职责表述：负责银行信贷工作		工作时间百分比：60%
	工作任务	根据公司年度资金计划，编制公司年度融资计划； 负责办理向银行借贷资金的手续； 负责做好信贷抵押物的评估、保险等工作； 负责协调各金融机构、担保单位的关系	
职责二	职责表述：负责编制、分析公司资金来源表		工作时间百分比：10%
	工作任务	负责汇总、编制公司资金来源表； 负责分析公司资金来源，及时调整注资结构和引资过缓	
职责三	职责表述：负责处理来源于集团信贷资金的后续工作		工作时间百分比：25%
职责四	职责表述：完成财务部部长交付的其他任务		工作时间百分比：5%

权力：
对融资方案有建议权

工作协作关系：

内部协调关系	公司各部门、下属单位
外部协调关系	银行、评估公司、房管局、各担保单位
任职资格：	
教育水平	大学专科以上
专业	财务会计、金融等相关专业
培训经历	财务管理培训
经验	具有注册会计师资格，1年以上会计工作经验
知识	具备相应的财务管理知识、融资知识
技能技巧	能够熟练使用各种办公软件和各种财务软件，具备基本的网络知识、人际能力、沟通能力、计划与执行能力
其他：	
使用工具设备	计算机、计算器、一般办公设备（电话、传真机、打印机、Internet/Intranet网络）
工作环境	办公室
工作时间特征	正常工作时间，偶尔需要加班
所需记录文档	各种来往票据、资料
备注：	

资金管理职务说明书

岗位名称	资金管理		岗位编号	
所在部门	财务部		管理幅度	
直接上级	财务部部长		职系	财会职系
直接下级	无			
本职：负责分公司资金计划管理工作				
职责与工作任务：				
职责一	职责表述：负责公司资金计划工作			工作时间百分比：35%
	工作任务	根据公司年度经营计划，起草公司年度资金支出计划； 负责审批分公司上报的月度资金计划，汇总、编制公司月度资金支出计划表		

<table>
<tr><td rowspan="2">职责二</td><td colspan="2">职责表述：负责公司资金支出工作</td><td>工作时间百分比：60%</td></tr>
<tr><td>工作任务</td><td colspan="2">负责每月登录资金支出台账；
定期检查分公司资金执行情况；
负责编制公司年度/月度资金支出汇总表</td></tr>
<tr><td>职责三</td><td colspan="2">职责表述：完成财务部部长交付的其他任务</td><td>工作时间百分比：5%</td></tr>
<tr><td colspan="4">权力：</td></tr>
<tr><td colspan="4">对分公司上报的资金计划有审核权</td></tr>
<tr><td colspan="4">工作协作关系：</td></tr>
<tr><td>内部协调关系</td><td colspan="3">公司所有部门、分公司</td></tr>
<tr><td>外部协调关系</td><td colspan="3">无</td></tr>
<tr><td colspan="4">任职资格：</td></tr>
<tr><td>教育水平</td><td colspan="3">大学本科以上</td></tr>
<tr><td>专业</td><td colspan="3">财务会计、金融专业</td></tr>
<tr><td>培训经历</td><td colspan="3">财务管理培训</td></tr>
<tr><td>经验</td><td colspan="3">具有助理会计师资格，1年以上会计工作经验</td></tr>
<tr><td>知识</td><td colspan="3">具备相应的财务管理知识</td></tr>
<tr><td>技能技巧</td><td colspan="3">能够熟练使用各种办公软件和各种财务软件，具备基本的网络知识、人际能力、沟通能力、计划与执行能力</td></tr>
<tr><td colspan="4">其他：</td></tr>
<tr><td>使用工具设备</td><td colspan="3">计算机、计算器、一般办公设备（电话、传真机、打印机、Internet/Intranet网络）</td></tr>
<tr><td>工作环境</td><td colspan="3">办公室</td></tr>
<tr><td>工作时间特征</td><td colspan="3">正常工作时间，偶尔需要加班</td></tr>
<tr><td>所需记录文档</td><td colspan="3">分公司资金计划表、财务报表等</td></tr>
<tr><td colspan="4">备注：</td></tr>
</table>

成本管理职务说明书

岗位名称	成本管理	岗位编号	
所在部门	财务部	管理幅度	
直接上级	财务部部长	职系	财会职系
直接下级	无		

本职：负责核算公司成本项目控制、结转利润；
负责建立收入台账；
房屋库存财务情况

职责与工作任务：

职责一	职责表述：负责核算公司各项收入，完成结利任务		工作时间百分比：30%
	工作任务	负责设立销售收入合同台账； 负责设立租赁收入合同台账； 负责对已收款合同退款时的审核	
职责二	职责表述：负责房屋库存的财务情况		工作时间百分比：20%
	工作任务	负责公司已结利小区库存房的财务情况； 负责拆迁用房及合作建房使用的财务情况	
职责三	职责表述：负责公司费用的管理		工作时间百分比：20%
	工作任务	负责公司费用指标的下达； 负责公司费用的核算	
职责四	职责表述：负责公司年度结利工作		工作时间百分比：20
	工作任务	负责成本的汇总、决算工作； 负责收入、成本、税费的配比、结利工作； 负责汇总、分析、编制公司资金运用表和差异分析报告，并定期上报	
职责五	职责表述：负责销售合同的管理		工作时间百分比：5%
职责六	职责表述：完成财务部部长交付的其他任务		工作时间百分比：5%

权力：

退款审核权

工作协作关系：

内部协调关系	公司所有部门、分公司
外部协调关系	无

任职资格：

教育水平	大学本科以上
专业	财务会计、金融等相关专业
培训经历	财务管理培训
经验	具有助理会计师资格，1年以上会计工作经验
知识	具备相应的财务管理知识
技能技巧	能够熟练使用各种办公软件和各种财务软件，具备基本的网络知识、人际能力、沟通能力、计划与执行能力

其他：

使用工具设备	计算机、计算器、一般办公设备（电话、传真机、打印机、Internet/Intranet网络）
工作环境	办公室
工作时间特征	正常工作时间，偶尔需要加班
所需记录文档	销售收入台账、租赁收入台账

备注：

二、某民营大型房地产开发集团职务说明书示例

01
高管人员
岗位说明书

总经理岗位说明书

职位名称：总经理

所属部门：

直接上级：董事会

直接下级：各位副总经理、财务总监、审计监察部、人力资源部、办公室

平行关系：

职位数量：1

职位目的：统率公司全体员工，按照董事会决策的公司发展战略开展具体的经营工作，并为董事会决策提供建议。

工作职责：

1. 公司战略、经营规划

（1）主持拟订公司经营战略，并提交董事会审议；

（2）根据董事会战略决议，主持拟订公司未来几年的业务目标、业务计划、预算计划，并提交董事会审议；

（3）领导经营团队拟订公司年度预算大纲，并提交董事会审批；

（4）根据年度预算大纲，领导公司经营团队，拟订年度经营计划/预算，并提交董事会审议；

（5）根据董事会审定的年度经营目标，开展经营工作，并对经营结果最终负责；

（6）指导下属控股、参股子公司根据公司的业务规划制订各自的业务计划。

2. 组织管理

（1）根据董事会决议，主持拟订公司组织结构、职能设置，并提交董事会审议，通过后领导组织实施工作；

（2）主持制定并初审公司各项管理制度，并提交董事会审议，通过后领导制度执行工作。

3. 业务管理

（1）领导经营团队制订公司季度、月度工作计划/预算，并终审部门预算和月度业务计划，按照计划主持协调公司资源的配置，安排各部门工作；

（2）指导拟订公司的项目投资计划，领导经营团队初审公司的项目计划、项目预算，提交董事会通过后，领导经营团队开展工作，并主持协调公司资源的配置；

（3）领导市场副总经理，完成项目的前期开发、产品定位工作，并负责最终签约工作；

（4）领导公司经营团队审定开发项目的产品定位、营销计划、工程计划、重大招标、采购工作；

（5）领导经营管理副总经理，完成公司的整体资本运营工作，主持制订公司兼并、重组、资产转移的计划，并提交董事会终审；

（6）在董事会授权范围内代表公司签订合同或协议，对外付款，决定公司产品或服务的销售价格等商业交易行为；

（7）负责直接指导并监督审计监察部、人力资源部、办公室的工作。

4. 人力资源管理

（1）领导公司人力资源部经理拟订公司人力资源规划，提交董事会审批后，监督规划执行；

（2）领导公司人力资源部经理拟订公司人力资源政策（薪资、考评体系、福利政策、招聘、解聘、人员规划），根据

董事会权限规定，提交董事会审批，并监督政策执行；

（3）领导人力资源部经理制订和修改经营团队职位说明书，报请董事会批准后实施，终审部门经理、项目经理与下属各单位经理的职务说明书；

（4）提请董事会聘任或解聘公司高级管理人员（副总或总监），聘任或解聘董事会以外的人员，领导经营团队根据公司的计划/预算指标，确定管理人员、部门与下属各单位的业绩考评指标；

（5）领导经营团队终审公司员工的激励提升方案；

（6）终审副总、项目总监、部门经理与下属各单位主管的业绩考评（关键业绩指标和能力指标）和奖惩决定。

5. 其他

（1）提议召开董事会临时会议，并带领经营团队接受董事会的询问；

（2）每季度向董事会汇报公司运营情况并接受董事会成员不定期的工作质询；

（3）完成董事长委托的其他工作；

（4）处理公司突发事件。

任职资格：

1. 任职说明

由董事会的专业委员会提名候选人，董事会负责任命。

2. 教育背景

大学本科以上学历或相关学历/技能。

3. 工作经验

具有三年以上大中型房地产企业高级管理经验（副总以上职位）或具有五年以上房地产相关行业的大中型企业高级管理经验（副总以上职位）。

4. 必要的技能和素质

（1）必要的技能和素质；

（2）杰出的战略眼光及商业判断力，能够洞察房地产行业发展趋势；

（3）高尚的道德品质；

（4）领导公司成为一流公司的强烈的进取心和责任心；

（5）出色的领导实施能力，使公司快速进入正常的商业运作；

（6）出色的沟通能力，协调管理团队团结奋斗；

（7）领导和协调重大交易谈判与资本运作的能力；

（8）出色的管理人员培训能力，使下属不断成长。

财务总监岗位说明书

职位名称：财务总监

所属部门：

直接上级：总经理

直接下级：财务部总经理

平行关系：市场营销副总、工程技术副总、经营管理副总

职位数量：1

职位目的：作为公司财务工作的直接领导者，在总经理的直接领导下，制定公司财务目标、政策和规范，负责财政金融有关事宜，对公司提供全面的会计和财务服务，对公司业务进行财务监督和控制，并拥有向董事会的独立建议权。

工作职责：

1. 公司战略/经营规划

（1）在总经理的领导下，参与拟订公司年度预算大纲，并提交董事会审批；

（2）根据年度预算大纲，在总经理的领导下拟订公司年度财务预算，并提交董事会审议；

（3）根据董事会审定的年度经营目标，开展财务工作，并对公司财务目标负责。

2. 组织管理

在总经理领导下，主持拟订公司财务部的组织方案，经总经理审定后执行。

3. 业务管理

（1）主持制订公司月度、季度的资金计划，并负责督导调整，实施工作；

（2）负责公司融资管理工作；

（3）负责管理公司整体的财务成本，并对最终结果负责；

（4）主持公司财务管理体系的建设，拟订制度，并监督实施；

（5）主持公司的会计核算与财务分析工作

（6）参与审定项目计划/预算文件；

（7）参与公司各项招投标中有关财务方面的工作，对部分环节进行监督；

（8）配合协调项目开发过程中财务部门与其他部门的衔接工作；

（9）参与总经理办公会，参与公司业务决策。

4. 人事

（1）参与制定公司主管人员的重要业绩考评指标；

（2）主持拟订财务部主管人员的职位配置、职位说明书及业绩考评指标；

（3）向总经理办公会提请财务部主管人员任免建议，并参与决策；

（4）负责对财务部门主管人员实施绩效考评（关键业绩指标和其他能力指标），并提出奖惩建议。

5. 财务

遵照公司权限规定，行使公司财务费用与合同的审批权。

6. 其他

（1）列席董事会会议，在总经理的带领下回答董事会的询问与质疑；

（2）独立对董事会提出财务建议；

（3）完成董事长委托的其他工作。

任职资格：

1. 任职说明

由董事会的专业委员会提名候选人，董事会负责任命。

2. 教育背景

具有大学本科以上学历，或相关学历/技能。

3. 工作经验

具有五年以上大中型企业财务管理经验（部门经理以上职位）或三年以上大中型房地产企业财务管理经验（部门经理以上职位）。

4. 必要的技能和素质

（1）公正、沉稳的品质，对财务工作强烈的责任心；

（2）出色的财务分析、管理能力，能够完成公司运营中遇到的各种财务问题；

（3）出色的资金管理，能够顺畅地完成公司资金资源的引入、调配、管理工作；

（4）较强的协调/沟通能力，使财务工作快速、高效地实施；

（5）较强的计划/预算管理能力，能够协调完成公司预算管理；

（6）较强的人事管理能力，能够挖掘人才、培养人才、使用人才；

（7）必要的房地产行业知识、相关法律知识；

（8）具有高级财务会计职称和注册会计师资格。

董事会秘书岗位说明书

职位名称：董事会秘书

所属部门：

直接上级：董事会

直接下级：董事会办公室（公司各部门有义务向其提供必要的信息）

平行关系：

职位数量：1

职位目的：协助董事会及董事完成的日常工作，协调董事会与经营团队之间的沟通，为董事会提供必要的信息服务，管理董事会办公室。

工作职责：

业务管理

（1）协调公司年度预算大纲的制定；

（2）组织筹备董事会会议和股东大会的召开，准备会议文件，安排会务，负责会议记录，保管会议记录和文件，主动掌握有关决议的执行情况，对实施中的重要问题，应向董事会报告并提出建议；

（3）为强化董事会的战略决策和导向功能，董事会秘书应确保董事会决策的重大事项严格按规定的程序进行，根据董事会授权与委托，参加组织董事会决策事项的咨询、分析，提出相应的建议和意见，并受委托承办董事会及其有关专业委员会的日常工作；

（4）负责管理和保存公司股东和董事变更的记录资料；

（5）协助董事及总经理了解相关的法律、法规，在行使职权时，切实履行境内外法律、法规、公司章程及其他有关规定；

（6）列席总经理办公会，参与讨论；

（7）在知悉公司作出或有可能作出违反董事会决议或有关法律的决议时，有义务及时提醒董事会及其成员；
（8）在公司股东及其他审核机构履行监督职能时，向其提供必需的信息资料，协助做好对有关公司董事会成员、总经理、财务总监履行诚信责任的调查。

任职资格：

1. 任职说明

（1）由董事会专业委员会提名，董事会任命；
（2）董事会秘书原则上应由专职人员担任，如果由公司董事或其他高级管理人员兼任，必须保证能有足够的精力和时间，公司总经理、财务负责人不得兼任董事会秘书。

2. 教育背景

大学本科以上学历或相关学历/技能。

3. 工作经验

三年以上从事金融、财务审计、企业管理、法律或大中型企业总裁秘书工作经验。

4. 必要的技能和素质

（1）公正、高尚的道德品质；
（2）出色的沟通能力，能够保证与股东、董事、基金经理、投资者和政府主管部门的沟通顺畅；
（3）优秀的行政管理与公共关系管理能力；
（4）必要的房地产行业知识、房地产行业法律法规知识；
（5）熟悉《公司法》、股份公司有关政策法规；
（6）必要的资本运营等方面的知识与技能。

市场营销副总岗位说明书

职位名称：市场营销副总
所属部门：
直接上级：总经理
直接下级：市场营销部总经理
平行关系：财务总监、工程技术副总、经营管理副总
职位数量：1
职位目的：作为公司营销事务的直接领导者，在总经理的直接领导下，参与公司经营管理层重大事务决策，并主持公司土地开发、项目前期策划、广告宣传、销售管理和客户管理工作。

工作职责：

1.公司战略/经营规划

（1）协助总经理拟订公司经营战略，并提交董事会审议；
（2）协助总经理拟订公司年度预算大纲，并提交董事会审批；
（3）根据年度预算大纲，协助总经理拟订年度经营计划/预算，并主持年度市场工作计划的拟订工作；
（4）根据董事会审定的年度经营目标，开展市场营销工作，并对最终的执行结果负责。

2.组织管理

主持拟订公司市场营销部的组织管理体系与运营流程和相关的制度，经董事会审核批准后执行。

3.业务管理

（1）主持制订房地产市场研究计划，并监督实施；

（2）领导市场营销部制订公司的品牌推广计划，经总经理办公会审定后，监督实施；

（3）配合总经理审定公司多项目滚动开发的月度、季度计划/预算，主持拟订公司多项目开发的市场计划/预算；

（4）主持公司前期的土地开发工作，参与初审项目可行性报告，参与项目土地开发立项审批，参与土地开发合同签署审批工作；

（5）主持项目的前期市场策划工作，主持市场策划方案（客户定位策略、产品策略、定价策略、广告促销策略）的制定，并参与方案的审批；

（6）协调前期开发过程中市场营销部门与其他部门的衔接工作；

（7）参与和外部策划公司与销售代理公司的合同谈判工作；

（8）参与项目的计划/预算评审工作；

（9）督导客户服务与管理工作；

（10）领导市场营销部积累工作经验，提高专业水平；

（11）参与总经理办公会，并参与公司业务决策。

4. 人事管理

（1）参与制定公司主管人员的重要业绩考评指标；

（2）主持拟订市场营销部员工的岗位配置、职位说明书及业绩考评指标；

（3）向总经理办公会提请市场营销部主管人员任免建议，并参与决策；

（4）负责对市场营销部主管人员实施绩效考评（关键业绩指标和其他能力指标），并提出奖惩建议。

5. 财务

遵照公司的权限规定，行使费用与合同审批权。

任职资格：

1. 任职说明

由总经理提名候选人，董事会任命。

2. 教育背景

具有大学本科以上学历，或相关学历/技能。

3. 工作经验

具有五年以上大中型房地产项目营销管理经验（营销经理以上职位）或三年以上大中型房地产企业营销管理经验（部门经理以上职位）。

4. 必要的技能和素质

（1）精确的市场判断力，能够洞悉房地产行业发展趋势与单个房地产项目的市场潜力；

（2）公正、果敢的品质，策划客户满意项目的强烈的进取心和责任心；

（3）出色的领导实施能力，使项目营销工作快速、高效地实施；

（4）出色的创新能力，能够创新地解决项目策划中遇到的和即将遇到的问题；

（5）出色的协调/沟通能力，协调部门共同工作；

（6）出色的计划/预算管理能力，能够协调资源，控制项目营销与客户管理工作；

（7）高超的人事管理能力，能够挖掘人才、培养人才、使用人才；

（8）必要的广告策划、建筑设计、工程建造和房地产相关法律知识。

工程技术副总岗位说明书

职位名称：工程技术副总
所属部门：
直接上级：总经理
直接下级：工程技术部总经理
平行关系：财务总监、市场营销副总、经营管理副总
职位数量：1
职位目的：作为公司工程技术事务的直接领导者，在总经理的直接领导下，参与公司经营管理层重大事务决策，并主持公司技术研发、技术支持、概预算管理工作。

工作职责：

1. 公司战略/经营规划

（1）协助总经理拟订公司经营战略，并提交董事会审议；
（2）根据年度预算大纲，协助总经理拟订年度经营计划/预算，并主持年度技术研发与技术支持计划的拟订工作；
（3）根据董事会审定的年度经营目标，开展技术研发与技术支持工作，并对最终的执行结果负责。

2. 组织管理

主持拟订公司市场工程技术部的组织管理体系与运营流程和制度，经董事会审核批准后执行。

3. 业务管理

（1）参与项目立项审定与土地开发合同签署的最终审定；
（2）根据公司的技术研发工作的年度计划，主持规划技术、设计技术、施工技术、施工管理知识的研究工作；
（3）主持公司工程项目的技术/质量标准的制定，制定具体项目的技术与质量管理标准；
（4）配合协调前期开发过程中市场营销部门与工程部门的衔接工作；
（5）参与项目的计划/预算评审工作；
（6）参与外包设计、施工工作的审定；
（7）配合协调项目施工销售过程中的工程部与项目部的衔接工作；
（8）主持项目技术问题研讨会，解决项目实施过程中出现的技术、质量问题；
（9）主持项目结束后的技术总结工作，督导工程审计部和预算部对专项问题的研究工作；
（10）参与总经理办公会，并参与公司业务决策。

4. 人事管理

（1）参与制定公司主管人员的重要业绩考评指标；
（2）主持拟订工程技术部主管人员的岗位配置、职位说明书及业绩考评指标；
（3）向总经理办公会提请工程技术部主管人员任免建议，并参与决策；
（4）负责对工程技术部主管人员实施绩效考评（关键业绩指标和其他能力指标），并提出奖惩建议。

5. 财务

遵照公司权限规定，行使费用与合同审批权。

任职资格：

1. 任职说明

由总经理提名候选人，董事会任命。

2. 教育背景

具有大学本科以上学历，或相关学历/技能。

3. 工作经验

具有五年以上工程设计/施工管理经验（部门经理以上职位）或三年以上大中型房地产企业技术管理经验（部门经理以上职位）。

4. 必要的技能和素质

（1）公正、沉稳的品质，对技术研发工作强烈的进取心和责任心；

（2）出色的技术能力，能够完成项目实施中遇到的各种技术问题；

（3）较强的客户责任心，能够提供针对客户需求的技术解决方案；

（4）较强的领导实施能力，使技术工作快速、高效地实施；

（5）较强的协调/沟通能力，完成与政府部门的沟通，协调内外部技术单位共同工作；

（6）出色的计划/预算管理能力，能够协调资源，控制技术研发管理与技术管理工作；

（7）较强的人事管理能力，能够挖掘技术人才、培养技术人才、使用技术人才；

（8）必要的土地规划、建筑设计、工程建造知识。

经营管理副总岗位说明书

职位名称：经营管理副总

所属部门：

直接上级：总经理

直接下级：经营管理部总经理

平行关系：财务总监、市场营销副总、工程技术副总

职位数量：1

职位目的：作为公司整体运营分析与经营业务的直接领导者，在总经理的直接领导下，主持公司经营计划分析、公司经营研究、公司投资业务、资本运营管理工作，并直接领导公司经营管理部的运作工作。

工作职责：

1. 公司战略/经营规划

（1）协助总经理拟订公司经营战略，并提交董事会审议；

（2）协助总经理拟订公司年度预算大纲，并提交董事会审批；

（3）根据年度预算大纲，协助总经理拟订年度经营计划/预算，并主持年度经营业务计划的拟订工作；

（4）根据董事会审定的年度经营目标，开展经营业务工作，并对投资、资本运营的执行结果负责。

2. 组织管理

主持拟订公司经营管理部的组织管理体系与运营流程和相关的制度，经董事会审核批准后执行。

3. 业务管理

（1）主持公司的战略研究工作；

（2）主持日常的经营计划分析与研究工作；

（3）在总经理的领导下，主持公司投资业务管理工作；

（4）在总经理的领导下，主持公司资本运营管理工作；

（5）领导经营管理部门负责公司参股、控股公司的管理工作；

（6）参与项目的计划/预算评审工作；

（7）参与外包设计、施工工作的审定；

（8）参与总经理办公会，并参与公司业务决策。

4. 人事管理

（1）参与拟订公司主管人员的重要业绩考评指标，提交董事会审批；

（2）主持拟订经营管理部主要管理人员的岗位配置、职位说明书及业绩考评指标、薪资指标，提交总经理办公会审批；

（3）向总经理办公会提请经营管理部的任免建议，并参与决策；

（4）负责对经营管理部主要管理人员实施绩效考评（关键业绩指标和其他能力指标），并提出奖惩建议。

5. 财务

根据项目工作计划和项目整体的概预算，并遵照公司权限规定行使费用与合同审批权。

任职资格：

1. 任职说明

由总经理提名候选人，董事会负责任命。

2. 教育背景

具有投资、金融或相关专业大学本科以上学历，或相关学历/技能。

3. 工作经验

具有五年以上大中型投资项目高级管理经验（投资经理以上职位）或三年以上大中型企业高级投资管理经验（部门经理以上职位）。

4. 必要的技能和素质

（1）精准的战略眼光，能够明了房地产行业发展趋势；

（2）出色的领导实施能力，使项目快速、高效地实施；

（3）缜准的逻辑思维能力，能够全面细致地考虑项目中遇到的和即将遇到的问题；

（4）出色的协调/沟通能力；

（5）出色的计划/预算管理能力；

（6）较高的人事管理能力，能够洞察项目部员工的困难与不足，适时进行帮助；

（7）必要的房地产行业投资、相关法律知识。

02 市场开发部人员岗位说明书

市场营销部总经理岗位说明书

职位名称：市场营销部总经理

所属部门：市场营销部

直接上级：市场营销副总

直接下级：市场开发主管、客户服务中心主管、销售中心主管、市场研究中心主管

平行关系：各部门总经理

职位数量：1

职位目的：作为公司市场营销业务的管理者，在市场营销副总的领导下，负责公司房地产开发项目的项目开发、项目定位、营销、客户服务的协调与执行工作。

工作职责：

1. 公司战略/经营规划

（1）协助市场营销副总拟订年度经营业务计划；

（2）协调部门资源，在市场营销副总的领导下完成部门年度工作计划。

2. 组织管理

配合市场营销副总拟订市场营销部的组织管理体系与运营流程和相关的制度。

3. 业务管理

（1）负责公司房地产开发项目的寻找开发工作，组织编写项目可行性研究及项目策划方案；

（2）负责配合完成在项目部成立前所负责项目前期的勘察、土地征用、项目立项审批、用地计划的报批和报审及工程项目开工的各种手续；

（3）负责开发项目广告的营销方案的制定与实施、销售公司的选择及销售项目部的组建；

（4）负责协调销售公司、工程技术部、项目部（公司）、物业公司之间的工作；

（5）组织房地产市场状况研究，如供求分析、客户分析、竞争对手分析、政策分析等；

（6）组织项目市场调查工作；

（7）负责协调组织公司的客户服务工作；

（8）协助市场营销副总拟订市场营销部员工的岗位配置、职位说明书及业绩考评指标、薪资指标，提交总经理办公会审批；

（9）向总经理办公会提请市场营销部员工的任免建议；

（10）负责对市场部员工实施绩效考评（关键业绩指标和其他能力指标），并提出奖惩建议。

4. 财务

遵照公司权限规定行使费用与合同审批权。

任职资格：

1. 任职说明

由总经理提名并任命。

2. 教育背景

具有大学本科以上学历，或相关学历/技能。

3. 工作经验

具有三年以上大中型房地产开发项目的项目开发与市场营销工作经验。

4. 必要的技能和素质

（1）较强的领导实施能力；

（2）缜密的逻辑思维能力；

（3）较强的协调/沟通能力；

（4）较高的人事管理能力，能够洞察项目部员工的困难与不足，适时进行帮助；

（5）必要的房地产行业营销管理、项目开发和相关法律知识。

市场开发主管岗位说明书

职位名称：市场开发主管

所属部门：市场营销部

直接上级：市场营销部总经理

直接下级：项目储备与前期开发岗

平行关系：客户服务中心主管、销售中心主管、市场研究中心主管

职位数量：1

职位目的：协助市场营销部总经理完成项目储备及前期开发工作。

工作职责：

（1）负责组织收集项目储备相关信息，寻找潜在的开发项目机会；

（2）负责组织项目前期市场调查、用地实地踏勘和周边调查工作；

（3）负责组织对土地方进行相关调查并拟订相关谈判策略，并负责组织草拟相关合同文件，主持或参与项目谈判；

（4）负责组织研究项目的运作模式，编制项目可行性分析报告；

（5）参与项目总体规划设计方案工作；

（6）负责组织编制项目建议书、公司开发建议；

（7）负责组织该项目部成立前所有政府审批手续的办理及对外公共关系；

（8）负责组织项目资料的整理归档工作，完善项目开发动态资料库。

任职资格：

1. 教育背景

具有大学本科以上学历，或相关学历/技能。

2. 工作经验

具有三年以上大中型房地产企业的房地产项目开发经营工作的经验。

3. 必要的技能和素质

（1）出色的与政府部门的协调沟通能力；

（2）较强的社会关系协调能力；

（3）较强的谈判能力；

（4）较强的房地产行业发展趋势的判断能力；

（5）必要的房地产项目开发和相关合同法律知识。

客户服务中心主管岗位说明书

职位名称：客户服务中心主管

所属部门：市场营销部

直接上级：市场营销部总经理

直接下级：项目现场客户服务管理岗

平行关系：市场开发主管、销售中心主管、市场研究中心主管

职位数量：1

职位目的：组织和指导客户服务中心本部以及下属项目客户服务部门完成客户资源整合、客户信息处理、客户法律事务服务、房屋交付组织、客户关怀以及客户相关有偿服务工作，并承担客户服务中心的全部责任。

工作职责：

（1）协助市场营销部总经理制订本中心工作计划和有关规章制度，并负责实施；

（2）负责组织和领导实施房地产客户资源整合工作，包括但不限于客户资料数据库的建立与维护，客户档案的建立和保管、客户信息的利用与开发；

（3）负责组织和领导实施房地产客户信息处理工作，包括但不限于客户投诉处理、客户咨询处理、客户建议处理以及同业问题警示；

（4）负责组织和领导实施房地产客户法律事务服务工作，包括但不限于销售合同拟订和管理、退房处理、争议或诉讼处理；

（5）负责组织和配合实施按揭管理工作，包括但不限于按揭咨询、手续办理、建立按揭档案，配合律师完成抵押登记、收集相关最新法律法规和政策；

（6）负责组织和领导对房地产客户实施关怀以及提供相关有偿服务工作，包括但不限于预售登记、产权办理、合同变更处理、客户关怀、客户分析、代租代售（将来条件许可前提下）。

任职资格：

1. 教育背景

具有大学本科以上学历，或相关学历/技能。

2. 工作经验

三年以上客户服务管理工作的经验。

3. 必要的技能和素质

（1）能够正确理解和掌握有关房地产业的方针、政策和上级指示，对客户服务管理的重大问题，能够进行科学分析，准确判断，果断处理并为领导提供决策性方案；

（2）能够科学地组织和开展本部门的工作，有较强的组织能力；

（3）语言表达能力强，具备较强的沟通技巧和亲和力，有驾驭和解决突发性危机的能力；

（4）熟悉、掌握房地产及其相关法律、法规、政策；
（5）通晓建筑工程学；
（6）通晓客户心理学；
（7）能够使用英文对话。

销售中心主管岗位说明书

职位名称：销售中心主管
所属部门：市场营销部
直接上级：市场营销副总
直接下级：项目现场营销管理岗
平行关系：市场开发主管、客户服务中心主管、市场研究中心主管
职位数量：1
职位目的：协助部门总经理完成项目营销策划、销售管理工作。

工作职责：

（1）协助部门总经理完成公司销售工作的策划组织、协调工作，建立并完善全面的销售管理系统，包括客户、销售代表、销控、价格等所有环节；
（2）负责根据市场情况和项目的具体情况，制定项目销售策略；
（3）负责销售计划和方案的实施，制定客户政策、管理合同签约和管理客户档案，包括销售公司的选择并通过项目销售经理管理销售工作；
（4）负责建立并调整有关巡展及电子商务等新的营销系统；
（5）负责根据销售要求，建立相应的公关宣传体系，包括所有外包公司的选择及监督；
（6）建立广告宣传的策略系统，并根据具体进展及时调整；
（7）监督所有策略的执行，包括展会、各类销售工具、大众媒体宣传等工作。

任职资格：

1. 教育背景

具有大学本科以上学历，或相关学历/技能。

2. 工作经验

三年以上大中型房地产企业营销管理的工作经验。

3. 必要的技能和素质

（1）较强的行业趋势分析能力；
（2）较强的创新思维能力；
（3）较强的沟通访谈能力；
（4）必要的广告、促销管理能力；
（5）熟悉、掌握房地产建设知识和房地产相关法律、法规、政策。

市场研究中心主管岗位说明书

职位名称：市场研究中心主管

所属部门：市场营销部

直接上级：市场营销副总

直接下级：场研究助理岗

平行关系：市场开发主管、客户服务中心主管、销售中心主管

职位数量：1

职位目的：协助部门总经理完成市场研究工作。

工作职责：

（1）负责公司开发项目的全面市场调研工作，并根据市场调研情况提出产品定位、项目总体策划和项目总体运作方案的建议；

（2）参与新项目的研究论证工作，为公司提供相关决策支持和操作建议；

（3）负责根据公司的发展战略与市场情况，定期提出公司项目储备的总体原则和储备方向的建议；

（4）组织与指导下属人员进行整体市场状况研究，包含经济环境与政策研究、供求市场研究、客户研究、竞争项目与竞争对手研究等方面；

（5）负责根据市场研究情况，组织与指导下属有关研究人员定期编写市场报告；

（6）负责市场研究中心全部报告的整体质量控制，包括提纲的编辑讨论、资料数据的控制、关键章节的控制及组织不同形式的讨论与文稿形成过程的监督；

（7）负责市场信息系统流程的建立，包括信息来源、汇总、数据库的整理与更新、报告的形成等。

任职资格：

1. 教育背景

具有大学本科以上学历，或相关学历/技能。

2. 工作经验

两年以上大中型房地产企业的工作经验。

3. 必要的技能和素质

（1）严谨、认真的工作作风；

（2）较强的行业、企业分析研究能力；

（3）缜密的逻辑思维能力；

（4）较强的沟通访谈能力；

（5）熟悉、掌握房地产建设知识和房地产相关法律、法规、政策。

03
工程技术部
人员岗位
说明书

工程技术部总经理岗位说明书

职位名称：工程技术部总经理
所属部门：工程技术部
直接上级：工程技术副总
直接下级：工程技术主管、设计管理主管、概预算主管
平行关系：各部门总经理
职位数量：1
职位目的：实现公司技术管理和设计管理专业水平的提高，有效控制工程的质量、进度与成本。

工作职责：

1. 公司战略/经营规划

（1）协助工程技术副总拟订年度技术管理计划；

（2）协调部门资源，在工程技术副总的领导下完成部门年度工作计划。

2. 组织管理

配合工程技术副总拟订工程技术部的组织管理体系与运营流程和相关的制度。

3. 业务管理

（1）负责公司的技术管理工作，组织四新技术，即新产品、新技术、新工艺、新材料的推广应用；

（2）组织对各项目部（项目公司）的共性问题、专项难点技术、重大技术问题进行研究，提出解决方案，并对项目部（项目公司）提供工程技术支持；

（3）组织规划方案招标和评选活动，组织初步设计、施工图设计会审，并协助项目部（项目公司）组织好施工图设计；

（4）负责公司专家组的组织管理工作，围绕公司开发项目提供各种技术支持，包括进行政策咨询、专业咨询、技术可行性研究、专家研讨、专家技术调研、考察等活动；

（5）负责建筑安装工程成本的控制，进行建筑安装工程成本水平的分析；

（6）负责组织公司工程概算、预算、结算工作，负责组织审核公司开发项目的工程结算；

（7）组织公司开发项目的工程招投标工作，并负责标底编制、审核工作，办理工程招投标手续；

（8）负责工程主要材料价格的确认及成本控制工作；

（9）负责协调大宗工程材料和设备的采购，对材料、设备供应单位进行比选，建立合格材料、设备供应单位名录。

4. 人事管理

（1）协助工程技术副总拟订市场营销部员工的岗位配置、职位说明书及业绩考评指标、薪资指标，提交总经理办公会审批；

（2）向总经理办公会提请工程技术部员工的任免建议；

（3）负责对工程技术部员工实施绩效考评（关键业绩指标和其他能力指标），并提出奖惩建议。

5. 财务

遵照公司权限规定行使费用与合同审批权。

任职资格：

1. 任职说明

由总经理提名并任命。

2. 教育背景

具有大学本科以上学历，或相关学历/技能。

3. 工作经验

具有三年以上大中型房地产开发项目的工程技术管理工作。

4. 必要的技能和素质

（1）较强的领导实施能力；
（2）缜密的逻辑思维能力；
（3）较强的协调/沟通能力；
（4）较高的人事管理能力，能够洞察项目部员工的困难与不足，适时进行帮助；
（5）必要的房地产行业工程管理、项目开发和相关法律知识。

工程技术主管岗位说明书

职位名称：工程技术主管
所属部门：工程技术部
直接上级：工程技术总经理
直接下级：技术管理岗
平行关系：设计管理主管、概预算主管
职位数量：1
职位目的：协助工程技术部总经理完成工程技术管理相关工作。

工作职责：

（1）负责对各项目部（项目公司）的共性问题、专项难点技术、重大技术问题进行研究，提出解决方案，并对项目部（项目公司）提供工程技术支持；
（2）负责公司的技术管理工作，负责研究、推广四新技术，即新产品、新技术、新工艺、新材料；
（3）负责技术档案和技术资料管理；
（4）参与公司ISO9000质量管理，并负责公司工程技术管理规章制度的制定与汇编工作；
（5）负责公司专家组的组织管理工作，围绕公司开发项目提供各种技术支持，包括进行政策咨询、专业咨询、技术可行性研究、专家研讨、专家技术调研、考察等活动；
（6）协助人事部负责公司专业技术干部培训的技术要求的信息提供工作，并组织各项目部（项目公司）工程技术人员的技术交流。

任职资格：

（1）专业知识与技能：建筑、土建专业，有五年以上专业工作经验；
（2）教育水平：大学本科及以上学历；
（3）年龄要求：不限；
（4）个人素质：具有较强的对公司整体工作的认识理解能力、分析能力、创新能力和具有良好的职业道德。

设计管理主管岗位说明书

职位名称：设计管理主管
所属部门：工程技术部
直接上级：工程技术总经理
直接下级：技术管理岗
平行关系：设计管理主管、概预算主管
职位数量：1
职位目的：协助工程技术部经理完成工程设计工作。

工作职责：

（1）负责设计单位和专业技术咨询单位的委托；
（2）组织规划方案招标和评选活动；
（3）组织初步设计、施工图设计会审，并协助项目部（项目公司）组织好施工图设计；
（4）负责大宗工程材料和设备的采购，对材料、设备供应单位进行比选，建立合格材料、设备供应单位名录；
（5）组织公司开发项目的工程招标工作，负责工程招标协调工作，办理工程招标手续。

任职资格：

（1）专业知识与技能：建筑、土建专业，3年以上专业经验；
（2）教育水平：大学本科及以上学历；
（3）年龄要求：不限；
（4）个人素质：能够廉洁自律且具有良好的职业道德。

概预算主管岗位说明书

职位名称：概预算主管
所属部门：工程技术部
直接上级：工程技术总经理
直接下级：概预算岗
平行关系：设计管理主管、技术管理主管
职位数量：1
职位目的：协助工程技术部总经理完成概预算工作。

工作职责：

（1）管理概预算工作人员，负责完成公司开发项目的概预结算和成本控制工作，包括：公司开发项目的工程概算、预算和结算工作，配合项目部控制建筑安装工程成本，进行建筑安装工程成本水平的分析，负责工程主要材料的确认和成本控制工作；
（2）协助完成公司的招标采购工作。

任职资格：

（1）专业知识与技能：建筑、土建专业，3年以上专业经验；

（2）教育水平：大学本科及以上学历；

（3）年龄要求：不限；

（4）个人素质：能够廉洁自律且具有良好的职业道德。

04 经营管理部人员岗位说明书

经营管理部总经理岗位说明书

职位名称：经营管理部总经理

所属部门：经营管理部

直接上级：经营管理副总

直接下级：整体经营主管、投资发展主管、控股参股公司管理主管、资本运营主管

平行关系：各部门总经理

职位数量：1

职位目的：作为公司整体运营分析与经营业务的管理者，在经营管理副总的领导下，负责公司战略拟订、经营计划分析、公司经营研究、公司投资业务、资本运营的协调与执行工作。

工作职责：

1. 公司战略/经营规划

（1）协助经营管理副总初步拟订公司经营战略，并提交总经理办公会初步审议；

（2）与公司财务部配合拟订公司年度预算大纲，并提交总经理办公会初步审议；

（3）协助经营管理副总拟订年度经营业务计划；

（4）协调部门资源，在经营管理副总的领导下完成部门年度工作计划。

2. 组织管理

配合经营管理副总拟订经营管理部的组织管理体系与运营流程和相关的制度。

3. 业务管理

（1）组织公司的战略研究工作；

（2）组织日常的经营计划分析与研究工作；

（3）在经营管理副总领导下，负责公司投资业务管理工作；

（4）在经营管理副总的领导下，负责公司资本运营管理工作；

（5）负责公司参股、控股公司的管理工作；

（6）协助完成董事会事务工作。

4. 人事管理

（1）协助经营管理副总拟订经营管理部员工的岗位配置、职位说明书及业绩考评指标、薪资指标，提交总经理办公会审批；

（2）向总经理办公会提请经营管理部员工的任免建议；

（3）负责对经营管理部员工实施绩效考评（关键业绩指标和其他能力指标），并提出奖惩建议。

5. 财务

根据项目工作计划和项目整体的概预算，并遵照公司权限规定行使费用与合同审批权。

任职资格：

1. 任职说明

由总经理提名并任命。

2. 教育背景

具有投资、金融或相关专业大学本科以上学历，或相关学历/技能。

3. 工作经验

具有三年以上投资管理经验，一年以上公司计划管理经验。

4. 必要的技能和素质

（1）较强的领导实施能力；

（2）缜密的逻辑思维能力；

（3）较强的协调/沟通能力；

（4）较高的人事管理能力，能够洞察项目部员工的困难与不足，适时进行帮助；

（5）必要的房地产行业企业管理、投资管理和相关法律知识。

整体经营主管岗位说明书

职位名称：整体经营主管

所属部门：经营管理部

直接上级：经营管理部总经理

直接下级：战略研究岗、经营调控岗

平行关系：投资发展主管、控股参股公司管理主管、资本运营主管

职位数量：1

职位目的：负责公司战略研究、整体经营决策支持和计划动态调控支持工作。

工作职责：

（1）负责房地产行业结构、国家相关政策及竞争对手经营模式和未来市场竞争规则的研究工作；

（2）负责提出公司战略资源及核心竞争能力的培育储备计划；

（3）负责提出公司发展近期、中长期定位制订可持续发展的公司经营战略规划；

（4）负责管理提升及咨询方案实施配合工作；

（5）根据公司战略规划、上年经营状况及公司本部和下属公司经营预测，配合部门总经理拟订年度经营计划和投资计划，分解并协助落实财务计划、开发项目储备及长期投资计划、资本经营计划及人力资源配备计划；

（6）采集控股参股公司及其他部门的经营数据，动态监控、评价公司整体计划和董事会经营指标的落实情况，必要时提出公司经营预警报告；

（7）负责组织公司已开发项目动态跟踪和分析工作；

（8）根据公司整体战略安排、市场动态和公司内外资源配置状况，必要时协助部门总经理提出公司经营计划和投资计划动态调整及变更的建议方案；

（9）负责初步拟订向总经理办公会和董事会定期汇报的公司整体经营报告。

任职资格：

1. 教育水平

大学本科以上学历（含本科）。

2. 工作经验

具有四年以上战略规划、计划管理、经济分析工作经验。

3. 素质与技能

（1）具有创新意识和学习能力；

（2）具有公司整体运作意识，熟悉企业计划管理和经济分析工作，具有创新能力和洞察力；

（3）具有战略研究知识和能力，了解制定规划程序。

投资发展主管岗位说明书

职位名称：投资发展主管

所属部门：经营管理部

直接上级：经营管理部总经理

直接下级：开发项目投资岗、其他新增投资管理岗

平行关系：整体经营主管、控股参股公司管理主管、资本运营主管

职位数量：1

职位目的：协助论证公司房地产开发的可行性，负责论证其他投资项目的投资可行性并协助实施。

工作职责：

（1）参与房地产开发项目的研究，论证关于项目投资方式、投资规模、节点计划及投资估算的初步方案；

（2）负责向公司董事会提交开发项目的可行性研究报告；

（3）甄选、评价论证房地产行业相关新投资项目；

（4）参与、协助董事会投资委员会的投资论证工作，负责向公司董事会提交其他投资项目可行性研究报告；

（5）参加投资项目的谈判与实施工作；

（6）协调配合有关中介机构开展专业支持工作；

（7）负责投资、合作资料的动态收集、整理工作；

（8）协助创立新的参股、控股公司；

（9）对项目初期投资进行动态跟踪，分析评价。

任职资格：

1. 教育水平

大学本科以上学历（含本科）。

2. 工作经验

具有三年以上房地产行业相关投资运作与投资分析的工作经验。

3. 素质与技能

（1）较强的协调沟通能力；

（2）必要的创新意识和学习能力；

（3）熟悉房地产行业的投资运作流程；

（4）必要的投资管理、房地产开发和相关法律知识。

控股参股公司管理主管岗位说明书

职位名称：控股参股公司管理主管

所属部门：经营管理部

直接上级：经营管理部总经理

直接下级：控股参股公司管理岗

平行关系：整体经营主管、投资发展主管、资本运营主管

职位数量：1

职位目的：协助经营管理部总经理，完成控股参股公司决策支持与日常管理工作。

工作职责：

（1）跟踪控股参股公司业务领域的市场动态，提出控股参股公司经营管理建议；

（2）辅助完善控股参股公司的法人治理结构；

（3）列席控股参股公司董事会，对其经营计划及投资方案提供辅助决策支持；

（4）从财务和经营的双重角度研究控股参股公司的年度经营计划落实方案；

（5）定期汇总控股参股公司经营月报，动态监控其年度经营计划完成情况；

（6）紧密跟踪控股参股公司重大业务进展，协调解决其实际困难；

（7）协助提出控股参股公司的增资、合并、分立、托管、出让、解散的建议，将公司批准的相关建议方案提交控股参股公司董事会审批批准并协调、监督其实施；

（8）从公司经营角度提出控股参股公司任职的董事监事及高管人员的人选建议，并会同人力资源部协助下属公司董事会完成派出人员考核及离任交接事宜。

任职资格：

1. 教育水平

大学本科以上学历（含本科）。

2. 工作经验

具有两年以上资产管理的工作经验。

3. 素质与技能

（1）较强的协调沟通能力；

（2）必要的创新意识和学习能力；

（3）具有在大型企业投资管理的经验；

（4）了解现代企业治理结构；

（5）具有企业经营计划、分析和考核的经验；

（6）必要的投资管理、房地产开发和相关法律知识。

资本运营主管岗位说明书

职位名称：资本运营主管
所属部门：经营管理部
直接上级：经营管理部总经理
直接下级：资本运营岗
平行关系：整体经营主管、投资发展主管、控股参股公司管理主管
职位数量：1
职位目的：负责公司的资本运营、资产重组、改制上市支持与协调工作。

工作职责：

（1）进行境内外资本市场研究以及资本经营手段研究；
（2）分析公司不同业务之间支出与收入的匹配关系，研究房地产类企业的关联业务组合结构；
（3）在公司整体业务和资产状况分析的基础上，根据各业务市场前景、市场地位、盈利能力，提出公司业务结构调整和资产置换重组方案；
（4）协助部门总经理初步拟订公司资产转让、收购、上市等资产重组方案，并协助完成实施工作；
（5）公司对外及对控股参股公司担保、抵押、内部贷款借款、债券发行等方案的初步设计和具体实施；
（6）协助完成战略合作伙伴选择与引进工作，具体参与办理相关股权变更事宜；
（7）房地产开发公司上市模式研究；
（8）负责中介机构的选聘与评价工作，配合和联络相关会计师、律师、资产评估师、券商展开工作；
（9）负责公司改制宣传工作。

任职资格：

1. 教育水平

大学本科以上学历（含本科）。

2. 工作经验

具有两年以上资本运营相关的工作经验。

3. 素质与技能

（1）较强的谈判与沟通能力；
（2）必要的创新意识和学习能力；
（3）了解资本市场，具有企业业务调整、资产重组经验；
（4）具有财务、法律专业基础，有企业管理、资产效益分析的知识和能力，以及具有一定的证券知识。

05 财务部人员岗位说明书

财务部总经理岗位说明书

职位名称：财务部总经理

所属部门：财务部

直接上级：总经理

直接下级：会计核算主管、资金管理主管、财务管理主管

平行关系：各部门总经理

职位数量：1

职位目的：负责公司会计核算和财务管理工作的组织、管理和实施。

工作职责：

1. 公司战略/经营规划

（1）协助财务总监初步拟订公司年度财务预算；

（2）协助财务总监开展财务工作，并对公司财务目标负责。

2. 组织管理

在总经理领导下，拟订财务部的组织方案，经总经理审定后执行。

3. 业务管理

（1）负责公司的会计核算和财务管理工作；

（2）负责公司财务预算的编制和整体预算的汇总工作，检查分析预算执行情况；

（3）负责公司资金的筹措和管理，开辟财源，有效控制使用资金，降低财务费用；

（4）负责各项财务支出的审核；

（5）定期制订财务工作计划，并组织实施；

（6）进行成本费用预测、计划、控制、核算分析，及时向领导汇报有关情况；

（7）贯彻执行国家财经法律、法规和税收法律、法规，负责执行企业内部会计核算和财务管理制度；

（8）建立健全经济核算制度，适时利用会计核算资料进行经济活动分析；

（9）指导下属公司的财务管理、会计核算和监督；

（10）参与企业生产经营、业务发展、投资立项等可行性研究，并提出意见和建议；

（11）参与企业开发产品销售订价、企业职工工资、奖金方案的制定，参与重大经济合同和经济协议的研究和审查。

4. 人事管理

（1）初步拟订人力资源部员工的岗位配置、职位说明书及业绩考评指标；

（2）负责财务部会计人员的配备、会计岗位设置、财务部人员分工和继续教育工作；

（3）参与对部门会计人员的业务考核，对岗位交流和奖惩提出意见；

（4）参与对控股公司财务经理的业务考核和任免。

5. 财务

遵照公司的权限规定，行使费用与合同审批权。

6. 完成公司领导交办的其他工作

任职资格：

1. 任职说明

由总经理提名并任命。

2. 教育背景

具有大学本科以上学历，或相关学历/技能。

3. 工作经验

具有相关职位三年以上工作经验、专业知识与技能。

4. 必要的技能和素质

（1）严谨、细致、耐心的工作作风，坚持公司管理原则；

（2）出色的协调/沟通能力，协调部门共同工作；

（3）财务、税务政策和法律知识。

会计核算主管岗位说明书

职位名称：会计核算主管

所属部门：财务部

直接上级：财务部总经理

直接下级：本部出纳岗、本部会计岗、项目财务主管岗

平行关系：资金管理主管、财务管理主管

职位数量：1

职位目的：协助财务部总经理，负责本部会计核算管理工作。

工作职责：

（1）主要负责本部的会计核算，复核会计凭证、会计报表及汇总会计报表、本部合同管理。包括：

完成本部总分类账和明细分类账的建账工作；

对公司本部发生的经济事项，及时进行原始单据审核，办理会计手续，进行会计核算；

负责本部会计凭证的审核工作；

负责按照要求定期结账；

负责本部和各内部二级核算单位汇总会计报表的审核工作；

负责汇总编制公司本部财务收支预算、资本性支出预算、开发项目投资预算、经费预算、七项可控费用预算；

按月审核科目余额表，并与相关统计台账核对，发现问题及时处理；

负责及时清理本账务系统内的债权债务；

负责依法申报缴纳各项税金，并及时了解掌握国家各项税收政策的变动情况；

负责办理本部国有资产产权年检登记；

协助人力资源部对公司固定资产、低值易耗品、办公用品的购买、领用、清查、盘点工作；

协助人力资源部做好养老统筹基金、医疗保险和职工住房公积金的提取、代扣和缴拨工作，并做好月报、季报的填报核对工作。

（2）领导本部会计完成本部会计核算工作。

（3）领导本部出纳完成本部现金和银行存款的管理。

（4）领导项目财务主管完成项目的会计核算和财务管理工作。

任职资格：

（1）专业知识与技能：熟悉会计基础工作规范和财税政策法规，有丰富的会计核算工作经验；

（2）教育水平：大学本科及以上学历；

（3）年龄要求：不限；

（4）个人素质：严谨、细致、勤奋。

资金管理主管岗位说明书

职位名称：资金管理主管

所属部门：财务部

直接上级：财务部总经理

直接下级：收入管理岗、按揭管理岗

平行关系：会计核算主管、财务管理主管

职位数量：1

职位目的：协助财务部总经理，负责公司整体资金管理工作，包括收入管理、按揭管理等。

工作职责：

协助财务总监和财务部总经理完成公司的融资工作，包括：

对金融市场、资本市场进行研究和管理；

根据筹资预算，配合公司整体资金安排，选择最佳融资渠道筹措资金，满足公司及投资项目的用款需求；

与各有关金融机构联系贷款，填报各类贷款资料，协调贷款事宜，落实融资计划；

协助编制公司合并口径融资预算和现金流量预算；

协助完成资金经营，有效利用公司闲置资金，降低资金成本，实现资金保值；

领导收入管理岗工作人员，完成公司整体销售收入的统计管理和应收款项的管理；

领导按揭管理岗工作人员，完成按揭合作银行的联系工作，落实和跟踪按揭回款情况，配合市场营销部协调有关按揭工作事宜；对按揭客户进行管理，协助项目财务部办理退按揭款手续等；

完成领导交办的其他事项。

任职资格：

（1）专业知识与技能：熟悉会计基础工作规范和财税政策法规，有一定的融资管理工作经验；

（2）教育水平：大学本科及以上学历；

（3）年龄要求：不限；

（4）个人素质：严谨、细致、勤奋。

财务管理主管岗位说明书

职位名称：财务管理主管

所属部门：财务部

直接上级：财务部总经理

直接下级：预算管理岗、成本管理岗、报表管理岗、电算化管理岗、文档管理岗

平行关系：会计核算主管、资金管理主管

职位数量：1

职位目的：协助财务部总经理，负责公司整体财务管理工作。

工作职责：

协助财务总监和财务部总经理完成本部和控股公司的财务监督工作，完善制度并配合内外部检查。具体工作包括：

组织内部人员对会计核算基础工作进行监督检查，并提出完善改进的建议措施；

协助完成公司财务管理制度；

协助完成公司内部控制的执行、实施和检查；

协助对控股公司的财务工作进行监督和管理；

配合外部审计检查，接受财政、税务、股东、监事会、审计署等上级主管部门、会计师事务所的检查、监督和业务指导

领导预算管理工作人员完成公司整体预算编制和执行；

领导成本管理工作人员完成公司整体成本的测算和管理控制；

领导报表管理工作人员完成公司合并报表的编制；

负责财务软件电算化工作和文档管理工作；

完成领导交办的其他事项。

任职资格：

（1）专业知识与技能：熟悉会计基础工作规范和财税政策法规，有丰富的财务管理工作经验；

（2）教育水平：大学本科及以上学历学历；

（3）年龄要求：不限；

（4）个人素质：严谨、细致、勤奋。

06 人力资源部人员岗位说明书

人力资源总经理岗位说明书

职位名称：人力资源总经理

所属部门：人力资源部

直接上级：总经理

直接下级：人力资源管理主管、人力成本会计主管、人力资源开发主管员

平行关系：各部门总经理

职位数量：1

职位目的：配合公司发展战略和组织要求，协助总经理完成公司人力资源的最优配置及人力资本保值增值。

工作职责：

1.组织管理

在总经理领导下，拟订人力资源部的组织方案，经总经理审定后执行。

2.业务管理

（1）根据公司战略，组织制订公司人力资源规划和年度人力资本预算；

（2）负责组织拟订公司机构、岗位设置、编制、部门职责及职位说明书；

（3）负责公司组织、人事、相关行政制度的初步制定工作；

（4）负责人力资源获取工作，保证人力支持；

（5）负责人力资源开发工作，公司岗位与人员的动态匹配；

（6）负责组织公司人力资源绩效评估体系的建立与实施，公司人力资源状况实时分析、监控、调整，组织员工考核、晋升相关工作；

（7）负责组织人才市场有关人员、薪酬等调研工作；

（8）负责组织薪酬、福利等体系、政策的制定及实施工作；

（9）负责控股公司人力资源管理工作的评估与监控等工作；

（10）负责组织公司行政事务管理工作。

3.人事管理

（1）初步拟订人力资源部员工的岗位配置、职位说明书及业绩考评指标；

（2）负责对本部门员工施绩效考评，并提供奖惩、任免、晋升建议。

4.财务

遵照公司的权限规定，行使费用与合同审批权。

5.完成公司领导交办的其他工作

任职资格：

1.任职说明

由总经理提名并任命。

2.教育背景

具有大学本科以上学历，或相关学历/技能。

3.工作经验

具有相关职位三年以上工作经验、专业知识与技能。

4.必要的技能和素质

（1）正直、自律、与人为善的道德品质，坚持公司管理原则；

（2）出色的协调/沟通能力，协调部门共同工作；

（3）较强的人事管理能力；

（4）必要的人事政策、法律知识。

人力资源管理主管岗位说明书

职位名称：人力资源管理主管

所属部门：人力资源部

直接上级：人力资源部总经理

直接下级：无

平行关系：人力成本会计主管、人力资源开发主管

职位数量：1

职位目的：协助人力资源部总经理完成人力资源管理相关工作。

工作职责：

（1）负责公司人力资源状况诊断、分析与监控，起草人力资源发展规划，负责制定年度人力资本预算；

（2）根据公司人力资源状况和规划，对公司员工薪酬、福利体系的制定、变更，公司行政管理制度制定、变更提出意见；

（3）负责公司用人机制的拟订、维护、变更工作；

（4）负责人员招聘、大学生接收工作；

（5）负责人员调配工作，员工岗位聘任文件起草；

（6）负责组织员工职业生涯设计及员工绩效评估工作；

（7）负责人才市场有关人员情况调研工作；

（8）负责人力资源管理统计上报工作；

（9）负责控股公司人力资源管理、薪酬体系的评估与监控；

（10）负责相关文件的整理工作；

（11）完成领导交办的其他工作。

任职资格：

1.专业知识与技能：人力资源管理及相关专业；

2.教育水平：大学本科及以上学历；

3.年龄要求：不限；

4.个人素质：具有较强的对公司整体工作的认识理解能力、分析能力、创新能力，并具有很好的职业道德。

人力成本会计管理主管岗位说明书

职位名称：人力成本会计管理主管
所属部门：人力资源部
直接上级：人力资源部总经理
直接下级：人力成本事务岗
平行关系：人力资源开发主管、人力资源管理主管
职位数量：1
职位目的：协助人力资源部总经理完成人力成本预算、决算工作。

工作职责：

（1）负责公司薪酬体系的拟订、维护、变更工作；
（2）负责公司福利、劳保体系的拟订、维护、变更工作；
（3）负责公司行政管理制度的拟订、维护、变更工作；
（4）参与公司员工绩效评估工作；
（5）负责草拟年度人力成本预算，参与人力资源规划；
（6）负责公司员工社会保险及商业保险工作；
（7）负责薪酬统计上报工作；
（8）负责社会保险统计上报工作；
（9）负责人才市场有关薪酬、福利等的调研工作；
（10）负责控股公司人力资本预算、决算等的评估、监控工作；
（11）负责相关文件的整理工作；
（12）完成领导交办的其他工作。

任职资格：

1.专业知识与技能：熟悉薪酬、保险政策；
2.教育水平：大学本科及以上学历；
3.年龄要求：不限；
4.个人素质：具有较强的对公司整体工作的认识理解能力、分析能力、创新能力、文字表达能力，并具有很好的职业道德。

人力资源开发管理主管岗位说明书

职位名称：人力资源开发管理主管
所属部门：人力资源部
直接上级：人力资源部总经理
直接下级：无
平行关系：人力成本会计主管、人力资源管理主管
职位数量：1
职位目的：协助人力资源部总经理完成公司人力资源开发等工作。

工作职责:

（1）员工入职手续办理；

（2）员工数据库的建立和维护，员工人事档案接转工作，政审手续办理，劳动合同签订手续办理、劳动合同管理工作；

（3）参与员工招聘、职业生涯设计、员工绩效考核，草拟员工绩效评估报告；

（4）负责培训体系的拟订、维护、变更等工作；

（5）负责培训计划的编制、实施，及培训费用的控制；

（6）负责控股公司培训工作的评估、监控；

（7）负责员工培训档案的建立、维护（包括ISO9000质量标准相关工作）；

（8）负责员工离职手续办理；

（9）负责相关文件的整理工作；

（10）完成领导交办的任务。

任职资格:

1.专业知识与技能：熟悉房地产公司专业构成，良好的组织、协调能力，熟悉培训渠道和培训组织；

2.教育水平：大学本科及以上学历；

3.年龄要求：不限；

4.个人素质：细致、干练、有超前意识。

07 审计监督部人员岗位说明书

审计监督部总经理岗位说明书

职位名称：审计监督部总经理

所属部门：审计监督部

直接上级：总经理

直接下级：财务审计主管、监察岗、法律合同管理岗、安全管理岗、质量管理岗

平行关系：各部门总经理

职位数量：1

职位目的：通过监督公司及控股公司财务运作，促进其规范管理，提高效益；完善公司质量管理以及安全管理；通过参与公司谈判、审核合同、法律宣传为运作建立有力的法律保障。

工作职责：

1. 组织管理

在总经理领导下，拟订审计监督部的组织方案，经总经理审定后执行。

2. 业务管理

（1）在董事会审计委员会的指导下，拟订公司审计监督相关制度，并提交董事会审计委员会审定；

（2）配合公司审计委员会，组织公司财务及所属控股公司财务进行内部审计，法人代表的离任和任期目标责任的审计，对公司内部严重违反财经法纪的行为进行专项审计，并提交审计报告；

（3）负责组织收集、整理国家和地方与公司业务有关的法律、法规、政策，为公司的整体发展和重大经营决策提供相应的法律意见；

（4）参与并监督公司合并、分立、破产、投资、租赁、资产转让、招投标、项目清理等重要经济活动，处理相关的法律事务；

（5）负责组织代理公司或委托他人代理公司进行诉讼、仲裁或调解工作，负责外聘法律顾问或律师的具体工作；

（6）负责对拟签订的合同（协议书）进行审核把关工作，负责统一保管公司合同专用章，保管各类合同，建立合同台账，年度终了时统一存档，负责合同的跟踪管理；

（7）负责公司的质量管理工作，保证公司质量保证体系运行有效，提供质量管理方面的管理依据和考察意见，参与开发项目质量管理的评价与研究；

（8）领导部门员工负责公司ISO9000系列标准的体系运行、审核、复审的组织实施工作；

（9）负责公司的安全管理及综合治理工作；

（10）负责来信、来访的处理和受理对职工的检举、控告，并按规定进行处理和答复；

（11）负责本部门文件、资料的日常管理及立卷归档工作。

3. 人事管理

（1）初步拟订审计监督部员工的岗位配置、职位说明书及业绩考评指标；

（2）负责对本部门员工实施绩效考评，并提供奖惩、任免、晋升建议。

4. 财务

遵照公司的权限规定，行使费用与合同审批权。

任职资格：

1. 任职说明

由总经理提名并任命。

2. 教育背景

具有大学本科以上学历，或相关学历/技能。

3. 工作经验

具有相关职位三年以上工作经验、专业知识与技能。

4. 必要的技能和素质

（1）正直、自律的道德品质，坚持公司管理原则；

（2）出色的协调/沟通能力，协调部门共同工作；

（3）较强的人事管理能力；

（4）较强的财务审计能力，能够胜任财务审计工作；

（5）必要的财务、审计、法律知识。

财务审计主管岗位说明书

职位名称：财务审计主管

所属部门：审计监督部

直接上级：审计监督部总经理

直接下级：无

平行关系：无

职位数量：1

职位目的：通过监督公司及控股公司财务运作，促进其规范管理，提高效益。

工作职责：

（1）具体协调公司财务及所属控股公司财务进行内部审计，法人代表的离任和任期目标责任的审计，对公司内部严重违反财经法纪的行为进行专项审计工作，并拟订审计报告；

（2）协助部门总经理制定公司内部审计规章制度及相关法制建设，并具体实施；

（3）协助部门总经理进行本部门的精神文明建设、廉政建设和综合治理工作；

（4）完成公司领导交办的其他工作。

任职资格：

1. 任职说明

由总经理聘任。

2. 教育背景与工作经验

（1）具有大学本科以上学历，或相关学历/技能；

（2）审计或财务主管两年以上工作经验。

3. 专业知识与技能

（1）自律、坚持原则，为人正直，有较高职业道德；

（2）具有较强的沟通能力；

（3）精通财务审计知识，熟悉国家财经法规。

08 总经理办公室人员岗位说明书

办公室主任岗位说明书

职位名称：办公室主任
所属部门：办公室
直接上级：总经理
直接下级：无
平行关系：其他部门总经理
职位数量：1
职位目的：协助总经理完成公司的企划宣传、信息化建设、公共关系以及总务后勤工作。

工作职责：

（1）负责公司的外事接待和公共关系工作，包括外事手续的办理、公司的对外联络和协助公关、合作单位和来宾的接待等；

（2）领导企业文化宣传主管完成公司的企划与宣传工作；

（3）领导文档管理人员完成文书档案的管理；

（4）领导资质管理人员完成公司的资质管理；

（5）领导信息化建设工作人员完成公司的信息化建设。

任职资格：

1. 任职说明

由总经理提名并任命。

2. 教育背景

具有大学本科以上学历，或相关学历/技能。

3. 工作经验

具有相关职位三年以上工作经验、专业知识与技能。

4. 必要的技能和素质

（1）严谨、细致、耐心的工作作风，坚持公司管理原则；

（2）出色的协调/沟通能力，协调部门共同工作；

（3）必要的政策和法律知识。

企业宣传主管岗位说明书

职位名称：企业宣传主管

所属部门：办公室

直接上级：办公室主任

直接下级：无

平行关系：信息化建设主管

职位数量：1

职位目的：起草并按企业宣传计划完成企业宣传任务，实现宣传效果。

工作职责：

（1）制订企业文化宣传计划并负责组织宣传工作；

（2）制订公司的品牌管理、CI设计计划，并负责实施；

（3）负责公司的对外宣传工作；

（4）协调公司的对外新闻发布；

（5）协助办公室主任完成媒体接待工作；

（6）负责公司宣传品设计的制作。

任职资格：

（1）专业知识与技能：具有较强的写作能力，有创意，能够独立与媒体及广告商沟通、谈判、合作，并具有一定的英语应用水平；

（2）教育水平：大学本科以上学历；

（3）工作经验：具有三年以上相关工作经验；

（4）年龄要求：不限；

（5）个人素质：善于沟通和协调、正直、诚实。

信息化建设主管岗位说明书

职位名称：信息化建设主管

所属部门：办公室

直接上级：办公室主任

直接下级：无

平行关系：信息化建设主管

职位数量：1

职位目的：推进公司信息化建设。

工作职责：

（1）负责公司OA办公系统的开发、运行、维护；

（2）负责公司的网站建设与管理；

（3）负责公司电子商务工作的推进；

（4）负责公司的信息保密工作；

（5）负责公司的计算机设备管理维护。

任职资格：

（1）专业知识与技能：能够不断学习、应用IT业的新知识，熟练掌握有关软件的开发，及硬件和网络系统的维护，具有必要的工商管理知识；

（2）教育水平：大专以上学历；

（3）工作经验：五年以上工作经验；

（4）年龄要求：45岁以下；

（5）个人素质：认真勤奋、爱好学习、踏实肯干。

第七模块

Module Seven

开发企业、营销策划代理企业组织设计点拨

第七模块思考

在整个房地产行业中，开发企业和营销策划代理企业是房地产开发企业的主体。而两者之间由于业务范畴不同，其组织设计规则完全不同，前者偏重于整个产业链的整合，后者偏重于某一业务环节的服务。所以，本模块我们重点将这两类企业的组织设计过程进行专门点拨。

房地产开发企业的组织设计并没有一个完美的模型，只是适合不适合的问题。从各个房地产开发企业的组织结构来看，“实用”问题是目前存在的最大问题，组织结构是否合适，是否有效，我们可以用效能、效率和安全三个方面的指标来衡量。效能就是组织结构是否支撑企业在做正确的事，效率就是企业组织结构是否支撑部门正确地做事，安全就是组织结构能否支撑企业持久地做事。

1

开发企业组织设计点拨

——有的放矢，对症下药

一、目前房地产开发企业组织设计存在的主要问题

房地产开发企业的组织设计并没有一个完美的模型，只是适合不适合的问题。从各个房地产开发企业的组织结构来看，“实用”问题是目前存在的最大问题，我们以一个小型房地产公司的组织结构图（如下图）来说明。

1.该房地产开发企业从管理权限来看，总经理需要面对八个部门，管理幅度太大影响决策效率；

2.从职能沟通上看，规划、报建工作的部门分开放置导致设计、施工和市场营销无法与之有效衔接；

3.成本控制是一虚拟管理职能，无法高效地与项目施工管理有机配合；

4.采购组与设计组、项目组处于非平等层次，容易造成沟通上的问题；

5.成本控制组内部无法有效规避采购组与合同组互相倾轧以及合谋腐败问题。

●某小型房地产公司组织结构图

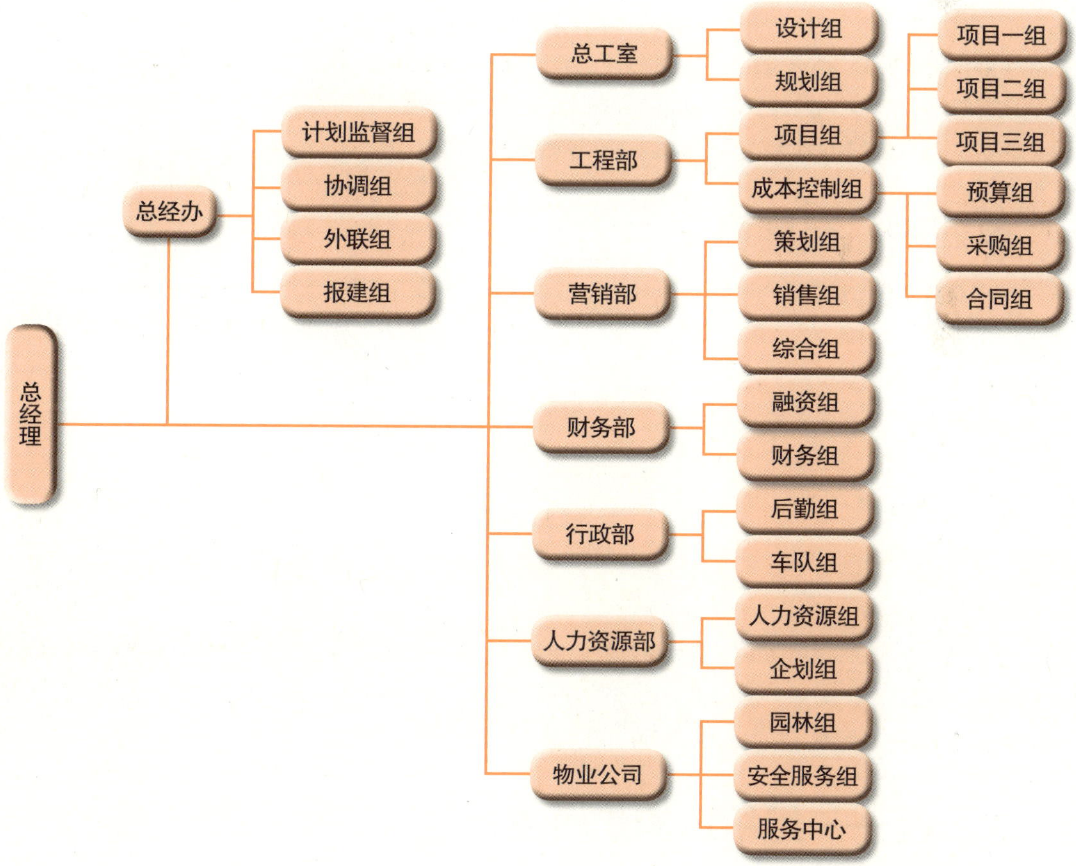

结构性问题很大程度上是管理缺乏规范导致的管理惰性造成的。在这里，我们将房地产开发企业组织设计的常见问题归纳为四种。

第一种：职能薄弱

很多企业，财务部仅具备会计和出纳等最基本的功能，而资金筹措、投资管理等职能不足，但是房地产开发企业如果不具备资金筹措和投资管理职能根本就谈不上长期持续的高速发展，筹钱、拿地、投资项目能力上的差异才是大房地产开发企业甩开中小企业的关键竞争力。同样，有的企业的前期企划部或开发部的主要工作是完成各种手续，对于前期的土地信息收集分析、可行性研究等工作不足，这都是职能薄弱的表现。

第二种：职责不清

职责不清主要是在各个部门之间的接口问题上存在职责真空，从而导致互相扯皮、推诿。如有的企业办公用品的管理一部分属于行政部，一部分属于人力资源部；市场和销售工作由销售部负责，而项目的尾款由经营部或行政部催收等。这样的职责混乱在很多企业都存在。

第三种：职位虚设

职位虚设在很多带有国有性质的房地产开发企业中普遍存在，总工程师的职责是工程技术管理，但实际的技术问题均由工程技术部自行解决，总工不起作用，却要偏偏设立一个总工程师；明明已经设立了营销中心总监却要在上面再设立一个副总经理；公司的规模不大，部门数量却众多，特别是职能部门多于经营部门，导致管理人员过多，尤其是部门副职的出现，使管理人员的数量接近公司正式员工数量的一半。这些职位的虚设不仅加大公司的管理成本，还影响决策效率。

第四种：制度弱化

很多开发企业都有厚厚的管理制度，也有自己企业的《员工手册》，但是没有相应的部门指导督促执行，企业有统一的复杂的考核体系，但是部门执行上就另搞一套，工程部有标准的公司招投标制度，但是真正采购的时候往往会由于“时间紧迫”而只能匆匆选择一个供应商。弱化的制度并没有提高企业的管理效率，而是套在整个企业员工头上的紧箍咒，大家想的是如何挣脱它，而不是去适应它，使用它。

二、如何检验房地产开发企业组织结构的有效性

房地产开发企业的组织结构健康如何？我们用以上的那些原则归纳未免笼统，组织结构是否合适，是否有效，我们可以用效能、效率和安全三个方面的指标来衡量。通过深入理解企业各功能的涵义、判断其状况，并分析其与组织结构要素的关联性，我们就可以为组织结构号脉。

1.效能——组织结构是否支撑企业在做正确的事

效能，是实际产出与预期产出的比例。组织结构的效能，指其对企业目标的支撑作用，对企业战略的推动作用，对企业满足客户需要的保证作用。

如何判断组织结构的效能呢？

（1）看最近几年企业目标制定得是否合理，是否如期实现。如果没有实现，是否存在不可抗拒的政策、市场、环境原因。如果这种原因也存在，还要分析企业在危机事件应对、发展预测分析、机会与风险

研究等方面的行为。

（2）看企业发展战略制定的情况和实施情况。

（3）看新战略对组织结构功能的要求与组织结构相应功能的历史表现之间的差异。

（4）看企业客户满意度的高低。

2.效率——企业组织结构是否支撑部门正确地做事

效率是实际产出与实际投入的比例。组织结构的效率指组织结构在企业以资源和时间的投入换来企业新价值中发挥的能力。

如何判断组织结构的效率是高还是低？

（1）看企业计划的完成情况，如周计划、月计划、季计划；

（2）观察推诿、扯皮现象；

（3）调研或访谈人们对工作的成就感与满意度。

3. 安全——组织结构能否支撑企业持久地做事

安全是现在对未来的投资。组织结构的安全功能是指组织结果对企业运营的持续性发展的保证。

如何判定组织结构的安全功能正常与否呢？

（1）分析企业的资金损失率、呆账、应收账款、预付账款、发行债券、债务、信用担保、股票市场表现等状况；

（2）分析产品或服务的质量标准执行情况、质量标准的改进情况；

（3）分析资产与人员保全性、治安状况、资产利用率、人员流失率、无形资产管理状况等；

（4）统计分析生产安全事故情况、采购行为、销售行为等。

如果说，效率和效能是为了使企业能“活着”、“活得更滋润”，那么，安全就是为了使企业“能健康地一直活下去”。

三、房地产开发企业组织设计的基本步骤

一般地，在房地产开发企业进行组织设计的过程中，应该遵循提出问题—分析问题—解决问题的思路，依据一定的设计步骤，可以使最终设计出来的组织结构更有效。

第一步：分析企业任务、企业经营环境，判断组织适应性程度

这是房地产开发企业组织设计中最为重要的步骤。在这个过程中，首先要对企业目前的形式有一个清醒全面的把握，确定当前的经营环境。对当前经营环境进行定性和定量两方面的分析，即当前经营环境是稳定的还是变动的，如果是变动的，变动的幅度有多大；如果是稳定的还能持续多长时间。在可以预期的将来，企业的经营环境会不会发生变化，变化幅度有多大等。这是判断组织结构适用性的基础。

在对经营环境分析判断的基础上，判断在部门划分、权责安排、管理幅度、集权和分权关系方面的有效性如何，能否适用企业任务的要求。经常进行这方面的分析和判断，有助于企业管理及时发现组织结构中存在的问题。在问题造成严重损失之前进行调整，尽可能挽回损失。

第二步：制定组织设计的基本方案

上一步主要是发现问题的过程，要求企业管理人员对企业组织保持高度敏感性。本步骤则是在提出问题的基础上制定可以选择的多种备选方案。在制定备选方案过程中，要尽可能地发动企业内部各个层次的人参与，使提出的备选方案丰富多样，增加采取适宜行动的余地。

在制定组织设计基本方案时，要尽量避免倾向性，如不应对中意的方案只提供有利的信息，而忽略或避免不利的信息，应尽可能使备选方案更具客观性，以提高企业经营绩效作为判断其价值的标准。

第三步：评价组织设计备选方案

在评价备选方案过程中，着重对每个备选方案的可行性、满意程度和可能产生的结果进行估计分析。可行性就是如果按照这一方案执行，是否可行。

例如，对一个规模较小的房地产公司来说，如果施行某一组织结构需要许多全面管理人才的话，它就无法实际运用这一方案。企业内部无法提供对房地产经营管理全面知识的管理人才，而从外部寻找企业的成本又会增加。经过评估其可行性后，如其可行，就要分析该方案是否达到令人满意的程度，即该备选方案能否满足企业活动、企业目标、经营环境等各方面的要求。

例如当房地产开发企业组织按照地区划分部门时，对整个广告成本产生什么影响？能获得什么样的经济利益，当组织调整后，所获得收益小于付出的成本，该方案就要放弃。

第四步：选择最佳的组织设计方案

一般地，达到这一步骤后，选择方案比较容易。在选择组织方案时，首先要从中选择可行性、满意度、可能带来的结果三者结合的最好的方案。其次是选择实施费用与可能带来的收益比率最佳的方案，即费用最省、收益比率最大的方案。再次选择最佳方案的应急或备选方案，以保证出现不可预计因素干扰时能及时调整。

第五步：及时调整组织结构设计方案

选出最佳组织结构设计方案后，就要执行该方案。这是组织结构设计的实质性步骤。由于组织结构的调整，涉及权、责、利的调整和重新安排，往往容易引起组织结构内部的抵制，同时，在执行过程中还会遇到不可预计的困难，因此在执行方案时，要时刻注意方案运行的实际状况进行及时调整。

四、开发企业职能设计

1.房地产开发的价值流程图

开发企业的职能设计实际上就是要形成对开发价值链中的前期策划、工程监理、销售等外包环节的有效协调管理。在开发流程图中，投资决策、规划立项、设计招标、建筑施工、设备材料采购、销售、物业管理是开发流程主导的关键职能，这些职能往往是成立部门的基础，有些公司可能将市场策划阶段、方案设计阶段归为前期开发部或前期部，也可能归为企划部或规划设计部，项目施工阶段一般归为工程部，销售服务阶段归为市场销售部或者营销策划部，大的企业可能也会设立客服部。

●房地产开发流程图

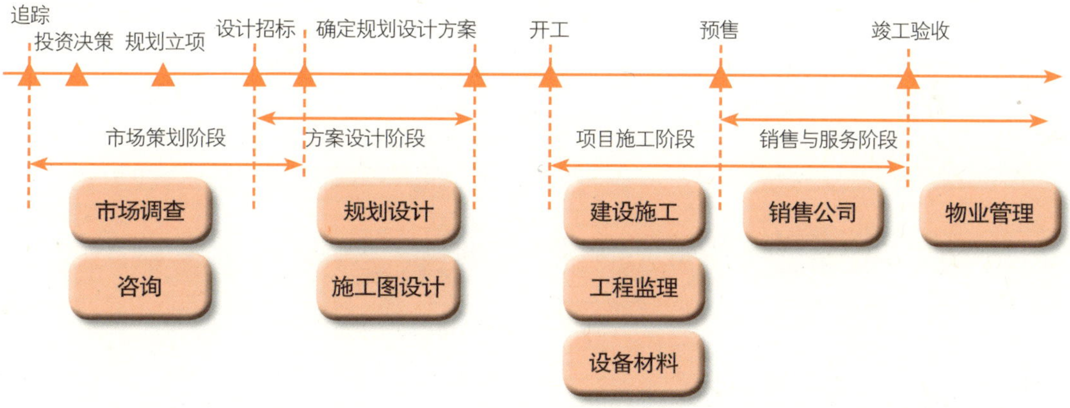

需要说明的是，虽然大多数公司还将开发链条中的重要环节外包，并不是撒手不管，而是要设立相应的职能部门加强对他们的监督和事后管理。譬如我们通过招标投标选择施工企业，但是依然还需要成立工程部作为一个对接部门，他们需要通过制定规范化的质量体系来管理施工企业。

2.房地产开发企业的职能分析

在前面我们已经以房地产开发流程进行过职能分析，我们这里重新梳理一下，一个综合性的房地产开发企业，我们可以通过列举的方法，列举出其需要的基本职能，包括15项，如行政事务与后勤保障管理，法律事务管理，企业发展战略与战略执行，企业品牌建设与管理，企业文化建设与管理，市场开发管理，财务管理，成本管理，人力资源管理，供方与采购管理，目标与计划管理，工程管理（包括进度、造价、质量管理），信息管理，销售管理，客户关系管理。

这15个基本的职能里面，市场开发管理、工程管理、销售管理是每个房地产公司都需要设计的关键职能，所以这三个模块是房地产组织结构的核心。但是仅有这三个关键职能还不能满足整个房地产开发的需要，因为这三个核心的经营职能需要公司运营层面的支持，譬如提供信息服务、人力资源、后勤支持，同时还需要资金服务、财务服务等投资管理职能的支持。

3.万科的职能设计

万科集团是中国房地产行业的标杆企业，万科集团的组织设计是融合直线型、职能型和矩阵型的复合组织形式。万科集团总共设立了十大职能部门加强对下属分公司的领导。为了适应企业的战略，万科的部门职能并不是一成不变的，而是适时地加强和调整。以下是万科六个主要部门的职能说明书。

企划部职能说明书

一级职能	二级职能	三级职能	沟通关系
一、项目发展	1.年度土地储备计划汇总报告		决策层、高层
	2.分析报告	各地土地储备现状分析报告	决策层
		各地城市综合实力分析报告、经济指标分析报告	决策层
		一线分公司运营能力分析报告	决策层、高层
		现有土地意向摸底调查报告	决策层
	3.项目决策	项目法律风险专业评估意见	决策层
		立项会议决议	决策层
		土地交易合同审核意见	一线公司、决策层
		董事会议案指引（议案的书写规范）	一线公司、董事会
		董事会议案审查意见	董事会、一线公司
	4.信息统计	土地使用状况不定期统计报告	董事会
		土地获取方式方法总结报告	一线公司
	5.信息共享、专业提升	项目发展大会（经验交流、宣讲下一步土地工作重点）	总部、一线公司
二、宏观、微观环境分析	1.宏观环境分析	宏观环境分析报告	总部、一线公司
		宏观环境信息、新闻	总部、一线公司
	2.微观环境分析	项目投资分析报告	一线公司
		内部项目投资制度指引	一线公司
		项目投资专业分析报告	一线公司、董事会
三、战略规划	1.未来发展战略研究报告、建议方案		决策层
	2.业务战略执行指导建议、监测报告		业务部门、一线公司
	3.集团层面客户细分研究报告		总部
	4.市场研究业务流程		一线公司、总部
四、项目决策	1.项目立项意见		一线公司
	2.项目立项标准		一线公司、总部
	3.项目立项专业建议		决策委员会

市场营销部职能说明书

一级职能	二级职能	三级职能	沟通关系
一、客户研究：企划部完成客户细分之后，针对定位的客户群进行调研	1.细分客户研究报告	房地产客户需求库、产品机会点、产品品牌规划建议	公司管理层、企划部、规划设计部、一线公司市场部
		产品测试报告	规划设计部
	2.现有客户研究	来访客户信息采集标准问卷和数据库	一线公司销售部
		月度成交客户分析报告和经济指标分析报告	公司管理层、企划部、规划设计部、一线公司
		专题性分析报告	一线公司、公司管理层
		项目客户差异性分析报告	企划部、规划设计部
二、客户定位	客户定位研究	具体项目客户调研报告	公司管理层、决策委员会、一线公司、规划设计部
		听证会上专业评估报告（客户需求方面）	决策委员会
		一线和区域客户研究方法培训与标准流程	一线公司
		项目客户研究流程	一线公司
三、销售管理	1.销售信息中心	集团年度销售计划的汇总整理报表	管理层
		月度计划和时间完成情况汇总报表与分析报表	管理层
		周销售情况动态报表	管理层
	2.销售支持	一线销售方面的危机管理（指导、替补）方案	一线公司、公司管理层
	3.销售管理规范	销售系统管理规范——标准、流程、规章制度	一线公司销售部
		一线销售执行情况监控报告	总部
	4.销售信息共享	营销培训	一线公司
		营销方法和模式资源库	一线公司
四、市场研究（计划）	1.业务城市房地产市场监测报告		一线公司、总部
	2.业务城市竞争对手动态信息研究报告		总部、一线公司
	3.发布房地产行业动态新闻		全公司

物业管理部职能说明书

一级职能	二级职能	三级职能	沟通关系
一、物业管理	1.专业研究方面	物业管理标准、规范、指引	一线公司
		万科物业发展方向的专题报告、务虚会（万科物业发展的主要问题及发展方向）	管理层和一线公司
		同行和竞争对手的研究报告（根据市场情况不定期的）	一线公司、管理层
		针对行业宏观环境变化的分析报告	一线公司、管理层
		物业管理软件系统	一线公司
		物业管理与房地产关系的研究报告	总部各部门
		根据集团客户满意度调查报告所做的关于物业管理的细分报告	一线公司、管理层
		物业经营管理季度例会及会上的客户投诉分析报告、物业服务质量事故的分析报告	一线公司、管理层
	2.业务督导方面	对新公司业务的指导服务、资源支持	一线公司
		对所有一线公司物业管理服务监督检查的评估报告；经济指标分析报告（每年现场2次以上、电话4次以上）	一线公司、管理层
		突发事件（投诉、曝光等）的解决意见	一线公司、公司管理层
		一线公司物业管理案例集（结合突发事件和宏观环境变化，不定期进行）	一线公司
		物业方面的专业培训和管理培训（部门经理以上）服务	一线公司
二、行政后勤管理	1.总部的办公服务（装修、固定资产采购等）	具体项目客户调研报告	总部各部门、决策委员会、一线公司、规划设计部
	2.职业安全教育		总部各部门
	3.总部的固定资产管理服务	员工宿舍、出租物业	总部各部门
	4.总部员工餐饮服务		总部各部门
三、车队	1.总部公务用车服务		总部各部门
	2.车辆的维修、保养服务		总部
	3.各地区的车改方面的指导意见		一线公司

工程管理部职能说明书

一级职能	二级职能	三级职能	沟通关系
一、工程管理中心	1.立项阶段	可行性研究报告中工程部分（进度安排、技术可行性、经济指标、人力资源评估）	立项委员会
	2.规划设计阶段	结构和安装工程方面的专业评审意见	评估委员会
	3.采购阶段	整个集团层面的采购政策和原则（比如招投标制）	一线公司
		战略采购来的建材物资（适合全国范围、通用性很强的）	一线公司
	4.招投标阶段	集团招投标政策	一线公司
		招投标过程中的规范、指引、监督等服务	一线公司
	5.现场施工阶段	现场管理制度	一线公司
		现场监理服务	一线公司
		引进的国内外优秀的工程管理方面的经验、技术	一线公司
		抢修外包	一线公司
		管理、技术外包（危机环境中）	一线公司
	6.物业管理阶段	技术性指导意见	物业管理公司
		客户投诉问题的解决意见	一线公司客户服务部门
二、公司层面	1.行业工程管理方面的政策、法规等的研究报告		总部、一线公司
	2.工程管理方面的新技术、现场管理新方法		一线公司
	3.人员培训		一线公司
三、工厂化中心	工厂化方面的技术研究报告、产品政策和趋势研究报告		集团高层

董事会办公室职能说明书

一级职能	二级职能	三级职能	沟通关系
一、投资者关系	1.资本市场融资（2年一次）		董事会
	2.信息披露服务，包括每年四次定期报告（年报、中报和两个季报）和增量部分决策信息		董事会
	3.（每年）重大资产购并以及重大关联交易		董事会
	4.股东大会		董事会
	5.董事会		董事会
	6.投资者推介会（每个月1~2次投资者推介）	大型的投资者推介会	董事会
		万科在各大城市巡回推介会	董事会
		基金、机构投资者的来访接待服务	董事会
	7.每月行业宏观资讯、政策的分析报告		董事会
	8.公司治理方面的一些规范、新规则		董事会
	9.非资本市场融资		董事会
	10.股权投资者		董事会
二、媒体关系	1.所有集团层面的采访接待服务、问题设计和回答等相关资料		董事会
	2.媒体策略		董事会
	3.每个时期公司整体形象宣传方案（如每个时期对媒体的主题和口径）		董事会
三、品牌宣传	1.公司整体形象识别方面的系列资料（如公司形象片、宣传片等）		公司
	2.公司年度战略主题		公司
	3.VI手册使用标准		公司

●规划设计部职能说明书

一级职能	二级职能	三级职能	沟通关系
一、项目类	1.管理制度和推荐性的技术成果（墙体、门窗、节能材料等方面）		一线公司
	2.部分项目技术层面的专家意见		一线公司
	3.部分项目（一线不能解决）的施工图		标准化项目的施工图基本由总部完成
	4.空间设计方面的专利		总部
	5.施工图相关的销售资料、培训资料		一线公司
	6.项目评审会上的决策性意见		一线公司
二、研究类	1.研究报告（理论和技术研究、产品体系创新的研究、标准化的研究；不定期的）		管理层、一线公司
	2.结合具体项目的技术支持和指导		一线公司
	3.项目过程中重大攻关成果		总部
三、推广培训类	1.培训		一线公司
	2.设计竞赛、作品集、理论集、书		总部各部门、一线公司
四、日常工作	1.设计月报（月度例会上使用）		总部各部门、一线公司
	2.规划设计方面的投诉处理意见和投诉月报		一线公司、总部各部门

五、不同发展阶段开发企业的组织结构设计要点点拨

处于不同发展阶段的开发企业，其组织结构一定要具有动态的适应能力，也要能支撑企业的正常运转，要形成有特色的企业组织设计。没有特色的组织结构，很难为企业提供竞争优势。

1.设立初期开发企业组织设计的两个特点

特点1：追求效率，多以直线型或直线–职能型为主

创业期的开发企业，效率高是其追求的直接目标，快速地完成项目的开发，保证资金的快速回笼是企业组织结构设计的任务。因此，为了提高新设立阶段的运作效率、保持对外界较快的反应速度，多数企业还是采用简单直线型或直线–职能型组织结构，开发企业的高层高度集权，直接控制企业的资金和员工，保持决策的效率。

特点2：组织精简，部门职能合并

新设立的组织设计保持精简，因此通过职能组合可以将很多相近职能合并到某一部门，如将人力资源部、行政部合并到一个部门，将拿地、投资管理合并到总经办，规划设计、报建合并到工程部等。按照项目开发流程，一般设置开发部、工程部、销售部、财务部、物业部等。

2.成长期开发企业组织架构设计

开发企业在经过几个项目的开发后，对外，企业面对着竞争愈加激烈的市场，因为企业已经进入更多的陌生开发领域和陌生开发区域；对内，项目部门对企业的职能服务需求更趋强烈，必须设立更多的职能部门加强对其的指导。

（1）成长期房地产开发企业容易出现的六个问题

问题1：架构设计部分过于细化

为了盲目应付企业高速发展，过度细化组织，会导致企业管理运作僵化，致使协调问题突出，且协调不力，致使企业丧失成长期的灵活性；由于开发项目的业务量均衡性差，导致企业人员的分工不当，造成企业编制过大和不必要的人工成本浪费。

问题2：架构设计过于扁平化，缺乏层次性

企业高速发展下，依然沿用扁平化架构设计会降低企业的执行效率。同时，以前各方面管理基础相对薄弱，会导致企业管理的集中性不足，往往会使企业管理者陷入繁杂的事务管理中。这个时候，增加管理的层次，有效降低管理者的管理幅度，提高管理者管理的针对性，更能有效地集中利用资源，节省精力，提高企业的执行效率。

问题3：权责不一致

主要现象为有权没责、有责没权、权责不对等，导致此类现象的主导原因有：权责不明晰，权责划分与实际业务不相符，缺乏权力监督机制和责任追究制度。

问题4：管理幅度宽窄不一与架构层次性不强

管理幅度与架构层次性涉及企业管理纵横面，管理幅度宽窄不一，容易造成工作强度不一。同时，由于架构层次性不强，造成工作权责分布失衡，导致企业部门经理工作量增大，部门整体效率低下。

问题5：组织架构设计的均衡性与制衡性

部门中权力、责任、业务量等分布不均，导致缺乏应有的均衡性，造成强势或弱势部门，致使部门间协调力减弱。另外可能导致的问题就是平级部门间、上下级部门间的制衡性差，公司从整体上来看缺乏部门之间的制衡机制和联动机制。

问题6：管理的重叠与空白

管理的重叠导致的典型现象就是多头指挥；企业分工不细致或过于细化，也会导致管理空白的产生。

因此，成长期开发企业应抓住企业成长的关键因素进行组织设计，有所为，有所不为，集中管理资源，以系统为分工原则，推行大部门，强调部门内部消化解决问题的能力。强调大部门关键领导人的管理能力，这样高层的管理幅度会降低，企业的执行力会得到有效加强。

（2）成长期开发企业组织结构进行优化的四个方向

第一：管理模式

对下属企业、子公司、分公司采用什么样的管理模式，才能控制它们在符合企业整体利益的目标下运营是组织结构设计的重要部分。前面已经说过，掌控模式有操作型、财务型、战略型，无论哪种形态都应该是符合企业的发展需要的。

第二：流程设计

企业发展壮大过程中，流程会越发复杂，以前设计部只需要面对工程部，发展壮大后，可能要面对工程部、采购部、项目部和以前的细分部门。以前的业务流程显然无法满足需求，这个时候就需要重新梳理。

第三：权、责、利

企业发展壮大过程中，权、责、利是同时伴随发展的，如创业期间工程部仅仅是个工程施工执行部门，但是，伴随企业发展，工程部可能更多参与新技术新材料的使用研究、采购，左右供应商和发包商的付款决定，这个时候工程部的权、利就会增长，就需要调整以前对他们的职责权限，对他们进行约束。

第四：职能与部门划分

开发企业的项目越来越多，市场营销、工程部等主要业务部门的职能就会增强，这个时候为了企业的运作效率将某些部门进行拆分，如工程部拆分为预算合同部、工程部，将营销部拆分为策划部、销售部，将行政人事部拆分为行政部和人力资源部等，同时为了加强企业在市场研究发展方面的能力，设立市场企划部，新设立总工办，加强各个部门之间的协调。

3.成熟期开发企业关注内部控制与组织的稳定

房地产开发企业经过高速发展期以后，尤其已经具备跨区域、多项目开发的能力后，组织设计的重点应该是更关注内部控制，关注企业持久经营，所以安全功能就在组织结构管理中得到了强调。如为了加强资金的安全，可以像万科一样设立资金管理部门；投资的项目越来越多，为了加强项目决策的准确性，设立投资管理部门；为了企业各项决策的效率和效果设立各种虚拟委员会。

六、开发企业各业务模块组织结构设计要点

虽然部门名称及职能各不相同，但是大多数开发商以开发经营的核心环节来确定管理组织的主框架。房地产开发的核心环节一般包括五个部分的生产活动。我们可以将其划分为市场开发、生产管理、销售管理三大模块，将有关资金管理方面的工作整合成投资管理模块，行政、人力资源等整合成运营支持模块。

市场开发环节应以房地产与建筑技术为核心，具体工作可以实行课题制，但不宜再细分成项目制；

生产建设环节以施工技术、工程质量和进度管理为核心，实行施工项目制；

投资管理环节应以计划监督、成本控制、资金结算管理为核心；

在销售环节以销售执行为核心，可以借鉴专业管理公司形式；

公司运营支持工作以人力资源管理、质量管理、日常办公服务为核心。

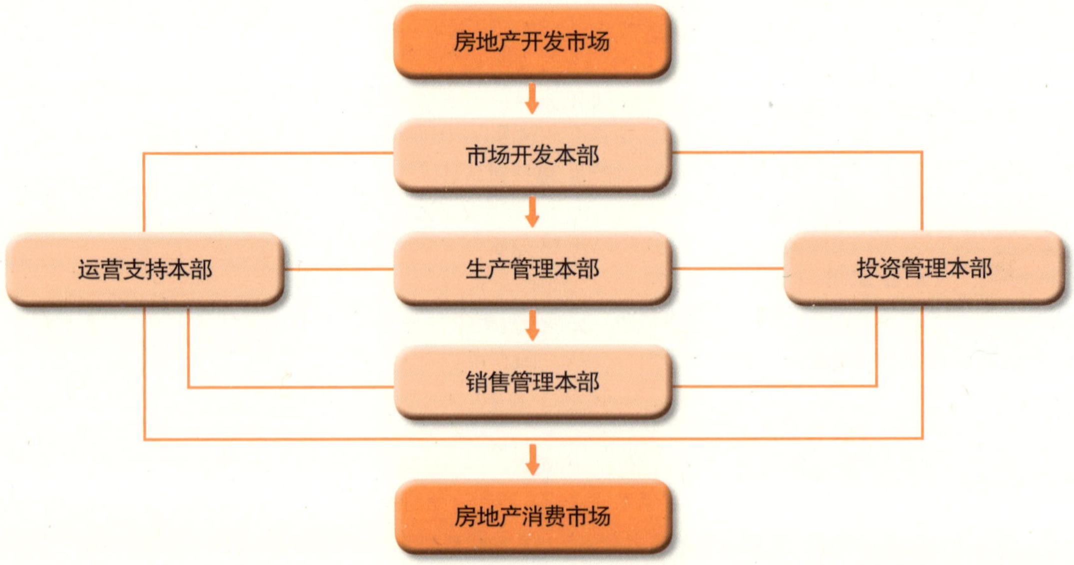

1.市场开发环节的组织设计

（1）市场开发的流程主线

市场开发环节包括负责从市场选择到项目选择再到建筑施工方案确定前的一系列房地产开发工作。主要包括市场调研、市场策划、项目选择、土地手续办理、项目策划、规划设计、建筑设计、施工方案设计等。市场开发环节流程主线如下：

1）目标市场预测及项目选择与策划，形成策划报告；

2）准备土地立项、报批征地以及组织拆迁等；

3）根据项目经营决策在规划设计部协同下确定规划设计任务书；

4）组织建筑与景观规划设计、施工设计工作；

5）市场部、规划部、销售部、工程部等共同进行规划设计的评审与确认工作。

6）规划手续的办理；

7）将前期工作成果——项目建筑施工方案转交生产管理部门；

8）开展新项目的市场策划与规划设计工作；

9）注重施工方案的变更调整。

（2）市场开发环节的部门设置形式

一般，市场开发环节部门设置的常规机构有市场部、设计部、开发部等，有些可能包括企划部、战略发展部等。市场部职责为内外部市场调研、市场策划、项目策划等，负责主持规划、建筑方案的设计评审（该评审由本部设计部和销售部参与）。开发部职责为项目土地有关手续办理、项目可行性研究报告、项目开发建议书等。设计部职责为委托设计任务，参与规划、建筑、施工方案的设计过程组织与管理、方案变更及确认等工作。

对于项目比较多的开发企业，往往开始逐步关注产品的质量管理，因此，对于规划设计的职能要求就越发突出，规划设计部就会逐步脱离市场开发环节独立成为一个部门。

我们从一些大的房地产开发企业的组织结构图就能看出，规划设计部都是与市场开发部和工程部平级出现。这是开发企业在房地产产品同质化严重、竞争激烈的形式下而对组织适应企业战略的变革。

对于立志高远的企业组织来说，建立一个真正的企划部、战略发展部等研发企划部门是必要的，因为企业的长远发展离不开自身文化建设和发展战略的研究。而作为一个市场导向的企业组织，如果这些研发企划部门不独立设置，则可以考虑挂设于市场开发部。

●市场开发环节的部门设置形式

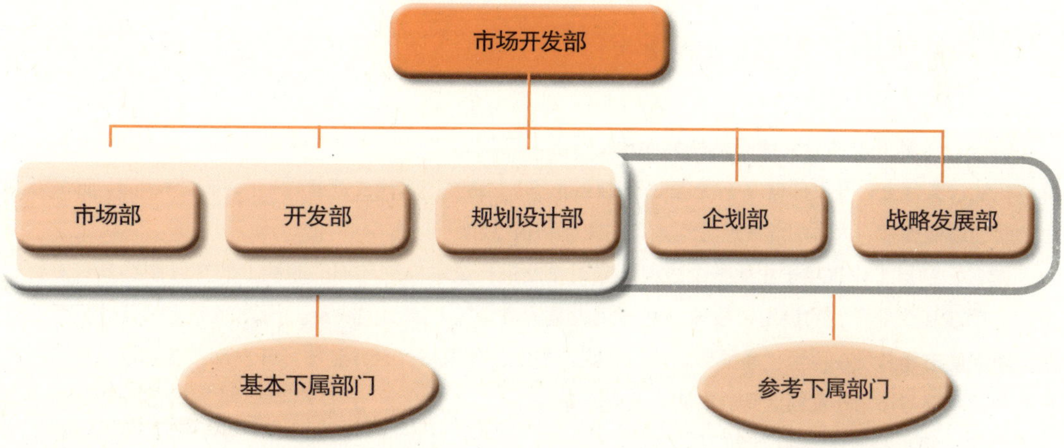

（3）预算管理与招投标管理是否应该与市场开发职能组合？

有的企业，尤其是中小型房地产开发企业，市场开发部的职能会扩大，除了市场研究、开发、规划设计外，市场开发部往往兼顾招投标或预算管理或对外商务合作等职能。职能组合之后，市场开发部的职能进一步增强，甚至可以说贯穿于整个开发环节的始终。我们以某房地产公司的市场开发部部门组织结构进行说明。

市场开发部的部门设置图

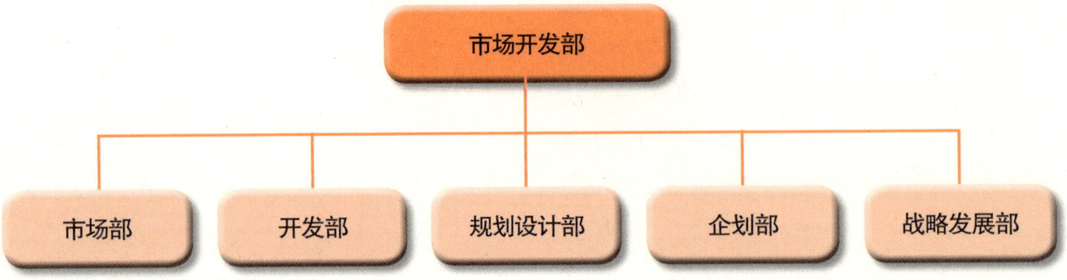

扩编后的市场开发部在工程预决算工作中增加了工程项目建设前期预算、进行项目评估、提出概算数据供公司领导进行投资计划的决策、审核施工图纸、按时提供工程预算、为公司领导及各部门提供准确投资预算和成本核算、及时跟踪工程建设项目进度、了解工程施工情况、按时做好工程项目的预决算工作并保证资料归档和保密工作等。

在工程招标和材料采购中增加了企业招标，按照公司的招标流程进行招标工作，并且保证整个招标工作是保密、合理、有效的，从而择优选择施工单位；负责根据工程部提供的材料需求计划，进行材料采购；保证采购和招标的公正、公平、公开。

在商务谈判和合同制定上增加负责与投标的单位或承揽公司进行商务谈判；对价格、工期、质量等方面进行灵活谈判；根据商务谈判、市场调研和预算结果，按照合同法和有关规定，以及公司的有关规定，详细、准确、合理地制定每份采购和工程合同。

（4）市场开发部门兼并招投标、采购、预算和合同管理职能是否合适？

第一，市场开发部的主要职能是前期开发管理，它是企业生产管理的前提，如果组合招标采购和预算的职能，实际上，开发部就等于既是生产管理部门的上游部门又是生产管理部门的下游部门，这会导致生产管理职能萎缩，大大削弱生产管理人员的工作积极性和创造性。

第二，预算工作贯穿于企业整个过程，它对企业进行成本控制和部门职能上的相互制约具有重要作用，前期涉及企业开发的投资，投资必然涉及大量的资金流入流出的决策。预算部应该对其进行有效监督，以促使市场开发在科学、谨慎和高效的原则下操作，如果将其合并到市场开发部，就难以从组织职能上避免预算部与市场开发部之间的串通，造成暗箱操作。

第三，招投标管理与哪个部门的职能最相近呢？往往与工程部，而不是市场部。如果招投标管理的职能并入到市场开发部，那么意味市场开发部实际上既掌握了拿地，又掌握了采购两项涉及资金流入的重要职能，这往往会导致市场开发部的职能膨胀，并导致各个部门之间的职能失去平衡，互相之间无法掣肘。

（5）为何很多房地产开发企业没有设立市场开发部？

市场开发职能主要位于前期开发环节，市场研发、开发、规划设计、企划等一般都属于前期的关键职能。虽然很多企业没有设立市场开发部，但是我们发现很多企业已经将市场研发职能组合到营销部，开发职能组合到工程部或总经办或经管部，将规划设计部组合到工程部或独立，将企划部组合到营销部或独立。也就是，市场开发环节职能被拆散重新组合到各个部门，而不是组织结构的设计忽略。

对于这种拆散的做法，对于很多中小房地产开发企业来说，比较符合企业控制成本，精简机构，提高企业运转效率的需要。但是，从长远来看，拆分市场开发环节各项职能容易导致分工不明、权责不分。因此，企业发展到一定阶段，还是应该设立独立的部门来组合前期开发的各项职能，这样能加强企业前期开发的能力。

2.生产管理环节的组织设计

（1）生产管理的流程主线

房地产生产管理包括负责由施工图纸到建筑实物最终形成的全生产过程的管理与组织。主要包括建筑施工管理（现场）、建筑施工技术管理、物资采购等。生产管理环节的流程主线如下：

1）工程部完成项目施工的进度、质量控制计划，物资部编制材料购置计划，工程、物资部协助投资部完成项目建设投资计划；

2）工程部推荐选择有经验和能力的建筑商，协助投资管理部进行招投标；

3）办理有关工程施工手续；

4）物资部按计划采购建设用材；

5）组织施工图纸会审，审核施工组织设计；

6）工程部组织各项目部按计划进行施工，并现场监督管理；

7）工程部、销售部、设计部、市场部等组织项目验收，并转交物业管理部门或公司。

（2）生产管理环节的部门设置形式

生产管理环节以工程部作为主要设置部门，底下一般设置为工程技术部、物资管理部等。工程技术部职责为项目的施工技术、质量、进度的组织与管理以及其他相关工程方面的工作；物资管理部职责为施工项目所用物资的采购组织与管理以及其他相关工作。

一些企业为了加强对项目的控制，底下会设立项目部；同时一些中小企业大多实行的是将采购承包给施工企业，也就是实行的以甲供或甲定乙供为主，这样招标采购的职能就会弱化，招标采购部往往会合并到工程技术部；随着企业对预算管理、成本控制的逐步重视，预算管理、成本控制的职能逐步在开发企业得到强化，预算管理、成本控制最重要的环节是生产管理环节，因此，预算部、成本控制部合并到工程部就成为开发企业采用的一种组织设计形式。

●生产管理环节的部门设置形式

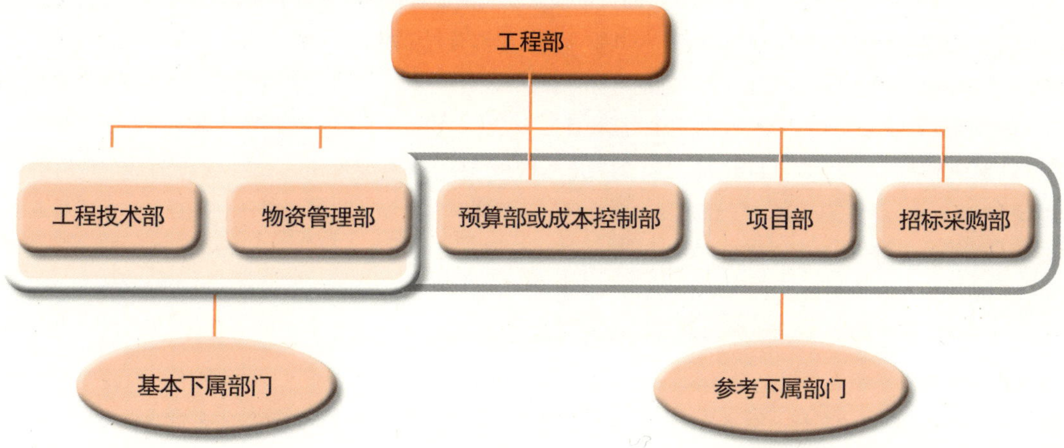

（3）预算部或成本控制部该如何去留？

预算部或成本控制部是企业越来越加强的职能，但是预算部或成本控制部是否该留在工程部？我们先来看看预算部或成本控制部的职能。一般来说，预算部与成本控制部职能差不多，基本职能如下：

1）负责公司工程项目的投资估算、施工图预算及结算工作；

2）确定目标成本，运用目标成本管理软件系统，及时反映成本动态；

3）完善与预决算工作相关的招投标管理办法、合同管理办法、变更及签证管理办法等规范与制度；

4）对不同的设计方案或者施工方案进行经济性分析，从成本角度提供参考意见；

5）及时对现场变更、签证进行处理，并从成本专业角度为决策提供参考意见；

6）配合各相关部门做好合作方考察、对比及招投标相关工作；

7）配合各相关部门进行与项目相关的合同谈判，并对与成本相关的经济条款负责；

8）配合建立合格承包商资料库、合格建材供应商资料库。

预算部或成本控制部底下一般设立如下岗位：

●预算部或成本控制部的部门设置图

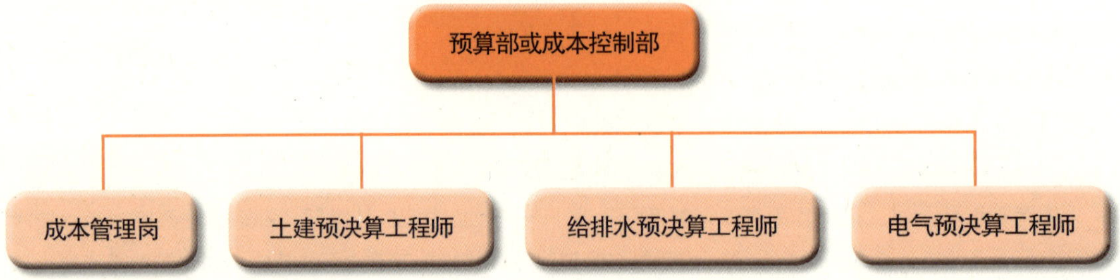

成本管理岗负责动态成本跟踪、与目标成本差异的成本分析，合同台账、付款台账，预决算汇总表的编制，成本管理软件的数据录入；

土建预决算工程师负责预结算、进度款审核，材料招标、限价，合同经济条款，装修，主要涉及总平土建、市政工程和园林部分；

给排水预决算工程师负责预结算、进度款审核，材料招标、限价，合同经济条款，装修，主要涉及总平的管道部分；

电气预决算工程师负责预结算、进度款审核，材料招标、限价，合同经济条款，总平的电气部分。

成本控制和预算贯穿于企业的始终，而其中预算或成本管理职能与工程管理息息相关，对于很多刚起步的公司或项目发展比较平稳的公司，将其组合到工程部有利于两者之间的沟通和协调。但是存在的问题是，预算和成本管理与工程施工上的职能目标存在差别，合并到一个部门容易造成虚假的预算或成本控制，因为首先会满足于工程管理部的部门职能和目标，这个时候可能会弱化或牺牲下属部门的部门职责。尤其是企业发展壮大以后，项目越来越多，对成本管理和预算的职能要求会更加强烈，保持预算或成本控制部门的职能中立色彩最好的方法就是独立成立部门，这样既保持专业职能的细分，又能有效保证对工程部、开发部等部门的约束和监督。

（4）为什么招标采购部常常独立？

招标采购部职能是房地产生产管理环节的一项重要职能，工程总承包企业的招标、设计公司的招标、大型设备和原料的招标、零星的采购是工程管理中常见的工作。所以很自然的大多数企业将招标采购部合并于工程部。

但是采购具有特殊性，尤其是房地产的采购，它具有采购金额大、采购品种多和供应商质量参差不齐三个特点。这三个特点决定了对于工程招标采购的职能需要更加专业化。如果合并到工程部，那么招标采购部不得不将大量的工作外包出去，实行甲供、甲定乙供或为了节省时间由总承包商推荐，这样从成本控制和企业发展来看，部门职能都没有得到有效发挥。

还有一点就是工程部是开发企业工程管理的执行部门，也是工程施工原材料和设备的供应部门，这样的后果容易造成部门内部制约缺失，同时还容易造成内部串通。

所以，我们看见，标杆企业或设立招标投标部或设立招标投标委员会，将大的采购项目完全归于一个部门管理，只是零星的散料才由项目部自行采购。有些企业还会成立招标投标的虚拟委员会作为董事会的咨询机构加强对经营部门的管理。

（5）项目部该如何与工程部划分职能?

项目部大多数是隶属于工程部下属的一个负责组织协调开发项目现场施工作业，进行质量、进度、成本和安全管理，组织工程验收，参与招投标工作的部门。项目越来越多，工程部底下就会设立若干的项目小组，但是项目多了，工程部肯定管不过来，而项目管理又需要及时的高效的决策，这个时候项目部就会希望能得到更大的权利。此时开发企业就会为了符合企业发展需要，在项目部底下设立施工岗、材料岗、财务岗、预算岗并加强项目部的职权，项目部具有更多的自主决策权利。而工程部重点职能转变为工程管理体系的建立、质量管理体系的建立、技术支持与管理体系的建立。也就是说，原有的工程部职权正逐步下放给项目部。

项目部成为一个平级的部门已经越来越多地体现在开发企业的组织设计中。这正是职能转变后适应企业发展趋势的结果。对于那些跨区域发展的公司，原始的项目部正逐步发展成为一个个项目公司。这个时候，工程部的更多职能是专业服务和指导，而它们往往由总经理直接领导，不再属于工程部管辖。

从项目部与工程部的职能变化历史看，工程部的操作职能、施工作业职能需要逐步下放，需要给项目部更多的决策权利。

3.销售管理环节的组织设计

（1）销售管理环节流程主线

房地产销售管理环节负责项目的销售策划宣传、销售执行组织，以及相关的客户管理和物业交接等工作。销售管理环节的流程主线如下：

1）根据市场情况，合理分布各销售阶段，并制定平均销售价格表；实施后，在销售过程中视实际情况调整销售价格；给出推出特价房的时机及数量建议；楼层、朝向、景观差价；付款方式建议；售价调整与销售率及工程进度的关系。

2）人员培训。培训内容包括发展商简介、地产特性与房地产价值、项目环境资料说明、项目规划介绍、公共设施介绍、整体理念介绍表达、营销理念、营销技巧、逼定技巧、案名表达、广告定位、广告表现、市场客源定位、业务计划介绍、买方心理障碍排除、现场接待流程及规定、守价技巧、准客户资料收集及分类方法、电话拜访与演练、DM寄发及促销活动计划说明、自我促销及组合促销介绍、卖场气氛制造、认购书、售价与付款办法介绍、相关法务及税务介绍、仪态、仪表与商业礼仪、答客问演练与课程验收。

3）营销全过程中各阶段销售费用（包括广告设计、制作及发布，售楼处及样板房装修，销售人员奖金，名类促销活动等费用）的数额及销售资金回笼与工程进度关系建议。

4）开盘时机建议（根据市场、项目、竞争对手状况综合起来考虑）及销售阶段的划分及周期。

5）推盘手法建议、各销售阶段及销售人员职级的成交折扣建议、价格调控与促销手段建议、签署认购书与合同的注意事项。

（2）销售管理环节组织内部活动

销售管理环节内部的活动主要有两种类型：一是职能性活动，它涉及各个部门，范围相当宽广，企业在制定战略时就会确立各个职能在销售管理环节中的地位，以便开展有效的竞争。二是管理性活动，涉及管理任务中的计划、协调和控制等方面。

（3）销售管理环节组织设计需要参考的因素

1）市场状况

市场状况首先是指市场的稳定程度，对于房地产市场而言，在一个较长时间内，客户购买行为、配销渠道、新房供应等变化不会很大。因而房地产营销组织可以相对稳定，以适应市场稳定程度较高的需要。

2）竞争者状况

营销组织必须从两个方面来面对竞争者：一是竞争者是谁，他们在干些什么；二是如何对竞争者行为做出反应。房地产开发企业所面对的竞争者不仅包括其他房地产开发企业，还包括所有从居民手中争夺大宗货币支出的企业和组织，如汽车制造商、教育机构、医疗机构等。住房是昂贵的商品，居民在其他方面的支出多了，自然也就很难支付购买商品房的款项。

3）企业状况

高层管理者的经营思想对企业营销组织的设计影响较大。此外，企业的规模、文化传统等因素也会影响营销组织的设计。

（4）开发企业销售管理环节部门设置形式

销售管理环节以营销部或营销中心或市场销售部为主要设置部门，底下一般设置为策划部、销售部等。如果采用自销方式，本部工作主要包括销售策划、销售过程管理、客户服务等（销售市场的工作研究由市场部组织完成），部门设置为销售部、策划部、客户部等。策划部职责为销售策划，宣传与促销活动的组织等；销售部职责为销售计划执行，以及销售工作的组织与管理；客户部职责为房产手续办理、客户档案管理、房屋交接的组织、处理客户投诉等；

如果销售方式采用专业代理公司，本部工作主要是销售代理公司的工作对接、监督管理以及客户服务等工作。

●销售管理环节的组织设置形式

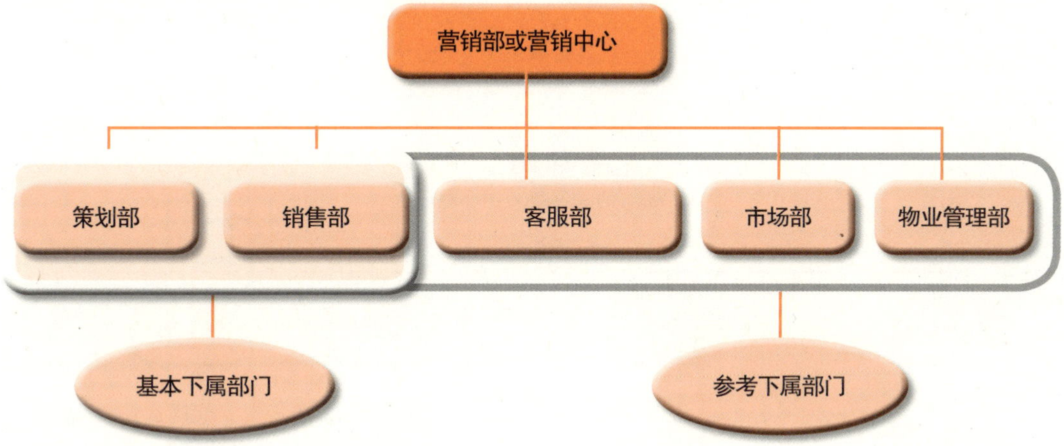

一些大型的房地产公司，项目越来越多，可能还会涉及不同的开发产品形态，设立一个独立的营销公司，加强对项目销售的把控成为企业的一种内在需求。

营销公司可能除了设立一般企业常设的策划部、销售部、客服部等还作为一个独立的公司主体拥有自己的财务部、人事部，这样，营销公司的职能就放大成为一个下属公司，上级公司在组织设计上就不能将其简单地当一个下属部门对待而是以一个独立的下属公司来掌控。以下是某独立营销公司的组织结构图，从图中我们可以看出营销公司与营销部门的组织设计存在比较大的区别。

●某房地产开发企业营销公司组织结构图

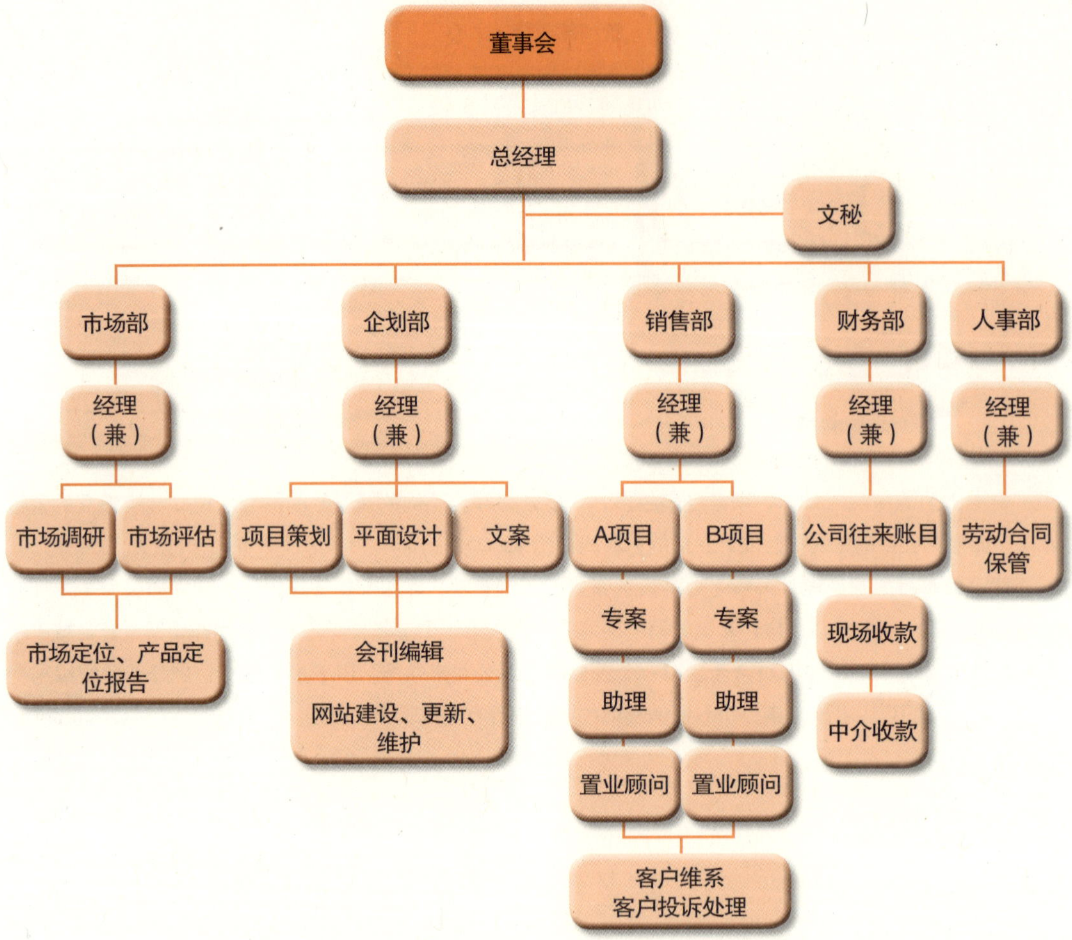

（5）研发部门的设立目的

1）房地产开发企业加强研发职能的背景

在工程管理、销售代理、物业服务日趋专业规范化以及房地产产品日见同质化的今天，对于追求可持续盈利的房地产开发企业来说其必然关注房地产开发的两个关键环节：项目的选择及市场定位。其关键的根本在于三个基本作用。

其一，预测并基本确定项目的目标消费市场，即谁会是我们这个项目的客户？

其二，策划满足目标客户个性需求的房地产商品，即满足该群体客户需求的产品是什么？且如何满足？

其三，我们可能的盈利？

与市场定位相适应的规划设计，其根本的关键在于该环节完成了由策划概念到建筑实物形态的形成图，从而确定了产品的品质、质量和大体的成本。

所以，加强市场研发环节，强化企业的市场化导向对开发企业尤其显得重要。

2）研发部门在销售管理环节的三种组织形式

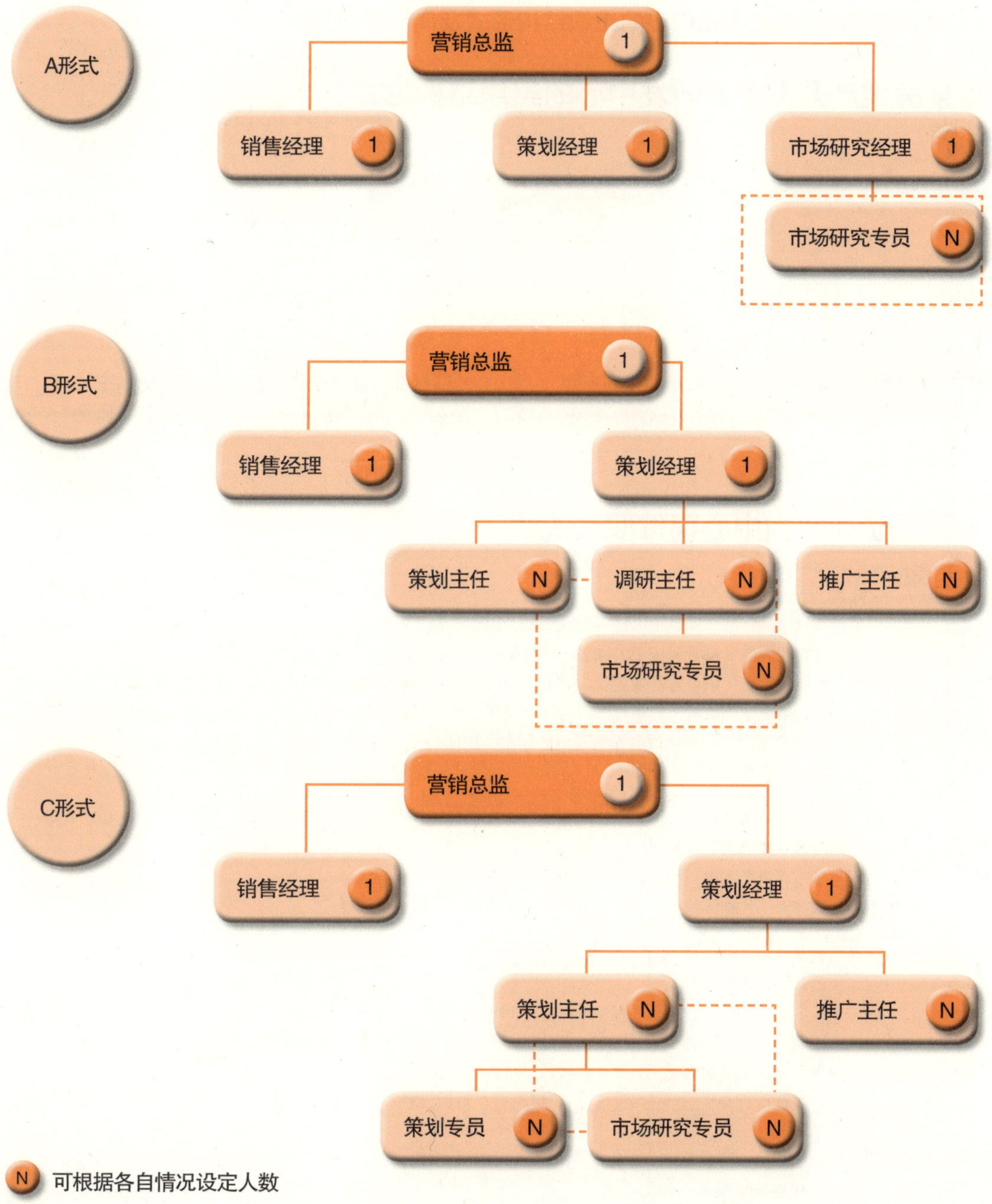

实际上一旦研发职能得到开发企业的足够重视，除了调研和规划两项关键职能，为了加强部门职能，项目的前期策划、企业形象宣传和品牌推广也常常归于研发部门。这样研发职能就重叠了企划部的部分职能，所以大部分企业不会分开设立研发和企划部。

当研发部门的职能加强之后就不再隶属于营销部或营销中心，而是与之平级。

3）某房地产企业研发中心的组织结构形式及岗位职责说明

●某房地产开发企业研发中心的组织结构形式

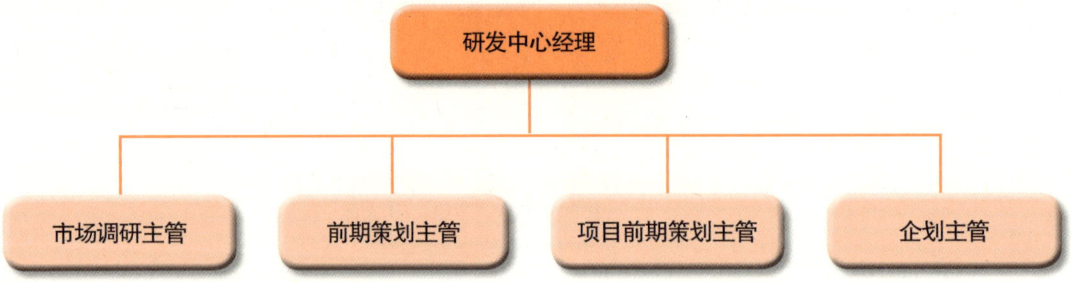

●开发企业研发中心岗位职责说明

岗位	职责
研发中心经理	A.组织进行市场调研和项目可行性分析，组织编制《市场调研报告》和《土地储备报告》； B.组织编制《项目建议书》和《可行性研究报告》，组织召开各类评审会议； C.组织制定《项目管理规划》，听取各部门意见，合理安排项目进度和分包商的选择； D.组织确定设计要求，审核《设计任务书》，组织项目前期方案、施工图及项目环境配套设计，组织设计评审会议，并做好与其他部门的配合、协调； E.全面负责部门内部管理
调研主管	A.制订市场调研计划，对房地产市场各开发项目进行市场普查和追踪调查，包括：地理区位、规模、环境、配套及智能化等； B.对调查个案进行项目分析，形成市场调研报告； C.搜集、整理国家相关行业政策及资料，搜集可开发土地信息
规划设计主管	规划设计主管主要负责项目方案及施工图设计和项目环境方案及施工图设计。项目方案及施工图设计的主要内容包括： A.项目立项后，会同公司相关部门通过对项目开发定位、开发成本的估算和规划用地范围图及规划要点提出对项目整体的设计思路，提出项目配套标准和使用新型建材及设备的建议； B.会同公司各相关部门编制《项目设计任务书》； C.委托设计单位进行方案设计至扩初阶段，对设计进度和质量进行监督、控制，对设计成果进行验收； D.组织设计评审会议，综合公司相关部门意见，及时通知设计单位进行相应设计调整，并确保项目通过项目报批报建； E.做好设计方案的技术交底，并综合各相关部门意见委托施工图设计； F.与工程部、开发部及销售部组织确定房型（精装修）、面积、外立面等相关配套标准； G.做好对施工图进度、质量的监督和验收，负责与施工、监理单位进行技术交底； H.负责设计变更，及时向设计单位提出变更要求，并监督执行 项目环境方案及施工图设计的主要内容包括： A.根据项目前期方案和项目配套标准要求，会同公司相关部门编制《项目设计任务书》； B.评价、选择设计单位，进行方案及施工图设计，对设计进度和质量进行监督、控制，对设计成果进行验收； C.组织设计评审会议，综合公司相关部门意见，及时通知设计单位进行相应设计调整，保证环境项目的顺利实施； D.做好设计交底，配合工程部做好现场施工监督； E.负责设计变更，及时向设计单位提出变更要求，并监督执行

（续表）

岗位	职责
项目前期策划主管	A.了解国家及地方相关产业政策，了解市土地发展远景规划和相应地块规划情况； B.寻找可开发土地，建立土地储备档案； C.提出地块开发建议，编制《项目建议书》和《可行性研究报告》，记录相关评审记录，从专业角度出发，提出项目开发构想，并组织各部门做好评审； D.编制《项目管理规划》，合理安排工程进度和分包商的选择
企划主管	企划主管主要负责企业形象和品牌宣传，具体内容包括： A.宣传公司形象，制订公司品牌发展战略规划； B.公司VIS视觉识别系统的完善、规范与检核，对外树立公司形象； C.做好媒体整合，与媒体保持良好沟通； D.组织公司对外宣传活动，推动、完善公司文化理念； E.协助综合管理部制定员工行为规范，做好员工企业文化理念的培训
内勤岗位	A.收集、整理相关文件资料，组织落实会务安排； B.负责质量记录的管理、移交； C.本部门内部事务管理

（6）销售管理环节的策划职能如何划分？

销售管理环节设置销售部和策划部是一般企业常规的组织设计形式，但是我们会看到策划部的职能在各个企业各不相同。有的仅仅是销售策划，有的是全程策划，有的不仅包括全程策划还包括企划等。房地产策划的职能伴随开发企业运营的全程，到底是将策划职能归属于一个部门，还是将各个不同环节的策划职能划分到不同部门呢？

我们认为，如果企业规模小，项目单一，采用销售代理公司满足服务于销售管理环节，那么策划职能是一个对接的岗位即可，甚至都没必要设立部门，直接隶属于市场部即可；如果企业随着项目越来越多，对策划的需要日趋强烈，可考虑将策划部直接设立于营销中心，但是策划部同时兼顾前期策划或企划的职能，这样策划部职能满负荷的同时又能大大减少不必要的组织设计带来的管理成本。但是如果企业已经发展成为中大型企业，企业对于形象宣传和品牌推广的要求越发强烈，则可以单独设立企划部。前期策划的职能可合并于开发部、研发部，尽量不要设置于营销部。因为，从业务流程上讲，不利于部门的专业分工。

（7）如何定义客服部职能？

房地产客服部不像其他行业的客服部门，独立于其他部门之外，它实际上设立于各楼盘销售部之下，掌握各楼盘的情况，配合售楼处的工作，办理按揭。客服部职能包括：

A. 建立客户档案，对反馈信息进行分析，出现问题及时处理；

B. 接洽并处理公司与开发商之间有关销售的事务；

C. 负责办理公司所有楼盘的按揭工作；

D. 向各楼盘及时准确地传达有关按揭的事项；

E. 认真、仔细地收集公司楼盘的销售资料，并对这些资料进行分类整理，以便随时了解楼盘的销控情况；

F. 收集公司楼盘的报纸广告，对报纸广告进行整理归档，同时对一些房地产方面的信息、政策进行摘要记录；

G. 负责办公室日常的客户接待工作和办公室内务工作；

H. 加强房地产专业方面的学习，多了解房地产市场的情况，掌握房地产方面的最新动态，给公司领导和其他同事提供有参考价值的意见；

I. 积极地协助配合其他部门同事的工作，以便公司更好地发展；

J. 认真对待工作，避免发生错误。

4.运营管理环节的组织设计

负责公司正常运行需要的支持工作。主要包括人力资源开发与管理、日常行政办公、质量管理、档案管理、工会等；部门设置为人力资源部、办公室等。

（1）运营管理环节的组织设计形式

运营管理环节一般会设立人力资源部、行政部、办公室，人力资源部负责人力资源开发、人事管理等，办公室负责职能部门之间的协调等，行政部负责企业的后勤服务。除了以上这些部门，很多传统的房地产开发企业还会设立经营管理部。

●运营管理环节的组织设计形式

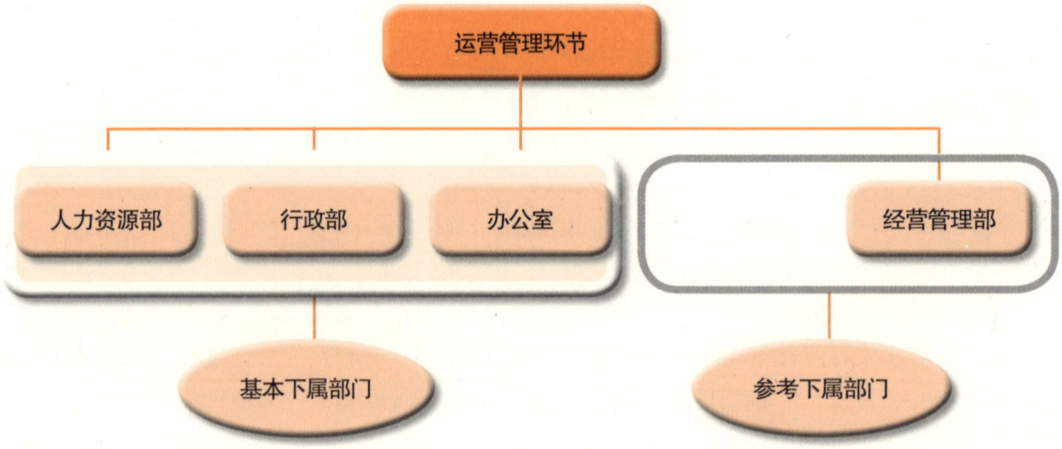

（2）经营管理部的职能如何设计?

经营管理部是协助总经理对公司及开发项目进行规划、监督管理的部门。经管部的设立不是按照流程原理来设立，它是从分权和部门职能平衡角度设立的一个协调或者监督的部门。它实际上是各个环节上的某些职能专业分工归属的结果。

经营管理部的职能主要体现在以下几个环节：负责公司战略研究工作，负责公司投资发展，负责控股、参股公司决策支持，负责公司开发项目的预决算和成本控制，组织实施各项招投标工作，负责公司的法律、合同管理。

（3）办公室与行政部的职能如何区分?

行政部是企业的后勤服务部门，办公室又称总经办，除了具有后勤服务职能外，重点加强了企业部门之间的沟通和管理参谋的职能。两者之间在职能上是重叠的，因此，两个部门一般不会同时出现在企业的组织结构图上。办公室除了常规的后勤服务管理，如行政日常事务管理、信息管理、安全管理、文档管理等常规职能外，重点包括：负责董事会、总经理的秘书工作，协调沟通、监察工作，组织党建、纪检、团建、工会等有关工作。

5.投资管理环节的组织设计

房地产投资管理环节负责公司涉及资金方面的管理与控制工作。主要包括财务管理、资金结算、投资控制、工程招投标、经济论证与计划控制等；部门设置财务部、投资部等。

（1）投资管理环节的组织设计形式

投资管理环节一般会设立财务部、投资部，有的还会设立资金管理中心等。财务部主要负责公司账务与资金流的管理等；根据公司项目开发计划编制财务计划；项目开发融资；建设工程款项结算与支付等。

投资部主要负责项目开发可行性的最终评审；公司综合计划的统计与编制（特别是工程成本、进度、资金等计划）；投资开发计划的监督执行与控制（工程招投标、工程预决算、工程管理三项）等控制管理工作；对各部外来专业管理公司或供应商、施工单位的考察、报批管理；其他与项目投资相关的工作。

●投资管理环节的组织设计形式

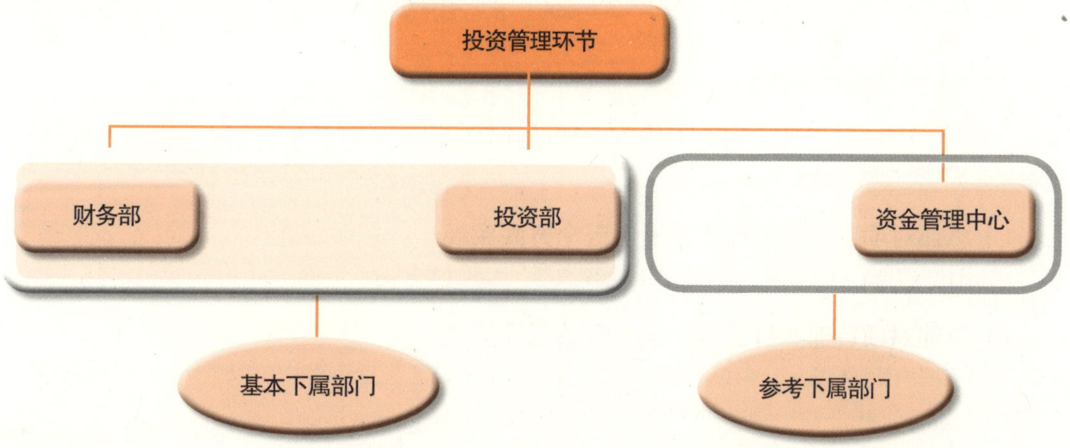

（2）为什么要设立资金管理中心?

从前面万科的部门职能就可以看出，加强前期的投资管理其中很重要一条就是资金的管理，对于超大型房地产开发企业来说，怎么融钱，资金怎么分配和规划，如何减少资金使用风险和规避风险成为这些跨区域多业态开发的大型房地产开发企业战略考虑的重点。

6.项目管理环节的组织设计

项目管理环节是房地产开发企业工程管理的一个重点环节，一般会直接设立项目部，项目部在小型房地产开发企业中可能隶属于工程部；有的企业项目比较多，可能直接成为一个独立的部门；有的项目部或项目公司直接隶属于公司总经理；有的企业职能部联合对项目部或项目公司进行专业指导，采用矩阵型组织结构。各个企业的项目管理的组织结构设计各不相同。

（1）项目部的职能

项目部是做什么的呢？项目部主要负责组织协调开发项目现场施工作业，进行质量、进度、成本和安全管理，组织工程验收，参与招投标工作。它的主要工作内容包括：

1）负责对工程监理单位的监督和管理，并通过其实现对施工单位的管理；

2）工程施工现场和工程质量进度；

3）权限范围内的设备、材料采购；

4）权限范围内设计、施工变更；

5）负责监督施工单位、监理执行工程技术部所制定的工程标准；

6）负责工程进度情况，审核施工月报表，审核工程进度款支付额；

7）负责对工程重大采购、变更提供专业意见并报送招投标小组；

8）负责配合外部销售公司、市场营销部营销工作中对工程的要求；

9）负责协调管理工程现场的销售工作；

10）负责工程销售过程中的客户服务工作的实施；

11）负责项目中现场工程资料的管理；

12）配合经营管理部完成项目工程进度、工程计划/预算的执行情况的统计与分析工作，配合编制工程决算方案；

13）负责完成项目的总结工作，并配合各职能部门完成项目后评估工作。

（2）总部与项目部的权利如何分配？

房地产开发企业作为投资方通过招聘项目经理作为其派出机构加强对项目现场的管理，那么总部与项目部的权利分配就一直是个突出问题。

1）总部对项目部的管理主要通过五个方面实现

包括计划预算、制度约束、协调监控、考核激励、人事任免。

2）总部对项目部实行三种不同类型的管理模式

三种不同的管理模式中，第二种最为中庸，它一方面保持了项目部的相应权利，一方面让总部保持对项目部的适当控制。

控制型管理	授权型管理	放权型管理
项目部的决策权很小，项目部主要负责现场施工管理，其他的如财务管理、预算管理、材料采购等权利全部收归公司，这个时候公司一般实行的是直线型组织结构	通过计划预算和过程保证来控制，直接影响小	计划预算经总部批准后即生效，缺少过程保证，项目部有近乎没有约束的权力

3）项目经理拥有现场管理的必要权力

项目经理必须拥有现场管理的必要权力，这是房地产组织设计和发展过程中大家普遍达成的共识。具体表现在：

①在人事上，可以根据业务需要申请增加或减少人员，并对项目部人员进行考核管理，拥有对项目部人员奖金的分配及其他的奖惩建议权；

②在业务上，参与制订项目计划和预算，并根据项目进展提出修改方案，对授权范围内的方案变化有现场修改的权力，参与甲供材料设备的招投标，负责乙供材料的抽检；

③在财务上，对授权范围内的支出有决定权；

项目经理拥有现场管理的权力一方面可加快对现场变化反应速度、与客户进行良好配合、一线人员职责分明，积极性高，降低总部管理难度。但是另一方面，项目经理的权力放大之后，现场管理主要依赖项目经理，总部对现场的控制能力被削弱，如果公司不能对项目决策权力进行明确划分会影响项目进度，因此对工程管理的标准化和系统水平要求较高。

（3）项目部的部门设置

1）工程部

主要负责施工现场管理、施工组织协调、施工技术管理、质量管理、计量、测量、试验等工作。

2）经营部

主要负责计划统计、预算编制、合同管理、索赔、资金收支、成本控制与核算等工作。

3）材料部

主要负责合同方供应材料的计划、询价、采购、供应、运输、保管、发放等工作。

4）办公室

主要负责档案管理、后勤管理、安全管理、劳动和环境保护、劳资管理、宣传教育、消防保卫等工作。

（4）项目管理组织设计案例分析

1）华润置地的矩阵式项目管理模式

华润置地公司实行项目经理制度，具有大职能部门、弱项目经理的模式特点，属于矩阵式项目管理模式。

由于项目经理的权限过小，项目部目前只是执行部门，对于项目变更、合同签订等没有任何决策权，也不能直接和职能部门协调，项目上的协调通过项目经理向总部的工程管理部汇报，再由其和总部其他部门协调，解决问题效率过慢；加之高层设置过多，决策效率进一步降低，对项目问题、客户问题的反馈不及时。

华润置地组织结构示意图

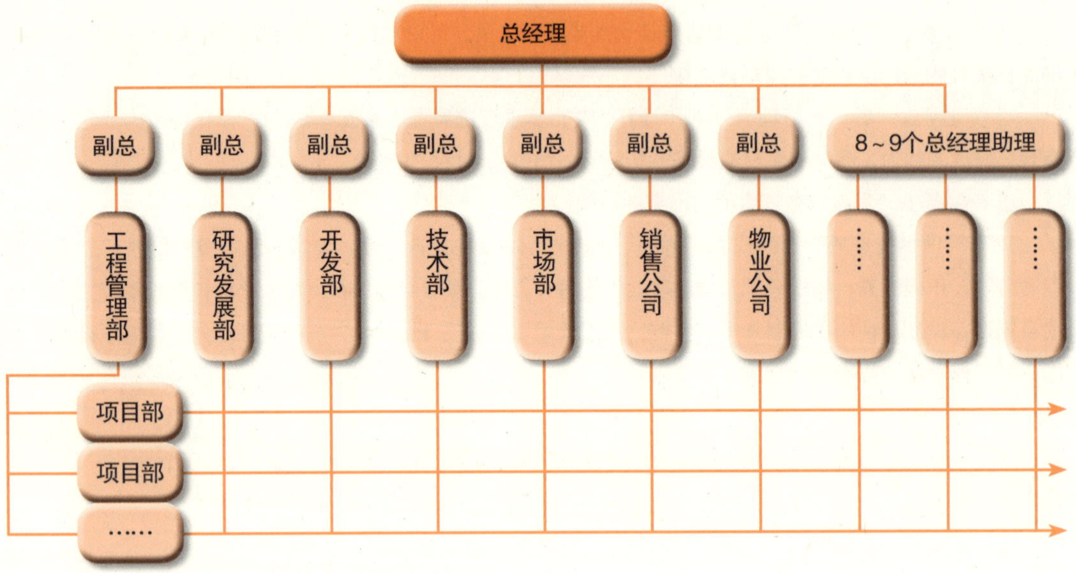

2）万通房地产公司的项目管理模式

万通房地产公司采用项目管理型运作模式，总部的经营部负责项目前期的策划工作，当项目决策后公司任命项目经理组建项目公司，项目经理作为项目与公司之间的接口，全权负责项目管理工作。实施这种管理模式项目决策，公司必须全面把握客户的需求和产品的特性，对项目经理的要求很高，既要能够把握客户需求又要能够领导项目公司实现产品的要求。虽然这种项目管理模式能够适应不断变化的环境，及时决策，但项目执行的风险很高，一旦项目经理的能力不足，将很可能导致项目的失败。

万通房地产公司组织结构示意图

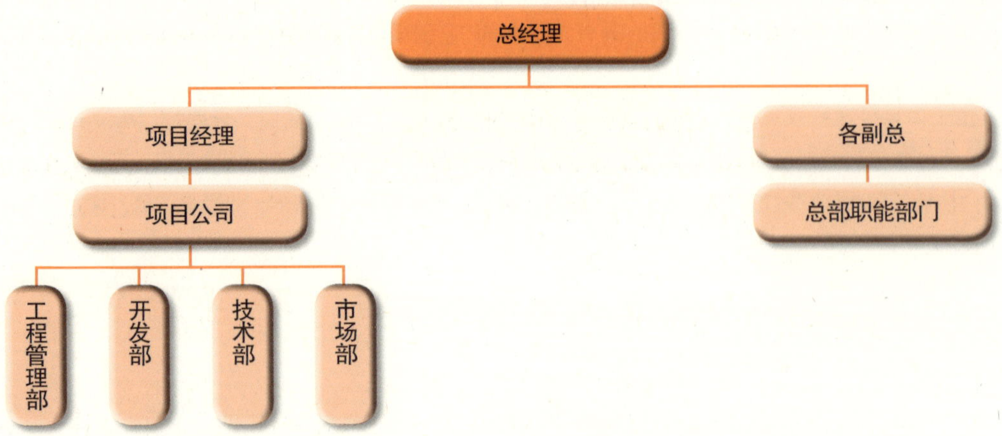

3）万科的项目管理模式

①万科的组织形式及特点说明

●万科组织机构

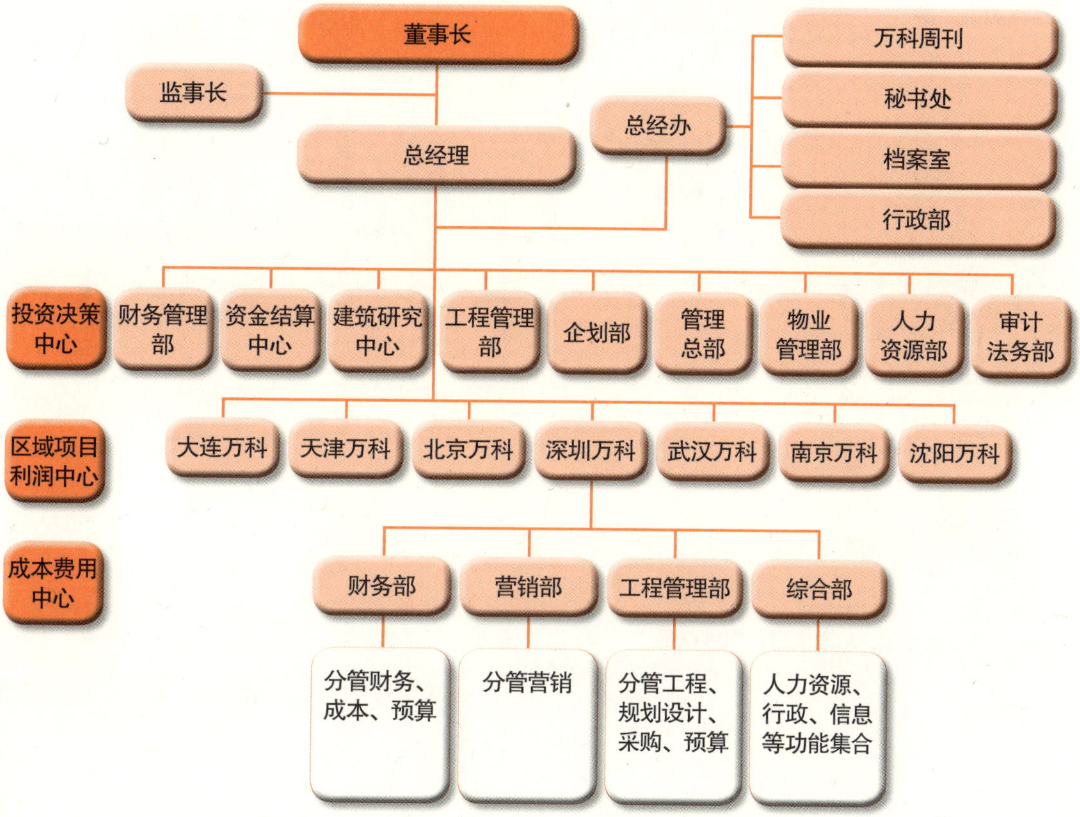

万科是中国房地产界知名的超大型房地产开发企业，万科的组织结构形式既不是简单的直线型，也不是职能型，它看上去更像直线–职能型的组织结构。万科首先设立一些职能部门以加强对业务部门的指导，而对分属各地的小万科却采用了财务型的控制模式。万科并不是对小万科什么都管，而是适当地将工程的营销策划和销售的决策权下放，以提高下属公司决策的有效性，同时要求下属公司设立财务部，通过集团的财务部对下属的资金控制，以达到集权的效果。这种组织结构很好地将集权与分权、决策的有效性和正确性集合，从而保证了万科全国四处出击，但是依然能保证组织的高效运转。万科集团本部实际为投资决策中心，从事战略高度事宜，而各地区为法人治理机构企业，万科通过产权控制，但是分公司授权较大，机构尽量简单，总部提供支持和监督功能。

万科在人力资源管理上非常重视，强调人才的轮岗和晋升。

我们从组织结构图上可以看出，万科成立的委员会，实际上是完善法人治理结构的一个特征。它可以很好地建议和协助经营部门作相关的决策，以保证高层决策的有效性。

同时，万科设立了别具特色的《万科周刊》，它并不是类似其他部门的一个花架子部门，《万科周刊》实际上是万科集团的文化建设、品牌推广部门。

②万科的项目管理模式

万科房地产总部对区域公司采用区域管理模式运营，而万科区域公司采用的是职能管理型的项目管理方式。万科之所以采用这种模式，是因为其有明确的客户群体定位及产品定位，其要求较一致，容易标准化、多项目并行运作；人员素质较高，企业文化较强，部门间配合意识很强。

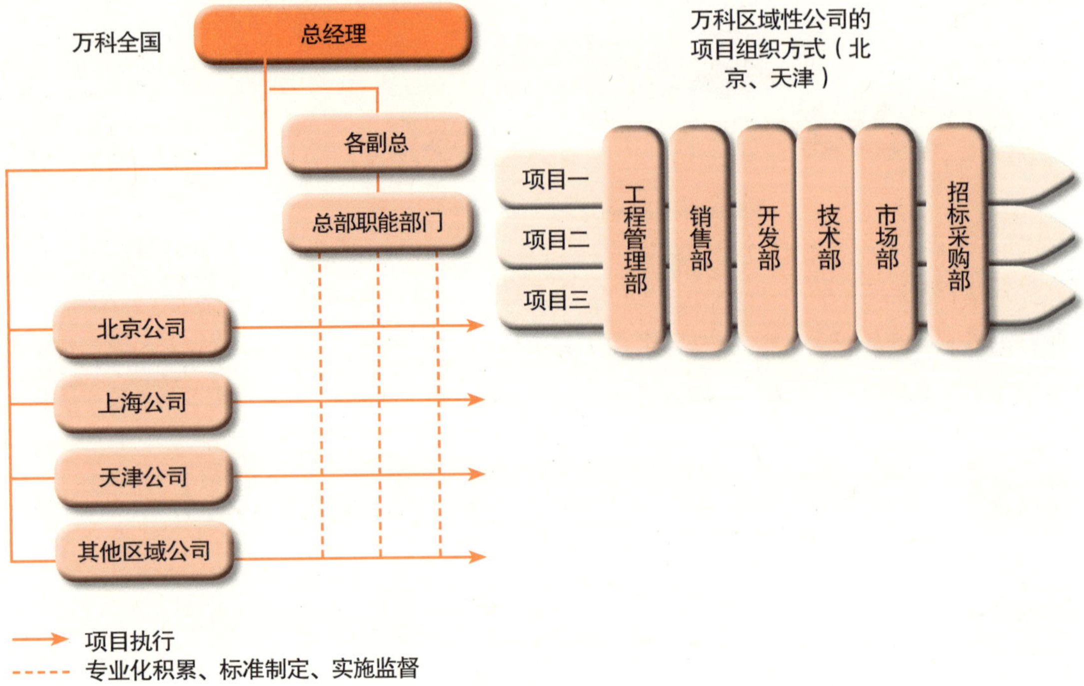

房地产开发链也衍生出了营销代理公司的价值链，这些价值链就是房地产策划代理公司为开发商提供服务的基本活动价值链。通过房地产开发流程，我们可以发现目前衍生的房地产营销代理公司提供的服务内容。从开发商的需求来看，销售代理、全程营销和品牌推广是最为广泛的需求服务内容。营销策划代理机构组织设计的核心主要在于：市场研发能力、组织间沟通协调能力、组织反应和执行能力，这是其铸就专业化、树立核心竞争力的内在要求。

2

营销策划代理公司组织设计点拨

——铸就专业化、执行力强的组织机能

一、房地产营销代理公司的分类

1.专业营销代理品牌公司

目前国内此类专业公司有世联、博思堂、中原等，类似公司所占国内专业地产代理比率低。该类公司非常注重维护本企业的市场品牌，在运作项目过程中追求项目运作质量，系统创新能力较强。业务范围主要分布在一线城市，核心竞争力相对集中在市场调研及分析、项目规划及产品研究、品牌推广等，而营销方面相对弱。由于该类公司运营成本较高，主要以规模开发项目为主。

2.专业细分品牌推广公司

此类公司具有很强的品牌推广市场运作能力，核心竞争力在地产项目的品牌推广方面，在地产项目的规划和产品研究，以及营销推广方面相对较弱。注重与大型地产开发公司进行品牌方面的合作，业务分布范围主要集中在一线城市。公司经营模式以项目制形式进行运作，专业核心人员相对稳定。

3.专业营销代理公司

这类公司多数以区域内项目代理业务为主。同时，专业核心人员受业务量、时间及空间影响，对各项目策略性深度研究不足，在专业品牌推广方面缺乏创新力。该类企业的核心优势为营销执行。

4.房地产开发公司分支营销机构

该类企业为房地产开发公司内部机构，各岗位的专业人员多数以通过招募专业地产代理公司专业人员构成，相关人员具有一定的专业水平，由于满足各项目岗位配置的需求，专业人员相对稳定。由于受开发公司项目开发数量的限制，具有各专业岗位人员的创新能力不足，在市场拓展能力方面相对缺乏竞争力。此类企业核心宗旨为开发项目的经营，市场项目拓展为辅。在自身项目的品牌推广方面，以寻求外部合作的居多。该类企业特征为“不求创新，但求无过”。

二、房地产营销策划代理公司组织设计的核心

1.市场研发能力

营销代理机构与房地产开发企业是一种市场分工的结果。营销代理机构的核心职能为收集市场及时信息并进行信息研究，为项目运作提供系统相关的市场依据，对各项目前期的地块价值发掘和研究，对项目进行系统定位，进行项目总体规划定位及建议，项目总体环节定位及建议，物业管理总体定位及建议，品牌推广策略及执行方案制定，整合营销推广策略及执行方案制定等。

2.组织间的沟通协调

策划代理机构必须要保持部门之间的高度协调能力。因为策划代理公司需要系统的整合能力，对于一个房地产营销代理企业来讲，它在整个行业中的功能更像条联结各个资源环节的纽带。广告公司、销售

队伍、物业管理、规划设计等行业资源都必将在一个以市场为主导的营销公司的组织整合下工作，对代理商而言，其价值不在于与各个环节比拼专业性，而是要能对各个环节运营的成本与效能提供综合的评估与协同工作的方案。

3.组织反映的执行能力

营销代理公司的组织包括两个部分：一部分是企业自身的组织结构，一部分是营销代理公司与开发商合作的临时组织结构。两种组织都需要反映高效的执行能力，开发商需要的不仅仅是理念，而是营销代理公司将策划思路付诸实现，给开发商带来价值。另外一方面，从专业分工角度来讲，开发商聘请营销代理公司的目的是借助其专业性，成功实现整个楼盘的开发目标，如果营销代理公司的执行能力无法满足开发商的要求，那么开发商也就失去了聘请营销代理公司的缘由。

三、房地产营销代理公司的职能分析

房地产开发链也衍生出了营销代理公司的价值链，这些价值链成为房地产策划代理公司为开发商提供服务的基本活动。

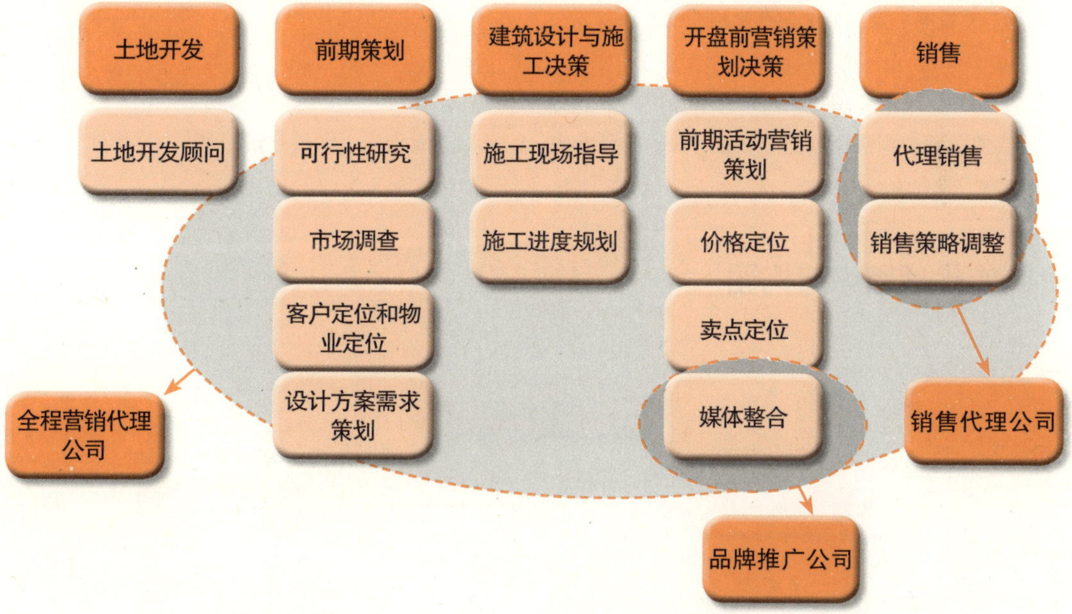

通过房地产开发流程，我们可以发现目前衍生的房地产营销代理公司提供的服务内容。这些内容构成了其组织设计的基本职能。如土地开发顾问、可行性研究、市场调查服务、客户定位和物业定位、设计方案需求策划、施工现场指导、施工进度规划、前期活动营销策划、价格定位、卖点定位、媒体整合、代理销售、销售策略调整。

四、房地产营销代理公司的关键职能分析

从开发商的需求来看，销售代理、全程营销和品牌推广是最为广泛的需求服务内容。

1.销售代理

销售代理是营销代理公司与开发商合作的一项最常见业务，开发商借助于营销代理公司的专业水平，实现销售过程中的规范化操控，收获最大化价值。销售代理的工作包括全盘导入销售环节或帮助开发商调整销售策略。

（1）销售代理的基本职能

1）完善销售组织建制，实施销售培训工作；

2）指导并配合发展商组织撰写销售统一说辞并贯彻培训；

3）完善销售管理制度，开展项目销售工作；

4）管理客户档案、组织客户沙龙活动；

5）执行销售监控，定期向贵公司提交市场监测报告和销售监控报告；

6）在代理过程中，根据市场的变化和项目实际销售的执行状况形成促销方案；

7）执行各项促销活动，包括展销会、现场促销等；

8）参与广告公司的选择和促销广告的策划、设计；

9）开发商指定的其他与销售相关的工作。

（2）销售代理组织架构

销售代理公司搭建以项目总监对开发商负责的，以策划专案顾问、销售专案组为主体的组织架构，见下图：

● 销售代理组织架构图

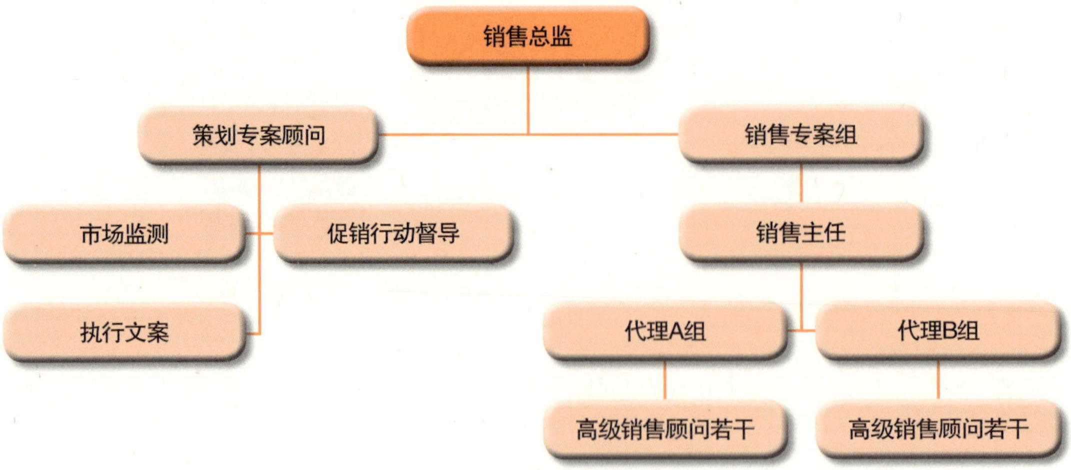

（3）销售代理公司与开发商接口管理

销售代理公司与开发商的接口管理，实际上是进一步明确合作双方的权责问题，提高合作组织的效率。接口管理主要包括以下六个方面的管理：日常管理、定期会议沟通管理、签约管理、财务管理、人员管理、客户服务接口。

（4）销售代理公司的组织形式

相比开发商的组织结构，销售代理公司的组织结构要简单得多，经营部一般设立行销部、企划部、市场部，辅助部门一般仅设立办公室或者行政部门等。行销部门是主要业务部门，也是核心业务部门，一般采用直线型组织结构形式，大家各自负责自己的项目，拥有一定的决策权力，组织形式简单灵活；企划部和市场部等部门佐证行销部的决策。市场部主要做市场研究和分析，企划部负责策略的形成和文案等。行政部门主要负责后勤服务。以下是某销售代理公司的组织结构。

●销售代理公司的组织结构

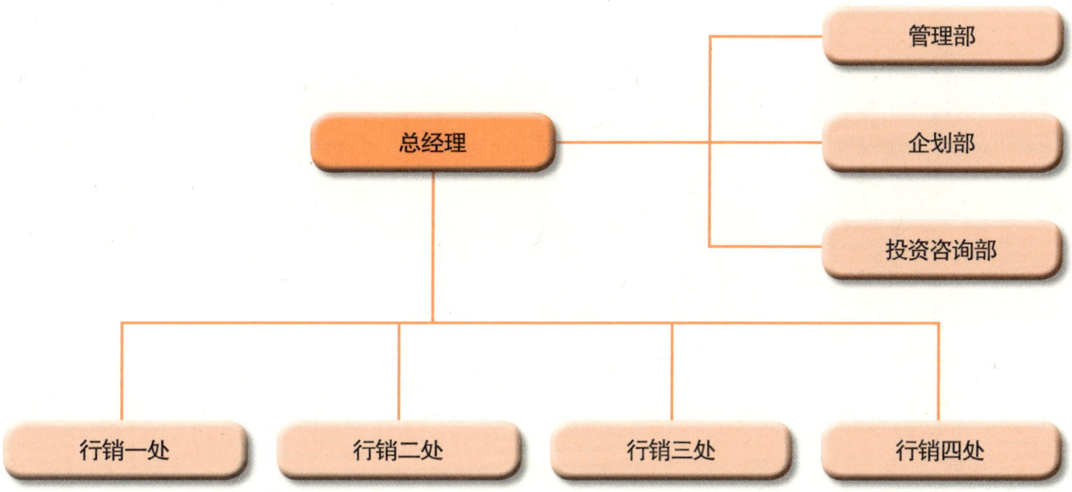

1）管理部组织结构

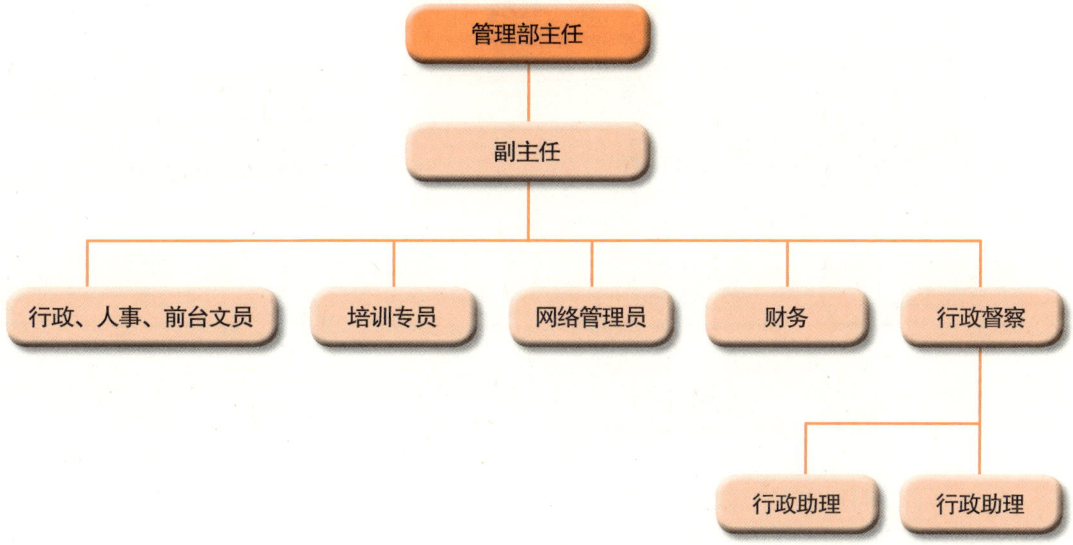

2）投资咨询部组织结构

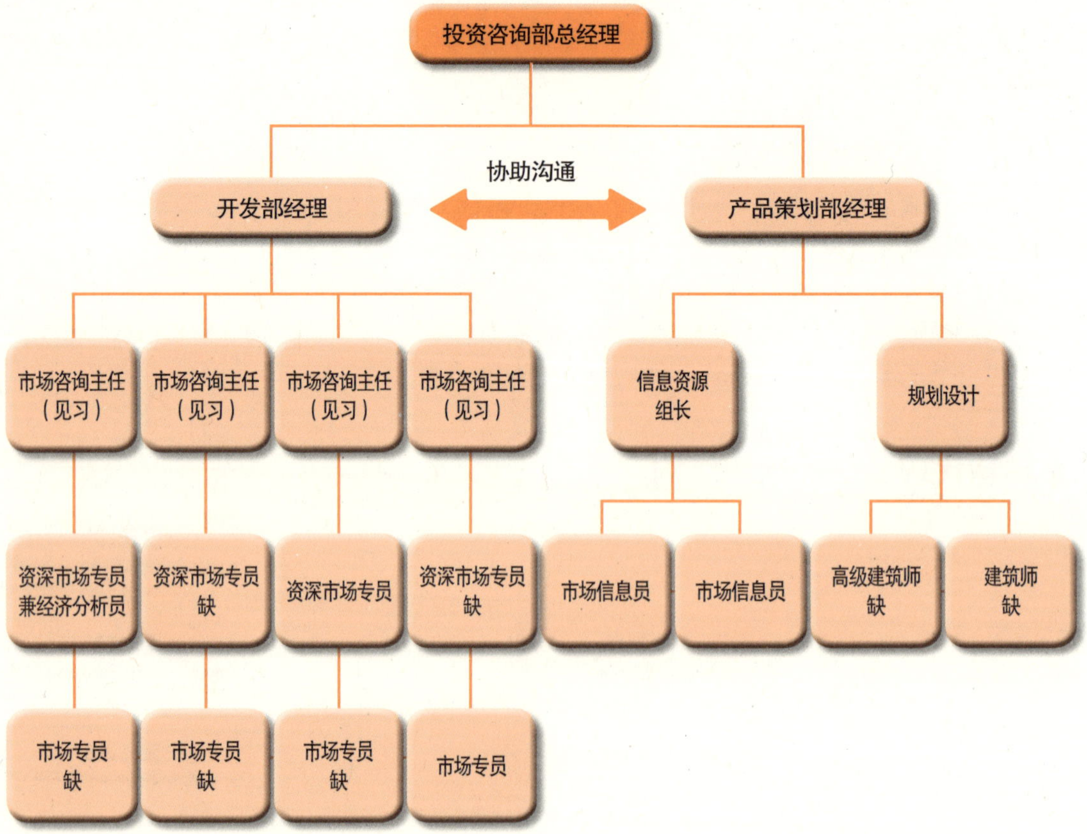

3）企划部组织结构

企划部一般配备具有3～4组两年以上资历的专业人员，加上两名分别带领创意文案与美术执行的专业主管（其中一名主管可兼任行政主管）。

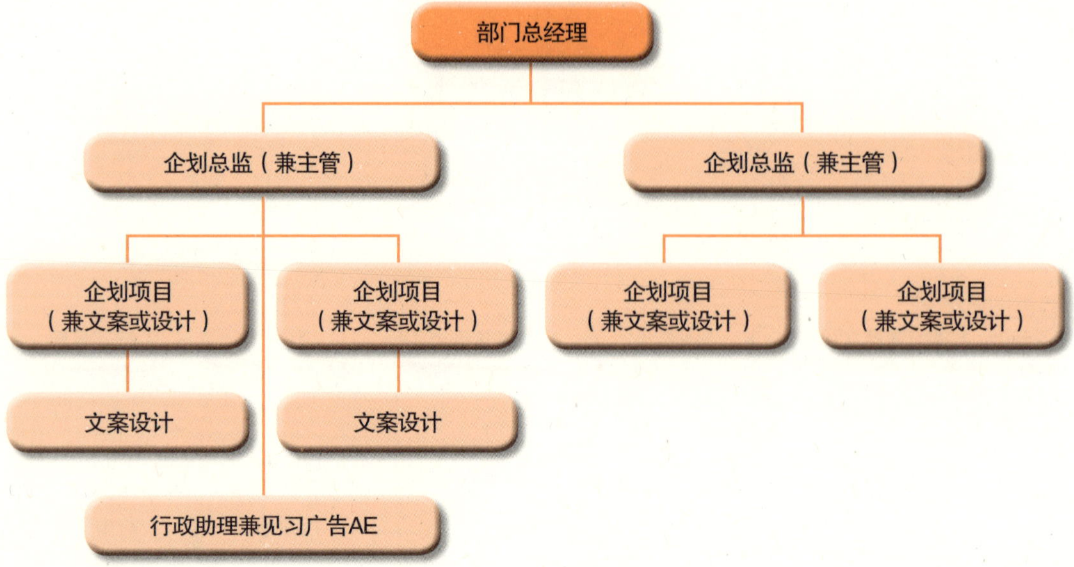

4）行销部组织结构

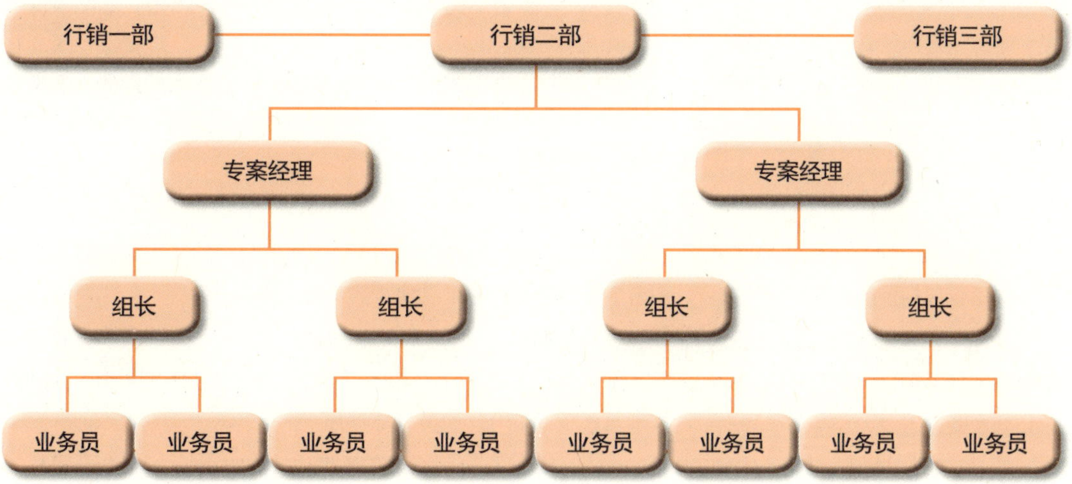

2.全程营销和品牌推广

（1）全程营销的流程

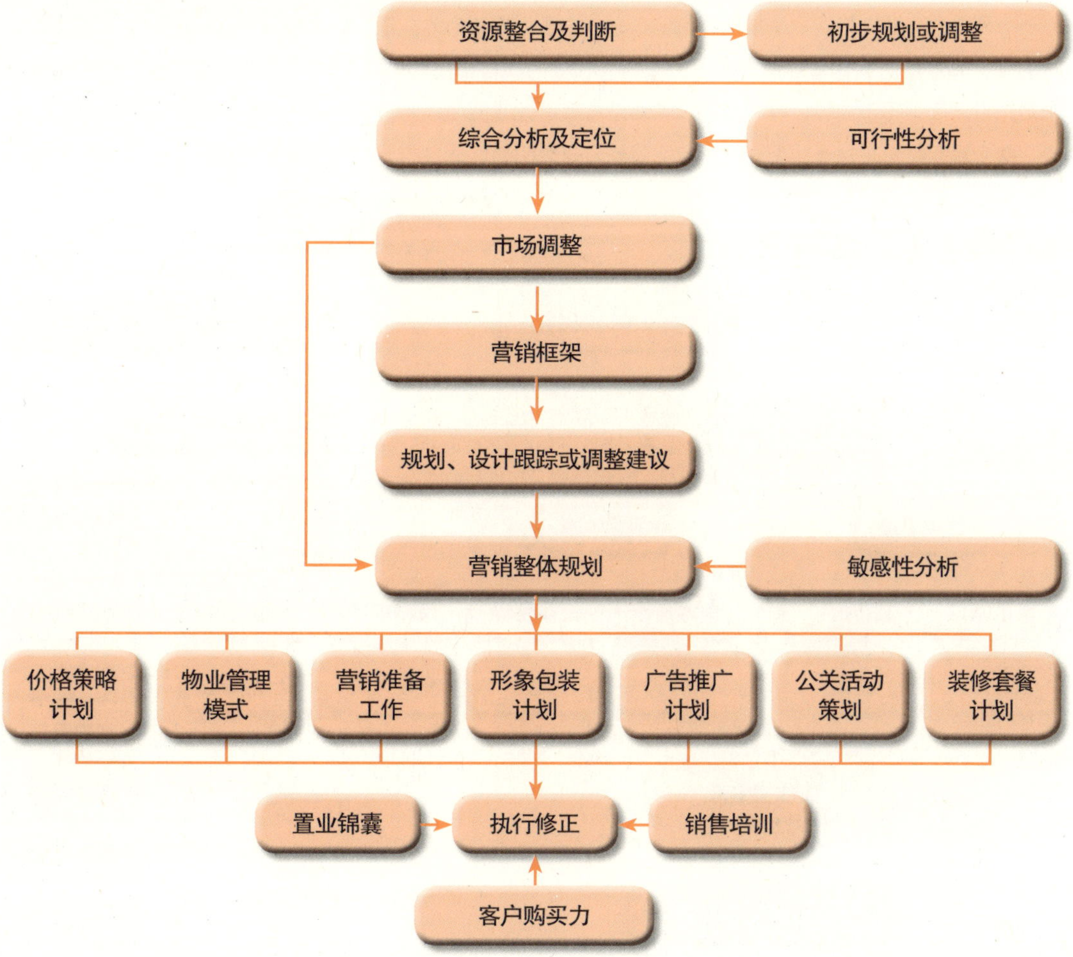

全程营销包括从前期策划到销售终止的整个过程。全程营销的应用背景是，营销代理公司提出了专业的营销理念和策划之后，开发商在销售执行上并不能很好地体会和整合这种策划价值理念，因此开发商尝试与代理商更为广泛和深入的合作，将前期策划到后期销售整个环节交由营销代理公司，大家风险共担。这样，营销策划代理公司就有了更广阔的发挥空间。

营销代理公司提供全程营销服务的营销策划职能相当重要，尤其是前期策划，它为后期的产品设计和销售提供了重要的依据。

（2）品牌推广

销售代理、全程营销、品牌推广这三项关键职能成为很多房地产营销代理公司的基本业务线。而品牌推广不仅包括营销推广、媒体整合，还包括帮助开发商嵌入品牌传播和推广服务。

小型的房地产开发企业可能仅仅从事代理销售服务，而对于实力比较强，拥有稳定研发能力和策划能力的大型营销代理公司来说，他们实际上是帮助开发商操盘，因此，全程营销服务的难度更大。品牌推广是开发商应对激烈竞争的市场变革，修炼其自身竞争力，加强品牌提升的结果。

行业内，深圳尚美佳是一家知名的整合推广策划代理公司，尚美佳机构正式成立于 2000年。机构以市场策划营销见长，业务涉及地产广告、地产企划和地产经纪三个领域。其擅长快速反应及时提供全程整合推广服务。业务辐射 20个主流城市近30家地产领袖品牌，涵盖高端别墅、地标性豪宅、规模化经典大盘、个性化小公寓、投资型产权酒店、超大型商业shopping mall、城市商务办公楼、大型地块前期推广整合、旅游地产、城市招商包装整合等各种房地产形态。

尚美佳的组织结构如下，它包括两个中心：决策控制中心，后勤服务或行政资源中心。决策控制中心分为两个独立的部门，一个是创作管理中心，主要负责策略的实现；一个是策略服务中心，主要负责策略的构思和形成。创作管理中心底下分成两个独立的项目部门，由创意总监负责，底下设立美术指导和文案指导，底下再设立设计师和文案。策略总监底下分成两个组，分别由策略指导负责，底下设立企划人员。整个组织结构采用直线型结构，灵活简单，权责明晰，适合与开发商业务的对接。

●尚美佳组织结构图

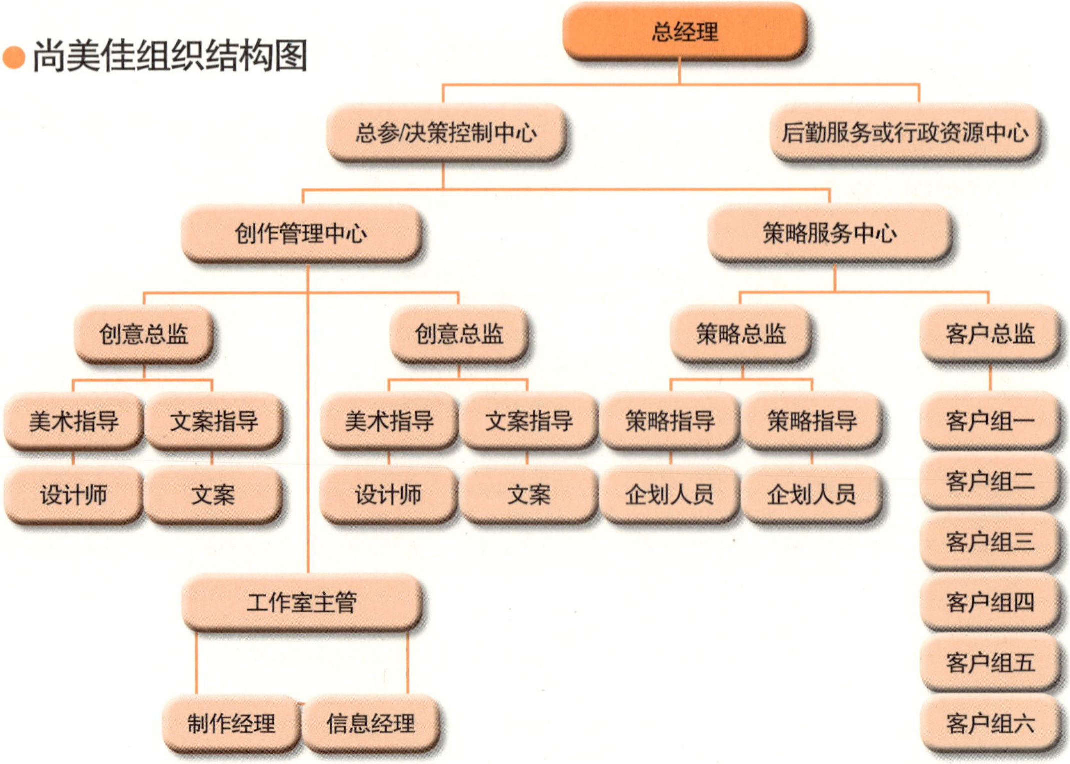

五、某房地产营销代理公司的职能说明书

1.公司组织结构设置

该公司设立两个经营部门：策划中心和销售部。策划中心主要负责营销策划服务，销售部门主要负责项目代理销售服务，同时还设立了财务部、行政部等辅助部门加强对经营部门的服务。

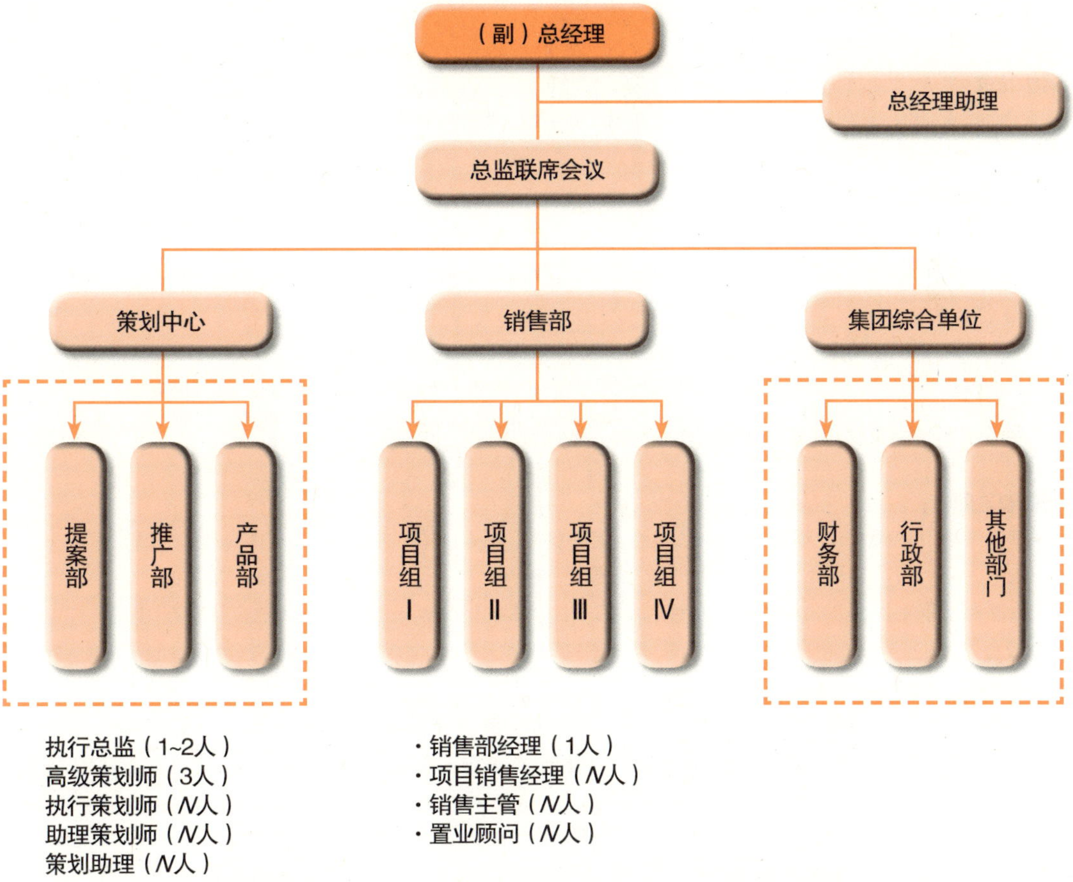

2.各岗位说明书范本

（副）总经理岗位说明书

岗位名称：（副）总经理

所属部门：执行机构

直接上级：董事长

直接下级：总经理助理

岗位定位：

主持公司的工作，全面负责公司的经营管理，确保公司经营计划与战略发展目标的实现。

岗位业务职责：

A.主持公司经营与战略发展规划的制订，对战略制定不科学、配套措施不得力负有责任；

B.负责对职权范围内公司经营计划、业务合同、费用支出等事项的审批，对其缺乏真实性、合理性及违反公司管理制度负有责任；

C.负责职权范围内公司资金的调拨运用，对资金划拨调动失误所造成的经济损失负有责任；

D.负责领导、监控公司的业务拓展与专向性工作运作，对公司经营业绩下滑或不能完成任务目标负有责任；

E.负责公司对外关系的总体协调、公共关系维护，对建立公司良好的外部经营环境负有责任。

岗位管理职责：

A.负责建立公司经营模式、运作体系，对公司经营定位不明或失误、整体运作混乱、责权利不明晰负有责任；

B.负责公司资产的增值保值，对公司资产的流失或减值负有责任；

C.负责对公司预算实施及财务核算的监控管理，对公司的预算重大失衡以及公司财务运作违反公司管理制度负有责任；

D.负责公司内部各单位间总体性合作与协调，对不能有效协调各业务单位之间的冲突而造成公司整体利益受损的事项负有责任；

E.主持维护公司无形资产的权益，对公司内部发生严重侵害公司无形资产的事项负责；

F.负责对职权范围内公司经理级（含）以上人员的人事安排，对其缺乏公平性、激励性以及违反公司管理制度负有责任；

G.负责对下属管理人员的指导与培养，对公司中层管理人员工作不力、干部储备不足负有责任。

岗位职权：

依据公司管理权责规定。

例行工作活动：

季度：审阅公司各业务单位呈报的季度工作计划和工作总结，合并成公司季度工作计划和工作总结，并呈报董事会；

半年：对各业务单位、职能部门的工作进行检查、监督；

年度：主持公司年度经营计划与年度工作总结的编制。

工作规范：

A.公司章程；

B.公司管理运作规范；

C.公司各项重要管理制度；

D.本岗位经营目标责任书。

任职资格（技能与经验）：

A.大学本科及以上学历（经济/管理/建筑专业）；

B.5年以上房地产公司中、高层管理工作经验；

C.3年以上房地产营销、代理高层领导工作经验；

D.熟悉房地产行业情况，具有较强的战略管理能力，善于思考，有开阔的视野，综合分析能力强；

E.有较强的口头语言表达能力，善于动员，具有很强的决策能力，具有良好的社会关系和公关协调能力。

考核指标：

净资产收益率，销售增长率，部门经理级以上人员流失率，年度经营计划完成率，上级满意度、下级满意度。

总经理助理岗位说明书

岗位名称：总经理助理

所属部门：执行机构

直接上级：（副）总经理

直接下级：执行总监

岗位定位：

协助（副）总经理管理行政工作，提高职能部门工作效率和管理水平，确保公司经营与发展目标的实现。

岗位业务职责：

A.参与公司经营与战略发展规划、房地产业务布局及项目拓展规划的制订；

B.负责对职权范围内公司发展计划、业务合同、费用支出等事项的审批，对其缺乏真实性、合理性及违反公司管理制度负有责任；

C.负责公司行政职能部门与业务单位间总体性合作与协调，对不能有效协调冲突而造成公司整体利益受损的事项负有责任；

D.负责对公司内部行政管理工作的总体规划、设计，对职能部门管理效率、服务质量过低负有责任；

E.负责配合客服中心拓展公司的业务范围，对各项目甲方高层领导的客服、外联工作的好坏负有责任；

F.负责企业品牌建设，组织开展媒体公关，进行企业形象宣传。

岗位管理职责：

A.协助总经理建立公司经营模式、运作体系和管理制度，对公司经营定位不明或失误、整体运作混乱、责权利不明晰负有责任；

B.负责公司实物资产的管理，对公司资产的流失负有责任；

C.负责职权范围内的预算实施及财务核算的监控管理，对造成预算重大失衡以及公司财务运作违反公司管理制度负有责任；

D.负责对职权范围内部门主管级（含）以上人员的人事建议权，对其缺乏公平性、激励性以及违反公司管理制度负有相应责任；

E.负责对下属主要管理人员的指导与培养，对公司相关中层管理人员工作不力、干部储备不足负有责任；

F.负责维护公司无形资产的权益，对管理范围内发生严重侵害公司品牌等无形资产权益的事项负有责任。

岗位职权：

依据公司执行机构管理权责规定。

例行工作活动：

月度：企业内刊（如《市场动态》）的审定；

季度：审阅公司职能部门呈报的季度工作计划和工作总结；

年度：公司年度行政费用计划与年度工作总结的编制。

工作规范：

A.公司章程；

B.公司执行机构管理运作规范；

C.公司各项重要管理制度；

D.本岗位经营目标责任书。

任职资格（技能与经验）：

A.大学本科及以上学历（管理/经济类专业）；

B.3年以上房地产开发企业营销相关工作经验；

C.两年以上房地产代理机构行政高管工作经验；

D.熟悉行政管理工作，具有良好的大局观，良好的领导、组织、合作、沟通、协调能力，服务意识和服务精神好。

考核指标：

年度工作计划完成率	30%
管理范围内部门主管级以上人员流失率	20%
上级满意度、下级满意度	20%
职能部门工作效率与服务质量	30%

执行总监岗位说明书

岗位名称：执行总监

所属部门：执行机构

直接上级：总经理助理

直接下级：项目经理（部长）

工作内容：

A.参与审定项目营销策略及其跟进策略，审批各项目经理工作计划和控制执行；

B.参与各项目“头脑风暴”及专题会议，研讨策划、设计、文案的全程或个案思路、创意；

C.参与审定各项目的策划方案、设计作品，重大专案策划、设计报请总监联席会议及（副）总经理审批；

D.负责企业品牌建设，组织开展媒体公关，进行企业形象宣传；
E.负责组织各类资料档案及信息资料库建设；
F.参与审定下属职员的聘任、考核及调整意见；
G.定期不定期对各岗位职员进行策划、销售、文案、设计的专业指导和培训。

工作权限：

A.拥有下属各部门员工聘用、解聘、奖励和调整建议权；
B.具备参与各项目方案外的个案审定权；
C.经（副）总经理和总经理助理授予的其他权利。

工作规范：

公司各项重要管理制度。

人员要求：

教育：本科或本科以上学历，建筑类、营销类、文学艺术类或其他社会科学类专业；
工作经验：两年以上营销、策划专业经验，具备3年以上的中高层管理经验，有良好的专业撰文能力者优先；
技能与素质：了解建筑设计和工程以及房地产专业知识，熟悉房地产销售流程、管理，有较强的计划、分析、组织、协调能力和成本意识，团队协作精神，组织协调能力，吃苦耐劳，责任心强，策划、文案、设计综合理论素养良好，对创意和广告作品有较高的鉴赏力。

考核指标：

各项目的销售业绩	30%
客户满意度	30%
企业管理工作绩效	20%
其他部门对销售部的满意度	10%
企业品牌认知度	10%

总监联席会岗位说明书

岗位名称：总监联席会
所属部门：执行机构
直接上级：
直接下级：

岗位定位：

协助（副）总经理及总经理助理管理企业房地产营销代理方面专项业务工作，增强公司业务竞争与开拓能力，确保公司经营与发展目标的实现。

岗位业务职责：

A.参与公司经营与战略发展规划的制订；

B.参与对职权范围内公司工作计划、业务合同、费用支出等事项的建议，对其缺乏真实性、合理性及违反公司管理制度负有责任；

C.配合并参与领导、监控公司的房地产业务拓展与运作，对公司房地产营销代理业务经营业绩下滑或不能完成任务目标负有责任

岗位管理职责：

A.协助（副）总经理及总经理助理建立公司业务经营模式、运作体系，对公司经营定位不明或失误、整体运作混乱、责权利不明晰负有责任；

B.协助（副）总经理及总经理助理促进公司房地产方面资产的增值保值，对公司资产的流失或减值负有责任；

C.负责职权范围内的预算实施及财务核算的监控管理，对公司房地产业务的预算重大失衡以及公司财务运作违反公司管理制度负有责任；

D.负责公司内部房地产单位间业务的合作并进行协调，对不能有效协调各业务单位之间的冲突而造成公司整体利益受损的事项负有责任；

E.负责对职权范围内公司经理级（含）以上人员的人事建议权，对其缺乏公平性、激励性以及违反公司管理制度负有相应责任；

F.负责对下属主要管理人员的指导与培养，对公司主管以上级人员工作不力负有责任；

G.协同维护公司无形资产的权益，对因相关业务活动而发生严重侵害公司无形资产的事项负有责任。

岗位职权：

依据公司执行机构管理权责规定。

例行工作活动：

季度：审议公司各房地产项目组呈报的季度工作计划和工作总结；

半年：对房地产业务单位工作进行检查，对房地产业务拓展进行评估；

年度：主持公司房地产业务年度经营计划编制与年度工作总结。

工作规范：

A.公司章程；

B.公司执行机构管理运作规范；

C.公司各项重要管理制度；

D.本岗位经营目标责任书。

任职资格（技能与经验）：

A.详见各总监岗位要求；

B.熟悉房地产行业发展情况，具有一定的战略思维能力和较强的业务管理开拓能力；

C.具有综合分析能力和较强的口头语言表达能力，具有良好的社会关系和公关协调能力。

考核指标：

略。

高级策划师岗位说明书

岗位名称：高级策划师

所属部门：策划中心

直接上级：执行总监

直接下级：执行策划师及策划助理

工作内容：

A.负责所有项目营销策划全过程工作，根据营销策划方案拟订推广计划；

B.参与各项目策划以及项目间协调、沟通等工作；

C.负责对执行策划师、策划助理的专业指导及监督执行工作；

D.负责制定项目组任务，并分配任务到人；

E.负责制订项目组人力需求计划，提出人员支持计划或物料采购清单；

F.负责制订项目整体工作计划，并按时检查工作进度，对于长期固定工作，则应按时敦促和检查；

G.负责项目组成员的绩效考评，并作出调整项目组人员建议；

H.负责项目费用催收工作；

I.负责召集、组织并主持项目的例行和临时工作会议，同时，负责保持与甲方或相关配合单位的日常联系；

J.负责定期或不定期向公司领导汇报项目组工作情况和进度，并撰写每月的项目组工作总结；

K.负责项目宣传工作中的相关安排和协调工作，包括安排接受媒体采访计划。

工作权限：

在执行总监的授权下开展工作。

工作规范：

A.策划部职责；

B.公司各项重要管理制度。

人员要求：

教育：本科或本科以上学历，文科专业；

工作经验：3年以上房地产营销策划工作经验，1年以上房地产相关工作经验；

技能与素质：良好的创意撰文能力、广告设计制作综合素质，积极主动的合作意识、团队作业精神。

考核指标：

策划方案的专业水准及提案质量	30%
计划拟订的综合质量及执行情况	40%
撰文能力和经手文案的质量	20%
客户及其他部门的工作评价	10%

执行策划师岗位说明书

岗位名称：执行策划师

所属部门：策划中心

直接上级：项目经理

直接下级：策划助理

工作内容：

A.负责完成项目营销策划方案撰文及实施；

B.负责项目的目标市场研究，销售终端的信息跟踪，制订工作计划；

C.负责组织各项目内部研讨会、头脑风暴会等；

D.负责项目销售过程中推广执行工作；

E.根据项目经理的要求，定期或不定期地向公司领导汇报工作；

F.负责向相关合作单位提出书面工作要求，并检查相关合作单位提交的工作成果；

G.负责项目组的各类销售、推广资料的搜集、整理和归档。

工作权限：

在项目经理的授权下开展工作。

工作规范：

A.策划部职责；

B.公司各项重要管理制度。

人员要求：

教育：本科或本科以上，营销或相关专业；

工作经验：两年以上房地产营销、策划经验；

技能与素质：良好的专业营销策划素养，较强的策划执行、推广执行能力，积极的合作意识、团队作业精神。

考核指标：

项目策划方案的计划性及执行力的工作绩效	35%
项目营销策划方案质量及对销售业绩的实施效果	35%
部门内上、下级满意度	10%
客户及其他部门的工作评价	20%

策划助理岗位说明书

岗位名称：策划助理

所属部门：策划中心

直接上级：项目经理

直接下级：

工作内容：

A.协助完成项目营销策划方案的撰文；

B.协助完成项目的目标市场研究，销售终端的信息跟踪；

C.参与项目销售过程中推广执行工作；

D.协助并参与经常性采集产品宣传素材，配合建立产品宣传资料档案；

E.协助执行策划师完成各类文案撰写工作，例如：市调报告、策划报告、推广文案、工作函件、会议纪要等；

F.负责与甲方或相关合作单位之间的资料传递；

G.协助执行策划师搜集、整理各类销售、推广资料。

工作权限：

在项目经理的授权下开展工作。

工作规范：

公司各项重要管理制度。

人员要求：

教育：大专或大专以上学历，营销或相关专业；

工作经验：不限；

技能与素质：良好的品质和职业素养，较强的执行能力，积极的合作意识、团队作业精神。

考核指标：

各专项工作的计划性及执行力绩效	50%
项目资料档案建立健全情况	25%
其他部门及上级的工作评价	25%

（项目）销售经理岗位说明书

岗位名称：（项目）销售经理

所属部门：策划中心

直接上级：项目经理

直接下级：销售主管及置业顾问

工作内容：

A.负责销售现场执行工作，根据营销策划方案拟订销售计划；

B.熟悉所售楼盘的基本情况及本市市场行情动态；

C.研究市场，发现潜在客户需求，拟出具有一定可行性的促销方案并向项目经理汇报；

D.配合项目执行策划师工作，努力完成各类促销、售楼处的市场推广任务；

E.培训及帮助置业顾问努力完成销售计划。

工作权限：

在营销总监的授权下开展工作。

工作规范：

A.营销部职责；

B.公司各项重要管理制度。

人员要求：

教育：大专或大专以上学历，营销或相关专业；

工作经验：两年以上房地产销售经验，1年以上房地产销售现场管理经验；

技能与素质：良好的销售素养，较强的现场管理及销售执行能力，积极的合作意识、团队作业精神。

考核指标：

销售计划及执行的工作绩效	30%
项目销售业绩的绩效	40%
销售现场管理及资料档案建立健全情况	15%
客户及其他部门的工作评价	15%

深圳市艺力文化发展有限公司 编

下册

中国最实用的组织设计全案与制度管理工具箱

房地产企业高效运营管理全案

实 用 高 效 范 本

新企业组织搭建及制度建设最优密码

原企业组织优化和制度规范最佳范本

大连理工大学出版社

图书在版编目 (CIP) 数据

房地产企业高效运营管理全案 : 全 2 册 / 深圳市艺力文化发展有限公司编 . — 大连 : 大连理工大学出版社 , 2012.9

ISBN 978-7-5611-7283-4

Ⅰ. ①房… Ⅱ. ①深… Ⅲ. ①房地产企业—运营管理—案例—中国 Ⅳ. ① F299.233.3

中国版本图书馆 CIP 数据核字 (2012) 第 211962 号

出版发行：大连理工大学出版社
（地址：大连市软件园路 80 号 邮编：116023）
印　　刷：利丰雅高印刷（深圳）有限公司
幅面尺寸：210mm × 285mm
印　　张：46.25
插　　页：4
出版时间：2012 年 9 月第 1 版
印刷时间：2012 年 9 月第 1 次印刷
责任编辑：周　瑜
责任校对：贺建军
装帧设计：阙文芳

ISBN 978-7-5611-7283-4
定　　价：688.00 元

电 话：0411-84708842
传 真：0411-84701466
邮 购：0411-84703636
E-mail：designbook@yahoo.cn
URL：http:// www.dutp.cn

如有质量问题请联系出版中心：（0411）84709043 84709246

编委会

主编

卢积灿

编委（以下排名不分先后）

王　宇	贺颖红	丁小娟	夏佳佳
李爱红	彭　莹	王　娟	宋　佳

CONTENTS

目录/ 房地产企业高效运营管理全案

CONTENTS

目录 / 房地产企业高效运营管理全案

CONTENTS

目录 / 房地产企业高效运营管理全案

CONTENTS

目录 / 房地产企业高效运营管理全案

CONTENTS

目录 / 房地产企业高效运营管理全案

第八模块
Module Eight

房地产开发及销售管理制度

第八模块思考

开发与销售两个环节，一个是生产环节，一个是销售环节，将这两个环节把控好，基本上就将主要的业务把握好了。本模块，我们特整理了知名企业的可行性研究、开发细则、销售管理等部分的制度范本。这些制度借鉴了万科、恒大、中海地产等企业的成功经验，对于很多企业具有广泛的示范效应。

第一章

开发项目可行性研究管理办法（样本）

为适应公司发展需要，实现房地产开发项目决策的科学化、民主化，减少或避免投资决策的失误，提高项目开发建设的综合效益，特制订本办法。

一、开发项目可行性研究的任务

可行性研究就是在工程项目投资决策前，对与项目有关的社会、经济和技术等方面进行深入细致的研究；对拟订的各种可能建设方案或技术方案进行认真的技术经济分析、比较和论证；对项目的综合效益进行科学的预测和评价。在此基础上，综合研究建设项目的技术先进性和适用性、经济合理性以及建设的可能性和可行性，由此给出该项目是否应该投资和如何投资等结论性意见，为领导决策提供可靠的、科学的依据。

二、可行性研究的步骤

1.筹备。可行性研究开始前的准备工作包括提出项目开发设想，组建研究小组，制订研究计划和工作大纲等。

2.调查。主要从市场调查和资源调查两方面进行。市场调查应查明和预测市场的供给量与需求量、价格、竞争能力等，以便确定项目的经济规模和项目构成。资源调查包括建设地点调查、开发项目用地现状、交通运输条件、外围基础设施、环境保护等方面的调查，为下一步规划方案设计、技术经济分析提供准确的资料。

3.方案的选择和优化。在收集到的资料和数据的基础上，建立若干可供选择的方案，进行反复比较和论证，会同相关部门采用技术经济分析的方法，评选出合理方案。

4.财务评价与不确定性分析。对经上述分析后所确定的最佳方案，在估算项目投资、成本、价格、收入等基础上，进行详细的财务评价和不确定性分析。研究论证项目在经济上的合理性和盈利能力。由相关部门提出资金筹措建议和项目实施总进度计划。

5.编写报告书。经上述分析与评价，即可编写详细的可行性研究报告，推荐一个以上的可行方案和实施计划，提出结论性意见、措施和建议，供领导决策。

三、可行性研究的内容

由于房地产项目的性质规模和复杂程度不同，其可行性研究的内容也不尽相同，各有侧重。主要应包括以下几方面:

1.项目概况。

2.项目名称。

3.项目的地理位置，包括项目所在地城市、区和街道，项目周围主要建筑物等。

4.项目所在地的周围环境状况，主要从工业、商业及相关行业现状，发展潜力、项目建设的时机和自然环境等方面说明项目建设的必要性和可行性。

5.项目的性质及主要特点。

6.开发项目用地的现状调查及动迁安置。

7.土地调查。包括开发项目用地范围内的各类土地面积及使用单位。

8.人口调查。包括开发项目用地范围内的总人口数、总户数，需动迁的人口数、户数等。

9.调查开发项目用地范围内建筑物的种类，各种建筑物的数量及面积，需要拆迁的建筑物种类、数量和面积等。

10.各种市政管线。主要应调查上水管、雨水管、污水管线、热力管线、燃气管线、电力和通信管线的现状及目标和其可能实现的时间。

11.其他地下、地上物现状。开发项目用地范围内地下物调查了解的内容，包括水井、人防工程、各种管线等，地上物包括各种树木、植物等。开发项目用地的现状要附有平面示意图。

12.如需要进行拆迁的，要制订动迁计划，确定安置方案。

13.市场分析和建设规模的确定。

14.市场供给现状分析及预测。

15.市场需求现状分析及预测。

16.市场交易的数量与价格。

17.服务对象分析、制订租售计划。

18.拟建项目建设规模的确定。

19.规划设计方案选择。

20.市政规划方案选择。市政规划方案的主要内容包括各种市政设施的布置、来源、去路和走向，大型商业用房开发项目重点要规划安排好交通组织和共享空间等。

21.项目构成及平面布置。

22.建筑规划方案选择。建筑规划方案的内容主要包括各单项工程的占地面积、建筑面积、层数、层高、房间布置、各种房间的数量、建筑面积等。附规划设计方案详图。

23.资源供给

（1）建筑材料的需用量、采购方式和供应计划。

（2）项目施工的组织计划。

（3）项目施工期间的动力、水等供应。

（4）项目建成投入使用后，水、电、热力、煤气、交通、通信等供应条件。

24.开发建设计划

（1）前期开发计划。包括项目从立项、可行性研究、下达规划任务、征地拆迁、委托规划设计、取得开工许可证直至完成开工前准备等系列工作计划。

（2）工程建设计划。包括各个单项工程的开工、竣工时间，进度安排，市政工程的配套建设计划等。

（3）建设场地的布置。

（4）施工队伍的选择。

（5）项目经济及社会效益分析。

（6）项目总投资估算。包括开发建设投资和经营资金两部分。

（7）项目投资来源、筹措方式的确定。

（8）开发成本估算。

（9）销售成本、经营成本估算。

（10）销售收入、租金收入、经营收入和其他收入估算。

（11）财务评估。运用静态和动态分析方法分析计算项目投资回收期、净现值、内部收益率和投资利润率、借款偿还期等技术经济指标，对项目进行财务评价。

（12）风险分析。一方面采用盈亏平衡分析、敏感性分析、概率分析等定量分析方法进行风险分析；另一方面结合政治形势、国家方针、经济发展趋势、市场周期、自然等方面因素的可能变化，进行定性风险分析。

（13）项目环境效益、社会效益及综合效益评价。

（14）结论及建议

运用各种数据从技术、经济、财务等方面论述开发项目的可行性，提出存在的问题及相应的建议，并推荐最佳方案。

（15）以上需要开发部、销售部、招商部、工程部同时介入。

四、可行性研究报告的撰写

1.封面：要能反映评估项目的名称、谁作的评估及可行性研究报告写作时间。

2.摘要：用简洁的语言介绍被评估项目所处地区的市场情况、项目本身的情况和特点、评估的结论。要字斟句酌，言必达意，绝对不能有废词冗句，字数以不超过1000字为宜。

3.目录。

4.正文：这是可行性研究报告的主体，要按照逻辑的顺序，从总体到细节循序进行。一般包括：项目总说明、项目概况、投资环境研究、市场研究、项目地理环境和附近地区竞争性发展项目、规划方案及建设条件、建设方式与进度安排、投资估算及资金筹措、项目评估基础数据的预测和选定、项目经济效益评价、风险分析和结论与建议十二个方面。

5.附表：附表是正文中不便于插入的较大型表格。一般包括项目工程进度计划表、项目投资估算表、投资计划和资金筹措表、项目销售计划表、项目销售收入测算表、财务现金流量表、资金来源与运用表、贷款还本付息估算表和敏感性分析表。

6.附图：一般包括项目位置示意图、项目规划用地红线图、建筑设计方案平面图等。

7.市场分析与需求预测

（1）开发项目的市场调查内容，可依项目的具体情况确定。一般应进行以下内容的调查：

1）社会经济状况及投资环境调查，主要包括项目所在地的社会经济发展规划、城市建设规划、金融财税政策、鼓励投资产业及影响房地产业的各种宏观经济因素。

2）房地产投资及同类物业市场调查。主要包括项目所在地房地产投资开发态势、开发量、价格水平及潜在需求。如同类物业近年内的市场交易状况、区域分布和价格水平。对明显具有竞争性的项目要有针对性地着重进行研究分析。

3）消费者意愿调查。主要包括当地消费者对项目设计的使用要求或对已开发项目的评价、消费者的购买动机、购买能力及购买偏好等。

4）物资供应市场调查。主要包括当地主要材料、设备供应状况、市场价格及有关物资信息。

5）工程技术状况调查。主要包括项目开发所处地段的地形、地质情况，当地可采用新材料、新技术以及有关技术经济指标。

6）物业管理状况的调查。主要调查了解物业管理范围、服务质量、收费标准、客户对物业收费的承受能力等。

（2）市场调查方法应机动灵活，力求准确，一般可采取以下方法：

1）积累资料。专人收集有关专业报刊、会议及政府协会活动等形成的文件、信息、年鉴统计资料，并进行整理鉴别。

2）走访调查。通过走访客户、开发企业和有关信息咨询服务部门，获得开发项目功能、质量、价格及改进提高的要求。

3）征询。通过对有关行政管理部门征询或对专家函询方式了解情况。

4）在深入调查充分分析收集资料基础上，对开发物业需求现状及发展趋势进行科学分析，对开发成本、市场售价、销售对象、销售进度等作出客观预测。

（3）地点选择与地块价值评价

房地产开发项目的地点选择和地块评价是对可供选择的地点与地块的条件与价值进行分析比较和评价。分析评价内容包括：

1）拟订地点的水文、地形、地质条件等地理特征；

2）拟订地点的市政配套、交通运输条件；

3）拟订范围的拆迁情况；

4）地块周边的自然景观、人文景观及污染情况；

5）实际地价与地价潜在价值评价。

（4）资金筹措

1）制订可靠或比较可靠的资金筹措计划，是开发项目实现预期目标的基本条件，是避免项目流产或夭折的根本保证，必须高度重视，周密策划。凡在资金筹措无望的情况下，不必开展深度可行性研究。

2）资金筹措计划主要是就项目投资的资金来源进行分析，包括自有资金、贷款和预售收入三部分。当资金来源中包括预售收入时，应有销售收入计划配合考虑。

第二章

房地产开发管理细则（范本）

一、总则

为加强对房地产开发业务的管理，减少和避免失误，提高综合效益，根据《城市房地产管理法》及其他有关法规的规定，结合近年来××房地产有限公司进行房地产开发的实际情况，特制订本细则。

二、项目开发管理

1.项目选择

由开发部配合销售部根据城市发展前景、地理位置、城市规划等因素，结合自身实力，考察选择具有投资价值的开发项目。

2.可行性研究

由开发部按房地产开发可行性研究管理办法执行。

3.投资决策

根据房地产开发项目可行性研究报告，结合公司自身情况，对是否投资开发该项目做出决策。决策必须认真慎重，贯彻实事求是、量力而行的原则。决定投资项目的可行性研究报告并报董事长审批。

4.土地合同订立

项目确定后，开发部应组织尽快与土地持有方签订正式合同（或协议），如土地使用权出让（或转让）协议、合作开发合同、联建合同等。合同内容要具体、明确、严谨，准确载明合同各方的责任，必要时可以报有关部门鉴证或公证。

5.计划编制

土地合同签订后，项目公司经理应组织编制项目开发详细计划书，明确办理各项前期手续、规划设计及论证、施工图设计及优化、施工监理的委托、施工队伍的选择及进场等事项的时间、人员安排、办理步骤等。明确资金筹措、完成投资、成本控制、房产销售等的方式、方法及相应计划安排。

6.前期手续

开发部指导并会同项目公司相关人员有步骤地办理有关手续，主要有：

（1）向开发管理部门报批项目，申报开发经营许可证。

（2）向计划部门申报固定资产投资计划，报批项目立项。

（3）向土地部门申领土地使用证和建设用地批准书。

（4）向规划部门申请定点，办理建设用地许可证。

（5）如系旧城改造项目，按当地政府的拆迁政策委托拆迁管理部门办理拆迁安置，拆迁完毕后请有关部门验收。

7.规划设计

由工程部配合开发部完成。要贯彻充分利用土地、完善使用功能、利于房产销售、降低工程造价、美化周围环境的原则。大型项目的规划设计宜采用招标方式确定设计单位。规划设计完成后，向规划部门报批，开发部组织申领建设用地规划许可证、建设工程规划许可证。

8.现场施工准备

（1）工程部负责委托测量与勘探，办理地形图和工程地质勘察资料。

（2）工程部组织实施项目（场地）的“三通一平”，联系办理水、电进场，必要时争取办理“七通一平”。

9.委托工程施工监理

所有开发项目原则上都要委托施工监理。宜采用招标或议标的方式选择工程监理单位；应明确工程监理的职责、权限、与公司工程部的职责分工，并应有与对监理单位进行监督、管理、奖罚相对应的合同、经济、行政管理措施或办法。工程部负责组织委托监理。

10.编制项目施工组织总设计

项目具备开工条件时，总工程师组织工程部编制项目施工组织总设计，明确单项工程开工顺序、施工队伍及资金的调度、各单项（或单位）工程开工时间、设备及材料的采购准备及时间、质量控制计划、场地的利用及安排等。

11.施工队伍选择

项目施工组织总设计确定后，经营部应按计划组织选择施工队伍。具体操作方式见工程招标管理规定。施工队伍确定后，公司应与其签订正式的施工合同。

12.开工手续

工程开工前，开发部配合工程部办理消防、抗震监督、工程报建、开工报告、施工许可证、质量监督、安全监督等手续。

13.自购工程用设备、材料的招标与供货

工程开工前，工程部应依据设计施工图纸及开发项目定位做好设备、材料的选型和定位工作。相关

部门（或工程部）根据设备、材料定位要求及施工组织总设计的时间安排选择供货商，一般采用招标或议标的方式确定供货商。供货商确定后，公司应与其签订正式的供货合同。

14.施工管理

工程部负责施工管理。管理内容主要包括：

（1）组织施工前的图纸会审，审核施工单位的施工组织设计；

（2）协助施工单位解决现场的特殊困难；

（3）督促施工单位按合同要求完成施工进度，实事求是地对工程进度做出签证；

（4）清点、验收甲供材料，督促施工单位做好工程材料的取样检验，检查材料合格证；

（5）督促施工单位做好分部、分项工程的自检、互检工作，组织进行隐蔽工程的验收，严格控制工程质量；

（6）及时发现、处理施工中出现的问题，对质量事故，必须向公司及有关行业主管部门反映，妥善处理；

（7）协调解决两个以上施工单位的施工交叉关系；

（8）督促施工单位进行工程维修。

委托监理公司进行施工监理的项目，要严格按照《委托监理合同》、《工程监理实施细则》对以上施工管理工作进行分工，避免与公司工程部工作交叉，并按《委托监理合同》、《工程监理实施细则》对监理单位进行日常监督。

15.工程造价预测及预算

项目定位前，经营部应配合开发部对项目进行经济论证；项目定位后，经营部应配合实业公司做项目投资估算；正式设计施工图出来后，经营部应做设计施工图预算以作为控制项目投资、工程成本的依据或目标。

16.工程款拨付

项目公司根据工程进度，编制开发项目的季度、月度用款计划，交财务部组织资金。施工单位按合同提报工程付款计划后，由经营部进行审核，并配合财务部拨款。

17.竣工验收

（1）开发项目（单项工程）竣工后，先由公司工程部组织初验，初验合格后向质量监督部门申请验收。

（2）成片开发项目竣工后，工程部组织初验，然后报当地政府，并组织有关部门进行综合验收。

（3）开发项目验收合格后，工程部将工程项目资料综合整理后按规定时间向城建档案馆报送。

18.工程造价决算

工程竣工后，由经营部审核施工单位提报的工程竣工造价结算（必要时，可委托审计事务所进行审计），工程部配合，并与施工单位办理工程造价结算手续。财务部依据确认的工程造价结算编制工程竣工财务决算，对项目工程投资进行竣工清点。

19.技术档案管理

综合部根据档案管理要求制订相应办法进行管理。主要是：

（1）收集、保管开发项目的原始资料，包括立项批文、用地许可证、建设用地规划许可证、拆迁验收证、建设工程规划许可证、建设工程施工许可证、开工报告等。

（2）收集开发项目的全套工程资料，审查、保管施工单位提交的竣工资料，包括工程地质勘察报告、规划图、施工图、图纸会审记录、重要施工日志、材料化验与实验报告、隐蔽工程验收单、设计变更记录、现场签证、质量事故处理报告、竣工决算书等。

三、房产销售管理

1.对房地产开发项目的销售工作应提前介入。在可行性研究阶段，开发部就项目的销售前景、预期售价提出意见，并对项目进行市场定位即确定项目的主要销售对象。在规划设计阶段，开发部应根据市场定位和掌握的市场信息，对项目的户型设置、面积大小、内部设施、设计标准等提出相应的意见。

2.项目的规划设计一经批准，开发部应会同相关部门编制销售计划，包括销售策略、销售方式、平均售价、销售进度等，制定详细的销售方案，确定每楼层、每单元的明细价格，定出底价，报公司主要领导审批后实施。

3.开发项目开工前后，开发部应办理商品房预售登记手续，领取商品房预售许可证。为促进销售，有条件的还可与银行联系，办理按揭委托。

4.开发部应采取各种方式促销商品房，如在报纸、期刊、广播电视等新闻媒介上发布广告，制作售楼说明书向潜在客户分发，在现场制作广告牌，有目的地上门推销，委托代理销售等。

5.销售开始后，应随着项目建设进度并根据市场反应、销售情况对售房价格进行相应调整。

6.商品房的销售，除预售时或建成后一次性付清房款外，其余均不得享有优惠。特殊情况需要予以优惠的，须经公司领导集体研究批准。

7.销售商品房必须签订书面合同，合同须具备以下基本内容：

（1）所售房产的位置、面积、标准、附属设施、交付时间；

（2）房产单位售价、总价款、付款方式和定金；

（3）合同双方的权利和义务；

（4）违约责任和惩处方式；

（5）争议解决办法及其他约定的条款。

8.任何购房业主若未按合同约定付清房款，一律不得将所购房产交付其使用，违者对责任人就所造成的损失给予处罚。

9.开发项目通过竣工验收后，开发部应为购房业主办理产权证书。

10.房产销售基本结束后，由开发部、财务部共同写出开发项目投资效益总结报告，上报公司领导。同时，开发部还应配合财务部编制开发项目决算报告，对项目收益情况加以认真分析。

11.公司在资金情况允许的条件下，可将所开发的重要位置的商业用房、写字楼留作固定资产，用于对外租赁，获得长期的租金收益。

四、物业管理

1.开发项目在进行房产销售之前，公司应根据项目情况选定物业管理单位，由其承担项目建成后的管理。任何开发项目，既可由公司控股的物业管理公司承担管理任务，也可委托非公司控股的物业管理公司进行管理。公司要与选定的物业公司签订合同。

2.物业管理公司对项目验收接管后，负责所管理项目的房屋设备、市政公用设施、生活服务设施的日常管理和维护维修，并可按实际情况相应负责园林绿化、环境卫生、保安等事务，还可为居民（用户）提供其他无偿或有偿的服务。

3.工程竣工后，在工程保修期间，物业管理公司发现工程质量等问题，应及时向公司工程部反映，由工程部责成施工单位及时修缮，或自行修缮，并会同相关部门按实扣除施工单位保修金。

4.物业管理公司按《业主须知》规定定期向服务区内的业主收取有关费用。

第三章

房地产公司销售管理办法（样本）

一、总则

1.为实现项目开发的最终目的，促进企业品牌形象的提升，保障业主和商户的合法权益和公司的经营效益，必须对销售过程进行系统地策划和控制。

2.所有项目的营销策划必须遵循创新和诚信的原则，在深入广泛的市场调查的基础上，以适宜的市场营销方式和手段对项目进行有效的整合行销推广宣传，向目标客户及时传递完整准确的项目销售信息。

3.项目销售准备和销售过程中各项业务必须有计划地进行，遵循公司制度规定，以及当地政府相关法规要求，保证销售服务满足客户要求。

4.为有效整合公司市场营销的专业资源，公司销售部应与各部门进行密切合作共同促进销售业务的开展。

5.当委托外部专业机构进行营销策划和代理销售时，公司销售部必须对外部机构的工作实施全过程的监督，并及时输出各阶段工作成果（方案、计划、报告等）。

二、市场调研

1.例行市场调研工作

（1）销售部坚持日常性的市场信息收集、研究工作，确保及时、准确地了解市场信息，为项目经营决策提供科学依据。

（2）每半年一次向公司上报《房地产市场判断核心信息统计表》（样式内容由销售部具体规定）。每年3月1日前提交上年度市场信息，9月1日前提交本年度上半年市场信息。

2.专项市场调研工作

为完成某专项工作而进行的专门性调研，在调研中，需根据调研结果的应用目的，有针对性地设计调研工作重点及调研方法。

三、产品定位、户型配比

1.项目产品定位

（1）公司应在取得土地后，立即组织开展调研工作，论证产品定位方案，完成《项目定位及产品策划建议书》。在报告中应就项目定位、户型配比、配套设施规模和功能、建筑风格、产品配置标准等提出建议，重点需要确定项目产品定位。

（2）项目产品定位需要由总经理审批；项目首期产品定位需要报主管副总经理审批；相同业态的续建项目如市场发生重大变化，需要对产品定位进行调整的，必须上报《项目定位及产品策划建议书》。

（3）上报时间为取得土地后一个月内。

2.项目户型配比

（1）对市场情况、竞争对手（包括已上市或近期上市的项目）户型配比情况及销售情况充分调研后，对项目户型配比提出建议，上报《项目户型配比建议书》。

（2）项目首期户型配比需要由销售部、主管副总、总经理审批；续建项目户型配比由分管副总经理审批。

（3）上报时间为出方案规划设计任务书前15天。

四、营销推广

1.总体策划

（1）销售部负责对各项目销售的全过程进行策划，形成营销策划方案，营销策划方案应在新建项目立项批准后即着手进行，在续建项目编写《经营策划书（正式稿）》时进行，经公司管理委员会会签后，在项目正式推广前一个月上报总经理批准。

（2）项目营销策划方案应全面确定房地产销售的目标、实现策略及实施步骤。

1）调研分析项目区域市场最近一年市场表现，重点预测项目所在区域竞争楼盘未来一年内供需走势；

2）根据项目定位和区域市场特点，提出切实有效的营销推广定位、目标客户群定位、营销策略、项目包装方案等；

3）根据项目定位及经营决策文件的内容，提出价格定位及销售计划方案等；

4）制订营销费用比例、构成和使用计划明细（总比例及分项额度控制）。

（3）销售部负责组织相关部门对营销策划方案进行审查，并报总经理批准。

2.阶段策划

（1）销售部应根据经批准的总体营销策划方案，在项目开发过程的主要节点结合销售推盘计划分步骤地制定阶段性的宣传推广方案。

（2）销售部每季度应编写《季度营销推广报告》，经公司管理委员会审批通过后执行。报告中每季度的推广策略、营销费用使用计划、营销推广效果评估将作为日常工作中对于推广活动、广告发布等业务的审批依据。

（3）《季度营销推广报告》包括但不限于以下内容：

1）制定本季度营销推广策略（如推广活动、媒体表现、项目包装策略等）；

2）本季度营销费用使用计划、上季度营销费用实际发生情况；

3）对比上季度制定的营销推广策略，上报本季度营销推广效果评估（重点分析专项推广策略与成交情况的关系）；目标客户群及购买用途，媒体获知渠道分析等；

4）一季度报告中应包含全年度总体计划，四季度报告中应包括全年度总体评估。

（4）上报时间：每季度最后一个月月底前（如四季度营销推广报告上交时间为12月31日前）。

3.营销效果评估

（1）销售部在《季度营销推广报告》中对营销策划方案的实施效果进行评估。

（2）评估重点：对前一季度的媒体发布、公关活动、促销活动等推广手段的实施效果进行评估。

（3）评估的主要方法：统计、分析已成交和来访客户信息（例如客户认知途径等），统计分析各类推广费用占营销费用比例；将成交与推广的统计信息进行对比，分析销售总体情况决定营销策略实施或调整方案。

（4）按照营销效果及专项推广费用统计评估下季度需加强、延续、减少或不采用的推广方式。

（5）销售部根据实施效果需要对总体营销方案进行调整的，需要由公司管理委员会进行会审后，上报总经理批准。

4.营销费用

（1）营销费用比例及金额，由销售部根据项目所在地市场情况、项目特征、经营要求、集所属同类项目标准等因素综合制订，提交公司审计部、财务部，作为决策文件制定的依据。

（2）费用指标：在项目各期的经营决策文件中明确总体指标，在《项目营销策划方案》中明确各分项指标，由销售部填写《项目营销费用目标成本表》，并严格执行。

（3）营销费用控制（详见营销费用控制指引）：

1）营销费用控制比例不允许突破。如实际销售收入（或可实现销售收入）与目标销售收入有差异的，营销费用比例不变，金额经总经理审批可进行相应调整。

2）公司财务部、审计部需要对营销费用进行监控，如每期使用的营销费用（含签订合同未付款的费用）超过或接近营销费用目标时，财务部、审计部可暂停营销费用支付及营销推广类合同的审批与签订。

5.推广活动的实施

公司举办大型推广活动（开工、开盘、竣工、入伙、重大节假日等）前必须制定详细的专项活动方案，在《季度营销推广报告》中上报。其中单项活动费用超过1万元的（不含媒体广告发布费用）需要由总经理批准后实施。

6.营销广告

（1）营销广告内容的确认

所有与项目销售有关的印刷制作物料、媒体广告及对外报道等所涉及的文字和图片宣传资料都必须经公司相关部门会签，并经总经理批准后，方可对外发布，重要内容需要经公司法律顾问签字；前期已会签和审批过的资料可直接用于宣传，新的或发生更改的文字、图片内容则需重新按上述程序审批，方可用于宣传。

（2）营销广告发布的确认

公司以各种形式对外发布的所有广告均须经总经理批准后方可发布。

（3）管理工作要求事项

1）在销售广告中一律不得承诺具体数据

①对于项目规划中的各项指标（如容积率、绿化率、覆盖率、配套设施面积、会所面积、学校规模等）不作具体数据的承诺宣传（上述内容中已建成或已施工并经过测绘的除外）。根据销售需要必须宣传的，须报公司管理委员会审批后才能发布。

②在销售广告中一律不得承诺投资回报率、带租约及代为招商。

2）广告合法性

广告内容、表述形式须符合相关法律、法规要求。

3）明示广告仅为要约邀请

在所有广告及宣传资料中加注提示语：“本广告仅为要约邀请，买卖双方权利义务以《商品房买卖（购销）合同》为准”。

4）保存好相关宣传依据

妥善保管好各类广告中所做宣传素材的依据及凭证，如：设计概念、规划介绍、获奖奖项、排名依据等以及通过广告对业主进行的公示（如入伙通知等）。

5）其他

①所有销售宣传资料、媒体广告及对外报道中，涉及主力店合作伙伴内容需经管理委员会审核，并报总经理批准；

②销售部负责收集和整理所有对外广告和宣传资料并完整保存，并每季度都整理、分类、列表提交综合部备案。

五、销售价格控制

1.销售价格审批

销售部必须严格执行公司批准的销售价格，其中销售价格的审批主要分为开盘报告（价格）审批及价格调整审批（含房价款促销活动）。

2.开盘报告

新项目首批开盘前一个月，续建项目分期开盘前两星期，销售部应上报《开盘报告》至公司管理委员会，其中首批开盘报告需报总经理批准。《开盘报告》的内容包括但不限于：

（1）项目区域市场调研分析（市场供需、竞争楼盘）；

（2）销售方案、推盘策略及推盘重点；

（3）销售价格体系、价格策略、价格清单、付款方式、优惠方案等；

（4）销售进度计划、销售回款计划等。

3.价格调整审批（含房价款促销活动）

除批准的优惠条件和《房产价格折扣管理指引》规定的项目公司折扣权限外，若因销售策略需要对10套（含）以上，或总额超过500万元（含）的住宅、商铺、车库（位）等上调价格，必须报公司管理委员会审核，总经理批准后方可执行。

4.销售价格清单保存

原始的销售价格表（含内部掌握的销售底价及对外公开的价格清单）及付款方式应由营销副总经理、财务总监、总经理签字后作为销售档案保存，销售部、财务部各保存一份原件。

5.再购价格方案

分期开发销售的项目，如发生前期已购房客户因退房、换房、违约处理或其他原因而产生的待售房源，客户（含公司内部员工及任何关系客户）再购买此房时，均应按公司批复的当期销售房源的价格执行。

6.销售准备及过程控制

（1）销售准备工作

销售部负责销售准备工作的组织，销售准备工作包括但不限于：

1）销售面积确定；

2）销售合同及相关变更条款的准备；

3）银行按揭安排；

4）售楼工程（售楼处、销售样板间）；

5）项目销售人员招聘、培训；

6）楼书、现场展板及相关宣传资料、销售工具、礼品；

7）现场使用文件（合同、协议书）和各类表单；

8）户外广告及媒体广告发布。

（2）售楼处及样板间

1）售楼处选址、装修标准需上报公司管理委员会；

2）样板间位置、户型、装修数量、装修标准需上报总经理审批；

3）售楼处、样板间等与销售卖场有关的设计、施工、装修、装饰等工作由销售部、经营部牵头主办，相关部门协同办理，相关营销费用的支出需经销售部确认。

（3）薪酬方案分配

销售人员薪酬方案应经销售部、财务部、总经理会签批准，经审批通过的薪酬方案需要调整的，如总提成比例不变，报主管副总经理审批。

（4）开盘报备

开盘前各项准备工作完成后，在开始现场销售（内部认购和正式预售）前，总经理必须组织各相关部门负责人进行全面检查确认，并形成书面报告，报综合部备案。

（5）销售合同文件签订

1）营销部统一制定《商品房销售合同》补充协议范本；

2）项目销售过程中使用的合同文本必须经销售部、法律顾问、工程部、开发部、经营部、财务部、总经理会签批准（包括认购书、预售合同、销售合同、前期物业管理协议，以及针对主管部门规定格式合同拟订的补充条款文本等）；

3）销售过程中，销售部根据实际情况如需变更或补充上述文本条款，在正式承诺客户前必须将变更或补充内容报所涉及的相关部门、法律顾问及总经理进行审批，并设立专门档案，存档备查；

4）在销售阶段必须对所有销售人员进行合同填写、解释培训，并以书面形式明确格式合同的范本，以及补充和变更处理权限，培训工作及培训人员由销售部根据合同培训内容自行安排，并形成培训记录；

5）在办理客户销（预）售合同签订手续过程中，必须经营销副总经理、财务总监、总经理签字认可后方可盖公章。正式签订的认购书和销（预）售合同交销售部归档保存。

（6）销售现场管理

1）公司应建立销售现场的管理制度，包括但不限于：

①销售人员手册，含销售人员统一说辞；

②客户接待行为规范；

③现场环境控制；

④客户接待登记；

⑤销售合同文件填写规范及签订程序；

⑥数据录入及销售统计；

⑦销售业绩考核；

⑧销售日例会、周例会；

⑨销售日志。

2）销售部应及时将销售信息录入电脑，日常销售信息录入时间不得超过2天，重大营销活动（如开盘等）的销售信息录入时间不得超过5天。

3）在重大营销活动期间，应在次日上午将前一天销售情况简报上报公司备案。销售简报内容应包括各种户型的销售套数、面积、金额、均价，投放广告的次数、金额，及扼要说明该档期所组织实施的营销活动等。

4）销售手续办理：销售部应及时为客户办理签约及交款手续，杜绝为公司内部员工及关系人员长期保留房源的现象（总经理特殊审批的除外）。

5）房产销售过程中涉及的任何潜在客户和客户资料，销售部应明确规定客户资料的管理要求，以保证对客户资料的保密。

6）营销人员应按销售部规定的周期及内容填制相关统计表格，并按时提交。

第四章

房地产销售价格折扣控制程序（样本）

一、一般性折扣

1.一般性折扣是指在销售前对全体顾客公开的、顾客在具备相应条件后可无条件享受的折扣。

2.付款方式折扣、贵宾会员购房，以及同一顾客购买第二套（或以上）房屋，按公司规定享受的折扣均视为一般性折扣。

3.一般性折扣方案及折扣比例应根据销售情况，分析对销售计划、销售进度的影响，由销售部和财务部共同制订，经总经理批准后实施。

4.制定一般性折扣方案须经过详细的市场调查和测算，比较目标价格与折扣后的平均售价水平，并综合考虑对公司经营计划和利润的影响。

5.制定一般性折扣方案应适当考虑鼓励一次性付款方式，以减少按揭办理事务，控制按揭担保风险。

6.一般性折扣销售作为一种商业折扣，必须按实际成交价及折后价确认销售收入和应收账款的入账金额。

7.销售部须妥善保管项目历次经各部门会签过的销售价格表原件、销售折扣文件及资料，并报送财务部一份原件存档。

二、特例折扣

1.特例折扣指具有特殊性的顾客在购房时，或者普通顾客在批量购买时，要求享受超出一般性折扣范围的折扣，包括：公司购买折扣、一次性批量购买折扣、领导特批的其他折扣。

2.特例折扣控制原则：

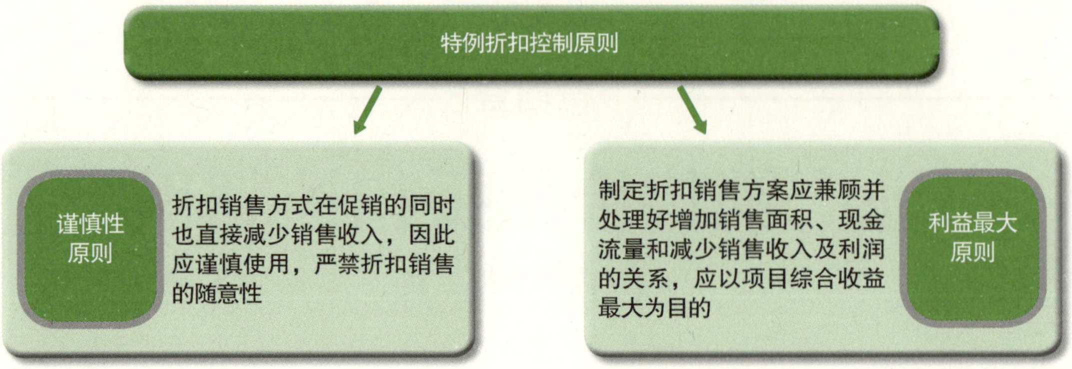

3.各类特例折扣（含总经理审批）所减少的收入，均在当期的销售收入中扣减，销售部应确保实现目标销售收入。

4.特例折扣可以和一般性折扣累加，但是各种特例折扣不得累计。特例折扣的计算，以对外面市销售总额为计算基数，或以付款方式折扣（一般性折扣）优惠后房款总额为计算基数。

5.特例折扣审批备案流程

（1）相关部门填制《销售价格特例折扣审批表》及《申请理由说明》（以内部联络单形式上报）；

（2）报所在部门负责人、主管副总经理审核；

（3）报财务部、财务总监审核；

（4）报总经理审批；

（5）所有审批程序完成后，应在当天报财务部备案。

6.《销售价格特例折扣审批表》共三份：一份原件，两份复印件，销售部保管原件作为销售合同附件随合同保管，销售客服保管一份复印件；财务部保管一份复印件 ；《申请理由说明》共一份，由销售部单独存档，妥善保管。

7.公司购买或同一客户一次性批量购买，可视具体情况决定是否给予适当优惠，具体折扣比例可根据成交数量按“利益最大原则”审慎拟订。

8.公司购买是指以单位名义为在职员工购置1套，或者同一单位的在职员工（以提供的有效劳动雇佣合同原件为证明，公司复印、核准）同时购置2套（含）以上的购房行为；同一客户一次性批量购买是指同一顾客（以直系亲属的名字购置房产且不更名者，可视为同一客户购买，直系亲属仅包括夫妻、父母、子女，以提供户口本原件为证明，公司复印、核准）一次性购买3套（含）以上的购房行为。

9.特例折扣审批权限：

（1）特例折扣减免总额由销售部、主管副总经理审定，报总经理审批。减免总额为每期销售收入的0.1%～0.2%，具体比例视项目情况而定，最终比例及折扣总额在当期公司签发经营决策文件后确定。由董事长审批的额度不计入上述指标。

（2）销售副总经理有权批准的每单项折扣比例最高为房价总额的1%，且折扣总额在2万元以内，一次只能给予一个物业单位折扣优惠。

（3）主管副总经理有权批准的每单项折扣最高额度在3万元（含）以内（一次只能给予一个物业单位折扣优惠）。

第五章

房地产营销费用控制程序（样本）

一、总则

为了加强对公司“营销费用”开支的控制，确保营销费用控制在经营决策文件目标范围内，根据公司相关制度，特制订本指引。

二、公司营销费用的开支依据

在任何一笔营销费用开支前，以及营销费用类合同签订前，销售部务必明确该项费用（或合同）的“营销费用归属经营区域”，财务部将销售部对上述问题的确认作为支付款项或审核合同的依据。营销费用归属经营区域是否合理，由财务部、审计部负责监控。

1.当取得总经理批准的营销费用总额指标，销售部须在上述分项指标范围内办理相关业务，财务部负责监控总额指标。

2.销售部应严格管理营销费用类合同。在签订合同之前，公司财务部、审计部审核该合同费用是否符合总经理批准的营销费用总额指标。

3.所有营销费用类合同，必须经过公司财务部审批，必须有明确的合同总额。金额超过5万元（含）的营销费用类合同必须履行招投标程序。

4.针对投放额度而给予优惠折扣的媒体合同，必须明确合同最高限额，否则不予签署。

三、营销费用的日常控制

1.公司财务部应建立“营销费用台账”，统计营销费用。公司财务部应每月将编制的“营销费用台账”与销售部核对，经营销部签字确认后，报至公司审计部。

2.当营销费用支出（已付金额、应付金额）达到公司审批的“营销费用总额指标”时，财务部不再办理营销费用的开支及合同的签订。

3.公司财务部不办理突破领导批准的“营销费用总额指标”的任何开支及合同的签订，除非获得总经理批准的追加（调整）“营销费用总额指标”的文件。

4.涉及工程业务性质的销售类合同（如路牌广告、展览装修等），合同签订之前，其费用预算须经经营部审核。

四、项目决算时的营销费用确认

1.财务部根据公司下达的决算通知，依据编制的“营销费用台账”计算营销费用的决算金额，并取得销售部的书面确认。

2.在营销费用决算前，财务部会同销售采用权责发生制，对应计入本期决算金额的各项营销费用进行最后的确认。一旦该期营销费用的决算金额得以确认，则以后不得再将任何发生的营销费用摊入该期。

3.营销费用决算方案经公司财务部、营销副总经理确认，再上报至总经理审核。

4.样板间销售额与样板间毛坯房售价的差额，可以在营销费用中抵扣，但抵扣的最高金额不得超过样板间的实际装修费用。毛坯房及样板间装修费用售价的确定须经总经理批准。

5.凡因工程款抵房款业务取得的销售收入，不得提取销售佣金。

五、超支预警

根据“营销费用台账”，公司财务部判断营销费用（含已付、应付额）存在超过“营销费用总额指标”风险时，应通报销售部，并向公司总经理预警。

六、营销费用的基本内容

原则上凡属营销（策划）部发生的一切支出都归属于“营销费用”（分管销售副总经理的工资及工资性费用除外），《销售人员薪酬管理办法》另行规定。财务部对营销费用的核算内容如下：

1.销售人员的工资（含个人所得税）、销售提成总额（包括各种形式的提成、销售提成个人所得税、底薪、社会保险、公积金、餐补等）；

2.工资附加费（福利费、工会经费、公积金、社会保险等）；

3.办公费（办公用品、通信费、水电费等）；

4.办公用房租、物业管理费；

5.差旅费；

6.业务招待费；

7.保险费；

8.车辆费用；

9.折旧及摊销费；

10.媒介广告费；

11.促销活动费；

12.交易费；

13.销售大厅装修费、样板房装修费；

14.其他营销费用。

●项目营销费用目标成本表

建设项目名称	三、销售大厅及样板间的费用
营销费用总计	1.样板房装修费
一、媒介推广费	2.样板间装修折旧费
1.报纸广告	3.销售大厅装修费
2.刊物广告	4.销售大厅设备费
3.电视广告	5.销售大厅维护费
4.电台广告	6.销售大厅包装费
5.灯箱广告	7.看房通道包装费
6.公交广告	四、销售提成
7.互联网广告	1.销售人员底薪
8.印刷品（如楼书等）	2.销售人员提成
9.户外广告牌	五、销售工具制作费
10.工地围墙广告	1.沙盘模型费用
11.楼宇广告	2.促销礼品费用
12.影视片制作费	3.销售人员服装费用
13.其他媒体广告费	六、办公费用
14.广告公司服务费	1.营销部差旅费
二、促销活动费	2.办公费
1.产品推介会费用	七、其他费用
2.开盘庆典费	1.建筑面积测量费用
3.房屋展销会费用	2.产权交易费用
4.促销活动费	3.赞助评奖费用
5.物业管理费优惠	4.机动费用
合计	

第六章

房地产招商管理细则（样本）

一、总则

商务关系是指在项目开发和经营过程中与主力店之间的业务联系，是公司商业发展战略的核心关系之一。建立、维护和发展良好的主力店关系是项目开发的重要基础，是项目成功和持续经营的基本保证。招商部统一负责与主力店进行相关的商务谈判、对接和协调，是公司直接面向客户、面向市场的部门，也是落实“订单地产”的主要环节。公司各相关部门和各分公司应予以配合，充分识别主力店的需求和期望，并用此指导项目产品定位、规划设计和工程施工等业务活动，从而保证项目实现预期目标。

二、招商管理工作责任界定

1.招商部是公司负责商务关系管理的专职部门：

（1）根据公司或相关部门要求，参与公司商业项目的业态规划；

（2）负责主力店招商工作，制订相关招商计划并负责协调相关部门的工作；

（3）负责主力店租赁合同的起草、洽谈和签订，负责主力店合同执行的监督和协调；

（4）负责及时取得主力店的初步技术条件，组织协调规划研究院与主力店的具体技术对接工作；

（5）组织协调与主力店洽谈并确定物业管理界面、相关费用，并签订物业管理合同。

（6）主持协调项目建设中与主力店的关系，如主力店的设计变更、主力店进场装修、物业移交和主力店开业等；负责督办处理项目建设中出现的问题，直至达到合同中约定的相关要求。

（7）负责与主力店的公共关系工作；

（8）负责审查项目中有关主力店的对外宣传内容；

（9）负责所有对外商务谈判、商务来往信函、商务文件的档案管理工作。

（10）负责研究商业领域各业态的发展与特点，参与研究和总结城市综合体的特点和发展。

2.招商部应向集团所属项目公司及时告知和解释主力店的有关要求，与主力店共同确定项目建设过程中的配合计划和配合机制。

3.公司各部应严格按照已确定的主力店有关要求执行和落实，在主力店进场后应积极协调配合。对涉及主力店的现场问题，招商部应立即告知公司相关部门，以便及时进行协调解决，不得擅自解决或拖延不报。

4.在取得地块开发权后，由招商部派出招商人员，负责当地主力店、次主力店（主要为娱乐、餐饮业态）和步行街餐饮客户的信息收集、客户确认、商务谈判、技术对接等工作。

三、主力店需求的识别与评审

1.识别主力店需求和期望

对于具体商业项目，相关部门应分别针对以下两种情况识别和确认主力店的需求和期望。在此过程中，应充分考虑与主力店的长期合作协议的约定要求和商业运作相关的法律规定。

（1）主力店已有书面材料说明的（包括商务条件、技术条件、物业服务要求等），应对其要求进行研讨和确认；

（2）主力店没有书面确认的，应由我方根据以往合作经验或从大型商业案例中总结出的经验提出要求，供其确认。

2.商务洽谈

招商部负责组织各相关职能部门就上述方面的内容与主力店进行沟通和洽谈，按规定的作业流程，及时、准确地理解主力店对项目的要求。商务洽谈过程中，开发部、工程部、经营部均应配合招商部工作，并在其职责范围内对完整、准确理解主力店要求负责。

3.租赁合同拟订

由招商部与主力店客户协商提出合同初稿，初步确定租金价格、交付条件、交付日期、物业费等商务条款。招商部组织开发部、经营部、财务部、审计部、法务律师会审合同初稿。如相关部门对合同中的条款有异议，须书面提交招商部统一与对方谈判解决，并将结果知会有关部门。合同文本拟订后由招商部提交有关领导批准后，与对方签署。

4.租赁合同评审

在签订合作协议及合同前，招商部必须提请分管副总经理召集相关部门对合作协议、正式合同条款，及其附件进行评审，确保规定内容完整，表达清晰、准确，没有含混之处，同时洽谈过程中未取得一致的问题均予以解决以及有能力满足约定内容的要求。合作文本和合同的评审意见必须形成书面记录，并由参与人员会签，承担相应的评审责任。

5.合同签署

由招商部主持与主力店客户签署正式租赁合同，签署完毕后，档案室和财务部留底，招商部负责将复印件送达销售部，并知会各部门，财务部执行履约保证金手续。

6.合同变更和补充

由招商部主持会同双方法务及相关部门协商处理。针对协议（合同）变更要求，招商部必须提请分管副总经理指定相关职能部门负责对变更内容进行评审，经书面同意后方可签订。变更条款经批准签订后，招商部负责以书面形式传递到各相关部门，并跟进各职能部门变更条款的执行情况。

四、主力店的对接管理

1.与主力店的对接管理应遵循集中管理、层层对接的原则。

2.主力店客户的开发、商务条款的确定和商务关系的协调以招商部为主，具体业务的执行由相关部门直接对接处理。无法解决的问题，由招商部负责协调主力店客户与职能部门处理，并视具体情况提请公司领导协调。

3.主力店对接工作，以及确认事项的时机、责任和内容，各业务部门必须按《主力店对接管理办法》的规定执行。

4.对以下事项的沟通，必须形成书面记录（报告），招商部和各职能部门必要时应要求对方签确。

（1）主力店确认事项；

（2）合同（协议）的解释和补充规定；

（3）澄清、解释或补充项目技术要求；

（4）项目配合要求；

（5）对公司人员、项目进度、质量方面的反馈意见等。

5.由招商部负责接收、处理的信息，必须同时以书面文件形式传递到相关的职能部门，由各职能部门直接接收、处理的信息，也必须同时以书面文件形式传递到招商部备案。

6.招商部必须按项目建立完整的主力店联系档案，分类保存与主力店的相关信息和资料，并定期（每月或根据项目运作计划规定）组织相关职能部门进行核对，确保信息传递完整，处理及时。

7.每次与主力店对接协调的事项均应形成备忘记录，并分发至各相关部门。

第七章

房地产招商客户开发工作规范（样本）

建立丰富的客户资源储备是招商工作最为重要的基础，当一个项目有众多的备选客户时，我们的商务谈判才会真正地主动。客户开发是一项长期性的工作，需要持之以恒，而且必须在广泛的基础信息中进行筛选才能确保质量。根据客户开发和筛选的流程，可以把该工作分为基础信息收集、建立联系、重点筛选、深入接洽、持续沟通、建立合作、定期撰写《行业分析报告》几个阶段。

一、基础信息收集

1.首先应该对客户进行分类，目前与我司已有合作关系或潜在合作关系的客户大致分为零售类、娱乐类、餐饮类、配套功能类。

2.获取信息的途径应该是多方面的，除了报刊、电视、网络外，还应包括各种行业协会、相关业内人士、已合作的老客户、企业内部有相关行业和企业从业经验的员工等。每一个渠道都要建立一个固定和有效的信息收集方式，并根据信息更新的周期，不断进行调整和丰富。

二、建立联系

1.信息获得后，要尽快与相关企业取得联系，以获得最直接、准确的信息，并开展下一步工作。

2.建立联系时可先以传真、电邮的形式，表明来意。因只是初步的接触，主要的目的在于弄清对方的主管发展的部门和相关人员，可先不急于表达我司的真实意图。

3.为了在第一时间引起对方的兴趣，应从对方最感兴趣的话题入手，找对人员和部门后再进入正式的沟通。

4.建立联系的结果应是全面获知客户的联系人、联络方式，包括手机、电邮等尽可能多的联系方法。

三、重点筛选

1.经过初步的联系后，我们要对获知的信息进行筛选。筛选有两大关键：一是被筛选的信息要尽可能的全面、真实，二是要有一个较为科学、合理的筛选标准。

2.信息真实、全面主要靠在第一、第二个阶段的工作中进行把握和控制，科学的筛选主要靠不断完善相应的标准，目前的标准主要是店面的品牌影响力、租金承受能力、拓展计划的符合度、房产技术要求等几个方面。

3.品牌影响力实际上是企业实力、管理能力、盈利能力的综合写照，所以这个看似抽象的标准可以被若干反映具体经营水平、规模的数据进行量化。具体可以使用销售额、利润额、员工人数、连锁店数、增长率、行业排名等参数加以衡量。垄断度相对较高的超市、家电等行业的横向比较相对容易，但较为分散的百货、餐饮等行业的横向比较将较为困难，这时可以考虑将比较的范围局限在一个城市中，甚至在上海、北京这种超大型城市中可以局限至项目所在的商业圈内。

4.为了确保信息不被随意筛选掉，筛选的结果和过程应该有多人和各个层级参与。

四、深入接洽

1.初步联系中只涉及双方企业基本情况的介绍和合作意向的探讨。深入的沟通则要建立在具体的项目合作的基础上，为了增强对方的合作信心并最终促成合作，必须增强客户的感性认识，具体可以通过项目的推介、现场参观、邀请来访等方式，还有高层领导的直接参与也有助合作的加速。

2.因为双方尚未有合作的经验，商务人员给对方的第一印象十分重要，此时往来的函件、资料的提供、语言都会是对方判断我司实力的重要信息来源。

3.接洽的深入必须建立在双方现实利益的基础之上，所以必然会涉及具体项目的合作意向以及合作条件，为了知己知彼，在接洽之初就要了解好对方的心理价位（不仅仅指租金），同时也要了解好我方的合作条件的底线，这样才能做到心中有数，从容应对。

五、持续沟通

1.客户的店面拓展计划一般都是企业的核心计划，所以项目确定的周期往往较长，而且牵涉必须由较高层面的管理人员参与确定，有的项目甚至持续数年之久，或经历了几任主管才得以确认。所以保持持续、耐心的沟通十分必要，也很正常。通常并无实际进展状态下的沟通周期在一至两周。

2.为了保持持续沟通，必须要不断制造沟通的由头和机会。通常采用的机会有:提供项目资料、介绍新员工认识、出差拜访、了解其某方面信息（与项目合作无直接关系的）、节假日问候等。

六、建立合作

建立合作，达成具体的租赁合同是把潜在合作关系变为现实合作关系的重要标志，也是我们开发客户的现实目的。

七、定期撰写《行业分析报告》

商务部应对商业领域各个业态进行持续、深入的调查和研究。业务经理在此基础上应就自己主管的业态每半年撰写一份《行业分析报告》，用于指导客户开发、项目推介等招商工作。

第八章

房地产招商租赁谈判工作规范（样本）

商务谈判工作是招商人员必须掌握的一项重要工作技能，商务谈判工作贯穿项目招商工作的始终，甚至延续到整个租赁期。商务谈判在形式上也不仅限于在谈判桌前的相互沟通，信函往来、现场办公、参观考察等都可以作为谈判的不同形式。谈判人员的工作技能也绝非仅靠语言表达能力，精确的计算、建筑、法律、物业管理、机电等知识都必须综合具备才能驾驭谈判。与客户的沟通也不都是唇枪舌剑、据理力争，必要的让步、真诚的理解也能不战而屈人之兵。

为提高商务人员的谈判工作技能，规范谈判工作流程，特制定相应工作规范。

一、谈判前应做的准备工作

1.考察客户

首先应认真仔细地考察备选客户，考察范围包括：

（1）企业基本状况

指客户的名称、投资关系、目前的组织机构和业务分布情况、经营产品的类型、行业地位、近期的发展规划、年营业额、盈利能力等方面的情况。这些信息的获得有利于我司判断对方的经营能力、其发展和我司发展的符合度、租金承受能力，该项工作直接影响着我司项目的定位、合作稳定、甚至租赁收益，是极为关键的一个工作环节。从公司目前合作的主力店客户情况看，基本都是行业内的佼佼者。

（2）需求信息

在了解对方的需求之前，先不要急于推荐自己的房产。完整的需求信息主要包括面积、楼层、层高、通道、机电配置标准，以及对方对进驻房产时间的要求。时间的要求直接反映了其需求的迫切程度，而且也关系到合作的可行性。

（3）经营规划

对于初次合作的客户，我们应该详细了解其租赁我司房产后的使用规划，这其中既包含了楼层经营的布局规划，还包含了其开业筹备计划、长期的市场发展计划。这些计划会在客观上反映出客户对我司项目的关注程度以及其自身的经营能力。

同时其对于该项目的经营数据的估算将成为我司接下来测算其租金承受能力的重要依据。

2.商务方案的设计

（1）客户租金承受能力的测算和调研：客户提供了其单店的年营业额、毛利率、投资回收年限、主要成本情况（水电消耗、人员工资、宣传费用、物流服务费用）、竞争情况等信息后，我们应该大致计算得出该客户的年度租金承受总额，并据此推算出其单位面积可以承受的租金水平。此外，还应对项目所在地同业态的租金水平进行摸底调查，在掌握充分的第一手数据后，得出当地市场的平均租金水平，以此作为确定租金标准的重要依据。在以上信息的基础上，招商部应争取拟订相关业态在当地租金对比表。上述资料应与开发部、销售部实现信息共享。

（2）商务条件的确认：了解公司已经下达的租赁区域的目标租金水平、免租期限、递增率及其他商务条件后，应填写商务条件确认单，经总经理签字确认后，方可作为对外报价和进行商务谈判的依据。

（3）租赁标的物的确认：我们应将租赁区域、通道位置、面积数、其他配套面积等方面的信息和规划部、当地项目公司事先确认清楚，以免提供给客户后发生较大的变化，影响谈判效果。

（4）商务方案的设计、报批：招商部在综合了各方面信息后，应该设计一份完整的商务方案，交部门领导和总经理确认。

3.谈判计划的制订

商务方案得到确认后，我们还应制订一份详细的谈判计划，安排好谈判的阶段性目标、参与谈判的人员、谈判的节奏和频次。

4.谈判小组的组成

确定商务条件和谈判计划后，招商部应牵头成立谈判小组，作为对外进行商务谈判的临时性团队。应提前十五天确定谈判计划和谈判时间并告知相关部门，成立谈判小组及进行谈判的时间安排需由主管副总经理签批。谈判小组除商务部外，还应包括法务律师分别与客户就法务条款、交房技术条件以及物业合同等内容与客户进行专业谈判并负责确定最终谈判结果。在整个谈判过程中，招商部应负责谈判工作的组织、协调等职责，并对谈判进程和最终签约的结果负责。

5.招商部招商职责范围

不论面积多大均由商务部负责招商；具体项目的实际招商界面由管理委员会会议讨论确定；第一次会议在项目规划确定后召开，第二次会议是在介入实际招商后召开。会议确定的内容由总经理签字后生效。

二、谈判中各阶段的主要内容及注意事项

1.初步接洽阶段

首次接触时，因为双方缺乏了解，戒备心理较重，所以不便涉及价格、免租期、递增率等相对较为敏感的问题，也不宜涉及广告位、停车位等具体细节的问题，而应该是对本企业、所在部门、职责的介绍，应向对方表明自己个人对其企业的适度兴趣。并向对方介绍项目的特点，已确认合作的客户、业态规

划方案、项目建设进度。接下来应该转入对对方企业基本情况的了解和对方需求信息的了解。在这个阶段中一般不宜安排高管人员参与接洽，以免误导对方以为我方心态急迫，而对方接待的人员级别则越高越好，以便了解更详尽真实的信息。

2.逐渐深入阶段

随着对目标客户基本情况的逐步了解，以及对方需求信息的基本明确，这时谈判的重点应该是对一些深度信息的了解，具体包括对方对房产需求的准确面积、四至分界、电力供应、装修要求、交房时间、确认程序和签约时间。我方在此阶段要重点提及其他同类别客户的接洽情况，给对方施加一定的压力，同时提出初步的报价方案，注意报价后不要做过多的附加说明。这一阶段的谈判可以安排部门的负责人参加，高管人员可借考察对方企业的名义与对方会面，但不要过多涉及价格，我方对于价格的意见应以书面传真的函件为主，这样既可少受谈判现场氛围的干扰，也可避免讨价还价的尴尬。

3.深入阶段

在商务条件上基本取得一致，才能使双方的谈判进入到深入阶段，在这个阶段里双方讨论的重点一般包括：

（1）面积的计算方式：我司采取的是建筑面积，并且包含各种公摊，而客户往往由于并非专业的建筑行业出身，出于对公摊面积的不确定性，会提出希望以使用面积来计量，应按照公司统一的说法加以解释。

（2）免租期：通常为三个月，超出须得到授权。

（3）押金：这是业主方面保护自身权益的重要手段，一般收取的标准相当于三个月的租金，但如果是订单项目，则此保证金的数额须增加，具体金额应事先取得部门的确认。

（4）租赁年限：一般为五年，超过五年（含）和低于八年应报分管副总经理确认。

（5）付款方式：正常租期内一般一月一付，首付款应该在客户进场之前支付，尽量不要等到免租期结束后再收款。

（6）房屋交接技术条件：通常条件为水泥地面、柱面、天棚，自动扶梯、货梯、中央空调由我司安装到位，土建消防设备由我司负责采购、安装、报批。

（7）物业管理职责界面：通常为我司负责室内外的管理，能耗费用客户自理。

4.最终确定阶段

上述细节条款谈判基本结束时，应该进入到租赁合同拟订阶段，这个阶段的谈判主要是围绕着合同的措辞是否准确表达了双方前期沟通意思，以及对一些前期界定不清楚的事项进行进一步的明确。法务条款中的违约责任是此阶段的谈判重点。同步要注意协调好房产交接技术条件、物业条款中价格、维修责任、电费增值税发票提供等关键条款的确认，以免影响整体合同的签订工作。

房产交接技术条件的谈判和物业管理条款谈判的主导部门应该是招商部和销售部。

三、谈判后需要做的工作

1.做好谈判的备忘，并取得签字确认：每次谈判过后，要及时将会谈结果整理成书面的备忘，作为谈判成果予以固化，避免因反悔影响谈判进度。备忘不是协议，应该客观地反映双方的立场和观点，并将无法取得一致的事项客观列出，双方核对无误后可签字确认，并各执一份。

2.谈判的进度要及时汇报，并针对对方的态度进行相应地调整：对每次谈判的进展情况要及时汇报和反馈，反馈时要实事求是，不要回避问题，并尽可能将对方的原话和说话的前因后果反映清楚，便于公司的准确判断。对方的回函、确认的图纸等书面材料也要尽快提供。

3.拟订下一步的谈判方案。要及时根据对方的态度和我方领导的指示调整我方的谈判计划，常用的策略有：

（1）坚持：此策略一般用于对方初步提出还价条件时，要让对方感觉到我方让步的困难，否则对方会不断得寸进尺，并且对我方的让步无动于衷。反之，对方会对我方的让步感到满足，并以相应的让步作为回报。坚持的项目不仅是租金，还应包括免租期、递增率、交房条件、物管责任等各个方面。

（2）让步：谈判本身就是一个相互让步和相互妥协的过程，让步分为实质性让步和策略性让步。所谓实质性让步是指对损失公司既定的利润目标、增加成本等条件的让步，这是我们在谈判中要慎之又慎，甚至不能有任何退步的，例如面积计量的方式、租赁价格的底线、保证金收取等。策略性让步是指在我司设定的底线范围之内，或本身就是用来让步的虚设防线上的妥协。在双方陷入僵局时，适当的让步可以推动谈判的延续。

（3）搁置：当对方提出的要求我方无法满足或不想立即答复时，暂时的搁置是个好办法。搁置并非中断谈判，而是将某一条款放一放，先谈其他的内容，再回头谈搁置的问题。此策略有利于整体谈判的推进，又不至于丧失我方的原则。

（4）变更租赁标的物：当对方提出的条件确实与我方希望达成的协议存在较大的差距，而这一差距无法弥合时，变更租赁标的物可以打破僵局，并打乱对方既定的谈判计划。

（5）迂回：我司在租金的要求方面无法实现时，可以通过缩短免租期、增加保证金、增加递增率、缩小租赁面积、降低交房技术条件等方式来实现我司的利益，或者通过这些利益的让步来实现租金水平的增长。

四、其他应注意的事项

1.谈判人员的着装

为展示公司的形象和规范，谈判人员在谈判之初，应该着正装。随身的文件要用正规的文件夹或文件包携带，切忌随意抓在手上、塞在口袋里或用一个小包折叠放入。

2.谈判地点的选择

谈判地点一般安排在双方的办公地点或第三方，不同的地点有不同的特点：

对方的办公场所：自方人员处于陌生的环境中，容易产生戒备和被动心理，若在谈判中一直前往对方的场所，会给对方较为积极的暗示，但便于在谈判中了解对方的其他信息。

自方的办公场所：主动性较好，如果是项目公司的所在地，还便于及时了解现场情况。

第三方场所：除了不具备必要的办公设备和保密性差外，双方都不易切入主题，但优点是气氛轻松，便于感情沟通。

3.谈判人员的出场顺序

谈判人员的出场顺序应该是先低后高，并尽可能相互对等。这种对等不一定简单体现在职务上，而应体现在对商务条件的决定权上。高层人员出场时不能否认基层人员承诺的条件，反而应有所让步，所以基层人员要注意把好前期的关。

4.谈判时间的设定

谈判的频次一般取决于双方工作的节奏，过短的时间公司内部的沟通会不充分，过长的时间，又容易产生较多的变化。一般不易超过两周。无论有什么分歧，都应该保持必要的联系，哪怕只是礼节性的问候，如当我司的租赁合同关系到对方整体发展进度计划时，尤其对方在我司的项目中是第二个以上的店时，对方出于占领市场和降低成本的需要，往往较为急迫，尤其是对方的高层领导已经亲临现场作过考察并确定进驻后，更要把握好节奏。

5.函件的送达

函件在传真、电邮、送达后都要跟进确认，并及时了解对方的态度。

6.对自身权限和责任的定位

一些资历较浅的商务人员喜欢凸显自己在公司的地位和权利，其实这极为不利；一会因为缺少足够的授权，而无法兑现对客户的承诺，而使自己陷于尴尬的境地；二是所谈的条件对方一旦答应或回绝，自己没有进一步回旋的余地。较为成熟的做法是既强调自己是商务谈判的主角，又要说明公司是个大企业，相互之间必须配合和监督，很多条件需要通过部门间的沟通才能确认。当然作为谈判的主要责任人，自己会发挥积极作用，向有关部门和上级领导争取有利于双方的条件。

7.高层互访

再严谨的合同也要人去执行！良好的人际关系有助于扩大和延续双方的合作。与业主谈判的过程也是相互交往和建立友谊的过程，邀请对方的高层领导和有关人员访问我司，适时地工作聚会都可以增进友谊。双方高层领导的参与有助于合作的推进。

第九章

房地产招商部品牌主力店对接管理办法（样本）

一、原则：集中管理、层层对接

主力店客户的开发、商务条款的确定以招商部为主，具体业务的执行由相关对应部门直接对接处理。执行中无法解决的问题，由招商部负责协调客户与职能部门处理，并视具体情况要求公司高层出面协调。

二、涉及部门的职能

1.招商部

承担主力店客户的开发，组织商务合同的起草、谈判、修改、会审及核定，主力店客户的日常联系和维护，协调各部门与对方相应部门间的对接工作；及时向上级报告工作进展和日常动态；组织召开与主力店的洽谈会。

2.开发部

摘牌后及时提供土地资料、相关商业数据，项目所在地的市场调研报告等其他相关资料等。

3.规划设计方面专家

提供项目规划设计、布局方案、图纸和参数，主持技术条件的谈判。审核主力店客户的调整方案，参与会审合同。招商部安排专人每周与规划研究院沟通新项目的规划变更情况，规划研究院应及时提供最新版的项目图纸。

4.财务部

确认保证金、租金到账情况，参与合同会审。

5.法务律师

参与合同谈判和合同会审，负责对其中法务条款的审核和确认。

三、主力店主要工作流程对接管理办法

主力店主要工作流程是基于主力店客户已经有明确进驻意向后，具体针对各项目的进驻、位置、面积、装修、交付、开业、营运等各项工作的落实而设计的管理规定。招商部作为该项工作的主要负责部门，其他相关部门有配合工作的义务。

1.主力店进驻意向的确认

由发展部根据需要提供项目发展计划和相关选址信息，规划研究院向招商部提供主力店的规划方案，招商部向有关主力店提交书面的项目情况简介并请对方及时回复。各部门主要职责：

（1）开发部：提供土地和城市资料；

（2）规划设计：提供初步设计方案和平面规划草图；

（3）招商部：明确主力店进驻意向。

2.项目实地考察或举行项目推介会

指协助客户对项目所在城市的商业发展、项目所在位置、人流密度和其他基本情况的考察。或在公司拿地后，招商部组织项目推介会，当地项目公司有义务予以协助。

3.规划设计方案的确定

在项目方案设计过程中，规划研究院负责及时向招商部传达设计方案要点和具体内容，及时提供最新的规划图纸；招商部随时向各相关主力店客户通报并取得对方的意见和建议。

4.协调相关问题

涉及主力店的有关设计协调问题，应召集召开专门的协调会，会议由招商部主持召集。

5.租赁合同的拟订

由招商部（及相关部门）与主力店客户协商提出合同初稿，初步确定租金价格、交付条件、交付日期、物业费等其他商务条款。商务部分别征询规划研究院、财务部、审计部、经营部、法务律师会审合同初稿。如相关部门对合同中的条款有异议，须书面提交商务部统一与对方谈判解决，并将结果知会有关部门。合同文本拟订后由招商部组织联合会会审并提出结论性意见，并提交分管副总经理批准后，与对方约定签署。

6.租赁合同的签署和保管

由招商部主持与主力店客户签署正式租赁合同，签署完毕后，交公司档案室和财务部留底，如有需要按规定调阅。

7.签约仪式的举行

在项目已有数个主力店客户与我司签署租赁合同后，为了促进后续招商工作并配合楼盘的销售，招商部应择机举行签约仪式。当地项目公司有义务进行配合。

8.主力店设计变更

已确认的主力店设计方案发生变更时，规划研究院须及时告知招商部，招商部与主力店协商取得一致意见并报经总经理审批后由规划研究院发出，设计变更的备份文件交档案室与原合同一起保存，招商部应及时通知有关部门。

9.施工进度协调

招商部根据《租赁合同》约定的进场装修日和开业日计划，与工程部保持经常沟通，并随时应主力店要求将进度通报对方。每一次由于滞后或其他原因引起的施工进度计划调整，由项目经理提出书面报告并说明理由，招商部负责存档并通知有关部门。

10.对外宣传资料的确定

招商部定期向销售部提供主力店客户的基本资料，并在楼盘开业前一个月提供关于业态的描述，项目营销方案中涉及主力店的介绍和宣传，由招商部统一提出，经主力店相关部门协商确认后，方可采用。

11.进场

当主力店承租房屋已具备进场装修条件时，招商部应提前向工程部、物业公司提交主力店进场装修通知书，公司审核同意后发出进场交接通知，进场程序按《主力店进场移交注意事项》中的规定执行。

12.房屋正式交付

按照《主力店进场移交注意事项》和公司交接验收的规定，由招商部主持，通知主力店相关部门，会同其他有关部门按合同约定的条件和方式履行交付手续。

第十章

房地产招商租赁售后服务工作规范（样本）

房屋的租赁是一项复杂的业务，其租赁期限要跨数年甚至数十年之久，其间会不断出现各种问题，而招商部作为我司对客户合作的主要窗口部门，不可避免地要承担协调和信息中转的功能。根据公司的要求，租后服务也是商务部一项重要的核心工作。良好的租后服务可以不断扩大合作范围和维持长期合作关系，所以必须十分重视租后服务工作。常见的租后服务工作包括以下一些方面，相关工作规范如下。

一、设计变更的处理

1.对方提出的设计变更

首先要征询该等变更是否会影响项目的建筑结构、投入成本、相邻客户的权益、建筑规范、工程进度，每一项的影响都应该认真和规划工程部门沟通清楚，不能擅自答复对方。关于变更造成的影响，要以函件的形式表达清楚，然后征询解决的方案，一般不要直接拒绝，尤其在没有详细阐述原因的情况下。若对方提出愿意承担责任或给予补偿，招商部人员可尽量帮助对方协调，争取满足对方的需求。

2.我方提出的设计变更

同样要了解该等变更会给客户的入驻时间、租赁面积、租赁结构、广告位、店招位、装修档次、设备配置带来的不利影响，并预先和公司研究补偿的方案，并协调各部门研究该方案对我司造成的综合影响，待意见统一后再向客户提出。

二、场地交接工作

1.变更进场日

在租赁合同中，都有关于变更进场日的权利条款，招商部必须高度关注项目的进度，如果需要提前变更进场日，必须在合同规定的期限之前，以免造成违约。

2.通知进场

招商部应在合同规定的期限前向客户发出进场通知，在正式通知客户进场之前，商务人员必须事先对照原房屋交接技术条件，核对工程到位情况，以免客户提出后被动。

3.有条件接受

为推动项目的整体开业，应尽量说服客户进场，对于提出的未满足的条件，可以在验收后注明，并请公司逐项落实到位。

三、开业配合工作

1.开业时间确定

应尽量让客户以书面的形式确定开业的时间，并主动让客户提出需要我方配合的工作。招商部应将客户的需求通报给相关部门，并跟进落实，从而保障客户的顺利开业。

2.开业仪式

如客户安排了开业仪式，自方应尽量提供活动场地、保安、货物进出、临时广告位等各方面的支持，另应提醒公司赠送开业花篮，并尽量安排高层人员参加其开业仪式，以示尊重。

四、客户欠租问题的处理

1.客户欠租往往是因为房屋技术条件、交场日期、物管责任等方面的纠纷引起的，所以当招商部去协调欠租事宜之前，必须听取客户方陈诉的理由，并在公司内部核对情况，搞清问题的症结。

2.欠租的直接管理部门是物业管理部，如进入诉讼程序，则是法务部门的职责，所以招商部处理欠租纠纷的原则应该是通过协商解决问题，而不是凭借强力解决问题。

五、租赁物质量问题的处理

质量方面的投诉和纠纷应参照上述处理原则执行。

六、提前终止协议的处理

1.我方单方面终止

我方提出单方终止合同之前应该充分考虑到对自身以及客户的影响，应事先准备好补偿方案，并得到公司的确认方能行动。在采取行动之前必须和各部门协调一致，相关进展也必须及时向领导汇报。

2.客户单方面终止

接到客户单方面提出的终约要求时，招商部应首先判断客户需求的真实意图，弄清楚客户是真的要解约，还是另有其他的利益图谋。

3.解约重大事项处理

因解约请求属重大的事项，必须第一时间报总经理知晓，并迅速转有关上级和部门预知，同时应立即采取停付往来款项、保安监护好场内资产等措施来避免损失的扩大。接下来应跟进各有关部门研究应对方案，及时作出反应。

七、变更合同条款、续签合同的处理

签约后的合同条款的变更和续签合同都相当于重新签订合同，所以必须依照商务谈判的规范和签约的流程规定开展。

八、产权面积确认的处理

因我方签订租赁合同时很多房产尚在建设之中，面积无法最终确定，所以在合同中约定的仅是暂测面积，最终面积应以产权测绘部门测定的为准。所以项目建成，产权面积测绘后，需要比照原合同面积，及时协调办理多退少补的事项。该工作主要由公司开发部落实，招商部应予以协助。

九、证照预约提供的处理

签约时有些证照尚未办理，所以无法提供，但一般都在合同附件里约定了具体提供的时间，商务部人员应及时做好备忘，按时向客户提供这些陆续获得的证照。

第九模块
Module Nine

房地产工程施工及管理制度

第九模块思考

工程施工及管理环节是整个房地产开发过程中最为具体的环节，也是将构想变成产品的关键阶段。这一块与策划代理商公司、施工方、规划设计公司、园艺绿化公司等各种主体完成对接。如何使执行环节的标准化、清晰化、高效化，必须建立一套完整的制度予以执行，本模块通过24个制度的范本分析与呈现，让我们从这个环节找到高效运营的密码。

第一章

房地产公司工程项目工地例会制度（范本）

一、目的

完善工程管理制度，加强对在建工程的进度、质量、投资控制的管理，提高工作效率，加强建设单位、监理单位、施工单位等有关方面的协调及联系，切实解决工程建设中实际存在的问题。

二、工程例会的组织

1.工程例会为定期会议，每次例会时间由各项目部自定。

2.工程例会主持人为工地项目经理、总监理工程师。

3.工程例会参加人员包括项目经理、驻项目公司各专业技术人员、施工单位和监理单位相关人员。

4.项目公司应提前与监理单位进行沟通，当预计要有重大问题决策时，需请示公司总经理参加。

5.会议的时间变更或取消由工程例会主持人决定。

6.会议结束后，由记录人员整理形成《例会纪要》，并于会后第二天发给与会人员。

7.与会人员参加例会时需签到，收到《例会纪要》后需签收。

8.监理单位每月要出一份《监理月报》发至各与会单位，项目公司应及时将《监理月报》传递到公司，供公司领导审阅。

9.项目公司人员应将每一份《监理月报》和《例会纪要》登记、备案。

三、工程例会会议程序

1.施工单位施工人员对本周工程进度以及下周工程进度的安排进行汇报，提出本周工程施工中所遇到的设计、施工、材料供应等各方面存在的问题，并对下道工序的施工方法、进度、安排进行说明。

2.项目经理、各专业技术人员，对施工单位提出的问题进行答复。监理公司对本周施工监理过程中的施工质量、进度、材料供应、投资控制、安全生产情况进行说明，并提出监理过程中所发现的问题，提出相应控制措施。项目经理对各施工单位之间、各专业之间在施工中所遇到的配合问题进行协调。

3.其他与会人员进行会议发言。

4.例会主持人对会议进行总结。并对各与会人员提出的主要问题通过讨论做出结论，对本周工程建设概况进行总结，并对下周监理工作做出具体部署。

5.每月最后一个例会，除以上会议内容以外，要求施工单位将本月的计划与实际完成进行对比，查找原因，落实责任，并将下月工程建设的安排列入该会议的议程。

四、工程例会落实

1.工程例会纪要是过去一周工程建设的集体检讨和全面总结，对在建工程具有指导意义。

2.监理单位及驻项目各专业人员在日常监理过程中，应把例会纪要所提出的施工、材料供应、投资控制以及各工种、各专业之间的协调问题作为监理的一项具体工作内容，并对各种问题的解决情况作监理记录，并在下次的例会上对上述问题的解决情况做出汇报。

3.监理工程师应督促各施工单位在工程建设中严格遵守工程例会对工程建设中发生的问题所作出的结论，处理施工及其他矛盾，并要求施工人员在下次例会上，汇报上次例会纪要中有关问题、处理情况和有关结论的落实情况。

第二章

房地产工程施工图纸管理制度（样本）

一、目的

施工图纸的管理是房地产企业技术管理中的重要环节，是正常的工程施工管理、良好的物业管理所必须，并为最终的竣工结算打下基础。

二、施工图纸管理内容

1.接到设计单位送来的图纸应立即整理、编号和分发。

2.完整的施工图应包括总配图及总说明、总目录、建筑图、结构图、设备图（给排水、采暖、通风、空调、设备安装等）、电气图（配电、照明、综合布线、自动报警、安防等）、室内装饰图、标准图、通用图、设计说明书等。

3.施工图纸的数量应为20套，包括精装本4套，平装16套。

三、施工图纸的管理程序

1.图纸的整理。收到图纸后，核对其套数、页数、种类，并按用途进行分类、编号、登记。

2.图纸的分发。

（1）项目公司申报开工证及进行工程招标、消防报审、设计审查各一套。

（2）公司存档2套，总工1套，工程部、经营部各1套。

（3）工地现场2套。

（4）施工单位4套（为其保留4套作为绘制竣工图使用），监理公司1套。

（5）分发登记：分发时间、领取人单位、姓名、数量。

3.图纸的保管，图纸由驻项目公司工程技术人员保管。

4.图纸的收回、作废，对因设计变更而作废的图纸应及时收回、登记，并加盖作废章。

四、竣工图纸的管理细则

1.工程竣工验收后一般在30天内应完成竣工图，由施工单位负责绘制。

2.一般少量的局部变更可在原图上更改。

3.对局部更改（变更量大于上条者）可在图上增画大样图或部分更改图。

4.对改动较大的部分要重新绘制。

5.竣工图一般应绘制4套，绘制完成后由监理公司审核。

6.监理公司审核后加盖审核章上交驻项目公司技术人员。

第三章

房地产工程现场施工图审制度（样本）

一、目的

为使工程设计符合开发经营的要求（功能、标准、构造、经济等），减少设计误差，明确设计要求，促进开发项目顺利进行，特制订本制度。

二、施工图审学组织

1.一般性项目的图纸审学由工程部组织进行，对小区或超过一定规模以及重点项目应由公司总工程师组织审学。

2.开发公司参加审学人员为项目公司、工程部、经营部、开发部相关人员。

3.施工单位确定后，施工单位、监理单位也应组织审学。

4.对审学图纸要做认真记录，并分类整理形成《审学图纸意见书》，送达设计单位以备解决答复。

三、图纸审学内容

1.施工图设计是否符合设计委托书中功能、标准、构造、规模、经济等方面的要求。

2.与政府批准的规划、方案对照，是否有不符之处。

3.图纸本身是否存在错、漏、碰、缺和不符合现行规范、规程的地方。

4.配套工程是否完善。

5.图纸设计中采用的新技术、新工艺、新材料及构配件的设备有无实施性困难。

四、图纸审学程序

1.按图纸种类分，审学程序为应先总图，再基本图纸，最后是详图。

2.按专业分，审学程序为应先建筑图，再结构、设备、电气图，最后是室内装饰图。

第四章

房地产工程施工图设计交底制度（样本）

一、目的

为全面贯彻设计要求，使参加施工的各单位人员思路一致，最大限度地避免施工中出现失误，同时，也为解答《审学图纸意见书》中所提的问题，特制订本制度。

二、施工图设计交底的组织

1.设计单位参加人员：项目负责人、土建、安装（给排水、电、暖、通等）工程的设计人。

2.施工单位参加人员：项目经理、技术负责人、各专业施工人员、预算员。

3.开发公司参加人员：工程部、经营部技术人员。

4.监理公司参加人员：项目总监或总监代表，各专业监理工程师、造价师、记录人员。

5.由项目总监或总监代表负责组织、主持。

6.参加人员在图纸会审记录上签名、盖章，一式四份，各单位一律存档。

三、施工图设计交底的基本内容

1.设计人员的设计意图与构思，建筑构造要求，特殊部位以及有关标准。

2.结构方案的实施要求，关键结构部位的施工要求。

3.设备、电气工程的技术要求，技术参数的核对。

4.对各专业间穿插施工的要求。

5.采用新技术、新工艺、新材料的施工与工艺要求、消防要求。

6.其他需提出和交待的内容。

四、施工图设计交底的基本程序

1.确定施工单位、监理单位后，并各单位人员配备齐全且已全部到位。

2.先由设计单位对《审学图纸意见书》中所提问题统一解答。

3.按各专业分组进行，做到相互学习，有问有答，最后进行专业间配合问题解答。

4.设计、监理、开发、施工单位负责人发言，由总监进行总结。

第五章

房地产施工现场临时水电使用管理办法（样本）

一、目的

施工用临时水电的正确使用与计量，对保证工程施工正常进行，工程竣工决算水电费的计量有着非常重要的意义。

二、适用范围

本规定适用于各项目公司工程管理中施工现场内所有的施工单位的临时用水、用电及水电设施的使用、管理、计量。

三、规定的内容

1.项目公司及开发部应将工程所在地的市政配套手续办妥，技术资料搜集齐全。

2.工程技术人员根据工程所在地的市政配套现状资料并参考各施工单位报审的施工组织计划书中所提出的临时水电需求总量，计算出本项目的临时水、电的总负荷（包括水表的型号、数量、排水管道的直径等；变压器的容量、电压等），形成书面资料报项目公司经理批准，并配合项目公司市政人员作好临时水、电的接入工作。

3.如果情况允许，应该将施工用临时水电的接入与工程完工后的正式用水、用电同时考虑，以避免二次浪费。

4.临时水、电接入后应根据工程现场实际情况，配合监理工程师绘制整个工地的临时水、电分配图。

5.各施工单位之间出现水、电需求矛盾时，应督促监理工程师进行协调，并优先考虑工程人员生活、安全的需要及重点工程的正常进行。

6.在施工单位进入、撤出工地现场时，相关工程技术人员组织监理单位、施工单位相关人员对施工用水表的表号、数字、型号及电表的型号、表号、数字、互感器的倍数等参数记录并三方签字认可，项目公司设立专门档案，工地有专人负责。

7.工地临时水电负责人员，应根据工程所在地的实际情况定期检查各施工单位的临时水电使用情况，将水表、电表的数字记录并三方签字认可后转交到项目公司财务人员。

8.各施工单位在各自施工场地内的临时水电使用、管理，在监理单位与开发单位的监督下进行，并监理单位与开发单位对其安全性负全部责任。

9.各施工单位变更水表、电表及变更使用位置时，应报监理单位、开发单位批准后方能进行。

10.临时水电的使用应遵守当地行业部门的内部规定。

第六章

房地产工程分项、隐蔽工程及竣工验收管理制度（样本）

一、目的

对分部、分项、隐蔽工程及竣工验收进行管理控制，确保经过验收后的工程质量达到规范及设计要求。

二、适用范围

适用于各项目分部、分项、隐蔽工程的验收及竣工验收。

三、职责范围

项目公司负责组织专业技术人员进行工程量、工程质量、技术资料的验收。

四、管理控制程序

1.隐蔽工程验收必须在下一工序前进行，由项目经理委托驻工地工程师监控监理公司对隐蔽工程进行验收，并作好监控记录。对隐蔽工程中不符合设计要求或施工规范规定的部分，项目公司会同监理公司以书面形式通知施工单位，限期整改，处理符合要求后，再进行验收。隐蔽工程中的重要部位整改时应摄影（拍照）备查。

2.对于重要的分部、分项工程，各专业工程师会同监理工程师按照施工规范验收。其他项目进行不定期抽检，对抽检不合格项作出处理意见及抽检记录。

3.竣工验收。

（1）工程完工、竣工资料整理完毕后施工单位组织人员进行全面自检，并填报竣工验收报告送交监理公司审核。

（2）项目公司经理收到监理公司送交的竣工验收报告后，2日内通知监理公司组织验收。

（3）监理公司组织监理工程师、各专业工程师、施工单位有关人员根据《建筑、安装工程质量验收评定标准》及相关规范对工程进行全面检查，并由监理公司填发《质量处理通知单》，督促施工单位在规定的时限内整改完毕，并及时进行复检。

（4）项目公司经理负责审查《竣工工程质量等级核验表》。

（5）监理公司、施工单位对竣工资料进行全面检查合格后，由施工单位报送质量监督站，等待竣工验收。

（6）对质量监督站所提出的问题由监理公司填发《质量问题处理通知单》，督促施工单位限期整改完毕，并报送整改报告，直至通过竣工验收。

第七章

房地产工程交接验收管理制度（样本）

一、目的

为使工程质量、使用功能符合开发要求，方便物业管理，减少与业主之间的纠纷，明确开发单位与施工单位之间的责任及物业与开发单位之间的管理界限，特制订此制度。

二、适用范围

公司开发的所有项目在竣工验收后的交接验收过程。

三、内容

1.交接验收的依据

（1）工程发包合同；

（2）施工图纸、设计变更、竣工验收资料；

（3）国家现行施工规范；

（4）质量监督站的验收意见；

（5）委托物业管理合同；

（6）销售合同、业主入住手册；

（7）国家有关其他规定。

2.交接验收的组织

交接验收的组织在质量监督站最后一次整改报告批复后。由项目公司经理组织、安排，参加人包括开发部、工程部、销售部、经营部、物业公司、监理单位、施工单位相关人员。项目公司指定专人进行记录，完成后请相关责任人在原始记录上签字，并于三天内将整理记录发于各参与单位。

3.交接验收的程序

（1）开发部、销售部的侧重点在于工程的使用功能、标准是否符合要求。

（2）工程部主要以工程施工质量、工程的完整性为重点。

（3）物业公司的验收重点除工程质量外，更要着重于检修的方便、设备的运行、技术资料的完整等。

（4）按照专业分组进行验收，一般划分为土建（含建筑、结构、装饰等）、设备（含给排水、采暖、通风、空调等）、电气（含变配电、动力电、照明电、消防、通信、安防等）。

（5）每天（或每单位工程）验收完毕后，各组进行分组整理并交给记录人员统一汇总。

（6）属于施工单位质量问题的，要求监理公司针对汇总情况下达整改通知，限期完成。

（7）属于开发单位自行安排的项目，项目公司经理应要求工程部、经营部督促完善。

（8）各方整改完毕，经验收通过后由项目公司经理签字，交由物业公司管理。

第八章

房地产工程施工控制程序（样本）

一、目的

通过对工程施工控制，确保工程施工的顺利进行，保证工程建设的进度和质量目标的顺利实现。

二、适用范围

适用于所有项目的单位、分部、分项工程各施工阶段的控制管理。

三、内容

1.项目公司经理负责项目实施进度计划的总控制，并负责施工过程的总体协调及重大变更的下发实施，负责审批监理公司提交的项目监理实施细则或项目监理规划。

2.各专业技术人员做到熟悉图纸，参与图纸审学、技术交底，负责现场协调，巡视工地，监测监理公司的工作情况，保存有关记录，做好技术资料管理、移交工作。

四、控制程序

1.工程施工准备阶段的工作

（1）工程部审查监理单位的监理大纲、监理规划及监理实施细则。

（2）监理公司在开工前审核施工单位提供的施工组织设计，并由监理工程师签署审核意见后转交项目公司审核，项目公司审核的重点如下：

①施工计划安排是否符合要求；

②施工部署、施工方法是否切实可行；

③施工平面布置的合理性；

④质量管理组织措施是否能够保证质量目标的实现；

⑤冬雨季施工措施是否能够保证工程的顺利进行；

⑥对工程安全方面的薄弱环节所采取的措施是否能够满足施工安全目标的实现；

⑦工程成品保护措施是否满足验收要求。

（3）由工程部组织开发部、经营部、施工单位、设计单位、监理单位进行图纸会审和技术交底，执行《图纸审学制度》、《施工图纸设计交底制度》。

（4）由项目公司组织现场技术人员进行施工现场的有关准备工作，向施工单位提供施工场地的地下、地上管网线路资料，并将水准点与坐标控制点以书面形式交施工单位，并现场交验。

（5）项目公司组织现场技术人员、监理单位、施工单位召开开工会议。会议对开工前的各项准备工作进行检查，确定施工联络方式，创造良好的施工环境。

2.工程施工进度控制

（1）工程部与监理单位审核施工单位的工程总进度计划、分项工程工期安排是否符合总工期控制目标，施工总平面图是否存在影响工程进度、现场文明施工、现场安全施工的因素，对审核中发现的问题由监理单位督促施工单位进行整改。

（2）项目公司组织监理单位审核施工单位的材料设备的采购计划与施工进度计划的同步性，对不能满足要求的计划进行修正。

（3）由工程部组织监理单位对施工单位的劳动力进场情况、施工机械配置情况、周转性工具材料的进场情况进行监督检查，确保满足施工进度计划的需要。

3.工程施工质量控制

（1）工程部组织监理单位监督检查施工单位严格按设计图纸施工，并符合国家规范、标准；对重要分项工程要督促施工单位制定切实可行的施工方案，并监督实施。

（2）工程部监测监理公司及施工单位，确保使用经检验合格的材料、构件及设备。

（3）工程部督促监理单位做好施工中的质量检查，并与监理单位一起检查施工单位对质量问题的处理情况。发生质量事故时，由监理单位组织进行调查处理。

（4）工程部组织施工管理人员进行现场巡视，及时处理施工中存在的质量问题，并做好记录。

（5）在每周的工程例会上，由监理单位对工程施工质量情况进行总结，提出存在的问题，研究制定措施，并监督实施。

（6）工程部对工程施工过程中的设计变更，应执行公司规定。

（7）工程部督促施工、监理单位及时报送有关工程建设的各种文件资料，由项目公司资料员做好档案文件的收集、整理、移交等工作。

（8）对关键的设备安装和施工工序，由工程部进行重点控制，加强监督检查的力度，采取有效的措施，对各个环节实施连续的监控。

4.工程施工安全控制

（1）项目公司组织工程部监督监理单位检查施工单位是否建立、健全与现场安全、文明施工有关的规章制度。

（2）监理单位组织施工单位每周进行一次工地安全检查。记录检查中发现的问题，并以监理通知的形式下发施工单位，责令限期整改。

（3）项目公司组织对发生的安全事故，进行调查处理。

5.工程验收控制

（1）工程部依据《分部、分项、隐蔽工程及竣工验收管理制度》的规定，监督监理单位、施工单位进行分项、分部、单位工程及竣工验收工作，未经验收，施工单位不得进入下一道工序施工。

（2）工程部组织设计、监理、施工单位及时到质检部门办理阶段性验收和工程竣工验收。

五、记录

施工组织方案审查记录。

第九章

房地产工程变更控制程序（样本）

一、目的

房地产工程变更控制程序是工程日常管理中一项重要的工作，是通过遵循规定的控制原则和执行既定的工作流程，将项目总投资和单位成本控制在工程预算或工程合同造价的目标范围内，使项目利润最大化。

二、内容

1.建设单位、设计单位、施工单位和监理单位都可以提出工程变更。

2.工程变更包括：设计变更，工程量变更，有关技术标准、技术规范、技术文件的变更，施工时间的变更，施工工艺或施工次序的变更，合同条件的变更。

三、原则

1.尽量减少变更的原则。各部门技术人员要充分做好工程前期工作和施工前准备工作，把工程变更降至最低限度。

2.严格控制的原则。要严格控制设计变更审批权限，健全设计变更的审批程序，防止任意提高设计标准，改变工程规模，增加工程投资费用。

四、工程变更的管理范围划分

1.设计变更、技术文件变更、施工工艺变更由工程部负责，经营部配合完成；

2.工程量变更、合同条件变更、施工时间变更由经营部负责，工程部配合完成；

3.一般性的变更由项目经理作最后审批；

4.对项目投资、工期影响较大的工程变更报请公司总经理、董事长批准。

五、工程变更的程序

1.工程变更根据提出单位的不同审批程序略有不同。

2.施工单位提出的工程变更：

（1）施工单位将变更申请、变更方案提交给监理单位。

（2）监理单位召集相关监理工程师根据施工合同、现场实际条件等因素对变更申请、变更方案进行研究，同意的出具书面意见一并交给建设单位，不同意的出具书面意见后返回施工单位。

（3）各部门根据管理范围不同，出具各自书面意见，提交项目公司经理进行汇总审批。

（4）项目经理同意的，在征求设计单位同意后，由相关部门下发变更意见书；不同意的由相关部门出具意见返回监理单位。

3.建设单位提出的工程变更：

（1）建设单位提出工程变更后（设计单位同意后），连同变更说明书一并下发给监理单位、施工单位。

（2）监理单位、施工单位如有意见须在规定的时间内反馈给建设单位。

4.监理单位提出的工程变更在经建设单位及设计单位同意后可下发执行。

5.设计单位提出的工程变更转交给建设单位后，由建设单位组织监理单位对变更进行分析，造成即成损失的，要明确责任后，下发给施工单位执行。

第十章

房地产工程监理管理程序（样本）

一、目的

做好工程监理公司的管理工作，保证工程质量，缩短建设周期，提高投资效益。

二、监理公司的选择

1. 签订“建设工程委托监理合同”

工程部组织确定监理单位，签订“建设工程委托监理合同”，明确工程监理的任务，施工阶段监理单位依据合同规定按时进驻施工现场。

2.监理单位应具备的资质条件

（1）投标单位必须具备相应的资质；

（2）类似于该工程的阶段监理经验或全过程监理经验；

（3）具备与该工程所包括的设计、土建、安装、装修全部工作内容相适应的实际工作能力，全面进行“三控”（进度控制、质量控制、投资控制）、“两管理”（合同管理、信息管理）、“一协调”（业主与实施方以及实施方之间）和安全文明施工；

（4）具有进行工程建设项目现代化管理的能力；

（5）具有完成与该工程类似的工程项目招标、评标的经验，以及具有编制招标文件，制定或审核标底的能力，建设项目现代化管理的能力；

（6）具有编写符合规程、规范的竣工资料的能力。

3.对监理单位的要求

（1）监理单位应能独立完成该工程项目所委托的全部监理工作，不得转让或分包；

（2）提交该项工程的监理大纲和监理规划；

（3）参加该项目总监成员和其他监理工程师的资质要求与人才网络要求；

（4）从事监理工作的人员组成应能满足该项工程的全部专业要求，监理单位需提交工程进度监理人员上岗直方图和监理机构设置框图；

（5）报送该项工程监理任务所必需的设备清单（其中注明自身能提供的部分）；

（6）提供准备用于本项工程监理工作的各种主要监理表格、向业主发出的报表格式、监理单位进行管理的监理记录和资料管理表格等；

（7）提交实施该项目工程报价和计算依据；

（8）填写监理单位情况调查表。

三、施工阶段监理工作的主要内容

1.协助业主编写开工报告；

2.协助业主确认施工单位选择的分包单位；

3.审查施工单位提出的施工组织设计、施工技术方案和施工进度计划，提出改进意见；

4.审查施工单位提出的材料和设备清单及其所列的规格和标准；

5.督促、检查施工单位严格执行工程承包合同和工程技术标准；

6.协调业主与施工方之间的争议；

7.检查工程使用的材料、构件和设备的质量，检查安全防护措施；

8.检查工程进度和施工质量，验收分部、分项工程，签署工程付款凭证；

9.整理合同文件和技术档案资料；

10.按业主要求在现场实施ISO9000质量计划并配备相应的人员；

11.组织设计单位和施工单位进行工程竣工初步验收，提出竣工验收报告；

12.组织召开工程例会。

四、建立监理公司档案

1.依法签订的监理委托合同。

2.各种工作会议记录。

3.监理工作的各种表格：向承包商发出的表格、向业主发出的报表、监理记录、监理月报、往来的文件和函电。

4.业主的各项批复。

5.对监理的考核，包括管理水平、总监素质、监理工程师的素质、上岗情况、监理组织机构的完善、监理手段。

五、监理效果的评价

1.成绩：设计图纸的审查；深入现场及时发现并解决问题；向业主提出合理化建议；帮助承包商解决疑难问题。

2.由于监理失职造成的失误。

3.业主对监理的评价。

4.承包商对监理的评价。

第十一章

房地产工程招投标管理规定（样本）

一、公司采用工程招标的方式确定工程施工承包队伍。

二、公司工程招标的方式有公开招标、不定向议标、定向议标。单项工程发包、重要单位工程发包原则上均采用公开招标的方式进行；有特殊要求的单位工程发包和分项工程发包可采用不定向议标或定向议标。定向议标的工程发包范围：

1.工程造价在10万元内的非关键工程；

2.价不变；

3.因政策等原因，承包商目前处于无竞争地位（或垄断）；

4.其他特殊原因。

三、实行公开招标的工程发包由项目经理牵头，经营部组织委托招标代理机构代理招标。实行公开招标的工程发包遵照国家招投标法及行业相关管理办法执行。

四、实行议标的工程发包由项目经理牵头，工程部编制初步施工方案，经营部自行或委托编制标底（委托编制的要审核），并参照国家招投标法及行业相关管理办法由经营部组织开展。

五、提出招标及招标前准备。工程部根据开发项目的总体进度安排，提出工程招标时间及时机。项目经理负责安排招标前的各项准备工作。

六、工程招标前应对工程承包商进行资格预审。资格预审分虚审及实审。虚审就是审查工程承包商报送的资料。虚审由经营部组织，工程部、财务部、审计部等相关部门配合。虚审的内容包括：

1.应具备的符合发包工程要求的施工资质、营业执照，异地施工的企业必须提供发包工程所在地的注册证明文件；

2.近两年的合同（包括内容）履行情况，权威部门认定的施工质量情况；

3.近两年的年终财务报表及流动资金状况；

4.现有施工任务（含在建及未开工工程）；

5.企业自有设备一览表，企业人力及物力资源情况；

6.其他需要预审的内容。

以上内容按照业务对口的原则由公司经营、工程、财务等职能部门分别评审。评审就是由公司总工程师组织工程部、经营部等部门对工程承包商近两年的在建及已完工程进行考察，并听取相关业主反馈意见。

采用公开招标方式的，资格预审后参与投标的工程承包商数执行国家或行业相关规定；采用不定向议标方式的，资格预审后参与投标的工程承包商不得少于三家。

七、招标文件的起草。实行公开招标的招标文件由受委托的招标代理机构（或经营部）起草；议标工程的招标文件由经营部起草。招标文件主要内容应包括：工程名称及概况、投标人完成招标内容的要求、投标须知及有关日程安排、投标书的内容要求。

八、招标文件的评审。招标文件编制好后，公司经营、工程、财务、审计等职能部门就其中主要条款及要求作出书面评审，报项目经理及总工程师确认，确认后的评审记录为招标文件修改及正式成文的依据。

九、标底的编制。公开招标的标底原则上均委托社会中介机构编制。标底的委托方式及编制原则经公司领导确定后由经营部编写委托说明。非委托的标底由经营部组织编制。标底由总经理组织审批，需要报招标管理机构审定的。编制完成后的标底在公布前应严格保密。

十、投标书的评审（评标）：

1.公开招标的投标书由被委托的招标代理机构依据国家相关法律、法规及我司要求组织专家组按一定程序评审。

2.公司内部议标的投标书由公司总经理牵头组织相关职能部门就投标书主要承诺与招标文件主要要求的一致性及技术的可行性、投标价进行询标并作出书面评审记录。

十一、中标及中标通知书的填写。评标确定的综合评比最优的投标人为中标人。议标产生的中标通知书由经营部填写。

十二、招标实施程序：

1.发出招标通知或邀请函；

2.投标人进行资格预审，向符合条件的投标人发售招标文件；

3.组织投标人勘察施工现场，并解答疑问；

4.收集投标书；

5.确定评标原则及方法（需要报批的进行报批）；

6.成立评标委员会；

7.开标；

8.出具评标报告；

9.确定中标人。

第十二章

房地产工程施工合同管理办法（样本）

一、工程施工合同（以下简称合同）管理的领导责任人是公司法定代表人。合同管理职责分属各职能部门。合同的制定主管部门是经营部，配合部门为工程部、财务部、审计部、销售部、招商部，综合部对合同进行档案管理。

二、公司对合同风险条款的限定有：

1.合同造价受控于开发项目投资预算，且不应高于项目投资预算；合同应明确影响双方结算价款风险范围，明确合同价款调整的条件；非固定价合同应至少固定分项工程承包单价（包含材料），明确相应计量方式，对无法用施工图纸控制工程量的分项工程应固定分项工程承包总价。合同应包括明确的合同价（或单价）清单。

2.合同技术要求、质量控制标准等必须与国家现行标准、规范、工程设计施工图及项目施工组织总设计要求相一致，且受控于开发项目施工组织总设计；工程发包合同应有工程质量保证书作为合同附件。

3.合同工期必须受控于开发项目施工组织总设计工期，并不得超出开发项目施工组织总设计中该工程计划工期。进度必须与投资控制结合起来，并在合同中重点体现，必须有工程进度控制技术文件作为合同附件。

4.合同中应约定甲供材料、设备的品种、总数量及分期供应数量和相应供应日期。对于承包方自购的主要材料，合同中应在设计书或协议书中按国家相关规范明确材料质量标准。

5.合同付款要求有：

（1）付款总比例应低于扣除质量保修金及合同约定垫付款额度之后的比例。其中非固定总价合同付款总比例应适当低于固定总价合同的付款总比例。

（2）所有合同原则上均不考虑支付预付款；可以约定预付款的条件是：①履约合同另一方提供履约保证金或履约保函，且保证金额高于预付款金额；②经公司董事长或总经理批准的。

（3）所有单项或单位工程承包合同原则上均约定过程付款采用按进度计量方式付款，且累计进度付款不得超出总付款比例。进度计量方式必须将进度、质量结合起来，并在合同中重点约定。

6.质量保修期限不得低于国家规定期限，保修金比例不得低于国家规定额度。

三、合同必须在施工队伍进场前签订，最迟不迟于施工队伍进场前五日。

四、合同内容应详细、明了、完整，注意合同语言及行业语言的规范，尽量避免用语上的歧义；应就商务、技术、质量、进度、安全等明确双方的风险范围，避免对方无风险合同。

五、合同管理包含合同制定管理、合同执行管理和合同档案管理。

第十三章

房地产工程合同制定管理（样本）

一、合同由项目经理、经营部牵头组织制定，报公司总经理、董事长批准。

二、公司对合同制定阶段实行公开评审制度。合同评审由经营部组织，经营部、工程部、财务部、审计部、销售部、监理公司等部门的造价、工程管理、设计、材料管理、财务、工程监理等专业人员参加。专业要求较高的可邀请专家参加评审。因加强管理需要的特殊合同评审可适当扩大评审人员组成范围。

三、合同起草。合同由施工投标中标方或公司经营部根据中标通知、招标文件及投标书起草。

四、公开招标或不定向议标工程合同评审。洽谈前的合同（草）为合同评审的对象，主要是就合同（草）内容与招标文件、投标书（及承诺附件）进行一致性对照，找出差异并分析合同风险，由评审人注明差异产生的原因、潜在风险及应考虑的合同处理措施等。

五、定向议标工程合同评审。原则上按招标或不定向议标合同评审程序执行。

六、合同洽谈。合同（草）经评审后，由项目经理、经营部部长、审计部部长、财务部部长组成合同洽谈班子，根据评审内容与施工拟承包方洽谈合同。

七、合同的确立。洽谈确认后的合同经公司总经理批准后，形成正式合同，由项目公司法定代表人在合同上署名后加盖项目公司法人章，标志着合同的正式确立。

第十四章

房地产工程合同执行管理（样本）

合同签订后，经营部组织审计部、工程部、财务部等职能部及职能责任人进行合同学习，熟悉合同条款内容，统一合同解释口径，分析合同执行潜在风险，加强合同风险管理。

一、合同风险评估管理

公司对合同风险分类分部门管理：工程部承担工程质量、进度风险管理，经营部、审计部、工程部承担工程成本风险管理，财务部、经营部承担付款风险管理。合同签订后，经营部首先组织合同风险评估，把风险按承担对象进行分类，分清开发商、施工承包商承担风险范围，必要时可确定我司应对潜在风险的措施，并形成纪要。不属于开发商承担的风险，合同执行过程中一旦出现，不得对施工承包商办理经济或工期补偿手续（索赔）。

二、合同的解释

1.公司内部的合同解释

合同执行过程中，公司内部员工对合同条款理解有异议的，可口头或书面询问经营部，经营部对有异议合同条款作出书面解释并经项目经理核实、公司总经理批准后，作为合同条款的内部最终解释，相关员工必须按合同的最终解释执行。

2.履约双方的合同解释

公司对合同条款的最终解释执行起来与合同履约另一方（施工承包方）的解释有分歧的，经双方协商一致，经营部书面报公司领导，经公司领导同意并签署后，可对合同相关条款进行书面解释，书面解释为合同的有机组成。但合同的解释条款不得违背达成合同时的初衷（见合同洽谈记录及招投标书），不得对合同内容进行实质性修改。

三、合同的补充

因客观原因（如扩大施工承包范围）造成合同不能满足执行需要的，由相关风险管理责任部门书面提出，并报项目经理、总经理批准后，经营部组织合同双方对合同进行必要的补充。补充的合同条款只应对产生补充合同条款的客观事实具有法律约束力，不得对原可执行的合同条件具有法律约束力（见合同洽谈纪要）。办理合同补充的程序及职责范围可参照合同制定。

四、合同索赔与反索赔

1.合同索赔与反索赔由公司负责合同实施风险管理职责的部门根据公司的职责界定进行管理。

2.工程部在遇到合同履约另一方向我司进行合同索赔时（办理工程签证），应及时知会经营部，理清事件的性质，严格区分是否属开发商合同风险范围，属于对方正常合同风险的，不予办理。

3.合同执行过程中，因对方违约对我司造成经济、质量、工期等损失的，工程部应及时知会相关职能部门一起进行合同反索赔，追偿我方损失，避免事实上的无风险合同。

五、合同付款

1.合同签订后，公司严格按照合同约定方式付款。

2.公司原则不允许超越合同约定付款比例付款，但在无实际付款风险的情况下，经公司主管领导特批后，可适当提高合同付款比例。

3.付款办理方式。工程付款的依据是经项目经理等各级责任人确认、经营部填写的工程付款确认单，填写工程付款确认单的依据是根据合同计量要求核实的工作量计量清单。工程竣（完）工结算造价为财务最终付款依据。经营部协助办理付款手续。

第十五章

房地产工程成本监测及核算管理规定（样本）

工程成本控制目标确定后，相关职能部门实施对工程成本控制，经营部负责对工程成本控制目标执行过程进行监测。

一、开发项目工程成本是指项目建筑安装工程费、场地基础设施工程费、公共配套设施工程费以及“三通一平”费。

二、工程成本监测的环节是设计（优化设计）、工程招标、材料设备订购、施工过程管理。

三、工程成本监测的方法。

1.工程设计施工图出来后，经营部参与设计的优化，参与设计交底，并作出经济可行性分析，指出与成本控制目标的偏差。

2.评审。

3.经营部参与施工监理委托，并就施工监理承担的投资控制职责及控制方式、方法提出自己的合理建议。

4.经营部参与施工过程的经济调整（工程变更及合同索赔、反索赔）管理，鉴定合理性，并配合计量，签署意见。

5.实施工程进度计量，控制过程付款。工程施工过程中，根据合同约定，经营部按照已完工程质量及工程实际进度，分期实施工程进度计量，编制工程进度计量累计工程量清单。分项工程进度累计工程量不得大于合同工程量清单分项工程的工程量，且与合同约定、实际工程进度相符。经营部根据合同约定、进度完成工程量、已付工程款编制工程付款确认单，供公司领导进行付款参考。工程进度累计造价不得大于合同造价，工程累计付款额不得大于合同约定付款额。

6.分期编制工程成本偏差分析表。工程实施过程中，经营部分单项工程每月编制一份工程成本偏差分析表，将该月实际发生的合同价款调整（偏差）情况按发生偏差额度、原因、影响分析填写清楚，以备纠偏和公司领导决策。

四、工程成本核算。

工程竣（完）工后，经营部实施工程成本核算（工程造价竣工结算）。工程合同造价加上施工过程偏差（合同价款调整）即为工程竣（完）工结算造价。

1.经营部对工程竣（完）工结算造价实行两级核查，即专业造价师对工程竣（完）工结算造价进行审核，经营部部长对已审工程竣（完）工结算造价进行审查。

2.特殊情况——无承包合同价，按实进行工程造价结算的，经营部对工程竣（完）工结算造价实行两级审核。即专业造价工程师对工程竣（完）工结算造价进行初步审核，公司委托社会中介机构进行工程竣（完）工结算造价确认审核（经营部配合监控过程的实施）。

第十六章

房地产工程计价管理规定（样本）

一、公司经营部负责工程造价的确定（工程计价）管理。

二、开发项目工程造价的确定（工程计价）是一个持续管理过程，自配合编制项目投资估算开始，至项目竣工决算完止。工程造价的确定包括分项工程单价确定和单位、单项工程以及开发项目的工程造价确定。分项工程单价确定是实现单位、单项工程及开发项目工程造价确定的基础和前提。

三、分项工程单价确定的前提是：分项工程施工内容（做法）和施工方法（施工方案）、材料材质的确定；材料单价确定；分项工程资源（人工、材料、机械）消耗量确定。分项工程施工内容（做法）和施工方法（施工方案）、材料材质由工程部负责确定；材料单价由相关部门确定；分项工程资源（人工、材料、机械）消耗量由经营部负责确定。经营部负责分项工程单价的书面形成及确认。

四、实现分项工程单价确定的方式有：工程招（投）标确定；工程承包商报送、相关责任部门审核确定；行业定额确定。工程招（投）标方式确定的分项工程单价必须以清单形式在合同中体现，并附有工程量清单，无工程量清单相附的必须约定分项工程单价包含范围；以行业定额方式确定的分项工程单价必须在合同条款中约定。

五、以工程承包商报送、公司相关责任部门审核方式确定的分项工程单价必须由工程承包商、施工监理、甲方代表三方签署确认。以这种方式确认的前提条件是：1.存在因甲方原因产生的工程变更；2.合同中无相应分项工程单价。否则，不得办理确认。

六、分项工程单价包含内容必须与工程量计量方式相统一。分项工程单价包含的工作内容不得进行相应的重复工程计量。

七、公司经营部有责任在相应工程招标文件中明确部分分项工程基准单价，作为投标人参加投标的必需条件，以此控制工程成本。

八、因采用甲供材料形式造成分项工程材料单价与分项工程施工单价相剥离的，材料供应数量及结算方式必需与分项工程施工单价及相应工程量相统一。

九、公司对不便或不易计量（计量依据不足），且对工程无直接影响的施工措施等费用（如临时设施费、基础降水费、边坡支护费等）采用模糊计价。模糊计价的方式是合同包干。即在合同中明确约定此类费用的总额或标准。模糊计价的范围必须在工程招标文件中明确，并在合同中约定。

十、因控制成本需要，公司自行编制的分项工程单价（企业定额）必须是实测实量得出，并不得高于平均市场价，且应根据人工、材料价格及施工工艺的市场变化进行周期（或异地）调整。

十一、工程计价的方式由经营部根据项目开发方式和施工合同类型经公司领导同意后确定。

第十七章

房地产工程计量管理规定（样本）

一、公司经营部负责工程量的计算或审核（简称计量）。工程计量分专业由造价工程师完成。

二、需要工程计量的工作环节有：

1.编制施工图预算；

2.编制非委托招（议）标标底；

3.设计变更的调整；

4.经济签证的确认；

5.审核竣（完）工造价结算；

6.工程进度付款计量。

三、工程计量必须有依据进行，无书面依据的工程量为无效工程量。施工图预算（或标底）的计量依据是：设计施工图纸，书面设计交底，施工组织设计文件，勘察设计资料；设计变更调整计量的依据是：设计变更，原设计施工图，必要的施工方案；工程进度付款及竣（完）工造价结算（按实）计量依据是：工程竣（完）工图纸（含设计交底、设计变更），经济签证，必要的隐蔽验收记录，施工组织设计文件，形象进度签证（进度付款计量用）。计量依据由工程部提供。

四、工程计量必须在具备工程计量的条件时进行。工程计量的先决条件是：

1.工程部提供的资料齐全；

2.工程已经竣（完）工验收，并符合质量要求（仅限于工程进度付款及竣工造价按实结算计量）；

3.技术交底或设计变更已经批准；

4.符合合同约定。

五、工程计量方式必须与工程计价方式相统一（匹配）。分项工程单价中包含的工程量不得重复计量。

六、以招（议）投标方式签订的合同必须有工程量清单作为附件。

七、工程进度付款计量累计工程量不得大于合同工程量清单量。

八、工程计量必须精确，力争准确，计量误差率不得大于3%。

第十八章

房地产工程经营资料管理规定（样本）

为便于查找、翻阅及移交，经营部对部门经手、未归档前的文件资料实行分类管理制度。

一、本管理办法仅适用于经营预算部内部管理。

二、纳入管理的经济文件资料范围：

1.工程施工合同或协议（含招标文件、投标书、中标通知书、工程量清单、合同造价明细等，下同），以及公司相应的内控资料；

2.项目投资预算书；

3.工程量计算书及工程预算书、工程结算书；

4.工程施工单价确认单及公司相应的内控资料；

5.工程经济签证（复印件）及公司相应的内控资料；

6.工程材料设备单价明细（或采购合同）；

7.工程进度计量累计工程量清单；

8.工程累计付款清单；

9.材料供应总计划；

10.工程设计施工图及变更；

11.其他应分类管理的资料。

三、工程经济资料按单位（或单项）工程的分属进行分类管理，即属于同一单位（或单项）工程的资料归于一处管理。

四、工程经济资料由负责单位（单项）工程经济的专业造价工程师进行日常管理，经营部不设专职资料员。

五、经营部对非部门内部人员之间的工程经济资料的接收、分发、借阅实行严格的收发文登记制度。

六、文件资料的整理与管理包括：

1.工程施工合同的整理与管理。工程合同签订后，正本交综合部存档，经营部保存副本一份，余分发财务部、工程部；工程招标及合同签订过程中的公司内控资料由经营部保管。

2.项目投资预算书经公司批准确认后，正本交综合部存档，经营部保存副本一份，余分发各部门。

3.工程量由专业造价工程师按单位工程进行计量，计算书由本人保管。工程量计算书应清晰、明了、易认，并附带说明。

4.工程结算书经公司领导确认后，分发财务部一份，经营部保管一份。

5.工程进度计量累计工程量清单为经营部现场造价工程师实施成本监测管理的内控表。

6.工程累计付款清单经确认后，分发财务部一份，经营部保管一份。

七、工程经营资料的交接。工程经营资料管理责任人因工作调动或其他原因调离原工作岗位的，必须办理工程经营资料交接手续。工程资料管理责任人应将待交资料列目录明细，逐项向接手人交付，双方办理签字手续，部门领导负责监督并签字证明。

第十九章

房地产工程材料、设备管理制度（样本）

一、总则

1.材料、设备管理。本制度中所指的材料、设备管理系指公司直接应用于开发项目施工的所有材料、设备的选型、定位、采购、供应、保管、结算、转账以及信息服务等管理活动。

2.管理职责。公司工程部负责材料、设备的选型、定位及质量管理；公司经营部（材料组）负责材料、设备的商务管理；公司财务部负责材料、设备的账务管理。

3.管理方式。根据采购供应对象不同，公司材料、设备管理分为公司供应材料、设备（甲供材料、设备）管理和非公司供应材料、设备（非甲供材料、设备）管理。公司对施工措施用材料设备不予供应。

4.非甲供材料管理定位及管理。公司对非甲供材料的管理仅限于设计定位、质量控制及信息服务管理。公司工程部应在施工招标时以招标文件的形式明确主要非甲供材料规格、型号及质量控制标准等，经营部（材料组）据此提供相关材料价格信息，并确定施工招标标底，以此控制施工投标价。确定的主要非甲供材料规格、型号及质量控制标准亦是工程部（或指导监理公司）在施工时控制材料进场的控制标准。

5.对于材料单价不便直接从施工单价中剥离、公司直接实施分包的分项工程，工程部应在经营部确定施工单价前明确主要材料的材质标准及相应规格、型号，并在施工合同中约定，作为主要合同条款。

6.经营部应根据项目整体开发计划、单项工程施工组织设计进度计划及施工合同约定，编制材料详细采购计划、资金使用预算，报经有关领导批准后，明示工程部及财务部，材料组按计划实施。

7.为规范公司材料设备采购供应管理，公司对合作成熟的材料供应商实行合格材料供应商名单管理制度。目的是通过对供应商建档管理，建立与供应商的长期信誉合作关系，对供应商实行优胜劣汰机制，来减少采购环节，节约采购费用。

二、合格供应商名单管理

1.名单的建立

经营部材料组按供应材料品种的不同，将与公司合作过的供应商逐步进行分类建档，详细记录供应商供应材料的品种、单价、材质、规格、型号，供应方式，合作次数及时间，供应商的性质，公司职能部门对其每次合作的评价，有无不良记录等。具备条件的供应商称为合格供应商，成熟的合格供应商名单中单品种材料合格供应商不少于5家。

合格供应商需要具备的条件是：

（1）具备合法资格，具有符合法规要求的产品生产许可证明，产品质量达到或超过产品标准要求，材料材质处于稳定期（材质无大的波动）；

（2）材料单价一年内无较大提价（行业原因除外），且与公司合作价低于平均市场单价；

（3）与公司连续合作且正在合作，或合作两次以上，且距最后一次合作结束时间不超过一年；

（4）两年内累计不良合作记录不超过两次。

2.材料供应商合同执行评价

材料采购合同签订后，经营部应对供应商的合同执行追踪考评，目的是考评供应商的履约能力，对履约表现做好记录；合同履行完毕，经营部、工程部、财务部、审计部应对供应商履约能力及履约表现作出综合书面评价，条件成熟时，也可采用监理公司、施工承包商的间接书面评价。履约评价记录是合格供应商档案的重要组成部分。

3.合格供应商的确认

符合合格供应商条件的供应商均为合格供应商，经营部将其列入合格供应商名单。

4.合格供应商的淘汰

（1）名单中的供应商不符合合格供应商条件中任一款项时，应及时淘汰，经营部将其从名单中剔除。

（2）一年周期内，单品种材料合格供应商名单中的供应商均合格，经营部、工程部、财务部对所有合格供应商进行综合评价，将相对最差供应商淘汰，淘汰量不低于名单中供应商数量的五分之一。

（3）淘汰的合格供应商两年内不允许参加公司的相同品种材料招标（或议标）及供应。

三、采购与供应

1.公司原则上采购供应所有设备

公司对具有下列特点之一的材料实施采购与供应（甲供）：

（1）材质对工程质量有重大影响的；

（2）材料对建筑物外观效果有重大、直接影响的；

（3）材料单价及总价对工程造价影响巨大或同品种材料单价差异较大，且材质无明显区别的；

（4）其他有特殊要求的。

2.材料、设备采购与供应一般应根据单项（单位）工程施工合同分别实施

属同一开发项目应用于不同单项（单位）工程的材料、设备，具备条件成批次采购的（加工供应周期不长或可以分批加工的），尽量批次购买。可以执行批次采购与供应的前提是：

（1）材料的品种、材质相同，且规格、型号一致或相近；设备的品种、型号、性能相同或基本一致；

（2）供应时间跨度不超过三个月；

（3）同一供应商（或厂家）具备同批次全部待购货源。

以上三个条件缺一不可。

3.公司采购材料设备的主要形式是招标（或议标）

成套机组及成批次设备采购须委托招标代理招标购买。不采用招标（或议标）方式购买的材料、设备应符合下列特点：

（1）成批次、单品种材料总价不超过5万元且材质、价格比较稳定的常规材料；

（2）供应商为合格供应商名单中合格供应商，供应材料品种、材质、规格、型号、色彩、单价均相同，且其上一次供应时间距离本次供应时间跨度不超过三个月；

（3）无供应周期的单品种、不超过5件、总价不超过2万元的常规设备；

（4）在市场上处于无竞争地位的（新型或垄断）材料（设备）；

（5）公司或项目开发有特殊要求的材料（设备）。

4.采购供应的办理程序

（1）确定材质标准（或性能）、色彩、规格、型号；

（2）确定采购数量；

（3）委托招标代理；

（4）考察、筛选供应商；

（5）编制招标文件并组织评审；

（6）招标并评标，确定供应商；

（7）评审合同并签署；

（8）实施供应，采购供应方式不同时，可删减相应步骤。

5.选型与定位

（1）工程部负责材料设备的选型与定位。

（2）实行固定施工总价合同的，施工招标前，工程部应以设计文件（施工图或其他）或其他书面文件明确材料设备的材质（或性能）、规格、型号、色彩等，并在施工招标文件中明确表明，施工合同条款中亦应有相关约定。

（3）实行非固定施工总价合同的，材料（设备）采购招标前，工程部应以书面形式（见附表）明确待购材料（设备）的材质（或性能）、规格、型号、色彩等。

6.数量确定

（1）经营部根据设计施工图确定材料数量；设备数量由工程部与经营部共同确定。

（2）用固定总价的施工合同，发包人采购供应材料总量、批次供应量、批次供应时间应在施工合同中明确约定。

（3）采用非固定施工总价的施工合同，经营部应在设计施工图完善后，根据确定的施工进度计划，

与施工承包商一起确定发包人供应材料总量、批次供应量、批次供应时间，并以补充协议或三方（发包人、施工承包人、监理公司）签证的形式明确。

7.供应商的考察与筛选

（1）经营部材料组根据工程部提供的材料设备定位要求初选潜在投标人。

（2）在合格供应商名单完善的情况下，原则上名单中的合格供应商均为潜在投标人，但每次招标，非名单中的投标人不得少于一家。

（3）在材料设备合格供应商名单不完善的情况下，应尽量选择供应商（厂家）参加投标，少选或禁止间接供应商（经销商）参加投标。

公司内部考察小组由公司相关领导牵头，经营部、工程部、审计部派员参加。目的是考察材料设备的材质（或性能）、规格、型号、色彩等是否符合采购要求，供应商是否具备相应的加工及供应能力，以及信誉。合格供应商的相应档案记录即为其获准参加投标的资格材料。考察后的潜在投标人报公司领导筛选，并最终确定投标人。

8.招标文件的编制与评审

委托招标的招标文件由招标代理负责编写，非委托招标的招标文件由经营部（材料组）负责编写。经营部、工程部、财务部参与招标文件评审，并做好书面评审记录。

9.招标组织及招标程序

委托招标的组织工作由招标代理完成，非委托招标的组织工作由经营部（材料组）负责。招标程序参照国家相关管理规定及公司《工程招标管理规定》执行。主要设备及有特殊要求的材料招标应有物业管理公司相关职能人员参加。

10.采购合同的评审与执行

（1）经营部、工程部、财务部参加合同评审，做好书面评审记录，并执行公司《合同管理规定》。

（2）采购供应合同条款限定包括：

1）合同约定的材料材质应与施工合同中约定的施工质量标准相匹配，且符合施工合同限定的进场条件，并接受监理公司及施工总承包商的合格检验和合理的退货要求。

2）合同一般应约定预留质保金，质保金额应不低于施工合同约定的工程质保金额，质保期应不低于施工合同相应工程质保期；但在明显不存在保修风险的情况下，可不约定预留质保金。

3）合同一般应不约定支付定金，并应约定预留相应额度的款项（非质保金）待工程竣工后支付。

4）分批次实施供应的合同应明确不同批次材料、设备的加工供应周期、付款额度及付款时间等。

11.供应

材料、设备供应商根据合同约定的数量及日期直接向施工承包商提交货物，并办理交接手续，经营部材料组、工程部配合施工承包商验收货物。

四、保管与结算

1.材料、设备的保管

（1）经施工承包商、监理验收无误后的材料、设备由施工承包商负责保管。公司应保证施工合同中约定的材料、设备供应日期与材料、设备采购合同中的供应日期一致。

（2）施工承包商与材料、设备供应商为同一责任人时（如电梯供应与安装），对方发货前应及时通知经营部材料组，工程部负责协调材料、设备现场堆放场所安排。

（3）因工程保修需要而预留的材料（或设备配件），由施工承包商或物业公司接收并保管。

（4）供应商持有施工承包商或物业公司签发的收料单据，由经营部办理入、出库单据，入、出库单据上的材料、设备数量、规格、型号等必须与施工承包商或物业公司签发的收料单据一致，且出库单据上应有施工承包商或物业公司签收人签字。

2.材料、设备采购结算、付款与材料供应转账结算

（1）经营部材料组负责材料、设备采购价款结算，并配合财务部付款，办理相关手续。

1）一次性供货到位的合同，入、出库单据上的材料（设备）数量、规格、型号等须与合同约定的相一致；最后一次付款（非质保金）前，必须将入、出库单据移交财务部。

2）分批次供货到位的合同，应按供货批次分别办理入、出库手续。当期付款前，应将当期入、出库单据移交财务部。

（2）材料供应转账结算

1）经营部材料组负责办理与施工承包商的材料供应转账结算。

2）转账单价的确定：施工合同约定转账单价的，执行合同约定；施工合同没有约定转账单价的，执行采购单价。

3）转账的办理：经营部应每月分单项（或单位）工程，将当月已实施供应的材料与施工承包商办理转账手续，并转交财务部。转账次数应与收料单数量一致。

4）超供部分材料单价执行采购单价，另加相应采购费用，在施工合同中约定，并在竣工造价结算中体现。

五、信息服务及信息管理

1.经营部负责材料（设备）信息的日常收集及整理。

2.收集及整理

（1）收集方式

市场跟踪调研；报刊杂志材料信息；供应商提供信息；近期实施供应的资料保存；其他方式。

（2）信息整理

经营部将收集到的资料按照品种、品质（或性能），分品牌、单价等进行整理，并提供给经济、工程人员参考。

3.信息服务

（1）施工招标标底编制前五日，材料组应根据工程部、经营部要求，提供相关材料价格信息。

（2）材料（设备）采购前，提供相关材料价格信息，为招标文件评审、询标、定标服务。

4.价格预测与管理

条件成熟时，经营部应具备预测主要材料、设备市场价格走向的功能。

（1）单品种、主要材料市场价格浮动幅度超过10%时，经营部材料组应在三日内知会工程部、经营部及相关责任人。

（2）经营部应每两月出具一份材料、设备市场分析报告，就主要材料、设备价格、价格走向、新旧材料的更替等进行整理、分析，并提供给相关公司领导及工程部、财务部、审计部。

第二十章

房地产工程项目开工基本条件规定（样本）

通常情况下，项目开工必须符合以下条件：

第一，政府部门已审核发给建筑工程施工许可证。

第二，测量坐标点、高程控制点埋设牢固，核对无误，已完好移交施工单位并签认现场移交书面记录。

第三，建筑物放线已经政府规划部门指定的测量机构复验并予以书面确认。

第四，施工现场已正式移交施工单位管理并办理了书面移交手续。移交内容应包括：

a）施工用配电站；

b）施工用水井、施工排污口；

c）工地围拦设施；

d）施工占道、施工道路情况；

e）地下管线情况、地下障碍物情况、水文地质情况；

f）周边建筑物结构及基础情况、区域社会环境等。

第五，施工现场给水、排水、供电已经接通，或已确定接通期限，并有过渡措施。

第六，技术交底及图纸会审已进行，并已将会审纪要签发。

第七，各项计划已经完成，并已发至相关部门和相关方。

第八，第一次协调会已经成功举行。

第九，监理单位已在现场办公，监理工程师已到位，且相关人员名单已报送集团所属项目公司工程（配套）部备案。

第十，监理规划已获得审查通过。

第十一，施工单位项目经理部已在现场办公，项目经理、技术负责人、质检员、安全员、工长、材料员等主要管理人员已到位，且相关人员名单已报送集团所属项目公司工程（配套）部备案。

第十二，监理、施工质保体系已健全，管理制度已建立。

第十三，施工组织设计编制完成并经过审查批准。

第十四，基础工程施工机械进场，安装就位并可正常运转。

第十五，材料、设备鉴证检验试验室已经过考核并确认。

第十六，基础工程材料、劳动力供应计划已落实，能满足连续施工要求。

第十七，施工单位施工预算已编制完成。

第十八，施工人员已进行班组技术交底、安全、防火教育。

第十九，施工单位现场办公用房、材料库房、材料堆场已可使用。

第二十，施工单位后勤基地生产、生活服务设施已可投入使用。

第二十一，施工现场安全保卫制度已建立。

第二十一章

房地产施工标准间及施工工艺样板管理办法（样本）

一、基本要求

1.一般在大面积施工前，通过样板确认提供验收标准及依据，以保证工程质量满足规范标准要求和使用要求。

2.工程部项目经理负责组织施工标准间和工艺样板的确认，监理单位、开发设计部和营销（招商）部负责参与。

3.样板确认的范围由集团所属项目公司工程（配套）部参照以下工程考虑，包括但不限于：

（1）屋面防水、保温、隔热、屋面瓦；

（2）厨卫间防水、地下室防水；

（3）梁、柱、底板节点钢筋绑扎；

（4）外墙对拉螺丝孔堵塞；

（5）砌体；

（6）幕墙埋件、钢结构安装；

（7）门窗（含五金配件）加工、安装；

（8）抹灰前喷点、室内抹灰、涂料；

（9）室内地坪；

（10）室内开关、插座位置（含有线电视、电话）、开关箱；

（11）外墙涂料（各种颜色）、外墙面砖（颜色、搭配）；

（12）阳台栏杆；

（13）屋顶花园；

（14）楼梯踏步装饰；

（15）门窗塞缝；

（16）单元入口大厅装修；

（17）电梯前室装修；

（18）二次装修；

（19）入户门、单元入口门、雨水斗、门碰、门拉手；
（20）楼梯栏杆；
（21）油漆；
（22）外墙干挂、湿挂大理石、幕墙；
（23）小区围墙；
（24）广场砖、庭院路等。

二、样板确认操作步骤

1.对监理公司审核后的施工方案进行确认。

2.根据工程进展情况及样板房的位置，指定施工地点。

3.工程（配套）部驻场专业工程师协同监理单位监督检查。

（1）保证项目检查

1）材料的来源：甲供、乙供、三方合同；

2）施工人员情况：作业人员单位、作业负责人名称、操作人员数量；

3）执行施工方案或技术交底的情况；

4）材料的消耗情况。

（2）操作项目检查

1）基层的处理符合规范；

2）结合层要满足规范和工艺标准；

3）面层要满足使用要求和规范、工艺标准。

（3）工程部相应专业的工程师应逐一检查每道工序，必要时要求旁站。

（4）检查结果由工程部相应专业的工程师留存。

4.工程部相应专业的工程师和监理人员一同验收样板，必要时邀请开发部、经营部和营销部人员，并应由设计总监和营销总监一起予以确认。

（1）需开发设计部和营销（策划）部参与验收的项目（主要是涉及感观要求方面），包括但不限于：

1）室内开关、插座（含有线电视、电话）的位置及面板，在安装完成样板后立即验收；

2）门窗的颜色和五金配件颜色及使用功能，样板安装后立即验收；

3）阳台栏杆颜色、结构及配件组合的合理性，样板安装后立即验收；

4）阳台地砖的铺设方法，样板铺设完后立即验收；

5）公共部分瓷砖、涂料颜色，铺、刷的部位，样板施工完后立即验收；

6）石材样板的颜色、拼花边施工边验收；

7）小区样板道路的铺装及图案边施工边验收。

（2）需工程项目经理派人参与验收的项目，包括但不限于：

1）地下室防水验收用材及工艺，样板施工完成后立即验收；

2）屋面工程验收用材及工艺，样板施工完成后立即验收；

3）楼梯栏杆结构验收，样板施工完后验收；

4）干挂大理石结构，样板施工完立即验收。

5.公司领导对检查验收的结果统一意见后，封板定样形成验收单。

第二十二章

房地产工程施工现场安全风险与环境因素识别程序（样本）

一、基本要求

建立和维护安全文明生产管理体系是公司的基本政策，各项目单位应积极采用风险识别和控制的系统方法，以预防为主，确保施工现场的人员和财产安全，以及有效地保持周围环境。

二、安全风险与环境因素识别

1.工程部在每一项目的施工准备阶段，应会同施工方和监理方对施工过程中潜在的安全风险和环境因素进行系统的识别和评估，形成《安全文明生产控制措施表》。

2.在安全风险和环境因素识别过程中，必须全面调查和分析以下范围的情况，包括但不限于：

（1）国家、地方政府相关法律、法规和政策明确的规定要求；

（2）从项目进场交接开始至项目竣工撤离现场全过程的施工作业活动；

（3）施工单位、监理单位、项目公司，以及外来送货（客户参观）人员的现场活动；

（4）施工机具、材料设备；

（5）现场赶工，或多个施工单位的交叉作业；

（6）可能突发的停水停电；

（7）可能出现的暴雨天气；

（8）临时拉设的用电线路；

（9）工程垃圾；

（10）污水排放；

（11）动火作业；

（12）有限空间作业、高空作业及高空坠物；

（13）夜间作业；

（14）作业期间噪音等。

三、控制措施

1.在充分识别安全风险和环境因素后，应有针对性地制定控制措施。可能的控制措施包括：

（1）规定作业方法和作业条件；

（2）必要的人员培训；

（3）日常设备维护、保养和监督检查；

（4）作业前的准备状态检查；

（5）作业过程中的监督检查；

（6）制定必要的应急预案。

2.针对以下活动（不限于），必须要求施工单位和监理单位制定相应的管理制度，并作为《安全文明生产控制措施表》的必备附件。

（1）高空作业、密闭空间作业、地下深坑作业；

（2）大型机械设备的安装、验收、运行操作和维护检查；

（3）手持电动工具的检查、维护；

（4）各类机械电器设备的使用规程；

（5）动火作业；

（6）临时用电线路拉设；

（7）易燃、易爆化学危险品的保管和使用；

（8）现场危险区域的安全设施和标志的管理；

（9）施工过程中的扬尘、噪音控制；

（10）安全卫生维护用品的配备和使用；

（11）现场作业人员连续工作时间的控制；

（12）现场作业人员和管理人员的安全、环保教育；

（13）必要的应急响应方案等。

第二十三章

房地产工程项目危险性较大工程质量控制程序（样本）

一、基本要求

1.在项目危险性较大工程施工前，公司必须督促施工单位组织专家组论证审查。

2.工程部负责组织危险性较大工程施工标准工序和工艺样板的确认，监理单位、开发部、审计部负责参与。危险性较大工程是指依据《建设工程安全生产管理条例》第二十六条所指的七项分部、分项工程（如下表），施工单位应当在施工前单独编制安全专项施工方案。

工程性质	功能内容
基坑支护与降水工程	基坑支护工程是指开挖深度超过5m（含5m）的基坑（槽）并采用支护结构施工的工程；或基坑虽未超过5m，但地质条件和周围环境复杂、地下水位在坑底以上等工程
土方开挖工程	土方开挖工程是指开挖深度超过5m（含5m）的基坑、槽的土方开挖
模板工程	各类工具式模板工程，包括滑模、爬模、大模板等；水平混凝土构件模板支撑系统及特殊结构模板工程
起重吊装工程	起重吊装工程
脚手架工程	高度超过24m的落地式钢管脚手架；附着式升降脚手架，包括整体提升与分片式提升；悬挑式脚手架；门型脚手架；挂脚手架；吊篮脚手架；卸料平台
拆除、爆破工程	采用人工、机械拆除或爆破拆除的工程
其他危险性较大的工程	建筑幕墙的安装施工；预应力结构张拉施工；特种设备施工；网架和索膜结构施工；6m以上的边坡施工；大江、大河的导流、截流施工；采用新技术、新工艺、新材料，可能影响建设工程质量安全，已经行政许可，尚无技术标准的施工

二、审核安全专项施工方案

1.建筑施工企业专业工程技术人员编制的安全专项施工方案，由施工企业技术部门的专业技术人员及监理单位专业监理工程师进行审核，审核合格，由施工企业技术负责人、监理单位总监理工程师签字。

2.建筑施工企业应当组织专家组进行论证审查的工程（不限于）：

（1）深基坑工程。开挖深度超过5m（含5m）或地下室三层以上（含三层），或深度虽未超过5m（含5m），但地质条件和周围环境及地下管线极其复杂的工程。

（2）地下暗挖工程。地下暗挖及遇有溶洞、暗河、瓦斯、岩爆、涌泥、断层等地质复杂的隧道工程。

（3）高大模板工程。水平混凝土构件模板支撑系统高度超过8m，或跨度超过18m，施工总荷载大于10kN/m^2，或集中线荷载大于15kN/m的模板支撑系统。

（4）30m及以上高空作业的工程.

（5）深水作业的工程。

（6）城市房屋拆除爆破和其他土石大爆破工程。建筑施工企业应当组织不少于5人的专家组，对已编制的安全专项施工方案进行论证审查。

3.安全专项施工方案专家组必须提出书面论证审查报告，施工企业应根据论证审查报告对方案进行完善，施工企业技术负责人、总监理工程师签字后，甲方工程部签署意见报总经理签发方可实施。

第二十四章

房地产工程结算管理办法（样本）

一、适用范围及定义

本指引适用于项目总承包工程结算、项目指定分包工程结算、项目指定材料设备供应结算、项目独立分包工程结算和工程结算监控与复核。

1.项目总承包工程结算。指项目工程竣工之后甲方与施工单位进行的总承包合同工程竣工结算（结算编制要求同工程造价编制要求）。

2.项目指定分包工程结算和独立分包工程结算。指甲方直接分包的专业分包工程和独立分包工程完工后，按专业分包工程合同条件进行的工程结算。

3.项目指定材料设备供应结算。指甲供的材料设备在实施完成后的结算。

4.工程结算监控和复核。指经营部对公司工程结算过程中的监控工作，以及结算完成后的复核工作。

二、结算流程

1.经营部编制结算计划，经公司经营管理委员会审核确定，各部门按此计划执行，结算计划报财务部备案。

2.经营部下发结算通知单，施工单位编制结算书，并准备竣工结算资料。

3.工程竣工验收合格后，工程部对施工单位上报的竣工资料进行审核，填写《工程结算工作交接单》，经工程项目经理签字确认后，经营部签收，并接收相关资料。

4.经营部对结算所需资料整理，包括但不限于以下内容：

（1）招标文件、招标文件答疑、中标通知书；

（2）中标单位的投标文件和评标过程中对参标文件的确认和澄清；

（3）施工合同及补充协议；

（4）工程竣工验收资料；

（5）工程档案移交的甲方确认文件；

（6）甲方确认的施工组织方案；

（7）竣工图纸；

（8）施工图纸、图纸会审记录；

（9）设计变更和现场签证的资料；

（10）甲供材料领用量确认单；

（11）甲方限价材料设备通知单；

（12）工程质量、安全、现场文明施工和工期奖罚通知单及其他相关资料；

（13）施工单位的结算书。

5.经营部（或其委托的咨询单位）根据上述资料对施工单位的结算书进行审核，工程部配合，形成初审意见。

6.与施工单位谈判形成结算意见书，并修改结算书。

7.经营部填写《工程结算审批表》提交相关部门及公司副总经理、财务总监会审后，交总经理审批。

8.结算值超细项目标成本，报经营部审核。

9.经营部填写《竣工结算造价确认书》，双方签字盖章后结算完成。

10.经营部对结算结果进行整理，填写《单体工程建筑技术经济指标表》、《室外工程建筑技术经济指标表》、《工程造价统计分析表》和《工程量清单》，上报集团成本控制部备案。

三、工程结算的要求

1.为真正实现成本动态控制，对非总价包干招标的项目在施工图纸出齐后或阶段性图纸完成后两个月内（或公司批准的时间）编制并审核施工图预算，确定合同价款；设计变更、现场签证对内一单一估算，对外一单一确认，最后结算。

2.甲方限价材料的审批权限详见PPG502《乙方采购指定品牌及限价操作指引》。

3.竣工后的工程结算：在施工前或施工过程中主要工程造价基本确定，竣工后的工程结算为结算资料的整理和汇总，并分析工程造价控制的经验。

工程造价＝合同价款＋设计变更、现场签证＋材料调差＋扣减甲供材料＋按合同执行的索赔和奖惩。

四、工程结算监控和复核

1.工程结算监控

经营部对项目公司的结算工作进行监控，视情况主持施工单位及审计部、财务部共同参加的结算工作协调会，并可随时对结算资料和结算结果进行抽检。如结算值超细项目标成本，报总经理批准后，方可完成结算手续。

2.项目竣工结算完成后，经营部对此进行复核

（1）如项目总结算值在目标成本范围内，经营部对所有的结算资料复核后，形成工程结算报告。

（2）如项目总结算值超出目标成本范围，工程部分析成本超支的原因，经营部、审计部、财务部组织审核所有的结算资料。如果超支原因充分，形成工程结算报告；如果超支原因不充分，形成工程结算报告，并要求工程部提出整改意见。

五、工程结算的审查要点

1.审查结算书编制说明是否完整、详细，其内容应包括：图纸名称、计费标准、人工补差、材料价格、未含项目等。

2.审查编制结算书的各种原始资料是否正确有效，以及其他办理结算手续的相关资料是否完备。

3.结算工程量的审查，要求审查人员逐项审查工程量计算书，发现差错立即与对方核对认可签字。

（1）结算的工程量以竣工图为准；

（2）竣工图表达不清之处，成本控制部人员应到工地现场实地测算。

4.严格按合同附件（经甲方审批的施工图预算或投标文件）的单价逐一对照审核结算单价和计算方法。

（1）单价审查。结算单价在合同中有规定的，则按合同规定执行。结算单价在合同中未规定的，则参照定额和市场合理定价进行确定。

（2）总价审查。按合同确定的结算方式计算结算总价。由造价人员负责审核结算书并与施工单位核对，并参照合同进行甲供材料、工期奖罚、质量奖罚、安全奖罚、水电费、扣款项目、配合管理费、总包服务费、保修金等费用的计算和扣除。

（3）审查工程价款调整（增加或减少）是否严格执行了合同条件。如合同规定“唯有设计变更才能调整工程价款”，则凡不是设计变更的调整均不能计价。

5.为防止承包单位高估结算，应与承包单位在工程合同中约定控制办法。经营部可按照制度要求共同委托工程造价咨询单位审核竣工结算。在结算中应强调承包方报送的结算造价最终核减额在审核总价5%以内（含5%）的造价咨询酬金由甲方支付，若结算造价最终核减额超出5%，则超出部分而引起的造价咨询酬金增加部分由承包方支付；若承包单位报送的结算金额超出最终审定结算金额10%（含10%）时，承包单位除支付造价咨询酬金外，公司可进一步扣款（扣款比例、金额各公司自定），直至取消今后对××公司工程的投标资格。

6.严格审查施工单位的索赔要求（包括工期索赔要求和费用索赔要求）是否成立，主要应从以下几方面着手进行反索赔工作：

（1）充分了解合同条款，分析引起索赔的干扰事件（如未按规定提供设计文件、未按合同规定支付工程款、下达错误指令、设计错误造成返工等）是否符合合同条款规定的索赔范围和索赔条件。

（2）分析合同条款的法律基础，寻找对方是否有在法律上不能立足的漏洞。

（3）索赔的程序、时限是否符合合同条款和法律规定。

（4）索赔的计算方法和基础数据是否符合规定，有无重复计算。

（5）索赔的书面证据是否是有效文件。

（6）通过合同状态分析，进行索赔责任的界定，剔除对方应当负责任的索赔额。

第 十 模 块
Module Ten

房地产工程招标及采购管理制度

第十模块思考

工程招标及采购是成本控制的重要内容。成本控制又与企业最终的经营盈利息息相关。对工程招标和采购环境进行严格把控，是每个开发商最为看中的管理区域。但是如何才能让招标和采购透明化，阳光化，如何保证招标和采购能与上下游环节紧密配合，严丝合缝，如何从招标和采购过程中控制成本，为企业增加净利润，这些都必须通过合理的制度管理。

第一章

房地产公司采购管理规范化范本

一、总则

1.采购管理范围

本规程是公司购买原材料、物资、零部件、设备、办公用品、劳动保护用品以及其他物资过程中的决策、价格监督、质量检验等行为的基本规范。

2.采购管理原则

按照科学有效、公开公正、比质比价、监督制约的原则，建立健全采购管理的各项制度，防止采购过程中的不正当行为发生。

二、采购管理机构和采购管理体制

1.采购管理机构

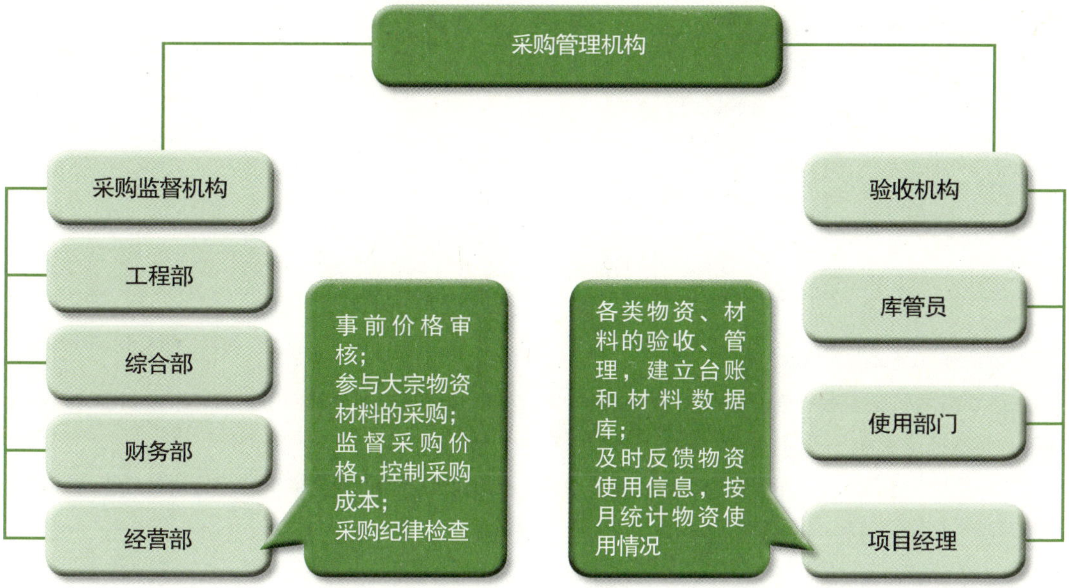

（1）负责使用部门及工程方面日常物资、材料、设备采购；

（2）负责物资采购的询价、议价、比质、比价及招标；

（3）负责采购合同的拟订、签订；

（4）负责按时、按质、按量地采购使用部门所需各种物资；

（5）负责物资采购管理制度和各岗位职责的制定；

（6）负责物资采购员的监督与管理；

（7）负责对供应商的开发与管理；

（8）负责与使用部门、仓管部门的沟通与协调；

（9）采购工作的监督管理机构，专司采购监督管理职能；

（10）配合采购部制定和完善各项采购工作制度、流程；

（11）会同采购部定期参与大宗物资、材料的招标、评审以及供应商的甄选；

（12）定期收集采购信息需求，严把采购价格关、质量关、实用关，及时向管理层反馈意见；

（13）严格执行各项采购工作纪律。

2.采购管理体制

（1）采购决策管理

1）建立健全物资采购决策程序，根据采购物资类别和金额的大小，实行分级分权管理，明确各级管理者、各有关部门及人员的权限；

2）除特殊情况外，大宗物资及其他金额较大物资采购的重大事项，由公司决策层和相关部门负责人通过会议或其他的形式实行决策；

3）加强对采购物资的价格、质量、数量的监督，设立物资采购监管委员会；

4）使用部门、项目经理、库管员对其审批的物资采购负有审查、监督责任。

（2）比质比价采购

1）采购部要广泛收集采购物资的质量、价格等市场信息，掌握主要采购物资信息变化，并根据市场做到比质、比价采购。

2）除仅有唯一供货商或公司生产经营有特殊要求外，公司大宗物资的采购应当选择三个以上的供货商，从质量、价格、信誉等方面择优进货。

3）采购部大宗物资采购及有特殊要求的物资采购，应当审查供货商资格；对已确定的供货商，应当及时掌握其质量、价格、信誉、服务变化情况。

4）采购中心大宗物资的采购以及其他较大金额的物资采购，具备招标采购条件的，应实行招标采购。

（3）价格监督

1）采购监管委员会人员应当严格履行职责，监督采购价格，控制采购成本。

2）大宗物资应当经价格监督部门事前进行价格审核，采购部应当在价格监督部门审核的价格内进行采购，特殊情况除外。

3）采购监管委员会应当对所采购的物资的价格单据进行审核，对未在审核的价格内或高于市场价格进行采购而损害公司利益的，应及时向公司领导反映并提出处理意见。

4）物资采购监管委员会等价格监督职能的部门或人员应当及时了解、掌握大宗采购物资的市场价格，并对其审核的物资采购价格承担相应责任。

（4）质量检验监督

1）库管员及各使用部门应对采购物资进行质量检验和验证，进行质量监督与使用信息反馈，采购物资未经质量检验或验证不予办理正式入库和结算手续，特殊情况除外。

2）采购部应当根据生产经营需要完善必要的质量、计量检测条件。不具备检测条件的需要对采购物资进行检验的，可以委托检验或要求供货商出具国家认定的检测机构的质量检验报告。

3）质量检验或验证人员应当严格按标准和程序进行检验和验证，并对检验、验证结果承担责任。

4）对大宗采购物资，采购中心可以根据需要留样存档，并进行复检。

三、采购管理信息库建设

随着企业的不断发展，为严把采购物资的品质关，增加各类物资价格透明度，采购部要进一步完善各类物资价格体系，建立健全物资价格数据库和合格供应商数据库，及时、定时更新各类物品价格和合格供应商信息。

1.建立物资材料价格数据库

在工程部电脑上建立一套统一的物资价格数据库，增加各类物资价格透明度，使公司领导及时准确掌握各类物资的最新信息和动态，最大限度地降低企业物资采购成本。

2.建立合格物资供应商数据库

健全供应商管理制度，建立合格物资供应商数据库，及时更新合格供应商信息，通报对违反规定的供应商的处罚。方便查询供应商的最新物资价格、交易记录、信誉等级、售后服务水平，以利于各公司做出相应调整，避免因信息不畅，致使公司利益受损。

3.采购信息数据库的统计分析

工程部每月定期向公司提交当月各类物资进销存明细及使用情况，由采购部根据汇总数据及供应商最新动态，对当月采购信息数据进行汇总和统计分析，按照物资材料的采购价格进行由高到低排序，生成物资采购汇总数据库。

4.财务审计部门的有效监督

为保证采购信息数据的真实、准确、有效，物资采购监管委员会应加大监督力度，管理部门可以根据采购信息数据库保留对采购人员责任的追溯权。

通过采购信息数据库的公布和统计分析，加上采购监管委员会的有效监督，保证了采购数据的真实、准确、有效，有利于采购成本的降低，使公司实现了材料核算、成本分析、材料管理和财务管理的一体化，由此实现“阳光采购”平稳运行。

四、采购管理规定

为了规范公司的物资采购行为，降低物资采购成本，确保公司各项物资供应，加强公司物资采购的监督管理，对物资采购管理规定如下：

1.采购工作基本要求

（1）未经审核批准的申购物资一律不得采购；

（2）在同等质量、同等价格的情况下，应选择就近采购；

（3）对长期订货和大额款项的采购，应通过签订合同和实行银行结算；

（4）在比价过程中，严格执行同类企业比质量，同等质量比价格，同样价格比信誉，择优确定供应商；

（5）对于先试用后采购的物资，不得在试用鉴定前采购。

（6）大宗物资实行集中采购，以邀请招标、竞争性谈判、询价、单一来源和定点、定向等多种方式采购。

凡进行大宗材料物资的采购活动，必须实行三方参与的原则，即在公司统一领导下，由采购部、使用部门、采购监管委员三方共同参与大宗物资（设备）的采购。

2.物资采购管理

（1）日常办公用品及大宗物资的采购，实行按月上报采购计划。各单位编制采购计划时，要从实际经营需要出发，避免盲目提报，由于上报物资采购计划失误，造成物资积压损失，由申购公司/部门负责人承担责任。

（2）如临时需要应急采购的，则应至少提前3小时并经公司领导批准后使用企业备用金采购，由相关采购人员负责采买。

（3）计划外急需采购的物资，由使用部门填制《急需物资申购单》，部门负责人签字，公司分管领导签署意见，经总经理批准后报采购部根据所需物资的单价及数量比照既定标准进行采购，采购部应向使用单位明确到货期限，如未能按既定时间到货需向使用单位说明原因并积极配合解决。

（4）使用部门在填写相关申购单时，务必写清所购物资的品名、规格、型号、单位、数量等信息，如因申购单填写不清，而影响采购进度的，后果由本部门自负。

（5）物资采购时必须严格按照采购原则、采购计划进行采购，保证做到不错订、不漏订，及时准确做好物资货源落实工作。

（6）采购部备有一定数额的采购备用金，用于应急采购与需现付的零散物资采购。备用金所购应急物资，购入后仍需补齐相关手续，方可予以报销。

（7）签订物资采购合同时，要严格执行合同法和公司合同管理制度，合同中要明确标的、数量、规格、型号、价格、质量标准、交货期、交货地点、结算方式、运杂费承担者、包装、运输、验收方式，注明保修年限、保修期结束后的零配件提供及价格、年限等事项，签订合同各方经济责任以及其他需要明确的事项，一般按照先到货验收后付款的原则进行，特殊情况先款后货的需经相关负责人批准。

（8）对短缺物资，采购员应及时反馈信息，并征求使用部门意见，经使用部门同意后方可采购代用品，并做好存档备案。否则，出现后果由采购员负责。

（9）采购人员必须按采购作业期限运作，对不按计划要求及质量要求采购，造成经济损失的，均由采购人员承担责任。

（10）因特殊原因，采购员未能及时完成采购任务或无法按周期采购物资的，应及时告知采购部门负责人并说明异常原因，提出相应意见方案。采购部负责人应及时向申购部门反馈，并与其沟通，拟订补救办法和处理对策，特别重大事项应汇报总经理。

五、采购监管委员会

1.组织机构设置

采购监管委员会一般由组长和委员组成。

2.采购监管委员会与采购部的关系

采购监管委员会在公司董事会的领导下，负责对采购部定期进行采购信息反馈和监督管理，是服务与监督的关系。

3.采购监管委员会工作制度

（1）会议制度。每月月底召开由组长主持的采购监管委员会会议，听取各委员工作书面汇报，形成会议纪要。

（2）信息反馈制度。采购监管委员会应及时加强采购信息交流沟通，达到采购信息资源共享，货比三家，物美价廉之功效。采购监管委员会每月将工作开展情况向采购部通报，并向总经理及时汇报。

（3）采购物资验收把关制度。采购监管委员会负责对采购物品价格、质量验收、审核把关，对供应商因质量、价格产生的欺诈行为及时向采购部通报，并提出对供应商的惩罚意见。

六、供应商管理规定

为了促进供应商与我司建立健康、和谐、稳定的供需关系，促使供应商保证产品质量、降低成本、供货及时，提高服务水平，对供应商管理作如下规定：

1.总则

凡是有可能或已经与我司发生业务往来的供应商，并具有与其所承担的供应物资相应的经济实力和资信等级的供应商都在本规定的范围。

2.各相关部门职责

（1）使用部门职责

1）对工程材料、专业材料和设备等物资，须由各专业技术指定责任人到场进行物资验收工作，以确保质量。

2）负责提供物资在使用过程中的实际情况及出现的问题。

（2）库房职责

1）负责对供应商到货物资的验货、收货工作，办理入库手续。

2）及时将供应商交货期限、产品质量、服务水平向采购部反馈，并提出意见。

3）每月定期向采购部提交当月各类物资进销存明细及使用情况。

（3）采购部职责

1）做好供应商的开发工作，积极寻找货源，开辟新的供货渠道，对于同类产品，应至少备有两家以上供应商，以便做到价格互补、货源互补。

2）做好供应商的管理工作，及时对违反合同规定的供应商进行处理，不定期抽检供应商送达的货物，到收货现场监督验货，督促供应商货物及时配送，以确保使用部门的正常供应。

3）负责收集和建立供应商信息数据库，考察评估供应商的资质，建立《合格供应商名册》，随时为开辟新的供货渠道做好准备。

4）负责定期对供应商进行评估、考核和甄选工作。每月依据供应商交货的产品质量、交货期限、服务态度、产品价格及履约能力等方面进行评分并通知供应商。

5）与常用物资供货商签订相关的《供货承诺书》。

3.对供应商的奖惩规定

（1）对于履约能力强、信誉好、送货及时、提供高性价比物资的供应商，给予及时结账，并将其列入次年的合作对象。

（2）对于存在“以次充好”、“以少充多”行为的供应商，将予以坚决打击、制止，应扣罚其相应部分的货款，并取消供应商供货资格。

（3）对于无法与各公司良好配合、出现重大问题无法改善的或经评定连续数月未达标的供应商将取消供货资格。因无法找到替代的合格供应商，暂时保留其供应商资格，但须将评鉴结果通知供应商并责令其改进。

（4）货物配送由供应商送货的，应在订立合同时谈定预交信誉保证金与质量保证金。供应商未能在指定时间将所订物资送抵指定地点的，扣缴一定数额的信誉保证金；供应商所送物资质量因不符合合同所约定的，应扣缴一定数额的质量保证金。

4.加强物资供应商的信息管理工作

（1）加强与供应商的信息沟通，及时了解重要物资生产厂家的价格变化趋势及产品更新动态。

（2）定期开展供应商调查活动，根据供应商返回的《供应商调查表》，建立供应商资质等相关内容的《合格供应商名册》。根据使用部门反馈的产品的质量、服务水平等信息，及时做出相应的调整，以便更好地处理在供需中所存在的问题。

（3）分管的采购人员应详尽记录本人经办的采购物资使用部门反馈信息，为评价供应商提供相关信息资料支持。

第二章

房地产公司招标管理规范化范本

一、总则

1.公司建立全面的招标管理制度，以公正、公平、公开的原则评估选择业务承包单位，在合理公平的原则下追求公司利益最大化，以确保各项承包业务满足规定的质量、进度和成本控制要求。

2.凡单项合同额10万元以上（含）分包（采购）业务，必须纳入招标系统进行控制，包括但不限于：

（1）材料设备采购类；

（2）工程施工类；

（3）服务类，包括勘察、测绘、设计、监理、造价咨询、工程检测、物业中介、宣传推广、模型制作等单位的选择。

3.为加强招投标工作的管理力度，公司规定出各类招标工作的操作流程和责任划分，各部门和分公司必须遵照执行。

二、招标（采购）分类

1.根据承包工程、采购材料设备的种类和性质的不同，按《招标工作责任界定》的具体规定，招标（采购）工作按以下四类方式进行操作：

（1）集中采购及总承包（公司经办）；

（2）第一类招标（公司组织或经办的招标）；

（3）第二类招标（公司所属分公司经办的招标，公司参与或监督）；

（4）第三类招标（所属部门及分公司独立负责的招标）。

2.当地政府主管部门规定公开招标的工程发包项目，公司所属部门应做好与政府主管部门的沟通协调工作，按主管部门要求申报，公开招标前应执行公司规定的招标流程，选择意向单位参加投标。

3.在上述四类招标（采购）中，符合直接委托条件的发包或采购业务，可按直接委托方式选择确定供方，但必须执行业务发包直接委托控制指引的规定，由业务经办部门办理相应申请、审批手续。不符合直接委托条件的发包或采购业务，如申报，原则上不予批准，并将作为公司执行制度考核的重要内容。

4.公司将逐步推行网上招标（采购）。

5.经营部应在年初制定集中采购目录，报总经理审定后，由采购部牵头组织，相关部门配合，实行集中采购，以达到最大限度发挥公司规模采购优势、有效降低成本和保证产品质量的目的。

6.对于管理体系成熟高效、执行制度严格的分公司，报总经理批准后，经营部可对该公司的招标业务进行授权，具体授权的工作范围、操作模式、时间期限等采用授权通知书的形式。

三、招标（采购）计划

1.为防止肢解发包工程来回避公司招标管理规定，以及避免计划编制的随意性，公司应分阶段编制和修订招标（采购）计划，在《项目经营策划书》中一并上报项目总招标（采购）计划。招标（采购）计划必须科学、合理、严肃，允许每季度末20日前对下季度招标（采购）计划进行一次修订，报经营部审批后严格执行，公司对计划的执行严格监控，也作为执行制度考核重点内容之一。

2.公司编制和修订的招标（采购）计划应包含集中采购及总承包、第一类、第二类、第三类及拟订直接委托的内容。

3.招标（采购）计划的编制内容和要求包括：

（1）招标（采购）计划中的成本估算额，与该项目的目标成本比较，若有较大超支时，应考虑从优化设计上研究解决措施；

（2）工程部根据项目的进度，确定招标项目技术资料的提供时间和材料设备选型定板的时间，并按时提供相关资料；

（3）材料设备采购计划应明确采购材料设备的数量、成本估算额、招标方式、标段划分、供货方式、定板完成时间，以及发标、开标、定标和进场时间。

（4）各类专业工程招标计划应明确各类专业工程的内容、技术条件、标段划分、成本估算额、招标方式、发标、开标、定标和进场时间。

4.公司编制和修订的各阶段招标（采购）计划经各公司相关业务部门会审、总经理批准后实施。

5.对于上报的招标（采购）计划内容，经营部可根据各项目招标计划和集团的实际情况，提出审批意见，各公司遵照意见进行调整。

四、招标过程控制要点

1.招投标领导小组及组成

集中采购和总承包招标需成立领导小组，其组成由常务总经理、分管副总经理、总经理助理、审计部部长、经营部部长、财务总监、采购部部长组成（特殊情况可以增加相应人员）。招标工作领导小组组长由常务总经理担任。

2.招标工作小组的组成

每个招标（采购）项目在招标前，由招标工作小组负责整个招标工作。

（1）与投标单位有利害关系的人员不得作为招标工作小组成员。

（2）招标工作小组人数必须为奇数，且不少于（含）7人，原则上不多于9人。招标工作小组专业技术人员不得少于2人。

（3）除集中采购及总承包外的所有招标（采购）项目，公司业务经办部门和经营部相关的专业技术人员应全过程参与招标工作。

3.招标文件

（1）所有招标（采购）项目必须达到发标的技术条件方可报批招标文件。

（2）标准招标示范文件

1）经营部负责组织拟订标准招标示范文件，由公司法务律师等分别就相关内容履行审批，报总经理批准后正式发布。

2）公司可根据各自项目的具体技术条件、地方差异性，对标准招标示范文件的相关内容进行调整，编制每项业务的招标文件。报批时应注明与标准招标示范文件差异之处。如上报的招标文件与发布的招标示范文件内容无实质性改变，报经营部审批；如内容出现实质性改变需报经营部、法务部审批。

（3）非标准招标示范文件

1）总承包招标文件由经营部拟订，经招标工作小组成员会签，转律师审核后，报总经理审批。

2）集中采购招标文件需经法务律师审核后， 方可报总经理审批。

①经营部对招标文件总体把握负责；

②工程部对技术条件和要求负责，包括产品技术标准、设计方案、设备选型的确定；

③财务部对付款条件和要求负责。

3）第一类、第二类、第三类的招标文件由集团所属公司经办部门拟订，履行内部审批手续，其中必须经法律顾问和总经理签字确认。

①经办部门对招标文件总体把握负责；

②规划部门（公司所属开发设计人员或规划研究院）对技术条件和要求负责，建造标准与公司审批结果一致；营销部门、招商部门对相关招标文件中的技术要求负责；

③工程部对工程管理条件和要求负责；

④经营部对商务条件和要求负责；

⑤财务部对付款条件和要求负责。

4.招标管理

（1）公司所有招标（采购）业务信息应有计划地提前在媒体公开发布，且不少于2次，在公司网站建成后需将招标（采购）业务信息在网上及时发布，公司招标经办部门负责供方资料的收集整理并定期将招标（采购）项目信息上报经营部。

（2）公司部门经理及以上管理人员和招标工作小组成员，原则上不允许推荐投标单位，如因业务需要推荐投标单位的，应不以任何方式影响评标、定标工作的正常进行。

（3）集中采购相关信息在公司网站上发布。

5.投标单位入围

（1）入围单位或材料设备的品牌和质量应在同一水平线上，具有可比性和竞争力。

（2）各类招标项目的每个标段有效投标单位应不少于（含）三家。如有效投标单位不足，需报总经理批准。投标单位优先从合格供方名录中选择，合格供方名录中没有或数量不够时，才可从其他途径选择投标单位。

（3）各类招标（采购）项目选择供方前，由公司经办部门或所属公司拟订入围标准，招标经办部门根据审批后的招标（采购）项目的入围标准初步选择拟订入围单位。

（4）在入围单位选择阶段，招标经办部门应将招标（采购）项目的概况、规模、标段划分原则、付款方式、工期要求、评标基本办法等核心商务和技术条件与拟订入围单位充分沟通、交流，以使对方的投标行为更加理性，从而保证招投标工作的质量。

（5）在上述工作基础上，筛选出符合入围标准的足够数量投标单位入围。

（6）招标经办部门对筛选出的单位发放投标邀请函，并及时接收对方的投标承诺函，以收到的承诺函为准整理出入围单位。

（7）集中采购和项目工程总承包的入围单位名单（含入围标准）经招标工作小组会签后，报集中采购和总承包招标领导小组审定。

6.发标

（1）根据招标（采购）项目的实际情况，招标文件审批部门（人员）在招标文件中明确发标地点、发标人员。

（2）发标时发标人员应做好书面记录，招标文件发放登记时，需在不写明领取单位名称的前提下，由领取人签字，待所有领取人签字完毕且离场的情况下，由经办人填写领取单位名称。

（3）现场踏勘由招标工作小组中的经办部门人员负责组织，其他部门视实际需要指派人员配合。

（4）招标答疑。如投标单位对招标文件内容无法理解或招标文件存在模糊、错误、遗漏等问题，招标工作小组根据情况，以答疑会或招标文件补遗的形式解答。无论何种方式，均应以招标工作小组会签、审批通过的会议纪要或招标补遗文件为准。

7.开标

（1）根据招标（采购）项目的实际情况，招标文件经办部门（人员）在招标文件中明确开标地点。

（2）招标工作小组组长或其授权委托的招标工作小组成员主持公开开标工作，现场拆封，该过程和内容需做好记录，参加开标的全体人员签字确认。

（3）开标时，财务部人员必须到场鉴别投标保证金票据（银行保函、支票等）的合法性、真实性和有效性。

（4）开标时，经办部门、成本控制人员必须到场。

（5）开标后，招标工作小组组长组织相关人员进行标书的分析，以便于进一步的评标定标工作。

8.评标、定标、中标

（1）工程类招标项目的技术标打分权重不得超过20%，装修、装饰、景观、材料设备类招标项目的技术标打分权重不得超过35%，服务类招标项目的技术标打分权重不得超过50%，规划、建筑设计方案、广告、标识、小品等设计招标项目的技术标打分权重不得超过60%，确需突破的，需经总经理审批。

（2）招标工作小组组长主持招标项目的评标工作，为保证评标的严肃性和公正性，在整个评标过程中招标工作小组成员应全部出席，如确因特殊情况（如出差等）无法参加，须授权胜任人员参加评审，授权必须采用书面（即授权委托书）形式（若出差在外，则传真或事后补授权委托书），禁止未经授权的人员参加评标并签字。

（3）各类专业的评标工作均必须遵循公司的规定，经招标工作小组评标，推荐中标单位。

（4）公司按审批权限批准推荐的中标单位，由经办部门向中标单位发出中标通知书，同时将中标结果以书面形式通知其他投标单位。

五、签订合同

1.招标经办部门按照招标文件中的合同条件和中标单位的相关承诺，与中标单位签订经济合同。

2.合同签订前，招标经办部门负责按管理制度“经济合同管理”和法律事务部的相关规定，在公司内部完成相关审批手续。

3.未签订合同不允许拟中标单位进场施工或作施工准备。

4.集中采购确定中标单位后，公司与合作供应商签订集中采购协议。

5.凡纳入集中采购协议的产品，经营部应提出需求，并报公司领导审批后与公司合作供应商签订经济合同，如果合作供方产品不满足项目的技术要求，按照管理规定另行招标（采购）。

六、供方管理

1.供方合格评定

（1）所有参与投标或接受直接委托的供方，包括公司集中采购和定向供方，均必须经过规定程序的合格评定，并且评定结论应满足业务承包要求。

（2）经营部负责管理公司集中采购和定向供方的合格评定。

（3）供方合格评定必须按《供方合格评定指引》的规定执行，经评定合格的供方由其经办部门负责建立合格供方名录，并汇总形成公司的合格供方名录。

2.供方履约评估

（1）各业务经办部门必须对供方的履约过程表现进行阶段性的监督和评价，按公司的规定做好供方的履约评估记录。

（2）竣工验收后，公司对供方进行综合评价，根据评价结果，提出如下建议：

1）结果为“优”的，满足其他项目入围标准的情况下，优先成为入围单位，且在定标时优先考虑；

2）结果为“合格”的，在合格供方名录中保留；

3）结果为“不合格”的，从合格供方名录中取消其资格；

4）公司建立供方“黑名单”制度，凡存在围标、串标、行贿等行为的投标单位，经招投标小组批准后将列入黑名单，凡列入黑名单的供方永不得承接本公司所有项目。黑名单的企业名称在公司网站上进行发布。

（3）各部门应每半年一次（6月30日前和12月30日前）集中向经营部报备合格供方名录。

第三章

招标、评标标准规范化范本

一、基本要求

1.评标原则

（1）公开、公平、公正及诚实守信；

（2）科学合理；

（3）反不正当竞争；

（4）贯彻发包方对招标的各项要求和原则。

由招标工作小组对各投标单位的投标文件进行评定，杜绝暗箱操作；与投标单位有利害关系的人员不得参与评标、定标。

2.废标

在开标时，投标文件出现下列情形之一的，应当作为无效投标文件，不得进入评标：

（1）投标文件未按照招标文件的要求予以密封的；

（2）投标文件中的投标函未加盖投标人的企业及企业法定代表人印章的，或者企业法定代表人委托代理人没有合法、有效的委托书（原件）及委托代理人印章的；

（3）投标文件的关键内容字迹模糊、无法辨认的；

（4）投标人未按照招标文件的要求提供投标保函或者投标保证金的；

（5）组成联合体投标的，投标文件未附联合体各方共同投标协议的。

3.重新招标

包括但不限于下列情况必须重新招标：

（1）投标单位相互串通投标；

（2）投标单位以向招标工作人员行贿的手段谋取中标的；

（3）投标单位以他人名义投标或以其他方式弄虚作假，骗取中标的；

（4）开标后，发现超过半数投标皆不合格，例如各投标单位报价皆不在合理报价范围之内；

（5）有效投标单位少于三家。

二、评标

1.评标内容

评标包括初评，即对投标文件符合性及完整性评审，技术标与经济标评审，内容如下：

（1）初评

招标工作小组根据招标文件的规定，对投标文件的实质性内容作出符合性及完整性评审，以判定其是否符合招标文件要求，保证评标的准确性和公正性。

1）按照招标文件规定的格式、内容打印或填写与装订，字迹清晰；

2）投标文件上法定代表人或获授权代表的署名及投标单位的公司印鉴齐全；

3）按照招标文件要求填妥了各清单项目的单价及总价；

4）提供了招标文件要求的其他有关投标资料；

5）符合招标文件中的各项实质性要求，没有合同条件方面的重大偏离。

若投标单位交回的投标文件不能满足招标文件的实质性要求，则有关投标文件将会按无效投标处理.

（2）技术标评审

通过技术标评审的条件，包括但不限于以下内容：

1）设备、材料的参数、性能符合招标文件要求；

2）工期合理，满足招标文件要求；

3）进度计划安排合理，进度控制措施科学可靠；

4）机械设备配置齐备、合理且先进；

5）组织机构和专业技术力量能满足施工需要；

6）施工方案重点突出，拟用技术先进及科学可行；

7）工程质量、安全及环境保护保证措施可靠。

（3）经济标评审

经济标评审方法如下：

1）标价合理，即投标总价及单价总体合理；

2）未提出偏离招标文件要求的特别声明；

3）符合招标文件规定的其他条件。

2.评标质疑

（1）若对投标文件内的有关内容存有疑问，招标工作小组以书面或答辩形式向投标单位提出质询，并要求其做出书面澄清，但书面澄清不能实质性修改其已交回的投标文件。

（2）质疑或答辩由招标工作小组成员参加。不符合招标文件实质性要求的投标，招标工作小组有权予以拒绝。

（3）质疑必须以招标工作小组审批通过的质疑文件为准。拒绝响应或出席招标工作小组质询或答辩的投标单位应视为放弃投标。

3.评标办法

按照评标办法严格执行，对有效投标文件进行评定，推荐中标候选单位或确定中标单位。

4.评标操作流程

（1）招标工作小组成员对各投标文件进行符合性及完整性评审，对各投标文件是否能通过评审作出明确判定。

（2）若有投标文件经初评后被确定为不合格，则无论其技术标和经济标的投标情况如何，该投标文件均按无效投标处理。

（3）对于通过初评的投标文件，招标工作小组相关成员对其技术标进行评审。

（4）若有投标文件经技术标评审后被确定为不合格，则无论其经济标的投标情况如何，该投标文件均按无效投标处理。

（5）对于通过技术标审定的投标文件，招标工作小组相关成员对其投标总价是否已明显低于大多数其他投标单位的投标总价即实质上已低于成本价作出分析；若经分析后认为确已实质上低于成本价，则投标按无效投标处理。

（6）全部通过符合性及完整性评审、技术标评审、经济标评审三项评审的有效投标文件，招标工作小组根据评标办法推荐中标候选单位或确定中标单位。

第十一模块
Module Eleven

房地产企业行政管理

第十一模块思考

行政管理贯穿于生产经营环节始终，它最核心的功能就在于服务。但是它又是一个庞杂的系统，如何按部就班，有条不紊地为企业服务好，这是行政管理的核心功能。所以，为行政管理立规矩、定制度是开展行政管理的工作。同时，行政管理的核心还在于日复一日的坚持与调整，以始终让服务功能作为其核心。

第一章

房地产行政管理架构

一、行政管理定义

企业行政管理广义上包括行政事务管理、办公事务管理、人力资源管理、财产会计管理四个方面；狭义上指以行政部为主，负责行政事务和办公事务。具体包括相关制度的制定和执行推动、日常办公事务管理、办公物品管理、文书资料管理、会议管理、涉外事务管理，还涉及出差、财产设备、生活福利、车辆、安全卫生等管理。

所有工作的最终目标是通过各种规章制度和人为努力使部门之间或者相关企业之间形成密切配合的关系，使整个公司在运作过程中成为一个高速并且稳定运转的整体；用合理的成本换来员工最高的工作积极性，以提高工作效率完成公司目标发展任务。

二、行政管理架构

很多房地产企业行政部作为一个职能部门，与业务部门同级，这个时候为了便于行政事务的管理，通常会设立行政部总经理和副总经理，这种组织结构主要应用于中大型或者集团型房地产企业，而对于一些中小型房地产企业行政部完全可以直接设立一个行政部经理，不用再设行政办主任，这样可以压缩管理层级，精简人员，具体情况各个企业根据自身需要来设立。

●某房地产公司行政事务管理架构

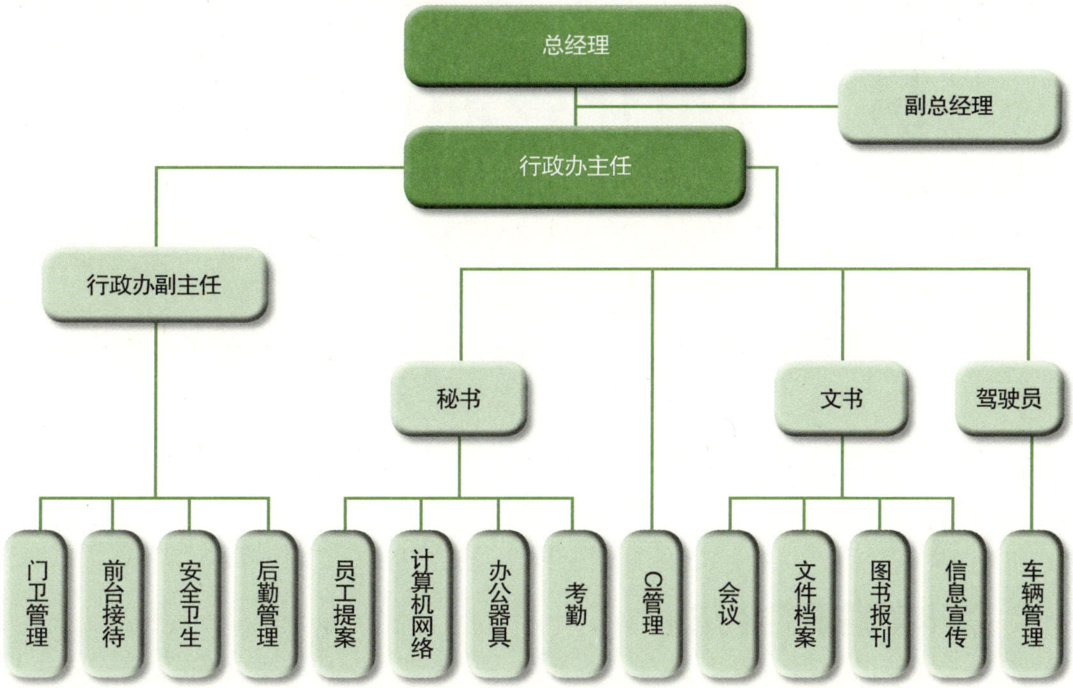

第二章

员工规范化管理行政制度

一、胸卡管理规范化范本

第一条：目的

为配合人员管理及门卫管理需要，维护公司办公区的安全秩序，特制定本制度。

第二条：适用范围

本公司员工（总经理除外）。

第三条：实施细则

1. 员工进出公司时及上班时段内须佩戴胸卡，不得转借他人。
2. 来宾访客则于门卫室申请来宾证后，方可进入公司洽谈业务。
3. 胸卡证的制发由人力资源部统一负责。

第四条：种类及样式

1. 胸卡分为两种，正式卡：指正式任用员工所戴；试用卡：指试用期间员工所佩戴。
2. 正式卡及试用卡均须张贴员工个人相片，无相片者，须于领用一周内补贴。

第五条：佩戴

胸卡一律佩戴于胸前明显的地方，须正面朝前可供识别，以夹扣或别针挂在胸前即可。在施工、销售现场，工程部、销售部人员要佩戴胸卡。

第六条：员工胸卡管理

（1）胸卡损毁，应向人力资源部办理重发（须以旧证换新证），并缴交工本费若干。

（2）胸卡证未依规定张贴相片者，视同未戴胸卡处理。

（3）胸卡遗失，应向办公室办理重发，应缴交罚款50元。

（4）员工调到其他部门时，应向人力资源部办理重发，不需付工本费。

（5）员工离职时，应将胸卡交回人力资源部。

（6）进出公司：

①员工出公司时，应将识别证交于门卫保管，待回公司再取回；如遗失，则由门卫登记确认后方可放行，门

卫应将名单交到办公室。

②遗失胸卡的人员应尽快到办公室补办。缴交罚款30元。

第七条：来宾证管理

来宾访客进入公司应于门卫室申请来宾证，公务完毕离公司需缴回，不得将来宾证借给他人使用。

第八条：实施与修改

本制度经总经理核准后公布实施，修改时亦同。

二、员工提案管理规范化范本

第一条：本公司为倡导参与管理，并激励员工就其平时工作经验或研究心得，对公司业务、管理及技术提供建设性的改善意见，借以提高经营绩效，特制定本条例。

第二条：本公司各级员工对本公司的经营，不论在技术上或管理上，如有改进或革新意见，均可向人事部索取提案建议书，将拟提案建议事项内容详予填列。如建议人缺乏良好的文字表达能力，可请人事部经理或单位主管协助填列。

第三条：提案书内应列的主要项目如下：

1. 建议事由：简要说明提案改进的具体事项。

2. 原有缺失：详细说明在提案未提出前，原有情形的未尽妥善处以及应予革新意见。

3. 改进意见或办法：详细说明提案改善的具体办法，包括方法、程序及步骤等项。

4. 预期效果：应详细说明该提案经采纳后，可能获得的成效，包括提高效率、简化作业、增加销售、创造利润或节省开支等。

第四条：提案书填妥后，应以邮寄或面递方式，送交人事部经理亲收。

第五条：提案内容如偏于批评，或无具体的改进或革新实施办法，或不具真实姓名者，人事部经理可以内容不全为由，不予交付审议，其有真实姓名者，应由人事部经理据实委婉签注理由，将原件密授原建议人。

第六条：本公司为审议员工提案建议，设置员工提案审议委员会（以下简称审委会）由各幕僚单位主管为审议委员，人事部经理为召集人，必要时，人事部经理需与召集人洽商后邀请与提案内容有关的主办单位主管出席。

第七条：审委会的职责如下：

（1）关于员工提案的审议事项；

（2）关于员工提案评审标准的研议事项；

（3）关于提案奖金金额的研议事项；

（4）关于提案实施成果的研讨事项；

（5）其他有关提案制度的研究改进事项。

第八条：人事部收受提案建议书后，认为完全者，应于收件3日内编号密封送交审委会召集人，提交审委会审议。如因案情特殊，需由审委会另行洽请与该建议案内容有关的人员先行评核，提供审委会作为审议参考。前项审委会的审议除因案件特殊者可延长至30天外，应于审委会召集人收件日起15天内完成审议工作。

第九条：本公司员工所提案建议，具有下列情形之一者，应予奖励：

（1）对于公司融资提出可行性方案，降低融资风险，提高公司投资效益者。

（2）对于公司组织研提调整意见，能收精简或强化组织功能效果者。

（3）对于公司商品销售或售后服务，研提具体改进方案，具有重大价值或增进受益者。

（4）对于商品修护的技术，提出改进方法，值得实行的。

（5）对于公司各项规章、制度、办法提供具体改善意见，有助于提高经营效能者。

（6）对于公司房地产开发项目，提供改善意见，具有降低开发成本，简化作业，提高开发经营效率的功效者。

（7）对于公司未来经营的研究发展等事项，提出研究报告，具有采纳价值或效果者。

第十条：前面几条奖励的标准，由审委会各委员依员工提案评核表各个评核项目分别逐项研讨并评定分数后，以总平均分数依次拟订等级及其奖金金额。

三、员工着装管理规范化范本

第一条：为树立和保持公司良好的社会形象，进一步规范管理，本集团公司员工应按本规定的要求着装和佩戴工卡。

第二条：员工上班时间内要注意仪容仪表，着装大方得体、整洁。

第三条：未发给工作服的员工，上班期间应着装工整。

第四条：严禁穿无袖、低领衫、超短裙、文化衫、牛仔裤、背心、短裤、拖鞋等上班。

第五条：注意将头发梳理整齐。男职员发不过耳，一般不准留胡须；女职员上班宜淡妆，饰物佩戴应得当。

第六条：部门副经理以上的员工，办公室需备有西装、领带，以便外出活动或重要业务洽谈时穿用。

第七条：重大活动及重要会谈，男士必须着西装、戴领带，女士穿套装。

第八条：集团各部门、地区公司、二级公司负责人应认真配合，督促下属员工遵守规定。

第三章

日常事务管理制度

一、门卫接待管理规范化范本

第一条：为加强出入公司的人员、物品的管理，特制定本制度。

第二条：凡人员及物品出入公司大门应遵守本制度，由保安人员负责管理。

第三条：公司人员出入管理：

1. 本公司员工出入公司，应穿着规定服装，佩挂胸卡于胸处，以便识别，并严禁赤足或穿着拖鞋。

2. 员工出入公司，如果携有物品，应接受保安人员的检查和登记。

3. 员工上下班时，应排队打卡，并不得代替他人打卡，如发现依考勤管理规定处分。

4. 凡进出公司及在公司范围以内，无论上下班时间一律佩挂胸卡，未按规定佩挂者，依有关规定处分。

5. 工作时间内因公外出：

（1）从业人员临时因公外出时，应经直接上级批准，保安人员记录出入公司时间。如遇异常情况应立即联络其所属部门的主管处理。

（2）工程部、销售部人员外出，应填写出工单，说明要去的施工、销售现场或其他场所，保安人员要做详细登记。

（3）因故请假出公司者，应按规定办理请假手续后打卡出公司。

（4）下班时间除加班外，禁止逗留。

第四条：公司外人员出入管理：

1. 工程承包人及雇用人员须入公司工作，先由工程承包人填具“出入公司申请书”一式两份，经工程部经理及负责安卫的主管领导核准后，一份送办公室审核，一份送门卫存查，并凭此换发“工程承包人入公司凭证”。如入公司工作时间在一日以内，可免送办公室审核。

入公司 → 凭身份证明文件及“工程承包人入公司凭证”交门卫核对无误后换发“工程承包人入公司证”佩挂入公司

出公司 → 当日工作完毕出公司时，应交还“工程承包人入公司凭证”，换回身份证明文件及“工程承包人入公司凭证”。午间出公司用餐及工作中出入公司时亦同

2. 凡公司外人员来访者，应先填签“来宾登记表”，保安人员负责引领前台接待。

3. 离开公司时，应携“贵宾证”交还“保安室”，并由保安人员签注离开公司时间。

4. 禁止来宾未经准许进入公司，发现或接获他人举报，应由办公室查明责任归属，如因保安人员管理不严，公司给予当值人员20元处罚。

二、考勤管理规范化范本

第一条：为加强公司职工考勤管理，特制定本规定。

第二条：本规定适用于公司总部。各下属全资或控股企业、项目部、销售处或参照执行或另行规定，各企业自定的考勤管理规定须由公司常务副总经理审核签发。

第三条：员工正常工作时间为上午8时30分至12时，下午1时30分至5时。员工应提前15分钟到达，上班时间一到，准时投入工作状态。每周六、日不上班，因季节变化需调整工作时间由办公室另行通知。

第四条：公司职工一律实行上下班打卡登记制度。

第五条：所有员工上下班均需亲自打卡，任何人不得代理他人或由他人代理打卡，违犯此条规定者，代理人和被代理人均给予记过一次和罚款50元的处分。

第六条：公司前台接待监督员工上下班打卡，并负责将员工出勤情况报告办公室主任，由办公室主任报至人力资源部，人力资源部据此核发全勤及填报员工考核表。

第七条：所有人员须先到公司打卡后，方能外出办理各项业务。特殊情况需经主管领导签卡批准，不办理批准手续者，按迟到或旷工处理。

第八条：上班时间开始后5分钟至30分钟到班者，按迟到论处，超过30分钟以上者，按旷工半日论处。提前30分钟以内下班者按早退论处，超过30分钟者按旷工半天论处。

第九条：员工外出办理业务前须向本部门负责人（或其授权人）申明外出原因及返回公司时间，否则按外出办私事处理。

第十条：上班时间外出办私事者，一经发现，即扣除当月全勤奖，并给予警告1次的处分。

第十一条：员工1个月内迟到、早退累计达3次者扣发全勤奖50%，达5次者扣发100%全勤奖，并给予1次警告处分。

第十二条：员工无故旷工半日者，扣发当月全勤奖，并给予1次警告处分。每月累计3天旷工者，扣除当月工资，并给予记过1次处分；无故旷工达1星期以上者，给予除名处理。

第十三条：职工因公出差，须事先填写出差登记表，副经理以下人员由部门经理批准；各部门经理出差由主管领导批准；高层管理人员出差须报经常务副总经理或总经理批准。到达出差地点后应及时与公司取得联系。出差人员应于出差前先办理出差登记手续并交至办公室备案。凡过期或未填写出差登记表者不再补发全勤奖，不予报销出差费用，特殊情况须报总经理审批。

考勤管理流程图

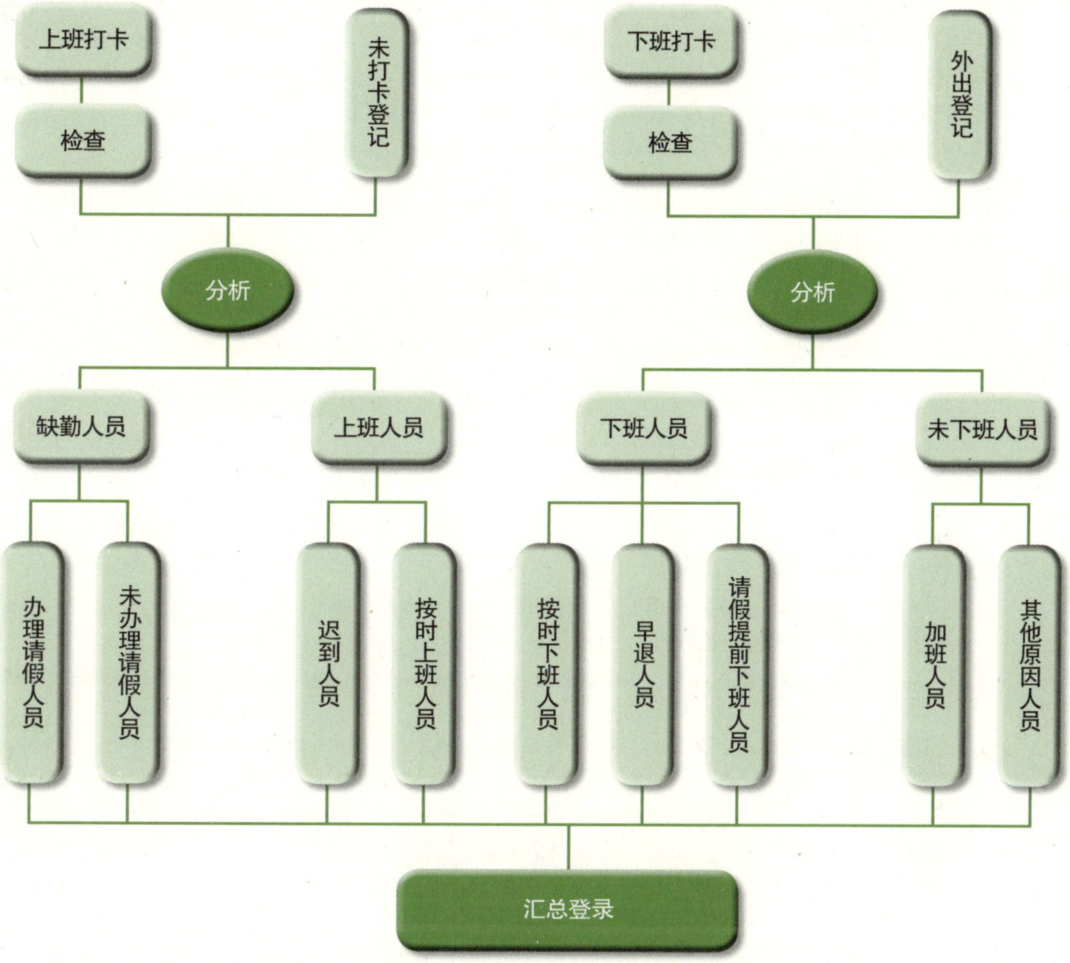

三、卫生管理规范化范本

第一条：本公司为维护员工健康及工作场所环境卫生，特制定本制度。
第二条：凡本公司卫生事宜，除另有规定外，皆依本制度实行。
第三条：本公司卫生事宜，全体人员须一律确实遵行。
第四条：凡新进入员工，必须了解清洁卫生的重要性与必要的卫生知识。
第五条：各工作场所内，均须保持整洁，不得堆放垃圾、污垢或碎屑。
第六条：各工作场所内的走道及阶梯，至少每日清扫一次，并采用适当方法减少灰尘的飞扬。
第七条：各工作场所内，严禁随地吐痰。
第八条：饮水必须清洁。
第九条：洗手间、更衣室及其他卫生设施，必须保持清洁。
第十条：排水沟应经常清除污秽，保持清洁畅通。
第十一条：凡可能寄生传染菌的原料，应于使用前施以适当消毒。
第十二条：凡可能产生有碍卫生的气体、灰尘、粉末，应作如下处理：
（1）采用适当方法减少有害物质的产生；
（2）使用密闭器具以防止有害物质的散发；
（3）在产生此项有害物的最近处，按其性质分别作凝结、沉淀、吸引或排除等处置；
（4）凡处理有毒物或高温物体的工作或从事有尘埃、粉末或有毒气体散布的工作，或暴露于有害光线中的工作等，需用防护服装或器具者，公司按其性质制备相应的防护服装或器具。

从事以上工作的员工，对于本公司设备的防护服装或器具，必须妥善保管。

第十三条：各工作场所的采光应满足下列要求：

（1）各工作部门须有充分的光线；

（2）光线须适宜分布；

（3）光线须防止眩目及闪动。

第十四条：各工作场所的窗户及照明器具的透光部分，均须保持清洁。

第十五条：凡阶梯、升降机上下处及机械危险部分，均须有适度的光线。

第十六条：各工作场所须保持适当的温度，并根据不同季节予以调节。

第十七条：各工作场所须保持空气流通。

第十八条：食堂及厨房的一切用具，均须保持清洁卫生。

第十九条：垃圾、废弃物、污物的清除，应符合卫生的要求，放置于指定的范围内。

第二十条：公司应设置常用药品并存放于小箱或小橱内，以便员工取用。

第二十一条：本准则经总经理核准后施行，修改时亦同。

四、食堂管理规范化范本

第一条：食堂人员应严格遵守公司的一切规章制度。按时上下班，坚守工作岗位，服从上级安排，有事要请假，未经同意不得擅自离开工作岗位。

第二条：树立全心全意为员工服务的思想，讲究职业道德。文明服务，态度和蔼，主动热情，礼貌待人，热爱本职，认真负责。做到饭热菜香，味美可口，饭菜定量，食品足量，平等待人。

第三条：员工一律凭就餐卡打卡就餐，禁止收取现金。严格登记手续。任何人在食堂就餐须按规定标准收费。

第四条：坚持实物验收制度，做到日清月结，账物相符。每周盘点一次食堂仓库，每月上旬定期公布账目，接受员工的监督。

第五条：爱护公物。食堂的一切设备、餐具均需有登记，有账目，不得贪小便宜将厨房用料或炊具带回家。

第六条：做好炊事人员的个人卫生。做到勤洗手，剪指甲，勤换、勤洗工作服，工作时要穿戴工作衣帽。

第七条：炊事人员每年进行一次健康检查，无健康合格证者，不准在食堂工作。

第八条：在厨房和餐厅内严禁穿拖鞋、短裤和赤膊。

第九条：把好验收关，严禁腐烂、变质的原料入仓，以防止食物中毒。

第十条：安排好员工就餐排队问题，缩短排队时间，按时开膳，打菜人员需戴口罩。

第十一条：每周制订一次食谱。早、午、晚餐品种要多式多样，提高烹调技术，改善员工伙食。对因工作需要不能按时就餐和临时客餐，可事前预约和通知。

第十二条：做好安全工作。使用炊事器具或用具要严格遵守操作规程，防止事故发生。

第十三条：严禁随便带无关人员进入厨房和保管室。

第十四条：易燃、易爆物品要严格按规定放置，杜绝意外事故的发生。

第十五条：食堂工作人员下班前，要关好门窗，检查各类电源开关、设备等。

第十六条：食堂主任要经常督促、检查，做好防盗工作。

五、档案管理规范化范本

第一条：管理部门

集团各级公司在行政人事部门设立档案室并指定专人负责档案工作。

第二条：归档范围

包括但不限于下列具有保存价值的各种载体形式的文件材料（简称文件）：

（1）管理文件：集团各单位在经营活动中具有重要依据的各类文件，包括各类公文；

（2）立项文件：包括可行性报告、合作合同、章程等文件及政府部门关于项目立项的各种批复文件等；

（3）证照文件：经营活动中产生的各类证、照文件等；
（4）资信文件：验资、审计、评估、权属报告文件等；
（5）合同文件：经营活动中产生的各类合同文件等；
（6）征地建设文件（含图纸）；
（7）规划报建文件（含图纸）；
（8）竣工验收文件（含图纸）；
（9）技术设备文件：设备技术资料等；
（10）声像信息类：集团具有重要价值的、或用于营销策划广告的照片、录音、录像、电子文件等。

第三条：收集归档

（1）凡属归档范围的文件，经办人员应在办理完毕一个工作日内将原件及时归档，不得私自留存；

（2）工程项目（设计成果）文件在形成过程中各阶段，有关人员应及时对有关文字材料和图样进行系统收集整理，不遗漏，不丢失，保证全套资料真实、完整齐全地向档案管理部门移交归档；

（3）以集团、地区公司（二级公司）、项目名义发出的日常文件、各类会议纪要、往来函件和传真件等由本级行政部门负责收集、整理，按年度立卷归档；

（4）为避免归档档案的遗漏和混乱，档案员要认真核对归档档案的名称、份数、原件或复印件等情况。经办人要设立档案归档签收本，列明档案的名称、份数及必要说明并办理签收手续，各部门资料员每月应与档案管理员核对档案的归档情况。

第四条：档案分类编号

（1）档案管理部门应根据归档范围对归档文件进行分类整理，编目归档，保证档案调阅工作的顺利进行；

（2）档案分类编号方法应尽量考虑计算机管理的要求，并尽量与政府和公共机构的编目方法接轨；

（3）集团管理信息系统建立时所有编目方法需遵从系统的要求。

第五条：档案保存

（1）档案室须做好放火、防潮、防蛀、防盗工作，保持档案完好无缺，一旦出现险情，须立即向集团或地区公司行政第一负责人报告；

（2）严禁无关人员进入档案室，非档案管理人员无故不许在档案室逗留；

（3）资料档案发生损毁丢失时，根据给公司所造成的损失大小按公司奖惩规定对有关责任人进行处罚。

第六条：档案借阅

（1）借阅任何文件资料，必须办理书面审批及借阅登记手续，归还存档时，经检查无误方可办理注销手续；

（2）借阅非机密性文件（包括复印件），须经各单位负责人批准，借出原件，须报地区公司副总经理以上人员审批；

（3）办理相关政府事务所需的资料或银行贷款按揭所需的项目报建文件，办理产权所需项目资料，未经地区公司行政人事部门负责人批准不得借出；

（4）借阅机密性文件（包括复印件），须经分管行政副总经理批准，绝密性文件（包括复印件），须经总经理批准；

（5）下列文件资料复印件未经地区公司行政人事部门第一负责人批准不得借出：

国有土地使用权出让合同，建设用地批准书，建设用地规划许可证，规划设计要点、方案批复，建设工程规划许可证，固定资产投资许可证，报建图，报建审核书，建筑许可证，商品房预售许可证，产权证。

（6）外单位人员来查阅资料，应出具其单位书面证明，并经地区公司主管行政副总经理以上领导批准，方可查阅；

（7）任何人借阅档案原件，原则上不准拆散案卷、折页、摘抄、复制，不准在文件上作记号、涂改及污损文件，确因工作需要摘抄、复制，须经地区公司行政人事部门负责人批准，如需要修改图纸必须按文件修改权限规定另行办理手续；

（8）借阅档案者必须严守公司机密，绝不能将档案资料内容外泄，由于泄漏机密而给公司造成损失者，将按奖惩规定对其进行处罚甚至追究其法律责任。

第七条：档案借阅期限

短期使用资料借阅期不超过一周，长期使用资料不超过15天。如确需延期应提前办理续借手续。

第八条：档案移交

如档案需向政府部门（如城建档案馆）移交，则需将有关规定及档案材料报地区公司行政主管领导或以上领导批准，方可移交。

第十条：档案销毁

档案销毁需经集团总部批准，并需由档案管理员及地区公司行政人事部门总监同时在场。

第十一条：其他

人事、财务、营销等档案专业管理必须遵照本规定基本原则，同时可根据其特点增加其他要求，由各职能部门各自负责。

六、保密管理规范化范本

1.总则

第一条：为保守本集团秘密，维护集团的利益，保障企业的稳定发展，制订本细则。

第二条：本集团（包括集团总部、各地区公司、各二级（项目）公司、合作公司、分支机构、办事处等单位）秘密是指关系集团公司权力和利益，依照特定程序确定，在一定时期内只限一定范围的人员知悉的事项。

第三条：集团总部各部门、各地区公司、各二级（项目）公司、合作公司、分支机构、办事处等单位的所有员工都有保守本集团秘密的义务。

2.保密范围和密级确定

第四条：以下所列事项均属保密范围：

1）凡政府、主管部门下发的内部参阅、秘密级以上的文件；

2）集团公司重大决策中的秘密事项；

3）集团公司尚未付诸实施的经营战略、经营方向、经营规划、经营项目及经营决策，集团公司在开发报建、设计施工、推广销售、售后服务及物业管理过程中不宜公开的信息，诉讼或仲裁事项及纠纷的解决方案等；

4）章程、合同、协议、意向书、制度、规定及可行性研究报告，本集团公司内部上报、下发和相互交换的内部文件、资料；

5）本集团公司和各部门、二级公司每个时期的工作计划、总结和情况综合文件、资料；

6）集团公司各类行政、业务会议的文件、资料、记录（录音、录像）、纪要；

7）财务运作、资金运作计划、统计报表，财务预决算报告及各类财务报表、金融管理部门的原始数据、资料；

8）人事档案，职工个人工资、奖金及劳务性收入资料，职工情况综合材料；

9）由本集团公司产生的市场调查、预测、投资项目可行性研究、项目评估、项目进展情况等专题报告及有关资料；招投标资料、底价及竞争对手的有关情况等；

10）生产关键技术、生产工艺、技改、营销策略等资料；

11）工程预算、结算书和各种图纸；

12）集团公司领导人住址、行踪；

13）办理银行贷款按揭和产权所需的有关资料；

14）购房业主资料；

15）集团公司、各部门、地区公司及下属二级（项目）公司所有印章、财务用章、法人章等；

16）集团公司所掌握的尚未进入市场或尚未公开的各类信息；

17）生产事故、意外或突发事件；

18）其他经公司确定应当保密的事项。

第五条：属保密范围的文件、资料、图纸等，应分类编定为秘密、机密、绝密三个密级。

1）公司经营发展中，直接影响公司权益的重要决策文件资料为绝密级；

2）公司的规划、公司经营情况、重要会议记录为机密级；

3）公司人事档案、财务报表、统计资料、合同、协议、职员工资性收入、尚未进入市场或尚未公开的各类信息为秘密级。

3.保密措施

第六条：属于集团公司秘密的文件、资料和其他物品的制作、收发、传递、使用、复制、摘抄、保存和销毁，由总经理办公室或主管副总经理指定专人执行，采用电脑存取、处理、传递的公司秘密由经办人或电脑管理员负责保密。

第七条：机密级以上的文件传阅至正副董事长，正副总经理；秘密件传阅至部门、二级（项目）公司副总经理以上人员，非经以上人员批准，不得复制和摘抄；内部文件传阅至有关员工。

第八条：密件应由行政人事部门分别盖上相应密级的印章。

第九条：收发、传递和外出携带，由指定人员负责保密并采取必要的安全措施。

第十条：属保密范围的物件，应有专人（兼职）保管，存放在保险箱、柜内；条件一时不具备的，也应存放在上锁的柜、抽屉内。

第十一条：凡查阅，外借密件的，要经集团总部部门、地区公司部门、二级（项目）公司第一负责人书面同意，并经行政人事部门负责人审批后，方可借阅。涉及公司重要机密文件、资料需经行政人事部门负责人复审，并经行政副总经理或法人代表批准、登记后，才能借阅。当天借阅，当天归还。

第十二条：每项工作办妥后，须在24小时内将工作涉及的所有的资料或证、照原件交回公司指定的人员保存，非因工作需要不得存有资料原件。

第十三条：离开公司时，须办理交接手续，将其保存的所有工作资料交回公司保管；离开公司后仍应承担保密义务，直至其所掌握的信息完全向公众公开。

第十四条：凡涉及保密内容的底稿、资料、文件、笔记簿等，废弃时必须销毁。

第十五条：集团、地区公司领导的办公室，未经本人同意，不得进入。

第十六条：未经同意无关人员不得擅自进入档案室。

第十七条：不准在私人交往和通信中泄露集团公司秘密，不准在公共场所谈论集团公司秘密，在正常的工作交往中要注意保守集团公司秘密。

第十八条：集团公司员工发现公司秘密已经被泄露或可能被泄露时，应当立即采取补救措施并及时报告公司有关领导处理。

第十九条：集团各级机构在生产经营中如遇有可能给公司造成负面影响的紧急情况，在场员工应立即处理，无法处理时应立即向所在单位负责人报告。对有负面影响的突发事件除有义务协助司法机关调查取证外，不得对外发布任何消息；确有必要对外发言时，应由地区公司总经理以上领导指定专人进行或在统一口径的情况下经地区公司总经理以上领导同意或认可后进行。

4.附则

第二十条：本制度所称泄密是指：

1）使公司秘密被不应知者知悉的；

2）使公司秘密超出了限定的接触范围，而不能证明未被不应知者知悉的。

七、台账管理规范化范本

第一条：目的

台账作为每个岗位的工作日志，用以详细记录每个岗位的相关工作内容。建立完整的台账，有助于资料查阅并且成为制订各类报表的基础，便于各级领导了解实际经营状况。

第二条：台账分类

台账分为经营分析型台账及管理控制型台账。

（1）经营分析型台账：一般为数据型台账，如财务、工程类台账。经营者可以通过其随时掌握公司的经营状况，是经营分析的最直接和最重要资料来源，通过对这类台账的分析可以发现存在的问题，检查目标实现情况，为经营决策提供可靠依据；

（2）管理控制型台账：每个部门的日常工作台账，依此来掌控每个部门的工作进展状况。通过对此类台账的控制，可以使各项管理工作处于受控状态，一方面可以对所有的过往工作有所记录，另一方面也可时刻对目前的工作状态有所控制，同时也可根据情况对下步工作计划做出安排。

第三条：系统及编写部门

（1）财务系统台账，责任部门：各级单位财务部门；

（2）行政人事系统台账，责任部门：各级行政部门；

（3）开发调研系统台账，责任部门：各级开发部门；

（4）法律合约系统台账，责任部门：集团（地区公司）法律室；

（5）招标系统台账，责任部门：各级招标中心；

（6）工程系统台账，责任部门：各级工程部门；

（7）设计系统台账，责任部门：各级设计部门；

以上各责任部门负责编写台账样表，报房地产管理中心相应部门。

第四条：台账填写要求

（1）口径统一

各级部门应使用由房地产管理中心行政人事管理部统一下发的台账样表，并根据样表上的要求指定专人负责填写。各级部门在归结本部台账时，须保持用词的前后一致性。

（2）数据统一

当次核准有关数字，使总数与明细能一一对照。注意历史数据与当月发生累计数的统一性，杜绝前后不一的情况。

（3）格式统一

表格部分要水平居中、垂直居中。表格顶端统一使用“单位”、“岗位”格式，表格结束时统一使用“填写人”格式。没有内容显示的位置请以“—”表示。

（4）专人填写

每一台账必须由专人负责建立和登记，并用EXCEL或WORD格式建立，以便为公司办公自动化工作做好准备。

（5）日清月结

各填表人应每日整理台账内容，并于每月最后一个工作日进行归结，下月启用新的空白台账。

（6）注意保密

重要台账特别是数据型台账，应设置文档修改与查看密码，防止错误操作或无关人员阅读。

（7）台账交接

台账交接工作是员工工作交接的重要内容之一。

八、图书管理规范化范本

第一条：目的：规范图书的购进、保管、整理、外借与归还。

第二条：图书管理由各级行政部门档案员负责。

第三条：图书申购程序

各部门经理可根据业务实际需要，合理安排购买业务参考书籍，依申购程序办理，否则，费用自理。

（1）填写申购单；

（2）部门负责人批准；

（3）行政部门负责人审核；

（4）一次购买2000元以上，申购单需由本级总经理审批同意；

（5）申购人购买；

（6）申购人填写报销凭证，购买的书籍交行政部门登记，行政部门负责人在报销凭证上签字确认。申购人将报销凭证与经过审批的申购单盖交财务部报销。

第四条：图书分类

凡新购进的图书由图书管理员按图书分类科目进行分类整理与编号，贴上标签，输入计算机进行管理。

第五条：图书借阅

（1）图书只允许本集团员工借阅。图书管理员造册登记图书的借阅情况。

（2）期限：普通图书借期一月，专用工具书籍的借阅期限视具体情况限定。

（3）续借：借阅图书到期，必须到行政部门办理继借手续。

（4）归还：员工借出图书不得批改、圈点、画线、折角、涂写，如有破损或遗失等情况，一律照原图书版本购赔或照原价赔偿。员工借书期限届满，经通知仍不还书者，将由行政部门做出相应处罚。

九、办公区管理规范化范本

第一条：为保证本集团各单位办公室整洁、有条不紊，为员工提供一个良好的办公环境，特制定本规则，本集团全体员工应遵照执行，各地区公司可根据实际情况予以适当调整。

第二条：办公楼开、关大门及电闸时间

（1）开：上午8：00；关：晚上22：00。

（2）如有特殊情况需延迟关门时间，经办人员应于当日下班前通知行政人事部门，以便做好相关安排。

（3）工作时间

1）按集团规定实行。

2）每日工作时间原则上为：上午8：30－12：00；下午14：00－17：30。

3）除地区公司总经理助理级及以上领导外，全体员工上、下班一律打卡，以打卡作为考勤的基本依据。

4）国家法定节假日期间，由行政人事部门组织人员值班，值班时间：9：00－17：00。

第三条：严禁在办公区内聚众闲聊，严禁大声喧哗吵闹，严禁随地吐痰、丢纸屑、杂物、烟头等。

第四条：爱护公司财物，严格按使用说明操作使用公司办公设备和公共设施，使用责任人应定期进行办公设备和公共设施的检查及维护。

第五条：严禁带闲杂人员进入办公区，因公事来访人员，需按公司规定办理来访登记手续。

第六条：注意保持办公场地、办公桌面的整洁，下班前应整理好自己的办公台面。

第七条：写字楼配置的电闸、消防设施及电话、电源线路等，除紧急情况外，切勿随意拉动或移动，以免留下事故隐患甚至造成不必要的经济损失。

第八条：如在写字楼发现可疑现象或可疑人物，应及时采取相应措施并向有关领导汇报。

第九条：下班离开办公室前，切记关窗、关电源（饮用水、空调、电脑、灯等）、锁门。

第十条：办公室应保持清洁、卫生，包括窗台、玻璃窗及窗帘的整洁。

（1）办公台、凳、文件柜等办公用具应按规定统一摆放，不能随意改变摆放位置；

（2）办公室不能随便摆放杂物或其他与办公无关的用具，私人物品、无关用具应当天拿走，不能逗留在办公室；

（3）上班前或下午下班后各自清洁自己的办公台、凳，下班后最后离开办公室者，应关上电源，锁上门窗，各部门应指定值班人员负责；

（4）应积极配合清洁工人搞好本办公室卫生，爱护清洁工人劳动成果；

（5）应自觉保持卫生间的清洁。

第十一条：办公室应保持清静

（1）在办公室不能大声喧哗（包括传叫电话、同事之间谈话、会友、接客），更不能有吵闹、打架等不文明行为；

（2）办公室内提倡禁烟；

（3）上班时间办公室里不能放收音机之类电声设备；

（4）办公室里不能粗言秽语。

第十二条：工余时间或节假日不能在办公室里接待私人亲朋，在特殊情况下，接待亲朋后应自觉保持办公室的整洁。

第十三条：爱护办公室绿化的花、草，损坏盆景要照价赔偿。

十、接待工作管理规范化范本

1.总则

第一条：为维护集团的形象，使相关接待工作做到操作规范、有章可循，特制订本细则。

第二条：本制度适用于集团总部、地区公司、项目公司因公务需要对外的一切接待工作，及集团总部、地区公司、项目公司之间的因工作发生的相互接待工作。

2.接待分类

第三条：接待工作按对象类型作如下分类：

1）国家、省、市、区领导；

2）有业务来往的外单位来参观学习的领导、员工；

3）各种社会团体；

4）国家安全部门、公、检、法、税务、工商、建设、外经部门等行政部门；

5）中外各种电台、电视台、报纸、杂志媒体的记者；

6）本地区以外的集团领导、其他地区公司、项目公司。

3.接待原则

第四条：集团总部的接待工作，原则上统一由集团总部总经理办公室负责，接待费用原则上，除第三条第1款的费用由集团支付外，其他接待费用须由被接待单位自行解决；地区公司的接待工作由其行政人事部负责安排接待，接待原则与集团一致。

第五条：接待工作应坚持反应快速、礼貌、周到、有序、安全的原则。

第六条：负责接待工作的人员与来访人员级别须对等，专业须对口。

如来访者的职务为政府部门的厅、局级领导或外单位的总经理级，地区公司需由相当于总经理助理级别以上，及分管对应的人员出面接待。

工商、税务、银行、审计、联交所等关联业务部门来检查工作的，由各对应单位负责做好接待工作。

作为旅游定点单位，旅行社带旅游者参观楼盘的，或社会团体参观学习的由各项目公司负责接待。

国家安全部门、公、检、法、海关等有关部门因侦、检工作事务的需要，需我方配合的，由法律部门协助相关部门、各项目公司做好接待工作。

中外各种电台、电视台、报纸、杂志媒体记者的采访，以营销中心为主做好接待工作。

第七条：接待人员要做到诚挚礼貌、不卑不亢，按集团对外宣传的统一口径，向来访单位或个人介绍集团的情况，并遵守集团相应的保密制度。

所有被接待人员未经允许不准进行各种摄录工作。

4.接待流程及审批权限

第八条：行政人事部门收到（含集团总部领导、其他各部门转来）有关要求接待的来文、来函、来电后，最迟在2个工作日内，明确答复对方，并统一由行政人事部门办理审批手续。

所有接待对象，由行政人事部门列出接待日程、食宿安排、人员报行政（副）总经理批准后执行（集团总部的接待任务报总部主管领导批准）。

第九条：接待程序

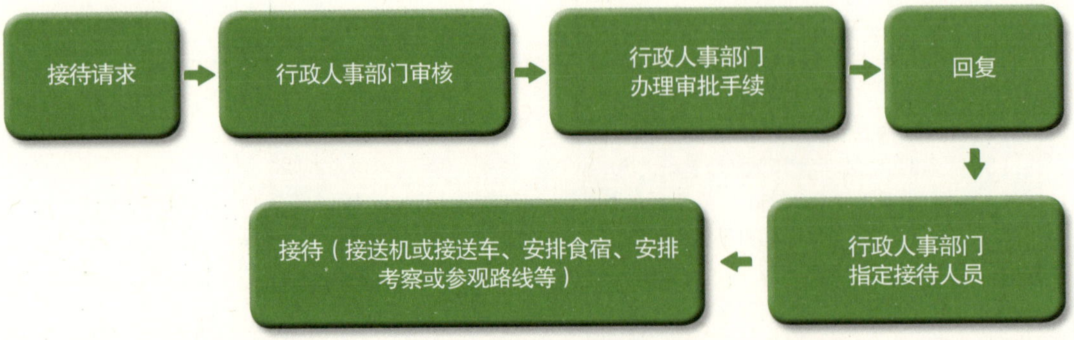

4.接待标准

第十条：根据来访者的职务级别划分的接待标准：

1）政府部门的厅、局级领导或外单位的总经理级、集团总部总经理助理以上级别、地区公司相当于总经理助理以上级别人员：

①派相当于广州本田级别的小车全程接待；

②住宿享受酒店四星级或以上待遇；

③饮食标准≤800元/（人·天）。

2）政府部门的处级领导或外单位相当于部门经理级、及地区公司相当于部门经理级（含经理助理）的：

①根据情况接待单位派车接待或接送；

②住宿享受酒店三星级或以上待遇；

③饮食标准≤300元/（人·天）。

3）政府部门的科级领导或外单位的一般人员、地区公司相当于高级业务员至高级主管级的：

①可视具体情况由接待单位派车接待或接送；

②住宿享受酒店二星级或以上待遇；

③饮食标准≤100元/（人·天）。

4）陪同人员的饮食标准参照来访者标准。

第十一条：根据来访目的划分的接待标准：

1）参观楼盘

①行政人事部门根据行程事先安排，至少提前一个工作日通知各相关项目公司或部门预备所需的材料，必要时要求相关单位派专人陪同来访者；

②原则上要求行政人事部门或营销管理部门均需派专人陪同来访者到各项目公司，做好陪同、介绍工作；

③旅行社组织旅游者参观楼盘的，由各项目公司负责派专人陪同，做好接待、介绍工作。

2）学习公司现代管理技术或制度体系

①行政人事部门应派专人负责组织进行交流与学习；

②行政人事部门负责通知各相关项目公司或部门预备所需材料，必要时可要求相关单位派人参与。

5.接待费用

第十二条：接待单位与政府机关各职能部门及各有关业务单位，如公、检、法、工商、税务、银行、审计、国土、规划、建委等有关部门或联交所、新闻媒体等，因正常业务所发生的接待费用，按《行政费用预算管理规定》执行。

第十三条：除上条外，其他接待工作的有关费用按本制度规定的有关审批权限审批后报销，不列入行政费用预算，作为单列计算。

第十四条：接待工作有关费用的报销，每次接待费用累计在10000元以下的，由地区公司行政人事部总监（集团总经理办公室主任）审批；10000元~20000元（含20000元）由地区公司财务部总监（集团财务部主任）审批；20000元~40000元（含40000元）由地区公司负责行政的副总经理（集团行政副总经理）审批；40000元~100000（含100000元）的由地区公司负责财务的副总经理（集团财务副总经理）审批；100000元的由地区公司总经理（集团常务副总经理以上领导）审批。集团总部的接待费用参照上述标准由集团总经理办公室执行，列入集团总部费用内。

第十五条：违反公司接待程序的，所发生的费用不予报销。

第十六条：违反公司接待原则和标准的，所发生的费用不予报销。

十一、通信费用管理规范化范本

1.报销范围

第一条：电话费：集团各单位的办公电话、集团总经理助理级以上、地区公司总经理助理级以上领导的家用电话。

第二条：手机话费：集团业务经理以上、地区公司经理助理以上职务的员工、部分有业务需要的主管、因有特殊业务需要经书面请示获部门经理及公司领导批准报销手机话费的一般员工。

2.报销标准

第三条：集团、地区公司各单位办公电话的报销标准按每年的行政费用预算的标准执行。

第四条：集团总经理助理级以上、地区公司总经理助理级以上领导家用电话（每位领导限2部）可由集团报销，标准为300元/（月·部）。

第五条：手机话费：

1）集团总经理助理级以上、地区公司总经理助理级以上领导：1000元/月；

2）部门经理、副经理级：500元/月；

3）经理助理级：400元/月；

4）有业务需要的主管级员工：≤300元/月；

5）原则上一般员工不予报销手机费，但有特殊业务需要且对外联络工作量大的一般员工：≤200元/月；

6）董事会专职秘书、助理因工作关系，手机话费可按每月实际发生额实报实销；

7）秘书：200元/月；

8）司机：120元/月。

3.报销审批

第六条：集团总经理助理级以上、地区公司总经理助理级以上领导家用电话的报销，不另行审批。

第七条：集团（地区公司）经理助理级以上领导手机费用的报销，根据集团（地区公司）行政人事部门任命通知的当月起，按规定的标准报销手机费，不用另行申请和审批。

第八条：申请报销手机话费的员工必须认真填写"员工报销手机话费申请表"，详细写明所负责的对外联系工作的具体内容、业务及业务联系部门等，由本部门第一负责人签署意见后，预算内的送集团（地区公司）行政人事部门第一负责人审批；预算外的由集团（地区公司）行政人事部门第一负责人审核后，由行政人事部门报集团（地区公司）行政副总经理（副总经理）审批。

第九条：手机费用报销起始期限：原则上自集团（地区公司）行政副总经理（副总经理）批准之日起开始报销；当月15日之前批准的，可报销当月的手机费用，当月15日（含15日）之后批准的，由下月开始报销其手机费用。

第十条：集团、地区公司领导秘书及司机（包括二级公司的司机）手机费用的报销，根据行政人事部门聘用的当月起（手机费用报销起报期限按本规定第九条执行），按规定的标准报销手机费，不另行申请和审批；因特殊业务需要增加报销标准的，必须填写《员工报销手机话费申请表》另行申请和审批。

4.交费及报销办法

第十一条：集团总经理助理级以上、地区公司总经理助理级以上领导家用电话的部数，由行政人事部门统一汇总，其话费由行政人事部门统一交纳，话费按每月实际发生额报销。

第十二条：公司手机：集团总经理助理级以上、地区公司总经理助理级以上领导及由公司购买配给使用的手机，其话费每月由行政人事部门统一交纳，话费按每月实际发生额报销。

第十三条：自带手机话费报销程序：每月自行交费→所在部门负责人签字→行政人事部登记→行政人事部负责人签字→财务部审核后报销。话费按每月实际发生额报销。

第十四条：每年的1月30日之前，行政人事部门对上一年手机和领导的家用电话全年话费进行汇总，超出报销标准的部分，由行政人事部门统计后交财务部，由财务部在其2月份的工资中扣除（员工每月超出报销标准的部分，不逐月扣；如员工中途离职或解雇时应在离职前一并结清）；年累计不足部分不补。

5.其他

第十五条：集团各部门、地区公司、二级公司负责人应严格控制本部门、本公司的手机费用，确实有工作需要时才向公司提出报销手机话费的申请，报销话费的标准应结合员工对外联络的工作量进行核定。

第十六条：在公司报销手机话费的员工，应本着节约的原则使用手机。不应用手机谈无关业务，因非业务漫游及长途话费或其他特别服务等而导致手机超标的费用自理。

第十七条：特殊情况时：

1）集团或地区公司经理助理级以上领导因公出差、出国，当月的手机费用超标的，可由其本人书面提出申请，由行政人事部门审核，报集团（地区公司）行政副总经理（副总经理）批准后，实报实销。

2）随着集团业务的发展，集团或地区公司经理助理级以上领导因公委派，兼任集团外地公司要职，需兼顾两地的业务，在此期间手机费用二个月连续超标的（附电话单作为依据），可由其本人提出书面申请，由行政人事部门审核，报集团（地区公司）行政副总经理（副总经理）批准后，适当提高报销标准。

3）交楼期间的当月，确因工作需要，需提高手机报销标准的（只限当月），可由其单位书面提出申请，由行政人事部门审核，报地区公司行政副总经理批准后，适当提高报销标准。

第十八条：批准报销手机费用的员工自行保存话费单并须送行政人事部门备案。

第十九条：员工经集团、地区公司领导批准报销的手机费用标准，在本集团内部各单位之中调动后仍有效，不再另外申请审批。员工升职按新职务标准执行。

第二十条：试用期员工（含未转正的大学生）转正后方可申请报销手机费。

第二十一条：报销手机话费的员工，原则上必须24小时开机待机，最少的开机时间是：7时30分～23时。

十二、差旅费报销管理规范化范本

第一条：随着集团规模的不断扩大，工作来往日益增多，为了规范差旅费的报销标准，特制订本细则。

第二条：公司员工在国内出差，根据不同级别报销国内出差费用并享受出差补贴。具体标准见下表：

员工级别	住宿标准	饮食、住宿、市内交通报销额度	乘坐的交通工具
A、B级人员	四星级以上酒店	实报实销	自定
C~E级人员	三、四星级酒店	≤800元/天	飞机普通舱 火车软卧
F~H级人员	二、三星级酒店	≤500元/天	飞机普通舱 火车硬卧、软座
I级（含）以下人员	二星级（不含）以下酒店	≤300元/天	超过24小时路途可乘飞机，一般乘火车硬卧、软座

第三条：如不同级别人员一起出差，经主管领导（项目公司经理以上）、行政副总经理（地区公司）、常务副总经理（总部）批准，可部分按较高级别人员标准享受同样的交通和住宿并报销饮食、住宿和市内交通费用。

第四条：其他因特殊情况超出报销额度的，经主管领导（项目公司经理以上）及行政副总经理（地区公司）、常务副总经理（总部）批准后，可按实际支出报销。

第五条：报销天数以自出发之日起到返回之日的工作天数计算。

第六条：公司员工因公出国出差，整个团队先报预算，经集团常务副总经理同意，回国后按预算费用报销。个人出国报销费用由主管领导签字，经行政副总经理（地区公司）/常务副总经理（总部）审批，予以报销。

第七条：无需公司报销住宿费用（包括公司统一支付或由接待单位安排而无需公司支付费用的）、饮食及市内交通费用的员工，给予每人每天80元的出差补助。

第八条：已报销部分出差费用的员工，如需改为领取出差补助的，需经地区公司管线领导及集团公司常务副总经理批准，并在出差补助中扣除已报销费用的金额。

第九条：出差人员出差结束后一周内填写“差旅费报销单”，经主管领导签字确认后，交行政人事部门审批，审批后向财务部门报账，经财务部门审核无误后，给予报销。

第十条：差旅费报销程序：

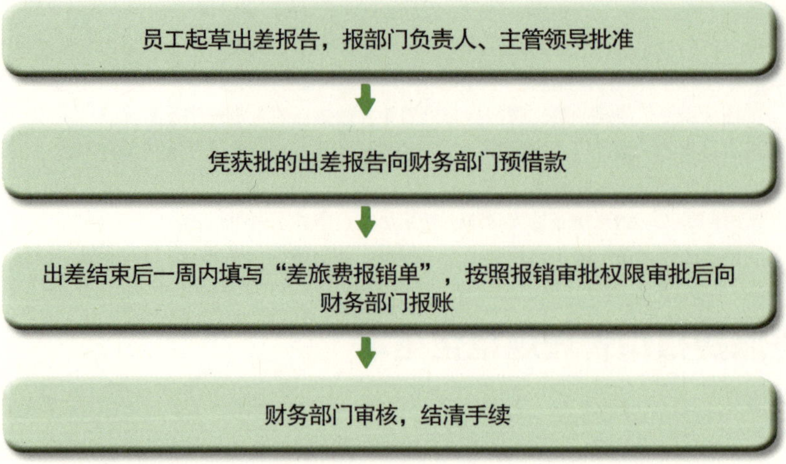

第十一条：接待单位提供住宿，其住宿标准如下：

1）C级（副总经理）以上人员每人配置两居室单元房一套；

2）D级（总助）、E级（部门经理）人员每人配置一居室一间；

3）F级（部门副经理）人员每两人配置（合住）一居室一间；

4）其他人员由接待单位根据其级别提供相应周转房。

第十二条：接待单位提供住宿，其报销额度标准为正常报销额度的50%。

第四章

信息沟通、宣传事务管理制度

一、信息收集、传递管理规范化范本

第一条：通则

1. 本制度旨在为需求信息的搜集、整理、加工、上报和具体运行提供规范性处理方法。

2. 需求信息处理的基本步骤为：

（1）确定搜集需求信息的基本方针和需求；

（2）确定具体的业务分工和职责分担；

（3）选择最佳搜集和调查的方法；

（4）制作详细的信息报告；

（5）根据需求信息，确定扩大客户订货的基本方针；

（6）信息报告的分类归档；

（7）通过信息发布，促进营销部销售人员的推销工作；

（8）在公司内实行信息提供奖励制。

3. 需求信息的搜集整理及日常管理工作由企划部负责。

4. 需求信息搜集工作的基本方针由企划部经理确定，并负责组织实施。

5. 企划部制定信息搜集和市场调查规范，并负责培训指导有关人员。

6. 所有需求信息都应交到企划部，由企划部进行归类、分析和保存。提供信息者要填制信息提供记录卡。

7. 在综合分析的基础上，企划部对各种信息的内容、可信度、使用价值等做出分析判断，并提供给有关部门。

8. 各营业部门要将近期工作重点、业务内容、需要的信息种类等及时通报企划部。

9. 对确有实用价值或采用后取得明显效果的信息提供者，给予×××元至×××元的一次性奖励。

第二条：信息搜集要领

1. 与主要客户和本公司有业务关系的企业、机构、组织等保持联系，及时了解其需求动向，并通过它们搜集种类间接信息。

2. 制订信息搜集管理计划，根据计划合理分工，并派专人负责。

3. 做好基础工作，如建立客户档案和客户名录，掌握全国主要工商企业的名录及通信联系方法等。

4. 在具体实施过程中，应根据信息的性质和信息源的特点，选择不同的搜集调查方法。

5. 为此项工作提供充足的经费和物质条件保证。

6. 信息搜集工作不能局限于专职人员，要使公司每一位员工都关心和参与。
7. 需求信息的信息源主要包括：
政府部门，各种协会、团体，各类事业单位、研究机构，各类工商企业，各类信息机构，各种传播媒介。
8. 上门访问客户未取得信息时，应注意：
（1）在正式访问前，应对其营业状况进行观察，了解基本情况；
（2）善于从对方话语中获取信息；
（3）要给对方以亲切感和信赖感；
（4）避免单刀直入，应多听多问；
（5）善于把握话题，围绕既定目标展开谈话。
9. 获取的信息应及时整理，对重要信息要向上级提交信息报告。

二、公司对外宣传规范化范本

第一条：总则

为了规范公司的对外新闻宣传特制订本细则。公司办公室主任是本细则的唯一责任人，负责公司所有的对外新闻宣传工作。

第二条：对外宣传的素材

（1）公司举办的各种活动；
（2）公司经营活动的业绩和成果，如决算和财务状况；
（3）公司确定的新的经营方针、经营计划，推出的新项目；
（4）公司人事组织制度的变动和高层经营者变动情况；
（5）公司的社会公益活动，如募捐、社会公益活动。

第三条：对外宣传素材的选择基准

（1）应充分宣传公司的经营方针和经营观念，为公司的总体发展服务。
（2）应考虑对外宣传的正作用和副作用，以有利于维护和提高公司形象为准则。
（3）在对外宣传活动时，考虑与本公司保持良好关系的组织或个人的利益与反馈。这些组织与个人主要包括：股东、公司员工及客户、潜在客户、同行业公司、有合作关系的公司、供应商、代理商、有关地方政府机构、相关的金融机构、舆论宣传机构等。

第四条：对外宣传的形式

（1）公司外媒体

1）公开宣传；
2）公众广告。

（2）各种活动

1）冠以公司名称的会议、音乐会等；
2）时装表演、产品展示等；
3）社会公益活动；
4）演讲会、座谈会、专题讨论会等。

第五条：对外宣传组织

（1）负责对外宣传活动的部门为办公室；
（2）特殊情况下，总经理可以是发言人。

第六条：对外宣传活动的原则

（1）强化全体员工的对外宣传意识

公司个别员工的失误，会影响公司的形象，同样会影响宣传效果。所以应强化每名员工的公关意识，让每一名员工都加入到对外宣传行列。

（2）尊重事实

对外宣传应以事实为根据，向公众展示公司的真实面貌。

（3）与公司领导决策接轨

对外宣传必须保持宣传口径的统一，必须紧紧围绕公司经营决策展开，真正体现公司的经营观念和经营方针。

（4）讲求效果

应准确把握对外宣传接受者的反应，不断地总结经验，吸取教训，加强反馈，提高宣传效果。

（5）符合社会的价值判断

不能为宣传而宣传，更不能随意美化自己，夸大其词。在考虑自身效果的同时，更应注重社会效果。

第七条：费用预算

对外宣传活动，不仅考虑其效果，而且要核算其成本，力求成本与效益的统一。一般情况下，对外宣传活动所需的费用支出，包括以下几个方面：

（1）活动费用，包括制作费、摄影费；

（2）人工费用，包括支付给记者的公关费；

（3）日常费用，包括差旅费、住宿费、编辑费、会议费、资料费、通信费、交际费、杂费；

（4）印刷费；

（5）捐款。

对外宣传费用预算于每年年初，在董事会会议上作为经费预算的一项得以确定。其数额以不超过营业收入的0.2%为准。

第八条：对外宣传人员素质要求

（1）具有较强的语言表达能力和写作能力；

（2）有敏锐的观察能力；

（3）有较强的组织活动能力和驾驭事物的能力；

（4）具备熟练处理各种关系的能力；

（5）勇于创新、敢于探索，具有较强的企划能力。

第九条：特殊情况下的对外宣传

特殊情况下的对外宣传，由相关主管人员受命于公司总裁而组织实施。其应用范围包括：

（1）公司员工发生违法违纪事件；

（2）公司发生有损自身公众形象的事件；

（3）因各种原因发行公司商业秘密泄露事件；

（4）因事故、灾害而发生人员伤亡；

（5）在生产、销售、服务等方面发生较为严重的问题。

第十条：宣传总结

公司办公室主任应每半年进行一次对外新闻宣传工作的总结，形成报告交总经理办公会讨论。

三、基本信息管理规范化范本

第一条：目的：集团管理中心掌握属下各单位的实际情况，了解其重要信息。

第二条：责任部门：各地区公司、各项目行政部门；对接部门：房地产管理中心行政人事管理部。

第三条：责任：收集下属单位以下信息，并在规定时间内上报至管理中心。

1.公司注册、变更、注销：本单位或属下单位完成工商设立或变更登记手续后5个工作日内将该公司的营业执照、法人代码证以及设立或变更的全部申报资料（登记申请书、股东会和董事会决议、章程及其修正案、任职书、验资报告等资料）报送至管理中心备案。

2.公司办公地址、主要人员的通讯录发生改变，应在1个工作日内将新的办公地址及通讯录传真至管理中心备案。

3.公司本年获得各项社会荣誉、社会捐赠信息等，应在当月将详细信息报至房地产管理中心，以配合集团对外宣传活动。

四、CI规范管理规范化范本

第一条：目的

为了不断升华公司的经营理念，创造和形成统一的公司形象，提高公司的凝聚力和竞争力，强化公司对社会的责任，特制定本管理制度。

第二条：CI规范管理组织与职能

1. 公司设立CI规范管理委员会。由下述人员构成：

主任：由总经理兼任。

委员：由副总经理、财务总监和各部门负责人构成。

2. 公司CI规范管理委员会职能如下：

（1）有关CI规范管理文件的制作；

（2）有关CI规范管理标准的制作；

（3）有关CI规范管理活动的组织与实施；

（4）有关CI规范管理工作的督促与检查。

3. 公司CI规范管理委员会下设CI规范管理执行研究室。主任由公司办公室主任兼任。其工作职责如下：

（1）根据公司的实际和发展要求，对公司CI建设的理念识别、行为识别、视觉识别三个系统进行科学分析、研究与定位；

（2）开展广泛的CI调查，不断拿出公司CI建设的市场报告等建议；

（3）对公司CI建设各种方案的实施进行分析、测评，提出意见和建议；

（4）在公司CI规范管理委员会的指导下，对公司CI规范管理工作进行督导。

第三条：CI规范管理内容

公司哲学，公司价值观，公司精神，公司目标，员工行为规范，员工礼貌用语，公司标志规范，公司用具、工具规范，公司文件制作规范，公司广告规定。

第四条：规范化管理文件制作、实施细则

1. 为积极推进我公司的规范化管理工作，使规范管理文件的制订和实施有所依循，特制订本细则。

2. 本规定所称的规范管理文件指的是由本公司规范化管理委员会签发对全公司各级系统的管理和动作进行规定和描述的指导性文件，规范管理文件一经正式签发实施，即具有强制作用，各级管理人员必须遵照执行。

第五条：管理文件标准

便于印发与整理归档，除少数图表之外，所以规范管理文件均以A4纸为标准尺寸，并冠以“XX管理文件”文头，其正页与续页的格式均以本“规定”的样式为准。

第六条：规范管理文件的规定程序

各下属企业制订的规范文件，主要由各企业负责人把关，但必须报总公司规范管理小组审核、编号、存档并以标准格式制订后颁布实施。

第七条：文件执行说明

已签发实施的所有规范管理文件，若在执行中发现有重复、遗漏、矛盾处或已不适应公司的业务发展，需要进行修订以至废除，其程序与第二节第九条的制订程序相同。

第八条：文件释疑与裁定

在制订和实施规范管理文件过程中，若有关部门或企业对有关条款所持意见不同或解释各异时，可提请规范化管理委员会进行仲裁，最后由规范化管理委员会主任裁定。

第九条：公司CI企划书

为树立本公司的良好形象，增强公众的归属意识和认同感，弘扬企业精神，特制订本公司企划书。

●CI企划书

序号	项目	作业内容
1.	CI计划的开始和确认	①有关导入CI的企划被批准，获得公司内部正式承认； ②公司内部与CI有关的主管和人员得到确认； ③和公司所委托的机构订立基本契约
2.	CI委员会等的设置	①设置CI委员会； ②选定委员会负责人
3.	体制检查	①以CI委员会为中心，检查有关CI的期待成果和现状； ②如有必要，应通知相关部门来参与讨论
4.	说明表	①由公司内部员工记录有关CI的期待成果与现状； ②收回说明表，经过分析后再加以整理
5.	体制整理、CI导入方针的确认和决定	①以体制的检查结果和说明表等为基础，整理CI体制； ②使CI计划的推进方针明确化； ③如有必要，可设置执行委员会来协助工作
6.	实地考察策划部和项目开发部	①确实施行对外界委托设计机构的方针确认作业； ②为了让外界委托设计机构了解公司情况，可安排他们到本公司总的策划部和项目开发部进行实地考察
7.	公司内部的信息传递活动	①唤起公司员工的CI意识，进行内部启蒙教育，使员工成为企划信息的传递媒体； ②发行“CI消息”等刊物，进行公司内部的启蒙宣传活动，并分别举办各阶层员工的说明会
8.	调查体系的企划	①根据体制并以客观地调查企业形象的实态为目的，安排调查对象、调查方法、调查理论； ②确认调查方针
9.	调查设计、调查对象和方法的确定	①选定调查对象和调查方法，调查问题和问卷设计； ②事先预估调查作业，选择适当的调查机构； ③确认调查作业的概略计划表
10.	选定调查机构	①与选定的调查机构订立契约； ②确认调查顺序、调查内容的明细计划表
11.	调查准备	①根据调查计划而进行准备工作； ②调整并事先约定访问对象
12.	实际调查	①确实旅行公司内、外部环境的调查作业； ②整理收回的调查问卷，安排统计分析作业
13.	调查结果的统计分析	①完成定量调查后，根据调查资料而进行统计分析； ②收集定性调查结果的资料，并加以整理
14.	项目的提供	①根据情报项目的需要，设计问卷调查表； ②将有关项目提供的方式和期限等计划立案，同时对内部进行传递说明工作； ③整理项目收集的结果

（续表）

序号	项目	作业内容
15.	视觉审查	分析原有的识别系统和要素，进行设计的视觉审查
16.	访问负责人	①直接访问负责人，了解其意向； ②向企业经营的负责人请教其企业理念，以便了解公司未来的活动方针，以及探索有关视觉问题等
17.	分析调查结果	①以一切调查结果为基础，分析这些资料所显示的问题； ②找出公司目前形象活动中的问题点，借以探求未来的正确方向
18.	制作总概念报告书	①根据调查的综合整理结果，构筑CI概念的立案； ②对于企业思想、将来的企业形象和识别问题等，都经过充分检查并做出结论
19.	总概念的发表	①向公司高级主管阶层（或董事会）说明总概念； ②审议总概念提案内容，决定实行方针和内容
20.	企业理念体系的构筑	①根据总概念的实行方针和内容，检查表现新企业理念体系的问题； ②由高阶层主管决定公司新企业理念的表现内容，加以检查并正式通过； ③完成CI计划，接收新管理系统的业务
21.	企业识别系统的再构筑	①根据总概念和新理念决定公司名称、公司的标志以及有关个别标志的问题； ②再构筑作业完成后，争取公司内外的认同
22.	变更公司名称、称呼	①决议变更公司名称后，先选出几种新名称，经过检查后再决定公司新名称； ②办理必要的法律手续
23.	制作CI设计开发计划书	①根据总概念和变更公司名称的结论，整理出设计开发条件； ②如果须依赖外界设计的，应先制作“设计开发要领”或“设计开发指引书”
24.	设计助理人员的挑选、订立合同	①挑选负责CI设计开发的设计家或设计公司； ②必须按照“设计开发要领”的规定，和负责的设计家或机构订立契约
25.	选定设计家	选定设计家后，应提示调查结果的开发条件及标准，并说明各种有关设计开发的问题
26.	介绍设计基本形态	①设计家完成以基本要素为中心的设计基本形态后，必须呈送给CI委员会和董事会； ②审议此设计案
27.	设计测试	进行新设计基本形态的反应测验
28.	法律上的检定	①核定商标、标志等设计案； ②办理商标登录等必要的法律手续
29.	决定设计基本形态及精致化	①从几件基本形态设计案中，经由讨论选定一件； ②由几个设计家对选定的设计案，进行造型精致化作业
30.	制订企业广告语	①制订企业广告语，作为基本设计要素的一部分，也可采取在公司内部公开征求标语的方法； ②企业广告语决定后，应列入设计系统中
31.	基本设计要素、系统的提案	①以设计基本形态为中心来开发基本设计要素，说明设计系统的提案； ②以基本设计要素的组合为中心，经由讨论决定设计的规则
32.	基本设计手册	①编辑基本设计手册； ②印刷基本设计手册

（续表）

序号	项目	作业内容
33.	对外设计手册	①计划设计开发后对外发表； ②做好方针、时机、方法、费用等问题的发表计划
34.	公司内部的信息传递计划	①将CI的成果有效地传递给全体员工； ②信息传递的方针、时机、方法、顺序、资料、费用等都要有周详的计划
35.	应用的适用计划	①如何使开发的新设计在具体项目里得以适用； ②适用计划的方针、时机、方法、费用等，应安排妥当； ③整理新设计对各项目的应用条件
36.	应用设计开发	①使基本设计具体地适用于应用项目； ②检验适用的具体项目
37.	应用设计手册	①编辑应用设计手册； ②印制应用设计手册
38.	新设计的适用展开	①按照新设计的新项目，配合应用计划进行实际制作
39.	企划制作公司内部用具	①制作公司内部信息传递用的用具； ②制作公司内部信息传递用的概念手册
40.	对内发表	对内发表CI成果，实行员工教育
41.	对外发表	①发行报导CI消息的刊物； ②利用广告媒体来公开发表活动； ③通知各交易对象
42.	CI相关计划的推行	在公司内有效的推行方法
43.	CI管理系统的实行	①确实实行CI设计的管理维持作业系统； ②决定CI相关计划的结束和继续管理的问题，建立新企业情报的开发管理系统

第五章

办公及相关事务规范化制度

一、公文管理规范化范本

1.总论

第一条：公文定义

指与政府职能部门、相关单位间传送的文件，以及内部各单位相互传送的各类文件（包括会议纪要）、制度规范（不含合同类文件）。

第二条：公文种类

1）命令

适用于依照有关制度和规定，宣布施行重大强制性行政措施；嘉奖有关单位及人员。

2）决定

适用于对重要事项或者重大行动做出安排，变更或者撤销下级单位不适当的决定事项、人事任免。

3）公告

适用于向集团内外宣布重要事项或者决定事项。

4）通告

适用于公布各有关方面应当遵守或者周知的事项。

5）通知

适用于批转下级单位的公文，转发上级单位和不相隶属单位的公文，传达要求下级单位办理和需要有关单位周知或者执行的事项、人事任免。

6）通报

适用于表彰先进，批评错误，传达重要精神或者反映重要情况。

7）报告

适用于向上级单位汇报工作，反映情况，答复上级单位的询问（包括审计报告）。

8）请示

适用于向上级单位请求指示、批准。

9）批复

适用于答复下级单位的请示事项。

10）会议纪要

适用于记载、传达会议情况和议定事项。会议纪要在会议结束后一个工作日内整理完毕，并分发相关领导及部门。

第三条:公文处理应坚持实事求是、精简、高效的原则，做到及时、准确、安全。

第四条:公文处理的主要工作包括发文、收文、传递、批示、承办、跟踪催办、归档等一系列相互关联、衔接有序的工作。

第五条:公文协调处理部门：各级单位的行政人事部门是公文处理的管理机构，主管本单位的公文处理工作并指导下级单位的公文处理工作。

第六条:各级单位除公文处理管理机构以外其他部门不得对外正式行文。

2.公文格式

第七条:公文一般由秘密等级和保密期限、紧急程度、发文单位标识、发文字号、签发人、标题、主送单位、正文、附件说明、成文日期、联系人员、联系方式、印章、附注、附件、主题词、抄送单位、印发单位和印发日期等部分组成。

1）涉及集团秘密的公文应当标明密级和保密期限，其中“绝密”、“机密”级公文还应当标明份数序号；

2）紧急公文应当根据紧急程度分别标明“紧急”、“加急”；

3）发文单位标识应当使用发文单位全称或者规范化简称，联合行文的，主办单位排列在前，发文单位名称按《广东＊＊投资有限公司单位名称与规范简称表》执行；

4）发文字号应当包括单位代字、年份、序号，联合行文只标明主办单位发文字号；

5）公文标题应当准确简要地概括公文的主要内容并标明公文种类，一般应当标明发文单位，公文标题中除法规、规章、制度名称加书名号外，一般不用标点符号；

6）主送单位指公文的主要受理单位，应当使用全称或者规范化简称；

7）公文如有附件，应当注明附件顺序和名称；

8）印章：公文应加盖公章，公章加盖在成文单位和成文日期之上，公文除以电报形式发出的以外，应当加盖印章，联合上报的公文，由各上报单位分别加盖印章，联合下发的公文，发文单位都应当加盖印章；

9）成文日期以负责人签发的日期为准，联合行文以最后签发单位负责人的签发日期为准；

10）公文如有附注（需要说明的其他事项），应当加括号标注；

11）公文应当标注主题词，上行文按照上级单位的要求标注主题词；

12）抄送单位指除主送单位外需要执行或知晓公文的其他单位、领导，应当使用全称或者规范化简称；

13）份数指需要发送及归档的文件份数；

14）文字从左至右横写、横排；

15）各单位发文（包括传真件）参考格式见《××公司公文格式》。

3.行文规则

第八条：行文应当确有必要，注重效用。

第九条：行文关系根据隶属关系和职权范围确定，一般不得越级请示和报告。

第十条：属于主管部门职权范围内的具体问题，应当直接报送主管部门处理。

第十一条：向下级单位的重要行文（包括通知、会议纪要、人事任免、生产销售计划、总结等），应当同时抄送直接上级单位、领导及相关单位。

以地区公司名义发出的重要公文（包括通知、会议纪要、人事任免、生产销售计划、总结等）应同时抄送集团总部、地区公司审计部及相关单位。

集团重要行文应当同时抄送董事会、集团领导、集团监事会及相关单位。

第十二条：“请示”应当一文一事；一般只写一个主送单位，需要同时送其他单位的，应当用抄送形式，但不得抄送其下级单位。“报告”不得夹带请示事项。

4.发文办理

第十三条：发文

1）发文单位须注明经办部门和联系人及联系方式，行政人事部门做好发文登记、存档工作。

2）以公司名义或部门名义发出的文件，由经办部门按公文管理规定要求拟订文稿及办理发文审批。发文前，经办部门将文件、电子文档、发文审批依据交行政人事部门，行政人事部门核对、登记后进行发文。

经办部门必须指派专人对文件的错别字、语法表达、称谓、文种等方面把关，保证公文质量。

第十四条：发文程序

拟稿 → 会签 → 签发 → 编号 → 校对、打印 → 盖章 → 发文

第十五条：拟稿

集团各部门、地区公司、二级公司根据其职权范围或集团（地区公司）领导指示，可就相关事项拟稿，稿件格式按本规定第七条执行。

如有关事项涉及多个部门、地区公司、二级公司，各单位可联合拟稿。

第十六条：核稿

公文草拟完毕后，由拟稿单位负责人核稿，具体负责核查文稿数据的准确性、时间的真实性和所提建议是否切实可行，问题是否阐述清楚，并在草拟稿上签名确认。

第十七条：会签

1）以下公文经核稿完毕后，如无特别指示，原则上所有会签文件及其附件由经办部门人员在行政人事部门盖骑缝章后，按以下规定使用“拟文稿纸”进行会签。

①如公文有关事项涉及拟稿部门以外的其他地区公司、二级公司职权，按以下规定会签：

拟稿部门 → 相关职能部门、地区公司、二级公司 → 相关管线领导及总经理、董事会

②如公文有关事项不涉及拟稿部门以外其他地区公司、二级公司职权，原则上不需会签，在一线领导审签后发放；如公文涉及重大事项，由拟稿部门主管领导决定，送相关分管领导或总经理、董事会会签；

2）会签时限

①“普通”公文应在8个工作小时内会签完毕；“紧急”类公文应在4个工作小时内会签完毕；“加急”公文应随到随签，必要时可以集体商榷（紧急程度由拟稿单位确定、管线领导审定，并说明理由）；

②如公文涉及事项复杂，行政人事部门可适当延长时限，但不得超过本条第1款所规定时限的两倍。

第十八条：签发

1）签发权限：

①涉及集团管理制度、办法及规定性文件，由总经理签发；

②集团重要对外文件（如对政府函件），由总经理签发；

③地区公司重要对外文件（如对政府函件），由地区公司总经理签发；

④集团总部各职能部门间知会性函件，由该部门负责人签发；

⑤地区公司/二级公司对内发文，由该地区公司/二级公司第一负责人签发；

⑥人事任免通知，按人事管理权限签发。

2）对会签有不同意见者，经整理后再送签发人，文件一经签发，不再改动。如确需修改，须经签发人同意。

第十九条：编号

1）拟稿部门应附送已审批的“拟文稿纸”，公文稿样及公文电子文档，交由行政人事部门统一登记、编号，编号统一按“集团各单位名称与规范简称及字号对照表”执行。

2）以集团（地区公司）各部门或二级公司的名义发文，由各拟稿单位自行登记编号。

第二十条：校对、打印

经签发的公文，拟稿部门将文稿缮印后，交拟稿人再校对，经拟稿人确认无误后方可付印，并在公文核对一栏填上拟稿人的姓名。

公文正式印制前，行政人事部门应当进行复核，重点是：审批、签发手续是否完备，附件材料是否齐全，格式是否统一、规范等。经复核需要对文稿进行实质性修改的，应按程序复审。

第二十一条：盖章发文

发文需加盖公章，具体按《印章管理规定》执行。

1）集团总部或地区公司（包括各职能部门）发文：

①向地区公司（二级公司）发文（非工程、设计类），统一由行政人事部门负责送达并做好发文登记工作，其中如以集团或行政人事部门名义发出者，发出前需经行政人事部门登记、存档；

②其余公文由各发文单位自行送达，如自行送达不便（非工程、设计类公文），可交行政人事部门代为送

达。

2）二级公司发文，由二级公司负责，对每份发文建立台账，做好发文登记工作。

地区公司（二级公司）向集团领导（地区公司领导）报送非常规报告、请示等公文，需经行政人事部门批转，不得直接送交。

5.收文办理

第二十二条：收文办理指对收到公文的办理过程，包括签收、登记、审核、拟办、批办、承办、催办等程序。

收发文双方须进行签收登记工作，异地单位接到收文通知后，须及时接收文件，在接到文件2小时内主动回复发文方，并传真收文回执，超过时限以误办处理。

第二十三条：收到下级单位上报的公文，行政人事部门应当进行审核。审核的重点是，是否应由本单位办理；是否符合行文规则；内容是否符合国家法律、集团制度及其他有关规定；涉及其他部门或地区职权的事项是否已协商、会签；文种使用、公文格式是否规范。

第二十四条：经审核，对符合本规定要求的公文，行政人事部门使用“公文阅办单”提出拟办意见送领导批示或者交有关部门办理，需要两个以上部门办理的应当明确主办部门。紧急公文，应当明确办理时限。对不符合本规定的公文，经行政人事部门负责人批准后，可以说明理由后退回呈报单位。

第二十五条：上级单位下发或交办的公文由行政人事部门根据来文内容、性质在“公文阅办单”上提出拟办意见，确定公文紧急程度，送集团（地区公司）领导批示或批转有关部门承办。

第二十六条：承办部门收到交办的公文后应当及时办理，不得延误、推诿。紧急公文应当按时限要求办理，确有困难的，应当及时予以说明。对不属于本单位职权范围或者不宜由本单位办理的，应当及时退回交办的行政人事部门并说明理由。

各会签部门须在规定时限内将会签过的公文送返行政人事部门，由行政人事部门传送下一会签单位。

第二十七条：以公司（包括各职能部门）为收文单位的外单位来文，原则上由本级行政人事部门统一接收、批转、传递、登记、跟踪。

第二十八条：公文批示

1）对需送集团（地区公司）领导批示的公文，根据谁主管谁批示的原则办理。如有关公文需经多位集团（地区公司）领导批示，一般应按领导排序由后向前传批。

2）公文批示时，对有具体办理事项的，批示人应当明确签署意见、姓名和审批日期，其他批示人签阅视为同意；没有具体办理事项的，签阅表示阅知。

3）批示人不能亲自批示（如开会、外出等），由行政人事部门负责电话联系，并根据电话记录代为签署意见，事后，由批示人补签。

本规定会签、传阅时限，以收文时间计起，不包括路途时间。

第二十九条：公文办理中遇有涉及其他部门职权的事项，主办部门应当主动与有关部门协商；如有分歧，主办部门主要负责人要出面协调，如仍不能取得一致，可以报请上级单位、领导协调或裁定。

第三十条：送负责人批示或者交有关部门办理的公文，行政人事部门要负责催办，做到紧急公文跟踪催办，重要公文重点催办，一般公文定期催办。

6.公文归档管理

第三十一条：公文办理完毕后，应当及时整理（立卷）、归档。个人不得保存应当归档的公文。

第三十二条：归档范围内的公文，应当根据其相互联系、特征和保存价值等整理（立卷），要保证归档公文的齐全、完整，能正确反映本单位的主要工作情况，便于保管和使用。

第三十三条：各单位应对公文按编号进行分类登记，并将公文的编号、时间、内容、处理情况等输入电脑以便查证。公文经传递或处理完毕，收发文单位需对公文及其相关文件进行存档，并把复印件送各会签单位。

第三十四条：联合办理的公文，原件由主办单位整理（立卷）、归档，其他单位保存复制件或其他形式的公文副本。

第三十五条：本单位负责人兼任其他单位职务，在履行所兼职务职责过程中形成的公文，由其兼职单位整理（立卷）、归档。

第三十六条：归档范围内的公文应当确定保管期限，按照有关规定定期向档案部门移交。

第三十七条：拟制、修改和签批公文，书写及所用纸张和字迹材料必须符合存档要求。

第三十八条：公文由行政人事部门统一收发、审核、用印、归档、销毁。

第三十九条：各单位行政人事部门应当依据本规定建立健全本单位公文处理的有关制度。

第四十条：上级单位的公文，除绝密级和注明不准翻印的以外，经下一级单位负责人或者行政人事部门负责人批准，可以翻印。翻印时，应当注明翻印的机关、日期、份数和印发范围。

第四十一条：公开发布单位公文，必须经发文单位批准。经批准公开发布的公文，同发文单位正式印发的公文具有同等效力。

第四十二条：公文复印件作为正式公文使用时，应当加盖复印单位证明章。

第四十三条：公文被撤销，视作自始不产生效力；公文被废止，视作自废止之日起不产生效力。

第四十四条：不具备归档和存查价值的公文，经过鉴别并经行政人事部门负责人批准，可以销毁。

第四十五条：销毁秘密公文应当到指定场所由二人以上监销，保证不丢失、不漏销。其中，销毁绝密公文应当进行登记。

第四十六条：单位合并时，全部公文应当随之合并管理。单位撤销时，需要归档的公文整理（立卷）后按有关规定移交档案部门。工作人员调离工作岗位时，应当将本人暂存、借用的公文按照有关规定移清退。

7.授权及保密

第四十七条：公文批示人、会签人、签发人可针对特定业务的实际情况，授权有关人员代其履行相应职权，并将有关授权证明送相应行政人事部门备案。

第四十八条：各单位应做好公文保密工作，“秘密”级以上公文，仅传阅至地区公司领导及相关涉及人员。相关涉及人员由行政人事部门确定。

8.电子邮件管理

第四十九条：总则

公司开通Internet电子邮件服务，目的是为了更好地促进公司员工工作的内外交流。公司的电子信息网络，无论对内对外均不得传递与本人工作无关的内容，违者视情节轻重给予批评、降薪、降职、辞退处分。

第五十条：邮件服务器管理

办公室统一管理公司的电子服务器并负责电子邮件的开户、使用、维护和监督检查工作。

第五十一条：邮件开户须知

申请电子邮件开户必须首先填写“电子邮件开户申请表”，并在保密承诺书一栏中签字，然后交部门经理审核签字后，将申请表交到办公室邮件管理人员处开户，邮件管理员开户完成后填写“电子邮件开户回执”，并通知申请人。回执单上包含配置邮件客户终端软件所需信息和用户使用规则。

第五十二条：电子邮件使用规程

1）用户应当定期检查自己的邮箱，并取走邮件，以保证有户的邮箱只占用合理的磁盘空间。每个用户的邮箱不能大于10MB，对于超过10MB的邮箱，管理员有权删除邮箱中的两个月以前的旧邮件，以保证用户邮箱在10M以下。由于不遵守此项规定而造成的损失由用户自己负责。

2）禁止向异地发送大于2MB的电子邮件，严禁使用FIDMAIL下载软件和使用电子邮件订阅新闻、杂志、登录论坛等。技术杂志由公司统一订阅，图书室集中管理，申请订阅者需首先填写“电子杂志订阅申请表”，然后提交图书室订阅，公司驻外机构可由系统主管审批后另行处理。

3）在公司内部使用电子邮件只能使用在公司开户的电子邮件地址，不可擅自使用其他任何邮件地址。

4）严禁转发有危害社会安全的言论和政治性评论文章的邮件及一切无聊邮件。

5）发送保密资料邮件，按资料级别不同分别对待。

①秘密级：需由部门经理同意加密发送，由部门对资料的安全负责。

②机密级：由部门经理签字同意，将发送的资料交办公室审核、存档，并由办公室负责发送。

③绝密级：禁止在网上发送。

第五十三条：监督检查工作

公司员工使用公司电子邮件需要接受办公室的监管，系统会自动将部分用户收发电子邮件的副本保存。以便监督、检查和备案。

第五十四条：块规处罚

1）对于异地发送超过2M的大邮件，使用FIDMAIL下载软件或未经批准用邮件订阅报刊、新闻、论坛的员工视情节严重程度，处500元~800元的罚款。

2）转发有危害社会安全的言论或政治性评论文章的邮件，以及其他与工作无关的邮件的员工，首次发现作降薪处理，再次发现作降职处理，三次发现作辞退处理。

3）在公司内部使用非公司电子邮件地址，罚款200元。

4）任何使用电子邮件泄露公司商业秘密，一经发现视情节严重程度，处以降薪直至辞退的处理，造成恶劣影响或损失严重的，公司还将依法追究其法律责任。

9.附则

第五十五条：不按本规定执行而擅自发文者，发文无效。

第五十六条：各级行政人事部门应做好公文的及时上传、下达工作，各部门的发文须经本级行政人事部门登记发放或转送。

第五十七条：本规定“对内”指集团内部，包括对集团总部、各地区公司、二级公司；“对外”指对集团以外的单位。

第五十八条：下行公文的经办单位对公文的贯彻落实情况应当进行督促检查。

二、印章管理规范化范本

1.总论

第一条：为规范印章的管理，保证各项业务的正常运作，特制定本规定。

第二条：本规定适用于集团、地区公司、二级公司（包括项目公司，下同）的公司法人章（公章）、各种业务章及集团各部门章的保管、使用及其他相关事项。

2.印章的刻制及领用

第三条：集团各部门刻制及启用印章，必须经集团主管行政副总经理核准，并由总经理办公室统一负责办理刻制及启用事宜。地区公司、二级公司刻制及启用印章，必须经地区公司主管行政副总经理核准，并由行政人事部统一负责办理刻制及启用事宜，各地区公司、二级公司印章须报集团总经理办公室备案。二级公司下属部门不得刻制印章。

第四条：领取：印章保管人员根据本规定从行政人事部门领取需自己保管的印章并签收备案。

第五条：启用：印章的启用由集团总经理办公室发通知及印章式样至集团各部门、地区公司。地区公司行政人事部发通知及印章式样至地区公司各部门及二级公司，并报集团总经理办公室备案。

3.印章的分类及保管

第六条：印章分为公司公章（印章）、部门章和业务章。

第七条：根据印章的使用功能，印章分别由各级行政人事部门及各部门、二级公司保管，各单位指定专人负责保管。

第八条：由集团总经理办公室集中统一保管的公章：公司公章、合同专用章、集团各部门的印章。

第九条：由地区公司行政人事部门集中统一保管的公章：

1）地区公司及其下属二级公司的法人章；

2）地区公司及其下属二级公司的合同专用章。

第十条：由各部门、二级公司自行保管的印章包括：

1）财务专用章、发票专用章；

2）总工室、开发部的部门章；

3）二级公司工程专用章、销售专用章；

4）监事会、审计部的部门章。

第十一条：印章应存放于保险柜，使用后，要及时收存锁好；要注意保养，防止碰损，并及时清洗，以保持印迹清晰。

4.印章的使用范围及审批

第十二条：法人章（公章）的使用范围及审批。

1）对外使用范围及审批：

①在集团总部，对外公文使用公章，须经部门第一负责人审签（上报省、市政府及政府有关部门的文件资料

须经集团总经理办公室负责人审核），主管老总及分管行政副总经理以上领导审定，方可用章，重要文件用章前须经总经理审定。

②各地区公司，对外公文使用公章，须经部门、二级公司第一负责人审签（上报省、市政府及政府有关部门的文件资料须经地区公司行政人事部负责人审核），主管老总及分管行政副总经理（特殊情况集团总经理助理以上其他领导）以上领导审定，方可用章；各部门因公务，需以二级公司的名义对外发文，用章审批程序同本条本款。

③办理证件使用钢印，须由行政人事部门负责人审签，方可用章。

④原则上所有合同和协议须按照《合同订立实施细则》的规定执行，会审手续齐全方可盖章。特殊情况下，未经过合同会审程序，只有主管老总及分管行政副总经理（特殊情况集团总经理助理以上其他领导）在“用章审批表”上签字同意用章的合同及协议，也须经法律部门对合同或协议条款审核无误后，方可用章。

⑤对外常规业务（各种年检、年审、报建、招投标、工程资料等）使用公章，须经部门、二级公司第一负责人审签，方可用章。

⑥银行新开账户，经主管财务副总经理以上领导审签，方可用章。

⑦所有财务、税务登记报表（包括对外提供有关资料），统一由财务部总监或主管业务经理审签，方可用章。

⑧凡涉及集团、地区公司、二级公司财产抵押、财产产权、贷款、借款、担保的法定代表人委托书、法人代表证明书，须经法人代表或主管财务副总经理（总经理助理）以上领导审签，方可用章。

⑨因正常业务的需要，为提高工作效率，地区公司产权组为业主办理产权、按揭组为业主购房提供借款抵押保证的合同，在向政府部门提供成套资料齐全的情况下，可由产权组、按揭组负责人或以上领导审批用章。

⑩按集团公司规定，地区公司、二级公司未经公司董事会或集团董事会授权批准，擅自进行投资经营活动，对外担保，对外借贷款，对外签订合同等活动，印章管理人员不得盖章。

2）法人章（公章）对内的使用范围及审批：

①集团总部重要文件的发布、重大人事任免等用章，须经总经理办公室第一负责人审核，主管行政副总经理及总经理或董事会批准，方可用章；

②各地区公司重要文件的发布、重大人事任免等用章，须经行政人事部第一负责人审核，主管行政副总经理或总经理、董事会批准，方可用章；

③二级公司对内发文由二级公司第一负责人签发（领导特别交待的除外），方可用章。

第十三条：部门章的使用范围及审批。

1）集团总部部门章的使用范围：各部门印章是代表集团在向下级行使管理权，用于各部门在集团内部业务需要时使用。

2）地区公司部门章的使用范围：各部门印章是代表地区公司在向下级行使管理权，用于各部门在地区公司内部业务需要时使用。

3）集团部门章使用的审批：属于工作权限内的一般工作通知，部门第一负责人审批（领导特殊交待的除外），可用章；属于带政策性的文件，部门第一负责人审核后，报主管副总经理（或总经理助理）审批，方可用章。

①总经理办公室印章：所有用章都必须经部门第一负责人（业务经理以上领导）审批；有关人事任免、晋升、工资晋级必须由第一负责人或主管副总经理以上领导按权限审批后，方可用章；

②财务部印章：所有用章都必须经部门第一负责人（业务经理以上领导）审批；奖金分配方案由财务部第一负责人或主管副总经理以上领导按权限审批后，方可用章。

4）地区公司部门章使用的审批：属于工作权限内的一般工作通知，部门第一负责人审批（领导特殊交待的除外），可用章；属于带政策性的文件，部门第一负责人审核后，报主管副总经理（或总经理助理）及主管行政领导审批，方可用章。

①行政人事部印章：所有用章都必须经部门第一负责人（业务经理以上领导）审批；有关人事任免、晋升、工资晋级必须由第一负责人或主管副总经理以上领导按权限审批后，方可用章；

②财务部印章：所有用章都必须经部门第一负责人（业务经理以上领导）审批；奖金分配方案由财务部第一负责人或主管副总经理以上领导按权限审批后，方可用章。

第十四条：业务章的使用范围及审批：

1）业务章的使用范围：

①财务专用章代表公司用于办理有关银行业务；

②发票专用章代表公司用于开具发票业务；

③工程专用章代表公司用于：单项工程开工报告、工程修改通知单、工程类会议纪要、内部竣工初验；工程方面资料：图纸、会审记录、预结算报告；工程方面对集团内部及关联单位的往来文件（总承包商、设计公司、盈利等）；

④销售专用章代表公司用于：楼宇认购书、楼宇登记书、楼宇登记表、业主介绍确认书、电器套餐确认表、延迟签约协议书、解除合同通知书、各类销售协议（不含商品房买卖合同）。

2）业务章使用的审批：

①财务专用章和发票专用章须经部门第一负责人审批后方可用章。

②销售专用章必须经二级公司第一负责人审批。工程专用章须由二级公司工程部经理审核（工程修改通知单、图纸、会审纪要必须由项目公司主管设计负责人审核），再由二级公司第一负责人审批。

第十五条：有关公文经签发人签发，可使用发文依据（拟文稿纸）申请用章，不需使用“用章审批表”申请用章。

第十六条：集团或地区公司各部门、二级公司自行保管的部门章（业务章），在本细则所规定的范围内使用，如超出本制度所规定的范围使用的，经办人及该单位主要负责人必须承担责任和连带责任。

5.用章注意事项

第十七条：使用印章必须严格按照集团公司的有关用章审批程序执行，手续不全者严禁用章。

第十八条：除本办法第十五条规定之外，所有公文用章，须填写“用章审批表”，按照审批权限审批后，方可用章。

第十九条：用章前印章管理人员须认真审核，明确了解用章的内容和目的及用印的文件份数，确认符合用章手续后，由经办人在用章登记簿上逐项登记后，方可用章。

第二十条：凡符合集团用章规定，会签手续齐全的合同、协议、文件、资料等经审核无误后，按先后缓急的顺序，即接即盖章，不得拖延用章时间。

第二十一条：各级印章管理人员对未经核准的文件，不得擅自用章；对不符合本管理办法、《合同订立管理细则》或其他有关制度规定的，应立即向行政人事部门负责人汇报，未经同意，不得盖章。

第二十二条：不得在空白凭证、便笺上加盖印章。

第二十三条：在急需用章而本部门负责人外出时，以传真形式审签；以传真形式无法审签的，须由行政人事部门负责人或分管行政副总经理（总经理助理）以上领导审签，方可用章。

6.印章外借及检查

第二十四条：一般情况下不得将印章携带出办公室使用，如确因工作所需，经本部门负责人审批同意建立登记手续后，应由印章管理员携带印章到现场盖印或监印。带到公司印章主管部门以外使用的印章须经主管行政的领导批准，并确保交予安全可靠的人员保管，认真做好外借登记手续。

第二十五条：印章外借使用完毕后，应及时办理归还手续。印章管理员须负责督促印章借用人员按时归还外借的印章。

第二十六条：总经理办公室将定期检查本部门及其他各地区公司的用章情况。

7.其他

第二十七条：印章管理员需与集团公司签订岗位责任书，认真履行岗位职责，确保用章安全。

第二十八条：印章管理员应确保集团公司能随时与之取得联系，保证及时用章，不得拖延时间。如请假或外出时，须事先取得部门负责人同意，然后将印章移交给行政人事部门主要负责人，并办理印章暂时代保管手续。

第二十九条：印章管理人员离职或调任时，须为印章办理交接手续。

第三十条：印章遗失或失窃应立即向上级汇报，并依法公告作废。

第三十一条：对伪造公司各种印章的人员，依法交国家司法机关处理。

第三十二条：对需要留存的重要资料（合同、协议及对外重要文件），应在盖印后（对外文件可留未经盖章的复印件）留存一份，立卷存档。

三、文印室管理规范化范本

第一条：为了加强公司的文件管理，特制定本制度。

第二条：公司的文件，有打印必要时方予打印。内部传递的简单请示报告或其他不需打印的文件，一般不予打印。

第三条：公司发文，需由起草人定稿抄正，经有批准发文权的领导签字同意后方准打印。一般文件的打印、复印、传真，须经所在部门负责人签字同意后才予办理；部门经理不在时，可经总裁办公室主任同意后办理。

第四条：私人资料，不得在公司打印、复印或用公司传真机传送，以免影响公司的正常工作。

第五条：文印室人员应认真做好本职工作，按时完成任务。对收到的文件资料，应及时经有关部门、人员送发，或及时通知有关人员到文印室取回，不得延误。

第六条：文印室人员应树立严格的保密观念，不得随意将打印、复印或传真资料中有关商业秘密或公司管理中须保密的事项透露给他人，不得截留任何文件。

第七条：文印室对送来打印、复印、传真的文件资料，应做好登记，并在月终作统计核算。属业务部门的，由各部门承担费用；属行政、管理部门的，统一列行政开支。

第八条：文印室工作人员初次违反上述规定的，给予批评或处50元以下罚款，屡教不改或给公司造成不良的社会影响或较大经济损失的，处50元以下罚款直到辞退。

四、资产、设备管理规范化范本

1.资产管理规定

第一条：本办法适用于集团固定资产、低值易耗品（以下简称“资产”）的预算计划、购置、保管等有关管理工作及示范单位、样板房财产处理办法。

1）固定资产：指单位价值在2000元以上，使用年限一年以上的设备、用具等；

2）低值易耗品：不符合上述条件的劳动资料、物品。

第二条：本集团的财产实行实物负责人制，各级单位行政部门设资产管理员，对本单位的财产负责管理，资产使用人对本人使用的财产承担保管责任。

第三条：各单位负责人负有监督保管本单位财物的责任。资产使用人遗失资产的，需按折旧价给予赔偿；如遭抢劫或偷窃的，需以书面报告形式上报所在单位行政部门及主管领导审批（附公安部门证明文件），酌情处理。

第四条：集团的财物应用于集团工作，不得作为私人用途。

第五条：资产采购，应集中招投标指定公司购买，未有指定公司的，应货比三家，在保证质量的前提下，力求价格低廉。

第六条：固定资产、低值易耗品、办公文具、用品纳入行政费用预算管理范围，按《行政费用预算管理规定》执行。

2.购置计划及申请

第七条：集团的资产购置实行计划预算管理。

1）各地区公司每年11月30日前需将下一年度本地区公司的《年度固定资产和低值易耗品采购计划及预算》报集团房地产管理中心审核；房地产管理中心将地产板块的《年度固定资产和低值易耗品采购计划及预算》汇总报集团领导核准；

2）集团《年度固定资产和低值易耗品采购计划及预算》经总经理办公会议讨论通过后报董事会批准；

3）每年6月份集团总部及各地区公司可根据实际业务需要按原审批程序对《年度固定资产和低值易耗品采购计划及预算》进行一次中期调整；

4）预算计划批准后，应抄送行政人事部门、财务部、监事会等管理部门，便于监督执行。

第八条：采购

1）集团总部各部门的资产采购统一由总经理办公室负责；各地区公司的资产采购由各地区公司行政人事部安排；

2）预算内（外）资产采购应填写“预算内（外）资产采购审价表”，经集团或地区公司审核部审价确认方可采购；

3）10万元或以上的资产采购需报集团招标管理中心招标，并按集团与中标单位所签的合同向中标单位购买；

4）资产的购置，必须取得正式发票，并要列明品种、规格、单价、数量，不能只填上总金额。

第九条：计划外资产购置申请

集团总部各部门、地区公司各部门、二级公司在申请临时购置资产时应填写“预算外资产购置申请审批表”，写明购置物品目前数量、申请数量、申请理由、申请预算、人均使用率等，经集团或地区公司领导审批后执行。

●计划外资产购置申请程序

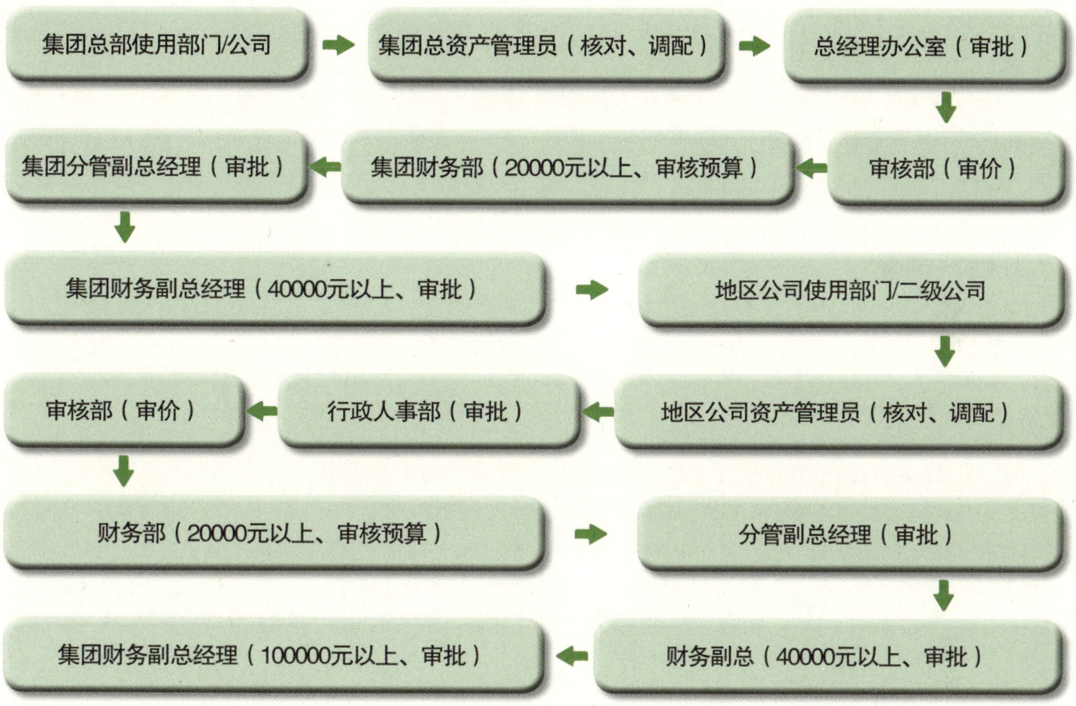

第十条：小件低值易耗品（单价300元以下，总额1000元以内）在行政预算费用内由各二级公司掌握使用。

低值易耗品范围具体包括：电话、电饭煲（厨房用）、验钞机、保险柜、消毒碗柜、饮水机、MO机、电风扇、空气净化器（除湿机）、传真机、打印机、电视机、VCD机、DVD机、录像机、照相机、对讲机、考勤机、调制解调器等。

3.资产领用及造册管理

第十一条：（总）资产管理员应对新购入的资产进行统一分类编号，并设置资产管理台账和按使用部门建立《资产管理明细表》。

第十二条：各二级公司设立资产管理台账以记载本单位资产的增减及调拨，并与地区公司行政人事部门资料保持一致。

第十三条：凡经验收合格的固定资产，若使用部门属二级公司，资产管理员应立即以喷字或其他方式将编号印记于该资产上，并应与其所经管的资产管理台账保持一致，若使用部门属于集团总部各部门，则由总资产管理员喷字或做其他标记。

第十四条：资产领用（包括新购、调配）操作程序。

1）集团总部（地区公司）各部门使用的资产：

领用时应填写“资产领用签收表”一式二份，由（总）资产管理员签名确认。一份由（总）资产管理员将相关内容输入资产管理台账及使用部门的资产明细表后存档；如为新购资产，另一份随同发票到出账的项目公司财务部入账。

2）二级公司使用的资产：

领用时应填写“资产领用签收表”一式三份，一份资产管理员自留入账、存档，一份随发票转财务入账，一份由资产管理员转地区公司资产管理员入账、存档。

4.账务管理

第十五条：集团总部各部门使用资产，由集团财务部按其分配办法，将发票转入有关项目公司入账，集团总资产管理员按其分配办法登记入册备案。

第十六条：由公司购置但在公司以外使用的资产（如手机）按固定资产手续入账，经办人视为使用人。

第十七条：资产入账规则

1）为便于资产管理，下列品种资产不论数额大小一律作为固定资产入账：

固定资产范围具体包括：冰箱、电脑、手机、复印机、空调、刻录机、汽车、摩托车、扫描仪、摄像机、数码相机、手提电脑、速印机、碎纸机、投影仪、音响、点钞机、绘图仪、专业软件（2000元以上）、电瓶车、冲击钻等；

2）下列来源的资产不论是否超过2000元，是否可独立存在，均不作为固定资产入账：

①成批或分散购入的办公家具（如大班和中班台椅，柜，会议桌，沙发等）；办公场地装修中所包含的空调；

②样板房建造过程中购置的空调、冰箱、电视机、钢琴等。

5.财产调配

第十八条：集团总经理办公室可在集团总部各部门、各地区公司、各项目公司之间统筹调剂余缺全集团的资产。

一般情况，地区公司行政人事部门可在本地区公司各部门、各项目公司之间统筹调剂余缺全集团的资产。各单位闲置未用的资产，应列明品名、规格、型号、原值、完好程度等情况并书面报地区公司行政人事部，以便行政人事部在地区公司范围内统筹调剂余缺。

第十九条：资产调配操作程序

1）二级公司之间资产调配，应通过地区公司资产管理员办理移交手续，由地区公司资产管理员及双方资产管理员在“资产调配情况表”（一式三份）签名确认并各执一份，并在资产管理明细账上作资产变更登记，牵涉到按本细则“入账规则”规定入固定资产账的资产，列出清单报财务部门转账；

2）地区公司各部门之间、各部门与二级公司之间资产调配，除财务上不办理资产转移手续外，其他操作按本条第一款执行，并报出账项目公司财务部备案。

第二十条：离职或工作调动的员工，必须退还其领用的全部耐用物品，如未交清者，人事部门不能开具调离证明。资产管理员调动工作，交接双方应清查财产，列册移交，双方及总部资产管理员签字并经本部门经理确认。

第二十一条：随同资产使用调动而无偿转移到集团以外（如××设计公司、××投资等）的资产，财务上不办理资产转移手续。但总资产管理员及相关资产管理员在资产管理明细账上应作资产变更登记，报出账项目公司财务部备案。

6.清查与维修

第二十二条：每年7月集团总经理办公室和各地区公司资产管理部门对固定资产状况进行每半年的抽样检查，检查前各地区公司、二级公司应先进行自查。每年1月集团总部和各地区公司资产管理部门应会同财务部门对上一年度的资产状况进行清查，进行账实核对及使用情况的登记。

第二十三条：各地区公司的清查结果须在1月15日前报集团总部；集团总部在1月30日前向董事会报告年度资产状况。集团总经理办公室将清查工作的结果和处理意见报集团领导，以备审批处理。

第二十四条：为确保各项资产的正常使用，使用部门要经常对资产进行检查维护，发现损坏，需要维修资产的由行政人事部门安排，不得擅自请人维修。

第二十五条：资产的维修应控制在预算范围内。超出预算范围的维修费用，由资产使用部门负担。

7.报废

第二十六条：资产丧失使用效能需要报废的，经查实并办理手续后，可以作报废处理。

第二十七条：资产报废审批操作程序

1）集团总部在财务入固定资产账的资产报废时，由使用单位填制“固定资产报废申请表”一式三份（审批后本单位资产管理员、出账项目公司财务及集团总资产管理员各一份），详细说明固定资产的技术状况和报废原因，交集团总部总资产管理员转呈有关技术人员审定、鉴定，确认该固定资产已丧失使用效能，经使用部门负责人、集团总经理办公室、财务部第一负责人、主管财务副总经理审批后方可报废。财务根据审批结果作相应账务处理；

2）地区公司在财务入固定资产账的资产报废时，由使用单位填制“固定资产报废申请表”一式三份（审批后本单位资产管理员、出账项目公司财务及地区公司资产管理员各一份），详细说明固定资产的技术状况和报废原因，交地区公司资产管理员转呈有关技术人员审定、鉴定，确认该固定资产已丧失使用效能，经使用部门负责人、地区公司行政人事部总监、财务部总监、主管财务副总经理审批后方可报废。财务根据审批结果作相应账务处理；

3）未在财务入固定资产账的固定资产、低值易耗品报废时，除财务不做账务处理外，其他审批程序按本条第一款执行。

第二十八条：有关人员审查鉴定审批后，（总）资产管理员应作报废登记处理。

8.示范单位、样板房财产的处理办法

第二十九条：示范单位、样板房资产购置在其立项时列入计划并按《合同订立实施细则》执行。

第三十条：示范单位、样板房资产采购按《示范单位、样板房管理办法》执行。

第三十一条：示范单位、样板房资产实行二级登记，并按单元、房间进行明细登记，由项目公司行政部资产管理员管理，每季定期检查。现场管理员应每天进行检查，如发现丢失，应及时向行政部报告，填写“样板房低值易耗品报失审核表”报相关单位审核。

第三十二条：如需拆除示范单位或样板房，二级公司应提前一个月作好拆除计划，并报地区公司主管营销、行政、财务副总经理审批。

第三十三条：二级公司在对示范单位、样板房作拆除时，应对所在财产进行清查，列出自留、变卖、转出集团统一保管的物品清单，报地区公司行政人事部核对、批准；

第三十四条：鉴于家具流行趋势变化较快，原则上除自留外，其余作变卖处理，自留部分应写明理由，对组建家具进行拆除时，可请专业公司拆除及搬迁。

第三十五条：对已批准变卖的物品，由二级公司列出清单，地区公司行政人事部召集审核部、财务部、二级公司进行评估，定出其残余价值。

第三十六条：行政人事部发通知给各部门、项目公司，公布拟变卖的财产名称，进行登记认购，回收现金交财产所属部门。

第三十七条：对转出地区公司统一保管的物品，拆除前应先由行政人事部对每个物品单独摄影拍照，便于再次利用。行政人事部应将保管的物品，按名称、品牌、规格、价格、购买时间和原摆放单元等连同照片，建立详尽的档案，并妥善保管。再度建造样板房时，可向设计单位提供库存物品档案。

五、车辆管理规范化范本

1.司机的管理

第一条：为加强集团公司司机班纪律，确保集团公司车辆的行车安全，提高集团公司的运作效率，制订本管理细则。

第二条：本规定所称司机班是指集团总部司机班、各地区公司司机班，司机是指为集团领导、各地区公司领导、各职能部门、二级公司及合作公司提供驾驶服务的司机。

第三条：司机必须遵守《中华人民共和国道路交通管理条例》及有关交通安全管理的规章、规则，安全驾车的同时还应遵守本集团公司的相关规章制度。

第四条：司机应树立良好的职业道德和尽心尽职为集团公司服务的精神。

第五条：司机应做到一切行动听指挥，不得擅自离开工作岗位，应随时待命，有特殊情况不能上班者，必须按集团公司制度请假。接受任务后，应立即到位静候，不得延误。

第六条：司机执行任务时，应根据工作需要听从车辆使用人的安排。车辆使用人开会、谈判、履行集团公司公务，司机应将车停放在允许停放的位置或停车场、停车库，并在车辆旁或驾驶室等候。

第七条：司机应爱惜集团公司的车辆，平时要注意车辆的保养，经常检查车辆的主要机件。每天都要对自己所驾驶的车辆进行检查（包括水、电、油等），确保其正常行驶，如发现问题应及时按程序检修。若因司机工作疏忽造成无油、无水等现象致使机件损坏，应予赔偿。

第八条：司机每天应适当擦洗自己所驾驶的或公司领导指定的车辆，以保持车辆的清洁（包括车内、车外和引擎）。

第九条：司机发现所驾驶的车辆有故障时要立即检修。不会检修的，应立即报告司机班负责人，并提出具体的维修报告（包括维修项目和大致需要的经费等）报行政人事部门主管负责人。未经批准，不得私自将车辆送厂维修（特殊情况除外）。

第十条：在外执行任务或出车归来停放车辆，一定要停放在指定的位置。不能在严禁停车的路段停车。司机离开车辆时，要锁好保险锁，防止车辆被盗。

第十一条：司机对自己所驾驶车辆的各种证件的有效性应经常检查，出车时一定保证证件齐全。

第十二条：司机在休息日或法定节假日值班应准时，不得迟到和早退，更不得中间外出，要听从行政人事部门或司机班负责人的调派和安排并填写好值班表，不得擅自出车。

第十三条：司机晚间要注意休息，不得过分娱乐使自己处于疲劳状态。严禁酒后驾车。

第十四条：驾驶员之间未经行政人事部门主管领导同意不得随意调换车辆驾驶，违者扣发当月奖金，造成交通事故、车辆受损等一切经济损失概由当事人负责。

第十五条：司机执行驾车任务，务必遵守交通规则，做到谨慎开车，不违章超速、争道、赛车等。

第十六条：司机因不遵守交通规则故意违章或证件不全开车被交警部门罚款的，费用不予报销。违章造成不良后果的，由肇事司机负责。

第十七条：公司的车辆内原则上不准吸烟。本公司员工在车内吸烟时，司机应礼貌制止；公司外的客人在车内吸烟时可婉转告知本公司陪同人，但不直接制止。

第十八条：司机应穿工装上班，对乘车人要热情礼貌，要体现集团公司员工的良好素质。车内客人谈话时除非客人主动询问，不应随便搭话。

第十九条：接送领导、员工上下班的司机，要准时出车不得误点。

第二十条：上班时间内司机未被派出执行任务的，应在司机室等候出车，不准擅自离开。有事确需离开司机室时，要将去向和所需时间告知司机班负责人或其他值班司机。时间较长时须经批准方可离开。

第二十一条：司机必须每天填写行驶记录表，并于每周一前将车辆行驶记录交司机班负责人统计后送行政人事部门主管负责人审核。

第二十二条：司机对工作安排，应无条件服从，不准借故拖延或拒不出车。对工作安排有意见的，事后可向行政人事部主管负责人反映。

第二十三条：司机身上必须佩带手机，并保持手机良好接通状态。对公司领导或司机班负责人的电话，须立即接听，连续三次无正当理由不接听的，扣发奖金50元。情况特殊确实不能接听的，事后一定要说明原因。

第二十四条：集团公司的司机一律不准私自用车，未经领导批准，不得将自己驾驶的车辆随便交给他人驾驶或练习驾驶；严禁将集团公司的车辆交给无证人员驾驶；任何人不得利用公司的车辆学习开车。

配有车辆的领导在市区以外公干或长途出车，须由专职司机驾驶车辆，否则，事故责任及后果由领导和司机自行承担。

第二十五条：司机所属部门每月对司机进行考核，将考核等级作为每月发放奖金的依据。对于工作勤奋，遵守制度，表现突出的，可视具体情况给予奖励；对工作怠慢，违反制度，发生事故者，视具体情节给予处理。

2.车辆的管理

第二十六条：目的和要求

1）为了加强对集团公司车辆的统一管理和充分发挥车辆的效用，特制订本办法；

2）统一管理的车辆的范围为全集团所有机动车辆（包括摩托车）；

3）所有车辆晚上和节假日需归车库统一管理，不得停放外地（特殊情况经批准后除外），行政人事部门或司机班每周不定期检查车辆归库的情况（摩托车由使用人保管，司机班负责人作不定期检查）；

4）除集团、地区公司领导所用车辆由领导支配外，所有车辆由行政人事部门统一管理调度，统一指挥使用，项目公司车辆可首先保障项目公司业务需要。

第二十七条：管理部门

集团总部车辆由总经理办公室统一管理；各地区公司车辆由地区公司行政人事部门统一管理。

第二十八条：用车

1）各单位公务用车，须事先填写用车申请表，经车辆管理部门审批后，由车管员根据用车申请表安排车辆；

2）车辆外借，由经办单位事先填写用车申请表并报车辆管理部门审批。

第二十九条：出车

1）车辆由专职驾驶员驾驶，实行人车绑定管理；

2）驾驶员必须填写每日出车记录，并于每月定期将车辆行驶记录表、出车单交车管员登记备案；

3）下班时间或节假日出车，值班驾驶员必须照实填写值班登记表，并通知车管员，否则按私自用车处理；

4）如无出车任务，下班后车辆一律归库，车钥匙交值班驾驶员保管；

5）如未经车辆主管部门或领导批准，因私人原因用车发生事故，司机及用车人均须承担由此产生的损失和责任。

第三十条：汽车用料及费用

1）汽车用品及配件（包括车用香水、装饰品、地垫、座套、窗帘、CD碟等），由车辆管理部门指定专人采购，由车管员负责管理，驾驶员需到车管员处登记申领。未经批准擅自购买的汽车用品及车辆美容项目费用，财务部门一律不予报销；

2）车辆加油、洗车、美容必须到车辆管理部门指定的加油站点（长途除外）；

3）路桥费、停车费及其他费用必须在发生当天（最迟第二天）收车后到车管员签字、登记，并在出车记录表上进行登记，不按规定执行者，该费用由驾驶员承担。

第三十一条：建立车辆档案

1）性能方面：购买日期、品牌、累计行驶公里数等重要技术参数；

2）维修方面：对每次维修日期、内容、费用、更换零部件等情况进行登记；

3）油耗方面：要求每台车在定点加油站每月开出一张加油发票，并保留原始记录单；

4）对保险费、年审费、过桥年票费、过桥（路）费、清洗费及月保、临保费、车上用品等各项费用进行登记；

5）每年（季度）对各部门车的档案中费用的登记进行统计、分析、公示，并作为评比条件之一；

6）各部门、项目公司车辆在每天行驶后，应按用车的部门、用途、时间、目的地、公里起止读数、行车公里数、用车人签名等项目进行登记，并妥善保管登记本一年以上，以便审核。

第三十二条：车辆调配

1）集团总部总经理办公室在工作需要时经集团领导同意，可调用相关地区公司的车辆。

2）车辆调配人员应严格遵守用车审批手续，合理安排车辆的使用，对用车部门和用车人员一视同仁，但办理公司大事、要事、急事应优先安排；

3）周一至周五由地区公司司机班安排司机和车辆给项目公司，作为项目公司负责人工作用车，但地区公司有特殊任务车辆周转不过来时，可随时调回应急之用；

4）司机班在调配使用车辆时，应留有余地，不能将所有车辆派出，以备急需；

5）公司领导专车原则上不动用，但在接待贵宾及应急的情况下，征得领导同意后可派用；

6）员工外出办事，一般情况下乘坐公交车，时间紧迫或带有大量现金、重要文件、重要证件时，可申请派车；

7）集团部门和地区公司部门、项目公司负责人周六、周日使用车辆，需填写“用车申请表”并由本人签字，司机班或值班司机派车，项目公司周六、周日需用车，由行政部填写“用车申请表”，总经理或行政部经理签字，司机班派车；

8）非工作时间和非工作日，所有车辆均应停放车库统一保管，特殊情况经批准方可停放市内保管站保管；

9）行政人事部门将不定期对车辆进库情况进行检查，对违反规定者进行通报，扣发司机和有关责任人奖金。

第三十三条：保养和维修

1）所有车辆的维护、检修统一在公司指定的维修厂进行维修（长途除外），否则其费用由驾驶员承担，所有车辆统一年检；

2）送检修、保养的车辆司机必须先填写车辆维修、保养申请单，经司机班质检员对检修项目确认后，方可送厂修理；

3）送检修的车辆费用在1000元以下须报总经理办公室（部）负责人批准，1000元~5000元由财务部负责人批准，5000元以上由集团或地区公司主管行政领导及主管财务领导批准；

4）车辆修复出厂后，由驾驶员、质检员对车辆检查维修项目进行验收，经验收合格后方可使用；

5）未经同意，擅自送厂修理的，其费用不予报销。

第三十四条：用车审批程序

1）各部门用车需填写“用车申报表”，经部门负责人签字，行政人事部门审核后，由司机班班长调派；

2）领导用车，直接通知行政人事部门或司机班。

六、办公用品管理规范化范本

第一条：办公用品

（1）办公用品采购

在集团总部及各级公司，均由同级行政人事部门负责汇总、审核各部门“办公用品采购清单”，并负责统一向供货单位下单、使用管理及财务报账工作。

（2）办公用品交接及验收

1）在集团总部及各级公司，均由同级行政人事部门负责办公用品的交接及验收，行政人事部门应有两人在场，经核对办公用品数量无误，货品相符后，在对方的送货单据上签名确认，视为验收完毕；

2）验收单位应保证送货方的送货单据上有明确数量、单价、总金额、售后服务单、质量保修单及使用说明书等资料，才可根据验收情况签名确认。

（3）办公用品账务及使用管理

1）在集团总部及各级公司，由同级行政人事部门设置“办公用品进出存明细表”，使用部门应到行政人事部门做进仓及领用登记，办公用品进仓后方可领用；

2）行政人事部门负责对办公用品使用情况进行管理，每批货物入仓前，对以前购进用品的使用及库存情况进行清点，核实实存量并进行登记，做到表实相符；

3）行政人事部门在派发办公用品时，应使用“办公用品领用登记表”，由使用人在领用时按实签收；

4）办公用品在使用过程中，如有质量问题，由行政人事部门与供货单位协商解决；

5）行政人事部门根据合同约定，及时提供供货单据（有明确的数量、单价、总金额）、合同（如非书面合同则提交其他相应资料）填写请款审批表进行请款；并在审批付款后4个工作日内，向财务部门提供发票冲账；

6）审计部门根据审计计划对集团总部、各级公司办公用品的采购与使用情况进行审计调查，各单位应保存相关资料（期限一年）备查。

第二条：办公印刷类

（1）办公印刷类物品包括名片、财务表格、便笺、信封、请柬等，在集团总部和各级公司由行政人事部门负责向供货单位下单，进行物品交接、验收、使用管理、报账；

（2）行政人事部门在与供货单位物品交接的同时，应完成验收，验收时行政人事部门及使用部门的人员均应在场，如使用部门非特定或为行政人事部门，则行政人事部门应有两人在场，经验收无误后，才可在对方的送货单据（附有明确数量、单价及总金额）上签名确认，视为验收完毕；

（3）行政人事部门设置“办公印刷类物品进出存明细表”，负责对其使用情况进行管理，货物进仓后方可领用，并逐月核实实存量，做到表实相符；

（4）行政人事部门根据合同约定（如无合同约定应在物品交接后3 个工作日内），及时提供供货单据（附有明确数量、单价及总金额）、合同（如非书面合同则提交其他相应资料）进行请款；并在审批付款后4个工作日内，向财务部门提供发票冲账；

（5）审计部门根据审计计划对集团总部功能与各级公司印刷类物品的采购及使用情况进行审计调查，各单位应保存相关资料（期限一年）备查。

七、办公设备使用管理规范化范本

1.电脑管理

第一条：为了加强公司电脑管理，确保电脑安全正常使用，有效地利用电脑及外围设备，提高公司工作效率，同时减少电脑硬件设备维修费用，现结合本集团公司实际情况，制定本规定。

第二条：本规定适用于集团各部门、各地区公司、二级公司列入管理的电脑及硬件设备，包括集团及下属各地区公司、二级公司配备的用于办公的电脑硬件及软件、打印机、复印机、扫描仪、外接CD-ROM、不间断电源等外围设备。

第三条：本规定由集团及各地区公司行政人事部门负责监督执行。

第四条：领用电脑时应填写电脑配备档案，记录配件情况、使用人变更情况、维修记录等。

第五条：集团各部门、各地区公司、二级公司的电脑应置放在通风、干燥、无直射阳光或阳光直射较弱的地方，并按正常操作程序操作；每天下午下班离开办公室时，应关闭电脑设备电源，由于操作错误造成机器故障的，由使用人承担一切维修费用。

第六条：严禁在电脑运行时搬移或挪动，如由于搬移或挪动而造成机器损害及故障的，将由当事人承担一切维修费用。

第七条：严禁在电脑上装载游戏软件或与工作无关的软件，如已经在电脑里面装载此类软件的，应及时卸载。如确因工作需要须增添、修改软件的，可提出申请，经部门负责人签字认可后，由集团或地区公司行政人事部门负责统一落实。

第八条：各部门员工，只能使用电脑里面的软件，严禁私自修改软件内容或配置，特别是系统配置软件和批处理软件。

第九条：任何人员上班时间，均不得利用公司电脑玩游戏或做与本职工作无关的事情，不得利用公司电脑播放与工作无关的CD或VCD。

第十条：各部门员工未经部门负责人批准，严禁私自带领外来人员到公司办公室使用公司电脑。如确实因工作需要要求外来人员使用电脑的，应经部门负责人同意。

第十一条：集团各部门的电脑及配件由行政人事部门根据业务需要统一调配。未经行政人事部门同意，各部门之间、各员工之间不得擅自调换电脑及其配件。

第十二条：各部门员工未经公司行政人事部门同意，严禁私自拆装电脑硬件及设备。如果发现电脑经拆除后的配置跟原配置不相同，将由当事人承担一切经济责任。部门负责人如发现本部门员工私自拆除电脑，应及时制止并对当事人口头警告。如因工作需要确实须拆装电脑，应由电脑管理员统一办理。

第十三条：集团任何员工不得将电脑设备外借给其他单位使用。如属本集团的合作公司确因工作需要须借用电脑设备的，应先填好电脑设备借用单，经行政人事部门批准同意后方可借出，借用后如有损坏或发生故障，将由借用单位或借用人负责维修或承担维修费用。

第十四条：集团、地区公司各部门使用的电脑及配件如有故障须维修，应由使用部门填写好维修申请表，经部门负责人签名同意后，由行政人事部门查实并由电脑管理员落实维修，维修后由使用人填写维修结果验收单。维修过程中如需支出维修费用的，经办人应同时附上维修申请表及维修结果验收单和有关收费凭证方可报销支出费用。

第十五条：对于多人共用的电脑，应合理分配好资料存储空间，各人建立自己的文件夹，以便存储文件资料。多人共用的电脑，各使用人应互相监督，确保使用安全。

第十六条：各部门或各单位建立文件时，应对重要文件进行备份，以免造成文件的丢失或无法查询，秘密文件或公司内部资料需加密码管理。

第十七条：任何人员未经他人同意，不得查看或修改他人的文件内容，不得删除他人的文件内容或更改文件名。因文件泄密或丢失而造成的一切损失，将由当事人承担。

第十八条：任何人员未经批准，不得私自拷贝文件或把存有文件资料的存储工具带出公司，也不得将存有文件资料的存储工具借用给外单位人员。

第十九条：任何员工需要带软盘、光碟进入公司工作，应当到行政人事部门请电脑管理员进行软盘、光碟检测，电脑管理员对有病毒的软盘、光碟进行处理并做好记录，对确认无问题的软盘、光碟，允许在公司电脑上工作。

第二十条：集团公司上网的账户，应由专人管理，员工工作时间上网只能查询收发有关资料文件，不能进入与工作无关的网址，更不能查看不健康的内容。

第二十一条：集团公司的电脑在使用共享资源时，必须按照基本的操作流程使用电脑软件，不能通过网络资源做与本职工作无关的事情，如违反本规定造成集团网络数据丢失的，将由当事人负责。

第二十二条：集团或地区公司电脑网络建立后，电脑程序和基本的配置参数不能随意改动，避免造成网络不通。如出现非人为原因造成网络不通时，应立即通知行政人事部门电脑管理员进行检查和处理，不能自行对电脑网络进行更改。

第二十三条：员工不能随便移动电脑，以免网络接口与电脑接口松开，造成网络不通。同时，网络线连接电脑的接口不能随意拔开，以免线口与水晶头之间接触不良导致网络不通。如因非人为原因出现此类情况时，应通知电脑管理员进行检查和处理。

2.电话管理

第二十四条：电话是公司对外联系的通讯工具，应保证电话线路畅通，保障业务工作的顺利开展，同时减少不必要的浪费。

第二十五条：电话仅用于工作需要，原则上不做私人用。上班时间，严禁员工用电话进行娱乐、炒股、闲聊、收听信息等一切与本职工作无关的事情。

第二十六条：使用电话提倡长话短说，尽量缩短通话时间。

第二十七条：长途电话均有密码上锁，电话密码由部门领导掌握，除工作需要开通长途外其余时间加锁。

第二十八条：电话机为公司财物，应保护爱惜。各部门要指定人员负责电话机管理，如有损坏，需及时查明损坏原因，分清责任，报行政人事部门处理。

第二十九条：如需移动电话机位置或改变电话线走向，须报行政人事部门办理。

第三十条：行政人事部门不定期检查电话机、电话线完好情况，检查电话使用情况。

3.复印机管理

第三十一条：集团各级单位复印机由行政人事部门指定专人负责管理，员工如需使用，应在复印机管理人员处登记复印份数，方可复印。对于带密级的文件的复印，应参照《保密管理规定》执行。

第三十二条：复印机应定期或不定期进行维修、维护检测，如有故障应由行政人事部门通知维修单位维修，以免影响公司正常运作。

第三十三条：公司复印机原则上不外借使用，如因特殊原因确需外借的，应经行政人事部门负责人审批，主管领导同意后，办理外借手续。如复印机外借期间发生故障或其他零部件严重损耗而需更换零件，其一切维修费用和更换零件费用由外借单位承担。

第三十四条：员工使用复印机要做到爱惜复印机、节约纸张、物尽其用，反对浪费。

第三十五条：保持复印室的环境卫生，严禁随地丢弃纸张、垃圾等。

第三十六条：夜间值班员每天下班前应关闭复印机电源，下班后或节假日员工加班复印资料，复印完毕关闭电源后才能离开。

第三十七条：管理员有责任提供技术上的指导，属经办人操作不当造成的纸张浪费或机器损坏，公司将视情节轻重追究当事人的责任。

4.空调机管理

第三十八条：集团公司各单位的空调机由行政人事部门指定专人管理，二级公司的空调机由该公司指定人员负责管理。

第三十九条：空调机应定期检测和维护，如发生故障，管理员应及时消除，如故障无法消除，应立即通知维修单位维修。

第四十条：保持空调机的清洁，定期清洗空调机。爱护财物，严格按规定操作使用空调机。提倡勤俭节约，员工下班离开办公室前，须关闭空调机电源。

5.公司网络使用管理制度

第四十一条：目的

公司网络资源只能用于工作。个人由于一般业务学习、新闻、娱乐等而需用网络的必须在自己家中进行。为规范公司网络的管理，确保网络资源高效安全地用于工作，特制定本制度。

第四十二条：范围

本规定涉及的网络范围包括公司各办公地点的局域网、办公地点之间的广域网连接、公司各片区和办事处广域网、移动网络接入、Internet出口以及网络上提供的各类服务，如Internet电子邮件、代理服务、Notes办公平台等。

第四十三条：主管部门

办公室作为公司网络的规划、设计、建设和管理部门，有权对公司网络运行情况进行监管和控制。知识产权室有权对公司网络上的信息进行检查和备案，任何引入与发出的邮件，都有可能被备份审查。

第四十四条：管理制度

1）任何人均不得在网络上从事与工作无关的事项，违反者将受到处罚。同时也不允许任何与工作无关的信息出现在网络上，否则要追查责任。

2）公司网络结构由办公室统一规划建设并负责管理维护，任何部门和个人不得私自更改网络结构，办公室如需安装集线器等必须事先与网络管理员取得联系。个人电脑及实验环境设备等所用IP地址必须按所在地点网络管理员指定的方式设置，不可擅自改动，擅自改动者将受到处分。

3）严禁任何人以任何手段，蓄意破坏公司网络的正常运行，或窃取公司网上的保护信息。

4）公司网上服务如DNS、DHCP、WINS等由办公室统一管理，任何部门和个人不得在网上传送超大文件。

5）为确保广域网的正常运行，禁止通过各种方式，包括利用邮件、FTP、Win2K共享等在广域网中传送超大文件。

6）严禁任何部门和个人在网上私自设立BBS、NEWS、个人主页、WWW站点、FTP站点及各种文件服务器，严禁在公司网络上玩任何形式的网络游戏、浏览图片、欣赏音乐等各种与工作无关的内容。违反都将受到处分。

7）任何部门和个人应高度重视保护公司的技术秘密和商业秘密，对于需要上网的各类保密信息必须保证有严密的授权控制。

8）公司禁止任何个人私自订阅电子杂志，因工作需要的电子杂志，经审批后由图书馆集中订阅和管理。

第四十五条：处罚规定

1）对于蓄意破坏网络正常运行，蓄意窃取网上秘密信息的个人，作辞退处理，并依法追究法律责任。

2）对于在公司网上散布淫秽的、破坏社会秩序的或政治性评论内容的个人，作辞退处理。情节严重者将移交司法机关处理。

3）对于私自设立BBS、NEWS、个人主页、WWW站点、FTP站点等各种形式网络服务的责任人，或玩网络游戏的个人，第一次发现降薪一级，第二次发现将其降职，第三次作辞退处理。

4）对各种工作用文件服务器的申请，需经系统主管审核，由管理工程部批准后方可设立，擅自申请者将处以降薪一级的处罚。

5）对于在网上设立各种形式的网络游戏服务的责任人，处以降薪一级直至辞退的处理。

6）对于由管理不善引起公司秘密泄露的责任人，处以罚款、降薪、降职等处理。

7）对于私自更改网络结构，私自设置DNS、WINS等服务的责任人，处以罚款、降薪等处罚。

8）任何员工发送与工作无关的电子邮件，将处以降薪、降职及至辞退的处理，有意接收与工作无关的邮件，每次罚款100元~500元。

9）任何员工在上、下班时间，通过公司网络查阅与工作无关的内容，一次降薪一级。因工作需要的通过图书馆的网络查阅。

10）对于其他任何利用网络资源从事与工作无关的行为，将对其处以罚款、降薪等处理。

11）部门未经许可不得在网上挂任何应用系统。

第六章

会议组织管理规范化范本

一、总则

第一条：目的

为更好地完成集团各项计划任务，保证集团业务的顺利开展，规范会议组织工作，提高会议效率，及时沟通，解决工作中存在的问题，特制定本管理规定。

第二条：集团会议类别

董事会会议，经理办公会议，生产调度会、经营评估会，集团中长期发展研讨会，年中/年度工作总结计划会，案例总结制度修编会，业务专题会议、跨管理区域协调会议，项目评审会，地区公司总经理办公会议，地区公司、部门、项目公司工作会议，部门、二级公司周例会，其他会议。

第三条：会场纪律

1）所有参加会议人员须准时到会，迟到者须说明原因；

2）不能参加会议的人员应提前向行政人事部门或分管行政的领导请假，并说明原因。

3）参加会议的人员一律要关闭手提电话，非紧急重要事情不准接电话，有要事者可交待秘书或本部门有关人员代为处理；

4）凡公司领导或受公司领导委派的人员，对外洽谈业务以及参加本制度规定的各种类型会议，除会议主持人本人外，其他参会人员（含司机、勤杂人员）都要做记录；

5）行政人事部门全体文秘人员（含负责人）要随身携带笔及笔记本，公司领导交办工作时以便随时做笔记。

第四条：会议纪要

1）集团召开的各类大会，由总经理办公室负责记录，地区公司召开的各类大会，由行政人事部负责记录；

2）集团（地区公司）各领导在集团（地区公司）召开的各种会议，涉及专业性问题的，由各部门负责记录；

3）集团各领导在各地区公司召开的各种现场会议，由会议所在地区公司（二级公司）的行政人事部门负责记录；

4）行政人事部门牵头召开的各种会议，包括在各二级公司召开的各种现场会议，由行政人事部门或行政人事部门指定的主要与会单位负责记录；

5）各级部门、二级公司召开的各种会议，由本单位负责记录；

6）记录者要认真负责地做好记录工作，并按“××投资有限公司会议纪要（格式）”形成会议纪要；

7）记录者要认真领会会议的精神，抓住重点，会议要解决什么问题，会后要怎么做，在什么期限内做好，具体要解决的问题，由谁负责跟进，必须写清楚；

8）纪要行文要流畅，用词要准确，文字要简练，条理要分明，表达要清楚；

9）会议纪要初稿，在会后两个工作日内须送交会议主持人及有关负责人审核；多个单位参加的会议纪要，应先经过各与会单位会签，并按审核意见修改好后才能定稿；在定稿后两个工作日内下发；

10）所有会议纪要都必须进行编号，为便于以后电脑管理，各单位每年的序号按001号~999号的顺序进行编号，[2003]为2003年度，单位名称以四字简称作为字号，如：××公司的会议纪要编号为“××[2003]001号”，总经理会议纪要编号如“粤××纪[2003]001号”，各地区公司的会议纪要编号，如：北京公司行政人事部会议纪要为“北××[2003]001号”，……以此类推；

11）凡第三条至第五条规定召开会议所做的会议纪要，必须由主持会议的集团（地区公司或单位）领导签发；

12）会议上达成的共识，作出的决议，安排的事项等内容，形成会议纪要后具有执行效力，是工作实施、业务开展的依据，相关单位、部门须遵照执行。对延迟执行或违反纪要记载事项的，按集团制度予以处理；

13）为加强会议纪要的管理和体现其重要性，以集团公司（地区公司）的名义（或重要的、或需大范围传达执行的）下发的会议纪要，定稿后还须作为通知的附件下发；

14）会议纪要的会议主持人为当然责任人，负责记录的单位指定专人协助责任人督促有关单位认真落实执行会议纪要的决议；

15）会议议题议而不决的，不做会议纪要。

二、集团中长期发展规划研讨会

第一条：会议目的

凭借对集团现状以及当前市场情况的详细分析，运用科学的管理思路，通过集团领导集思广益的研讨，制订集团未来3年~5年的中长期战略规划，保证集团遵循正确的方向发展。

第二条：会议组织

（1）会议领导、组织人员构成

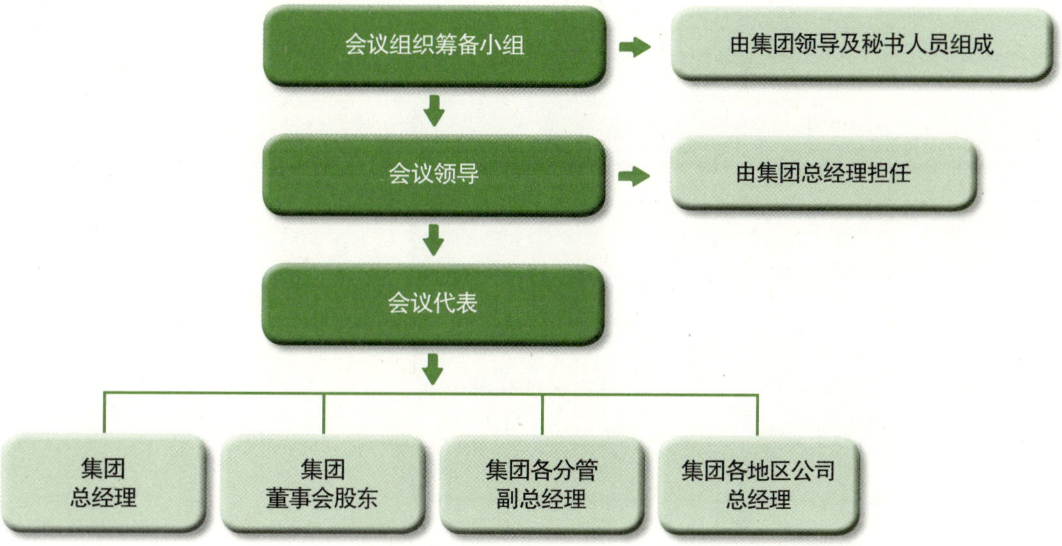

（2）会议领导、组织人员职责

领导负责听取各方意见，协调会议中出现的问题，参与集团发展战略的讨论，并与其他董事会股东一起决定最终的集团发展战略。会议组织筹备小组负责集团中长期发展规划研讨会的组织筹备工作。

第三条：实施细则

（1）每年2月21日前，集团各分管副总经理收集资料，制订好各自分管工作领域的中长期发展计划，在2月21日前递交集团总经理；

（2）在收到各管线老总的中长期发展计划后，集团总经理整理归纳各领域内的中长期计划，并从中总结制定出集团的中长期发展规划草案，在3月12日，总经理秘书负责将集团中长期发展规划草案复印并分送所有与会人员；

（3）3月中、下旬，集团中长期发展规划研讨会召开，原则上在1个工作日完成，如遇特殊情况，经董事会同意可根据实际情况适当延长会议时间；

（4）会议开始，首先由集团总经理向与会人员陈述整个战略规划草案内容，然后由集团总经理指定人员对相关细节进行解释，之后是与会人员对草案进行研究讨论，最后由董事会全体股东决议集团中长期战略规划，会议结束，集团中长期发展规划研讨会流程如下所示。

（5）会议结束后一周内，集团总经理根据董事会决议修改制订集团中长期发展战略规划并开始实施。

●集团中长期发展规划研讨会流程

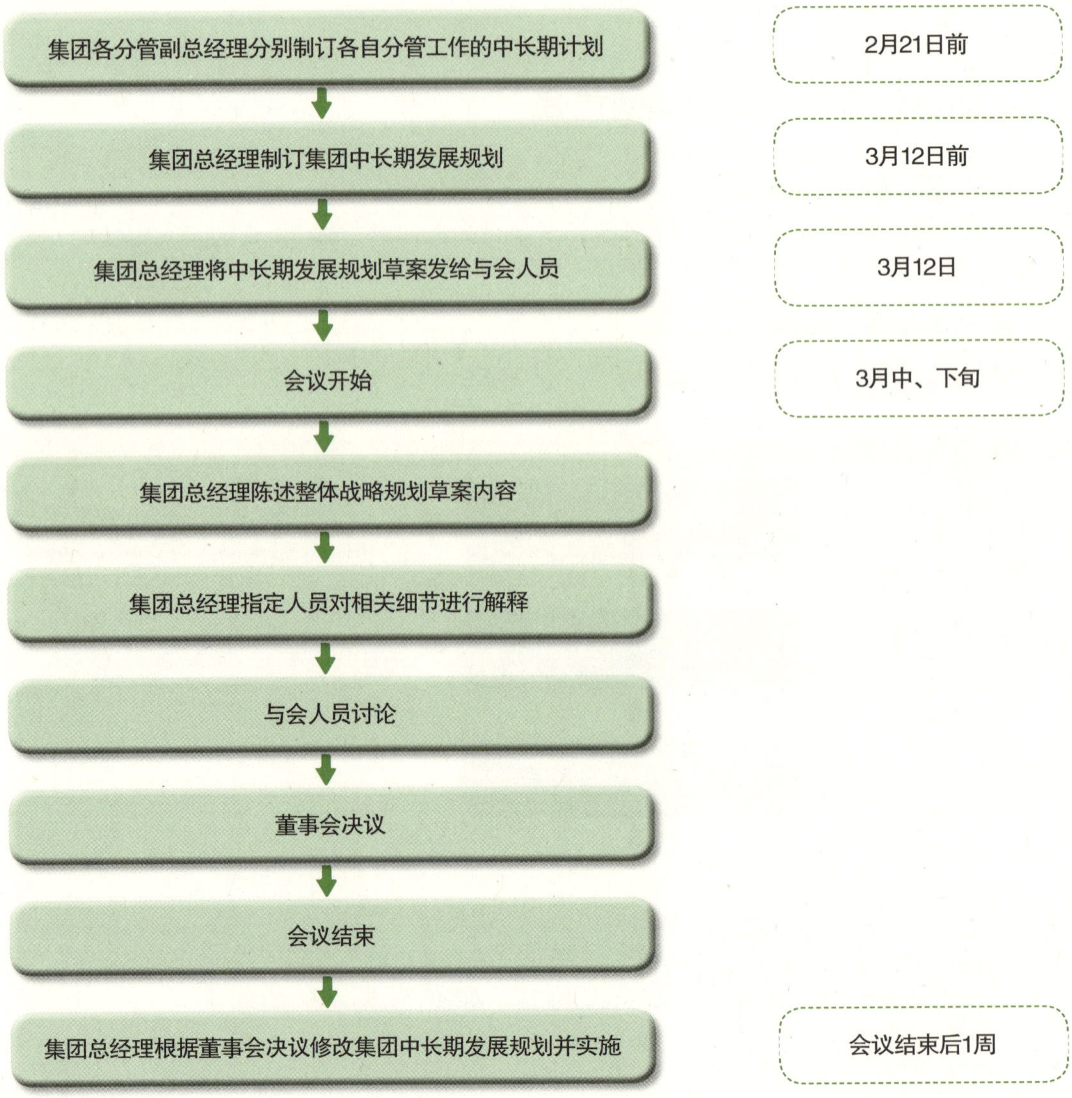

三、年中、年度工作总结与计划会议

第一条：为加强集团的目标管理，切实落实董事会下达的各项年度生产任务和指标，及时调整工作计划，检查工作计划的完成情况，使集团的生产经营活动按照既定计划执行，特制订本工作总结计划会议管理办法。

第二条：本办法规定了集团总部各部门、各地区公司（包括地区公司各部门、地区公司各下属项目公司及地区公司经营班子）制订、调整、总结年度工作计划应遵守的规则及其依据。

第三条：会议机构设置

（1）集团总部设置目标管理领导小组，具体负责年中及年度工作计划总结会的各项工作。小组成员如下：

组长：总经理；

组员：集团总部经营管理成员、房地产管理中心各部门负责人。

（2）目标管理领导小组的职责：组织召开集团年中及年度工作总结计划会议，落实各项工作计划；审查年中及全年工作计划执行情况，监督工作计划的执行。

第四条：会议程序

（1）会议召开时间、地点：

年中工作计划总结会召开时间：每年6月第三周；

年度工作计划总结会召开时间：每年12月第四周；

各地区公司按照先后顺序分别参加会议：例，周一为广州公司，周二为北京公司，周三为上海公司，以此类推。

（2）会议地点：集团总部会议室。

（3）会议参加人员：目标管理领导小组成员、地区公司总经理。

（4）会议召开程序如下：

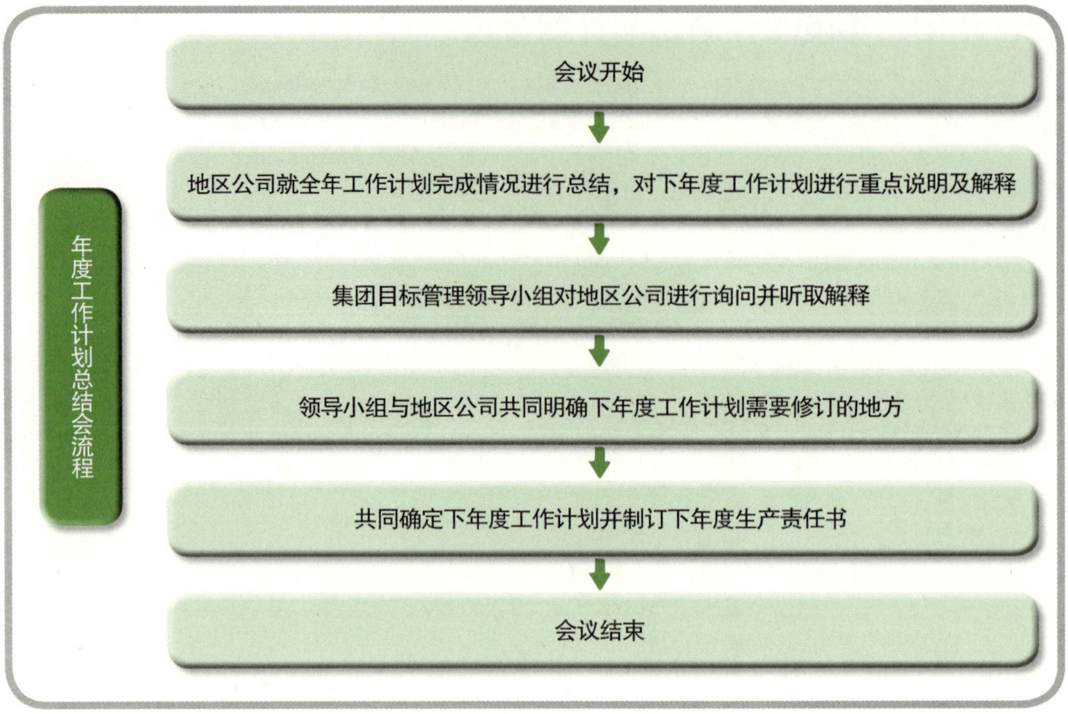

第五条：工作计划的总结、制订：

（1）每年6月上旬，各地区公司针对年度目标中需完成的各项任务进行中期总结，同时对需下半年完成的各项任务拟订具体目标、指标和时间安排，集团对各地区公司上半年的销售业绩目标、利润率等进行总结，对下半年需完成的各项任务指标提出具体要求，据此对年度生产任务指标表进行相应的调整。

（2）各地区公司须召开地区中期工作计划会议，总结上半年的生产任务完成情况，找出优势与不足，落实下半年的各项生产任务，细化下半年的工作计划内容，调整工作计划表。工作计划应完全符合××投资任务的要求，具备可操作性。

（3）6月10日前，各地区公司须将编制好的上半年工作计划完成情况表和调整好的下半年工作计划责任书及有关表格提交集团总部目标管理领导小组审核。

（4）6月第三周前，集团总部目标管理领导小组对各地区公司提交的上半年工作计划完成情况表和下半年工作计划书进行审核，发现问题后及时与各地区公司进行沟通，并作好召开集团中期工作计划会议的准备。

（5）在中期工作计划会议上，目标管理领导小组应与地区公司就工作总结和工作计划的内容进行充分讨论。

（6）如目标管理小组认为上半年工作计划完成情况表中的原因分析不够具体到位的，可责成地区公司重新填写和分析，地区公司须于会议结束后两天内将重填的计划完成情况表提交集团总部目标管理小组；如下半年工作计划仍需要进行修订的，地区公司须于会议结束后两天内将修订后的工作计划责任书提交集团总部目标管理小组，修订后的工作计划责任书须将被修改部分进行标识。

（7）集团总部目标管理小组审核修订后的上半年工作计划完成情况表和下半年工作计划责任书是否符合要求。如审核通过，则由目标管理小组安排责任书的签署，并进行完成情况表和责任书的装订、分发及存档；如审核未能通过，则总经理有权决定是否再次召开工作计划会议以进一步商讨未符合要求的部分。因再次召开工作计划会议而耽误的时间及增加的会议费用由相关地区公司负责承担。

（8）生产任务指标表的调整、工作计划的拟订、审批的流程如下：

● 生产任务指标表的调整、工作计划的拟订、审批的流程

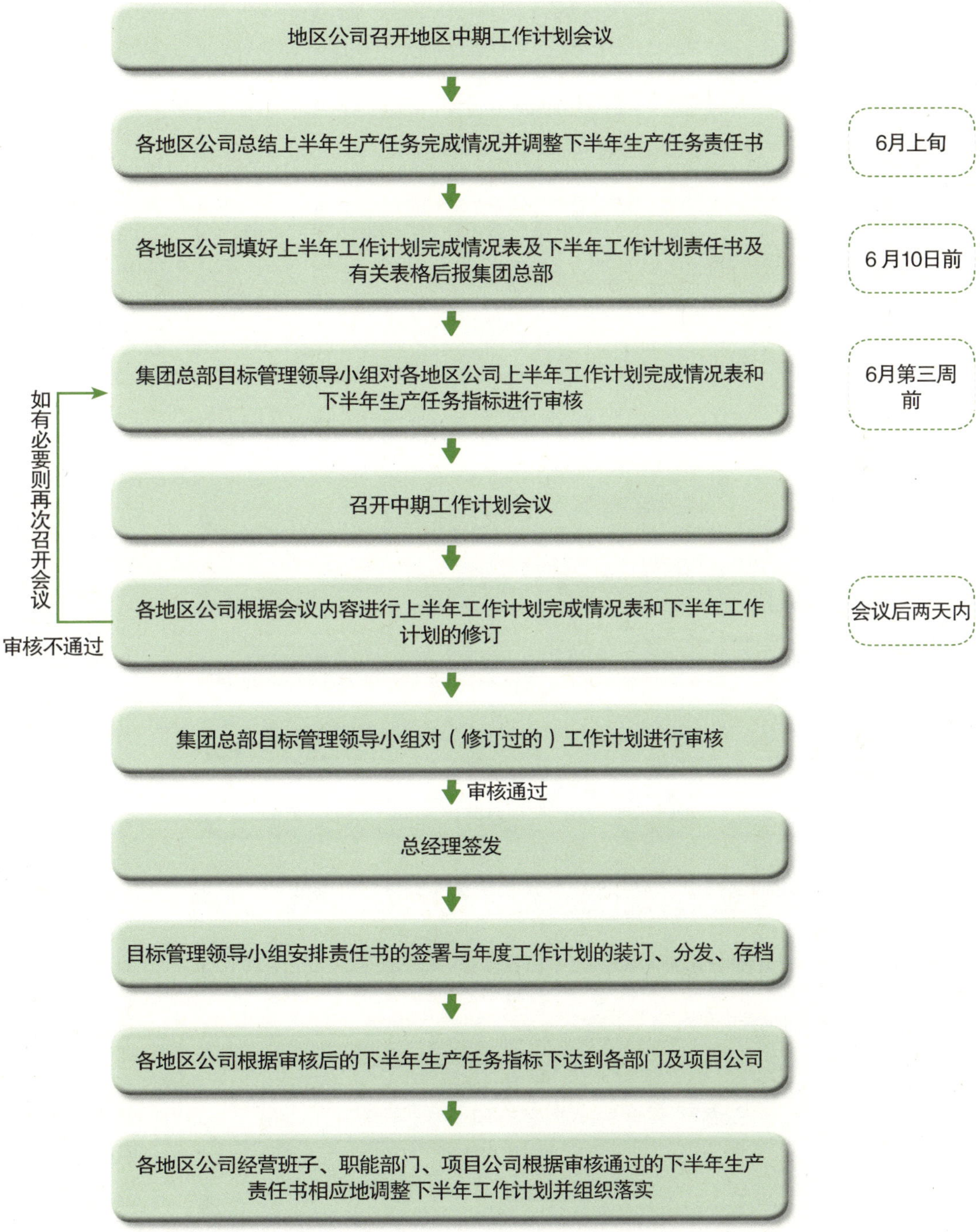

（9）每年十一月下旬，董事会对集团下一年的销售业绩目标、利润率等提出具体要求，集团总部据此对各地区公司下达具体的生产任务。生产任务通过生产任务指标表的形式下达。

（10）各地区公司须提前按照生产任务指标表进行工作计划的拟订（填报）。工作计划的内容分为地区公司经营班子、地区公司经营班子成员、地区公司项目公司、地区公司各职能部门等几部分，包括工程、营销、开发、财务、设计等各系统的生产指标、工作进度计划。

（11）各地区公司须召开地区年度工作计划会议，落实生产任务，细化工作计划内容，详细编制工作计划表。工作计划应完全符合××投资任务的要求，具备可操作性。同时，地区公司各职能部门、项目公司须于地区年度工作计划会议上提交年度工作总结报告及年度工作计划完成情况汇总表，各地区公司应据此填报年度工作计划完成情况汇总表。

（12）11月30日前，各地区公司须将编制好的工作计划责任书、有关表格及年度工作计划完成情况汇总表提交集团总部目标管理领导小组。集团总部目标管理领导小组对各地区公司提交的工作计划书进行审核，发现问题后及时与各地区公司进行沟通，并作好召开集团年度工作计划总结会议的准备。

（13）年度工作计划总结会议上，集团总部目标管理领导小组应就本年度工作计划完成情况及下年工作计划制订内容与地区公司进行充分讨论。

（14）如下年度工作计划仍需要进行修订的，地区公司须于会议后两天内将修订后的工作计划责任书提交集团总部目标管理小组。修订后的工作计划责任书须将被修改部分进行标识。

（15）集团总部目标管理小组审核修订后的工作计划责任书是否符合要求。如审核通过，则由目标管理小组安排责任书的签署，并进行责任书的装订、分发及存档；如审核未能通过，则总经理有权决定是否再次召开工作计划会议以进一步商讨未符合要求的部分。因再次召开工作计划会议而耽误的时间及增加的会议费用由相关地区公司负责承担。

（16）生产任务指标表的下达、工作计划的拟订、审批的流程如下：

● 生产任务指标表的下达、工作计划的拟订、审批的流程

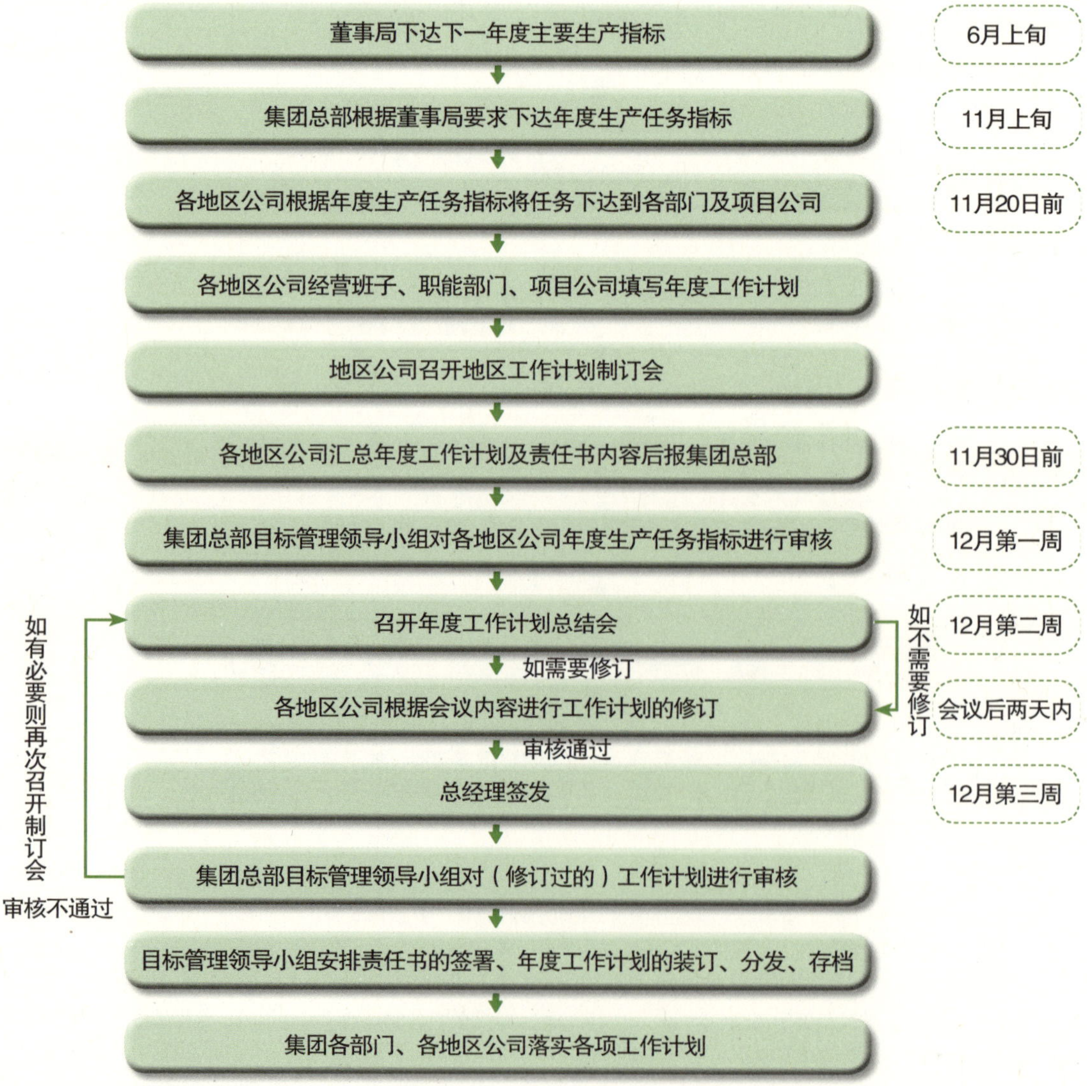

第六条:工作计划的执行、调整及监控

（1）年度工作计划由各责任书签署责任人负责执行，由目标管理领导小组进行监控；

（2）集团对年度工作计划执行情况的监控包括不定时抽查及定时检查、调整；

（3）不定时抽查：集团总部目标管理领导小组可派人员对各地区公司的工作计划执行情况进行不定时抽查，抽查方式包括实地检查，报表跟踪等；

（4）定时检查、调整：集团总部通过召开季度生产调度会及中期工作会议对工作计划的执行进行定时检查、调整。

四、生产调度会、经营评估会、季度考核会、案例总结与制度修编会

1.生产调度会

第一条：会议目的

为了及时总结生产与销售过程中整体业务开展和计划完成情况，促进适时的内部沟通与协调，并通过定期集中汇报与会审，明确重大问题责任归属，推进重大问题得以协调解决和下阶段工作计划的制订，进而推动生产经营业务的顺利开展，特制定本制度。

第二条：适用范围

适用于各地区公司。

第三条：会议机构设置

1）会议由各地区公司组织。各地区公司设置生产协调领导小组，成员包括公司领导及秘书组。公司各部门第一负责人和各项目公司第一负责人是考核工作的考核主体，在每月生产调度会上考核主体有责任、有权利对各项目公司和各部门在上月生产调度会上签订的《生产责任书》中所确定的本月工作任务目标完成情况进行评分；

2）集团房地产管理中心组织，集团监事会列席。

第四条：实施细则

1）考核前准备阶段

①各项目公司应就下月预计要完成的销售和生产任务目标所存在的问题与需协调的部门进行沟通和协调，就工作控制点的协作尽量达成共识；

②该阶段被考核的项目公司针对工作控制点汇集整理后形成各项目公司最终的《生产责任书》，各部门参照项目公司提出的协作要求并结合本部门的工作，依据工作控制点做出本部门生产计划，项目公司的《考核统计表》在规定时间前对各项工作控制点进行预评分并与《生产责任书》一起提交生产协调项目所属地区公司的行政部门，行政部门汇集整理各项目公司的《生产责任书》和《考核统计表》并提交生产协调领导小组，同时为会议召开做好各方面的准备。

2）考核实施阶段

该阶段是生产协调领导小组与各部门/项目公司第一负责人就需要协调解决的工作控制点共同达成一致意见的过程，也是生产协调领导小组会同公司各部门/项目公司第一负责人对上月《生产责任书》中所确定的本月任务目标完成情况进行考核评分的过程。

3）考核结果处理及反馈阶段

该阶段生产协调领导小组接受公司各部门/项目公司的申诉，与项目公司/部门一起提出绩效改进意见；行政部门把考核最终结果反馈给被考核单位并把《月度生产调度考核统计表》汇总、计算、备案。

2.经营评估会

第五条：目的

为顺利完成各地区公司的年度管理目标，对管理目标完成情况进行检查和分析，及时协调解决经营中存在的问题，并根据当月管理目标执行情况合理安排次月工作，特制定本规定。

第六条：会议机构设置

1）会议由地区公司组织。各地区公司设置经营分析小组，由公司领导及秘书组成。

2）集团房地产管理中心组织，集团监事会列席。各地区公司需于会前一天将会议资料发至各个单位。

第七条：会议主要议程：

1）项目公司第一负责人根据完成情况逐项讲解，从项目公司总的方面汇报当月管理目标完成情况。

2）项目公司、地区公司各部门重点提出工作中存在的问题或困难，同时提出相应的对策、建议。对于在会前与地区公司职能部门无法达成一致的工作，项目公司应在会上提出，最终确定工作计划及责任部门、协办部门。

3）地区公司经营班子和各部门第一负责人对当月总体经营情况进行总结和综合评议，对次月工作进行安排。

4）在前两步进行过程中，集团公司、地区公司各级领导和可随时进行询问，发表意见，点评主要成绩与不足，提出调整建议。

3.季度考核会

第一条：目的

为顺利完成各地区公司的年度管理目标，及时总结各地区公司年度计划完成情况，促进适时的内部沟通与协调，为地区公司奖金发放提供依据，特制定本制度。

第二条：适用范围

本制度适用于各地区公司。

第三条：会议机构设置

会议由集团房地产管理中心组织。

4.案例总结与制度修编会

（1）案例总结

第一条：会议目的

为了不断补充完善决策案例，解剖具体案例，总结公司经营过程中的经验教训，进而推动公司管理工作顺利进行，特制订此管理办法。

第二条：会议组织

1）会议领导、组织人员构成：

年初案例总结会领导小组：集团立委会成员；

会议组织筹备小组：人员由集团立委会指定。

2）会议领导、组织人员职责：领导小组负责听取各方意见，协调会议中出现的问题，参与案例讨论，并投票表决入选案例；会议组织筹备小组负责案例总结会议的组织工作，包括会议前收集案例初稿，组织会议前的筹备工作，会议后督促入选案例的修改工作，对入选案例拟订部门或个人的奖励工作及入选案例纳入决策案例的备案工作。

3）会议参加人员：会议领导小组成员、会议组织筹备小组成员、案例拟订部门代表或个人、总部各职能部门代表、各地区公司立委会代表、会议召开所在地区公司下属项目公司及二级公司代表。

第三条：实施细则

1）每年1月25日前，集团各地区公司下属单位或个人若在一年的实际工作中，发现可供公司经营管理借鉴的事例，可将其总结，按规定格式（案例撰写规范表格）撰写成案例分析初稿并上交给所属地区公司立委会常设机构，集团总部各职能部门或个人可直接将案例分析初稿上交给集团立委会常设机构。

2）每年1月30日前，各地区公司立委会常设机构需将收到的案例分析初稿汇总上交至集团立委会常设机构。

3）每年2月15日前，集团立委会常设机构完成年初案例总结会的所有筹备工作，确定开会时间，在开会前2日将收集汇齐的所有案例分析初稿复印件分发给集团立委会各成员。

4）在做好会议筹备工作后2个工作日内，会议召开，年初案例总结会议原则上在1个工作日完成，如遇特殊情况，经立委会主任同意可根据实际情况适当延长会议时间，会议由两个部分构成，第一部分是评选阶段，这一部分的会议主要内容是：参选案例原草拟单位代表或个人进行案例陈述；集团立委会对该案例进行简单讨论；集团立委会进行投票表决决定该案例是否入选。会议第二部分是讨论阶段，这一部分的主要内容是由参会人员对入选案例进行讨论，补充完善案例分析。在年初案例总结会议中，入选案例原草拟单位代表或个人有责任认真记录参会人员对自己案例提出的意见。

5）经表决通过的入选案例，在5个工作日内，由入选案例原草拟单位或个人根据年初案例总结会议的会议讨论结果修改完善自己的案例总结，并将修改好的案例总结上交给集团立委会常设机构。

6）集团立委会在收到所有入选案例总结后，在2个工作日内将入选案例纳入决策案例；在3个工作日内对入选案例拟订部门或个人颁发奖励。

第四条：奖励办法

集团设立决策案例专项基金，对提交案例分析的单位和个人，其案例在案例总结会议中经立委会投票表决通过后，即可获得奖金奖励。

（2）制度修编会

第五条：会议目的

不断完善和规范集团的制度建设，适应集团迅速发展和内外经济环境不断变化的需要，便于集团的现代化管理顺利开展，适时做好集团制度的制定、修改、废止等工作。

第六条：会议组织

1）修编会领导、组织成员：集团制度修编由集团立委会组织；各地区公司制度修编由各地区公司立委会分别自行组织。

2）修编会各相关人员职责：立委会负责制度草案的审议和表决；立委会常设机构负责具体工作的组织实施，包括对有关制度草案出现分歧时组织召开听证会，修编会前的筹备工作，会议过程中的协调工作，会议结束后的相关制度的下发工作等；制度草拟单位有按规定时间提交、修改、阐述相关制度内容的职责。

3）会议参加人员

集团性制度修编会：集团立委会、集团相关职能部门代表、相关地区公司立委会代表、集团制度草拟单位或个人等。

地区性制度修编会：地区公司立委会、地区公司相关职能部门代表、相关二级公司和项目公司代表、地区公司制度草拟单位或个人等。

第七条：实施细则

1）每年2月20日前，集团董事会根据实际情况需要向集团立委会就有关事项建立集团性制度进行提案；集团总部管理层、总部各职能部门或各地区公司立委会可以根据实际需要，填写制度修编建议表提交给集团监事会或集团立委会常设机构；

2）每年3月份，集团立委会组织召开集团年度制度修编会议；

3）在2个工作日内，集团立委会对收到有关集团性制度提案或建议进行审议，然后将其交由集团有关职能部门、有关地区公司草拟；

4）在5个工作日内，集团有关职能部门、有关地区公司完成草拟工作并交由集团立委会常设机构；

5）集团立委会常设机构收到有关制度草案，报集团立委会主任同意后，在2个工作日内，将制度草案发至集团总部各相关职能部门和各地区公司立委会征求意见；

6）在4个工作日内，集团总部各相关职能部门和各地区公司立委会对有关制度草案提出建议并反馈给集团立委会常设机构；

7）在2个工作日内，集团立委会常设机构将有关制度草案反馈意见传达给原草拟单位修改；

8）如果集团各职能部门和各地区公司的反馈意见存在较大分歧，集团立委会常设机构报集团立委会主任批准后可组织召开论证会听取意见，此工作在1个工作日内完成；

9）在2个工作日内，原草拟单位根据收到的反馈意见对有关制度草案进行修改并提交给集团立委会常设机构；

10）在2个工作日内，集团立委会常设机构完成集团年度修编会的所有筹备工作，确定开会时间，在开会前2日将有关制度草案复印件发给集团立委会成员；

11）集团制度修编会议原则上在1个工作日内完成，如遇特殊情况，经立委会主任同意可根据实际情况适当延长会议时间，会议的主要内容是：制度草拟单位分别对有关制度主要内容进行阐述；制度草案经集团立委会审议讨论后进行表决，集团性制度表决须经集团立委会全体组成人员的半数以上赞成方能通过，并经集团立委会主任签署；

12）经表决通过的集团性制度，由集团总经理在1个工作日内签署颁发令，每年4月1日由立委会常设机构以集团名义下发；

13）每年4月份，各地区公司立委会分别自行召开年度地区制度修编会，根据3月份集团年度修编会的表决结果以及各地区公司立委会受理的提案或建议以及第一章《制度建设基本规定》的相关规定，参照集团年度制度修编会的流程和标准，展开地区性年度制度修编工作。集团年度制度修编会的流程图如下所示。

集团年度制度修编会流程图

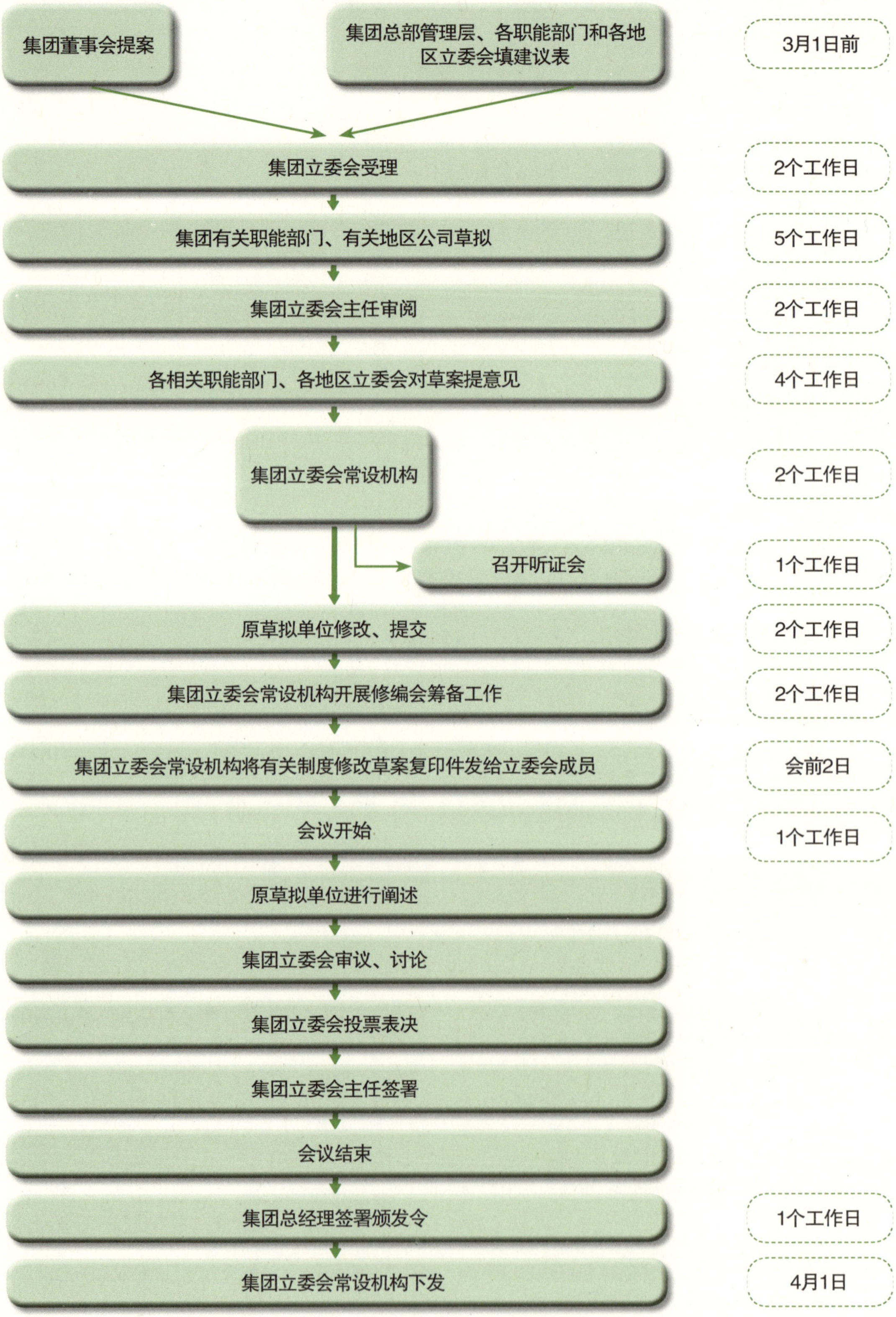

第八条：奖惩办法

1）集团设立专门奖励基金，对提出合理性建议的单位或个人，其制度草案在制度修编会上经立委会表决通过后，单位或个人即可获得奖金；

2）如某项制度存在缺陷、空白点或不切实际的地方，但执行该制度的相关单位没有及时发现并按相关规则的规定采取措施，则该单位及相关责任人须承担失职责任。责任承担的形式、幅度等由集团监事会根据其失职情况比照《行政奖惩办法》决定。

说明："制度修编建议表"既适用于集团性制度修编建议，又适用于地区公司制度修编建议，请各有关部门或个人认真填写，建议一栏内容应填写清楚、简练。

五、地区公司总经理办公会议

第一条：会议目的

沟通工作信息、协调工作事宜、解决疑难问题，对地区公司经营管理过程中的重要事宜进行讨论，并在职权范围内进行决策。

第二条：会议组织

（1）会议领导、组织人员构成：

会议领导：地区公司总经理；

会议组织：地区公司行政人事部；

会议代表：地区公司总经理助理以上领导、行政人事部经理、会议领导指定参加人员；

会议记录：行政人事部经理或总经理秘书。

（2）会议领导职责：领导负责听取各方意见，协调会议中出现的问题，主持地区公司重大事宜的讨论，并综合各方意见进行决策。

（3）会议组织者职责：安排会议时间地点并通知与会人员，安排对会议内容及有关决议做好记录，协助传达有关会议精神和决定，上报会议记录至集团总经理办公室备案。

（4）会议代表的职责：提出会议议题提案，参与对会议议题的讨论。

第三条：实施细则

（1）地区公司总经理办公会原则上于单周周四中午或下午举行；

（2）地区公司总经理办公会与会代表须在当单周周三12点前将拟于会上讨论的事宜及上次会议有关决议的落实结果交总经理秘书汇总；

（3）总经理秘书须在当天下班前将经汇总的会议议题和上次会议有关决议的落实结果交总经理审核，并负责将经审核的会议议题及上次会议有关决议的落实结果复印分发给各与会代表；

（4）会议由各与会代表根据总经理审核的上次会议有关决议的落实结果和本次会议议题清单的顺序逐一汇报和陈述，会议领导主持对各有关问题进行讨论，并形成决议。

（5）会议结束后一周内，与会代表根据有关会议决议布置实施，并将实施结果在下次会议前提交。

● 地区公司总经理办公会议流程

与会代表将拟于会上讨论的事宜及上次会议有关决议的落实结果交总经理秘书汇总 —— 单周周三12点前

↓

总经理秘书将经汇总的会议议题和上次会议有关决议的落实结果交总经理审核，并负责将经审核的会议议题及上次会议有关决议的落实结果复印分发给各与会代表 —— 单周周三下班前

↓

会议由各与会代表根据总经理审核的上次会议有关决议的落实结果和本次会议议题清单的顺序逐一汇报和陈述，会议领导主持对各有关问题进行讨论，并形成决议 —— 单周周四中午或下午

↓

与会代表根据有关会议决议布置实施，并将实施结果在下次会议前提交 —— 会议结束后一周内

六、周会

第一条：集团总部各部门、地区公司各部门、二级公司须每周定期召开一次本部门、二级公司初级主管以上工作人员参加的周例会。会议内容为传达集团有关指示、精神，围绕本单位工作任务层层分解工作，分析存在问题，提出问题解决方案和下周工作计划及近期目标，着重检查上周计划完成情况，制订下周计划。

第二条：部门、二级公司周例会须由第一负责人（或第一负责人指定人）召集主持，制作会议纪要、工作计划表格，并报行政人事部门和主管领导。

第七章

行政费用预算管理规范化范本

一、总则

第一条：为高效地控制、节约行政费用支出，提高集团经营效益，集团对维持集团正常运作而必须开支的非生产性支出实行预算管理、总额控制。这些支出统称行政费用。

第二条：行政费用的范围具体包括：邮电费、工资、福利费、业务费、工作餐费、水电费、市内交通费、劳保费、修理费、车辆费、办公费（资料费）、办公场地费、差旅费、会议培训费、保险人事代理费、旅游费、物业费用、管理费及租金等。

第三条：行政费用预算坚持以编定支，根据工作要求，实行总量控制。

第四条：单项行政费用原则上专款专用。任何单项费用原则上都不得随意超支。

第五条：固定资产和低值易耗品的预算与行政费用预算同时编制，其编制、执行按《财产管理办法》执行。

二、预算的编制及审批

第一条：各单位根据下一年度的工作计划，编制本单位的下一年人员编制和行政费用预算计划，逐级审批，最终由集团董事会审定。

各单位根据集团董事会的审定数对人员编制和行政费用预算计划进行调整，并上报集团备案。

第二条：最终审定的行政费用预算作为各单位目标管理的指标之一，是对各单位进行考核的重要依据。

第三节：根据实际经营状况，行政费用预算可以进行年中调整，按年度的审批程序批准后执行。

第四节：车辆费用按当年实际拥有车辆数计算。

第五条：下年度行政费用的预算在总经理办公室核定属于定编范围内，并且已于本年度前到位的人员数已知基础上编制而成。

第六条：下年度到位的人员，如属定编范围内，其预算费用在报地区总经理审批后按同类级别标准及到编时间，可相应增加预算费用；不属定编范围内，或属定编范围但其预算费用超标准的，一律报总部审批。

第七条：固定资产的购置需编制年度计划报总部批准后执行，并可相应增加同标准的行政费用。

三、执行

第一条：经集团批准的人员编制计划和行政费用预算计划具有绝对执行力。

第二条：各单位及相关领导对行政费用负有控制的职责。

第三条：行政费用实行事前控制与事后监控相结合。

第四条：预算计划内，各单位行政费用支出控制原则：

（1）对其负责控制的预算项目，年度总支出不得超年度预算；

（2）对其负责控制的费用项目，在年度总支出控制的基础上，年内累计各月总支出（不包括全年度）不得超过累计各月预算的10%；

（3）工资、福利费支出、业务费、交通费、旅游费全年度内不能单项超支。

第五条：行政费用的报销应严格审批，层层把关。原则上各单位行政费用的报销应经过本单位第一负责人的审批和同级财务部门的审核 。

第六条：行政费用范围内未列入预算计划的项目，属于急事特办的，须按以下程序报批，方可据实报销，并作为预算内支出处理。

（1）金额在2000元以下的，由经办人提交报告，经本单位负责人审批，地区财务部审核；

（2）金额在2000元以上的，由经办人提交报告，经本单位负责人、地区分管副总经理审批；

（3）计划外累计费用总额在年度预算额的3%范围内，须经地区行政副总经理、总经理审批；

（4）计划外累计费用总额超过年度预算额的3%，须经本部常务副总经理审批，超10%者，总经理加批。

四、监控

第一条：各级财务部门对本单位和下级单位的行政费用的使用情况进行监控。各级财务部门将本单位每月的行政费用执行情况报表上报上级财务部门，最终由集团财务管理部向集团主管财务副总经理报送集团行政费用执行情况报表。

第二条：集团监事会对集团及下属各单位行政费用执行情况进行审计监督。

五、账务处理

各级财务部门根据实际情况需要，在会计核算制度规定的范围内设置科目，对各部门（包括集团董事会、监事会、集团领导、地区公司领导）的各项行政费用进行登记。

第八章

行政费用预算管理执行规范化范本

一、总则

第一条：预算编制审批流程图如下：

● 预算的编制及审批流程图

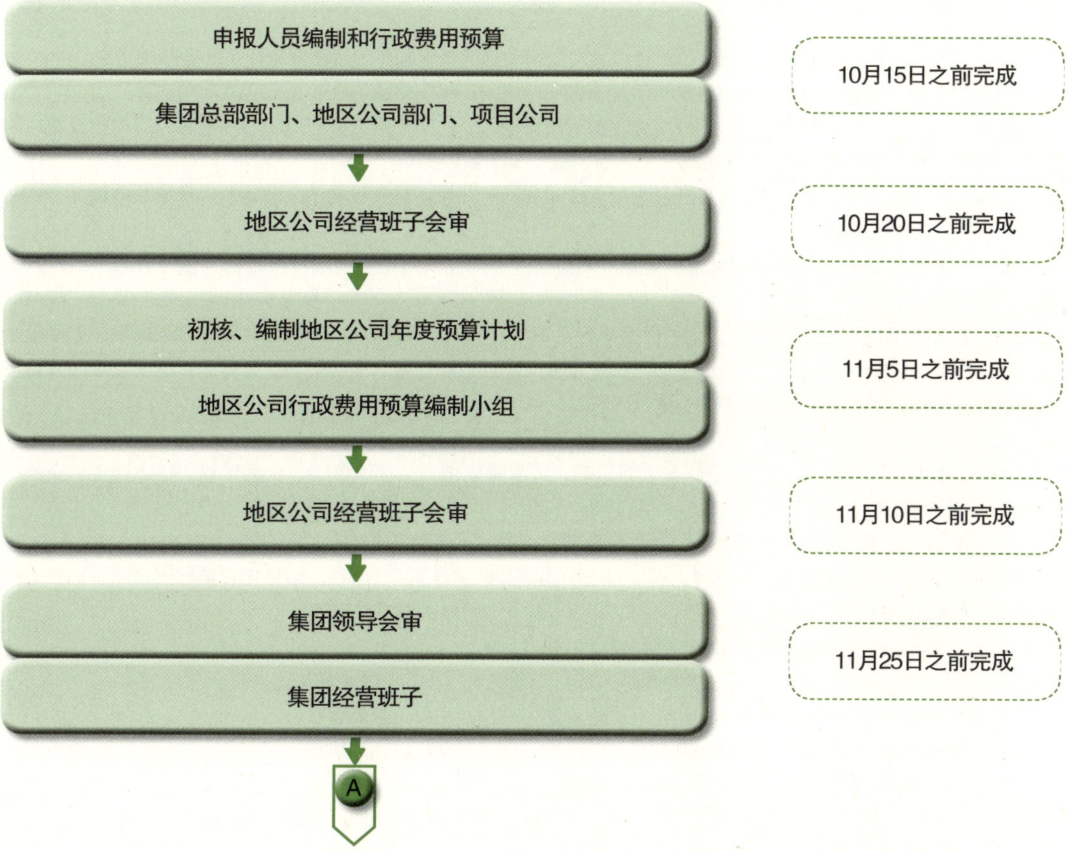

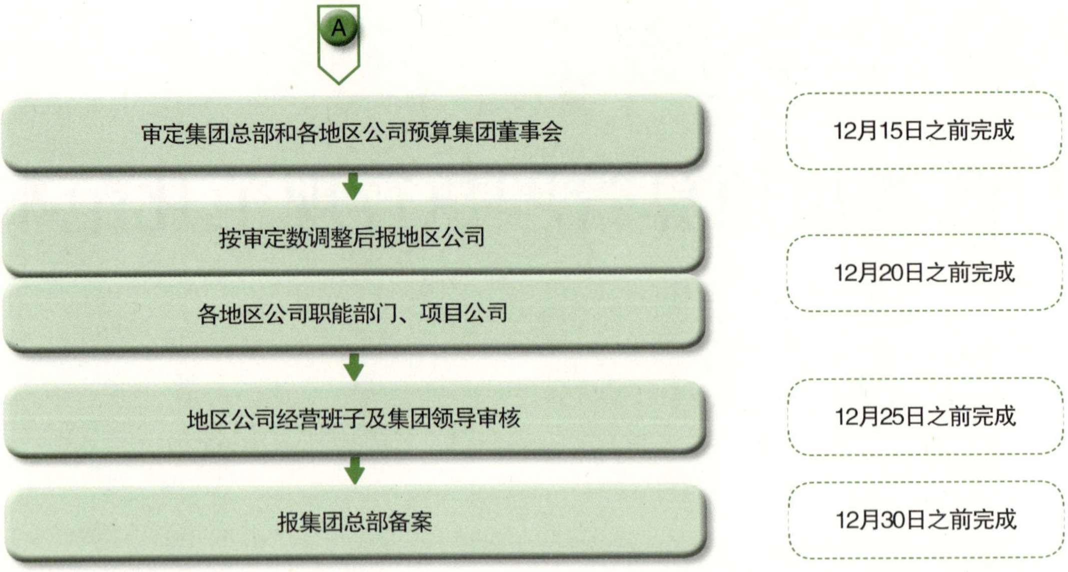

第二条：每年10月15日前地区公司各职能部门、各项目公司将根据地区公司和各项目公司下一年度的工作安排制订下一年度人员编制计划，根据现时在编人数编制下一年度行政费用预算计划（若现时在编人数比下一年度人员编制计划多，则只能按下一年度人员编制计划人数编制行政费用预算），提交分管副总经理加批意见。

集团董事会、集团、地区公司领导层的业务费列入年度行政费用预算计划，由秘书负责编制并提交相应的行政人事部门汇总。

第三条：地区公司行政费用预算编制小组于11月5日之前对本地区公司各职能部门和项目公司的人员编制申请与行政费用预算计划进行初核并汇总出地区公司总预算。

地区公司经营班子于11月10日之前对本地区公司职能部门、项目公司的人员编制申请和行政费用预算计划进行会审。

第四条：地区公司行政人事部于11月12日之前将经会审后的人员编制申请和行政费用预算申请上报集团总部。

地区公司申请报告必须附上本地区公司岗位架构及职责、下年度总开工量和销售任务三份基础资料。

11月12日前，集团总经理办公室汇总集团总部各部门的人员编制申请和编制总部行政费用预算。

集团总经理办公室在收到各地区上报的行政费用预算表后，汇同集团财务管理部对各地区公司的行政费用预算进行初审，做到“严格把关，严格要求”，初审后提交集团领导。

第五条：集团总部经营班子于11月25日之前完成对集团总部职能部门和各地区公司的人员编制申请与行政费用预算总额的会审后报集团董事会。

集团董事会于12月15日对集团总部职能部门和各地区公司的人员编制申请与行政费用预算总额进行最终审定。

第六条：各地区公司于12月20日之前根据集团总部审定的人员编制和行政费用预算总额，对下一年度本地区公司各职能部门和项目公司的人员编制和行政费用预算计划进行调整，并报送地区公司经营班子及集团领导审核。审核后于12月30日之前报集团总部备案。

第七条：各单位年度预算计划预留总额的1%作为不可预见费用。

根据业务需要，部门/公司经理一级员工的私车，经主管副总、总经理审阅，根据预算，报集团总部审批，备案后，可实行私车公用，标准列入年度预算计划。

第八条：行政费用预算年中调整。

集团总部各部门、地区公司各部门、各项目公司根据实际业务需要，于每年6月10日前提出行政费用预算调整意见（附相关依据）。

地区公司经营班子对行政费用年中预算调整意见进行会审。

第九条：地区公司于每年6月20日前将本地区公司行政费用预算年中调整意见报送集团总部会审。

集团总经理办公室合并集团职能部门年中调整意见，一并报送集团总部会审。

行政费用预算年中调整计划的编制及其会审、审批，参照年度预算计划执行。

第十条：各单位编制预算方案，应使用统一表格。

二、执行

第一条：经集团批准的人员编制计划具有绝对执行力。

在年度行政费用预算计划执行期间内，若在经集团批准的人员编制计划内到位新员工，则可以按到位新员工的人数和级别增加行政费用预算。增加部分报集团总部备案，不以预算外行政费用处理。

第二条：各行政费用使用单位控制职责

集团总部部门、地区公司和地区公司各部门、项目公司对各自经批准的《行政费用预算申请审批表》所列项目负控制职责。

总经理、分管行政副总经理对全集团行政费用负总控制职责。

第三条：计划内行政费用报销审批

（1）项目公司行政费用开支，经项目公司经理审批，项目公司财务部审核。

（2）项目公司第一负责人的行政费用开支，由管线老总审批，项目公司财务部审核。

（3）地区公司各部门行政费用开支，由部门第一负责人审批，本地区公司财务部审核。

（4）地区公司部门第一负责人的行政费用开支，由管线老总审批，本地区公司财务部审核。

（5）集团总部各部门行政费用开支，由部门第一负责人审批，集团总部财务管理部审核。

（6）集团总部各部门第一负责人的行政费用开支，由管线老总审批，集团总部财务管理部审核。

（7）集团副总经理、总经理助理费用由总经理审批，总经理费用由集团董事会审批，集团总部所在地区公司财务部审核。

（8）地区公司副总经理、总经理助理费用由总经理审批，本地区公司财务部审核；地区公司总经理费用的报销，地区公司设董事长的，由董事长审批，不设董事长的，由财务副总经理签名，本地区公司财务部审核。

（9）在编人员的工资、保险必须控制在人工成本预算总额范围内。

（10）外派人员的外派补贴待遇按相关规定报总部审批备案后方可执行。

（11）工资控制由集团人力资源部/地区公司行政人事部负责，人力资源部/行政人事部按批准的人员及工资标准通知财务部执行，财务部要根据经行政人事部审核的考勤表计算工资并发放。

（12）过节费、降温补贴，年终双薪由集团人力资源部/地区公司行政人事部负责，要根据预算通知财务部执行。

（13）养老保险（含公积金）的缴费基数、费率原则上以当地政府公布的最低平均工资为标准，按级别计算缴纳。不允许出现个人在集团内部多头缴纳的现象。

第四条：行政费用范围内未列入预算计划的项目，属于急事特办的，须按以下程序报批，方可据实报销，并作为预算内支出处理。

（1）金额在2000元以下的，由经办人提交报告，经本单位负责人审批，地区财务部审核；

（2）金额在2000元以上的，由经办人提交报告，经本单位负责人、地区分管副总经理审批；

（3）计划外累计费用总额在年度预算额的3%范围内，须经地区行政副总经理、总经理审批；

（4）计划外累计费用总额超过年度预算额的3%，须经本部常务副总经理审批，超10%者，总经理加批。

第五条：行政费用实行事前控制与事后监控相结合。

事前控制：属不能单项超标的业务费、交通费及落实到特定人的邮电费、车辆费等项费用根据本办法第三条的规定报销审批的，在地区公司/项目公司财务部审核前，需经所属公司指定的部门登记，超过当月预算的原则上不予签字报销。

事后监控：地区公司/项目公司财务部每月汇总本地区公司各单位/项目公司行政费用，以做事后监控。

第六条：预算期内行政费用已实际超支，在预算计划尚未作出调整之前，原则上不允许超支单位再行发生行政费用，确因工作需要，超支单位应按本办法第四条所规定审批权限报批，方可据实报销。

第七条：各项行政费用的报销时间截止至当年的12月31日，逾期报销，费用计入下一年度。

三、监控

第一条：各项目公司每月定期分别向本地区公司财务部报送行政费用执行情况报表；地区公司财务部每月定期向驻本地区公司审计专员（不设审计专员的报集团审计部）和集团财务管理部报送行政费用执行情况报表；集团财务管理部每月向集团主管财务副总经理报送集团行政费用执行情况报表。

第二条：集团公司监事会每季度定期对各地区公司、集团总部部门行政费用预算执行情况进行审计。

对审计发现的预算季度累计超支10%的，审计部向超支单位发《预警通知书》；

对行政费用情况报表显示行政费用超预算的单位，审计部及时进行审计，查明情况。

第三条：行政费用预算执行的超额和节支情况与考核挂钩，作为奖金发放的考核标准之一。

四、账务处理

第一条：各级财务部门根据实际情况需要，在会计核算制度规定的范围内设置科目，对各部门（包括集团董事会、监事会、集团领导、地区公司领导）的各项行政费用进行登记。

第二条：行政费用的会计账务处理，按本规定执行。

五、奖惩规定

第一条：基本规定

（1）本规定分为奖励和处罚两部分，奖励分为通报表扬和物质奖励，处罚分为警告、记过、降级、辞退；

（2）一年内受到两次警告者作记小过一次处理，一年内受到两次记小过者作记大过一次处理，以此类推；

（3）主管级以下员工的降级处罚按降低一级工资处理；

（4）对出现工作失职但拒不接受本处罚规定的，经公司查实后予以辞退处理；

（5）凡员工当月奖金不足以扣罚时以扣除当月全部奖金处理，不再累计到下月执行；

（6）造成公司经济、信誉严重损失或其他严重损害公司利益的行为，除按制度辞退外，公司保留追究其经济或法律责任。

第二条：奖励规定

（1）通报表扬

1）严格执行预算管理规定，并积极反馈执行情况，提出合理化建议的；

2）发现预算管理执行过程中存在不足，避免可能给我司造成损失五千元以下的。

（2）物质奖励

对以下单位或个人，除给予通报表扬外一并给予物质奖励。

发现预算管理中存在漏报项，或预算执行过程中的违章行为（如暗箱操作等）及时向监事会反映，举报属实，避免对公司造成损失五千元至三万元的，增发当月奖金50%；避免对公司造成损失三万元至五万元的，增发当月奖金100%；避免对公司造成损失五万元至十万元的，增发当月奖金100%及年度奖金50%；避免对公司造成损失十万元以上的，增发当月及年度奖金100%，同时晋升工资一级。

第三条：处罚规定

凡因工作失职发生如下情形之一者，根据情节轻重给予处分。

（1）警告

凡因失职发生以下情形之一，对第一责任人给予警告处分：

1）各部门、项目公司不按规定按时报送预算报表，逾期在一个工作日内，且无正当理由的；

2）各部门、项目公司报送预算报表中存在个别过错但情节较轻微者。

（2）记过和降级

凡因失职发生以下情形之一，且造成或可能造成公司损失五千元至三万元者，对第一责任人处以记小过处分，扣发当月奖金50%；造成或可能造成公司损失三万元至五万元者，对第一责任人处以记大过处分，扣发当月奖金100%；造成或可能造成公司损失五万元至十万元者，对第一责任人给予降低行政级别一级处理，扣发当月奖金100%及年度奖金50%。

1）各部门、项目公司因做行政预算时漏报或有意多报，导致公司损失的；

2）各级行政预算审核人未能履行其审批职责，导致公司损失的；

3）挪用行政费用导致公司损失的；

4）地区公司因超编导致公司损失的；

5）其他未按本规定执行，而造成损失的。

（3）辞退

凡因失职发生以下情形之一者且造成或将造成公司直接损失达十万元以上者，对第一责任人可给予辞退处理，或扣发当月奖金及年终奖金，公司保留追讨有关经济损失或提请司法机关追究刑事责任的权利。

1）各部门、项目公司因做行政预算时漏报或有意多报，导致公司损失的；

2）各级行政预算审核人未能履行其审批职责，导致公司损失的；

3）挪用行政费用导致公司损失的；

4）地区公司因超编导致公司损失的；

5）任何有账外经营或其他对公司利益造成严重损害的。

第四条：奖罚程序

（1）当事人或责任人为地区公司人员的，不管其职位高低，均由集团监事会作出处理决定，由地区公司行政人事部进行奖惩；

（2）当事人或责任人是集团总部人员的，不管其职位高低，均由集团监事会作出处理决定，由集团总经理办公室进行奖惩。

第五条：责任人说明

“第一责任人”指事项的经办部门、项目负责人；

“第二责任人”指事项的经办人及主管，其奖惩按“第一责任人”降低一个档次（如是最低档则不必再降）。

“第三责任人”指地区公司的分管副总经理、财务老总及最后审批人，其奖惩按“第二责任人”降低一个档次（如是最低档则不必再降）。

第九章

奖惩管理规范化范本

一、总则

第一条：为建立良好的奖罚机制，对工作突出、有特别贡献的员工给予奖励，对损害公司利益及给公司带来不良影响的行为给予处罚，使奖罚分明，以达到正确引导员工工作方式及行为的目的，特制订本管理规定。

第二条：本管理规定是制订集团其他管理规定中奖惩细则的基础，如其他奖惩细则与本规定有冲突的，以本规定为准。

第三条：奖惩包括年度创新奖励、行政奖励、行政处罚、物质奖励及经济处罚等内容。

二、奖励规定

1.年度创新奖励

第一条：为鼓励创新以促进集团的不断完善，集团设立年度创新奖，对取得实际效益的创新方案进行奖励。

第二条：创新指在公司管理、销售、工程等方面对于制度、工作流程、工作方法等提出改进建议和方案并能在实际工作中予以实施。

第三条：为有效开展年度创新奖的评审工作，特成立创新奖励评审委员会，主持者：主任、总经理；成员：副总经理及特聘专家；秘书：集团总部总经理办公室主任。

创新方案经评审委员会审议后，报董事会审定。

第四条：公司设立额度为30万元/年的创新奖励基金，作为年度创新奖的专项基金，奖励等级与额度为：一等奖10万元人民币；二等奖5万元人民币；三等奖2万元人民币。

第五条：每年12月中旬由集团总部各部门和地区公司各部门/下属公司汇总本单位年度创新项目，填写《年度创新奖申报与评审表》并附相关证明材料，提交3项供创新奖励评审委员会评审。如获创新奖励评审委员会评审通过并经董事会审定后，可获得年度创新奖，奖励项目数不定（可缺省），奖励总额不超过年度奖励基金数额。

第六条：创新项目可以以个人名义提出，也可以以包括所有参与人的工作小组名义提出。

2.行政奖励

第七条：行政奖励分为通报表扬、嘉奖、记小功、记大功。

第八条：获三次通报表扬者予以一次嘉奖，嘉奖三次予以记一小功，记三次小功予以记一大功，记二次大功给予特别加薪（工资上浮30%）。

第九条：凡符合下列条件之一者，公司给予通报表扬的奖励：
1）在本部门或本项目公司月度绩效考核连续三次或年度累计五次获第一名者；
2）严格控制费用，节省开支10%以上的部门/项目公司；
3）严格执行预算管理规定，并积极反馈执行情况，提出合理化建议的；
4）发现预算管理执行过程中存在的不足，避免可能给公司造成损失；
5）为公司树立良好形象，提高公司知名度，总经理办公室（总部）/行政人事部（地区公司）认定应予表扬者。
第十条：凡符合下列条件之一者，公司给予嘉奖的奖励：
1）在地区公司组织或参与的各类竞赛中名列前三名者；
2）在工作中表现突出，取得优良业绩者；
3）工作尽责尽职，忠于职守，起表率作用者；
4）提出合理化建议，经实施取得一定效果者；
5）发现事故苗头，及时采取措施，防止事故发生者；
6）努力树立公司良好形象，在市级以上新闻报刊、电视、电台宣传本集团的人和事的报道经采用者；
7）集团、地区公司、下属公司各部门会同地区公司行政人事部门认定应予嘉奖者。
第十一条:凡符合下列条件之一者，公司给予记小功的奖励：
1）在社会活动中，积极维护或提高公司形象，为公司赢得声誉者；
2）在本部门或本项目公司当年年度考核分数为第一名者；
3）提出合理化建议，经实施后年增加收入或减少支出1万元以上者；
4）为保护集团、公司财产和顾客生命财产安全，见义勇为者；
5）发现事故苗头，及时采取措施，防止较大事故发生者；
6）集团或地区领导认定应予以记小功者。
第十二条：凡符合下列条件之一者，公司给予记大功的奖励：
1）在社会活动中，为公司赢得重大荣誉的主要人员；
2）见义勇为，抢救国家财产和集团、公司财产，被市级公安机关表彰者；
3）提出合理化建议，经实施后年增加收入或减少支出10万元以上者；
4）及时发现并向管理层提出公司经营过程中存在的重大问题，避免或减少公司损失者；
5）发现事故苗头，及时采取措施，防止重大事故发生者；
6）集团总部领导认定应予记大功者。
第十三条：除上述行为外，凡有其他对公司有较大贡献的行为，由集团总部总经理办公室核实后报集团领导确定奖励标准。

3.物质奖励

第十四条：奖励额度：嘉奖一次给予200元的奖励，记小功一次给予600元的奖励，记大功一次给予1800元的奖励。
第十五条：发现预算管理中存在漏报项，或预算执行过程中的违章行为（如暗箱操作等）及时向监事会反映，查实的，按照避免损失的数额增发奖金，参见如下表：

避免损失/元	当事人增发奖金
$5000 < \alpha \leq 30000$	当月奖金50%
$30000 < \alpha \leq 50000$	当月奖金100%
$50000 < \alpha \leq 100000$	当月奖金100%及年度奖金50%
$100000 < \alpha$	当月及年度奖金100%，晋升工资一级

注：α为当事人为公司避免的经济损失。

三、惩罚规定

1.行政处罚

第一条：分类：通报批评、警告、记小过、记大过、停职检查、解雇。

第二条：处罚规定：

1）通报批评三次者作警告一次处理，警告三次作记小过一次处理，记小过二次者作记大过一次处理，记二次大过者将给予解雇；

2）主管级以下员工的降级处罚按降低一级工资处理。

第三条：有下列行为之一者，给予通报批评：

1）工作迟延，无正当理由未按照制度或工作计划完成工作者；

2）在责任范围内未能及时发现问题，尚未造成不良后果者；

3）无故延迟2天报出各类文件、工作报表的单位和责任人；

4）丢失各类文件、工作报表尚未造成损失的单位和责任人；

5）未经用章审批程序审核用章，尚未对公司造成损失者；

6）司机公车私用或值班时无故缺席者；

7）违反电脑管理规定，情节轻微者；

8）违反公司其他管理制度或工作程序，尚未造成损失者；

9）有损公司形象，情节轻微者；

10）其他在工作中存在差错但情节较轻微及制度中规定应予以通报批评者。

第四条：有下列行为之一者，给予警告处分：

1）在本部门或本项目公司月度考核连续三次排列最后者；

2）对上司及客户有不礼貌行为，引起投诉者；

3）一个月内三次以上因工作迟延，无正当理由未按管理制度或工作计划完成工作者；

4）当天上班时间擅离工作岗位而无合理解释者；

5）无故不参加公司或部门会议者；

6）由于保管不慎，损毁档案资料者；

7）丢失各类文件、工作报表造成损失的单位和责任人；

8）不按公文管理规定擅自发文的单位负责人；

9）违反公司管理制度或工作程序，造成损失1000元以下者；

10）其他违反公司制度、有损公司形象、妨碍工作秩序但情节较轻微者。

第五条：有下列行为之一者，给予记小过处分：

1）办事不力，推诿拖延，引起投诉或直接影响正常工作进度者；

2）捏造请假理由或伪造病假单者；

3）请假未经批准、私自离开工作岗位2天者；

4）未经许可，私自出借公司财物者；

5）私自动用或损坏消防及安全设备者；

6）泄露公司秘密，已经采取补救措施或尚未造成严重后果者；

7）工作不负责任，浪费公司财物5000元以下者；

8）违反公司管理制度或工作程序，造成损失1000元~5000元者；

9）其他违反公司制度、有损公司形象、妨碍工作秩序情节较严重者。

第六条：有下列行为之一者，给予记大过处分：

1）造谣惑众，挑拨是非，影响公司正常管理秩序者；

2）工作不负责任，浪费公司财物，金额在5000元~10000元者；

3）违反公司管理制度或工作程序，造成损失5000元以上者；

4）贿赂公司管理人员以达到不可告人之目的者；

5）未经许可，在工作时间内受雇其他公司者；

6）其他严重违反公司制度、影响公司声誉，对公司利益造成严重损害者。

第七条：以下任何一种情况，公司有权对员工作出停职处理，在停职期间，员工不享受公司一切福利待遇及薪金：

1）无正当理由拒绝接受公司指定的身体检查、诊治或防疫注射者；

2）违反刑律或治安条例接受调查者；

3）做出不利于公司或同事的行为，造成严重后果接受调查，等待是否给予解雇处理者。

第八条：有下列行为者，可无须预先告知而给予解雇，公司保留追究有关经济损失或提请司法机关追究刑事责任的权利：

1）各类触犯刑律者；

2）二次或一年内记小过三次者；

3）贪污、受贿、挪用公款者；

4）故意或过失泄露公司秘密，造成严重后果或重大经济损失者；

5）玩忽职守情节严重，造成损失10000元以上者；

6）擅用公司名义在外招摇撞骗或从事其他有损公司利益、声誉之行为者；

7）造谣惑众，挑拨是非或唆使他人怠工、罢工，情节严重者；

8）利用社会不良分子解决公司内部问题者；

9）在公司有打架行为之双方（正当防卫者除外）；

10）对公司职员及其家属实施威胁、暴行或有侮辱之行为者；

11）窃取公司财物者；

12）故意损坏公司设备、工具、原材料及重要文件者；

13）遇非常事变，借故躲避，致使公司财物蒙受损失者；

14）未得预先准许而缺勤3天以上，或经常迟到早退，经批评教育无悔改之意者；

15）向公司或上司提供虚假证明或资料，有欺骗或严重不诚实行为者；

16）服务态度恶劣，损害客户利益影响公司声誉者；

17）蓄意违抗公司或上司的合理安排或调遣，不服从工作分配或恶意顶撞上司者；

18）泄露、窃取公司机密资料者；

19）为他人窃取、刺探、收买或违章提供秘密者；

20）因做行政费用预算时漏报或有意多报，导致公司损失的部门/项目公司第一负责人；

21）未能履行审批职责，导致公司损失的各级行政费用预算审核人；

22）挪用行政费用或地区公司超编导致公司损失的单位第一负责人；

23）任何有账外经营或对公司利益造成严重损害的单位第一负责人；

24）对出现工作失职但拒不接受本处罚规定的，经公司查实者；

25）三次以上违反公司管理制度或工作程序，造成公司经济、信誉损失者。

第九条：违反公司管理制度，以权谋私或给公司、他人造成损失的，由总经理办公室/行政人事部（地区公司）查实后，报总经理办公会议或董事会确定处罚标准。

第十条：除上述行为外，凡有其他违反公司规章制度、造成公司损失或影响公司声誉极其严重的行为者，由总经理办公室/行政人事部（地区公司）查实后，报总经理办公会议或董事会确定处罚标准。

第十一条：除在奖惩实施细则中规定的行为外，凡有其他违反公司规章制度、造成公司损失或影响公司声誉极其严重的行为者，由总经理办公室查实后，报总经理办公会议确定处罚标准。

2.经济处罚

第十二条：对给公司造成经济损失的员工处以一定经济处罚，并以示警戒。

第十三条：济处罚的对象为给公司造成经济损失的第一责任人、第二责任人及第三责任人。

第十四条：处罚额度：警告一次扣100元~200元，记小过一次扣200元~600元，记大过一次扣600元~1200元。

第十五条：按照造成损失的数额，相应的经济处罚额度如下表：

经济损失/元	第一责任人	第二责任人	第三责任人
5000<α≤30000	当月奖金50%	当月奖金50%	当月奖金50%
30000<α≤50000	当月奖金100%	当月奖金50%	当月奖金50%
50000<α≤100000	当月奖金100%，年度奖金50%	当月奖金100%	当月奖金50%
100000<α	当月奖金100%及年度奖金100%	当月奖金100%，年度奖金50%	当月奖金100%

注：α为当事人给公司造成或将造成的经济损失。

第十六条：凡员工当月奖金不足以扣罚时以扣除当月全部奖金处理，不再累计到下月执行。

四、奖惩权限

第一条：无论奖、惩，均须按照奖惩审批权限进行审批后才可执行。

第二条：员工的通报表扬、嘉奖由总经理办公室（总部）/行政人事部（地区公司）批准。地区公司员工记小功由地区公司行政人事部报行政副总经理批准，记大功须由地区公司总经理最后批准。集团总部员工或集团总部任命的地区公司员工的记小功由总经理办公室报常务副总经理批准，记大功须由总经理最后批准。

第三条：地区公司员工的通报批评、警告及记小过由地区公司行政人事部报行政副总经理批准，记大过须由地区公司总经理最后批准。集团总部员工或集团总部任命的地区公司员工的通报批评、警告及记小过由总经理办公室报常务副总经理批准，记大过须由总经理最后批准。

第四条：员工的经济处罚均应按照记大过的审批权限进行审批。

五、奖惩程序

第一条：奖惩由同事、主管或总经理办公室（总部）/行政人事部（地区公司）依据上述办法提出建议（经济处罚须分别落实第一责任人、第二责任人及第三责任人）并填写《奖惩审批表》。

第二条：《奖惩审批表》由总经理办公室（总部）/行政人事部（地区公司）根据上报资料查实后签署，按本规定奖惩级次、权限报相关领导审批后执行。

第三条：由总经理办公室（总部）/行政人事部（地区公司）每月底前将奖惩单交财务部，由财务部负责在当月执行。

六、奖惩管理与监督

第一条：无论奖惩，均应在公司范围内通报，并存入个人档案。

第二条：员工对于奖惩处理结果可以提出异议，并可提交上一级管理人员（机构）进行裁决。

第三条：总经理办公室可对各地区公司的奖惩执行情况进行不定期抽查。并可对投诉情况进行调查。对于未有充足理由即对员工实行奖惩决定的，可责成修改决定并消除影响，可视情况对作出决定的责任人给予警告至记小过的处罚。

第四条：特殊情况的奖惩，可由总经理办公会商讨后决定。

七、附则

第一条：对于本管理规定所未规定的事项，由总部总经理办公室依照其他管理制度执行，必要时可进行补充规定。

第二条：监事会人员参照本管理规定执行，如有特殊情况，由监事会另行规定。

第三条：本管理规定由总部总经理办公室负责解释，员工对本管理规定产生异议时，可由总经理办公室进一步做出书面说明。

第四条：原则上总经理办公室每年对本管理规定进行修正，确保管理规定的适应性和有效性。

第十二模块 Module Twelve

房地产企业财务管理

第十二模块思考

财务管理的核心工作都是与钱、资产打交道。房地产开发是一个涉及财务工作非常频繁的行业。加强财务管理的目的就是让资产及现金能安全、有效地得到保管和使用。所以，财务管理的制度制定要细致入微，同时要力保执行过程中不能出现任何偏差。

第一章

房地产企业财务管理的内容

一、房地产财务管理的原则

利益最大化原则：企业整体利益最大化（或企业利润最大化）。

成本最小化原则：企业运营资金总成本最小化，促进企业内外资金充分合理流动，提高奖金使用效益、效率。

财务可控性原则：企业财务具有可控性，促进财务管理与企业总体战略和规划目标相吻合，通过必要的财务手段鼓励、支持、扶植、限制、禁止下属企业财务行为，使其运作在预定的发展轨道上。

规范化原则：规范会计核算工作，统一管理各项资金，正确、及时、完整地反映公司财务状况和经营成果，提高公司经济效益。建立、健全公司内部财务管理制度，做好财务管理基础工作，如实反映企业财务状况，依法计算和缴纳国家税收，保证股东权益不受侵犯。其基本任务是，做好财务收支的计划、控制、核算、分析和考核工作，筹措资金、有效运用资金，提高企业效益。

二、如何构建房地产企业财务管理体系

1. 构建财务核算的体系平台，从管理角度重新梳理财务会计核算基础规范和业务流程，以标准、统一的财务数据为管理需求提供数据分析基础。

2. 建立管理会计系统，通过管理报告全面及时地向管理者分析企业经营状况，实现管理信息动态收集和深入分析，为管理决策提供有效支持。

3. 以全面预算管理为核心手段，实现战略目标的有效分解和战略实施反馈，实现对房地产开发项目全过程资金和成本监控，实现对二级项目公司及各职能部门重要经营和业务活动的预测、控制、反馈、修正动态循环，并与部门绩效考核紧密联系起来。

4. 建立统一明确的业务授权制度，平衡各层管理者的权力与责任，明确规定各项业务的执行程序，提高管理的规范化，降低运营风险。

5. 完善资金管理系统，实现资金集中统一监控与管理，提高资金效率，降低资金风险，利用资金有效控制实现对房地产企业整体的风险控制。

6. 实现财务管理和房地产开发业务的信息一体化集成，充分借助信息化手段，提高财务管理的效率，进而完善内外部信息共享平台，实现在共享平台上的动态决策和动态管理。

7. 财务管理体系还需与包括人力资源管理体系、战略管理体系、绩效管理体系在内的企业其他管理系统进行不断整合，形成有机的整体管理系统，最终达到房地产企业在平衡有效配置企业资源基础上的持续发展。构建并完善财务管理体系其意义在于：促进核算型财务向管理型财务转变，使财务管理成为企业管理的核心手段之一；为保障房地产企业发展战略的实现，提供了有效实施操作手段；为房地产企业提供了一个系统性的财务管理体系解决方案，使房地产企业财务管理系统能够为高层决策者提供充足的管理决策信息；强化了房地产企业风险控制，能够有效降低企业运营风险。

三、构建房地产企业财务管理体系的实施策略

1.建立和完善业务授权制度

房地产行业是投入高、周期长和风险高的行业，控制风险是财务管理体系需达到的首要目标。作为风险控制手段的载体，内部控制体系的建立与完善是房地产企业长期良性运行的有效保证。企业完整的内部控制体系内容包括控制环境、风险评估、控制活动、信息与沟通、监控五个要素，房地产企业应将业务授权制度的建立与完善作为强化内部控制体系的重点，因为它将贯穿于控制活动、信息与沟通和监控全过程，与业务流程紧密结合，直接影响企业管理控制方式和控制程度。

2.完善财务核算体系

（1）根据管理需求重新设计和调整会计单据

目前房地产企业采用的会计单据反映的信息量小，难以提供管理控制所必需的信息，因而应进行重新设计，将诸如合同管理信息、预算控制信息、授权审批信息等内容包括在单据之中，通过单据及时记录业务的重要内容，为管理者提供审批依据和决策支持，也便于利用会计信息系统收集和积累管理信息。

（2）设置科目

首先，根据《会计制度》的要求，调整并完善原先依据《房地产企业会计制度》规定设置的一级科目。

其次，根据管理控制要求，科学设置二级以下的会计科目。例如在开发产品科目中尽可能细化核算对象，保证按产品名称或楼号进行开发产品的归集；在开发成本和销售收入科目中，根据产品或楼号设置土地费用及下级明细科目、前期费用及下级明细科目等各项开发成本费用项目，细化成本对象，以便于房地产企业实现不同产品的盈利能力。

最后，会计科目设置与全面预算管理结合起来。需要按照组织结构的特点实现收入、成本、费用类等损益科目和部分重点资产负债科目按部门进行数据归集。

（3）统一会计核算程序和规则

各个会计主体的会计科目设置要保持统一，在此基础上可以增加适当的灵活性；各个会计主体的会计单据格式、种类和使用要保持统一；各个会计主体的财务数据记录和归集程序、账务处理程序、结账与会计报表编制和上报程序、报表汇总与合并程序要保持统一。

3.建立管理会计系统

建立管理会计系统包括设立责任中心和设置管理会计报告体系。

（1）设立责任中心

房地产企业的责任中心，是指按照管理目标，根据各职能部门、项目公司、项目部等组织单元承担的职责，分别确定的成本中心和利润中心。责任中心管理是按照每个责任中心的职责分别制定其绩效考核标准，并通过责任中心绩效报告的形式动态反映各责任中心每月、每季度和年度业务执行情况，进而能够对各责任中心的业绩进行客观评价。

（2）设置管理会计报告体系

房地产企业管理会计报告，需要向管理层及时反馈销售/预售收入和进度、项目开发成本、项目管理成本、综合效益等信息，支持管理层的经营决策行为。房地产企业管理会计报告，可包括项目公司及其他二级房地产企业单体管理报告、房地产企业母公司综合管理报告两个体系层次，每个层次报告体系均包括多个分报告或分报表。

4.建立全面预算管理体系

房地产企业的全面预算管理包括：全面预算模式、预算的编制与执行、预算的考核与分析。

（1）全面预算模式

根据房地产企业特点，建议采用以项目预算与资金预算为基础的企业年度责任预算管理模式。项目预算是房地产企业以开发项目作为预算对象，对项目建设中将会发生的前期可行性研究费用、规划设计费用、工程开发成本、开发间接费用、经营收入、借款计划等内容进行的整体预算。资金预算是指房地产企业的母公司在对各责任中心的年度资金需求和使用计划进行汇总后，根据整体资金状况，对企业资金的整体协调运作所制订的年度规划。年度责任预算是指房地产企业在确定各层次责任中心的基础上，将整体计划与目标层层分解至各责任中心，各责任中心作为企业总体预算的具体执行单位，负责编制、组织、汇总和完成本责任中心的年度项目预算及资金预算，从而保证公司预算总目标得以实现的一种预算管理模式。每个责任中心通过建立责任中心预算报表体系，及时将实际经营信息向上一级责任中心反馈，以此实现预算执行的跟踪与控制。

（2）预算的编制与执行

房地产企业全面预算的编制过程，需要上下互动，反复沟通。预算的执行控制工作主体首先是各个责任中心的负责人，他们需要严格按照预算控制实际业务。房地产企业预算执行控制需要与业务授权体系的内容紧密结合起来，如果某项实际业务是预算范围内的业务，则可按照正常的审批程序进行；如果该业务是属于预算外的业务，则需要按特定程序报至房地产企业最高决策层审批，并说明理由。这样，能够有效地控制预算外支出，增强企业的控制能力。

（3）预算的考核与分析

房地产企业的预算考核与分析的总原则是月度分析、季度考核、年度总评，这是指：每个月各责任中心均要对各自预算的执行情况进行分析，由房地产企业母公司进行汇总和分析，召开月度分析会议并查找出现的问题及原因。每季度按各责任中心该季度累计的预算实际执行情况，根据设定的绩效指标对其业绩进行考核，再与激励和薪酬制度结合起来。每年度终了房地产企业需对全年的预算执行情况进行整体分析，总结主要的问题，并制定和修正下年度的经营目标，指导下年度预算编制和责任中心预算目标的分解。

5.完善资金管理系统

房地产企业资金管理系统，首先，应将资金管理纳入全面预算管理体系，通过与项目预算和责任中心预算相结合的资金预算，可以实现对资金需求较准确的预测与动态调度，从而降低资金成本，提高资金使用效率；通过对资金预算实际执行情况的分析，对房地产企业的资金使用进行及时反馈和修正。

其次，建立适应企业规模的资金控制模式。大型房地产企业，二级项目开发公司众多，会计主体数量较大，适应资金调度中心模式；中小型房地产企业，则可选用资金监控模式。

四、房地产企业财务机构设置

1. 集团母公司级

（1）设立与财务活动有关的部门，如财务部、审计部、融资部、投资部、财务结算中心、财务公司。

（2）一些财务机构可以合署办公，如财务部与财务结算中心。

（3）财务机构由公司财务副总经理统一分管负责。

（4）主要应用于跨区域发展的大型房地产开发企业，该类集团企业业务结构复杂，属下既有直接子公司，也有分公司、合资投资公司等。

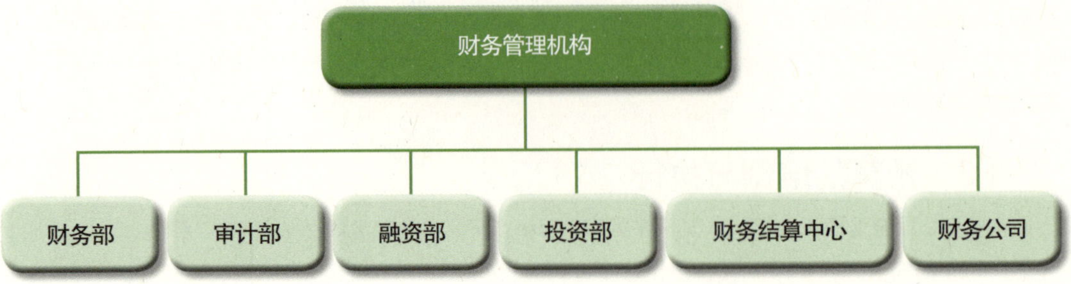

2. 子公司级

（1）子公司一般仅设置财务部。对较大规模的子公司还可增设审计部、地区性结算中心。

（2）对规模较小的子公司不单独设立财务机构，仅设立不少于2名的财务岗位，附设于公司行政部（秘书处）。

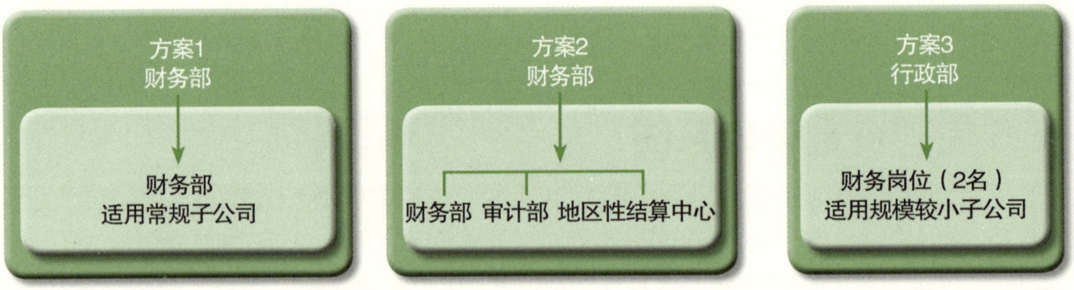

3. 分公司、项目级

（1）分支机构可以设立财务部，主要侧重核算和成本控制。

（2）分支机构亦可由上级公司总部财务部单独立账，进行内部核算。

4. 关联企业、协作企业

参照核心企业财务规章制度设置财务机构。

第二章

房地产企业的预算管理

一、房地产预算管理的内容

预算管理是从企业全局出发对企业目标进行综合计划，使企业各项经营目标具体化，其有助于企业员工认识企业目标和自我工作任务，明确日后工作方向；有助于协调内部各职能部门的工作，保证各部门工作目标和企业总体经营目标的根本一致；通过对预算实施结果的分析、纠正，可以起到控制、管理企业生产经营，以及考核企业业绩的作用，保证企业整体经营目标的实现，故此全面预算管理制度已经成为当前现代房地产企业管理制度建设的重要组成部分。

1. 预算控制

预算是使用广泛的有效控制工具，是货币化的计划。企业每个部门都要编制预算，并尽可能毫无遗漏地覆盖所有企业活动。

（1）企业应实行全面预算管理制度，明确预算范围、内容、职责；

（2）预算编制一般自上而下或上下结合磋商而定，经汇总协调后审批下达执行；

（3）在预算控制中，有关实际绩效数据由财会人员定期收集、整理，并就偏差作出真实原因解释或提出校正建议，最后反馈给有关管理者。

2. 主要预算内容

（1）销售预算。根据企业目标利润规划和市场情况编制，具体可分产品类别，按销售额、销售税金、销售成本、销售利润分类。

（2）工程预算。考虑期初、期末存货水平，按单位或总量施工要素消耗量计算，包括材料消耗、直接人工和制造费用等预算。

（3）期间费用预算。根据经营规模、销售水平和负债状况编制，包括管理费用、销售费用和财务费用预算。

（4）营运资金预算。主要反映与公司正常营运有关的短期收入与支出。

收入预算 ➡	现期收入，收回前期应收款项和票据，需筹措短期资金等
支出预算 ➡	需支付的材料款、工资、费用、税捐、应付款、借款和利息、资本支出等

（5）资本预算。反映公司负债、权益的预期变动和增加资本的投向，按筹资及投资两个内容进行可行性分析，并详细反映。

（6）损益分配预算。反映公司在预算期的利益总额及其分配情况，依据企业销售、成本、费用、投资以及营业外收支情况，结合公司收益分配办法编制。

（7）财务状况预算。反映在预算期末，企业各有关资产、负债及权益项目的预算执行结果及变动情况，所以预算覆盖销售、成本、费用、损益、现金流量、长期投资等财务领域。

二、房地产预算管理的原则

原则一：及时调整

对于大多数新成立的土地开发企业，既无现成的预算管理方法可取，又缺乏编制预算所需的历史同期可比数据，加之公司土地开发业务受国家土地、动迁、农民安置、税收、财政等政策影响较大，且上述相关政策尚处于调整阶段，这些都影响了公司全面预算编制的准确性，增加了预算执行和考核的难度。

所以，房地产企业执行全面预算管理不能一成不变，应适时对预算进行定期检查，如果情况已经发生重大变化，理应及时调整预算或重新制定预算，以达到预期的目标。比如，房地产企业开发成本预算通常应随国家土地政策、动迁政策、安置政策及收费标准等变化，及时调整开发成本预算中的土地成本、前期工程费、基础设施费、配套设施费等。

原则二：抓大放小

当前不少企业认为，预算作为一种管理控制的手段，应该越细越好，故在执行全面预算制度时，对企业未来经营的每一个细节都作出细致的规定。但是，如果预算对极细微的支出也作琐碎的规定，势必影响企业各职能部门的主动性和应有的灵活性，不可避免地会影响企业的运营效率。

所以，企业不仅在具体编制各项预算时，应从成本效益和重要性考虑，酌定实际预算的详细程度，而且在日后调整和考核分析预算结果时也应考虑以上两个原则。比如，随着地块开发的深入及开发规划的修改、不可预计事项的发生都会改变区域开发成本，所以只有当其单位经营成本发生重大差异时（如4%以上）才需向集团公司提出预算修正申请。

三、房地产预算管理的重点

1. 开发成本预算

通常企业的全面预算包括销售预算、生产预算、直接材料预算、直接人工预算、销售及管理费用预算等经营预算，以及投资预算、资金预算、预计利润表、预计资产负债表等财务预算。

开发成本由于其投资金额巨大，不可控成本较多，且直接影响企业经营目标的实现，故加强房地产企业开发成本管理尤其重要。但由于其施工时间长、不可预见成本较大，往往某一项目资金回笼缓慢，会引起连锁反应，因此我们应结合房地产企业投资回报率高，现金流量大的特点，充分揭示成本问题，分析具体产生原因及寻找有效可行的解决方法。

2. 费用预算及现金流量预算

在企业诸多预算项目中绝大多数付现费用如工资、办公费、差旅费、广告宣传费、交际应酬费等，虽然受本年经营情况影响较大，但其大多数费用项目均属企业可控或可预见范围，集团公司也因此将管理费用的考核作为本年度公司考核的主要指标。所以，我们认为，为了发挥预算的事前计划、事中控制、事后考核分析的作用，创业初期的房地产企业应将费用预算管理作为全面预算管理的重点，通过采用费用总额限制的控制办法，以利于节约公司费用和体现公司经营业绩。

众所周知，房地产企业开发资金需求量大、周转期长，保持合理、充足的现金流量是企业管理者的主要经营目标，故现金流量预算无疑成为房地产企业预算管理的重中之重。

3. 集团公司的预算

对母公司、分公司，全资、控股子公司，主要是成本、费用、收支状态的预算和控制；对参股子公司、关联企业主要是资本、负债、长期投资方面的预算；对整个企业群体以资金流量、流向的预算和集中调度、平衡为中心。

四、房地产预算管理的策略

策略一：预算编制宜采用从公司内部自上而下、自下而上、上下结合的编制方法

先由高层管理者提出企业总目标和各管理中心分目标；各管理中心根据分目标制定本中心的预算草案，呈报预算管理小组；由预算管理小组通过综合平衡审批后，成为正式预算下达执行。

策略二：完善企业全面预算管理的制度建设

主要包括明确各中心的权责、界定预算目标、编制预算、汇总、复核与审批、预算执行与控制管理、业绩报告及差异分析、预算指标考评。

策略三：确定企业的预算编制方法及要求

各中心按季、年度目标，每月编制本月预算计划；公司正式下达执行的预算，一般不作调整，在企业内部即具有“法律效力”；任何预算不可以跨月使用，如遇特殊情况确需突破时，必须由相关管理中心提出申请，说明原因，经总经理审批后纳入预算外支出。

策略四：加强各管理中心之间的合作

房地产预算讲究的是各管理中心合作、共同努力，而不是某个管理中心孤军奋战。应在预算管理小组的组织下，共同研究项目目前的状态和可能发生的情况，分工编制预算，具体是：营销策划中心负责收入预算和营销策划广告等费用预算；前期开发、工程、材料等部门负责开发成本项目预算；财务支付中心负责税费及其他费用等预算，并担负最后的汇总、分析任务。

策略五：注重现金流量预算的管理

“巧妇难为无米之炊”，合理、有效地控制现金流量才能保证企业持续、稳定地发展。在方法上要求从粗到细，步步为营，具体是：从宏观上做好项目投资进度计划、项目开发进度计划；细化分解，针对每一份合同单独制订付款计划，并汇总制订出企业月、周、年度付款计划。

预算管理的本质要求是一切经济活动都围绕企业目标的实现而开展，在预算执行过程中落实经营策略，强化企业管理。因此，必须围绕实现企业总目标，提高预算管理的控制力和约束力。

五、房地产预算管理规范化范本

1.总则

第一条：为提高公司的管理水平、工作效率和经济效益，增强各部门的计划组织和预算管理水平，合理控制财务支出，加强内部控制，实现公司的战略目标，构筑公司的核心竞争力，特制定本制度。

第二条：预算管理制度是根据公司的发展战略，以现金流量为重点，逐层分解相关指标，对各部门下达目标，全程管理其经营活动，并对其实现的业绩进行考核与评价的内部管理会计制度。

第三条：预算管理的目的在于以预算、控制、协调、考核为手段，管理公司生产经营活动的全过程，最终实现公司的战略目标。

第四条：预算管理体系是由预算及预算差异分析表格、预算制度和编制表格说明组成的，根据公司经济活动的前后衔接、相互关联、有序排列形成一套完整的报表体系，它体现了公司对未来经济活动的预测能力，通过实际经营结果与预算进行对比分析，可以对公司的经营活动实行过程控制，促进公司经营目标的完成。

第五条：本制度的主要内容包括：总则、预算的组织机构、预算管理体系、预算的编制、预算的执行、调整、预算的控制与分析、预算的评价、考核与奖惩和附则等。

第六条：预算按预算期的长短分为年度预算和月度预算。

1）本公司的年度预算期限为当年1月1日至12月31日，它是以公司的经营目标为依据，以销售预算为起点，编制全年的销售、生产、采购、费用、资本性支出等预算，组成年度预算。年度预算总目标分解落实到每个月度，列出月度目标，便于月度检查，季度调整，以确保年度目标的实现。年度预算是制订月度目标的重要依据。

2）月度预算的期限从当月1日至月末最后一天。根据年度预算和月度经营情况，编制月度资金预算，用于公司的资金平衡和费用管理。

3）长期预算是公司未来3年~5年的发展规划性预算，长期预算是制定短期预算的重要依据。

2.预算的组织机构

第七条：公司的预算管理组织机构包括总经理办公会议的预算专项会议、财务部门的预算分析会议以及预算责任体系。

第八条：总经理办公会议是公司预算管理的最高机构，在预算组织机构中居于核心地位，以预算专项会议的形式审议或审查各项预算事项，听取预算实施结果的分析汇报。

会议由公司总经理主持，各副总经理（总监）、职能部门经理参加会议。

财务部门为预算管理组织的常设部门，由其负责预算相关事项的日常处理和预算的整理、汇总、编制。

第九条：总经理办公会议在预算管理中的主要职责：

1）组织公司有关部门论证并决定年度经营目标；

2）审定公司预算编制的指导原则、编制方法和程序；

3）组织召开质询会，对财务部门提交的各部门预算草案和公司整体预算草案提出质询，并就必要的修改与调整提出意见；

4）根据公司的经营目标，审批公司年度预算；

5）每季度末听取公司预算执行情况的汇报，审议各部门提出的预算调整方案；

6）定期检查和分析预算执行情况，听取财务部门及其他部门的汇报，提出改进意见，督促预算管理目标的实现。

第十条：财务部门在预算管理中的职责：

1）根据公司的年度经营计划，制定、修改公司的预算政策、预算管理的具体措施和办法；

2）参加有关预算的总经理办公会议，向其他部门传达预算的编制方针、程序，具体指导各部门的预算编制；

3）根据预算的编制原则，平衡各部门的财务预算，制定公司的预算草案；

4）召开各部门预算规划会议，讨论平衡预算，并报总经理办公会议审批；

5）将最终确定的各部门预算，通知各部门执行，并且跟踪实际执行情况；

6）预算执行完毕后，按要求及时形成预算执行反馈和差异分析报告，月度提交预算执行报告反馈给各部门，季度提交预算差异分析报告给总经理办公会议；

7）初审各部门提出的预算调整方案；

8）协助总经理办公会议协调、处理预算执行过程中出现的一些问题。

第十一条：公司的工程、人力资源、营销公司、办公室、审计等职能部门具体负责本部门业务涉及的预算的编制、执行、分析、控制、监督等工作，并配合财务部门做好公司总预算的综合平衡、协调、分析、控制等工作。其主要负责人参与公司财务预算工作的全过程，并对本部门财务预算执行结果承担责任。

3.预算管理体系

第十二条：公司的预算分类为：

1）按预算周期分为年度预算、季度预算、月度预算；

2）按预算内容分为资本预算、业务预算、财务预算；

第十三条：具体预算所包括的主要内容结构如下图：

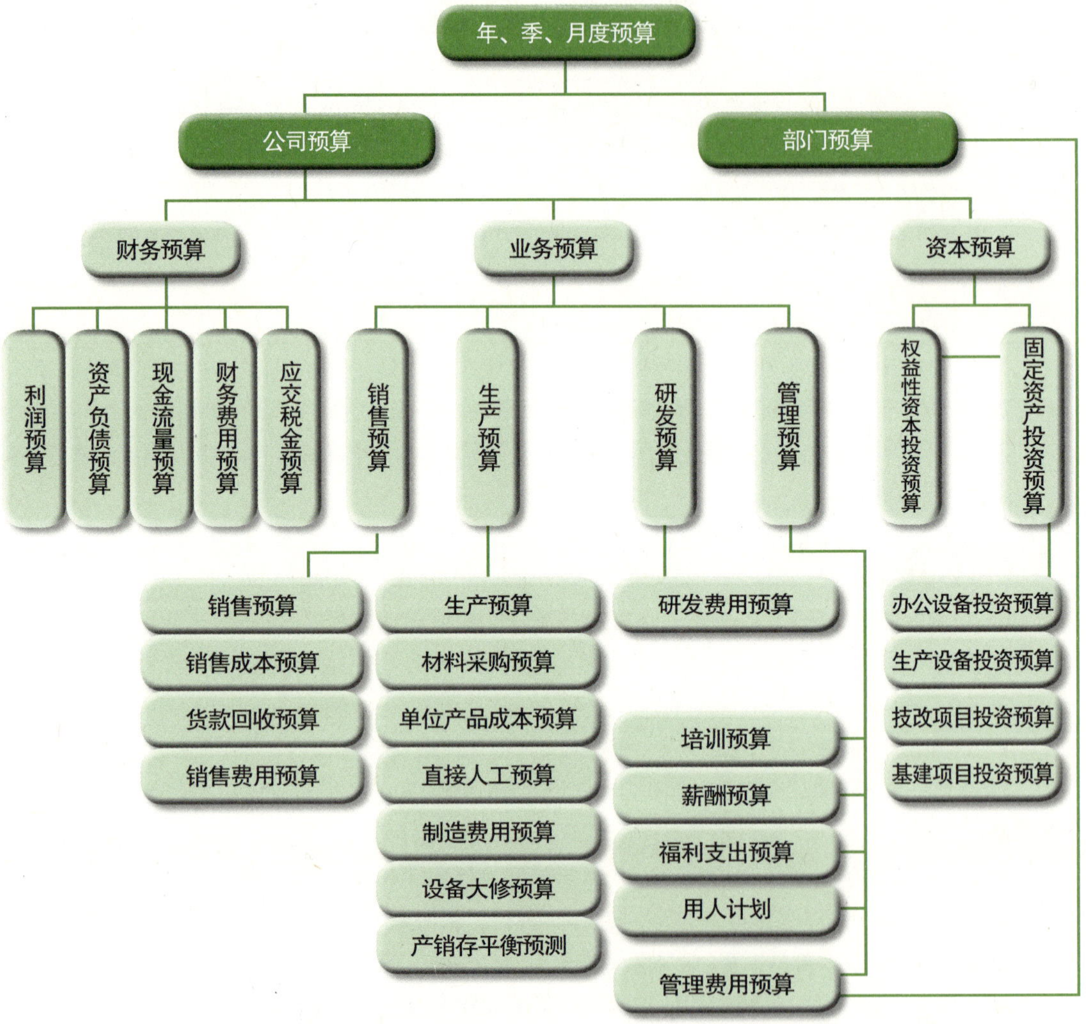

第十四条：销售预算是各单项预算的编制起点，利润预算、现金流量预算、资产负债预算等是全部预算的综合反映，各预算之间的关系如下图所示：

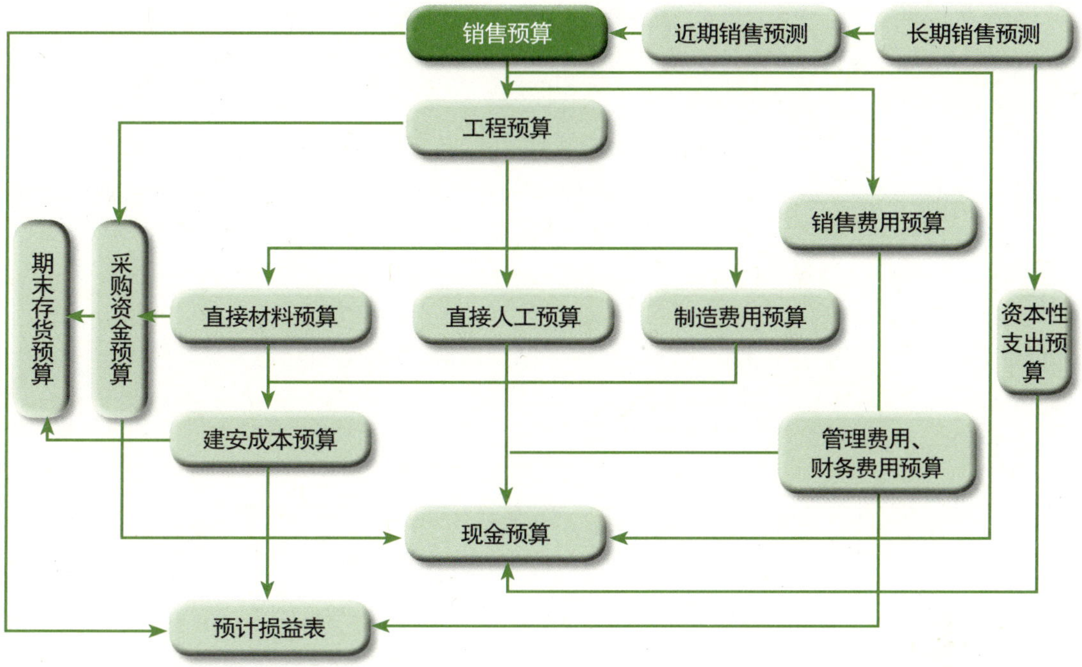

4.预算的编制

第十五条：预算的编制原则

1）目标一致性原则。预算必须与公司目标相一致，各级预算必须服从公司的战略目标和经营目标。

2）全面性原则。一切生产经营活动全部纳入预算管理，做到全员参与、全面覆盖并进行事前、事中、事后相结合的全程监控。

3）适度性原则。遵循实事求是的原则，防止低估或高估预算目标，保证预算在执行过程中切实可行。

4）分级预算原则。各部门对各自归口的业务做预算并对预算编制负责，公司对各部门予以监控审批。

5）上下结合原则。自上而下分解目标，自下而上编制预算。

6）不调整原则。预算一旦确定，没有审批，不予调整，以保证预算的严肃性与合法性。

第十六条：预算的编制程序及流程

1）公司预算的编制实行全员参与、上下结合、分别编制、分类汇总、综合平衡的方式编制。

①下达目标

公司董事会或总经理办公会根据公司的发展战略和预算期经济形势的初步预测，在决策的基础上，一般于每年10月底以前提出下一年度公司的财务预算目标，包括销售目标、成本费用目标、利润目标和现金流量目标，并确定财务预算编制的政策，由财务部门下达各职能部门。

②编制上报

各职能部门按照公司下达的财务预算目标和政策，结合实际情况及预测的条件，提出详细的部门财务预算方案，于11月底前上报财务部门。

③审查平衡

财务部门对职能部门上报的财务预算方案进行审查、汇总，提出综合平衡的建议。在审查、平衡过程中，由总经理办公会进行协调，对发现的问题提出初步调整的意见，并反馈给有关职能部门予以修正。

④审议批准

财务部门在有关职能部门预算修正调整的基础上，编制出公司的财务预算方案，报总经理办公会讨论。对于不符合公司发展战略或者财务预算目标的事项，总经理办公会责成有关职能部门进一步修订、调整。在讨论、调整的基础上，财务部门正式编制公司的年度财务预算草案，提交董事会或总经理办公会审议批准。

⑤下达执行

财务部门对董事会或总经理办公会审议批准的年度总预算，分解成相应的指标体系，下达各部门执行。

2）预算编制流程如下：

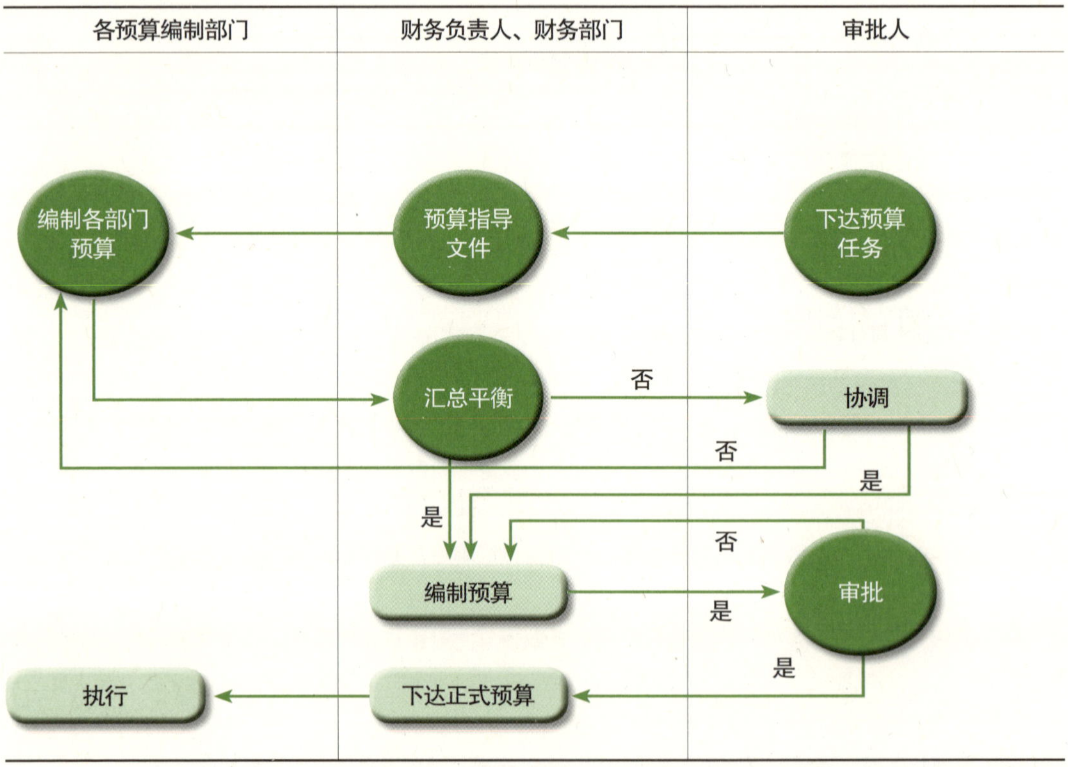

第十七条：预算编制的内容要求

1）业务预算

业务预算是反映预算期内可能形成现金收付的生产经营活动的预算，包括销售预算、生产预算、制造费用预算、产品成本预算、营业成本预算、采购预算、期间费用预算等。

①销售预算是公司销售各种产品或者提供各种劳务可能实现的销售量或者业务量及其收入的预算，依据年度目标利润、预测的市场销量或劳务需求及提供的产品结构以及市场价格编制。

②生产预算是公司在预算期内所要达到的生产规模及其产品结构的预算，是在销售预算的基础上，依据各种产品的生产能力、各项材料及人工的消耗定额及其物价水平和期末存货状况编制。包括直接人工预算和直接材料预算。

③制造费用预算是公司在预算期内为完成生产预算所需各种间接费用的预算，主要在生产预算基础

上，按照费用项目及其上年预算执行情况，根据预算期降低成本、费用的要求编制。

④产品成本预算是公司在预算期内生产产品所需的生产成本、单位成本和销售成本的预算，主要依据生产预算、直接材料预算、直接人工预算、制造费用预算等汇总编制。

⑤采购预算是公司在预算期内为保证生产或者经营的需要而从外部购买各类商品、各项材料、低值易耗品等存货的预算，主要根据销售预算、生产预算、期初存货情况和期末存货经济存量编制。

⑥期间费用预算是公司在预算期内组织经营活动必要的管理费用、财务费用、销售费用等预算，在区分变动费用与固定费用、可控费用与不可控费用的基础上，根据上年实际费用水平和预算期内的变化因素，结合费用开支标准和降低成本、费用的要求，分项目、分责任单位进行编制。其中科技开发费用以及业务招待费、会议费、宣传广告费等重要项目，应当重点列示。

⑦其他业务预算，包括解除员工劳动关系补偿支出、缴纳税金、政策性补贴、对外捐赠支出及其他营业外支出等，根据实际情况和国家有关政策规定编制。

2）资本预算

资本预算是公司在预算期内进行资本性投资活动的预算，包括固定资产投资预算、权益性资本投资预算等。

①固定资产投资预算是公司在预算期内购建、改建、扩建、更新各类固定资产进行资本投资的预算，根据公司有关投资决策资料和年度固定资产投资计划编制。处置固定资产所引起的现金流入，也列入资本预算。

②权益性资本投资预算是在预算期内为了获得其他企业单位的股权及收益分配权而进行资本投资的预算，根据有关投资决策资料和年度权益性资本投资计划编制。公司转让权益性资本投资或者收取被投资单位分配的利润（股利）所引起的现金流入，也列入资本预算。

3）筹资预算

筹资预算是公司在预算期内需要新借入的长短期借款以及对原有借款还本付息的预算，依据公司有关资金需求决策资料、期初借款余额及利率等编制。

4）财务预算

财务预算主要以现金预算、预计资产负债表和预计损益表等形式反映。

①现金预算是按照现金流量表主要项目内容编制的反映公司预算期内一切现金收支及其结果的预算。以业务预算、资本预算和筹资预算为基础，是其他预算有关现金收支的汇总，主要作为公司资金头寸调控管理的依据。

②预算资产负债表是按照资产负债表的内容和格式编制综合反映公司期末财务状况的预算报表。根据预算期初实际的资产负债表和销售预算、生产预算、采购预算、资本预算、筹资预算等有关资料分析编制。

③预算损益表是按照损益表的内容和格式编制的反映公司在预算期内利润目标的预算报表。根据销售预算、生产预算、产品成本预算、期间费用预算、其他预算等有关资料分析编制。

第十八条：各职能部门的预算编制分工及要求

业务操作	具体预算类别	操作部门	编制要求
资本预算	权益性资本投资预算	资本运营部门	根据经营战略编制公司的短期投资、长期债券投资、长期股权投资预算及收益预算
	基建投资预算	工程部门	编制公司的房屋建筑物等工程项目支出、维修预算
	机器设备投资预算	设备动力部门	编制公司的机器设备购置、维修保养等投资预算
	IT系列投资预算	信息管理部门	编制公司的IT系统投资、维修保养预算
业务预算	办公设施投资预算	办公室	编制公司的办公设备、家具等的购置、维修保养支出预算
	销售预算	营销部	（1）编制销售收入预算； （2）编制销售费用预算； （3）编制销售货款回收预算
	工程预算	工程部门	（1）编制直接生产成本预算； （2）编制直接人工费用预算； （3）编制制造费用预算； （4）编制产品单位成本预算
	采购预算	供应部门	编制原辅材料采购预算
	研发预算	科技管理部门 API认证办公室	编制研发费用支出预算
财务预算	管理预算	人力资源部门	（1）编制用人计划预算； （2）编制员工薪酬预算； （3）编制员工福利、各种基金支出预算； （4）编制员工培训及费用支出预算
	管理费用预算	办公室	编制管理费用预算
	应交税金预算	财务部门	根据相关预算编制公司应交有关税费预算
	筹资预算	财务部门	编制筹资预算
	财务费用预算	财务部门	编制财务费用支出
	利润预算	财务部门	编制预计利润表
	资产负债预算	财务部门	编制预计资产负债表
	现金流量预算	财务部门	编制预计现金流量表
预算平衡		财务部门	（1）根据部门预算情况进行综合平衡； （2）根据初步平衡结果报总经理审批
预算编制		财务部门	根据总经理的初步审批结果编制预算
审议批准		董事长、总经理	依章程规定及经营计划批复预算
下达执行		各预算执行部门	（1）财务部根据批复结果分解预算下达各部门； （2）各部门按批复预算执行

第十九条：公司的年度预算编制期为每年的10月~12月。年度预算计划指标及编制方法由公司于10月底前下发至各单位。各部门预算在11月底前上报财务部门，12月20日前财务部门编制好预算上报待批复。具体时间要求为：

1）11月25日前公司各部门在分析以前年度预算执行情况的基础上，根据下一预算年度经营环境的变化、年度经营目标、全面预算目标、预算指导文件的要求及部门计划，编制下一预算年度的预算草案，报分管副总经理审核提出意见并进行修改。

2）11月27日之前，公司各部门将审核后的预算草案上报公司财务部门，财务部门审核预算草案是否符合编制要求，提出修改意见。

3）12月10日前财务部门汇总平衡各部门的预算草案，编制公司总体预算，包括资金预算表、预计资产负债表、预计利润表、预计现金流量表及其他有关资料，提交总经理办公会议审议。

4）12月15日前由总经理办公会议组织召开全面预算编制质询会，审议各部门及公司整体全面预算草案。

5）12月20日前由财务部门组织各部门，根据年度预算质询会的审议，修改各部门及公司整体全面预算草案，并报董事会或总经理办公会审核待批。

第二十条：季度预算应遵循年度预算，月度预算应遵循季度预算。季度预算于每季上月20日前上报到财务部门，月度预算于上月25日前上报到财务部门。月度预算方案编制的具体时间要求为：

1）每月20日，各部门在全面分析以前月度、预计未来各项业务情况的基础上，编制下个月的计划，上报分管副总经理审核，提出意见并进行修改。

2）每月25日之前，各部门将审核后的预算草案上报财务部门。财务部门审查各部门上报的月度滚动预算草案是否符合公司目标，若不合格，返回各部门重新编制。

3）每月28日前，财务部门对各部门的月度滚动预算草案汇总平衡，编制公司月度预算草案，提交总经理审议。

4）每月28日前，由总经理办公会召开月度预算质询会，审议各部门及公司月度预算草案。财务部门组织各部门，根据月度预算质询会的精神，修改月度预算草案，报总经理办公会审批。

5）每月30日前，财务部门将经总经理办公会审批后的月度预算方案下发执行。

第二十一条：公司的预算编制采用表格式，并需附有预算的编制假设及编制说明。编制表格另行下发。

第二十二条：公司年度预算编制质询会细则

1）会前准备：财务部门提前1周下达会议议程和材料要求，各部门提前准备好年度计划、预算草案及相关材料。

2）参加人员：公司董事长、总经理、副总经理、财务总监、各部门经理、分厂厂长、财务部门相关成员、其他有关人员等。

3）主要内容：董事长（总经理）介绍公司的总体经营目标、财务目标以及各单位分解目标；各部门汇报各自的计划，接受与会人员质询，明确修改方向；董事长（总经理）明确各部门计划修改方向。

4）会后事项：财务部门提出预算草案修改的要求和时间表；跟踪预算的修改，并重新汇总，重新编制公司的预算草案，报总经理办公会审核、公司董事会批准。

5.预算的执行、调整

第二十三条：公司预算一经批准下达，各部门必须认真组织实施，将预算指标层层分解，从横向和纵向落实到内部各部门、各环节和各岗位。

第二十四条：费用预算剩余可以跨月使用，但不能跨年度使用。成本、费用预算如遇特殊情况确需突破时，必须由相关部门提出申请，说明原因，经总经理审批纳入预算外支出。

第二十五条：公司正式下达执行的预算，一般不作调整。但当市场环境、经营条件、国家法规政策等发生重大变化，或出现不可抗力的重大自然灾害、公共紧急事件等致使预算的编制基础不成立，或者将导致预算执行结果产生重大差异，需要调整预算的，按原编制程序报经批准。

第二十六条：公司预算的调整应符合以下要求：

1）预算调整事项符合发展战略和现实生产经营状况；

2）预算调整重点放在预算执行中出现的重要的或非正常的关键性差异方面；

3）预算调整方案客观、可行。

第二十七条：调整预算时，由职能部门书面报告，阐述预算执行的具体情况、客观因素变化情况及其对预算执行造成的影响程度、预算的调整幅度等，报分管副总经理审核提出意见并进行修改。

财务部门对职能部门提交的预算调整报告进行审核分析，集中编制公司年度预算调整方案，提交总经理办公会议审议批准，然后下达执行。

对于不符合上述要求的预算调整方案，公司予以否决。

第二十八条：预算调整流程如下

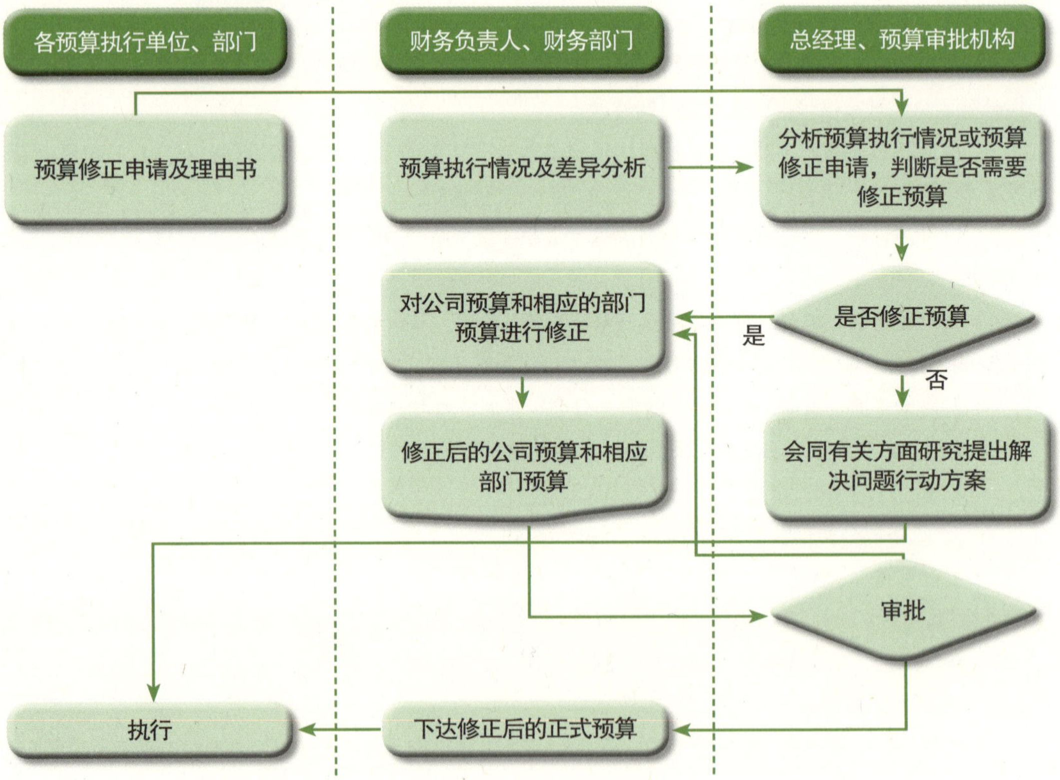

6.预算的控制与分析

第二十九条：预算执行的控制

1）预算内资金的支出，由部门经理审核、分管副总经理审批后，根据不同的资金审批权限由财务负责人、总经理批准，财务部门办理资金拨付手续。

2）预算外资金的支出由申请部门填写申请报告，详细说明超预算的原因及资金的使用方式等内容。由部门经理审核、分管副总经理审批后，财务负责人核准，总经理在董事会授权内批准，超授权部分董事会审批后，财务部门办理资金拨付手续。

第三十条：预算内支出审批控制流程为

第三十一条：预算外支出审批控制流程为

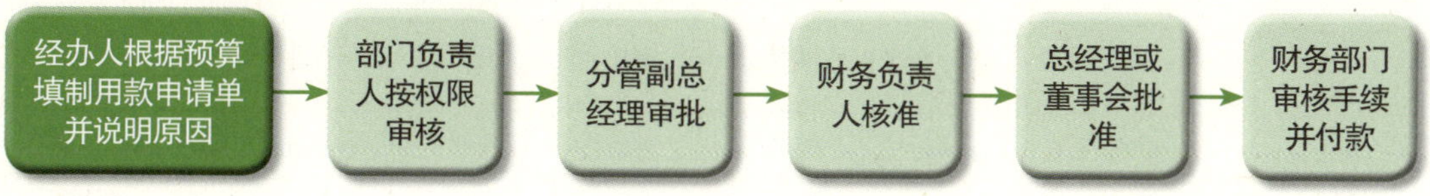

第三十二条：各类资金预算内管理审批权限如下：

工作事项		职能部门	财务部门	分管副总经理	财务负责人	总经理	董事长	董事会
固定资产购置	50万元以下	审核①	审核③	审核②	核准④	审批⑤		
	50万元以上	审核①	审核③	审核②	核准④		审批⑤	
货款支付	2万元以下	审核①	审核③	审批②	审批④			
	2万元~50万元	审核①	审核③	审批②	核准④	审批⑤		
	50万元~100万元	审核①	审核③	审批②	核准④	审批⑤	审批⑥	
	100万元以上	审核①	审核③	审批②	核准④	审批⑤	审批⑥	通过⑦
定金付款	2万元以下	审核①	审核③	审核②	审批④			
	2万元~50万元	审核①	审核③	审核②	核准④	审批⑤		
	50万元以上	审核①	审核③	审核②	核准④	审批⑤	审批⑥	
担保贷款	100万元以下		审核①		核准②	审批③		
	100万元~500万元		审核①		核准②	审批③	审批④	
	500万元以上		审核①		核准②	审批③	审批④	通过⑤
下属企业借款	50万元以下		审核①		核准②	审批③		
	50万元以上		审核①		核准②	审批③	审批④	
行政费	2000元以下	审核①	审核③	审批②	审批④			
	2000元~50000元	审核①	审核③	审核②	核准④	审批⑤		
	50000元以上	审核①	审核③	审核②	核准④	审批⑤	审批⑥	

（续表）

工作事项		职能部门	财务部门	分管副总经理	财务负责人	总经理	董事长	董事会
招待费	1000元以下	审核①	审核③	审批②	审批④			
	1000元以上	审核①	审核③	审核②	核准④	审批⑤		
差旅费	3000元以下	审核①	审核③	审批②	审批④			
	3000元~10000元	审核①	审核③	审批②	核准④	审批⑤		
	10000元以上	审核①	审核③	审核②	核准④		审批⑤	
宣传广告费用		审核①	审核③	审核②	核准④	审批⑤		
削价处理商品损失	10000元以下	审核①	审核③	审核②	核准④	审批⑤		
	10000元以上	审核①	审核③	审核②	核准④		审批⑤	
浮动工资奖励	计划内	审核①		审批②	审批③			
	计划外	审核①		审核②	核准③	审批④		
福利医药费开支	200元以下	审核①	核准②		审批③			
	200元~1000元	审核①	审核③	审批②	审批④			
	1000元以上	审核①	审核③	审核②	核准④	审批⑤		
对外捐款赞助		审核①	审核③	审批②	核准④	审批⑤		
对外单位或私人借款		审核①	审核②		核准③	审批④		

说明：

1. 审核：指职能部门及主管领导对该项开支的合理性，从票据的使用和数量、金额上提出初步意见。
2. 核准：指财务负责人根据财务管理制度、预算管理等方面对已审批的支付款项加以核准。
3. 审批：指有关领导经参考“审核”的意见后进行批准，个别重大事项，还需经董事会讨论通过。
4. 审批顺序为：先下级，后上级；先定性审批，后定量核准；先业务部门、行政部门等有关部门，后报财务部门（按表中所标号顺序即可）。若遇有关审核、批准、核准等人员出差在外，可由其授权人代核、代批，但事后必须请有关人员追认。

第三十三条：各职能部门应对照已确定的责任指标，定期或不定期地对部门及人员责任指标完成情况进行检查，实施考评。公司对重大预算项目和内容，将密切跟踪其实施进度和完成情况，实行严格监控。

第三十四条：对已纳入公司预算，但支付手续不健全、凭证不合规的货币资金支出项目，财务部门不给办理支付。

第三十五条：公司各职能部门应当加强与公司内部有关业务部门的沟通和联系，确保相关业务预算的执行情况能够相互监督、核对一致。并利用有关财务、业务、市场、技术、政策、法律等方面的信息资料，从定量与定性两个层面充分分析预算执行的现状、发展趋势及其存在的问题。对于预算执行差异，客观分析产生的原因，提出解决措施或建议。

第三十六条：财务部门应当运用财务报告和其他有关资料，采用比率分析、比较分析、因素分析等方法监控预算执行情况，及时向总经理办公会议和各职能部门报告或反馈预算执行进度、执行差异及其对公司预算目标的影响，促进公司完成预算目标。并应当定期组织召开预算分析会议，通报预算执行情况，研究、解决预算执行中存在的问题，提出改进措施。

第三十七条：各职能部门对预算的执行情况所形成的预算分析报告应于每月10日前上报财务部门、分管副总经理、总经理、董事长等。

财务部门根据相关记录及各部门的预算分析报告进行核对，分析差异产生的原因，落实责任部门，并提出不利差异的改进措施以及有利差异今后进行巩固、推广的措施建议，于每月15日前，形成上月总的预算分析报告高管层。

月度例会上，对前一月各部门的预算目标完成情况进行分析、评价、考核，形成正式的预算分析报告及预算考核意见交人力资源部以便考核使用。

第三十八条：预算差异分析报告包括以下内容：

1）本期预算额、本期实际发生额、本期差异额、累计预算额、累计实际发生额、累计差异额；

2）对差异额进行的分析；

3）产生不利差异的原因、责任归属、改进措施以及形成有利差异的原因和今后进行巩固、推广的建议等。

7.预算的评价、考核与奖惩

第三十九条：公司实行对预算执行情况的评价、考核制度，并与相应的激励机制挂钩，实施事后控制，增强预算管理过程的完整性和权威性。

第四十条：预算评价的主要内容包括：

1）是否按预算编制程序及日程进度完成预算的编制；

2）是否严格执行经批准的预算；

3）预算编制、执行的准确程度；

4）评价公司的预算管理系统及预算的完成情况，分析公司财务状况和经营状况。

第四十一条：对预算的考核包括预算完成的情况、预算编制准确性与及时性等指标。考核指标为：利润预算指标、收入预算指标、毛利预算指标、费用预算指标等。

第四十二条：考核结果按公司的《XXXX考核管理制度》及相关制度规定，对相关责任部门、责任人进行奖惩。

第三章

日常财务工作管理规范化范本

第一条：借款

（一）员工因工作需要借款时，填写借款单，经各级主管领导加具意见，总经理批准后，由财务部办理借款，所有借款除差旅费外，一律办理支票或汇票等。

（二）办理借款流程：

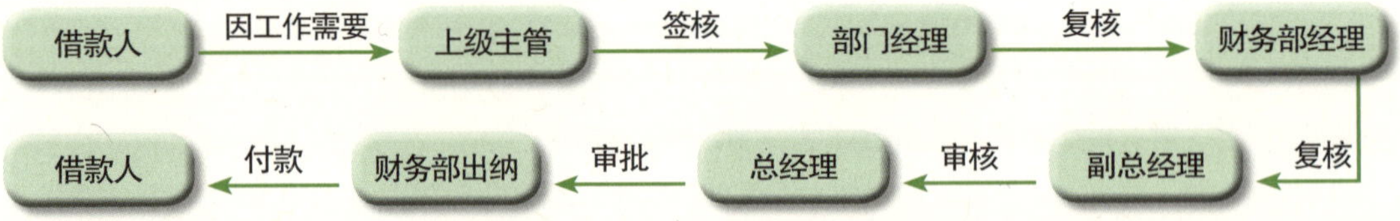

（三）借款单

××××房地产开发有限公司

借 款 单

姓名		部门		职务	
用途					
款额	大写：　拾　万　仟　佰　拾元整　小写　元				
证明人		主管上司		部门经理	
副总经理		总经理			

（四）员工借款当月内（出差人员回公司后七天内）必须报清账目，交回余款。无故拖延时间不报者，按借款金额扣罚每日1%连同借款，于发放工资时扣除。

第二条：报销

（一）除差旅费补贴外，无论购买物品或报销费用，均需有与报销金额相符的正式发票。属购买物品的，还必需附有与发票的名称、规格、数量、金额相符的收料单或有验收人签收。

（二）报销程序：

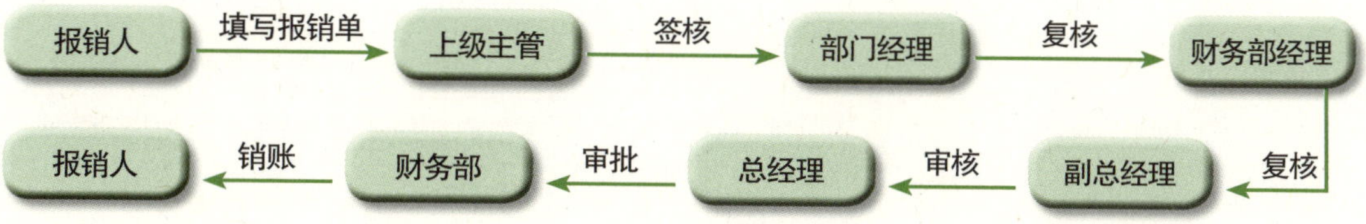

（三）报销单

1. 无发票的填写以下单据

××××房地产开发有限公司

支付证明单　　总号：　第　号

科目：　　　　20　年　月　日　分号：　字第　号

事由或品名	数量	单位	单价	金额
共计金额	拾　万　仟　佰　拾　元　角　分 ¥______			
收款人		未能取得单据原因		

主管上司：　部门经理：　副总经理：　总经理：　会计：　出纳：　经手人：

2. 有发票的在发票后盖下章填写（此章由财务部、人事行政部各掌握一枚）

发票背面

经手人
用 途
证明人
复 核
审 核
审 批

（四）所有借款单或报销单均应由财务部经理复核。

（五）各部门必须严格控制各种费用的开支，力求少花钱多办事。

（六）各部门必须在每月25日前向总经办递交次月的资金计划，包括差旅费、应酬费、业务费及办公费，由财务部核定后交总经理审批（附资金计划表）。

（七）费用支出标准、报销津贴及审批权限

1. 旅差费的报销

（1）办事人员出差回来，必须填写旅差费报销单，写明出差的原因、路程时间、天数、费用金额等，经部门负责人签字证实，交由财务部复核，副总经理审核、总经理审批。

（2）财会人员根据办事人旅差的路程及时间，按城市小巴价格给予报销，一般情况下，不得乘出租车，如遇特殊情况，必须注明原因。

（3）差旅费报销标准：

级别 \ 项目		总经理	副总经理、总经理助理	部门经理	一般工作人员
交通费	飞机票	实报实销	实报实销	总经理批准	总经理批准
	软卧火车	实报实销	实报实销	总经理批准	总经理批准
	硬卧火车	实报实销	实报实销	实报实销	实报实销
	船票头等舱	实报实销	实报实销	总经理批准	总经理批准
	其他交通费	实报实销	实报实销	实报实销	实报实销
住宿费	特区、省级以上城市	实报实销	250元	160元	120元
	地级城市		200元	120元	100元
	其他地区		160元	100元	80元
伙食补助（每餐）	项目所在地区	实报实销	30元	25元	20元
	其他地区	实报实销	40元	35元	30元
	夜间乘车超过12点或住宿	实报实销	10元	10元	10元

说明：

（1）两人出差同一地点以最高标准级别人员的标准报销住宿费，但不得双重报销。

（2）凡当天可以往返的地区，中餐可以按级别伙食补助，未经批准不作出差处理。

（4）公事费用预借、报销定额审批权限：

职务	审批权限	监控
总经理	3000元以上（不含3000元）	
副总经理	1000元（不含1000元）~3000元	使用人、部门经理、财务部经理、副总经理
部门经理	1元~1000元（含1000元）	使用人、证明人、部门经理、财务部经理
备注：以上费用属每月资金计划范畴，如资金计划以外，必须经总经理审批		

2. 接待：

因业务需要接待时，必需事前经批准方可接待。

（1）总经理接待客人，按每人每餐120元。

（2）副总经理、总经理助理接待客人每人每餐100元。

（3）经理接待客人按每人每餐80元。

（4）其他员工接待客人按每人每餐30元。

（5）个别需要提高标准的要先向审批人申报。接待客人限定待客人数，一般每桌10~12人。

（6）招待客人一次性金额在200元以下，一天金额在500元以下的，由部门经理审批，财务部经理审核；一次性金额在200元以上500元以下，一天金额在1000元以下的由副总经理、财务部经理审核；一次性金额在500元以上，一天金额在1000元以上的，由总经理审批。

3. 处理特殊关系，办理特别事情需要赠送礼物，金额200元以下的由部门经理、财务部经理审批；

200元～500元的，由副总经理审批，财务部经理审核；1000元以上的由总经理审批。

4. 未经批准，任何员工擅自购买物品不予报销。

第四章

会计档案管理规范化范本

第一条：总则

为加强公司会计档案的科学管理，特制订本办法。

第二条：会计档案的界定和主管

1. 会计档案是指公司会计凭证、会计账簿和会计报表等会计核算材料。
2. 财务部为会计档案主管部门。
3. 财务部建立和健全会计档案的立卷、归档、保管、调阅和销毁等管理制度。
4. 公司接受上级财政机关和档案业务机关的业务指导、监督与检查。

第三条：会计档案管理

1. 财务部对每年形成的会计档案，按照归档的要求，负责整理立卷或装订成册。当年会计档案，在会计年度终了后，可暂由财务部保管1年。期满后原则上编造清册移交公司档案部门。

2. 档案部门接受保管的会计档案，原则上应当保持原卷册的封装；个别需拆封重新整理的，会同财务部和经办人共同拆封整理，以分清责任。

3. 会计档案应妥善保管、存放有序、查找方便，严格执行安全和保密制度，不得随意堆放，严防毁损、散失和泄密。

4. 公司内查阅会计档案要按规定办理手续。上级机关或外单位需要查阅的，要经公司领导批准，且派专人陪同阅看；原件不得借出。

5. 下属单位（分、子公司）撤并，会计档案应随同转移到上级控股公司或指定部门，并办理好交接手续。

6. 各种会计档案的保管期限，可分为永久、定期二类，详见会计档案保管期限表。保管期限从会计年度终了后的第一天起算。

7. 会计档案保管期满，需要销毁的，由公司档案或财务部提出销毁意见，并严格审查，编造会计档案销毁清册，报经主管批准后销毁。对尚未了结的债权、债务和法律纠纷涉及的原始资料，应单独抽出、另行立卷，直至案件结束为止。

8. 由财务和档案部门共同派员监销。会计档案销毁前，监销人应认真清点核对，销毁后在销毁清册上签名，并将监销情况上报有关领导。

第四条：附则

本办法由财务部会同档案部门解释、执行，经总经理批准颁行。

第五章

财务盘点管理规范化范本

第一条：目的

为求存货及财产盘点的正确性，使盘点事务处理有所遵循，并加强管理人员的责任，以达到财产管理的目的，特制订本办法。

第二条：盘点范围

（一）存货盘点：系指原料、物料、在制品、制成品、商品、零件保养材料、外协加工料品、下脚品。

（二）财务盘点：系指现金、票据、有价证券、租赁契约等盘点。

（三）财产盘点：系指固定资产、保管资产、保管品等盘点。

1.固定资产：包括土地、建筑物、机器设备、运输设备、生产器具等资本支出购置者。

2.保管资产：凡属固定资产性质，但以费用报支的杂项设备。

3.保管品：指以费用购置的物品。

第三条：盘点方式

（一）年中、年终盘点

1. 存货：由资材部门或经管部门会同财务部门于年（中）终时，实施全面总清点一次。
2. 财务：由财务科与会计科共同盘点。

3. 财产：由经管部门会同财务部门于年（中）终时，实施全面总清点一次。

（二）月末盘点

每月末所有存货，由经管部门及财务部门实施全面清点一次（经管项目500项以上时，得采取重点盘点）。

（三）月份检查

由检核部门（总经理室）或财务部门照会其部门主管后，会同经管部门，做存货随机抽样盘点。

第四条：人员的指派与职责

（一）总盘人：由总经理担任，负责盘点工作的总指挥，督导盘点工作的进行及异常事项的裁决。

（二）主盘人：由各事业部主管担任，负责实际盘点工作的推动及实施。

（三）复盘人：由总经理室视需要指派事业部经管部门的主管（含科长、厂长、处长），负责盘点监督。

（四）盘点人：由各事业部财务经管部门指派，负责点计数量。

（五）会点人：由财务部门指派（人员不足时，间接部门支援），负责会点并记录，与盘点人分段核对，确保数据准确。

（六）协点人：由各事业部财务经管部门指派，负责盘点时，料品搬运及整理工作。

（七）特定项目按月盘点及不定期抽点的盘点工作，亦应设置盘点人、会点人、抽点人，其职责亦同。

（八）监点人：由总经理室派员担任。

第五条：盘点前准备事项

（一）盘点编组

由财务部门主管于每次盘点前，事先依盘点种类、项目编排“盘点人员编组表”，呈总经理核定后，公布实施。

（二）经管部门将应进行盘点的财务及盘点用具，预先准备妥当；所需盘点表格，由财务部门准备。

1. 存货的堆置，应力求整齐、集中、分类，并置标示牌。

2. 现金、有价证券及租赁契约等，应按类别整理并列清单。

3. 各项财产卡依编号顺序，事先准备妥当，以备盘点。

4. 各项财务账册应于盘点前登记完毕，如因特殊原因，无法完成时，应由财务部门将尚未入账的有关单据，如缴库单、领料单、退料单、交运单、收料单等利用“结存调整表”一式两联，将账面数调整为正确的账面结存数后，第二联财务部门自存，第一联送经管部门。

（三）盘点期间已收到而未办妥入账手续的原、物料，应另行分别存放，并予以标示。

第六条：年中、年终全面盘点

（一）财务部门应于呈报总经理，经核准后，签发盘点通知，并负责召集各事业部的盘点负责人召开盘点协调会后，拟订盘点计划表，通知各有关部门，限期办理盘点工作。

（二）盘点期间除紧急用料外，暂停收发料，至于各生产单位于盘点期间所需用料的领料，材料可不移动，但必须标示出。

（三）年中、年终盘点，原则上应采用全面盘点方式，如确因事情特殊，无法办理时，应呈报总经理核准后，方可改变方式进行。

（四）盘点应尽量采用精确的计量器，避免用主观的目测方式，每项财物数量，应于确定后，再继续进行下一项，盘点后不得更改。

（五）盘点物品时，会点人均应依据盘点人实际盘点数，详实记录于“盘点统计表”，并应每小段核对一次，无误者在该表上互相签名确认后，将该表编列同一流水号码，各自存一联，备日后查核，若有出入者，必需再重点；盘点完毕，盘点人应将“盘点统计表”汇总编制“盘存表”一式两联，第一联由经管部门自存，第二联送财务部门，供核算盘点盈亏金额。

第七条：不定期抽点

（一）由总经理室视实际需要，随时指派人员抽点；可由财务部门填具“财务抽点通知单”，呈报总经理核准后办理。

（二）盘点日期及项目，以不预先通知经营部门为原则。

（三）盘点前应由会计部门利用“结存调整表”将账面数先行调整至盘点的确实账面结存数，再行盘点。

（四）不定期抽点，应填列“盘存表”。

第八条：盘点报告

（一）财务部门应依“盘存表”编制“盘点盈亏报告表”一式三联，送经管部门填列差异原因的说明及对策后，送回财务部门汇总转呈总经理签核，第一联送经管部门，第三联送总经理室，第二联财务部门自存作为账项调整的依据。

（二）不定期抽点，应于盘点后一星期内将“盘点盈亏报告表”呈报上级核示。年中、年终盘点，应由财务部门于盘点后两星期内将“盘点盈亏报告表”呈报上级核示。

（三）盘点盈亏金额，平时仅列入暂估科目，年终时始以净额转入本期营业外收入的盘点盈余或营业外支出的盘点亏损。

第九条：现金、票据及有价证券盘点

（一）现金、银行存款、零用金、票据、有价证券、租赁契约等项目，除年中、年终盘点时，应由财务部门会同经管部门共同盘点外，平时，总经理室或财务部门至少每月抽查一次。

（二）现金及票据的盘点，应于第二日上班未行收支前或当日下午结账后办理。

（三）盘点前应先将现金存放处封锁，并于核对账册后开启，由会点人员与经管人员共同盘点。

（四）会点人依实际盘点数详实填列“现金（票据）盘点报告表”一式三联经双方签认后呈核，第一联经管部门存，第二联财务部门存，第三联送总经理室。

（五）有价证券及各项所有权状等应确实核对认定，会点人依实际盘点数详实填列“有价证券盘点报告表”一式三联，经双方签订后呈核。第一联存经管部门，第二联存财务部门，第三联送总经理室，如有出入，应立即呈报总经理批示。

第十条：存货盘点

（一）存货的盘点，以在当月最末一日进行为原则。

（二）存货，原则上采用全面盘点，如因成本计算方式，无须全面盘点，或实施上有困难者，应呈报总经理核准后才可改变盘点方式。

第十一条：其他项目盘点

（一）外协加工料品：由各外协加工料品经办人员，会同财务人员，共同赴外盘点，其“外协加工料品盘点表”一式三联，应由代加工厂商签认。第一联存经管部门，第二联财务部门存查，第三联送总经理室。

（二）销货退回的成品，应于盘点前办妥退货手续，含验收及列账。

（三）经管部门将新增加土地、房屋的所有权的影印本，送财务部门核查。

第十二条：注意事项

（一）所有参加盘点工作的盘点人员，对于本身的工作职责及应准备事项，必须深入了解。

（二）盘点人员盘点当日一律停止休假，并须依时间提早到达指定的工作地点向该组复盘人报到，接受工作安排。如有特殊事故而觅妥代理人应经事先报备核准，否则以旷职论处。

（三）所有盘点财务都以静态盘点为原则，因此盘点开始后应停止财物的进出及移动。

（四）盘点使用的单据、报表内所有栏位若遇修改处，均须经盘点人员签认才能生效，否则应查究其责。

（五）所有盘点数据必须以实际清点、磅秤或换算的确实资料为据，不得以猜想数据、伪造数据记录。

（六）盘点人员超时工作时间得报加班或经主管核准才可以轮流编排补休。

（七）盘点开始至工作终了期间，各组盘点人员均受复盘人指挥监督。

（八）盘点终了由各组复盘人向主盘人报告，经核准后才可离开岗位。

第十三条：盘点工作奖惩

（一）盘点工作事务人员要依照本办法的规定，切实遵照办理。表现优异者，经由主盘人签报，各嘉奖一次，以资奖励。

（二）违反本办法的视其违反情节的轻重，由主盘人签报人事部门议处。

第十四条：账载错误处理

（一）账载数量如因漏账、记错、算错、未结账或账面记载不清者，记账人员应视情节轻重予以申诫以上处分，情况严重者，应呈总经理议处。

（二）账载数字如有涂改未盖章、签章、签证等凭证可查，凭证未整理难以查核或有虚构数字者一律由直接主管签报总经理议处。

第十五条：赔偿处理

财、物料管理人员、保管人有下列情况者，应送总经理议处或赔偿相同的金额：

（一）对所保管的财物有盗卖、掉换或化公为私等营私舞弊者；

（二）对所保管的财物未经报准而擅自移转、拨借或损坏不报告者；

（三）未尽保管责任或由于过失致使财物遭受被窃、损失或盘亏者。

第十六条：本办法制订后，应呈董事长核准后实施，修改时亦同。

第六章

经济合同管理规范化范本

第一条：为加强公司合同管理，维护公司合法权益，根据国家合同法，结合公司实际情况，特制订本办法。

第二条：本办法管辖合同为：

购销合同，建设工程承包合同，加工承揽合同，货物运输合同，供水、电、气合同，仓储合同，财产租赁合同，借款融资合同，保险合同，技术贸易合同，其他各类经济合同。

第三条：公司经济合同统一归财务部管理。

第四条：财务部合同管理职责范围：

1. 制订修改合同管理办法；
2. 核查本公司范围订立合同和履约情况，并对总经理负责；
3. 参与合同纠纷的调解、仲裁、诉讼的准备及善后工作；
4. 做好合同归档、合同章管理工作；
5. 负责贴制合同印花税；
6. 负责对经济合同法宣传教育、培训活动。

第五条：合同经办人员职责范围：

1. 收集、整理合同起草所需资料，包括对方资产、经营状况。
2. 起草合同的基本要求：

（1）对方具有签约资格（法定代表人或法人代表）；

（2）内容符合法律和政策规定；

（3）双方具有履约能力；

（4）没有超越企业经营范围及经办人授权范围；

（5）条款完整，文字准确，签约手续完备；

（6）草案交上级主管。

3. 凡须有关部门和机关批准、备案的合同，应及时上报批准或备案。
4. 督促合同的履行进展和切实执行。
5. 向上级通报履约问题。

6. 参加合同纠纷的协商、调解、仲裁、诉讼的准备及善后工作。

第六条：凡在授权范围内洽谈的合同，经财务部、总经理室，并经总经理同意方可成立。经法定代表人或法人代表审核、签字后，在财务部盖章，必要时可请律师审核、工商部门鉴证。

第七条：除公司法定代表人同意外，一律不得擅自对外单位或个人提供经济担保。

第八条：合同发生变更或解除时，合同经办人及时通知合同事务主管。

第九条：合同事务主管协同经办人对合同变更、解除的正式文件、函电作出处理，以书面形式答复。

第十条：合同履约过程发生违约事项，应按合同条款规定处理；合同经办人应及时通知合同事务主管，不得自行决定免罚。

第十一条：合同争议或变更事项，其协商结果须形成书面协议，作为原合同补充，并按协议执行。

第十二条：合同纠纷协商不成，及时向公司高层领导汇报。合同事务主管保存、整理、收集完整的合同文件、资料，并通知律师，根据合同规定，向有关机构提请仲裁或诉讼。

第十三条：凡订立、变更、解除的经济合同，应当使用专用章方可生效。

第十四条：合同专用章由专人保管，任何部门与人员不得借用、代用合同章，违反规定造成的后果，由印章保管人负责；发生遗失，应及时报告处理。

第十五条：合同正本由财务部保存，经手人留存合同复印件。合同执行过程的往来函件均随合同正本保存。

第十六条：合同事务主管对生效的合同，建立档案，及进行分类、整理、立卷、统一装订归档。如需调阅，根据权限调用。

第十七条：经济合同管理列入有关部门、岗位的目标计划指标和考核范围。

第十八条：公司根据管理情况，对合同管理成绩显著者予以奖励。

第十九条：公司对以下情况依据情节轻重决定处罚：

1. 应当订立书面合同而未签订的；
2. 合同经办人在签订、履行合同时未尽责尽力的；
3. 合同经办人、主管遗失或擅自销毁合同或附件的；
4. 应追究而未追究对方违约责任的；
5. 玩忽职守、弄虚作假、徇私舞弊的。

第二十条：本办法由财务部解释、补充，经总经理批准颁行。

第七章

财物管理

一、物资资产管理

（一）物资资产分类

1. 生产、经营用固定资产：经营使用的年限在一年以上的房屋建筑物、机器、设备、器具、工具等。

2. 非生产、经营用固定资产：不属于生产、经营主要设备的物品，单位价值在2000元以上，并且使用期限超过两年的。

3. 低值易耗品：不属于固定资产，而又价值较高或使用时间较长的物品。

4. 办公用品：办公使用的消耗性物品。

5. 原辅材料：生产使用的消耗性物品。

6. 产成品及库存商品：生产的成品及为租赁（销售）而购进的商品。

（二）购买

1. 凡需新增固定资产、低值易耗品和购买各种其他物资，均需提出计划。

2. 所有采购的物资均需办理进仓、验收手续。

3. 属专用的固定资产、低值易耗品，由使用部门核对品名、规格、数量进行验收，属能用的低值易耗品及其他物资均按归口管理办法验收进仓手续。

（三）领用、保管

1. 领用各种物资，都必须办理领用手续，各种物资的领用手续均须由主管领导签名。

2. 各种物资的管理和保管可参考如下方式：

（1）生产、经营用固定资产，由使用部门保管、管理。

（2）非生产用固定资产、低值易耗品，由行政部管理，由各使用部门保管。

（3）文具办公用品由行政部管理，由使用人保管。

（4）原辅材料及产成品、半成品由工程部保管。

（四）消耗、修理、报废

1. 生产用原辅材料的正常消耗，应逐月分清产成品的品名、规格，报告消耗情况。

2. 生产中出现不正常的消耗，应及时报告主管领导，情况严重的应及时报告总经理。

3. 固定资产、低值易耗品需要维修时，由使用部门报告，报归口部门。属自然报废的，由归口部门处理；属人为损坏的（包括需维修的），应由损坏者进行赔偿。

（五）物资的折旧

1. 房屋、建筑物暂按20年计提折旧；

2. 机器、机械、汽车和其他设备按5年计提折旧；

3. 器具、工具、家具等按3年计提折旧。

每一固定资产在确定其残值后，按直线法计提折旧，从投入使用月份的次月计算，停止使用的，自停用月份的次月起，停止计算折旧。固定资产提足折旧后，仍可继续使用的，不再计提折旧；提前报废的，不补提折旧。

4. 各种低值易耗品的摊销采用五五摊销法，在领用时摊销50%，报废时再摊销50%。某些直接用于生产的低值易耗品，按使用时间摊销。

二、现金资产管理

1.货币资金的结算一律通过财务部办理。

2.库存现金限定一定额度，当日发生的收支及余额，应填制现金收支日报表，做到账款相符。发现现金短缺或溢余应立即向财务部经理报告并查明原因，重大事故应立即报告总经理。

3.银行存款的收支应每天结出余额并填制银行存款日报表。每月终了，应取得银行对账单，填制调节表。

4.对客户的货物账款及所交费用，财务部和销售部应每月核对，必要时应与客户进行核对，核对中发现未按时收回租金（货款）等情况时，应立即报告主管经理，及时进行处理。

5.公司的银行结算凭证、发票、有价证券等统一由财务部管理，公司的发票只限于本公司使用，并不准出具空白发票。

三、现金管理办法规范化范本

（一）总则

第一条：为规范公司现金使用管理，加强财务监督，根据国家财经法规和公司业务特征，特制订本办法。

（二）使用范围

第二条：使用现金范围：

1.员工工资、奖金、津贴及劳保福利费用；

2.出差人员差旅费；

3.采购办公用品或其他物品，金额在使用支票结算起点以下的；

4.业务活动的零星支出备用金；

5.确需现金支付的其他支出。

（三）库存现金标准

第三条：库存现金限额原则上以满足公司日常（如3天～5天）零星开支为标准。

第四条：因特殊业务需要应支付备用金，按营业额核定标准，不包括在库现金限额内。

（四）现金收入和支出

第五条：不论何种来源收入的现金，原则上应于当日送存开户银行。

第六条：支付现金，应该从库存现金中支付或从银行提取；不得从现金收入中直接支付现金。

第七条：严格审查，采购物品化整为零，在结算起点以下的，现金支付。

第八条：规定应转账结算，在特殊情况下不得不用现金结算的，经申请公司领导同意方可办理。

（五）现金账目

第九条：财务部建立、健全现金账目，逐笔记载现金收付，账目日清月结，账款相符。

第十条：不准用不符合财务制度的凭证充抵库存现金，不准谎报用途套取现金，不准将公司收入的现金以个人名义存入银行，不准保留账外公账、私设小金库。

（六）处罚

第十一条：对违反本办法造成公司损失，视其情节轻重，给予处罚并要求经济赔偿。

第十二条：凡超出规定范围、限额使用现金，用不符合制度的凭证充抵库存现金，未经批准坐支现金，私设小金库，编造用途套取现金，公款私存的，除给有关财务处分外，分别给予违纪金额10%～30%的罚款。

第十三条：所有罚款一律上缴公司财务部。

（七）附则

第十四条：本办法由财务部解释、修订，经总经理批准颁行。

四、履约保证金管理规范化范本

第一条：为规避风险，凡实行招投标的项目必需实施履约保证金制度。

第二条：履约保证金金额为合同价的10%。

第三条：项目主办人员在签订分包合同之前必需详细审阅合同、招标文件，是否包含履约保证金有关条款。

第四条：在收到中标分供商履约保证金或履约保函时方可支付预付款。

第五条：对于初次合作或不受信任的分供商，必需严格实施履约保证金制度。

第六条：对于已经愉快合作过的分供商可以允许对方将未结清尾款转为履约保证金，目的在于增强分供商资金运作能力，从而体现双赢原则。

第七条：当需要用未结清尾款作为新项目的履约保证金时，首先由分供商提出申请并说明理由，报工程部审核，工程部根据该分供商过去合作中的履约表现给出意见后转预算部审核，预算部根据该队伍的原工程费用审核情况，在认为确有足够资金可以转用时方可批准，并报财务部备案。

第八条：预算部在结算支付该分供商尾款时，应扣除原转用的履约保证金，转用的履约保证金在转用项目结束后再归还该分供商。

第八章

经济管理制度规范化范本

一、总则

第一条：为规范公司经济管理工作，确保项目的合同管理有序、成本控制有效、资金使用合理，特制定本制度。

第二条：经济管理工作是以对公司的经济工作过程中实施有效管理、控制和监督为目的，由经济管理部具体实施。

二、工程招投标管理

第一条：工程建设施工单位和甲供材料、设备的供应单位的选择，必须采用公开招投标（包括邀、议标）的方式进行，任何招标须有3个以上施工单位（供应厂家）参加竞、议标。

第二条：组织机构

建设工程招标时，公司成立招标小组，总经理和常务副总经理分别任组长和副组长，小组成员由总工及经管部、财务部、开发部、工程部、材料设备部等部门经理组成；其他项目招标时，可根据项目规模的大小及重要和复杂程度，由公司领导临时任命招标小组领导和成员进行招标工作。由该小组拟订招标工作计划，组织招标工作成员实施，并对招标工作质量负全责，直至招标工作结束。

第三条：招标管理机构的主要职能和责任

招标管理部对编制招标工作计划、起草招标文件、编制标底及主要经济条款和合同谈判负责；开发部负责办理招投标手续；工程部与材料设备部对施工组织、材料设备技术参数及质量、施工及供应能力等技术要求负责，领导小组对投标单位的考查及确定、开标、评标、定标、合同签订负责。有关部门具体职能按工作计划执行。

第四条：招标工作的具体操作按公司制定的《建设工程招标管理制度》执行。其他项目的招标参照该办法执行。

三、经济合同

第一条：公司所有的建设开发经济行为均须以经济合同为前提进行操作。前期开发过程中应缴纳的各项费用及总包管理范围内的“分包事项”在取费、工期、付款方式等方面视合同管理而定。

第二条：预算编审人员对工程计算、材料分析、定额套用、费率计取的真实性、准确性负责。编审误差率要严格控制在百分之二以内，因工作责任心不强造成误差的，要追究当事人及主管领导的责任。

第三条：编审人员编制出预算表，工程部经理、总工程师与正、副总经理审核签署无异议，并报法人代表同意后方可生效执行。

第四条：材料设备的报价及支出均需由经济管理部预算审核并逐级上报批准后执行。

第五条：其他经济开支均列入经济管理部的审核范围，管理部按程序逐级审批，对备项经济预算设立台账，如有超出应作出超预算分析报告，并按审批程序得到批准，据以调整。

四、建设用款审核

第一条：建设用款指前后配套用款、缴纳的各项费用、工程款及材料设备款。其用款由相关承办部门根据用款内容，做用款申请单（用款申请人、用款部门经理签署）报经济管理部专职审核人员，专职审核人员根据政策缴费依据、缴费率、已完工程量、材料设备价格抽测等，比照合同付款方式进行审核。

第二条：经济管理部审核后，编制资金用款表或专项用款申请单，财务部经理、正副总经理审批签署无异议，并报法人代表同意后执行。

第三条：承办部门对所申请用款对应的工程形象进度的实际完工工程量、材料实际需用量及前期和后期配套用款事项等的真实性负责。经济管理部对付款事项中取费费率、单价、总价等事项的核定负责。

第四条：公司财务部经理必须依据法人代表的签署意见及总经理的用款支付授权，予以支付。

五、现场签证事项审核

第一条：工程施工急需安排的临时用工和零星工程，根据实际情况需调整设计的分项，可采用《工程联系单》形式作为合同的补充依据结算。

第二条：《工程联系单》均应有签证事项、工作量、计算单、合价等项，属设计变更事项还需有草图、设计洽商及估、预算书，经签证提报人、工程部经理（属设计变更由总工签署）签署意见后报经济管理部审核。

第三条：签证金额在20000元以下（包括20000元）的，按现场专业承办人→工程部经理→经济管理部经理→正、副总经理的审核程序办理，方可纳入决算依据。

第四条：超过20000元的签证事项，应采用补充合同，按合同审批程序办理。

第五条：对于现场签证的增减工作量，工程部对设计变更及现场施工工作量的变化和材料用量的变更所发生的事项的真实性负责，经济管理部对所提报的增减内容的实际工作量、单价、总价的核定负责。

第十三模块
Module Thirteen

房地产企业人力资源管理

第十三模块思考

房地产企业人力资源管理的基本任务是根据房地产企业发展战略的要求，有计划地对人力、资源进行合理配置，通过对企业中员工的招聘、培训、使用、考核、评价、激励、调整等一系列过程，调动员工的积极性，发挥员工的潜能，为企业创造价值，确保企业战略目标的实现。

第一章

人力资源管理的内容、流程、步骤

一、房地产企业人力资源管理的内容

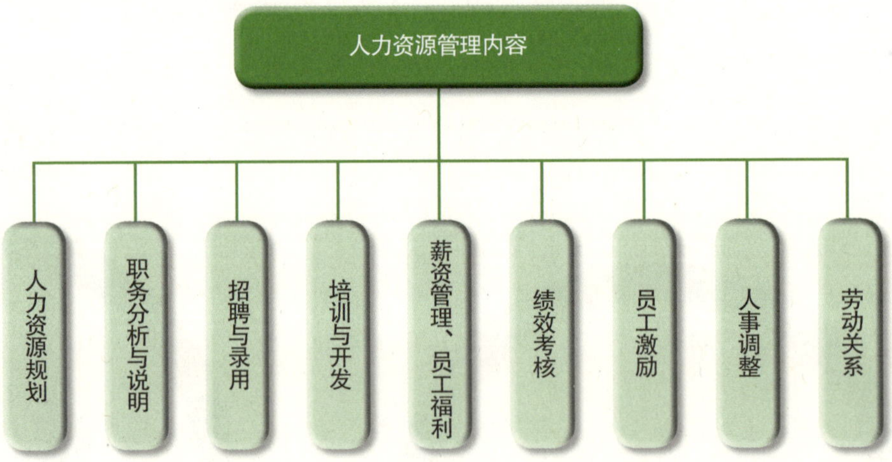

二、房地产企业人力资源管理流程

从员工使用的程序来看，人力资源管理流程为：人力资源部门根据企业的目标，岗位需要，按照职务说明书要求招聘符合条件的员工，员工进入公司后，通过上岗培训，具备上岗资格后担任某一职务。员工在使用一段时间后，公司要对员工考核，考核结果形成的信息反馈是调整员工使用（奖励、晋升、降级、辞退）的依据。流程图如下：

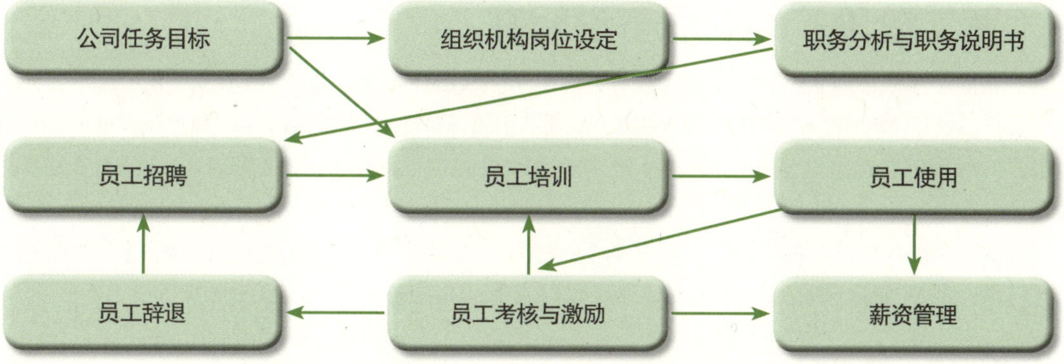

三、人力资源管理建设的步骤及具体内容

第一阶段：构建框架

人事管理首先包括人事权限，一般来说，总经理确定公司的部门设置和人员编制、一线经理的任免及晋级，决定全体职员的待遇。而人力资源部门需要针对公司的人事管理需求制定相应的制度，它包括人事招聘、聘用及解聘手续；人事档案资料管理；人事管理制度的建立、实施和修订；薪资方案的制定、实施和修订；日常劳动纪律及考勤管理；组织公司平时考核及年终考核工作；组织公司人事培训工作；各部门办理公司职员的任免、晋升、调动、奖惩等人事手续；公司各项保险、福利制度的办理政策；各部门的职务分析、职务说明书的编制；公司的经营目标、岗位设置制定、人力资源规划；劳动合同的签订及劳工关系的处理程序等。

●人力资源管理建设的整体框架

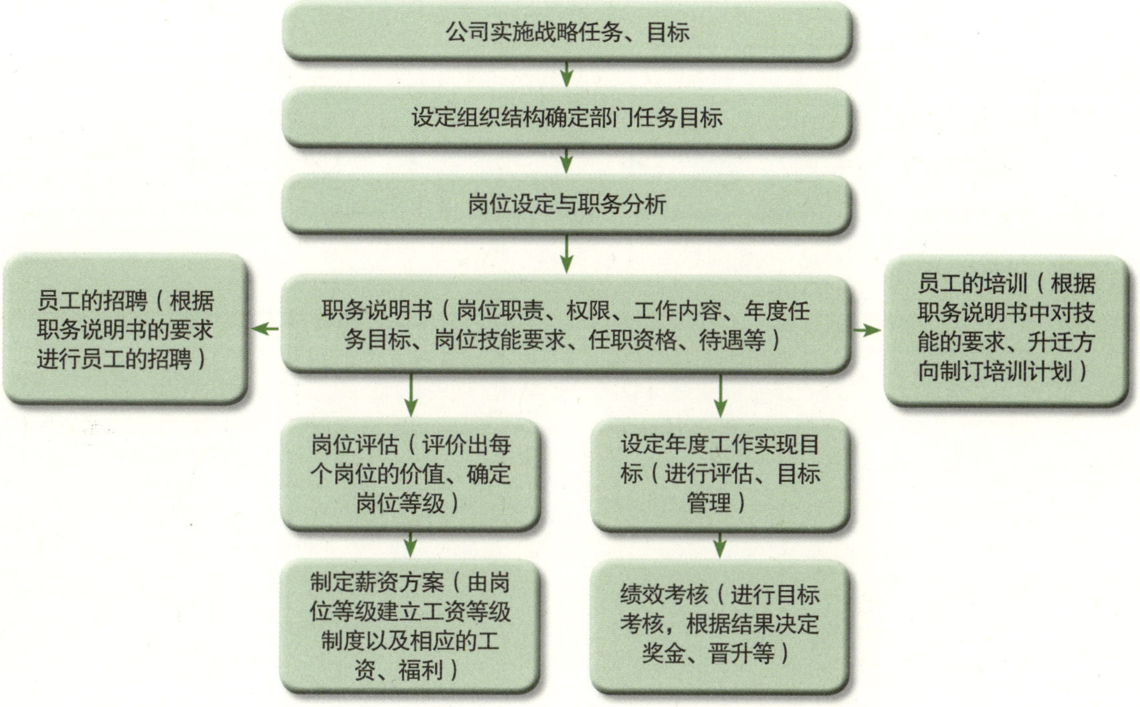

第二阶段：编制职务说明书

根据现有的组织机构、岗位的设立，各部门进行职务调查和分析，编制每个岗位的职务说明书。职务分析与职务说明书是人力资源最重要的工作，是人力资源管理其他内容的基础。职务分析也叫工作分析，工作分析指确定完成各项工作所需技能、责任和知识系统的过程，是一种重要而普遍的人力资源管理技术。

职务说明书是记录职务发现结果的一类专门文件，它把所发现的职务的职责、权限、工作内容、工作程序和方法、执行标准、任职资格等信息以文字的形式记录下来，以供管理人员使用。

●编制职务说明书流程图

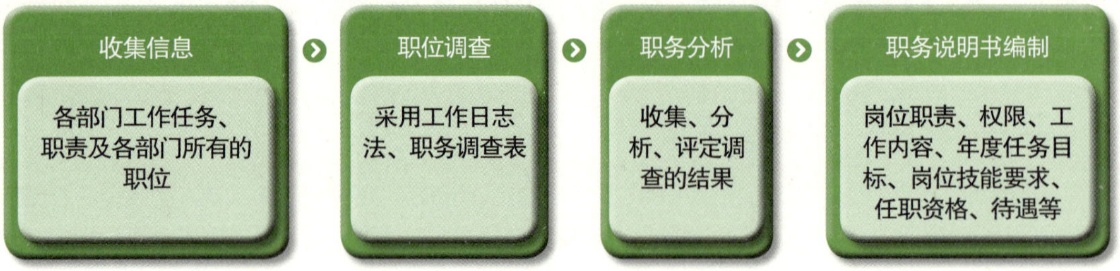

第三阶段：制定薪酬和绩效方案

（1）编制公司薪资方案

根据职务说明书，进行岗位评估，确定各岗位的等级，由此确定工资等级，编制薪资方案（基础工资）部分。

1）薪资制定基本程序

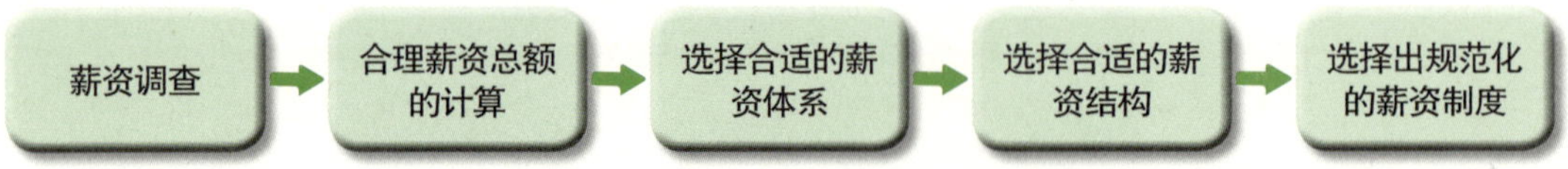

2）引进职务工资的程序

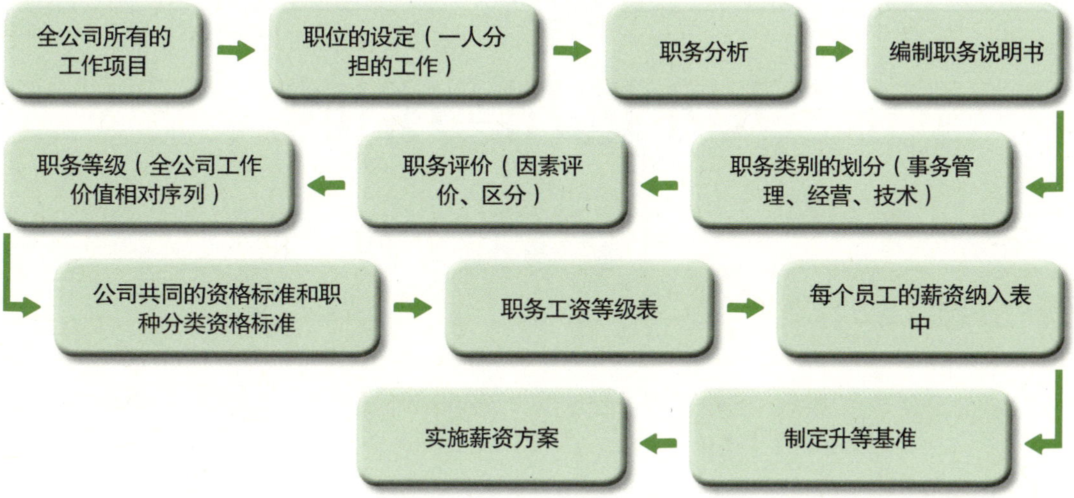

（2）编制绩效考核方案

根据职务说明书，设定各岗位的年度工作目标，实现目标管理，确定绩效考核的标准，编制员工考核办法，以此决定奖金的发放、晋升的标准。

第四阶段：人力资源规划与优化

建立和完善公司的人力资源规划、人力资源信息系统、招聘录用程序、培训与开发规划、员工的激励措施、人事调整制度、员工的福利计划、劳动合同等人力资源的其他内容。

第二章

人才选用与招聘

一、人才选用的标准

1.人才选用和招聘系统的作用

（1）为公司不断补充人力资源，实现公司内部人力资源的合理配置，为公司扩大经营规模和调整生产结构提供人力保证。

（2）使公司员工相对稳定，使所招聘录用的人才都能胜任工作并对所从事的工作感到满意。

（3）节省人员基础培训与能力开发的开支。

（4）使管理活动更多地放在现有员工素质的提高上，而不是将太多管理时间放在纠正员工错误或解决员工问题上。

2.公司所需人才的基本要求

高管级（帅才）	有决策能力，能作出周密的计划，行政能力强，有组织能力
部门级（将才）	懂一定专业知识，能制订业务计划，对部下实施监督，有较强的组织能力，有指挥能力
主管级	有专业知识，有组织能力和指挥能力，能熟练示范操作，有技术，能带领人去完成具体任务
员工一级	能够运用基本知识，从事技术工作
员工二级	不需要特别的知识，只要熟练程序，在详细的命令下，从事单纯的、辅助性业务工作

3.公司所需人才的类型及特点

类型	特点
领袖型	厚重、沉稳、威信高、服众、大度、知人善任、能搞好人际平衡、目标明确、性格坚毅
军师型	机敏、主意多，干练、忠诚、知识丰富，理智，有口才
先锋型	勇于开拓，永远向新方向前进，有雄心，有想象力
外交型	头脑机敏，处世灵活，办事干练，左右逢源，有责任感，关键时能解决大问题。善于交际，形象气质好
管家型	忠诚，没有野心，能守住已有的管区，有指挥能力。现实、慎重，忠于职守
文牍型	照章办事，能把守各种关口，专业知识技能强，坚持自己的意见
监察型	不能指出前途，却能指出陷阱，敏感，爱找毛病和缺点，一般不支持新的动议
操作型	踏实执行命令，以技术或知识为本，注重本职，遵守纪律

二、公司人才的招聘录用

1.制订招聘录用计划

人员招聘录用计划，其主要功能是通过定期或不定期地调配人力资源，招聘录用公司所需要的各类人才，实现公司人力资源的合理配置。

（1）确定公司编制

确定公司编制的依据是公司组织系统（机构图和岗位图）。

（2）确定招聘录用对象

1）录用人数

根据公司的编制和公司近期及长远需要确定录用数量。编制内人员的录用，人事行政部有权决定；编制外的人员录用，由用人部门按规定程序报总经理审批增编。

2）录用对象及来源

录用什么样的人，根据编制一览表，不同岗位对年龄、性别、学历、工作经验、工作能力、个性品质等有不同要求。

人才来源
- 利用各种职业介绍所招聘
- 利用各种人才市场、劳务市场等招聘
- 通过各级人才库、人才招聘洽谈招聘
- 通过各种关系介绍招聘
- 利用新闻媒体刊登广告招聘

（3）招聘录用经费预算

除参与录用活动的有关人员工资外，还需要作出以下费用的预算：

广告费，包括广告制作费、广告代理费、宣传资料费、录用指南制作费等；

考核费，包括考试场地费、试题印刷费等；

差旅费，包括招聘人员的差旅费；

其他费用，包括电话费、通信费、文具费、杂费等。

2.确定招聘录用程序

（1）公司招聘工作流程

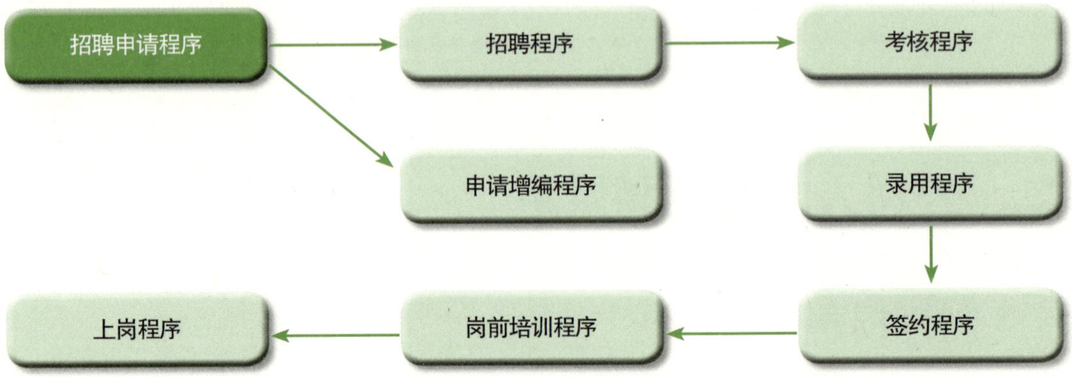

（2）招聘申请程序

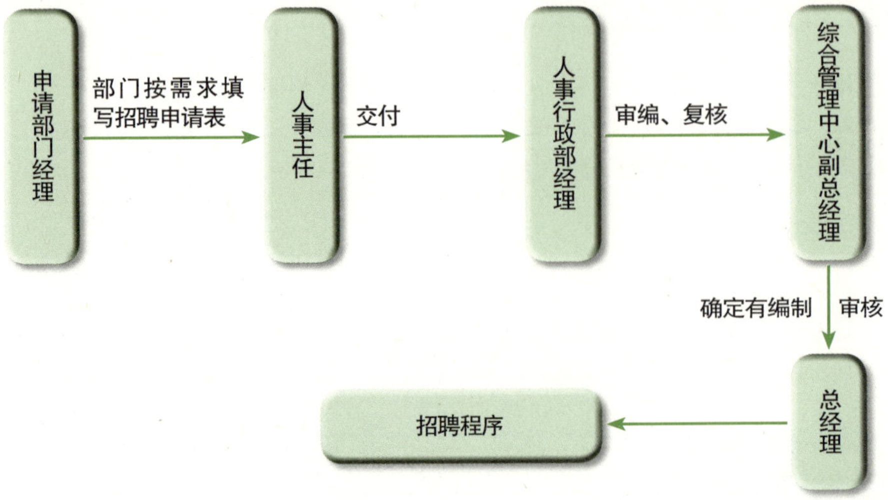

（3）招聘程序

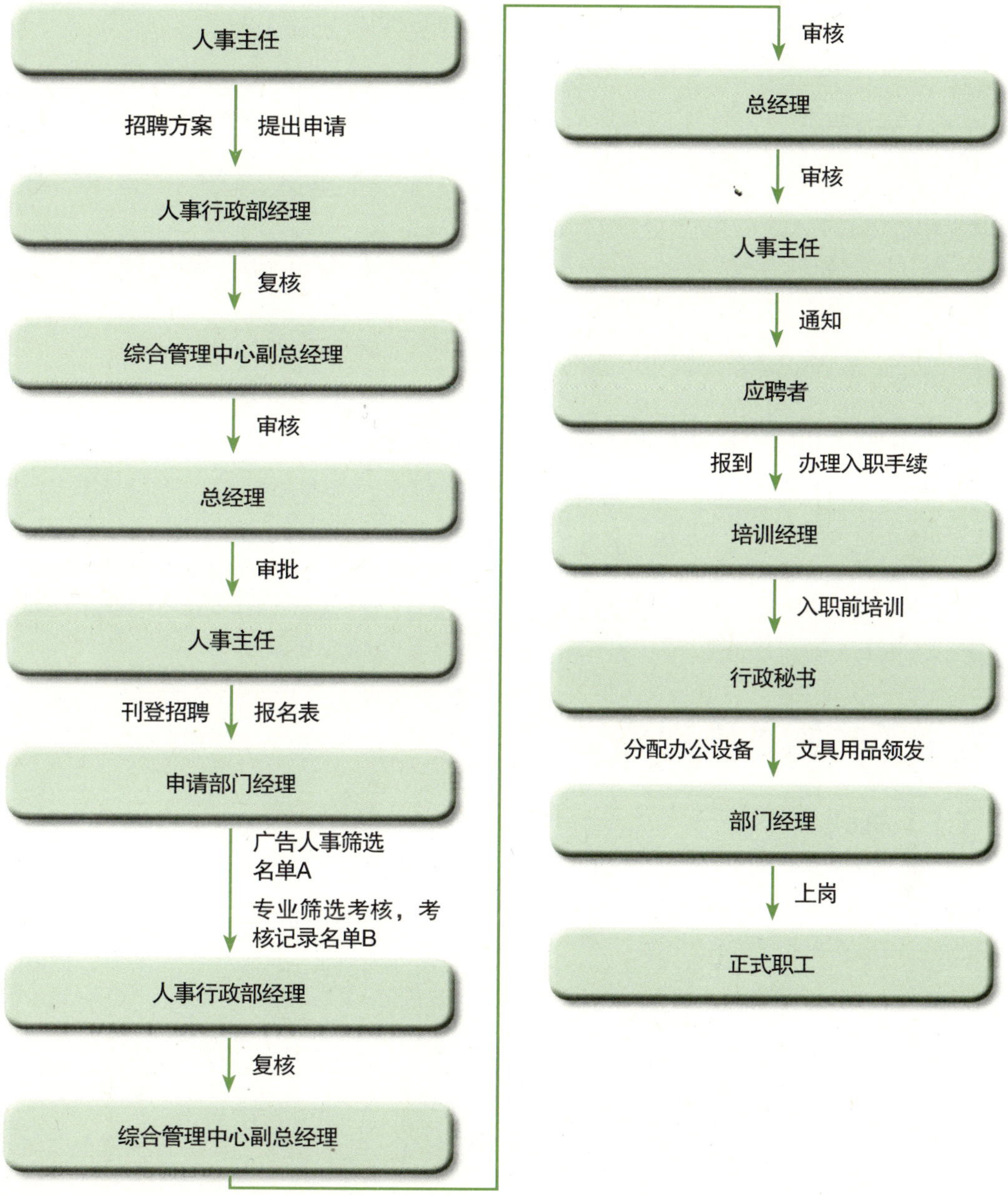

说明：

（1）主管级以上由副总经理、总经理面试。

（2）主管级以下由部门经理面试。

3.招聘录用的方法

（1）笔试

1）这种方法可以有效地测量应聘者的基本知识、专业知识、管理知识、相关知识以及综合分析能力、文字表达能力等素质。

2）笔试的“取样”较多，对知识、技能和能力的考核的可信度较高；可以大规模地进行评价，因此花时少，效率高。

3）应聘者的心理压力较小，较易发挥正常水平。

4）成绩评定比较客观，且可以保存应聘者的试卷。

（2）面试

1）可根据应聘者当场对所提问题的回答，考查出他运用知识分析问题的熟练程度，实践经验、思维的敏捷性，语言表达能力。

2）通过对应聘者面试过程中行为特征的观察分析，考查应聘者的外表、气质、风度、情绪等。

3）可以考查应聘者对应聘职位的态度以及应变能力。

4）主考人可以通过连续发问弄清应聘者对问题的认识程度，从而提高考查的深度。

4.干部任命制，逐级提名，隔级批准

每一级干部负责其直接下属的提名，提名要经人事行政部进行考核和背景调查，将结果和提名一起报上一级批准。批准后由人事行政部任命。

主管级以上人员由总经理批准。但是，提名权在各部门经理，这样可防止上级安插导致无法工作；审查权在人事行政部，由其进行客观、专业调查和考核，对公司、对个人都负责；批准权在隔级的上级，这样就可制约提名人的偏见和徇私行为；如上级不批准，令该部门经理重新提名.

5.员工招聘管理规范化范本

（1）总则

第一条：适用范围

本管理办法适用于××房地产开发有限公司（以下简称公司）人员招聘管理。

第二条：目的

为满足公司持续、快速发展的需要，特制订本管理办法来规范人员招聘流程和健全人才选用机制。

第三条：原则

公司招聘坚持公开招聘、平等竞争、择优录用、先内后外的原则，使用工用人机制更趋科学、合理。

（2）招聘组织

第一条：招聘组织管理

一般人才招聘工作由人力资源部负责拟订招聘计划并组织实施，人员需求部门参与招聘测评的技术设计和部分实施工作。高级人才的招聘由总经理直接领导（特殊情况可授权他人负责），人力资源部负责协助。

第二条：招聘预算

招聘属非常规性的重要人事工作，招聘工作经费预算实行单独列账管理。

第三条：招聘流程

招聘流程分为如下工作环节：提出人员需求、拟订招聘计划、发布招聘公告、人员筛选录用、招聘工作评估。

第四条：人力资源需求计划

每年初人力资源部根据公司的整体计划编制年度人力资源需求计划，报经理办公会审批。

①制订人力资源需求计划的基本依据：未来组织结构的预测、人员供求关系、现有人员的调配培训等。

②人员需求预测要综合考虑公司战略、可能获得的财务资源、竞争对手的人才政策、管理变革可能导致的公司规模变化、员工流动等因素造成的人力资源需求的变动。

③人员供给预测要综合考虑内部人才和外部人才供给情况。人力资源部建立内部人才库，信息包括每位员工的绩效记录及评价、职业兴趣、教育背景、工作经验、培训课程、外语水平、具备的技能和证书等。进行内部人才供给预测时要调用内部人才库，判断内部人员是否与所需工作相匹配。在内部供给无法满足需求的情况下进行外部供给预测，外部供给预测要根据总体经济状况、全国和地方劳动力市场状况、房地产行业劳动力市场状况和拟招聘职位的市场状况进行判断。

④人力资源部在人力资源需求与供给预测的基础上，制订出年度的人力资源需求计划。

第五条：临时需求说明

各部门对于因人员调动或其他原因造成人员短缺的临时需求，在确认内部调配难以满足的情况下，可以由部门主管填写《招聘申请表》，报主管领导、总经理批准后，由人力资源部组织制订补充需求计划和外部招聘计划。

第六条：拟订招聘计划

招聘计划应包括招聘人数、招聘标准（年龄、性别、学历、工作经验、工作能力、个性品质等）、招聘经费预算、招聘具体行动计划等。

第七条：招聘执行过程

根据招聘形式、招聘对象的不同，人力资源部负责组织执行不同的招聘公告发布、人员筛选录用工作流程。

（3）招聘形式

第一条：招聘形式

招聘形式分为内部招聘和外部招聘两种形式。招聘形式选择，要根据人才需求分析和招聘成本等因素来综合考虑。

1）内部招聘

第一条：内部招聘的背景

鉴于内部员工比较了解企业的情况，对企业的忠诚度较高，内部招聘可以改善人力资源的配置状况，提高员工的积极性，公司进行人才招聘应优先考虑内部招聘。

第二条：招聘形式

在尊重员工和用人部门意见的前提下，采用推荐、竞聘等多种形式，为供求双方提供双向选择的机会。

第三条：招聘流程

内部招聘公告

人力资源部根据公司所需招聘岗位的名称及职级，编制工作说明书，并拟订内部招聘公告。公告发布的方式包括公司内部网通知、在公告栏发布等形式。内部招聘公告要尽可能传达到每一个正式员工。

内部报名

所有正式员工在上级主管的许可下都有资格向人力资源部报名申请。

筛选

人力资源部参考申请人和空缺职位的相应上级主管意见，根据职务说明书进行初步筛选。对初步筛选合格者，人力资源部组织内部招聘评审小组进行内部评审，评审结果经总经理或经理办公会批准后生效。

录用

经评审合格的员工应在一周内做好工作移交，并到人力资源部办理调动手续，在规定的时间内到新部门报到。

2）外部招聘

第一条：外部招聘的背景

在内部招聘难以满足公司人才需求时，可以考虑外部招聘。

第二条：招聘组织形式

外部招聘工作的组织以人力资源部为主，其他部门配合。必要时公司高层领导、相关部门参加。

第三条：外部招聘渠道

外部招聘要根据岗位和级别的不同采取有效的招聘渠道组合。外部招聘人员可来自内部职工引荐、职业介绍所和人才交流机构以及各类院校。具体招聘渠道如下：

校园招聘

每年春季将公司招聘信息及时发往各校毕业分配办公室。对专业对口的院校有选择地参加学校人才交流会，发布招聘信息并进行招聘活动。

媒体招聘

通过相关网站、大众媒体、专业刊物广告发布招聘信息，查阅网上应聘人员情况，建立公司外部人才库，根据需要考核录用。

内部员工推荐

公司鼓励内部员工推荐优秀人才，由人力资源部本着平等竞争、择优录用的原则按程序考核录用。

招聘会招聘

通过参加各地人才招聘会招聘。

委托中介公司招聘

对公司关键的管理和技术职位的招聘可考虑通过人才中介公司招聘。

第四条：招聘流程

初步筛选

报名截止后，根据招聘岗位的要求，由人力资源部会同各部门进行初选。审查求职者的个人简历和求职表，并根据收集到的求职者信息建立外部人才库。

初试

人力资源部向初选合格的求职者发面试通知，并要求其面试时提供学历证书、身份证等相关证件的原件。初试由人力资源部人员（主试人）和用人部门共同组成。人力资源部对应聘人员的智力、品德和综合素质进行初试和评价，用人单位从工作经验与能力方面对应聘人员进行初试和评价。

主试人组织具体的初试工作，做好初试记录工作，并在《应聘人员初试测评表》意见栏中填写初步面试意见。初试结果分为三种：拟予聘任、不予考虑、拟予复试。人力资源部将“拟予聘任”的人员报总经理办公会讨论决定是否聘任，“拟予复试”的人员由人力资源部组织复试。

复试

复试由复试小组组织进行。复试小组一般由以下三方面人员组成：用人部门代表、人力资源部部长、资深专业人士。一般岗位的招聘可无资深专业人士，专业技术人才和管理人才的招聘必须有资深专业人士参加。高级专业技术人才和管理人才由总经理负责面试，人力资源部负责协调。

复试的实施。复试过程中，复试小组成员填写复试记录表，给出对应聘者的评语及结论。复试结束后，小组成员讨论对各应聘者的意见并分别将评价结果填写在复试结果推荐书上，送达用人部门主管及人力资源部备案，作为下一步行动的依据。当小组成员未能达成一致结论时，提交总经理办公会进行讨论决定。

重要岗位的复试可以考虑采取笔试的形式，由人力资源部和用人部门共同组织进行。

复审

通过复试的应聘人员由分管部门的主管领导进行审核，并签署意见。所有拟录用的人员应经总经理最后签字批准。

录用

人力资源部根据应聘人员体检结果，对体检合格者办理录用手续。对社会应聘人员发试用通知书，并到相应劳动部门办理劳动手续；对被录用的应届毕业生向其所在高校发接收函，签订就业协议书。同时，人力资源部将面试结果通知落选的应聘者。

报到

被录用员工必须在规定时间内向公司报到。如在发出录用通知15天内不能正常报到者，可取消其录用资格。特殊情况经批准后可延期报到。应聘人员到公司报到后，需向人力资源部提供个人学历复印件备案，并填写《员工登记表》，同时签订试用劳动合同，试用期为3~6个月。若员工所在部门部长（主任）认为有必要缩短试用期时，也可报请公司批准，将试用期酌情缩短。员工必须保证向公司提供的资料真实无误，一经发现虚报或伪造，公司有权立即将其辞退。

试用

试用期的人员，尚不属于公司正式员工。在此期间，本人可以随时提出辞职。试用人员如不能胜任本职工作或工作中出现重大失误，公司有权随时将其辞退。

转正

试用期满后的员工，经考核合格，人力资源部应在试用期满一星期前向试用部门书面征询意见。试用部门不管是否同意继续使用，均须于收到人力资源部通知24小时内出具书面意见。人力资源部在收到试用部门的书面答复24小时内，书面通知试用员工。经所在部门考核合格者，可转正定级。由部门填写《试用员工转正定级审批表》，由本人填写试用期间工作小结，由用人部门和人力资源部填写考核意见，经总经理批准后，公司和员工签订正式劳动合同，试用人员转为正式员工。

高级人才招聘

为了满足公司对特殊人才的需求，公司建立人才特区，对高级人才采取特殊的招聘形式和管理方式。

高级人才招聘渠道	高级人才面试形式	高级人才薪酬政策
高级人才主要通过特殊的外部招聘渠道，如人才中介、国外信息搜集渠道、国内研究机构和院校挖掘、同行业竞争对手处挖掘等渠道	高级人才可以不经过人力资源部的初试和面试小组的复试，由人力资源部部长、总经理及资深专业人士直接进行面试，人力资源部在高级人才招聘流程中起到搜集及传递高级人才相关信息和初步筛选的作用	对于高级人才，在招聘时可以采取谈判工资，并制定灵活的优秀人才雇佣合同等措施

（4）招聘工作评估

第一条：招聘效果检核

人力资源部应对招聘流程的每个环节进行跟踪，以检查招聘效果。从职位空缺是否得到满足、雇用率是否符合招聘计划的设计来检查；从求职人员数量和实际雇用人数的比例、接受雇用的求职人员的转换率等来分别衡量招聘质量。

第二条：评估招聘活动

招聘活动结束后，人力资源部应调查求职者及新员工对招聘组织工作的意见，测量新员工的工作业绩，研究每种招聘渠道的时间、成本和效果等，评估招聘活动，作为招聘工作进一步改进的依据。

附件01

人员内部招聘流程

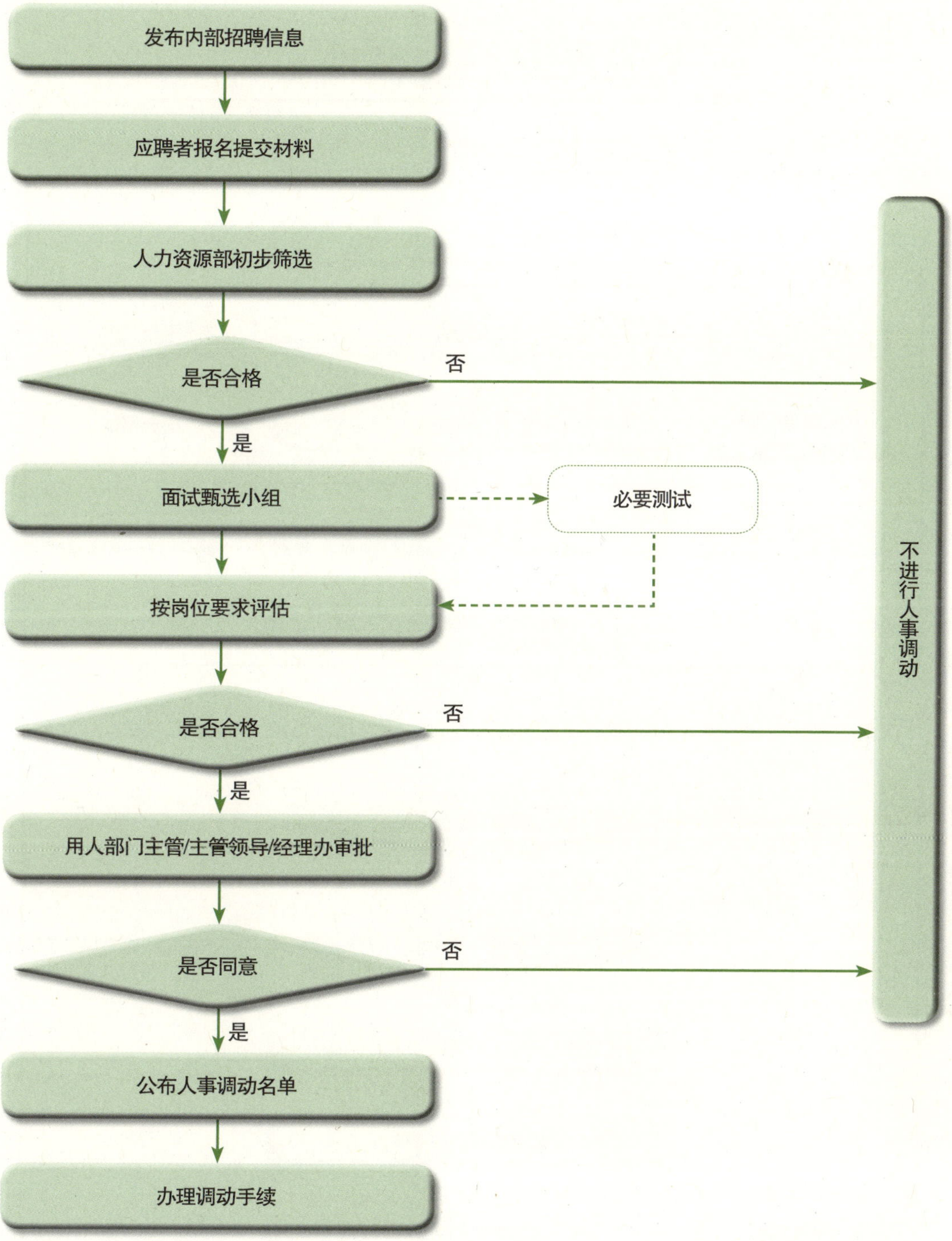

附件02

初、中级人员外部招聘流程

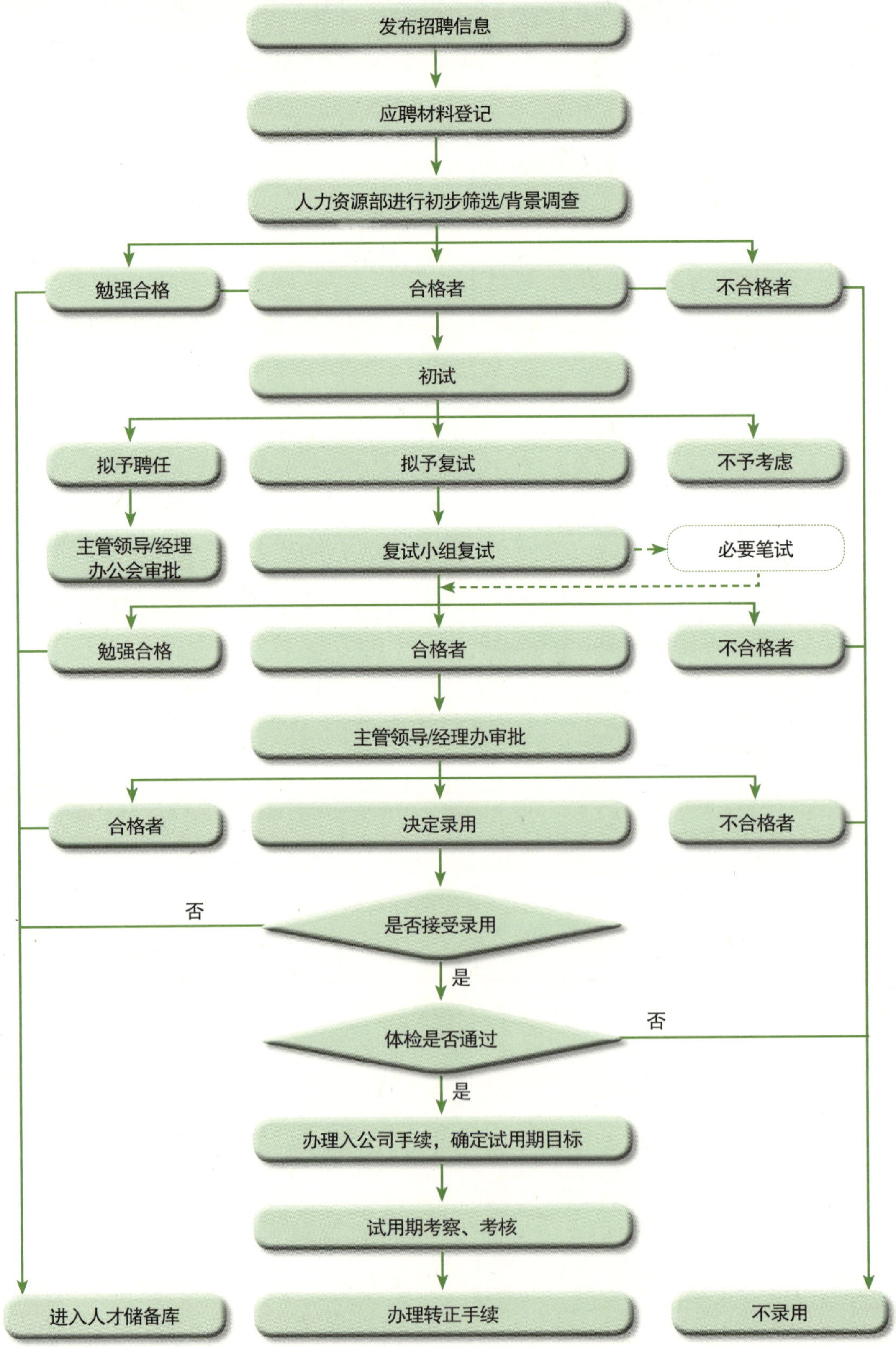

第三章

人力资源培训管理

一、培训管理的主要内容

培训是房地产公司活动的重要组成部分，主要包括：培训公司方针、精神；培训公司行为规范；培训岗位专业知识；技术培训；管理培训。员工进入公司以后，先要接受公司培训和岗前培训。员工上岗后要进行岗位专业技术培训和技术合拢培训。执行新任务之前要进行所需要的知识和技术培训。公司为了未来的任务和目标进行专题培训。公司定期进行员工素质提高培训。进行管理模式培训。

二、培训的目标

1. 对员工进行方针、政策以及各项规章制度的培训，使员工掌握公司的共同语言和行为规范；
2. 通过技术和技能培训，让员工尽早地掌握工作要领，工作程序与方法，尽快达到上岗条件；
3. 通过培训使现有员工技能得以提高和充实，使现有员工具备多方面的才干；
4. 通过培训减少工作失误，减少工伤事故，提高工作质量和工作效率，提高公司效率；
5. 通过培训建立良好的工作环境和工作气氛，提高员工的工作满意感和成就感；
5. 通过培训提高员工的创新能力，提高员工应用新技术、新知识、新工艺和新设备的能力；
6. 通过培训树立适合本公司需要的职业形象；
7. 通过培训使下属准确地理解上级意图和所布置的复杂任务；
8. 通过培训使员工理解并掌握公司新发布的命令、指示和制度。

公司培训可以概括为这样一个三位一体的目标：通过公司和员工履行培训的责任和权力，使公司工作实有成效，使公司维持自下而上的发展。

●公司培训目标示意图

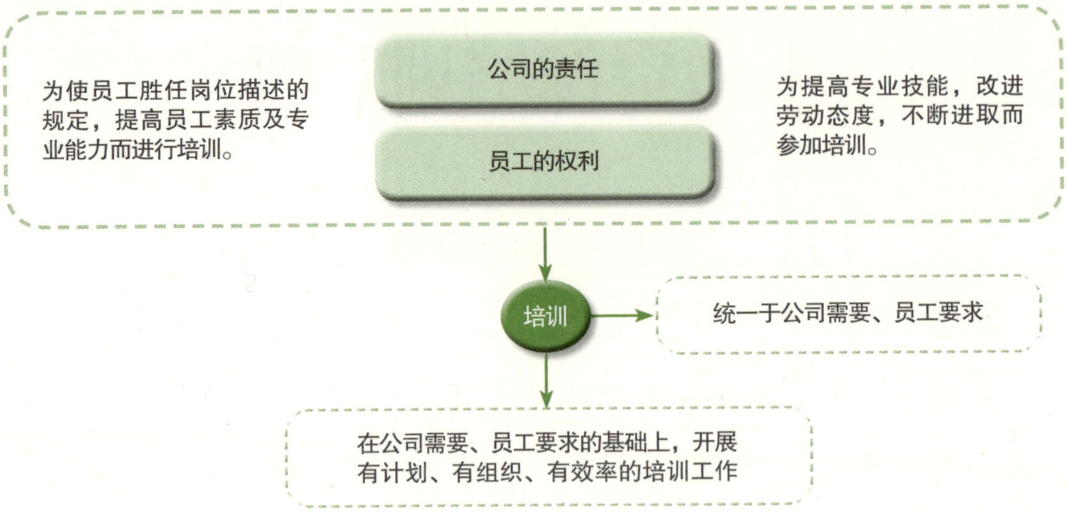

三、培训的种类

培训类别	责任部门
公司培训	人事行政部
管理手册培训	人事行政部
员工手册培训	人事行政部
岗位专业培训	所在部门
素质提高培训	人事行政部，所在部门
管理培训	总经理，副总经理，人事行政部
培训者培训	人事行政部，各部门

培训内容分类介绍表

现场培训	含义		在工作岗位，通过操作、技术演练，对员工进行培训，是由岗位管理者负责进行的培训
	基本原则		1. 培训是上司的一种义务和责任，与做好工作、完成任务的义务和责任相联系；不是上司的权力和恩赐，应把培训作为完成任务的途径； 2. 培训是以提高员工素质为目的的，必须以明确岗位职责为基础，按照岗位的业务要求，进行培训； 3. 培训是要创造一种做好工作的气氛和条件，使工作现场充满活力，需要把培训作为一种机会和手段，沟通上下级的联系，达到相互理解和支持； 4. 培训是以关心人为前提的，必须通过培训去掌握部下的情况，肯定成绩、指出不足，使他能愉快地工作； 5. 培训首先启发员工的学习和钻研热情，激励员工的工作干劲
	主要目的		提高员工的工作能力
脱产培训	含义		离开工作和工作现场，由公司内外的专家和教师对公司内各类人员进行集中培训
	基本原则		1. 脱产是在公司的人事行政部（培训中心）或社会上的各大院校进行的，是公司经营战略系统的一个有机且有形的系统； 2. 参加培训人员脱离工作岗位可能产生某些不利现实生产经营的影响，需要本着经济与效率的原则，对培训的组织过程实施管理
	分类及特点	分阶层	A. 强调培训对象的职务地位、等级和阶层； B. 强调培训的综合性； C. 强调标准化、规范化培训； D. 具有定期轮训的特性
		分专业	A. 强调培训的专业性； B. 强调培训内容的单一性； C. 强调专业知识和技能的层次； D. 强调培训的适应性和未来性； E. 强调培训的灵活性和随机性
自我开发	含义		自我开发是花费员工本人的精力、时间和费用，不占用工作时间，不脱产，利用公司外的培训设施和条件，提高自己的工作能力。诸如函授大学、电大以及社会上的各种培训班
	原则		自我开发纳入公司培训体系的必要前提是，公司在制度上承认员工在社会上取得的各种“资格证书”和“毕业证书”并提供相应的帮助或资助
	特点		自我开发作为公司培训的一个组成部分，在于它补充了公司资金人力和物力的不足，在于它调动员工的寻求知识、提高能力的主动性和积极性

四、培训体系的运行

要实施培训，就需要一系列“管理”，培训体系运行过程，就是一个“管理过程”。

1. 培训的管理过程，即“计划—实施—评价—处理”的循环过程；

2. 由“总经理”确定经营方针、教育方针以及培训工作的重点内容和重点项目，以从根本上推动公司培训工作的展开；

3. 由“人事行政部”主抓公司培训工作；

4. 由各部门制订专业培训计划和课程。

五、员工培训管理规范化范本

（一）总则

第一条：适用范围

本管理办法适用于××房地产开发有限公司（以下简称公司）全体员工。

第二条：目的

为了使企业内部员工的业务素质和技能满足公司发展战略和人力资源发展的需要，公司对员工应进行有计划、有系统的培训，以达到公司与员工共同发展的目的，特制订本管理办法。

第三条：培训目标

公司以“服务于企业利益、服务于企业员工”为目标，在考虑公司持续稳定发展基础上，尊重员工个性与发展要求，通过多样化的培训不断提高员工的素质与工作技能，把因员工能力不足和态度不积极而导致的人力成本浪费控制在最小限度，为公司提供各类合格的管理人员和专业人员。

第四条：培训宗旨

全员培训，终生培训。

第五条：培训方针

自我培训与传授培训相结合、岗位技能培训与专业知识培训相结合。

第六条：培训原则

公司对员工的培训遵循系统性原则、制度化原则、主动性原则、多样化原则和效益性原则。

（1）系统性

员工培训是一个全员性的、全方位的、贯穿员工职业生涯始终的系统工程。

（2）制度化

建立和完善培训管理制度，把培训工作例行化、制度化，保证培训工作的真正落实。

（3）主动性

强调员工参与和互动，发挥员工的主动性。

（4）多样化

开展员工培训工作要充分考虑受训对象的层次、类型，考虑培训内容和形式的多样性。

（5）效益性

员工培训是人、财、物投入的过程，是价值增值的过程，培训应该有产出和回报，应该有助于提升公司的整体绩效。

（二）培训内容和形式

第一条：培训内容

培训内容包括知识培训、技能培训和素质培训。

（1）知识培训

不断实施员工本专业和相关专业新知识的培训，使其具备完成本职工作所必需的基本知识和迎接挑战所需的新知识。

（2）技能培训

不断实施在岗员工岗位职责、操作规程和专业技能的培训，使其在充分掌握理论的基础上，能自由地应用、发挥、提高。

（3）素质培训

不断实施心理学、人际关系学、社会学、价值观的培训，建立公司与员工之间的相互信任关系，满足员工自我实现的需要。

第二条：培训形式

培训形式分为公司内部培训、外派培训和员工自我培训。

（1）公司内部培训

1）新员工培训。主要针对公司文化历史及本职工作的相关培训，时间一般为一周。

2）岗位技能培训。主要针对本职岗位技能的专业培训。

3）转岗培训。根据工作需要，公司原有从业人员调换工作岗位时，按新岗位要求，对其实施的岗位技能培训。转岗培训可视为新员工培训和岗位技能培训的结合。

4）继续教育培训。指凡具备专业技术职称的从事专业技术管理工作的员工每年均须参加不少于72小时的继续教育培训。每年由各相关专业部门与人力资源部共同商议并于年初提出本专业年度继续教育培训计划安排，报人力资源部，经总经理办公会批准后，按计划执行。

5）部门内部培训。部门内部培训由各部门根据实际工作需要，对员工进行小规模的、灵活实用的培训。部门内部培训由各部门组织，定期向人力资源部汇报培训情况。

（2）外派培训

外派培训是指培训地点在公司以外的培训，包括××集团组织的各种培训、国内外短期培训，高级经理人海外考察，另外还包括MBA课程进修培训、企业经理人培训、资格证书培训等。具体内容见《员工外派培训管理办法》。

（3）员工自我培训

公司鼓励员工利用业余时间积极参加各种提高自身素质和业务能力的培训。

（三）培训组织与管理

第一条：公司人力资源部负责培训活动的计划、实施和控制。基本程序如下：

培训需求分析—设立培训目标—设计培训项目—培训实施和评价。

第二条：其他各部门负责协助人力资源部进行培训的实施、评价，同时也要组织部门内部的培训。

第三条：建立培训档案

（1）建立公司培训工作档案，包括培训范围、培训方式、培训教师、培训往来单位、培训人数、培训时间、学习情况等。

（2）建立员工培训档案。将员工接受培训的具体情况和培训结果详细记录备案。包括培训时间、培训地点、培训内容、培训目的、培训效果自我评价、培训者对受训者的培训评语等。

（四）受训者的权利与义务

第一条：受训者的权利

（1）在不影响本职工作的前提下，员工有权利要求参加公司内部举办的各类培训。

（2）经批准进行培训的员工有权利享受公司为受训员工提供的各项待遇。

第二条：受训者的义务

（1）培训期间受训员工一律不得故意规避或不到。

（2）培训结束后，员工有义务把所学知识和技能运用到日常工作中去。

（3）非脱产培训一般只能利用业余时间，如确需占用工作时间参加培训的，须凭培训部门的有效证明，经所在部门和人力资源部批准后，可做公假处理。

（4）员工脱产培训期间，不能解除或终止劳动合同。如合同在培训期间到期，则须续签一定年限的劳动合同，其生效日期为前一份合同期满之日，而且要保证培训结束后至少有三年的合同期。该要求对已到法定退休年龄者例外。

（5）具备下列条件之一的，受训员工须与公司签订培训合同。

1）脱产培训时间在三个月以上；

2）公司支付培训费用在5000元以上。

（五）培训计划

第一条：培训计划

人力资源部每年十月初发放员工《培训需求调查表》，部门负责人结合本部门的实际情况，将员工的《培训需求调查表》汇总，并于十月底前上报人力资源部。人力资源部结合员工自我申报、人事考核、人事档案等信息，制订公司的年度培训计划。

根据年度培训计划制定实施方案。实施方案包括培训的具体负责人、培训对象、确定培训的目标和内容、选择适当的培训方法和选择学员和教师、制订培训计划表、培训经费的预算等。实施方案经行政副总/经理办公会审批同意后，以公司文件的形式下发到各部门。

第二条：部门内部组织的不在公司年度培训计划内的培训应由所在部门填写《部门计划外培训申请表》报人力资源部，经行政副总经理、经理办公会同意后，在人力资源部指导下由相关部门组织实施。

第三条：对于临时提出参加各类外派培训或进修的员工，均要经所在部门负责人同意，填报《员工外派培训表》，公司领导批准后，报人力资源部备案。

（六）培训实施

第一条：培训实施过程原则上依据人力资源部制订的年度培训计划进行，如果需要调整，应该向人力资源部提出申请，上报行政副总经理审批。

第二条：内部培训期间人力资源部监督学员出勤情况，并以此为依据对学员进行考核。

第三条：人力资源部负责对培训过程进行记录，保存过程资料，如电子文档、录音、录像、幻灯片等。培训结束后以此为依据建立公司培训档案。

（七）培训评估

第一条：人力资源部负责组织培训结束后的评估工作，以判断培训是否取得预期培训效果。

第二条：培训结束后的评估要结合培训人员的表现，做出总的鉴定。也可要求受训者写出培训小结，总结在思想、知识、技能、作风上的进步，与培训成绩一起放进人事档案。

第三条：培训评估包括测验式评估、演练式评估等多种定量和定性评估形式。

（八）培训费用

第一条：公司每年投入一定收入比例的经费用于培训。培训经费专款专用，根据公司效益状况可以适当增加数额。

第二条：参加培训（进修）的公司员工，其学费、报名费、资料教材费用等一律先由本人支付，待获得合格证书后，方可回公司报销，否则不予报销（上级党政机关、主管部门发文指令参加培训的除外）。技能培训的费用全部由公司承担，各类资格证书培训（进修）的费用公司和个人各承担50%。

第三条：培训人员发生的交通费、食宿费，公司按照必须发生的最低标准来报销。

六、新员工培训管理办法

（一）总则

第一条：本办法适用于××房地产开发有限公司（以下简称公司）的全体新员工。

第二条：公司实行“先培训、后上岗”原则。

第三条：培训目的

新员工培训是指企业为新员工介绍有关公司的基本背景情况，使员工了解所从事的工作的基本内容与方法，帮助员工明确自己工作的职责、程序、标准，并使他们初步了解企业及其部门所期望的态度、规范、价值观和行为模式等，从而帮助其顺利地适应企业环境和新的工作岗位，提高工作绩效。

第四条：培训的主要内容

新员工通识训练、部门内工作引导和部门间交叉引导。

（二）培训管理

第一条：新员工培训是该员工的部门负责人及公司人力资源部的共同责任，应在报到后一个月内执行。

第二条：凡公司正式报到的员工试用期满，但由于个人原因尚未参加新员工培训的，不得转为正式员工。

第三条：参加新员工培训的员工在培训期间如遇临时状况需请假者，请按《员工培训出勤管理规定》执行。并在试用期内补修请假耽搁的课程，否则，仍不得转为正式员工。

第四条：人力资源部应为每一位经过培训的员工开具培训证明。

第五条：培训结束后，进行考核。合格者，获得结业证明；不合格者，重新培训。

第六条：未参加新员工培训的员工，不得参加其他训练（如岗位技能培训）。

（三）通识训练

第一条：通识训练是指对员工进行有关工作认识、观念方面的训练，以及培养员工掌握基本的工作技巧。

第二条：新员工通识训练由人力资源部及各部门行政人员共同组织，人力资源部负责实施。

第三条：人力资源部向每位正式报到的新员工发放《员工手册》。

第四条：培训内容

公司历程、规模和发展前景、企业文化、公司理念、组织结构、相关制度和政策及职业道德教育等。

（四）部门内工作引导

第一条：部门内工作引导应该在新员工通识训练结束后进行，其责任人为部门负责人。

第二条：部门负责人代表部门对新员工表示欢迎，介绍新员工认识部门其他人员，并协助其较快地进入工作状态。

第三条：部门内工作引导主要包括：介绍部门结构、部门职责、公司管理规范及福利待遇、培训基本专业知识技能、讲授工作程序与方法、介绍关键工作指标等。

（五）部门间交叉引导

第一条：对新员工进行部门间交叉训练是公司所有部门负责人的共同责任。

第二条：根据工作与其他部门的相关性，新员工应到各相关部门接受交叉培训。

第三条：部门交叉引导主要包括：该部门人员介绍；部门主要职责；本部门与该部门联系事项；未来部门之间工作配合要求等。

（六）新员工培训评估

第一条：通识训练结束后由人力资源部组织新员工测验和座谈，不合格者应参加补充训练。

第二条：部门主管负责就部门内工作引导对新员工进行测验。不合格者需有针对性地重修，一个月内如果不能完成培训，则该员工不予转正。

第三条：新员工培训结束后人力资源部将培训记录归档。

第四条：新员工培训合格者，进入上岗试用期。

七、岗位技能培训管理办法

（一）总则

第一条：本办法适用于××房地产开发有限公司（以下简称公司）全体员工。

第二条：培训目的

增强员工技能，为提高工作质量和效率、减少工作失误以及工作轮换、横向调整和晋升做准备。

第三条：培训内容

高层管理人员培训、中层管理人员培训和基层员工培训。

（二）高层管理人员的培训

第一条：高层管理人员范围

高层管理人员是指对公司战略决策有重要影响的人员，包括公司总经理、副总经理、总师。

第二条：培训目的

通过培训使高层管理人员掌握经营环境的变化、行业发展趋势以及进行决策的程序和方法，提高洞察能力、思维能力、决策能力、领导能力，以确保决策人正确地履行职责。

第三条：培训内容

对高层管理人员培训重点应该侧重于观念、理念方面，此外还有市场经济所要求的系统管理理论和技能，如管理学、组织行为学、市场营销、企业经营战略、企业经营过程控制、领导科学与艺术等。

第四条：培训方式

（1）工商管理硕士学位班：有计划地安排高层管理者参加MBA学习，既可全脱产，也可半脱产学习。

（2）脱产培训班：参加高等院校为企业高层管理人员举办的培训班，如总裁高级研修班等。

（3）出国考察：有计划、有选择地组织高层管理人员出国考察。

（4）其他培训。

（三）中层管理人员的培训

第一条：中层管理人员范围

中层管理人员是指各部门负责人。

第二条：培训目的

通过培训使中层管理人员更好地理解和执行企业高层管理人员的决策方针，具备多方面的才干和更高水平的管理能力，改善管理工作绩效，提高管理水平和管理质量，为企业决策层培养接班人。

第三条：培训内容

（1）管理基本知识与技能：管理学、组织行为学、人力资源开发与管理、市场学、领导科学与艺术等课程。

（2）业务知识与技能：负责的业务领域，如技术、销售等领域的知识与技能。

（3）工作改进：工作分配、工作方法的改进、工作流程的改进。

（4）其他培训。

第四条：培训方式

（1）在职开发：鼓励中层管理人员承担更大的责任，以增长才干，培养领导能力。

（2）“请进来、走出去”式培训：结合公司自身的业务发展，外请行业专家讲课或到先进企业参观学习、交流经验。

（3）内部研讨：企业组织内部研讨活动，鼓励中层管理人员研讨公司的经营管理问题。

（4）轮流任职：安排有培养前途的中层管理人员在企业的各管理岗位轮流任职。

（5）脱产培训：选送有培养前途的中层管理人员到高等院校进行管理培训。

（四）基层员工的培训

第一条：基层员工的范围

基层员工包括技术人员、销售营销人员和各类职能人员等。

第二条：培训目的

提高基层员工的专业技术水平和业务能力，掌握本专业的新知识和新技术。

第三条：培训内容

针对在岗员工岗位职责、专业技能、操作规程、业务流程等进行反复强化培训，以使员工在充分掌握理论的基础上，能自由地应用、发挥、提高。

第四条：培训方式

（1）专题培训：根据不同的业务性质，公司选派员工参加各类专题培训班。

（2）脱产进修：公司选派员工去高等院校、科研机构脱产进修，以培养企业紧缺的专业技术人员。

（3）其他培训。

八、员工外派培训管理办法

（一）总则

第一条：本办法适用于××房地产开发有限公司（以下简称公司）全体员工。

第二条：培训目的

通过外派培训，使公司人员学习业界先进技术、专业技术技能。

第三条：外派培训的内容包括政府法令规定的，由政府单位和××集团主办及核定的资格鉴定课程；特殊的专业知识或技能课程；各种取证考试；海外交流考察；国内外MBA进修培训，企业经理人进修培训等。

第四条：外派培训的形式分为全脱产、半脱产和在职培训。

第五条：外派培训计划

公司人力资源部及各部门应于新年度开始前提出外派培训计划并报批核准。临时外派项目，申请人需按正规的程序提出申请，经部门领导、人力资源部经理、总经理办公会审批后执行。

（二）外派培训人员资格

第一条：参加外派培训人员的人事关系应在本公司。

第二条：参加外派培训人员应有长期服务于本公司的意愿。

第三条：根据外派项目的具体要求，制定对外派人员关于学历、能力等方面的资格要求，必要时进行考试选择。

（三）外派培训处理程序

第一条：外派培训人员分为指定、推荐及个人申请三种情况。

第二条：凡参加外派进修培训人员均填写外派培训申请表（附培训通知），由公司人力资源部进行资格审查及总经理办公会审批后，方可报名参加。

第三条：学历教育须根据公司人才培训计划和工作需要，按照专业对口或相关专业的原则，由个人提出申请，并填写外派培训申请表（附《招生简章》），由公司人力资源部进行资格审查及总经理办公会审批后，方可报名参加，并签定员工培训协议书。

第四条：外派培训人员与公司签订培训合同后，其人事关系归人力资源部管理，工资待遇按合同执行。

第五条：外派培训结束后，外派培训人员应于返公司七日内将外派培训期间所填写的学习日志交公司人力资源部。个人参加培训学习结束后，须持结业证、考试成绩或其他证明材料到人力资源部备案登记。

第六条：外派培训人员的费用报销须在返公司七日内汇总填写明细，由人力资源部审核登记后办理报销手续。

（四）外派培训工资

进修人员若申请半脱产、全脱产进修，期间的薪金发放标准依公司相关薪金制度执行。

九、员工培训出勤管理规定

第一条：本规定适用于××房地产开发有限公司（以下简称公司）全体员工。

第二条：员工培训出勤管理由公司人力资源部负责。

第三条：培训期间不得随意请假，如确因公请假，须填写培训学员请假单，并呈请相关主管核准交至人力资源部备查，否则以旷工对待。因特殊情况不能及时请假者，必须向人力资源部申明，并补办请假手续。

第四条：上课期间迟到、早退依下列规定办理（因公并持有证明者不在此限）：

迟到、早退达三次者，以旷工半天论；迟到、早退达三次以上六次以下者，以旷工一天论。若缺勤时数超过课程总时数1/3者，需重新补修全部课程。

第五条：自学员收到培训通知当日起，所有上课学员凡遇公务或私事与上课发生冲突者，一律需办理培训请假手续，凡违反规定的人员，旷课时数以旷工论处。

第六条：员工参加培训，必须在员工培训签到表上亲笔签名以示出勤，严禁其他学员代签，如有代签，一经发现，代签学员和被代签学员均按旷课处理。

第七条：培训单位以签到及课上点名为依据，将参训学员的上课记录登记在员工培训记录上，并由人力资源部归入员工培训档案中保存。

附件03

培训运作流程

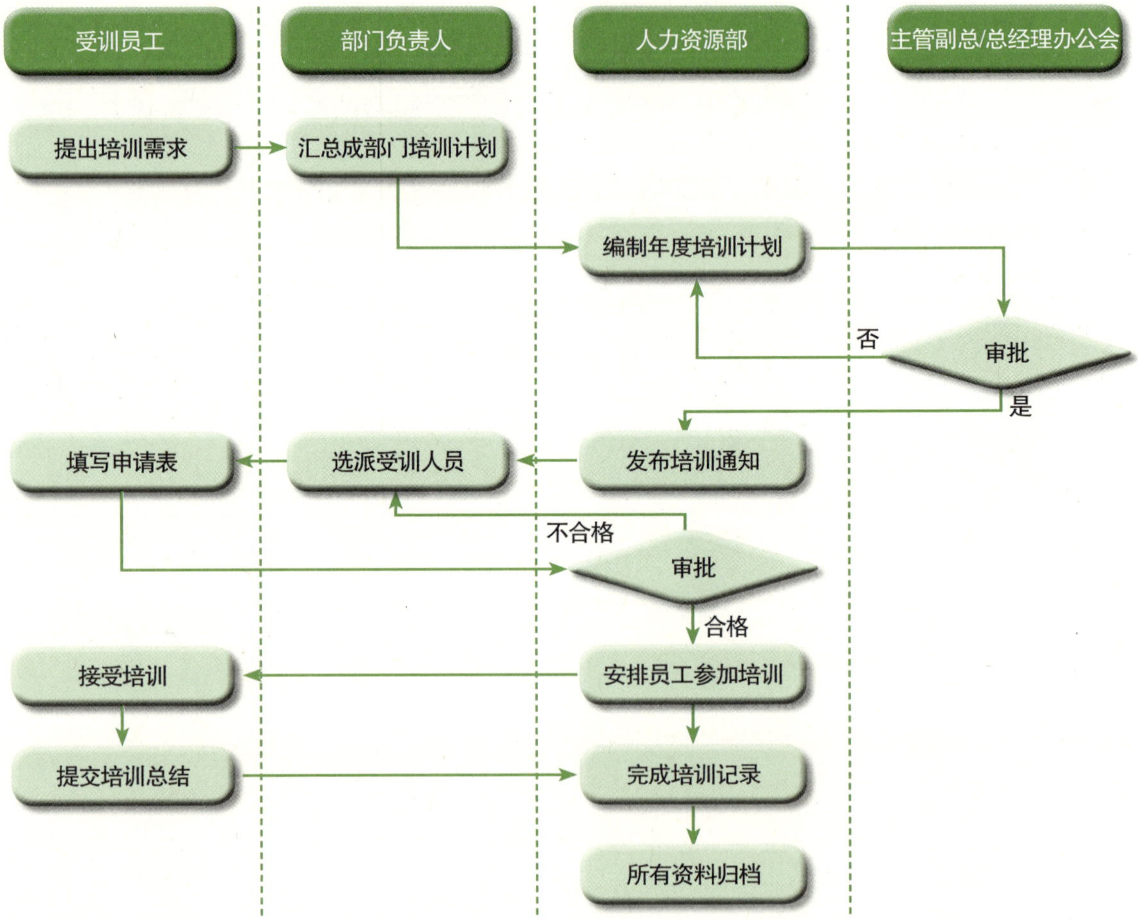
受训员工
部门负责人
人力资源部
主管副总/总经理办公会
提出培训需求
汇总成部门培训计划
编制年度培训计划
否
审批
是
填写申请表
选派受训人员
发布培训通知
不合格
审批
合格
接受培训
安排员工参加培训
提交培训总结
完成培训记录
所有资料归档

第十四模块 Module Fourteen

房地产企业绩效考核管理

约有80%的房地产从业人员不稳定因素来源于薪酬！一个合理公平的薪酬管理体系是人才稳定的关键因素。纵观楼市，严重失衡的薪酬体系和不合理的薪酬，严重影响了公司整体人员的工作热情和士气。房地产企业过分强调薪酬的外部竞争性，公司价值取向不清，忽略和淡化了薪酬的内部公平性。事实上一个系统的房地产工程需要的是全公司包括财务、工程、设计、策划等各部门的整体配合，需要整个公司的通力合作才能达到全盘共赢，建立一个科学、公开的薪酬体系和绩效管理考核系统呼之欲出。

第一章

员工考核管理规范化范本

一、总则

第一条：适用范围

××房地产开发有限责任公司（以下简称公司）的所有员工均需参加考核。总经理由董事会负责考核，不在本办法考核范围之内。

考核对象具体分为高层管理、中层管理、行政事务、销售/营销、技术、财务、工勤等各类人员。分公司经理考核参见《××房地产开发有限公司业绩合同管理办法》。

第二条：考核目的

员工考核的目的是通过客观评价员工的工作绩效，帮助员工提升自身工作水平，从而有效提升公司整体绩效。

第三条：考核原则

考核工作遵循以下原则：

（1）以提高员工绩效为导向；

（2）定性与定量考核相结合；

（3）公平、公正；

（4）多角度考核。

第四条：考核用途

考核结果的用途主要体现在以下几个方面：薪酬分配、职务升降、岗位调动、员工培训。

二、考核方法

第一条：考核周期

考核分为季度考核和年度考核。其中季度考核于各季度结束后十日内完成；年度考核于次年1月20日前完成。

第二条：考核职责划分

（1）考核管理委员会职责

由总经理、各副总经理、四总师、人力资源部部长组成公司考核管理委员会领导考核工作，承担以下职责：

1）最终考核结果的审批；

2）中层管理人员考核等级的综合评定；

3）员工考核申诉的最终处理。

（2）人力资源部职责

作为考核工作具体组织执行机构，主要负责：

1）对各部门进行各项考核工作的培训与指导；

2）对各部门考核过程进行监督与检查；

3）汇总统计考核评分结果；

4）协调、处理各级人员关于考核申诉的具体工作；

5）对各部门季度、年度考核工作情况进行通报；

6）对考核过程中不规范行为进行纠正、指导与处罚；

7）为每位员工建立考核档案，作为奖金发放、工资调整、职务升降、岗位调动等的依据。

（3）各部门主管的职责

1）负责本部门考核工作的整体组织及监督管理；

2）负责处理本部门关于考核工作的申诉；

3）负责对本部门考核工作中不规范行为进行纠正和处罚；

4）负责帮助本部门员工制订季度工作计划和考核标准；

5）负责所属员工的考核评分；

6）负责本部门员工考核等级的综合评定；

7）负责所属员工的绩效面谈，并帮助员工制订改进计划。

第三条：考核关系

考核关系分为直接上级考核、直接下级考核、同级人员考核。不同考核对象对应不同的考核关系。

考核关系表

考核对象	考核关系
中高层管理人员	直接上级、同级、下级考核
工勤人员	直接上级考核
部门一般人员	直接上级、同级考核

第四条：考核维度

考核维度是指对考核对象考核时的不同角度、不同方面。包括绩效维度、能力维度、态度维度。每一个考核维度由相应的测评指标组成，对不同的考核对象采用不同的考核维度、不同的测评指标。

（1）绩效

指被考核人员通过努力所取得的工作成果，从以下三个方面考核：

1）任务绩效：体现本职工作任务完成的结果。每个岗位都有对应岗位职责的任务绩效指标。具体参见《××房地产开发有限公司考核指标》。

2）周边绩效：体现对相关部门服务的结果。

3）管理绩效：体现管理人员对部门工作管理的结果。

（2）能力

指被考核人完成各项专业性活动所具备的特殊能力和岗位所需要的素质能力。能力维度考核分为素质能力和专业技术能力。其中素质能力主要包括以下几类：

人际交往能力、影响力、领导能力、沟通能力、判断和决策能力、计划和执行能力。

（3）态度

指被考核人员对待工作的态度和工作作风。态度考核分为积极性、协作性、责任心、纪律性考核。

第五条：考核指标的权重

权重表示单个考核指标在指标体系中的相对重要程度，以及该指标由不同的考核人评价时的相对重要程度。具体权重见季度考核和年度考核的相关内容。

第六条：考核程序

各考核人对被考核人进行考核评分；人力资源部统计汇总所有人的评分，然后将统计结果反馈到相关主管；主管根据得分确定被考核人的综合评定等级，上报人力资源部；人力资源部将所有综合评定结果报考核管理委员会审批后反馈到部门，由部门主管将最终考核结果反馈给被考核人。

第七条：考核评分

考核评分表中的所有考核指标均按照A、B、C、D四个等级评分，具体定义和对应关系如下：

●评分等级定义表

等级	定义	得分
A	超出目标	100
B	达到目标	85
C	接近目标	70
D	远低于目标	50

第八条：综合评定等级

（1）根据个人评分情况与比例限制综合评定个人等级。综合评定结果共分为五级，分别是优、良、中、基本合格、不合格。

●综合评定等级定义表

等级	定义
优	实际表现显著超出预期计划（目标）或岗位职责（分工）要求，在计划（目标）或岗位职责（分工）要求所涉及的各个方面都取得特别出色的成绩
良	实际表现达到或部分超过预期计划（目标）或岗位职责（分工）要求，在计划（目标）或岗位职责（分工）要求所涉及的主要方面都取得比较出色的成绩
中	实际表现基本达到预期计划（目标）或岗位职责（分工）要求，无明显失误
基本合格	实际表现基本达到预期计划（目标）或岗位职责（分工）要求，在主要方面有明显不足或失误
不合格	实际表现未达到预期计划（目标）或岗位职责（分工）要求，在很多方面失误或主要方面有重大失误

（2）比例限制：在综合评定等级时，对于不同类型人员有等级比例限制。具体限制比例见下表：

●综合评定等级比例限制表

人员类别	等级比例限制					评定人
	优	优和良	中	基本合格	不合格	
高层管理人员	20%	40%	不限制	不限制	不限制	总经理
中层管理人员	15%	30%	不限制	不限制	不限制	考核管理委员会
一般人员	10%	20%	不限制	不限制	不限制	部门主管

注：“优”、“良”等级的综合评定是根据得分从高到低排序后根据比例限制确定。考核综合得分大于等于60分小于70分的等级评定为“基本合格”，小于60分等级评定为“不合格”。“中”由主管根据得分和等级的定义描述自己评定。

三、季度考核

第一条：季度考核范围

季度考核对象包括中层管理人员和部门内一般人员（包括技术、财会、行政事务职系的员工）、工勤人员三类。

第二条：季度考核维度与权重

针对不同的考核对象，考核维度与权重不同。

（1）中层管理人员

●中层管理人员考核维度、权重表

考核维度		考核人	季度考核权重
绩效	任务绩效	直接上级	50%
	周边绩效	相关部门部长/主任	30%
	管理绩效	直接上级、下级	20%

（2）一般人员

●一般人员（工勤人员除外）考核维度、权重表

考核维度	考核人	季度考核权重
任务绩效	直接上级	70%
态度	上级、同部门人员	30%

（3）工勤人员

●工勤人员考核维度、权重表

考核维度	考核人	季度考核权重
任务绩效	直接上级	70%
态度	直接上级	30%

第三条：季度考核时间

各部门考核的具体安排由人力资源部负责通知，组织季度考核时间如下表所示。

第一季度考核	第二季度考核	第三季度考核	第四季度考核
4月1日~4月10日	7月1日~7月10日	9月20日~9月30日	1月1日~1月10日

第四条：季度考核流程

（1）启动考核

人力资源部在季度初启动考核工作。上季度的考核评定和下季度工作计划确定一起启动。

（2）制订员工季度工作计划，选择考核指标和权重

1）在季度初五日以内，员工直接上级根据职务说明书和实际工作要求，就季度主要工作任务、考核标准、指标权重等内容与被考核人面谈，共同讨论填写《绩效考核直接上级评分表》中任务绩效部分。从岗位可选考核指标（参见《××房地产开发有限公司考核指标》）中选择3~5个指标，确定要求达到的程度，并在任务绩效指标的总体权重范围内确定各个指标的权重。确定后双方各持一份，作为本季度的工作指导和考核依据。

2）每个月末考核双方就本季度计划进行一次回顾与沟通。计划执行过程中，若出现重大计划调整，须重新填写相应的《绩效考核直接上级评分表》。员工直接上级须及时掌握计划执行情况，明确指出工作中的问题，提出改进建议。

（3）员工自评

季度结束后，下季度开始三日内，被考核人从工作业绩、工作态度方面进行自我评价，填写《绩效考核直接上级评分表》中完成情况部分，并与下一季度的《绩效考核直接上级评分表》一起交直接上级。

（4）评价

1）直接上级就工作绩效与被考核人面谈，共同商定上季度任务目标完成情况（同时讨论确定下一季度目标、计划）。

2）直接上级对被考核人的工作业绩、工作态度独立提出评价意见，在《绩效考核直接上级评分表》中填写考核评分部分。

3）有同级和下级考核的人员，人力资源部组织相应同级和下级考核人提出评价意见，完成评分表。

4）人力资源部统计汇总考核得分。一般人员得分反馈给各部门主管，主管根据下属得分和部门比例限制确定被考核者的综合评定等级，报人力资源部。中层管理人员得分上报考核管理委员会讨论确定综合评定等级。

（5）审批

人力资源部汇总所有考核结果后报考核管理委员会审批。

第五条：季度考核结果的用途

季度考核结果直接影响下一季度的绩效工资，间接影响年度考核结果。

四、年度考核

第一条：年度考核范围

（1）个人年度考核：主要是对员工本年度的工作业绩、工作能力和工作态度进行全面综合考核。年度考核要对员工的长期发展和能力长期表现进行评价，在季度考核维度上增加能力维度。年度考核作为晋升、淘汰、评聘以及计算年终奖金、培训的依据。除总经理外的公司员工均需进行年度考核。

（2）对新入职员工、调动新岗位的员工、在公司全年工作时间不足六个月或有其他特殊原因的员工，经考核管理委员会批准可以不参加年度考核，考核结果视为“中”。

（3）部门年度考核：反映部门整体对于公司的贡献。

第二条：个人年度考核流程

（1）个人年度考核和第四季度考核一起进行，增加能力考核指标，具体得分为：

1）高层管理人员以外的个人年度考核得分=个人4个季度考核得分的平均值×70%＋个人能力考核得分×30%

2）高层管理人员年度考核得分＝绩效考核得分×70%＋个人能力考核得分×30%

（2）参加年度考核的所有员工，由其直接主管在每年度1月10日前对《能力考核评分表》中有关项目评价评分。

（3）年度考核评定于下一年度1月15日前完成，并汇总到人力资源部。

（4）人力资源部在20日前把考核结果报考核管理委员会批准。

第三条：个人年度考核结果的用途

个人年度考核结果主要作为职务升降、工资等级升降、年终奖金分配、聘任职称等工作的依据。对于薪酬的具体影响参见《××房地产开发有限公司薪酬设计方案》。

依据考核结果的不同，公司对每个员工给予不同的处理，一般有以下几类：

职务升降	年度考核为优的员工，优先列为职务晋升对象。年度考核不合格的员工给予行政降级处理
工资升降	连续两年内考核结果累计一“优”一“良”或以上者，以及连续三年考核结果为“良”者，工资等级在本职系本职称系列内晋升一级。当年考核结果为“不合格”或连续两年考核结果为“基本合格”的员工工资等级下调一级，对于连续两年考核结果为“不合格”的员工或连续三年考核结果为“基本合格”的员工进行待岗处理
年度奖金分配	在年度奖金分配时不同的考核结果对应不同的考核系数
职称聘任	年度考核为优的员工，优先列为破格聘任对象

第四条：部门考核

（1）部门考核方式

部门考核不单独设立指标进行。每个部门的主管四个季度的任务绩效和周边绩效的平均得分作为部门的年度考核得分。根据部门的考核得分排序，然后由考核管理委员会按照与中层管理人员评定时类似的比例限制确定各个部门的综合评定等级。分公司不参与部门排序，分公司经理的综合评定等级即为分公司的评定等级。

（2）部门考核结果的用途

部门考核结果直接决定公司部门年终奖金分配方案。具体参见《××房地产开发有限公司薪酬设计方案》。

五、申诉及其处理

第一条：申诉受理机构

被考核人如对考核结果不清楚或者持有异议，可以采取书面形式向人力资源部申诉。考核管理委员会是员工考核申诉的最终处理机构。人力资源部是考核管理委员会的日常办事机构，一般申诉由人力资源部负责协调、处理。

第二条：提交申诉

员工以书面形式向人力资源部提交申诉书。申诉书内容包括：申诉人姓名、部门、申诉事项、申诉理由。

第三条：申诉受理

（1）人力资源部接到职工申诉后，应在三个工作日做出是否受理的答复。对于申诉事项无客观事实依据，仅凭主观臆断的申诉不予受理。

（2）受理的申诉事件，首先由人力资源部对员工申诉内容进行调查，然后与员工所在部门主管进行协调、沟通。不能协调的，人力资源部上报考核管理委员会处理。

（3）申诉处理答复：人力资源部应在十五个工作日内明确答复申诉人；人力资源部不能解决的申诉，应及时上报考核管理委员会处理，并将进展情况告知申诉人。考核管理委员会在接到申诉后，一周内必须就申诉的内容组织审查，并将处理结果通知申诉人。

（4）员工申诉图

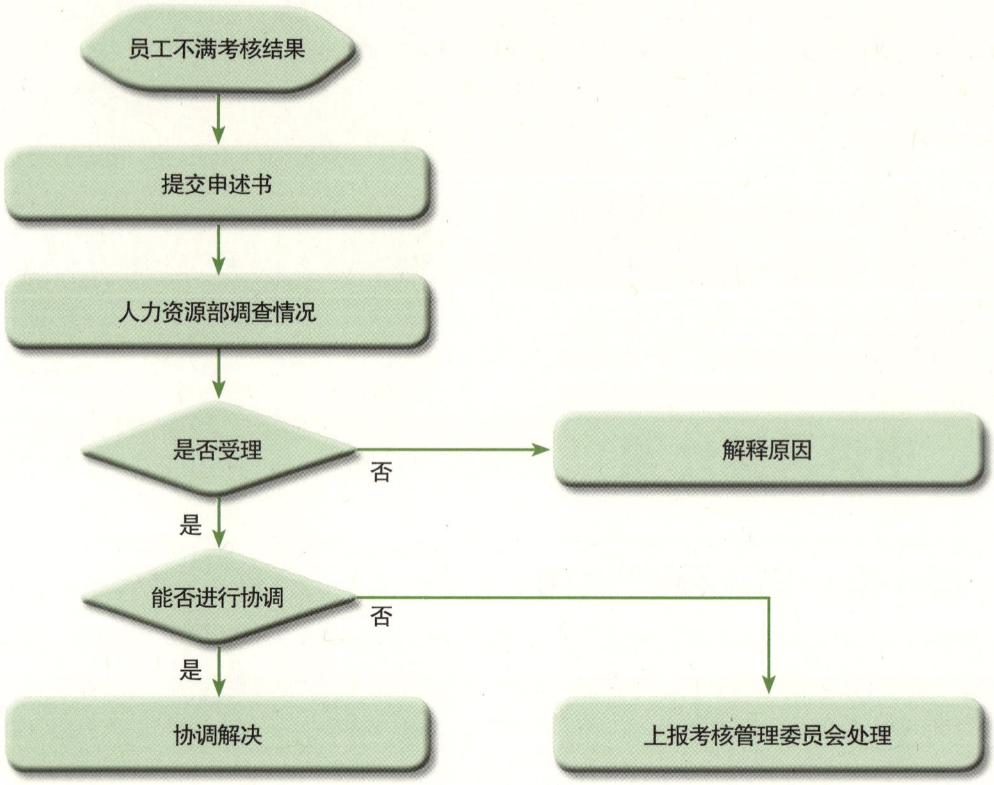
员工不满考核结果
提交申述书
人力资源部调查情况
是否受理
否
解释原因
是
能否进行协调
否
是
协调解决
上报考核管理委员会处理

附件01

季度考核流程图

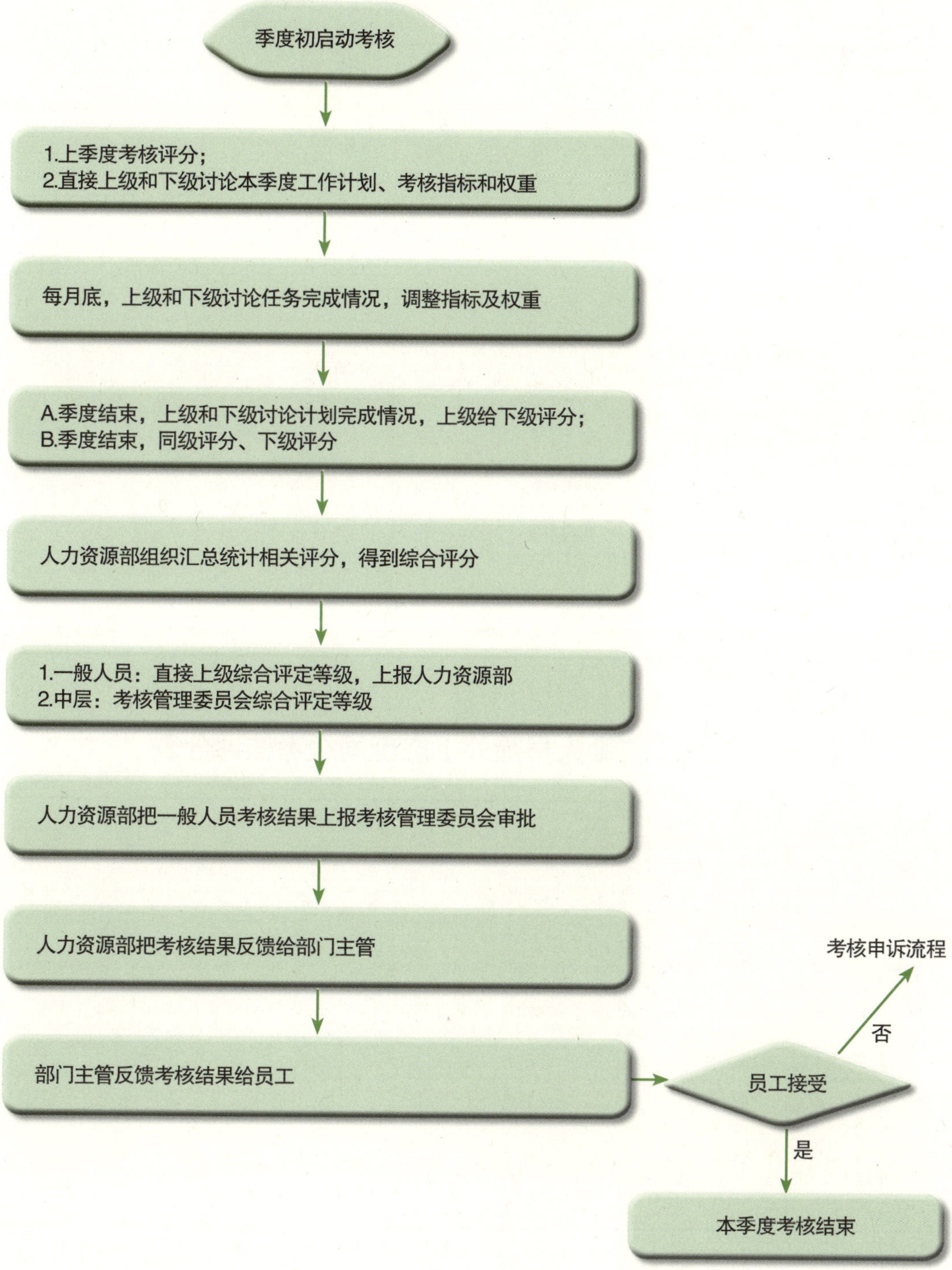

附件02

考核评分表及填表说明

中层管理人员绩效考核直接上级评分表（季度）

考核期间：　年　月至　年　月

姓名			部门		岗位		□季度			
绩效		序号	指标	权重	完成情况		A	B	C	D
	任务绩效50%	1								
		2								
		3								
		4								
		5								
	管理绩效10%	1	沟通效果	2.5%						
		2	工作分配	2.5%						
		3	下属发展	2.5%						
		4	管理力度	2.5%						
考核人		签字： 年　月　日								

一般人员（工勤人员除外）态度同级考核评分表

考核期间：　年　月至　年　月

被考核人姓名			部门		岗位		□季度
管理绩效7%	序号	指标	权重	评价			
				A	B	C	D
	1	沟通效果	1.75%				
	2	工作分配	1.75%				
	3	下属发展	1.75%				
	4	管理力度	1.75%				
考核人	签字： 年　月　日						

高层管理人员绩效考核直接上级评分表（年度）

考核期间：　年　月至　年　月

<table>
<tr><td>姓名</td><td colspan="2"></td><td>部门</td><td></td><td>岗位</td><td></td><td colspan="4">□季度</td></tr>
<tr><td rowspan="10">绩效</td><td></td><td>序号</td><td>指标</td><td>权重</td><td colspan="2">完成情况</td><td>A</td><td>B</td><td>C</td><td>D</td></tr>
<tr><td rowspan="5">任务绩效35%</td><td>1</td><td></td><td></td><td colspan="2"></td><td></td><td></td><td></td><td></td></tr>
<tr><td>2</td><td></td><td></td><td colspan="2"></td><td></td><td></td><td></td><td></td></tr>
<tr><td>3</td><td></td><td></td><td colspan="2"></td><td></td><td></td><td></td><td></td></tr>
<tr><td>4</td><td></td><td></td><td colspan="2"></td><td></td><td></td><td></td><td></td></tr>
<tr><td>5</td><td></td><td></td><td colspan="2"></td><td></td><td></td><td></td><td></td></tr>
<tr><td rowspan="4">管理绩效7%</td><td>1</td><td>沟通效果</td><td>1.75%</td><td colspan="2"></td><td></td><td></td><td></td><td></td></tr>
<tr><td>2</td><td>工作分配</td><td>1.75%</td><td colspan="2"></td><td></td><td></td><td></td><td></td></tr>
<tr><td>3</td><td>下属发展</td><td>1.75%</td><td colspan="2"></td><td></td><td></td><td></td><td></td></tr>
<tr><td>4</td><td>管理力度</td><td>1.75%</td><td colspan="2"></td><td></td><td></td><td></td><td></td></tr>
<tr><td colspan="2">考核人</td><td colspan="9">签字：
年　月　日</td></tr>
</table>

备注：1. 高层管理人员只进行年度考核；
2. 不包括分公司经理。

中层管理人员管理绩效直接下级考核评分表（季度）

考核期间：　年　月至　年　月

<table>
<tr><td>被考核人姓名</td><td colspan="2"></td><td>部门</td><td>岗位</td><td colspan="2"></td><td colspan="2">□季度</td></tr>
<tr><td rowspan="6">管理绩效10%</td><td rowspan="2">序号</td><td rowspan="2">指标</td><td rowspan="2">权重</td><td colspan="4">评价</td></tr>
<tr><td>A</td><td>B</td><td>C</td><td>D</td></tr>
<tr><td>1</td><td>沟通效果</td><td>2.5%</td><td></td><td></td><td></td><td></td></tr>
<tr><td>2</td><td>工作分配</td><td>2.5%</td><td></td><td></td><td></td><td></td></tr>
<tr><td>3</td><td>下属发展</td><td>2.5%</td><td></td><td></td><td></td><td></td></tr>
<tr><td>4</td><td>管理力度</td><td>2.5%</td><td></td><td></td><td></td><td></td></tr>
<tr><td>考核人</td><td colspan="7">签字：
年　月　日</td></tr>
</table>

中高层管理人员周边绩效同级考核评分表

考核期间：　年　月至　年　月

考核人姓名			考核人部门						岗位								□季度　□年度					
周边绩效	序号	指标	部门一：				部门二：				部门三：				部门四：				部门五：			
			A	B	C	D	A	B	C	D	A	B	C	D	A	B	C	D	A	B	C	D
	1	主动性																				
	2	响应时间																				
	3	解决问题时间																				
	4	信息反馈及时																				
	5	服务质量																				
考核人	签字：　年　月　日																					

备注：1.部门一、部门二等要标示出各中层岗位名称；

2.高层管理人员不属于哪个部门，对高层考核时，把部门一、部门二等都改为具体的高层岗位名称。

中高层管理人员态度同级考核评分表

考核期间：　年　月至　年　月

考核人姓名			部门						岗位								□季度					
态度 15%	序号	指标	同级一：				同级二：				同级三：				同级四：				同级五：			
			A	B	C	D	A	B	C	D	A	B	C	D	A	B	C	D	A	B	C	D
	1	积极性 3.75%																				
	2	协作性 3.75%																				
	3	责任心 3.75%																				
	4	纪律性 3.75%																				
考核人	签字：　年　月　日																					

备注：

中高层管理人员能力考核评分表

考核期间：　年　月至　年　月

<table>
<tr><td>姓名</td><td></td><td>部门</td><td></td><td>岗位</td><td></td><td colspan="4">年度</td></tr>
<tr><td rowspan="24">能力30%</td><td colspan="2">指标</td><td colspan="3">要素</td><td>A</td><td>B</td><td>C</td><td>D</td></tr>
<tr><td rowspan="22">能力素质20%</td><td rowspan="4">人际交往能力3%</td><td colspan="3">建立关系</td><td></td><td></td><td></td><td></td></tr>
<tr><td colspan="3">团队合作</td><td></td><td></td><td></td><td></td></tr>
<tr><td colspan="3">解决矛盾</td><td></td><td></td><td></td><td></td></tr>
<tr><td colspan="3">敏感性</td><td></td><td></td><td></td><td></td></tr>
<tr><td rowspan="4">影响力3%</td><td colspan="3">团队发展</td><td></td><td></td><td></td><td></td></tr>
<tr><td colspan="3">说服力</td><td></td><td></td><td></td><td></td></tr>
<tr><td colspan="3">应变能力</td><td></td><td></td><td></td><td></td></tr>
<tr><td colspan="3">影响能力</td><td></td><td></td><td></td><td></td></tr>
<tr><td rowspan="6">领导能力5%</td><td colspan="3">评估</td><td></td><td></td><td></td><td></td></tr>
<tr><td colspan="3">反馈和培训</td><td></td><td></td><td></td><td></td></tr>
<tr><td colspan="3">授权</td><td></td><td></td><td></td><td></td></tr>
<tr><td colspan="3">激励</td><td></td><td></td><td></td><td></td></tr>
<tr><td colspan="3">建立期望</td><td></td><td></td><td></td><td></td></tr>
<tr><td colspan="3">责任管理</td><td></td><td></td><td></td><td></td></tr>
<tr><td rowspan="3">沟通能力3%</td><td colspan="3">口头沟通</td><td></td><td></td><td></td><td></td></tr>
<tr><td colspan="3">倾听</td><td></td><td></td><td></td><td></td></tr>
<tr><td colspan="3">书面沟通</td><td></td><td></td><td></td><td></td></tr>
<tr><td rowspan="5">判断和决策能力3%</td><td colspan="3">战略思考</td><td></td><td></td><td></td><td></td></tr>
<tr><td colspan="3">创新能力</td><td></td><td></td><td></td><td></td></tr>
<tr><td colspan="3">解决问题能力</td><td></td><td></td><td></td><td></td></tr>
<tr><td colspan="3">推断评估能力</td><td></td><td></td><td></td><td></td></tr>
<tr><td colspan="3">决策能力</td><td></td><td></td><td></td><td></td></tr>
<tr><td rowspan="3">计划和执行能力3%</td><td colspan="3">准确性</td><td></td><td></td><td></td><td></td></tr>
<tr><td colspan="3">效率</td><td></td><td></td><td></td><td></td></tr>
<tr><td colspan="3">计划和组织</td><td></td><td></td><td></td><td></td></tr>
<tr><td colspan="2">专业知识技能10%</td><td colspan="3"></td><td></td><td></td><td></td><td></td></tr>
<tr><td>考核人</td><td colspan="9">签字：
年　月　日</td></tr>
</table>

备注：此表由被考核人的直接上级填写。

一般人员（工勤人员除外）绩效考核直接上级评分表

考核期间：　年　月至　年　月

<table>
<tr><td>被考核人姓名</td><td colspan="2"></td><td>部门</td><td></td><td>岗位</td><td colspan="4">□季度</td></tr>
<tr><td rowspan="10">绩效</td><td></td><td>序号</td><td>指标</td><td>权重</td><td>完成情况</td><td>A</td><td>B</td><td>C</td><td>D</td></tr>
<tr><td rowspan="5">任务绩效70%</td><td>1</td><td></td><td></td><td></td><td></td><td></td><td></td><td></td></tr>
<tr><td>2</td><td></td><td></td><td></td><td></td><td></td><td></td><td></td></tr>
<tr><td>3</td><td></td><td></td><td></td><td></td><td></td><td></td><td></td></tr>
<tr><td>4</td><td></td><td></td><td></td><td></td><td></td><td></td><td></td></tr>
<tr><td>5</td><td></td><td></td><td></td><td></td><td></td><td></td><td></td></tr>
<tr><td rowspan="4">态度15%</td><td>1</td><td>积极性</td><td>3.75%</td><td></td><td></td><td></td><td></td><td></td></tr>
<tr><td>2</td><td>协作性</td><td>3.75%</td><td></td><td></td><td></td><td></td><td></td></tr>
<tr><td>3</td><td>责任心</td><td>3.75%</td><td></td><td></td><td></td><td></td><td></td></tr>
<tr><td>4</td><td>纪律性</td><td>3.75%</td><td></td><td></td><td></td><td></td><td></td></tr>
<tr><td colspan="2">考核人</td><td colspan="8">签字：
年　月　日</td></tr>
</table>

工勤人员绩效考核直接上级评分表

考核期间：　年　月至　年　月

<table>
<tr><td>被考核人姓名</td><td colspan="2"></td><td>部门</td><td></td><td>岗位</td><td colspan="4">□季度</td></tr>
<tr><td rowspan="10">绩效</td><td></td><td>序号</td><td>指标</td><td>权重</td><td>完成情况</td><td>A</td><td>B</td><td>C</td><td>D</td></tr>
<tr><td rowspan="5">任务绩效70%</td><td>1</td><td></td><td></td><td></td><td></td><td></td><td></td><td></td></tr>
<tr><td>2</td><td></td><td></td><td></td><td></td><td></td><td></td><td></td></tr>
<tr><td>3</td><td></td><td></td><td></td><td></td><td></td><td></td><td></td></tr>
<tr><td>4</td><td></td><td></td><td></td><td></td><td></td><td></td><td></td></tr>
<tr><td>5</td><td></td><td></td><td></td><td></td><td></td><td></td><td></td></tr>
<tr><td rowspan="4">态度30%</td><td>1</td><td>积极性</td><td>7.5%</td><td></td><td></td><td></td><td></td><td></td></tr>
<tr><td>2</td><td>协作性</td><td>7.5%</td><td></td><td></td><td></td><td></td><td></td></tr>
<tr><td>3</td><td>责任心</td><td>7.5%</td><td></td><td></td><td></td><td></td><td></td></tr>
<tr><td>4</td><td>纪律性</td><td>7.5%</td><td></td><td></td><td></td><td></td><td></td></tr>
<tr><td colspan="2">考核人</td><td colspan="8">签字：
年　月　日</td></tr>
</table>

一般人员（工勤人员除外）能力考核评分表

考核期间：　年　月至　年　月

<table>
<tr><td>被考核人姓名</td><td></td><td>部门</td><td></td><td>岗位</td><td></td><td colspan="2">年度</td></tr>
<tr><td rowspan="16">能力30%</td><td colspan="2">指标</td><td>要素</td><td>A</td><td>B</td><td>C</td><td>D</td></tr>
<tr><td rowspan="14">能力素质20%</td><td rowspan="3">人际交往能力4%</td><td>建立关系</td><td></td><td></td><td></td><td></td></tr>
<tr><td>团队合作</td><td></td><td></td><td></td><td></td></tr>
<tr><td>敏感性</td><td></td><td></td><td></td><td></td></tr>
<tr><td rowspan="2">影响力4%</td><td>说服力</td><td></td><td></td><td></td><td></td></tr>
<tr><td>影响能力</td><td></td><td></td><td></td><td></td></tr>
<tr><td rowspan="3">沟通能力4%</td><td>口头沟通</td><td></td><td></td><td></td><td></td></tr>
<tr><td>倾听</td><td></td><td></td><td></td><td></td></tr>
<tr><td>书面沟通</td><td></td><td></td><td></td><td></td></tr>
<tr><td rowspan="3">判断和决策能力4%</td><td>创新能力</td><td></td><td></td><td></td><td></td></tr>
<tr><td>解决问题能力</td><td></td><td></td><td></td><td></td></tr>
<tr><td>推断评估能力</td><td></td><td></td><td></td><td></td></tr>
<tr><td rowspan="3">计划和执行能力4%</td><td>准确性</td><td></td><td></td><td></td><td></td></tr>
<tr><td>效率</td><td></td><td></td><td></td><td></td></tr>
<tr><td>计划和组织</td><td></td><td></td><td></td><td></td></tr>
<tr><td colspan="3">专业知识及技能10%</td><td></td><td></td><td></td><td></td></tr>
<tr><td>考核人</td><td colspan="7">签字：
年　月　日</td></tr>
</table>

备注：此表由被考核人的直接上级填写。

工勤人员能力考核评分表

考核期间：　年　月至　年　月

<table>
<tr><td>被考核人姓名</td><td></td><td>部门</td><td></td><td>岗位</td><td></td><td colspan="4">年度</td></tr>
<tr><td rowspan="10">能力
30%</td><td colspan="3">指标</td><td colspan="2">要素</td><td>A</td><td>B</td><td>C</td><td>D</td></tr>
<tr><td rowspan="8">能力素质20%</td><td colspan="2" rowspan="3">人际交往能力5%</td><td colspan="2">建立关系</td><td></td><td></td><td></td><td></td></tr>
<tr><td colspan="2">团队合作</td><td></td><td></td><td></td><td></td></tr>
<tr><td colspan="2">敏感性</td><td></td><td></td><td></td><td></td></tr>
<tr><td colspan="2" rowspan="2">沟通能力5%</td><td colspan="2">口头沟通</td><td></td><td></td><td></td><td></td></tr>
<tr><td colspan="2">倾听</td><td></td><td></td><td></td><td></td></tr>
<tr><td colspan="2">判断和决策能力5%</td><td colspan="2">解决问题能力</td><td></td><td></td><td></td><td></td></tr>
<tr><td colspan="2" rowspan="2">计划和执行能力5%</td><td colspan="2">准确性</td><td></td><td></td><td></td><td></td></tr>
<tr><td colspan="2">效率</td><td></td><td></td><td></td><td></td></tr>
<tr><td colspan="5">专业知识及技能10%</td><td></td><td></td><td></td><td></td></tr>
<tr><td>考核人</td><td colspan="9">签字：
年　月　日</td></tr>
<tr><td colspan="10">备注：此表由被考核人的直接上级填写。</td></tr>
</table>

考核评分表填表说明

1.《绩效考核直接上级评分表》中任务绩效的指标和权重，在考核期初，由被考核者和直接上级在协商的基础上确认。在考核期间出现的重要任务的变化，必须重新协商并填写指标和权重。完成情况由被考核人在季度末自己填写。

2.考核人在对被考核人评分时必须参照对应岗位的任务绩效、周边绩效、管理绩效、态度、能力等的定义或评定表描述进行评分。

3.考核评分一般分为A、B、C、D四级，每一级含义如下：

评分结果与分数对照表

等级	定义	得分
A	超出目标	100
B	达到目标	85
C	接近目标	70
D	远低于目标	50

4.考核评分表汇总到人力资源部后，人力资源部根据各个指标的权重和评分情况统计计算出所有人的综合得分。

附件03

考核指标评定表

一般人员态度考核指标评定表

态度考核	超出目标	达到目标	接近目标	远低于目标
	A	B	C	D
积极性	长期坚持学习业务知识；对于额外任务能主动请求并且能高质量完成；工作中善于发现问题，并经常提出新思路和建议	主动学习业务知识；主动承担一般的额外任务；工作中有时能够提出新的思路和建议	偶尔主动学习业务知识；有时主动完成一般额外任务；能提出个别的新思路和建议	基本上不主动学习业务知识；很少主动请求承担额外任务；不能提出新思路和建议
协作性	主动协助同事出色地完成工作	能够与同事保持良好的合作关系，协助完成工作	根据同事的请求能够提供一般协助	不能积极响应同事的请求或者协作任务的完成质量较差
责任心	工作有强烈的责任心	工作有较强的责任心	工作有一定的责任心	工作责任心不强
纪律性	能够长期严格遵守工作规定与标准，有非常强的自觉性和纪律性	能够遵守工作的规定和标准，有较强的自觉性和纪律性	基本能够遵守工作规定和标准，基本能够遵守纪律，但有时出现自我要求不严的情况	不能遵守工作规定和标准，经常发生违规情况，自觉性和纪律性差

管理人员管理绩效评定表

管理绩效	超出目标	达到目标	接近目标	远低于目标
	A	B	C	D
沟通效果	与下属沟通顺畅，人际关系和谐；下属碰到各种问题愿意主动和上级沟通	与下属保持良好的关系，经常与下属进行有效的沟通	能够与下属沟通，但是存在沟通不完全现象	难以和下属沟通，下属不愿意和上级沟通，上级难以了解下属的想法
工作分配	合理分派工作，充分发挥下属潜能；对下属工作中的重要问题及时给予指导	根据下属的个性和能力合理地分配工作，并能给予必要的指导	给下属分派工作基本能让下属满意，没有明显的忙闲不均现象；有时会指导下属工作	给下属分派工作存在较大问题，导致下属严重不满意；基本不能指导下属工作
下属发展	帮助全部下属明确自己的发展道路，并且得到下属认同；随时指出下属的改进点	关心大部分下属的个人发展，并能提出改进的要求或建议	对下属的自身发展会提出一些意见，也能偶尔提出改进要求	不能让下属明白自己的发展方向，并且基本不能指出下属的改进点
管理力度	下属行为成为其他部门员工效仿的榜样	能够严格规范下属行为	基本能够规范下属行为	难以规范下属行为

员工素质能力考核指标评定表

能力考核	超出目标 A	达到目标 B	接近目标 C	远低于目标 D
人际交往能力				
建立关系	容易与他人建立可信赖的积极发展的长期关系	能够与他人建立可信赖的长期关系	较为自我，不易与他人建立长期关系	刚愎自用，不易与他人相处，自我封闭
团队合作	善于与他人合作共事，相互支持，充分发挥各自的优势，保持良好的团队工作氛围	能够与他人合作共事，相互支持，保证团队任务的完成	团队合作精神不强，对工作有影响	不能与他人很好合作，独断专行
解决矛盾	巧妙地和建设性地解决不同矛盾	能够解决已发生的矛盾，不致对工作产生大的负面影响	解决矛盾手法生硬，影响工作顺利进行	遇到矛盾不知如何解决
敏感性	对他人较关心，容易感知别人的想法，体谅他人，善于领会他人的请求，并付之于适当的言行	能关心他人，体谅他人，领会他人的请求，有时帮助想办法解决	有时能关心他人，体会人的苦衷	不太关心他人，对他人的需求毫无感觉
影响力				
团队发展	易于与他人沟通，积极促进团队协作，在团队中是自然的核心人物，并能引导团队达到组织目标	能够根据公司要求努力促进团队的协作和沟通，使工作顺利开展	尚能与人合作，但协调不善，影响工作	无法与人协调
说服力	能够表述自己的主张、论点及理由，比较容易说服别人接受某一看法与意见	能说服下级、同事、上级接受某一看法与意见	说服别人比较困难	无法说服别人，或咄咄逼人，或逃避退让
应变能力	待人处世很灵活，善于审时度势，很容易适应岗位、职位或管理的变化所带来的冲击，并能顺应其变化很快适应环境，取得主动	待人处世较灵活，能够根据公司要求，认可公司变化所带来的冲击，并能顺利地完成转变	对公司的变化或角色的转变不太适应，工作开展有困难	待人处世刻板，适应性差
影响能力	能积极影响他人的思维方式和发展方向	能以自己积极的言行带领大家努力工作	有时能影响他人	对他人几乎无影响力
领导能力				
评估	能合理评价他人的技能和绩效，使下属心服口服，并能使下属明确努力方向	能较为合理地评价他人的技能和绩效，指出其不足	能够按公司要求对他人工作评估	无法正确评估他人
反馈和培训	善于了解下属需要，通过一对一的反馈和培训以帮助他人成长和发展	能够根据实际情况，通过培训和反馈帮助他人成长和发展	不能很好地利用反馈和培训的手段	对下属的工作无反馈和培训

（续表）

能力考核	超出目标	达到目标	接近目标	远低于目标
	A	B	C	D
授权	善于分配工作与权力，并能积极传授工作知识，引导下属完成任务	能够顺利分配工作与权力，有效传授工作知识，完成任务	欠缺分配工作、权力及指导下属的方法，任务进行偶有困难	不善分配工作与权力，缺乏指导员工的方法，内部时有不服怨言
激励	了解他人的需求，善于引导下级积极主动地工作，用奖励和表彰等方式提高积极性，并使员工积极努力地工作	有制度，能够利用奖励和表彰等方式提高员工积极性	有一定的制度，但不能充分发挥作用，无改进措施，员工积极性不高	工作主要靠命令与指示
建立期望	善于与员工沟通，给下属订立明确合理的工作目标和标准，并建立合理的期望	能够与员工沟通，给下属订立明确的期望目标和标准	能够给下属订立工作标准和分配任务	无法给员工建立期望
责任管理	能够充分与下属沟通，督导员工的工作进展并及时反馈和培训，让下属对自己的工作担负责任	能够与下属沟通，注重过程管理，指导和协助员工完成任务	虽能与员工沟通，但缺乏对员工的指导和协助	放任自流
沟通能力				
口头沟通	简明扼要，具有出色的谈话技巧，易于理解	能抓住要点表达意图，陈述意见，不太需要重复说明	语言欠清晰，但尚能表达意图，有时需反复解释	含糊其辞，意图不明
倾听	能够很好地倾听别人的倾述，很快明白倾述人的想法和要求	能够注意倾听，力求明白	能够倾听，有时一知半解	不注意倾听，常常不知对方所云
书面沟通	表达清晰、简洁，易于理解，无可挑剔	几乎不需修改补充，比较准确地表达意见	文章不够通顺，但尚能表达清楚主要意图	文理不通，意图不清，需作大修改
判断和决策能力				
战略思考	能透过现象看本质，把握组织面临的挑战和机会，兼顾短期和长远目标	能够根据现状，了解组织面临的挑战和机会	主要忙于事务性工作，有时也会注意公司的前景和对策等问题	对公司的将来不太关心，也不注意工作上可能出现的机会和挑战
创新能力	工作中能不断提出新想法、新措施，善于学习，注意规避风险，锐意求新，在工作中有较大创新	工作中能够努力学习，提出新想法、新措施与新的工作方法，并有风险意识	按部就班，很少提出新想法、新措施与新的工作方法	因循守旧，墨守成规
解决问题能力	能迅速理解并把握复杂的事物，发现并明确关键问题，找到解决办法	问题发生后，能够分辨关键问题，找到解决办法，并设法解决	发生问题，能够去想解决办法，但有时抓不住关键	遇到问题，束手无策
推断评估能力	对所做决策有良好的权衡和判断评估	大致能作出正确的判断和评估	对事物有大概的判断和评估，缺乏方法和手段，结果不能十分可信	对日常工作经常判断失误，耽误工作进程

（续表）

能力考核	超出目标	达到目标	接近目标	远低于目标
	A	B	C	D
决策能力	善于确定决策时机，提出可行方案，合理权衡，优化选择，对困难的事处理果断得当	善于确定决策时机，提出可行方案，但在权衡、选择时偶有失当，大多数日常事务处理果断得当	能够确定决策时机，但很少提出可行方案，常求助于幕僚	遇事优柔寡断，缺乏主见
计划和执行能力				
准确性	能够按照计划严格执行，并确保在每个细节上减少差错	能按照计划执行，比较注意细节，偶有差错发生但能迅速改正	能大致按计划执行，不太注意细节，偶有差错发生	工作无计划，随意，常出差错
效率	时间和资源的利用达到最佳，工作效率高，完成任务速度快，质量高，效益好	工作效率尚可，能分清主次，能够按时完成工作，基本保证质量	工作效率较低，需要别人帮助才能完成任务	工作不分主次，效率低，经常完不成任务
计划和组织	具有极强的制订计划的能力，能自如地指挥调度下属，通过有效的计划提高工作效率，以最佳的结果为目的	能根据公司的要求，制订相应程序和计划，在权限范围内配置资源，明确目标和方针，以确保供应的保障	制订计划和组织实施有难度，需要别人帮助方能进行	做事无计划，缺乏组织能力

管理人员周边绩效评定表

周边绩效	超出目标	达到目标	接近目标	远低于目标
	A	B	C	D
主动性	经常主动去其他部门询问，是否有工作协作需要	有时去其他部门询问，是否有工作协作需要	几乎不去其他部门询问，是否有工作协作需要	从来不去其他部门询问，是否有工作协作需要
响应时间	其他部门、人员提出合理工作协助要求时，每次及时响应	其他部门、人员提出合理工作协助要求时，多数及时响应	其他部门、人员提出合理工作协助要求时，少数及时响应	其他部门、人员提出合理工作协助要求时，从不及时响应
解决问题时间	尽快协助，解决问题远低于预期时间	尽快协助，解决问题在预期时间内	尽快协助，解决问题超出预期时间	对于需协助解决的问题根本不处理
信息反馈及时	协助工作完成后，每次都及时将完成情况反馈到要求协助部门、人员	协助工作完成后，多数能及时将完成情况反馈到要求协助部门、人员	协助工作完成后，偶尔能及时将完成情况反馈到要求协助部门、人员	协助工作完成后，从来没有及时将完成情况反馈到要求协助部门、人员
服务质量	其他部门对协助工作结果非常满意	其他部门对协助工作结果比较满意	其他部门对协助工作结果不太满意	其他部门对协助工作结果很不满意

附件04

考核统计表

中高层管理人员周边绩效评分统计表

考核期间： 年 月至 年 月

被考核人姓名			被考核人部门		岗位		□季度 □年度
周边绩效	序号	指标	周边评分				
			部门一	部门二	部门三	部门四	平均分
	1	主动性					
	2	响应时间					
	3	解决问题时间					
	4	信息反馈及时					
	5	服务质量					
备注：高层管理人员不属于哪个部门；对高层考核时，把部门一、部门二等都改为具体的高层岗位名称。							

一般人员（工勤人员除外）态度考核同级评分统计表

考核期间： 年 月至 年 月

被考核人姓名			被考核人部门		岗位		□季度
态度	序号	指标	周边评分				
			同级一	同级二	同级三	同级四	平均分
	1	积极性					
	2	协作性					
	3	责任心					
	4	纪律性					
备注：							

中层管理人员考核统计表（季度）

考核项		上级评分	下级评分	同级评分	本项得分
任务绩效 50%	1（ %）				
	2（ %）				
	3（ %）				
	4（ %）				
	5（ %）				
	加权合计	A1=			F1=A1
管理绩效 20%	1（5%）				
	2（5%）				
	3（5%）				
	4（5%）				
	加权合计	A2=	B2=		F2=A2+B2
周边绩效 30%	1（6%）				
	2（6%）				
	3（6%）				
	4（6%）				
	5（6%）				
	加权合计			C3=	F3=C3
季度总分=F1+F2+F3					
备注：同级评分数据来自于《中高层管理人员周边绩效评分统计表中》的平均分。					

中层管理人员考核统计表（年度）

考核项		上级评分	下级评分	同级评分	本项得分
季度绩效 70%	第一季度				A1
	第二季度				A2
	第三季度				A3
	第四季度				A4
	加权合计				F1= （A1+A2+A3+A4） ×25%×70%

（续表）

考核项			上级评分	下级评分	同级评分	本项得分
能力30%	能力素质20%	人际交往能力3%				
		影响力3%				
		领导能力5%				
		沟通能力3%				
		判断和决策能力3%				
		计划和执行能力3%				
		加权合计	A5=			F5=A5
	专业知识技能10%		A6=			F6=A6×10%
年度总分=F1+F5+F6						
备注：能力素质的每项指标评分取该项指标包括的全部因素分值的平均值。						

高层管理人员考核统计表（年度）

考核项			上级评分	下级评分	同级评分	本项得分
绩效70%	任务绩效35%	1（7%）				
		2（7%）				
		3（7%）				
		4（7%）				
		5（7%）				
		加权合计	A1=			F1=A1
	管理绩效14%	1（3.5%）				
		2（3.5%）				
		3（3.5%）				
		4（3.5%）				
		加权合计	A2=	B2=		F2=A2+B2
	周边绩效21%	1（4.2%）				
		2（4.2%）				
		3（4.2%）				
		4（4.2%）				
		5（4.2%）				
		加权合计			C3=	F3= C3

（续表）

考核项			上级评分	下级评分	同级评分	本项得分
能力30%	能力素质20%	人际交往能力3%				
		影响力3%				
		领导能力5%				
		沟通能力3%				
		判断和决策能力3%				
		计划和执行能力3%				
		加权合计	A4=			F4=A4
	专业知识技能10%		A5=			F5=A5×10%
总分=F1+F2+F3+F4+F5						

备注：
（1）同级评分数据来自于《中高层管理人员周边绩效评分统计表》的平均分。
（2）如果有多个下级评分，取所有下级评分的平均值。
（3）能力素质的每项指标评分取该项指标包括的全部因素分值的平均值。

一般人员（工勤人员除外）考核统计表（季度）

考核项		上级评分	同级评分	本项得分
任务绩效70%	1（ %）			
	2（ %）			
	3（ %）			
	4（ %）			
	5（ %）			
	加权合计	A1=		F1=A1
态度30%	积极性7.5%			
	协作性7.5%			
	责任心7.5%			
	纪律性7.5%			
	加权合计	A2=	B2=	F2=A2+B2
总分=F1+F2				

备注：同级人员的态度评分取《一般人员（工勤人员除外）态度考核同级评分统计表》中的平均分。

工勤人员考核统计表（季度）

<table>
<tr><th colspan="2">考核项</th><th>上级评分</th><th>同级评分</th><th>本项得分</th></tr>
<tr><td rowspan="6">任务绩效
70%</td><td>1（ %）</td><td></td><td></td><td></td></tr>
<tr><td>2（ %）</td><td></td><td></td><td></td></tr>
<tr><td>3（ %）</td><td></td><td></td><td></td></tr>
<tr><td>4（ %）</td><td></td><td></td><td></td></tr>
<tr><td>5（ %）</td><td></td><td></td><td></td></tr>
<tr><td>加权合计</td><td>A1=</td><td></td><td>F1=A1</td></tr>
<tr><td rowspan="5">态度
30%</td><td>积极性（7.5%）</td><td></td><td></td><td></td></tr>
<tr><td>协作性（7.5%）</td><td></td><td></td><td></td></tr>
<tr><td>责任心（7.5%）</td><td></td><td></td><td></td></tr>
<tr><td>纪律性（7.5%）</td><td></td><td></td><td></td></tr>
<tr><td>加权合计</td><td>A2=</td><td></td><td>F2=A2</td></tr>
<tr><td colspan="5">总分=F1+F2</td></tr>
</table>

一般人员（工勤人员除外）考核统计表（年度）

<table>
<tr><th colspan="3">考核项</th><th>上级评分</th><th>下级评分</th><th>同级评分</th><th>本项得分</th></tr>
<tr><td colspan="2" rowspan="5">季度考核得分
70%</td><td>第一季度</td><td></td><td></td><td></td><td>A1</td></tr>
<tr><td>第二季度</td><td></td><td></td><td></td><td>A2</td></tr>
<tr><td>第三季度</td><td></td><td></td><td></td><td>A3</td></tr>
<tr><td>第四季度</td><td></td><td></td><td></td><td>A4</td></tr>
<tr><td>加权合计</td><td></td><td></td><td></td><td>F1=
（A1+A2+A3+A4）
×25%×70%</td></tr>
<tr><td rowspan="7">能力
30%</td><td rowspan="6">能力素质
20%</td><td>人际交往能力4%</td><td></td><td></td><td></td><td></td></tr>
<tr><td>影响力4%</td><td></td><td></td><td></td><td></td></tr>
<tr><td>沟通能力4%</td><td></td><td></td><td></td><td></td></tr>
<tr><td>判断和决策能力4%</td><td></td><td></td><td></td><td></td></tr>
<tr><td>计划和执行能力4%</td><td></td><td></td><td></td><td></td></tr>
<tr><td>加权合计</td><td>A5=</td><td></td><td></td><td>F5=A5</td></tr>
<tr><td colspan="2">专业知识技能10%</td><td>A6=</td><td></td><td></td><td>F6=A6×10%</td></tr>
<tr><td colspan="7">年度总分=F1+F5+F6</td></tr>
<tr><td colspan="7">备注：能力素质的每项指标评分取该项指标包括的全部因素分值的平均值。</td></tr>
</table>

工勤人员考核统计表（年度）

考核项			上级评分	下级评分	同级评分	本项得分
季度考核得分70%	第一季度					A1
	第二季度					A2
	第三季度					A3
	第四季度					A4
	加权合计					F1=（A1+A2+A3+A4）×25%×70%
能力30%	能力素质20%	人际交往能力5%				
		沟通能力5%				
		判断和决策能力5%				
		计划和执行能力5%				
		加权合计	A5=			F5=A5
	专业知识技能10%		A6=			F6=A6×10%
年度总分=F1+F5+F6						
备注：能力素质的每项指标评分取该项指标包括的全部因素分值的平均值。						

部门年度考核统计表

部门	部门主管季度考核得分								部门得分=4个季度平均
	第一季度		第二季度		第三季度		第四季度		
	任务绩效	周边绩效	任务绩效	周边绩效	任务绩效	周边绩效	任务绩效	周边绩效	
预算合同部									
市场部									
规划部									
销售中心									
总工办									
总经办									
党办									
信息中心									
财务部									
人力资源部									
行政后勤部									
审计室									
战略发展部									

备注：任务绩效与周边绩效得分的和 =部门主管季度综合得分 – 管理绩效部分得分。

中层管理人员周边考核交叉表

考核人 / 被考核人	市场部部长	规划部部长	总工办主任	预算合同部部长	分公司	销售中心主任	销售中心副主任	党办主任	工会主席	总经办主任	人力资源部部长	战略发展部副部长	战略发展部部长	信息中心主任	行政后勤部部长	审计室主任	财务部副部长	财务部部长
市场部部长		√	√	√	√	√	√											
规划部部长	√		√	√	√	√												
总工办主任	√	√		√	√													
预算合同部部长	√	√	√		√	√												
销售中心主任	√	√		√	√													
销售中心副主任	√				√													
党办主任										√	√							
工会主席										√	√							
总经办主任	√	√	√	√	√	√		√			√	√	√	√	√	√	√	√
人力资源部部长	√	√	√	√	√	√		√		√			√	√	√	√	√	√
战略发展部副部长	√	√				√				√								
战略发展部部长	√									√	√			√	√	√	√	√
信息中心主任	√	√	√	√	√	√				√	√		√		√	√	√	√
行政后勤部部长	√	√	√	√	√	√				√	√		√	√		√	√	√
审计室主任	√	√	√	√	√	√				√	√		√	√	√		√	√
财务部副部长	√	√	√	√	√	√				√	√		√	√	√	√		
财务部部长	√	√	√	√	√	√				√	√		√	√	√	√		

注：表中"√"代表考核部门与被考核部门之间的考核关系。

六、业绩合同管理规范化范本

1. 总则

第一条：业绩合同签订目的

为了保证公司总体战略的顺利实施，使公司高层管理者把精力集中在对公司价值最关键的经营决策上，在公司创造业绩至上的企业文化，以合同的方式体现被承诺的业绩的严肃性，特制订本办法。

第二条：业绩合同签订范围

公司下属一、二开发分公司经理。

第三条：业绩合同的效力

业绩合同一旦被签署就具有约束效力，在有效期内不得擅自更改。如遇到对公司影响重大的、不可抗拒的情况时（如自然灾害或外部环境的巨大改变），经双方协商，公司总经理批准后予以调整。

2. 业绩合同考核指标和确定原则

第一条：关键业绩指标类别

（1）效益类：销售收入指标、工程成本控制指标等。

（2）运营类：分公司管理费用、工程质量控制、项目竣工时间、安全生产等。

第二条：关键业绩指标权重

效益类：60%；运营类：40%。

第三条：关键业绩指标目标值确定原则

（1）认同性原则：业绩合同的初始目标应由公司总经理提出，然后经过总经理和分公司经理共同商讨而最终决定。当双方关于目标设定无法达成一致时，总经理具有最终的决定权。

（2）公正性原则：业绩合同目标必须客观公正，具有足够的挑战性，综合考察多方面的信息来确定。例如：过去业绩效果、同行业公司的业绩成果、公司未来发展预测、对分公司控制要求等。

（3）严肃性原则：业绩合同目标一经设定，原则上不再轻易改变。

第四条：业绩合同签订步骤

（1）每年十月份，市场部根据公司下年度生产计划，对公司整体目标进行分解，提出分公司关键业绩指标的目标建议值；

（2）每年十一月份，分公司、财务部、预算合同部、规划部、总工办对市场部提出的目标建议值修正并进行反馈；

（3）每年十二月份，市场部根据分公司、财务部、预算合同部、规划部、总工办提出的反馈意见进行修改，报公司总经理审核；

（4）每年一月上旬，公司总经理与开发分公司经理就合同条款进行面对面协商，达成共识并签署合同；

（5）公司人力资源部组织业绩合同的协商签署工作，并负责合同备案。

3. 业绩合同过程控制

第一条：每季度跟踪业绩合同完成情况

（1）财务部、市场部每季度向分公司收集数据，采集业绩合同中量化指标的季度完成数据；

（2）财务部、市场部对收集到的数据进行分析、统计，对分公司完成情况与分配到各季度的目标值进行比较；

（3）财务部、市场部向公司总经理、分公司经理通报本季度业绩完成情况，表扬超额单位和鞭策未达标单位。

第二条：每季度分公司经理应向总经理汇报业绩

（1）汇报时间为：一、四、七、十月上旬。

（2）汇报目的是对关键业绩指标结果与目标进行对比，总结上一季度业绩合同目标完成情况。

（3）当分公司经理实际业绩低于合同目标时，分公司经理有责任向总经理递交述职报告和下一季度如何改善业绩的具体行动方案。

第三条：业绩改进计划

总经理听取分公司经理目标完成情况时，共同针对上季度中未达到的业绩标准分析原因，为分公司经理实施业绩改进提供帮助，并制订相应的改进措施计划。

4. 业绩合同考核方法

第一条：业绩合同考核方法

公司采用符合我国会计准则的计算方法对分公司业绩进行评估，每年一月上旬要对分公司业绩合同进行考核，比较全年实际业绩与全年业绩合同目标差异，两者的差异将作为分公司经理浮动薪酬与非物质性奖惩的依据。

第二条：业绩合同考核数据收集

财务部负责收集、核实全年财务数据（销售收入、工程成本控制、分公司管理费用），市场部负责收集、核实全年运营数据（工程质量控制、项目竣工时间、安全生产）。财务部、市场部将收集到的数据交人力资源部进行业绩合同综合分数计算。

第三条：业绩合同综合分数计算

（1）销售收入业绩分数=（销售收入实际值/销售收入目标值）×30；

（2）工程成本业绩分数=（工程成本实际值/工程成本控制目标值）×30；

（3）管理费用业绩分数=（管理费用实际值/管理费用目标值）×10；

（4）工程质量业绩分数=（工程质量验收合格率实际值/工程质量验收合格率目标值）×10；

（5）竣工时间业绩分数=（竣工时间实际值/竣工时间目标值）×10；

（6）无事故发生，安全生产业绩分数为10分，发生生产事故，安全生产业绩分数为0分；

（7）人力资源部对以上六项关键业绩指标分数进行计算，累加即可得到分公司经理业绩合同综合分数。

第四条：根据业绩合同综合分数评定考核等级

（1）业绩合同综合分数100分及以上，考核结果为优；

（2）业绩合同综合分数90~99分，考核结果为良；

（3）业绩合同综合分数80~89分，考核结果为中；

（4）业绩合同综合分数70~79分，考核结果为基本合格；

（5）业绩合同综合分数69分（包括69分）以下，考核结果为不合格。

第五条：特别说明

（1）当分公司经理在合同期内调离原职或担任新职，则应将其在任期间的实际业绩与其在任期间的合同目标进行衡量比较。

（2）当实际业绩超过合同目标时，实际目标不会自动成为下一年度的业绩目标，以确保分公司经理继续保持良好的进取动力。

5. 业绩考核后续管理工作

第一条：业绩考核结果的反馈

总经理通过面谈形式，把业绩考核结果以及考核的评定内容与过程告诉被考核者本人，指出过去一年中取得的成绩与不足，并指明今后努力方向、改进方法和发展的要点，以及相应的期待、目标等。

第二条：个人年底奖金说明

公司考核管理委员会、人力资源部根据《××房地产开发有限公司薪酬制度》薪酬计算方法，参考业绩合同综合分数计算分公司经理个人年度奖金。

第三条：业绩考核结果的保管

业绩考核结果由人力资源部存档，作为下一年考核对比依据，也是工作中涉及人事问题的依据。

第二章

房地产薪酬管理规范化范本

一、总则

第一条：适用范围

本方案适用于××房地产开发有限公司（以下简称公司）全体员工。

第二条：目的

制定本方案的目的在于使员工能够与公司一同分享公司发展所带来的收益，把短期收益、中期收益与长期收益有效结合起来。

第三条：原则

薪酬作为分配价值形式之一，遵循按劳分配、效率优先、兼顾公平及可持续发展的原则。

第四条：依据

薪酬分配的依据是：贡献、能力和责任。

第五条：总体水平

公司根据当期经济效益及可持续发展状况决定工资水平。

二、薪酬体系

第一条：薪酬体系

公司员工分成6个职系，分别为管理职系、技术职系、财会职系、行政事务职系、销售/营销职系、工勤职系。针对这6个职系，薪酬体系分别采取三种不同类别：与企业年度经营业绩相关的年薪制，与年度绩效、季度绩效相关的等级工资制，与销售业绩相关的提成工资制。

第二条：年薪制

享受年薪制的员工，其工作特征是以年度为周期对经营工作业绩进行评估并发放相应的薪酬。这部分员工包括管理职系中的总经理和党委书记。

第三条：等级工资制

实行等级工资制的员工是公司内从事例行工作且非销售业务的员工，包括管理职系中的各副总、总师、部长、主任和技术职系、财会职系、行政事务职系与工勤职系的员工。

第四条：提成工资制

实行提成工资制的员工是公司内管理职系中的销售中心副主任（主管营销策划）和销售/营销职系的员工。

第五条：特聘人员薪酬

特聘人员的薪酬参见工资特区的有关规定。

第六条：离退休人员薪酬

离退休人员的薪酬参见公司相关规定。

三、薪酬结构

第一条：公司员工收入组成

（1）固定工资，包括基本工资、工龄工资、等级工资；

（2）浮动工资，包括绩效工资、年底奖金、销售提成；

（3）附加工资，包括一般福利、四项统筹以及企业为员工代交的个人收入所得税。

第二条：固定工资

（1）固定工资=基本工资+工龄工资+等级工资；

（2）基本工资：每月600元，是为了保证每一位员工最低生活要求而设立的保底工资。

（3）工龄工资：体现了员工的工作经验和服务年限对于企业的贡献，在××集团内部的工龄工资为5元/年，××集团外的工龄工资为2元/年。××集团内部工龄自参与组建××集团的单位起开始计算。

（4）等级工资：按照岗位评价的结果确定，体现了岗位的内在价值和员工技能因素。

第三条：浮动工资

（1）浮动工资包括绩效工资、年底奖金与销售提成几种形式。

（2）绩效工资与每季度的考核结果挂钩，体现员工在当前岗位和现有技能水平上通过自身努力为公司实现的价值。绩效工资按季度计算，下一季度分摊到3个月支付。

（3）年底奖金与年度考核结果和公司年度经营情况挂钩，是在公司整体经营效益的基础上对员工的一种激励。年底奖金下年初支付。

（4）销售提成专门针对与销售工作直接相关的人员，体现销售人员的业绩与能力，具体数额按照销售收入一定比例来确定，计算办法参见公司有关规定。

第四条：附加工资

（1）附加工资=餐费+一般福利+四项统筹+个人所得税。

（2）附加工资是公司正式在册员工所能享受到的一种福利待遇。

（3）餐费是公司为每一位员工发放的一种就餐补贴。每月300元，计入当月工资。

（4）一般福利是指员工在各个重大节日期间获得的公司为其发放的过节费和其他实物形式的收入。

（5）四项统筹包括住房基金、医疗保险、养老保险和失业保险。企业与员工各承担一部分。具体数额参见国家有关规定和企业相关政策。

（6）个人所得税，在预定范围内的由公司承担，超出范围的由员工个人承担。

四、等级工资

第一条：等级工资的依据

等级工资是整个工资体系的基础，从员工的岗位价值和技能因素方面体现了员工的贡献。员工的等级工资主要取决于当前的岗位性质。在工作分析与职位评价的基础上，以评估的结果作为分配依据，根据工作分析与职位评价确定薪点，同时采取一岗多薪，按技能分档的方式确定工资等级。

第二条：等级工资的用途

等级工资是确定员工收入中其他部分的基础，作为以下项目的计算基数：

（1）绩效工资的计算基数；

（2）年底奖金的计算基数；

（3）加班费的计算基数；

（4）事病假工资计算基数；

（5）外派受训人员工资计算基数；

（6）其他基数。

第三条：确定等级工资的原则

（1）以岗定薪，薪随岗变，实现薪酬与岗位价值挂钩；

（2）以岗位价值为主、技能因素为辅，岗位与技能相结合；

（3）针对不同的职系设置晋级通道，鼓励不同专业人员专精所长；

（4）参考企业实际的收入状况厘定薪酬水平，实现平稳过渡。

第四条：工资等级的确定

（1）工资分级列等。根据岗位评价的结果形成《岗位等级分布图》，把各岗位分级列等。按照岗位评价的结果，在最低分100分和最高分1100分之间共划分出29级。其中640分以下每隔30分为一级；640分以上每隔40分为一级，且最后一级与前一级相隔60分。

（2）确定初始等级。按照岗位评价的分数将各个岗位对应到相应职系、相应等级。

（3）按职称调整。根据聘任职称将员工对应到相应职称系列的相应等级。

（4）管理职系、销售营销职系与工勤职系的员工不考虑职称因素，根据在岗时间来确定相应等级。具体参见附件05《岗位等级分布图》。

第五条：等级工资的计算方法

（1）等级工资=点值×工资薪点（可参考附件06《工资试算表》）；

（2）工资薪点：取各级别的中位数作为该级别的工资薪点。

（3）点值：点值需要根据工资的整体工资水平来确定，而且可以根据公司的经营效益随时进行调整。目前暂定为5元/点。

五、年薪制

第一条：年薪制的适用范围

年薪制适用于总经理和党委书记。

第二条：年薪制的工资结构

年薪制收入=月收入+年底年薪补足+年底奖金+附加工资。其中，月收入=基本工资+等级工资+工龄工资。

第三条：年薪总额

按照经营者与上级公司签订的经营业绩合同确定。根据企业经营情况，按照不同的比例发放。具体参见《××集团企业经营者年薪制试行办法》。

第四条：年薪制收入的支付

总收入中，月收入部分，根据岗位定级结果确定，按月计算。扣除月收入的剩余部分，年底根据效益计算，下年初发放。

六、等级工资制

第一条：等级工资制的适用范围

等级工资制包括两种形式：一种针对管理职系中的高层管理者，这种形式的薪酬不含绩效工资；另一种针对管理职系中的中层管理者和技术、财会、行政事务、工勤职系的一般员工，这种形式的薪酬含绩效工资。

第二条：等级工资制的工资结构

等级工资制收入=固定工资+绩效工资（高层管理者无此项）+年底奖金+附加工资。

第三条：绩效工资

绩效工资与员工每季度的工作努力程度、工作结果相关，反映了员工在当前的岗位与技能水平上的绩效产出。绩效工资按季度计算，下一季度分3个月发放。具体计算办法如下：

季度绩效工资 = 等级工资 × 季度考核系数

分摊后：月绩效工资=季度绩效工资×0.33

其中，季度考核系数定义如下：

考核结果	优	良	中	基本合格	不合格
季度考核系数	1.3	1.1	1.0	0.8	0.4

第四条：年底奖金上报方案的确定

年底奖金是公司根据当年效益情况在年底对员工的集中奖励，奖励依据是个人年底考核系数与公司效益情况。上报方案中奖金总额由个人奖金累计到部门，然后从部门累计到全公司。分公司在发放年底奖金时视同部门处理。

（1）针对管理职系中的高层管理者的计算方法

年底奖金=12×等级工资×年度考核系数×管理系数。

（2）针对管理职系中的中层管理者和一般员工的计算方法

年底奖金=4×等级工资×年度考核系数（或管理系数）×部门考核系数

其中，中层管理者年底奖金按照管理系数计算，一般员工年底奖金按照年度考核系数计算。

（3）年度考核系数

考核结果	优	良	中	基本合格	不合格
年度考核系数	1.3	1.1	1.0	0.8	0.4

（4）管理系数

其目的是为了在年底奖金分配中充分体现管理者的责任风险。各类人员管理系数的数值见下表，其中，中层管理人员的管理系数依据年度考核系数的不同而分为5档：

类别	管理系数
高层管理人员（含分公司经理）	2
技术、财会、行政事务、工勤职系一般员工	1

类别	管理系数				
中层管理人员（含分公司副经理）	优	良	中	基本合格	不合格
	1.5	1.2	1.0	0.8	0.4

（5）部门考核系数

考核结果	优	良	中	基本合格	不合格
部门考核系数	1.3	1.1	1.0	0.8	0.4

第五条：年底奖金实际发生额的确定

年底奖金的实际发生额由公司整体效益确定。由公司年底奖金总额分解到部门，然后由部门分解到个人。

（1）针对管理职系中的高层管理者的计算方法

年底奖金=12×等级工资×年度考核系数×管理系数×调整系数。

（2）个人年底奖金实际发生额的计算方法

年底奖金=4×等级工资×年度考核系数（或管理系数）×部门考核系数×调整系数。

其中，中层管理者年底奖金按照管理系数计算，一般员工年底奖金按照年度考核系数计算。

（3）调整系数

调整系数的大小取决于公司效益情况，其数值根据年底公司奖金总额与公司上报董事会的奖金方案的比例确定。

调整系数=公司年底奖金实际发生总额/年底奖金上报方案总额。

七、提成工资制

第一条：提成工资制适用范围

提成工资制适用于管理职系中的销售中心副主任（主管销售策划）和销售/营销职系的员工。

第二条：提成工资制的工资结构

提成工资制收入=月收入+销售提成+附加工资。

其中，月收入=基本工资+工龄工资+等级工资×发放系数。

第三条：其他说明

提出工资制中发放系数与提出办法参见公司有关规定。

八、工资调整

第一条：工资调整原则

公司工资调整原则是整体调整与个别调整相结合。

第二条：工资调整形式

公司工资整体调整形式是改变薪点、点值，调整周期与调整幅度根据公司效益与公司发展情况决定。

第三条：工资个别调整

个别调整根据员工个人年底考核结果和职称、岗位变动决定。

（1）根据考核结果调整

连续两年内考核结果累计一“优”一“良”或以上者，以及连续三年考核结果为“良”者，工资等级在本职系本职称系列内晋升一级。当年考核结果为“不合格”或连续两年考核结果为“基本合格”的员工工资等级下调一级，对于连续两年考核结果为“不合格”的员工或连续三年考核结果为“基本合格”的员工进行待岗处理。

（2）职称变动调整

若员工聘任职称发生变动，则员工工资等级变动为当前岗位相应职称系列的工资等级。

（3）岗位变动调整

若员工岗位发生变动，则员工工资等级变动为相应岗位当前职称系列的工资等级。

第四条：工资调整方法

工资等级调整过程中，若调整前工资等级与调整前所在岗位、职称系列对应的初始等级有差距，则该级差保留，在调整后岗位、职称系列对应工资等级的基础上按照该级差相应提高或降低工资等级。

第五条：其他说明

工资等级调整过程中，若目前等级已经达到相应岗位、职称系列的最高档次，则工资等级不再变动。

九、工资特区

第一条：立工资特区的目的

设立工资特区，使工资政策重点向对企业有较大贡献、市场上稀缺的人力资源倾斜，目的是为激励和吸引优秀人才，使企业与外部人才市场接轨，提高企业对关键人才的吸引力，增强公司在人才市场上的竞争力。

第二条：设立工资特区的原则

（1）谈判原则：特区工资以市场价格为基础，由双方谈判确定；

（2）保密原则：为保障特区员工的顺利工作，对工资特区的人员及其工资严格保密，员工之间禁止相互打探；

（3）限额原则：特区人员数目实行动态管理，依据企业经济效益水平及发展情况限制总数，宁缺毋滥。

第三条：工资特区人才的选拔

特区人才的选拔以外部招聘为主。其条件为名优院校毕业生、企业人力资源规划中急需或者必需的人才、行业内人才市场竞争激烈的稀缺人才。

第四条：工资特区人才的淘汰

针对工资特区内的人才，年底根据合同进行年度考核。有以下情况者自动退出人才特区：

（1）考核总分低于预定标准；

（2）人才供求关系变化，不再是市场稀缺人才。

第五条：工资特区总额限定

工资特区总额不超过公司工资总额的5%。

十、其他

第一条：聘任职称

确定等级工资采用的是聘任职称。聘任职称的确定以外部职称为主要依据，参考员工个人绩效和学历。对于绩效优异者可以破格聘任，对于表现不佳者降级使用。

第二条：工作年限

实行本方案对原有工资体系进行调整时，考虑员工工作年限相应调整级别。

（1）取得当前职称5年以上（含5年）者晋升一级，10年以上（含10年）者晋升两级。

（2）在同类管理岗位上任职5年以上（含5年）者晋升一级，10年以上（含10年）者晋升两级。

（3）在管理岗位上的任职年限，自参与组建××集团的单位起开始计算。

（4）若其工资等级已经达到该类岗位最高档次，则不考虑晋升。

（5）本方案正式实施后，不再考虑工作年限对薪酬的影响。

第三条：试用期工资标准

（1）试用期间专科以下（含专科）毕业生按照同岗位助理（初级）职称等级工资的50%发放，本科毕业生按照同岗位助理（初级）职称等级工资的60%发放，研究生按照同岗位中级职称等级工资的50%发放。

（2）试用期满后到获得正式职称之前本科生以下（含本科生）按照同岗位助理（初级）职称等级工资的80%发放，研究生按照同岗位中级职称等级工资的80%发放。

第四条：加班费

根据工作需要必须加班，而且不能安排调休者，公司发放其加班费。每月按21.5个标准工作日计算，计算基数为等级工资。

加班费=加班天数×等级工资/21.5。

第五条：病事假期间工资发放标准

经公司批准请病事假者，根据请假天数在工资中进行相应的扣除。每月按照21.5个标准工作日计算，计算基数为等级工资与绩效工资。

病事假工资扣除=请假天数×（等级工资+绩效工资）/21.5。

第六条：副职代正职工资标准

副职代正职的情况，其等级工资按正职岗位的等级下调一级处理。

第七条：组长级员工工资标准

分公司同类岗位人数较多时，可以指定组长级员工。组长级员共的工资等级在该岗位原有工资等级上向上浮动一级。

第八条：待岗员工工资标准

对于待岗员工只发放固定工资中的基本工资与工龄工资部分。

第九条：外派培训员工工资标准

对于公司外派培训的员工，每月发放其固定工资和绩效工资。绩效工资考核系数根据外派时间长短决定。

（1）一个月以内（包括一个月），考核系数按照1.0计算；

（2）一个月以上三个月以内（包括三个月），考核系数按照0.9计算；

（3）三个月到六个月（包括六个月），考核系数按照0.8计算；

（4）六个月到一年（包括一年），考核系数按照0.7计算；

（5）一年以上的，考核系数按照0.5计算。

第十条：总经理奖励基金发放标准

公司设立总经理奖励基金，奖励公司绩效表现优异的员工。具体数额由董事会确定。

附件05

岗位等级分布图

等级	29	28	27	26	25	24	23	22	21	20	19	18	17	16	15	14	13	12	11	10	09	08	07	06	05	04	03	02	01
分值范围	1040	1000	960	920	880	840	800	760	720	680	640	610	580	550	520	490	460	430	400	370	340	310	280	250	220	190	160	130	100
	1100	1040	1000	960	920	880	840	800	760	720	680	640	610	580	550	520	490	460	430	400	370	340	310	280	250	220	190	160	130
管理			总经理				常务副总		销售/（租赁、拆迁）	总经/总会、总建/总工	行政副总、分公司经理	销售/规划/市场/战略/预算/财务	人力资源部长	分公司管理副总经理、生产副总经理/战略副总经理	总工办/销售/副主任/审计	总经办/信息中心/财务副总经理/行政													
技术																		项目研究/规划管理	预结算/技术管理/技术审核/市政	分公司工程技术专责/材料设备	分公司市政管理/分公司工程管理	计划统计/分公司预算/计算机		分公司生产计划统计					
财会																						融资管理/成本	资金/税务/审计		会计/分公司会计/销售中心会计	银行出纳/现金出纳	分公司销售中心出纳		
行政事务																				法律事务/战略计划/资产管理	人事管理/营销管理	薪酬管理/分公司办公室前期开发		房库/培训发展管理/代办专员	公共关系管理/档案管理/文秘	行政事务/食堂/后勤/医务/保卫			
销售/营销															分公司销售主管			销售策划											
工勤																									司机班长		司机	维修工/炊事员	

附件06

工资试算表

等级	分值范围		薪点	点值	基本工资	等级工资	餐费	固定工资合计	季度考核系数	绩效工资	月收入合计	年底考核系数	管理系数	部门考核系数	年底奖金	总收入
29	1040	1100	1060	5												
28	1000	1040	1020	5												
27	960	1000	980	5												
26	920	960	940	5	600	4700	300	5600			5600	1	2		112800	180000
25	880	920	900	5	600	4500	300	5400			5400	1	2		108000	172800
24	840	880	860	5	600	4300	300	5200			5200	1	2		103200	165600
23	800	840	820	5	600	4100	300	5000			5000	1	2		98400	158400
22	760	800	780	5	600	3900	300	4800			4800	1	2		93600	151200
21	720	760	740	5	600	3700	300	4600			4600	1	2		88800	144000
20	680	720	700	5	600	3500	300	4400			4400	1	2		84000	136800
19	640	680	660	5	600	3300	300	4200			4200	1	2		79200	129600
18	610	640	625	5	600	3125	300	4025	1	1031	5056		1	1	12500	73175
17	580	610	595	5	600	2975	300	3875	1	982	4857		1	1	11900	70181
16	550	580	565	5	600	2825	300	3725	1	932	4657		1	1	11300	67187
15	520	550	535	5	600	2675	300	3575	1	883	4458		1	1	10700	64193
14	490	520	505	5	600	2525	300	3425	1	833	4258		1	1	10100	61199
13	460	490	475	5	600	2375	300	3275	1	784	4059		1	1	9500	58205
12	430	460	445	5	600	2225	300	3125	1	734	3859	1		1	8900	55211
11	400	430	415	5	600	2075	300	2975	1	685	3660	1		1	8300	52217
10	370	400	385	5	600	1925	300	2825	1	635	3460	1		1	7700	49223
09	340	370	355	5	600	1775	300	2675	1	586	3261	1		1	7100	46229
08	310	340	325	5	600	1625	300	2525	1	536	3061	1		1	6500	43235
07	280	310	295	5	600	1475	300	2375	1	487	2862	1		1	5900	40241
06	250	280	265	5	600	1325	300	2225	1	437	2662	1		1	5300	37247
05	220	250	235	5	600	1175	300	2075	1	388	2463	1		1	4700	34253
04	190	220	205	5	600	1025	300	1925	1	338	2263	1		1	4100	31259
03	160	190	175	5	600	875	300	1775	1	289	2064	1		1	3500	28265
02	130	160	145	5	600	725	300	1625	1	239	1864	1		1	2900	25271
01	100	130	115	5	600	575	300	1475	1	190	1665	1		1	2300	22277

第三章

员工福利管理规范化范本

一、补助

1.住宿待遇

一般为有贡献及忠诚于企业的员工解决福利按揭购房。

2.伙食补助

按实际出勤日补助午餐费，每天补助一定伙食费，月终计薪时一并发放，领取出差补贴的扣除午餐补助。

二、假期

1.年薪假

在公司工作满一年（由结束试用期转正之日计起）的员工，均可享有年薪假七天，以后每年递增一天，如享受探亲假不再享受年薪假。年薪假在春节期间一次休完，不作调休。

2.公假

（1）因公负伤不能工作者；

（2）经领导批准参加会议、社会活动者及出差者；

（3）经公司领导批准参加的各种学习，如函授、电大、培训等；

（4）国家法定节日。

3.婚假

员工在公司工作满一年后结婚，且符合国家有关规定的，给予全薪婚假三天；属晚婚者，另加晚婚假七天。

4.丧假

（1）员工直系亲属（祖父母、父母、配偶、子女及姐妹、兄弟、岳父母）去世可给有薪丧假三天；

（2）员工到外地办理丧事，可根据路途远近给路程假，但路费自理，超出期限按事假处理。

5.探亲假

（1）公司员工在春节期间均享受7天探亲假期。凡已满试用期之员工，春节返乡探亲，车费报销50%，短途车车费一律不报销。

●某公司乘车报销标准

职务级别	乘车标准
高管级	乘坐飞机
部门级	火车硬卧
主管级	火车硬卧
员工一、二级	火车硬座

（2）探亲假春节期间一次性休完，不作零星调休之用。

6.事假

员工应尽量避免事假，如因特殊情况需经公司核准，酌情批给，但必须在不影响工作的前提下，事先作书面申请（填写请假单），事假一律无薪，并不能得全勤奖。

（1）事假三日之内（含三天）需经部门负责人同意，送人事行政部核准后方可休假，如遇急事电话通知部门经理，人事行政部人事主任备案，事后补假单。

（2）事假三日（不含三天）至五日（含五天）须报所管部门的副总经理批准并送人事行政部经理核准。

（3）事假五日（不含五天）至七日（含七天）须报总经理批准，并送人事行政部经理核准。

（4）部门经理（含副经理）事假须经主管副总经理批准。

（5）事假超过七天，按自动离职处理。

7.病假

（1）提出病假须出示市级医院诊断证明及医疗费用单。

（2）病假三天内（含三天）发给基本工资的80%，病假三天至七天（含七天）发给基本工资的50%，七天以上不计发工资。

（3）病假三日（含三天）之内由部门经理批准和人事主任核准，三日以上需经主管部门的副总经理批准，经人事行政部经理核准，而病假八天以上至十五天（含十五天）须经总经理特批，无工资计发。

（4）病假超出三十天按自动离职处理。

8.产假

符合计划生育政策并在公司工作满一年（从试用期满之日算起）的女员工，凭医院证明可享受假期待遇。

●产假休假标准

<table>
<tr><td rowspan="4">小产</td><td colspan="2">小产类别</td><td colspan="2">休假天数</td><td>备注</td></tr>
<tr><td colspan="2">不满三个月</td><td colspan="2">15天</td><td rowspan="3">工资按照基本工资标准核发，不享有其他福利待遇</td></tr>
<tr><td colspan="2">三个月至七个月</td><td colspan="2">25天</td></tr>
<tr><td colspan="2">七个月以上</td><td colspan="2">90天</td></tr>
<tr><td rowspan="6">正常生产</td><td rowspan="2">本公司工龄</td><td colspan="2">产假天数</td><td rowspan="2">工资</td><td rowspan="6">1.上述产假需符合：
①来公司工作一年以上；
②属独生子女。
2.工资按照基本工资标准核发，不享有其他福利待遇</td></tr>
<tr><td>正假</td><td>晚育</td></tr>
<tr><td>一年</td><td>90天</td><td>+15天</td><td>50%</td></tr>
<tr><td>二年</td><td>90天</td><td>+20天</td><td>60%</td></tr>
<tr><td>三年</td><td>90天</td><td>+40天</td><td>80%</td></tr>
<tr><td>四年以上</td><td>90天</td><td>+60天</td><td>100%</td></tr>
</table>

三、保险及工伤

1.工伤或死亡

员工在工作中意外受伤，需立即通知部门经理及人事行政部，凡因工受伤或死亡者，部门经理应及时向人事行政部呈交事故报告，按该市工伤保险规定办理。

2.医疗保险、养老保险及失业保险

公司依照国家有关规定支付医疗、养老、失业保险金给员工，并在每月发薪时支付给员工自行购买，如员工需要公司为其办理，则从其工资中扣缴。

四、公司日常活动

1.贺金及生日

员工结婚且符合国家有关规定的，可分别获得公司发给的贺金；员工生日可获赠公司领导签字的生日贺卡及参加每月公司举办的生日晚会或贺金。

2.娱乐活动

在不影响日常工作的情况下，公司将举办各种各样有益身心健康的文化娱乐活动，如联欢会、生日晚会、旅游等，选派代表参加体育比赛及其他社会活动，丰富员工的业余生活。

3.手机话费的报销

经公司批准的人员，在一定规定限额内实报实销手机话费。

●手机话费报销标准

（单位：人民币元/月）

<table>
<tr><th>级别</th><th>职务</th><th>报销标准</th><th>备注</th></tr>
<tr><td rowspan="2">高管层</td><td>总经理</td><td>实报实销</td><td rowspan="5">具体名单另附</td></tr>
<tr><td>副总经理</td><td>500元</td></tr>
<tr><td>部门层</td><td>部门经理</td><td>250元</td></tr>
<tr><td>主管层</td><td>总经理秘书、工程师、公关秘书、车队队长</td><td>200元</td></tr>
<tr><td>员工层</td><td>司机</td><td>150元</td></tr>
</table>

第四章

知名企业的人力资源管理策略

一、天鸿宝业——所有员工年薪制

1.公司档案

天鸿宝业定位于中低档房产，致力于区域性开发，优势是资金雄厚，土地储备丰富，业务外包较多。

● 天鸿宝业公司档案

战略意图	大规模开发中低档产品；进行区域性开发
竞争实力	上市公司，资金雄厚；国有控股公司，土地储备丰富
经营状况	年开复工能力达300万平方米；积极推进品牌战略；获益状况良好
产品特点	经济适用房
业务系统	职能式管理；每个项目专业人员负责，大量业务外包

2.组织结构

天鸿宝业有五个管理部门，六个业务部门，总部组织机构精简，实行职能式管理。

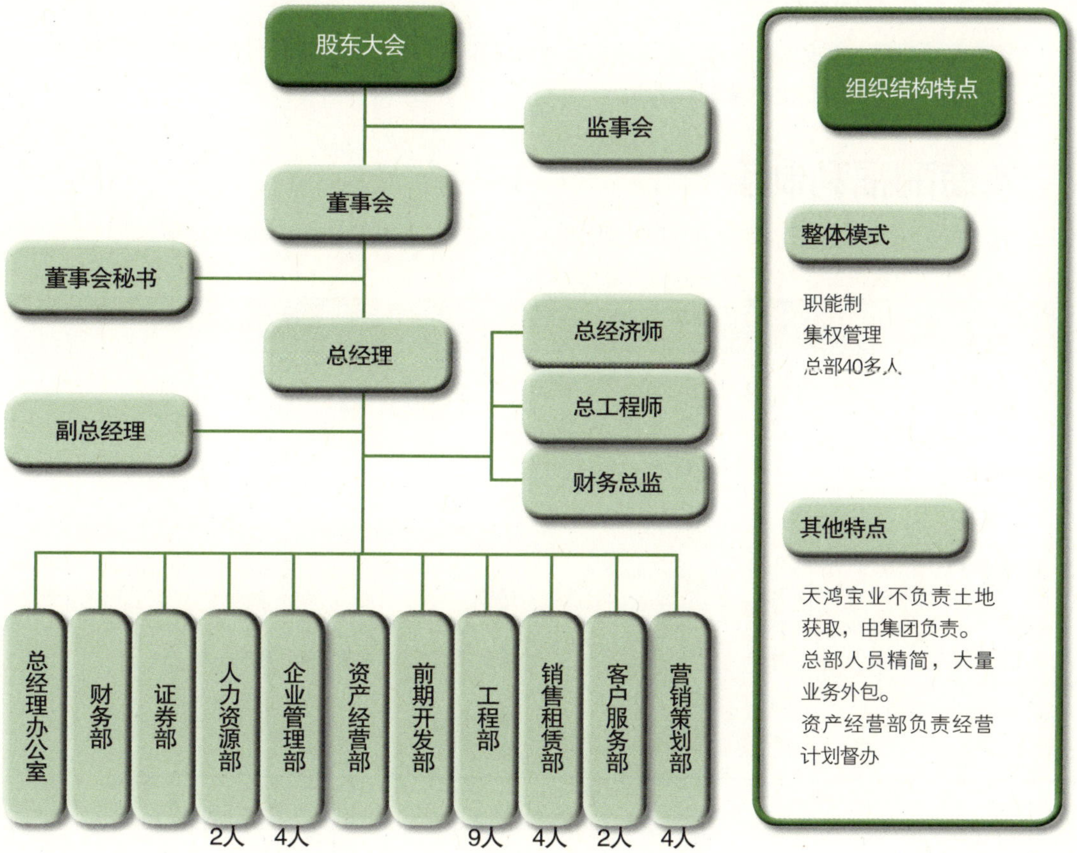

3.绩效考核体系

天鸿宝业的绩效考核分两部分，目标计划由资产经营部考核，员工年度考核由人力资源部组织，考核分民主评议、自评、主管测评。

（1）考核内容方式

资产经营部督办经营计划的执行；员工每年由人力资源部组织考核；年考核分主管测评、民主评议、自评。

（2）考核周期

每月每部门报计划，每季度考核。

（3）考核结果应用

年终考核决定下年度工资总额。对于当月工作任务不能完成者，由资产经营部考核报总经理办公会，决定缓发或扣发工资，由人事部门执行。

4.薪酬福利制度

天鸿宝业所有员工实行年薪制，分月发放，年度考核确定下年年薪，合同期限对年薪影响较大。

薪酬	福利及其他
薪酬构成 年薪制 **薪酬标准** 每个岗位定年薪，分12个月发放 临时工、正式工薪酬待遇不一样； 签订长期合同和短期合同不一样	**住房** 原集团人员福利分房； 新员工一般没有福利分房 **员工规划** 还没有员工职业发展规划 **培训** 公司内部每月都组织培训； 培训管理技巧、沟通及团队合作能力 **拓展训练** 外请人员培训

二、珠江地产——总部人力资源部高度集权

1.公司档案

珠江地产依靠资金雄厚和整体优势，实施快速扩张的一体化经营战略，以规模取胜。

●珠江地产公司档案

战略意图	快速扩张，以规模取胜；一体化经营
竞争实力	资金雄厚；在规划设计、施工、原材料购进、楼盘销售、物业管理等环节，公司能确保有效领导、指挥、协调、监控
经营状况	
产品特点	“高质量、中价位”楼盘
业务系统	主要有项目公司、设计公司、总承包公司、监理公司

2.组织结构

珠江地产整体上是矩阵式管理的项目负责制，财务、人事和销售管理决策权主要集中在总部。

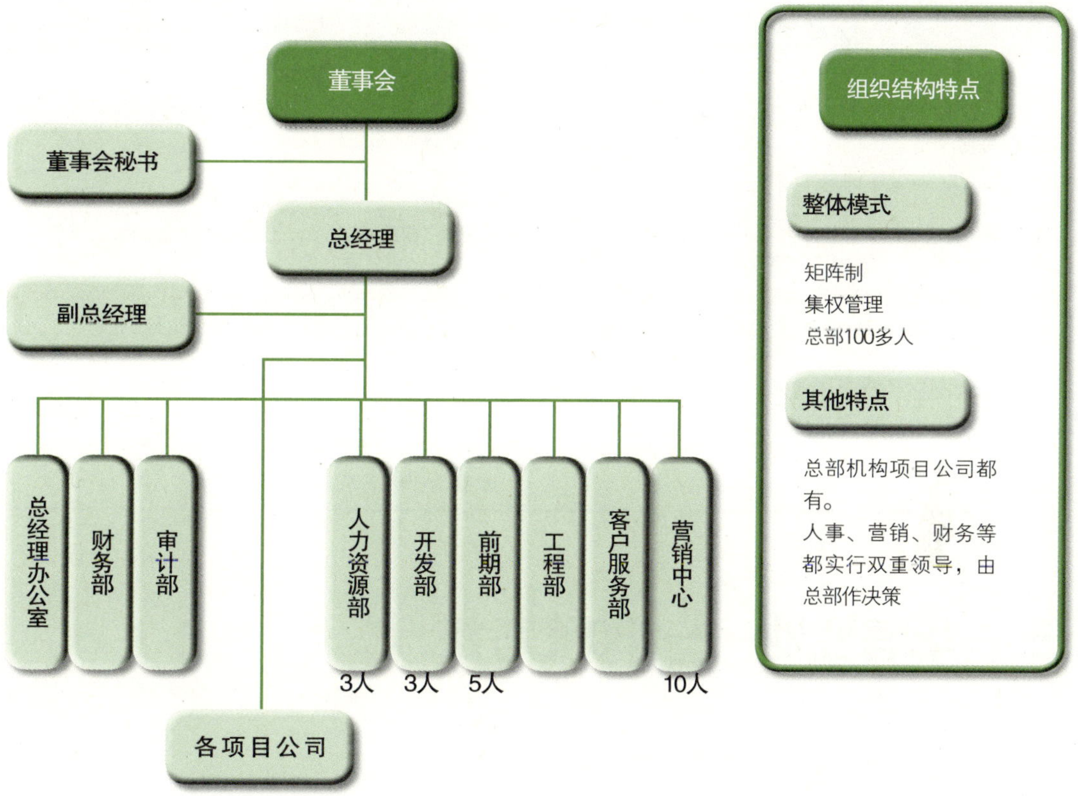

3.绩效考核体系

珠江地产的绩效考核以结果为导向，考核以上月的工作计划为依据，结果直接和奖金挂钩，并另设有创新奖。

(1)考核内容方式

各部门经理和项目经理，由总部考核小组(由总经理、财务经理、人事经理等组成)考核。考核以结果为导向，以每月25号前制订的下月工作计划为依据。主管每月对下级进行直接考核。考核分三个部分，第一项A项是重要的任务，权重为55%，B项权重为25%，C项权重为20%。

(2)考核周期

每月考核一次。

(3)考核结果应用

以考核评分确定当月奖金和年终奖；设有创新奖。

4.薪酬福利

珠江地产的激励注重及时性，所有人事的权力集中在总部人力资源部。

薪酬	福利及其他
薪酬构成 工资、月奖金 **薪酬标准** 有详细的工资体系，如部门经理有18个档； 一线人员奖金比重大于二线人员； 公司奖金总额约为当月的销售额的千分之三到千分之四； 员工每月的奖金总和即为其年终奖； 总经理的薪金由董事会定	**福利** 公司有服装费、过节费、降温费等，过生日有贺卡、蛋糕、鲜花等 **员工规划** 还没有员工职业发展规划 **培训** 以公司内部组织培训为主，也外请人员过来培训 **招聘** 由部门提出申请，人力资源部经理审批； 人事部门进行初选，提供给部门筛选、面试，最后由人力资源部经理决定是否录用

三、华润置地——180度考核

1.华润置地公司档案

华润置地重点开发北京市场，致力于北京地域内的房地产住宅业务，有较强的土地获取能力和品牌优势。

●华润置地公司档案

战略意图	着重开辟北京市场，但会考虑开辟北京以外市场；全面土地储备，全城化、大规模
竞争实力	土地资源获得能力较强；资源组合、上市融资、体制改革上领先一步；上市公司，资金雄厚
经营状况	
产品特点	产品高档低档两手并重
业务系统	职能式管理；每个项目专业人员负责，大量业务外包

2.组织结构

华润置地实行职能式的集权管理，现场工程由项目组管理销售公司负责总策划。

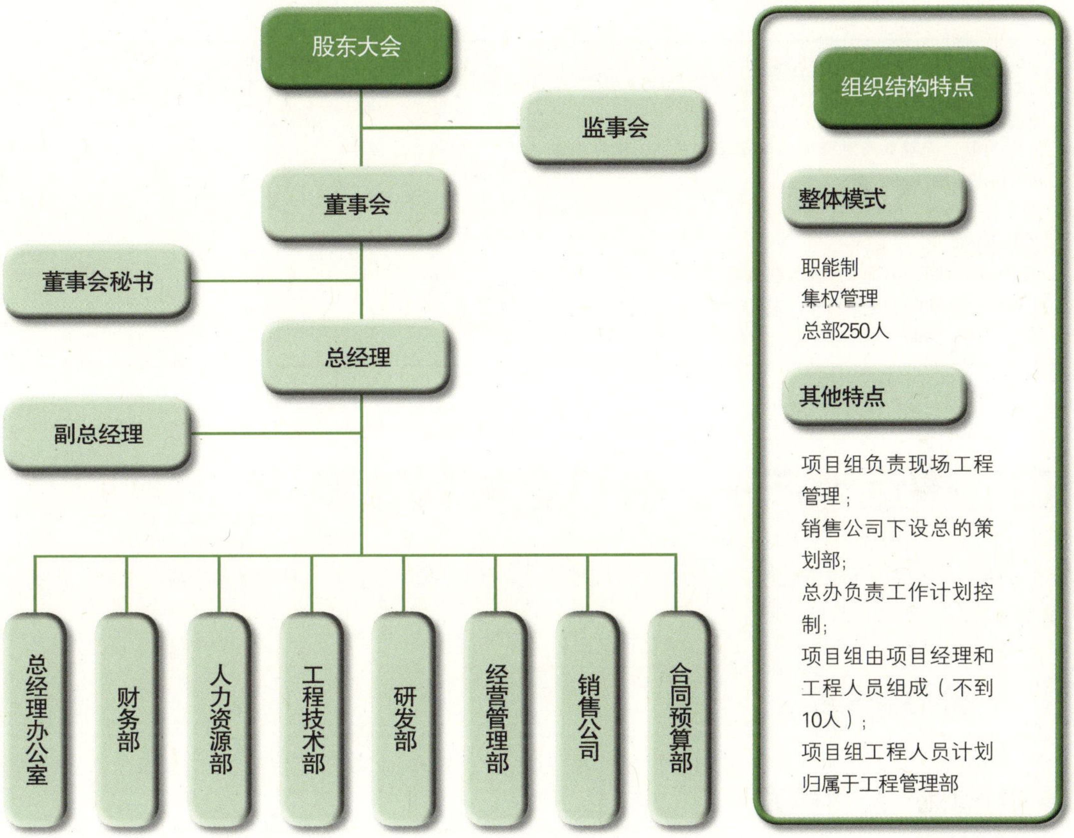

3.绩效考核体系

华润置地的绩效考核主要是上级对下级，半年考核一次，周期较长，与激励联系不是很紧，现在正处在调整阶段。

（1）考核内容方式

目前是180度考核，上级对下级考评，平级之间互评，部门间考评。不同权重、不同阶段进行考核。

（2）考核周期

原来是半年粗考核，年终全面考核；准备季度考核。

（3）考核结果应用

与员工发展挂钩不是太好；正在做新的方案。

4.薪酬福利制度

华润置地实行固定月薪，绩效奖金作为年终奖发放，与公司当前利润联系紧密，而与个人绩效联系不是很紧。

薪酬	福利及其他
薪酬构成 固定月薪，无绩效浮动部分；奖金年终发放，额度由董事会根据公司利润决定 **薪酬调整** 根据公司利润，由董事会决定薪酬增长总额； 近两年公司利润没达到目标，未普调工资； 销售人员实行佣金制，低底薪，高提成	**交通** 各部门公司配车1~2部，上班时公用，下班后部门经理开回家 **培训** 团队建设，沟通，专业培训

四、中远地产——货币化福利政策

中远地产定位于中低档房产，致力于区域性开发，优势是资金雄厚，土地储备丰富，业务上实行职能式管理。

1.公司档案

●中远地产公司档案

战略意图	以房地产开发为核心的相关多元化经营
竞争实力	与政府建立良好的合作关系
经营状况	近三年的净资产收益率一直维持在较高的增长水平，保持20%左右，处于行业领先位置
产品特点	经济适用房
业务系统	实行项目管理

2.组织结构

中远地产总部组织机构精简，主要是职能制，业务外包较多。

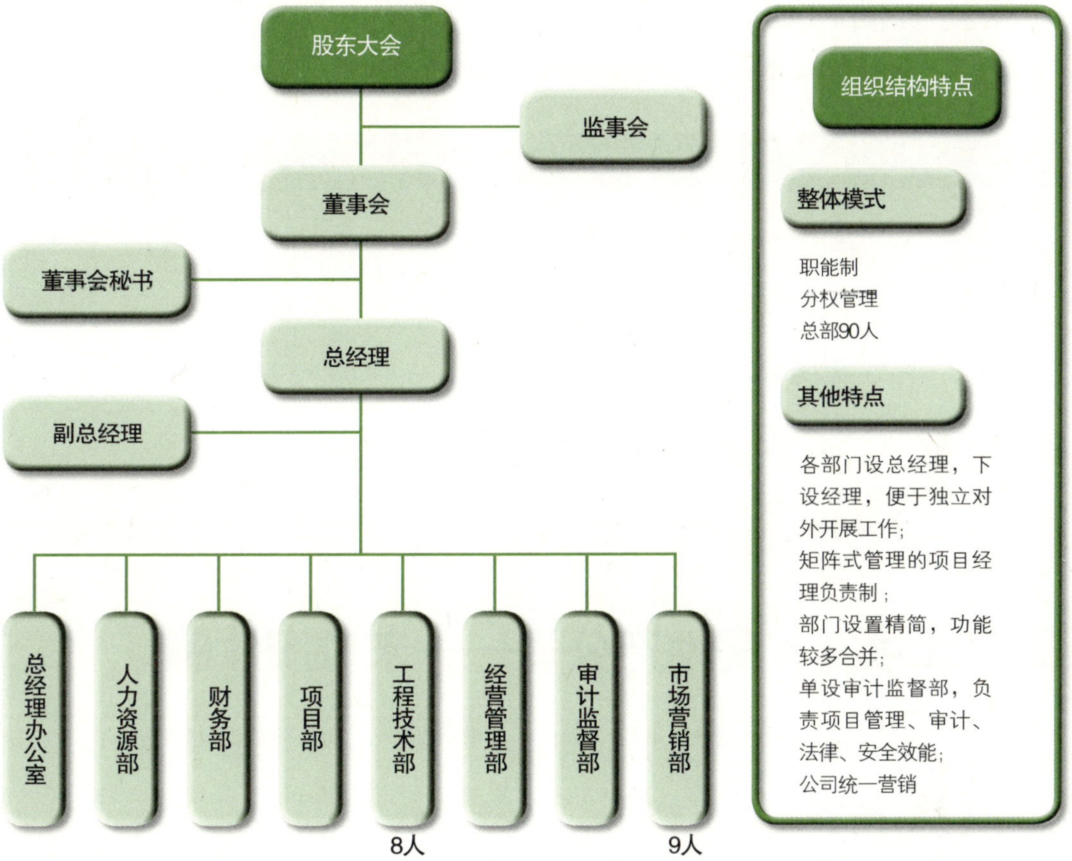

3.绩效考核体系

中远地产对绩效的考核主要是由部门主管和人力资源部进行，与薪酬挂钩的权力在人力资源部，既避免主管和下属的直接冲突，又使权力比较集中。

（1）考核内容方式

总经理对部门考核；部长对本部门员工考核；考核是定量和定性相结合（量是指季度实际工作业绩，性是指工作态度）。

（2）考核周期

一季度考核一次。

（3）考核结果应用

考核结果兑现是直接分配奖金的方式。公司确定每个部门的奖金总额，部门经理直接分配给员工。总部人力资源部制定个人薪金发放指导线。

4.薪酬福利制度

中远地产的薪酬体系注重整体平衡，浮动比例偏小，福利主要是进行货币化运作。

薪酬	福利及其他
薪酬构成 年薪制；浮动薪酬占薪酬的10%~30%，季度发放 **薪酬标准** 市场价位为指导； 在公司总额范围内，进行更细的区间划分，分五档四级； 人力资源部和部门经理共同确定员工年薪； 总经理奖励基金； 进行临时性奖励和调节工资平衡用	**福利** 市场化、货币化运作，采取补贴形式

五、北京××房地产公司——末位淘汰制

北京某房地产公司发展单一房地产业务，主要是开发中低档产品，具备资金和品牌优势。

1.公司档案

●北京××房地产公司档案

战略意图	大规模开发中低档产品；单一业务的房地产
竞争实力	华润作为最大股东，资金雄厚；品牌优势
经营状况	实施灵活多样的营销推广策略；实现销售收入的快速增长
产品特点	住宅、超市
业务系统	实行职能矩阵式管理体系；适应大规模开发和跨地域扩张；致力培养职业经理阶层

2.组织结构

该公司集团是矩阵式管理，北京××房地产公司实行职能式管理，设有10个部门和项目经理部。

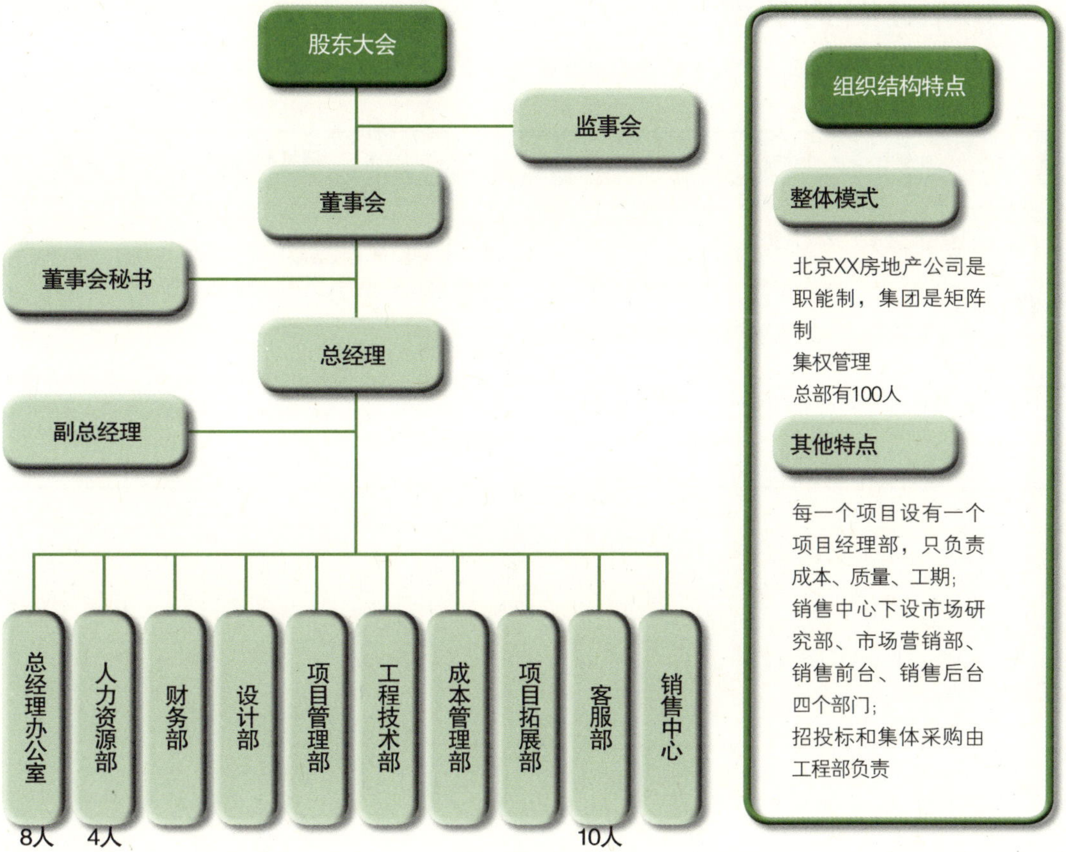

3.绩效考核体系

该公司的绩效考核体系比较完整和稳定，实行末位淘汰制。

（1）考核内容方式

直接主管对下属考核，5分制，每月考核工作业绩及行为方式。只有公司月度考核，集团公司年度考核，年度考核是百分制。年终对部门人员考核，实行按比例强行排序。人员考核排序优占10%，良占20%，合格占40%，需改进占20%，最后占10%。部门人数少于10人者，合并考核，至少10人。项目经理部考核利润和资金占用率，其他部门确定相应系数，如人事、财务部门相应系数为1。

（2）考核周期

每月考核一次，用5分制形式（北京××房地产公司）。年度有总考核（集团）。

（3）考核结果应用

最后10%人员必须换岗或辞退。年考核与月考核汇总和年奖金挂钩。

4.薪酬福利制度

该公司总部人员的固定工资与浮动工资的比例低于销售人员，福利及其他待遇较高。

薪酬	福利及其他
薪酬构成 员工每月发固定工资，年终发奖金 **薪酬标准** 为每个岗位确定工资区间，人事经理和部门经理协商确定具体数值； 销售人员工资，固定工资比率较高，销售奖金比例较小； 自认为对销售人员激励不太好	**交通** 公司为经理和员工按额度报销交通费；鼓励员工购车，公司给予5年无息贷款，无现金资助 **住房** 老员工在工资中发放住房补贴；新员工在XXXX城市花园安排宿舍，一间房，每月100元；经理级人员可享受二至三居室住房